中国科学院教材建设专家委员会规划教材
全国高等医药院校规划教材

供护理学类专业使用

案例版™

健康评估

主　　编　陈　垦　朱　亮
副 主 编　王秀华　王爱平
编　　者（按姓氏笔画排序）
马春花　广州医科大学
王秀华　中南大学
王　艳　石河子大学
王爱平　中国医科大学
朱　亮　大连医科大学
任　敏　上海市第一妇婴保健院
刘永民　湖南医药学院
刘永兵　扬州大学
李　艳　吉林医药学院
李雪洁　广东医科大学
李　慧　新疆医科大学
杨兴益　山西医科大学
吴芳琴　首都医科大学
陈　垦　广东药科大学
林劲秋　南方医科大学
林蓓蕾　郑州大学
周　妹　内蒙古医科大学
战同霞　潍坊医学院
学术秘书　吴云红　大连医科大学
王　娟　广东药科大学

科学出版社
北　京

郑重声明

为顺应教育部教学改革潮流和改进现有的教学模式，适应目前高等医学院校的教育现状，提高医学教育质量，培养具有创新精神和创新能力的医学人才，科学出版社在充分调研的基础上，引进国外先进的教学模式，独创案例与教学内容相结合的编写形式，组织编写了国内首套引领医学教育发展趋势的案例版教材。案例教学在医学教育中，是培养高素质、创新型和实用型医学人才的有效途径。

图书在版编目（CIP）数据

健康评估 / 陈垦，朱亮主编. —北京：科学出版社，2020.1
中国科学院教材建设专家委员会规划教材·全国高等医药院校规划教材：案例版
ISBN 978-7-03-059586-7
Ⅰ. ①健… Ⅱ. ①陈… ②朱… Ⅲ. ①健康-评估-医学院校-教材 Ⅳ. ①R471

中国版本图书馆 CIP 数据核字（2018）第 270093 号

责任编辑：王锞韫　胡治国/ 责任校对：杨　赛
责任印制：赵　博 / 封面设计：陈　敬

科学出版社 出版
北京东黄城根北街 16 号
邮政编码: 100717
http://www.sciencep.com
涿州市般润文化传播有限公司印刷
科学出版社发行　各地新华书店经销
*
2020 年 1 月第　一　版　开本：787×1092　1/16
2024 年 6 月第二次印刷　印张：26
字数：755 000

定价：92.00 元

（如有印装质量问题，我社负责调换）

前 言

健康评估作为护理学类专业学生的主干课程之一，不仅是承接前期基础医学课程又引领后期临床护理知识的重要桥梁课程，更是帮助学生深入理解和认识护理，培养良好临床思维能力的重要平台。本教材在结合前期调研结果和我国护理学高等教育的特点及发展趋势的基础上，广泛参阅国内外有关教材及论著，以期进一步提高本教材的科学性、专业性和实用性。教材的编写以“体现整体、突出护理、强化能力”为理念，强调运用护理评估方法为服务对象的生理–心理–社会状态进行全面评估。同时，注重健康评估课程与其他课程的相互渗透和有机融合，注重人文关怀、评判性思维及综合分析能力的培养。

在编写内容的选择上，教材以成人为切入点，分为五个部分，第一部分主要内容为健康评估的概念、范围、内容及方法概述；第二部分主要内容为常见症状评估、身体评估及心理社会评估；第三部分主要内容为实验室检查、心电图检查、影像学检查等辅助检查；第四部分主要内容为护理诊断；第五部分主要内容为资料的分析与整理及护理病历的书写。本教材具有以下四个特点：一是设置案例导入，正文针对该护理案例提出解决思路和措施，以培养学生临床思维，提高其认识问题和解决问题的能力。二是图文并茂，根据章节特点，在内容上尽量多地采取图表形式，通过图片生动形象地将知识细节展现给读者，使学习更直观、更明确。三是体现护理专业特点，教材在完整表达应有知识和技能体系的同时，将整体护理评估的思维模式，以及监测病情变化和预测疾病发展的能力作为各章节编写的指导思想。如身体评估以视诊、触诊为主，培养学生观察问题、发现问题的能力；各种实验检查重点要求掌握检查前、中、后护士的准备与配合，对患者进行健康教育及护理等相关内容，突出护理基本理论、基本知识的掌握，使教学内容更适合护理专业的需要。四是突出“三基、五性、三特定”原则，力求知识点明确，学生好学，教师好教，使学生在尽可能短的时间内掌握所学课程的知识点。

为了帮助读者更好地学习和掌握健康评估的知识和技能，编者们还围绕学习目标、遵循教学大纲要求，编写并制作了与主教材配套的实训教材《健康评估实训》和包含大量视频、彩图、课件、习题的数字资源，以增加教材的生动性和多样性，力求帮助读者总结和复习健康评估的重要内容，更加深刻地理解和把握健康评估的实践要求，更好地将理论与实践相结合。

本教材在编写过程中得到了各编者所在院校相关领导的大力支持与帮助，谨在此一并表示诚挚的感谢！

由于水平所限，教材难免有不足之处，在此恳请广大师生及读者予以批评指正。

陈 垦 朱 亮

2018年4月

目　　录

第一章　绪　　论

一、健康评估的概念与重要性

健康评估（health assessment）是从护理的角度动态收集和分析病人的健康资料，以发现病人对自身健康问题在生理、心理、社会和精神等方面的反应，确定其护理需求，从而做出护理诊断的过程。它论述疾病的各种临床表现及其发生机制、评估要点，讲解问诊、体格检查、心理社会评估的基本内容和方法，阐述实验室检查和其他各种辅助检查的方法及其结果的临床意义，指导如何应用科学的思维和方法去识别、判断疾病及病人对疾病的反应，以获得正确的护理诊断。该课程对后续临床专业课的学习将产生积极的影响，因此，健康评估是护理专业学生的必修课和主干课。通过该课程的学习，护生应学会护患沟通、建立良好的护患关系，正确搜集、分析资料，建立临床思维，形成护理诊断，为制订护理计划及评价治疗和护理效果提供依据。

健康评估课程于20世纪70年代起源于高等护理教育体系。我国自20世纪90年代中期以来，在护理界各位同仁的共同努力下，健康评估课程全面替代了传统临床医学专业的诊断学课程，并作为护理专业的主干课程被正式纳入我国高等护理教育课程体系。课程的目标在于培养学生良好的交流沟通能力、整体护理评估的思维模式、确认病人的护理问题/护理诊断、监测病情变化和预测疾病发展的能力。

早在19世纪，护理学创始人南丁格尔就已经意识到评估在护理中的重要性。她视评估为“对疾病的观察”。由于护士较医生有更多的机会观察病人的病情变化，所以她强调护理观察的重要性及护患交流获取有关健康和疾病相关信息的重要性。随着护理学的发展，护理的工作范围不断扩展，尤其是在家庭和社区从事独立工作的护士的出现，对护士评估技能有了更高的要求。1993 年国际护士协会认为护士拥有护理评估技能是高质量护理的标准之一。

因此，系统地掌握健康评估的基本理论、基本知识和基本技能，是护理实践的重要前提。护士应将护理实践中评估病人对健康问题的反应，以及在此基础上作出护理诊断的行为视为护理专业自主的、独特的、有别于医疗诊断的职责和临床护理工作的重要组成部分。护理专业的学生应该通过理论和实践教学的途径，努力掌握健康评估的知识与技能。

二、健康评估的内容

本教材以案例分析的形式论述疾病的症状、体征及其发生、发展规律和机制，分析疾病对个体生理、心理、社会和精神等因素反应所致的问题。基本方法包括询问病史、体格检查、实验室检查、心电图检查及影像学检查等。

（一）问诊

问诊是护士通过对病人或有关人员的系统询问和交谈获取病史资料，经过综合分析从而做出临床判断的过程。症状评估是通过问诊来实现的。症状是个体患病时对机体功能异常和病理变化的主观感觉，如头痛、乏力、瘙痒等。症状常能较早提示疾病的存在。临床上，有时病人已出现异常感受，但尚不能检查出病理形态改变，此时，症状可能成为疾病的唯一表现。研究症状的发生、发展和演变，以及由此而发生的病人的身心反应，对形成护理诊断、指导临床护理监测起着主导的作用。

（二）体格检查

体格检查是指护士运用自己的感官或借助简单的检查工具了解和评估病人健康状况的方法，是获取护理诊断依据的重要手段。体格检查时的异常发现，即病人的体表或内部结构发生可察觉的改变称为体征，如心脏杂音、肝脾大等。体格检查建立在解剖学和病理学的基础上，具有很强的技术性。体格检查的内容、程序和方法必须做到规范化。体格检查的结果直接关系诊断的正确与否。初学者必须经过系统严格的训练，才能达到动作规范、准确、娴熟。

（三）心理评估与社会评估

心理评估与社会评估从认知水平、情感与应激、健康行为、自我概念、精神价值观、社会角色、文化、家庭及社会环境等方面全面阐述如何获取病人的心理、社会资料。由于心理、社会资料主观成分居多，评估过程中无论是收集资料还是分析、判断资料均较困难，需要一定的经验和技巧，切忌主观臆断。学生在学习的过程中应予特别注意。

（四）实验室检查

实验室检查是通过物理、化学、生物学、生物化学、微生物学、免疫学和分子生物学等实验室检查方法，对病人的血液、体液、排泄物、分泌物、组织细胞等标本进行检查，从而获得疾病的病原体、组织的病理形态改变和器官功能变化等资料的检查方法。实验室检查与临床护理关系密切。一方面，大部分的实验室检查标本需要护士去采集；另一方面，实验室检查的结果作为客观资料的重要组成部分，可协助和指导护士观察、判断病情，作出护理诊断。

（五）辅助检查

辅助检查包括心电图检查、影像学检查等。心电图是用心电图机将心脏的生物电活动在体表记录下来所获得的曲线。心电图检查是一种常规检查方法，熟悉和掌握心电图的操作技能、正常心电图和常见异常心电图的图形特点，对心血管疾病、其他疾病的病情评估及重症监护均有重要作用。影像学检查包括放射学检查、核医学检查和超声检查 3 个部分。检查前的准备与护理工作关系密切，检查结果可为护理诊断提供有价值的线索。

（六）护理诊断

评估的最终结果是形成护理诊断。为了能提出正确的护理诊断，护士应在了解护理诊断发展的背景之下，深入理解护理诊断的内涵，在学习和临床实践工作中培养自己诊断性推理的能力。初学者在学习诊断性推理的基础上，如能注意理论与实践相结合，将有助于提高临床护理诊断水平。

（七）护理病历书写

护理病历是将问诊、体格检查、心理与社会评估、实验室及其他辅助检查所获得的资料经过医学的思维后形成的书面记录。根据健康评估理论体系的要求和临床实施系统化整体护理的实际情况，提出护理病历书写的基本要求，规范护理病历的格式和内容，供学生书写护理病历时参考。

三、健康评估的学习方法与要求

健康评估是护理学类专业基础课程过渡到临床课程的一门桥梁课程，其学习方法和要求与基础课程有很大的不同，除了课堂讲授、实验室教学以外，还要在医院见习。学习过程中学生应注重将理论知识转化为从事临床护理实践的能力，学会以整体评估的思维模式确认病人的健康问题与护理需求，同时，学生要学会耐心倾听病人的陈述，细心观察病情的变化，关心体贴病人的疾苦，取得病人的信任和配合，一切从病人的利益出发，全心全意地为病人服务，做一个具有高尚医德修养的医务工作者。课程学习应达到如下要求：

1. 树立求实创新和批判性思维的学习精神，理论联系实际，勤学苦练，善于思考。

2. 具有清晰的基本概念、牢固的基本知识、熟练的基本技能。

3. 能独立进行系统而有针对性地问诊，能熟练掌握主诉、症状、体征之间的内在联系和临床意义。

4. 能以规范化方法进行系统、全面、重点、有序的身体评估。

5. 熟悉常用临床实验检查项目标本采集的要求、注意事项、参考值范围及其临床意义。

6. 掌握心电图机的操作、正常心电图及常见异常心电图图形的分析。

7. 了解影像检查前病人的准备、检查后的处理和检查结果的临床意义。

8. 能将问诊、身体评估及其检查结果进行系统整理，写出格式正确、文字通顺、表达清楚、字体规范、符合要求的护理病历。

9. 能根据健康史及身体评估，心理、社会评估，实验室检查和其他辅助检查结果进行分析、判断，提出初步的护理诊断。

10. 在学习中逐步培养和建立对病人进行整体评估的意识。

（陈　垦）

第二章 健康评估的资料来源及分类

一、健康资料的内容

健康评估是一个有计划地、系统地收集有关被评估者的健康资料，并对资料的价值进行判断的过程。健康资料的收集不仅是评估和进一步形成护理诊断的基础，还为制订和实施护理计划及评价提供依据。健康评估所要收集的资料不仅包括被评估者的躯体健康状况，还包括其心理、社会健康状况；不仅要获得有关被评估者健康状况的主观资料，还要获得有关的客观资料。为使所收集的资料准确、全面和客观，评估者必须掌握有关的健康评估方法和技巧。此外，评估者还应明确可以从哪里获得健康资料、所获得资料的性质及作用等。

二、健康资料的来源

评估者在收集健康资料过程中，其资料来源可分为以下两类：

（一）主要来源

主要来源即被评估者本人。被评估者本人所提供的资料大多很难从其他人员那里得到，如患病后的感受、对健康的认识及需求、对治疗及护理的期望等，只有被评估者本人最清楚、最能准确地加以表述，因此也最为可靠。

（二）次要来源

除被评估者本人外，评估者还可从其他人员或记录中获得所需资料。

1. 被评估者的家庭成员或其他与之关系密切者，如父母、夫妻、兄弟姐妹、朋友、同事、邻居、老师、保姆等，他们与被评估者一起生活或工作，对其生活或工作的环境、既往的生活习惯、健康状况及对疾病或健康的态度等有较全面的了解，而这些信息对确定护理诊断、制订护理计划等都有重要的参考价值。

2. 事件目击者，指目睹被评估者发病或受伤过程的人员，可提供有关的病因、被评估者当时的状况及疾病进展等资料。

3. 其他卫生保健人员，如与被评估者有关的医护人员、营养师、理疗师及其他评估者。可了解其有关的诊疗措施、从医行为等。

4. 目前或以往的健康记录或病历，如出生记录、儿童预防接种记录、健康体检记录或病历记录等。

由次要来源所获得的资料可进一步证实或充实从被评估者本人那里直接获取的资料。

三、健康资料的分类

健康评估所收集的资料可以是被评估者或有关人员的主观描述，也可以是身体评估、实验室或辅助检查的客观结果等。为了更好地分析和利用资料的价值，可根据其不同特点加以分类，其中最常用的是根据收集资料的方法不同，将其分为主观资料和客观资料。

（一）主观资料

主观资料是通过与被评估者会谈获得的资料，包括被评估者的主诉、亲属的代诉及经提问而获得的有关被评估者健康状况的描述。主观资料不能被评估者直接观察或检查。后面将要介绍的健康史，就是评估者通过会谈获得的被评估者对自己目前和既往健康状况的感受或看法的描述，因而属于主观资料。

（二）客观资料

客观资料是指经视、触、叩、听、嗅、实验室或辅助检查等获得的有关被评估者健康状况的结果。其中被评估者患病后机体的体表或内部结构发生了可以观察到或感触到的改变，如黄疸、肝大、心脏杂音等，称为体征（sign）。体征是形成护理诊断的重要依据。

多数情况下，主观资料与客观资料是相互支持的。例如，一个人诉说自己胸闷、心悸（主观资料），评估者检查发现其脉搏为 115 次/分（客观资料），则主观资料得到客观资料的证实。在某些情况下，可能存在主观资料与客观资料不一致，如一位住院的老人表示自己儿女都很孝顺，能得到很好的照顾（主观资料），但评估者注意到，每到探视时间老人就会一个人到花园散步，而不见有子女或家人来病房探视（客观资料）。此时，评估者就需要进一步评估以明确其原因及解决途径。

健康评估过程中，主观资料的获得可指导客观资料的收集，而客观资料可进一步证实或补充所获得的主观资料。对于一份完整、全面的健康评估来说，主观资料和客观资料同等重要，因为两者都是构成护理诊断依据的重要来源。

除可将资料分为主观资料和客观资料外，还可根据资料的时间不同而分为目前资料和既往资料。目前资料是反映被评估者目前状况的有关资料，既往资料则为此前的有关资料。在护理评估过程中，评估者必须将目前资料与既往资料进行比较和分析，才能对健康问题及其进展情况做出客观、准确的判断。例如，一位“上呼吸道感染”病人，经一段时间的治疗及护理后，目前体温 36.8℃，无明显自觉症状（目前资料），而入院时体温 39.8℃、咽痛、流涕（既往资料）。经两者比较说明病人的临床症状由异常恢复到正常，治疗和护理有效。

评估所收集资料的类型有主观的和客观的，有目前的和既往的。必须将各种不同类型的资料组合在一起，通过综合分析和判断，才能达到为确定护理诊断，制订和实施护理计划提供完整、准确和客观的健康资料的目的。

（刘永兵）

第三章　健康评估的方法

案例 3-1-1

胡某，女，77 岁。自诉 20 余年前开始出现活动后心前区闷胀感、伴气促，休息及服用“救心丸”后缓解，无大汗淋漓，无头晕、晕厥等特殊不适。于当地医院就诊，诊断为“冠心病”，每天自行服用地高辛半片，未经系统治疗；先后反复发作，诱因、性质同前，7 天前“感冒”后再次出现胸闷、气促，程度较前有加重，伴下肢水肿，伴咳嗽、咳痰，入住当地医院，予以头孢地嗪抗感染、西地兰强心、呋塞米利尿等治疗（具体用药不详），病情无明显好转，今为求进一步治疗入住医院。自起病以来精神、食欲、睡眠均差，大便正常，小便量少，体重无明显改变。

问题：

1. 问诊内容中“一般项目”包括哪些？
2. 如何描述该病人的主诉？
3. 对老年人进行问诊需要注意什么？

第一节　问　　诊

问诊（interview）又称病史采集，是护士通过与病人或相关人员的交谈、询问，以获取病人病史资料的过程。问诊是健康评估的首要环节，通过问诊护士可全面了解病人所患疾病的发生、发展、诊治及护理经过，既往身心健康状况及疾病在病人生理、心理和社会方面的反应，为发现护理问题、制订护理措施提供依据。问诊获得的资料为主观资料，其中症状是其重要内容。症状是病人因疾病引起的主观不适、感觉异常或功能变化，如疼痛、呼吸困难、便血等，这些资料均可通过问诊获得。

一、问诊的医德要求

1. 举止端庄，态度热情　在询问病史时，护士的一言一行都会影响与病人沟通、交流的效果。护士举止端庄、态度热情，可以使病人对护士产生信赖感与亲切感，不仅可促进良好护患关系的建立，而且有利于病人倾诉病情、告知与自身疾病有关的重要信息甚至隐私，从而使护士获得全面、可靠的病史资料。相反，护士如果衣冠不整、举止轻浮、态度冷漠或傲慢，病人容易产生不安全感或压抑情绪，护患之间会形成一种简单、刻板的问答式交流，难以获得诊治及护理所需的客观依据，从而影响对病人的医疗及护理工作。

2. 精神集中，语言得当　在询问病史时，护士应精神集中，神态镇静，语言通俗、贴切而礼貌，增强病人的自信心，使病人准确表述自己的感受和要求。护士询问病史时切忌无精打采、不停地看手表、受其他事情干扰等，以免使病人产生不信任感；不得在病人陈述过程中发出惊叹、惋惜、埋怨的语气，这会增加病人的心理负担；同样，语言生硬、粗鲁、轻视也会引起病人的反感。上述这些都会影响病史资料的收集，甚至可能引发护患纠纷。

3. 耐心倾听，正确引导　询问病史时，病人由于求医心切，担心病史信息遗漏，述说滔滔不绝，此时护士不宜轻易打断病人的陈述或显得不耐烦，要耐心倾听，并恰当点头表示领会。有些资料似乎是生活经历，但可能对分析病人心理、疾病有帮助，为护理计划的制订提供参考；有些病人受忧虑或隐私困扰，应允许其宣泄，这有利于护士了解病人患病的心理、社会因素。但是，因护士询问病史的时间有限，如果病人的诉说离题太远，或病人不善于表达自己的病情，护士可以引导病人转到疾病的陈述上来，或抓住病人的关键问题询问清楚。护士还应避免有意识地暗示或诱导病人提供希望出现的资料，主观片面的引导可使问诊走上歧路，得出错误的护理诊断。当问及与疾病有关的病人个人隐私时，护士要首先讲明目的和意义，以免产生不必要的误会，同时应向病人承诺保守秘密。

二、问诊的目的

1. 建立良好护患关系的桥梁　问诊是护患沟通的开端，是建立良好护患关系的最重要时机，正确的问诊方法和良好的沟通技巧，可使病人感到护士的关爱，获得重要的医疗信息，并能使病人主动配合治疗及护理工作，这不仅有利于病人恢复健康，重要的是能建立互信的护患关系。

2. 获得诊断依据的重要手段　通过问诊获取的健康资料对护理诊断具有极其重要的意义，一个具有深厚医学知识和丰富临床经验的护士，通过单独的问诊一方面能对常见疾病作出正确的评判，如感冒、支气管炎、心绞痛、消化性溃疡、糖尿病等；另一方面，通过详细地问诊，能对病人提出准确的护理诊断，包括现存的和潜在的健康问题；此外，深入的问诊有时能补充治疗中难以解释的现象或护理难题，如病人血糖控制不理想，原来是病人夜间悄悄起床吃东西，而不是降糖药剂量不足。

3. 了解病情的主要方法　通过问诊可全面了解病人所患疾病的发生、发展、病因、诊治经过及既往健康状况，为疾病的救治和科学的护理提供重要信息，如房颤病人出现突然一侧肢体功能障碍，很可能是血栓脱落引起脑栓塞；了解病人的心理、社会状况及其对疾病的影响，有利于全面了解病人的健康型态及家庭社会资源，对健康促进和健康维护具有十分重要的作用。

三、问诊的内容

（一）一般项目

一般项目（general data）包括姓名、性别、年龄、民族、籍贯、婚姻状况、职业、文化程度、医疗费支付形式、家庭住址、工作单位、入院日期、入院方式、资料收集日期、病史陈述者及可靠程度等。若资料来源不是病人本人，则应注明与病人的关系。有问诊过程中，需要特别注意下列几点。

1. 姓名　姓名应正确无误，注意音同字不同，以免给病人在医疗费用报销、病历证明等方面带来麻烦。

2. 年龄　许多疾病与年龄有一定的关系，如肺结核多见于青年人，动脉硬化、癌肿多见于中老年人。问诊时注意病人的实际年龄，不能笼统称作“成人”或“儿童”。成人以周岁计，1 岁以内的以月计，1 个月以内的以日计。

3. 民族、籍贯　病人的民族、籍贯可以帮助护士了解病人的生活习惯、作为诊断某些疾病的参考，如长江流域的血吸虫病、牧区容易患的布鲁菌病等。

4. 婚否　结婚与否对诊断妊娠、流产、异位妊娠等不可缺少，应问明未婚、已婚、离婚、再婚、丧偶等详细情况。

5. 职业　某些工种应问清楚从事工作的年限，可供诊断参考。如坑道作业和矿井工作与硅肺等可能有关。

6. 医疗费支付形式　不同的医疗费支付形式对病人住院经济负担影响不同，需详细问明。

7. 家庭住址或工作单位　应仔细询问，确保无误，如在农村，应具体到县、乡、村、组，以便随访。

8. 入院日期 入院日期为年、月、日，急诊或危重应精确到时、分钟。

9. 入院方式 要详细问明是步行、扶送还是使用轮椅、平车抬送等。

案例 3-1-1 分析讨论（1）

1. 很多护士在问诊时往往忽略“一般项目”的重要性，不能全面地收集病人的这些资料，可“一般项目”对发现病人护理问题、判断病人病情及预后等十分重要。

2. 一般项目包括姓名、性别、年龄、民族、籍贯、婚姻状况、职业、文化程度、医疗费支付形式、家庭住址、工作单位、入院日期、入院方式、资料收集日期、病史陈述者及可靠程度。

（二）主诉

主诉（chief complaints）是促使病人本次就诊的最主要的症状和（或）体征及持续时间。但主诉不是病人的原话，而是符合病人原意的医学术语。如病人自述1个多月来吃东西发噎，越来越厉害，主诉为“进行性吞咽困难1个月余”。主诉一般很简洁，一两句话概况，并能初步反映病人某系统疾病信息及病情轻重与缓急，同时，需注明主诉自发生到就诊的时间。有的病人病程长、病情复杂，症状、体征比较多，不容易简单地将病人所述的主要不适作为主诉，此时，应该结合整个病史，综合分析以归纳出更能反映其患病特征的主诉，如“反复胸闷、气促20余年，再发加重7天”。主诉尽可能反映病人的症状，不可采用诊断用语（病名），如“患糖尿病1年”，而应为“多饮、多尿、多食伴消瘦1年”，注意时间先后顺序，如“发热、胸痛20天，呼吸困难10天，下肢水肿1天”。若病人确实没有症状，可根据具体情况实事求是反映病情，如某高血压病人，体检时发现血压升高，当时没有症状，主诉应为“发现血压升高6个月”。主诉实际上是对现病史的高度浓缩，所以主诉的内容在症状、体征、时间等方面要和现病史一致。

（三）现病史

现病史（history of present illness）是疾病发生发展的全过程，包括疾病的发生、发展、演变和诊治经过，是病史的主体部分，包括下列内容。

1. 起病情况及患病时间 询问病人的疾病是急起还是缓起，不同疾病其起病方式不同，有的起病急骤，如脑栓塞、肺炎等；有的起病缓慢，如高血压、肺结核等。患病的时间是指起病到就诊或入院的时间，根据病人的情况可用年、月、日、时、分钟描述。与本次疾病有关的病史虽年代已久，仍属于现病史，如风湿性心瓣膜病病人应询问风湿热初发开始时的状况。若先后出现几个症状，应明确症状出现的时间顺序。

2. 主要症状特点 包括主要症状出现的部位、性质、持续时间、程度、缓解或加剧的因素及伴随症状。这些对于了解是何系统或器官的疾病及其病变的范围和性质有很大的帮助。以腹痛为例，中上腹痛多为胃、十二指肠或胰腺疾病，右下腹痛为阑尾炎或附件疾病，右上腹痛为胆囊疾患，全腹痛可能为急性腹膜炎。对慢性病病人及旧病复发病人，应详细询问第一次发作情况和本次发作情况。

3. 病因与诱因 问诊时尽可能了解本次发病的有关病因（如感染、外伤、中毒）或诱因（如气候变化、环境改变、情绪、运动、饮食失调等），有助于对疾病的诊治和预防。例如，胸痛发生在跑步或者骑车过程中，休息即可缓解，诊断心绞痛的可能性很大；如果高血压病人饮酒、情绪激动后突然出现头痛、呕吐、昏迷、肢体运动障碍等，则脑出血的可能性大。

4. 病情的发展与演变 指在患病过程中主要的症状加重、减轻或出现新的症状。例如，肺结核合并肺气肿的病人常可在活动后气促，如突然出现胸痛和严重呼吸困难，应考虑有自发性气胸的可能。

5. 伴随症状 在主要症状的基础上又出现一系列其他症状即为伴随症状，这些伴随症状常是诊断和鉴别诊断的依据。因为不同疾病可出现相同的症状，因此单凭一个症状无法判断是哪种疾病，必须问清伴随症状诊断才有方向。例如，急性上腹痛可有多种原因，若病人同时伴有恶心、呕吐、发热，特别是又出现黄疸和休克时，应该考虑急性胆道感染的可能。当按一般规律应出现的伴随症状而实际上没有出现时，也应将其记录于现病史中以备进一步观察，因为这种阴性症状往往也具有重要的鉴别诊断意义。

6. 诊治经过　病人发病后接受检查与治疗的经过，包括检查的医疗机构、方法、时间、结果、诊断名称及治疗方法、时间、疗效，特殊药物应问明药名、剂量、用法、疗程、疗效及不良反应。记录诊断及药名时需打引号。

7. 病程中的一般情况　询问病人本次患病以来的精神、体力、体重、食欲、食量、睡眠与大小便的情况。

（四）既往史

既往史（past history）包括病人既往一般健康状况和曾经患过的疾病（包括传染病）史、预防接种史、外伤史、手术史、输血史，以及食物、药物过敏史和长期用药史，尤其是与现病史有密切关系的疾病，以了解某系统是否发生过疾病。例如，冠心病和脑血管意外的病人应询问过去是否有过高血压、高脂血症等。询问时注意与现病有无关系，并按患病时间顺序排列进行记录。

（五）系统回顾

系统回顾（review of systems）指本次发病前后各系统症状的有无。通过系统回顾可避免问诊过程中遗漏重要的信息。

1. 头颅五官　有无视力障碍、聋、耳鸣、眩晕、鼻出血、牙疼、牙龈出血、发音嘶哑等。

2. 呼吸系统　有无咳嗽、咳痰、咯血、喘息、呼吸困难、胸痛等。咳嗽发作时间、频率、性质、程度及与气候变化的关系；痰液的颜色、性质、气味、量；咯血的颜色、量；呼吸困难发生的时间、程度、与体力活动的关系；胸痛的部位、性质、程度、持续时间及与呼吸、咳嗽、体位改变的关系。

3. 循环系统　有无心悸、心前区疼痛，有无头晕、头痛、晕厥、水肿、少尿等。心悸发生的时间、诱因；心前区疼痛的部位、性质、时间、放射情况、频度、诱因及缓解方式；头晕或晕厥发生前有无心悸、心绞痛；水肿出现的时间、部位、程度。

4. 消化系统　有无食欲减退、嗳气、反酸、腹痛、腹胀、腹泻、吞咽困难、呕血、便血、黑便、便秘，有无黄疸、体重下降等。腹痛的部位、性质、程度、时间、放射、诱因、缓解方式，有无规律性；腹泻的频度、量、性质、气味、与饮食的关系，排便时有无腹痛及里急后重感；呕血、便血，以及黑便的量、颜色、性状。

5. 泌尿系统　有无尿频、尿急、尿痛、排尿困难、尿潴留、尿失禁、尿量及颜色改变，有无腰痛、水肿等。

6. 血液系统　有无疲乏无力、头晕、眼花、耳鸣、出血（鼻、牙龈、皮下）、黄疸、淋巴结肿大、肝或脾大、发热、骨骼疼痛。

7. 代谢、内分泌系统　有无食欲异常、多饮、多尿、多汗、怕热、肌肉震颤，有无性格、智力、皮肤、毛发、性欲及骨骼等方面的改变。

8. 神经系统　有无头痛、失眠、意识障碍、晕厥、记忆力改变，有无视力障碍、抽搐、瘫痪、精神异常等。

9. 关节及运动系统　有无关节疼痛、红肿、畸形、活动受限，有无局部肌肉萎缩、外伤骨折、关节脱位等。

10. 精神状态　有无焦虑、抑郁、幻觉、妄想、定向力障碍等。

（六）个人史

个人史（personal history）主要指病人的生活及社会经历，包括所到地方、居留时间、生活习惯、嗜好、个人职业，有无毒物及疫水接触史，有无重大精神创伤史、冶游史，是否患过淋病、尖锐湿疣等。有烟酒嗜好应问明时间和量。

（七）月经史

月经史（menstrual history）：月经初潮年龄、经量及经血颜色、气味，有无痛经、血块、白带，末次月经时间、闭经时间等。有白带者应询问白带的量、气味、性质。记录格式：

$$\text{初潮年龄}\frac{\text{行经期(天)}}{\text{月经周期(天)}}\text{末次月经时间（LMP）或绝经年龄}$$

（八）婚姻史与生育史

婚姻史（marital history）与生育史（childbearing history）：结婚年龄、初孕年龄、妊娠和生产次数，有无流产、早产、难产、死产，产后出血史，有无产褥热，有无影响生育的疾病。配偶健康状况（若已死亡，应记录死因及日期）。

（九）家族史

家族史（family history）：父母、兄弟姐妹、子女的健康情况，有无肝炎、结核等传染病史，有无与遗传有关的疾病或与病人类似疾病的病史，如已死亡，了解其原因及时间，必要时，追问其祖父母及外祖父母、舅父、表兄等的健康情况。

（十）心理社会状况

认知功能、情绪、应激与应对、价值观与信念、对所患疾病的认识，询问生活与居住环境、家庭社会关系等。具体的问诊方法及内容见第六章“心理社会评估”。

案例 3-1-1 分析讨论（2）

1. 该病人 20 余年来，反复出现活动后心前区闷胀感、伴气促，虽经多次就诊，病情仍然没有得到很好的控制，而且越来越严重，7 天前开始加重。
2. 主诉的概念：促使病人本次就诊的最主要的症状和（或）体征及持续时间。
3. 该病人的主诉：反复胸闷、气促 20 余年，再发加重 7 天。

四、问诊的方法与技巧

问诊不仅可以全面地了解病人疾病的历史和现状，而且通过交谈，可以掌握病人的思想动态，有利于做好病人的心理护理，提高诊疗效果。因此，问诊需注意方法与技巧，这对于获取病史资料的全面性、准确性十分重要。

（一）问诊前营造宽松和谐的氛围

问诊正式开始前，护士应先向病人作自我介绍，作简短而随和的交谈，使病人情绪放松；对病人称呼一般不宜直呼其名，可称“某某先生”“某某女士”或其他恰当的称谓；不要当着陌生人询问，注意保护病人隐私；说明此次询问的目的与要求，并向病人作出病史内容保密的承诺，对涉及有关病人个人和社会背景的资料时，做好解释，消除病人顾虑；注意语言亲切、态度友善，使问诊顺利进行；同时，注意仪表和礼节，使病人感到亲切温暖、值得信赖。

（二）按顺序进行问诊

问诊一般从主诉开始，如先问：“您今天来主要是因为哪里不舒服?”“这种情况有多长时间了?”，然后耐心倾听病人陈述，在其陈述过程中，护士可适当地提问，以明确症状发生的具体时间，并跟踪症状自首发至目前的演变过程，以避免遗漏重要的资料，如果有几个症状同时出现，必须明确其先后顺序，如主诉：反复胸骨后疼痛 2 年，复发并加重 2 小时。2 年前，病人开始出现活动后胸骨后疼痛，几分钟后消失。1 年前胸痛发作频繁，去当地医院就诊，诊断为“心绞痛”，口服倍他乐克（酒石酸美托洛尔），一天 2 次，每次 1 片，疼痛消失，继续服药至今。2 小时前胸骨后疼痛再次发作，并放射至左肩部，1 小时前疼痛加剧，伴有出汗、头晕、心悸，遂入院。

问诊时注意引导病人按顺序讲述病史，如“以后怎么样了?然后又……”，这样在核实所得资料的同时，可以了解病情发展的先后顺序。在询问现病史之后，需了解既往史、家族史等内容，问诊时注意使用过渡性语言，如“我们一直在谈论您今天来看病的目的，现在想问问您过去的病情，以便了解是否与您目前的疾病有关。”“有些疾病与遗传有关，我们也想了解这方面的情况，现在我想问问您的父母、兄弟姐妹的相关健康状况。”等，以使病人了解即将讨论的新项目及其理由。

（三）避免暗示性提问和重复提问

暗示性提问是一种能为病人提供带倾向性的特定答案的提问方式，很容易使病人为应对护士而随声附和，如“您的胸痛放射到左手吗?”，恰当的提问应是“您除胸痛外还有什么地方痛吗?”。提问时还要注意系统性、目的性和必要性，避免重复提问，如问诊中已经获知病人无过敏史，再问病人对什么药物过敏，则表明询问者未注意倾听。

（四）避免使用医学术语

术语即外行难懂的专业性用语或隐语。问诊时语言要通俗，避免使用特定意义的医学术语，如鼻出血、隐血、谵语、里急后重、湿性咳嗽等，必须用常人易懂的词语代替难懂的医学术语，如“你在夜间睡眠时，有无突然憋醒的情况?”，而不能问“你有夜间阵发性呼吸困难吗?”。

（五）及时核实

问诊过程中对病人不确切、含糊不清、存在疑问或矛盾的陈述内容，应及时核实，以提高病史的准确性。常用的核实方法有：

1. 澄清　要求病人对模棱两可或模糊不清的内容做进一步的解释与说明，如“您说您常有胸痛，请您确切地说明一下是怎样的感受?”

2. 复述　以不同的表达方式重复病人所说的内容，如“您的意思是说您今天早晨起床后有便意，随即解柏油样便约 500ml，便后感头晕、乏力，是这样吗?”

3. 反问　以询问的口气反问病人，以核实其所说内容的真实性，但不可加入自己的观点，并鼓励病人提供更多的信息，如“您说您没有什么顾虑，可为什么您情绪一直不好呢?”

4. 质疑　病人陈述内容前后矛盾或者与护士所观察到的情况不一致时，应提出质疑，如“您说您已经戒烟了，可怎么又抽烟呢?”

5. 解析　对病人所提供的信息进行分析和推论，并与其交流，病人可对护士的解析加以确认、否认或提供另外的解释等。当病人回答不确切时，要耐心启发，如“请再想一想，能不能再确切些”等，注意给其足够的时间回答。

（六）根据情况采取封闭式提问或开放式提问

1. 封闭式提问　是指使用一般疑问句，病人仅以“是”或“否”即可回答。如问“您疼痛是不是好些了?”，只要求病人回答“是”或“不是”；或者对提供的答案作出选择，如“您的疼痛是绞痛还是刺痛?”。封闭式提问直接简洁，病人易于回答，节省时间，但因要回答的内容已包含在问句中，护士难以得到问句以外的更多信息，且这种提问有较强的暗示性。

2. 开放式提问　是指使用特殊疑问句，病人需将自己的实际情况加以详细描述才能回答。如问“您到底担心什么?”病人不能用“是”或“否”来回答，而要讲述引起担忧的具体事情才能回答完全。开放式提问因问句中不包含要回答的内容，病人必须提供更为详细的信息，这样可以获得较多的资料，且提问不具有暗示性。但开放式提问要求病人具有一定的语言表达能力，护士也要花较多的时间耐心倾听。

采取何种提问方式应视不同情况而定，一般来说，为了获得更多的健康史资料，问诊中宜多采用开放式提问，但注意避免责难性提问，如“你为什么要吃那些不干净的东西呢?”，这样会使病人产生防御心理，以至于问诊难以继续。

（七）恰当运用鼓励、赞扬的语言

对病人的陈述给予适当的正面评价，以鼓励病人表达自己的想法和感受，往往能获得更多的信息，特别是对不善言谈的病人或某些难以启齿的隐私，如“那您肯定承受了许多压力，很不容易”“您能成功减肥，非常棒”“您能告诉我这些，我完全能理解您的感受”“很好，继续说”等，这样能增加病人回答问题的信心。

（八）结束语应妥当

问诊结束时，应向病人表达谢意，并告知下一步该做什么、接下来需要哪些准备等；可利用这段时间，介绍医院环境及入院注意事项、对病人进行健康教育及心理安慰；同时，告知病人遵医行为对其健康的重要性、遇到问题如何寻求医护人员的帮助等。

五、特殊情况的问诊

问诊有时会遇到特殊情况，如病人病情危重、交流困难，或情绪低落、话语极少，或情绪愤怒、语言冲撞，还有老年人、儿童、精神病病人等，这些往往使问诊遭遇很大阻碍，如果没有一定的交流技巧，很难采集到病人可靠的病史资料，因此，掌握一些问诊技巧十分重要。

（一）重危和晚期病人

病人病情重危时，反应变得迟钝，在作扼要的询问与重点检查后，应立即实施抢救，经初步处理、病情稳定后，方可详细询问病史；对意识障碍者可通过病人身边相关人员获得病人重要病史资料，如家属、保姆等。重症晚期病人往往对疾病的治疗丧失信心，情绪低落不愿回答，此时应给予特别关心，可一边采用肢体语言同情安慰病人，一边耐心地询问病史。对病人提出的有关诊断、预后等问题，应给予恰当的回应，以免对病人造成伤害。

（二）残疾病人

残疾病人不但需要更多的同情、关心和耐心，还需要花更多时间收集病史。对听力损害者或聋哑人，谈话清楚大声、态度和蔼友善，可用简单明了的手势或其他体语，或请病人亲属、朋友解释或代述，同时注意病人表情，必要时作书面提问和书面交流。对盲人，应先向病人自我介绍及介绍现场情况，减轻其恐惧并获得信任，仔细聆听病史叙述并及时作出语言的应答，使其放心与配合。

（三）缄默与忧伤病人

对缄默不语的病人，护士首先应注意观察病人的表情、反应和躯体姿势，可能从中发现某些护理问题的线索；其次，使用恰当的肢体语言增加病人信任感，鼓励其客观地叙述其病史；最后，要以尊重的态度和同理心，耐心地向病人表明对其痛苦的理解，如病人因病伤心或哭泣、情绪低落，应给予安抚并适当等待，减慢问诊速度，使其镇定后继续叙述，并对病人的回答给予积极的评价。要避免由于问题未切中要害或批评性提问使病人沉默或不悦，或因过多过快的直接提问使病人惶惑而被动。

（四）焦虑与抑郁病人

焦虑病人往往对自己病情的发展与预后表现出极度关注且十分急迫，询问病史时，一方面鼓励焦虑病人讲出其感受，注意其各种语言和非语言的线索；另一方面，安慰病人时应注意分寸，切忌不切实际的承诺，如“不要担心，肯定会治好的”，以免适得其反，使病人产生抵触情绪，交流更加困难。疑有抑郁症者应按精神科要求采集病史。

（五）文化程度低和语言交流障碍病人

文化程度低的病人其理解力及医学知识相对欠缺，可能影响其问题回答的准确性，问诊时注意语言通俗易懂，语速宜慢，不十分明确的地方需重复及核实。应特别注意区别病人因为过分顺从护士和对环境的生疏，在未理解的情况下对提问给予礼貌性的“是”的回答。语言交流障碍者可用体语、手势加上不熟练的语言交流，必要时找翻译，注意反复核实所提供的信息很重要。

（六）多话与爱唠叨病人

多话、爱唠叨的病人，对护士的一个问题往往回答一长串内容，甚至不着边际，且不停地讲述，护士不易插话及提问，对此，应巧妙地打断病人提供不相关的内容，把提问引到主要问题上，切勿表现出不耐烦而失去病人的信任；或礼貌地告诉病人问诊的内容及时间限制，或者让病人稍休息后再行问诊，同时，仔细观察其有无精神科的思维奔逸或混乱情况，必要时按精神科要求采集病史。

（七）愤怒与敌意病人

病人因为疾病或就医过程中未满足其要求等原因，对医院管理、医务人员表现出不满时，易引起愤怒情绪，甚至对医护人员表现出敌意、采取攻击行为，对此，护士应冷静对待，尽早发现其发怒的原因，予以恰当的解释说明，并采取措施平复病人的情绪，切忌反复声明自己、同事或院方无任何过错，把责任归咎于病人本人，而更加触怒病人。待病人情绪完全平抚后再进行问诊，态度和蔼、语速放慢，问诊时注意对病人表达同情并适当安慰，对由于医院或医务人员给病人造成的不便表示歉意，对病人合理的要求及时满足。

（八）老年人

老年人因体力、视力、听力减退，反应缓慢或思维障碍，问诊时会有一定的困难。应先用简单清楚、通俗易懂的一般性问题提问；减慢问诊进度，使之有足够时间思索、回忆，必要时作适当的重复；采取面对面的交流方式使病人能看清护士的表情及口型，注意病人的反应，判断其是否听懂，有无思维障碍、精神失常，必要时向家属和朋友收集资料、补充病史。

（九）儿童

小儿多不能完整清楚地自述病史，须由家长或保育人员代述。问病史时应注意态度和蔼，体谅家长因子女患病引起的焦急心情，认真对待家长所提供的每个与病情有关的信息。5 岁以上的小儿可让其补充叙述一些有关病情的细节，但应注意其记忆及表达的准确性。

（十）精神疾病病人

首选判断病人的意识状态，对有自知力的精神疾病病人，直接问诊病人本人；对缺乏自知力的病人，应对病人家属或相关人员进行询问，以获得可靠病史资料。但由于不是本人的患病经历和感受，或者对病人病情的了解程度不同，家属或相关人员提供的资料可能杂乱无章，需结合医学知识综合分析、归纳、整理后记录。

案例 3-1-1 分析讨论（3）

1. 该病人为 77 岁老年人，问诊时首先应了解老年人的视力、听力、反应能力、思维状况等，若交流沟通有困难，应有相应的应对。

2. 如果病人无法交流，可向其家属、身边照顾者如保姆等询问病人的情况，收集病史资料。

3. 如果病人交流沟通稍有困难，问诊时应先用简单清楚、通俗易懂的语言，减慢问诊进度，并注意病人的反应，判断其是否听懂，同时，向病人家属、最熟悉病人情况者收集资料、补充病史。

第二节 体格检查

案例 3-2-1

陈某，男，57 岁。自诉半个月前无明显诱因出现皮肤、巩膜黄染，伴有皮肤瘙痒，稍有厌食、厌油感，无明显恶心、呕吐、腹痛、腹泻等其他不适，遂就诊于当地医院，予以“熊去氧胆酸胶囊”及“茵栀黄口服液”退黄治疗，具体用药不详，症状无明显改善，遂转诊于我院门诊，门诊以“黄疸查因”收入我科。患病以来精神、体力欠佳，食欲、睡眠差，大便黄，小便颜色加深，体重无明显变化。

（既往史、个人史、婚育史、家族史略）

体格检查：体温 36.9℃，脉搏 60 次/分，呼吸 22 次/分，血压 105/62mmHg。发育正常、营养中等，慢性病容，自动体位，神志清楚，检查合作，步态正常（其他全身体格检查略）。专科检查：全身皮肤、巩膜有黄染，腹部平坦，腹式呼吸存在，无腹壁静脉曲张，未见胃肠型及蠕动波，腹软，全腹无压痛及反跳痛，Murphy 征阴性，未触及包块，肝脾肋下未触及，肝区无叩击痛，双肾区无叩痛，移动性浊音阴性，肠鸣音正常，约 4 次/分。

问题：

1. 对该病人进行体格检查需要准备哪些检查器具？
2. 该病人体格检查包含哪些方法？

体格检查（physical examination）是指护士运用自己的器官或借助体温表、血压计、听诊器、手电筒和叩诊锤等检查器具，对病人身体进行检查，从而客观地评估病人身体状况的最基本的检查方法，一般于采集完护理病史后开始检查。

一、体格检查的职业素质要求

体格检查时要求病人充分暴露被检查部位，可能使病人产生不安，检查手法也可能给病人带来不适，因此，护士应有高度的责任感和良好的职业素质。

1. 护士应仪表端庄、举止大方、态度诚恳、沉着稳重。

2. 进行体格检查前需要与病人进行良好的沟通，有礼貌地进行自我介绍，说明体格检查的原因、目的与要求，以取得病人的同意与配合。

3. 创造良好的体格检查环境，室内温度、湿度适宜，光线充足，保持安静，用床帘遮挡床旁其他人视线或用浴巾适当遮掩被暴露部位，注意保护病人隐私。

4. 检查者在进行体格检查前要洗手、修剪指甲，检查器具准备齐全，必要时需消毒液擦拭，避免交叉感染。

5. 检查者站在病人右侧，检查手法应规范轻柔，避免反复搬动病人、改变体位，加重病人的痛苦和损伤。

6. 检查过程中要关心、体贴病人，询问病人的感受，根据病人的表情与脸色，随时调整检查手法。

7. 体格检查要按顺序进行，避免重复和遗漏，通常首先检查生命征和一般状况，然后按头、颈、胸、腹、脊柱、四肢、神经系统顺序进行检查，必要时进行生殖器、肛门和直肠检查。但可根据病情轻重、避免影响检查结果等因素，调整检查顺序，利于及时抢救和处理病人。

8. 检查结束后应及时帮病人整理衣物，对病人的配合和协作表达谢意。

案例 3-2-1 分析讨论（1）

1. 对该病人进行的体格检查包含体温、脉搏、呼吸、血压、肠鸣音等。
2. 对该病人体格检查需要准备的检查器具：体温表、血压计、听诊器。

二、体格检查的目的

体格检查是客观地了解病人的身体状况，其目的是进一步验证问诊中所获得的有临床意义的症状，发现病人存在的体征。如病人主诉疲乏无力、怕热多汗、紧张焦虑、多食易饥、体重显著下降，这些症状表明甲亢的可能性大，是否有甲亢的相应体征，如突眼、甲状腺肿大并伴有血管杂音、心动过速、心律失常甚至心力衰竭体征等，须进行体格检查以验证。

体格检查的最终目的就是为确定诊断提供客观依据。如病人有恶心、乏力、消瘦、食欲减退、出血等状况，通过问诊后考虑可能是肝硬化所致，为了明确病人是否确有肝硬化，有无肝硬化的相应体征，就必须进行体格检查，若发现病人有肝病面容，皮肤有黄染、蜘蛛痣、肝掌，腹壁静脉以脐部为中心显露至曲张，肝大、质硬或触不到，脾大等，这些客观体征均表明，病人患肝硬化的可能性很大。当然，接下来还需补充实验室和其他检查，以便与其他疾病相鉴别，最终使病人得到确诊。

三、体格检查的基本方法

体格检查的基本方法有视诊、触诊、叩诊、听诊和嗅诊。要熟练掌握和运用这些方法，并使评估结果准确可靠，必须反复练习和实践，同时，还应具有丰富的医学基础知识和护理专业知识。

（一）视诊

视诊（inspection）是以视觉来观察病人全身或局部状态的评估方法，包括全身和局部视诊，以及呕吐物或排泄物的观察。通过视诊可以观察到许多全身及局部的体征。

视诊方法简单、适用范围广泛，可提供重要的健康资料和护理诊断线索，有时仅用视诊就可明确一些疾病的诊断。视诊应注意光源，最好在自然光线下进行，受检部位光线由侧面射入对观察搏动或肿物的轮廓很有帮助；夜间在普通灯光下常不易辨别黄疸、发绀、苍白，皮疹也不易看清楚。

（二）触诊

触诊（palpation）是护士通过手与病人体表局部接触后的感觉或病人的反应，以发现有无异常的评估方法。手的不同部位对触觉的敏感度不同，其中以指腹和掌指关节的掌面最为敏感；掌指关节的掌面对震动亦较为敏感；手背皮肤对温度较为敏感。触诊的适用范围很广，可遍及全身各部，尤以腹部检查最常用（图 3-2-1）。

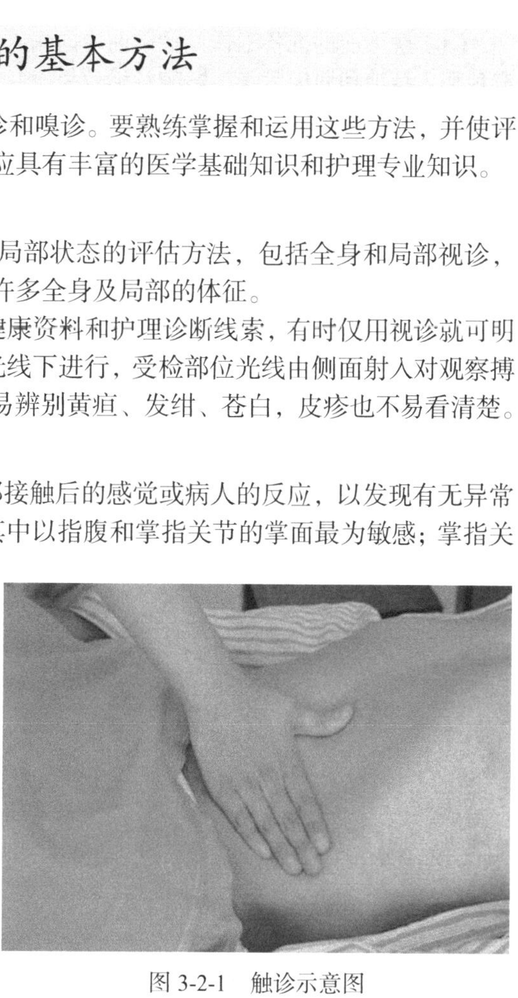

图 3-2-1　触诊示意图

1. 触诊方法　由于触诊的目的不同，施加的压力轻重不一，因此，触诊可分为浅部触诊法（light palpation）与深部触诊法（deep palpation）。

（1）浅部触诊法：将一手轻轻放在受检部位，利用掌指关节和腕关节的协同动作，轻柔地滑动触摸。腹部浅部触诊可触及的深度约为 1cm。浅部触诊法适用于体表浅在病变，如关节、软组织及浅部的动脉、静脉、神经、阴囊和精索等。浅部触诊一般不会引起病人痛苦及肌肉紧张，因此，更有利于评估腹部有无压痛、抵抗感、搏动、包块和某些增大的器官等。

（2）深部触诊法：将一手或两手重叠，由浅入深，逐渐加压以达深部。腹部深部触诊触及的深度一般在 2cm 以上，有时可达 4～5cm。深部触诊适用于评估腹腔病变和腹部器官情况，根据评估目的和手法的不同，深部触诊法又可分为 4 种：

1）深部滑行触诊法（deep slipping palpation）：评估时嘱病人张口平静呼吸，可与病人友谈以转移注意力，尽量使病人的腹肌放松。护士以并拢的示指、中指、无名指末端逐渐触向腹腔器官或包块，并在被触及的器官或包块上做上、下、左、右的滑行触摸。如为肠管或条索状包块，则需做与长轴相垂直方向的滑行触诊。深部滑行触诊法常用于腹腔深部包块和胃肠病变的评估。

2）双手触诊法（bimanual palpation）：护士将左手置于受检器官或包块的后部，并将受检部位推向右手方向，右手中间三指在相应部位进行触诊。此法多用于肝脏、脾脏、肾脏和腹腔肿物的触诊。

3）深压触诊法（deep press palpation）：以 1、2 个手指逐渐深压，用以探测腹腔深在病变的部位或确定腹部压痛点，如阑尾压痛点、胆囊压痛点等。

4）冲击触诊法（ballottement）：评估时以 3、4 个并拢的手指指腹，放置于腹壁相应的部位（与腹壁呈 70°～90°），做数次急速而较有力的冲击动作，在冲击时即会出现腹腔内器官在指端浮沉的感觉，这种方法一般只用于大量腹水时肝脏、脾脏难以触及者。因急速冲击可使腹水在器官表面暂时移去，器官随之浮起，故指端易于触及增大的肝脏、脾脏或腹腔包块。

2.注意事项

（1）触诊前的准备工作：触诊前应向病人说明触诊的目的和配合方法，触诊时手要温暖轻柔，避免病人精神和肌肉紧张，影响触诊效果。

（2）站立要正确：护士与病人都应采取适宜的位置，护士应站在病人右侧，面向病人，以便随时观察病人的面部表情变化；病人取仰卧位，双手自然置于体侧，双腿稍屈曲，腹肌尽可能放松。

（3）病人准备：进行下腹部触诊时，可根据需要嘱病人排空大小便，以免影响触诊，或将充盈的膀胱误认为腹腔包块。

（三）叩诊

叩诊（percussion）是护士用手指叩击病人某部位的表面，使之震动而产生音响，根据震动和音响的特点来判断受检部位的器官状态有无异常的方法。叩诊多用于确定肺下界的定位、胸腔积液或积气的多少、肺部病变的范围与性质、纵隔的宽度、心界的大小与形状、肝脾的边界、腹水的有无与多少、子宫及卵巢有无增大、膀胱有无充盈等。另外，叩诊也用于了解肝区、脾区及肾区等有无叩击痛。

1. 叩诊方法 因叩诊的部位不同，病人须采取相应的体位。如叩诊胸部时取坐位或卧位，叩诊腹部时常取仰卧位。由于叩诊的手法与目的不同，叩诊又分为间接叩诊法与直接叩诊法。

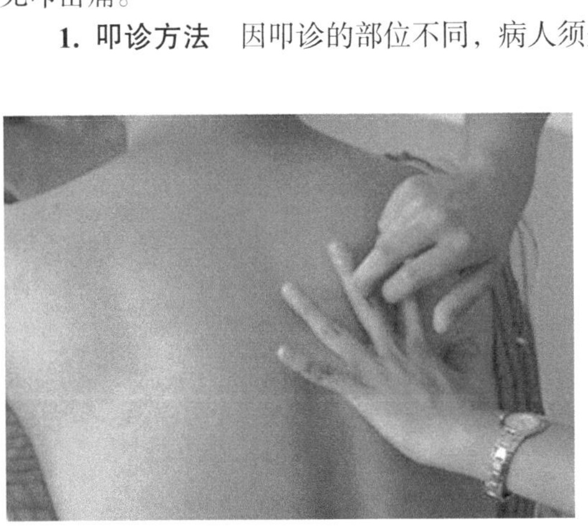

图 3-2-2 间接叩诊法示意图

（1）间接叩诊法（indirect percussion）：是广泛采用的叩诊方法。护士左手中指第二指骨紧贴于叩诊部位，勿施重压，以免影响被叩组织的震动，其他手指稍微抬起（勿与体表接触）；右手指自然弯曲，以中指指端叩击左手中指第二指骨前段，叩击方向应与叩诊部位的体表垂直；叩诊时应以腕关节与掌指关节的活动为主，避免肘关节及肩关节参加运动（图 3-2-2）。

叩诊基本要领：紧（左手中指第二指骨紧贴叩诊部位）、翘（左手其他手指稍抬起，勿与体表接触）、直（以右手中指指端垂直叩击左手中指第二指骨前端）、匀（叩击力量均匀一致）、快（每次叩击后右手要快速抬起）。

（2）直接叩诊法（direct percussion）：是护士采用右手示指、中指、无名指的掌面直接叩击受检部位，借叩击的音响和指下的震动感来判断病变的方法（图 3-2-3）。此法主要适用于评估胸部或腹部面积较广泛的病变，如大量胸腔积液或腹水等。

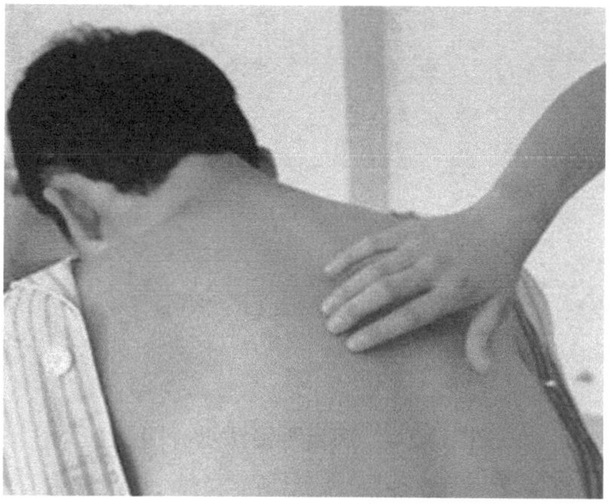

图 3-2-3　直接叩诊法示意图

2. 叩诊音（percussion sound）　即被叩击部位产生的音响。因被叩击部位组织器官的密度、弹性、含气量及与体表的距离不同，可产生不同的音响。根据音响的强弱、频率等的不同将叩诊音分为 5 种，即实音、浊音、清音、过清音和鼓音。叩诊音的时限与密度呈负相关，实音持续时间最短，随着组织密度减小，叩诊音的时限逐渐延长。各种叩诊音的特点及临床意义见表 3-2-1。

表 3-2-1　各种叩诊音的特点及临床意义

叩诊音	音响强度	音调	持续时间	正常存在部位	临床意义
实音	最弱	最高	最短	心脏、肝脏	大量胸腔积液、肺实变
浊音	弱	高	短	心脏、肝脏被肺覆盖部分	肺炎、肺不张、胸膜增厚
清音	强	低	长	正常肺部	无
过清音	更强	更低	更长	无	阻塞性肺气肿
鼓音	最强	最低	最长	胃泡区	气胸、肺空洞

3. 注意事项

（1）叩诊前的准备：环境应安静，以免影响叩诊音的判断。叩诊时应嘱病人充分暴露被叩诊部位，并使肌肉放松。

（2）注意对称部位的对比：叩诊时应注意对称部位的比较与鉴别。

（3）注意音响与震动感的比较：叩诊时不仅要注意叩诊音响的变化，还要注意不同病灶震动感的差异。例如，肺组织为含气的肺泡所组成，其振动频率低、弹性好、振幅大、振动期长，故音调低但音响强、音时长。

（4）叩诊动作规范：叩诊动作灵活、短促、富有弹性。叩击后右手应立即抬起，以免影响音响的振幅与频率。一个部位每次连续叩击 2～3 下，如未能获得明确效果，可再连续叩击 2～3 下。叩击力量要均匀适中，使产生的音响一致，以便正确判断叩击音的变化。叩击力量的轻重应视不同的评估部位及病变组织的性质、范围或位置深浅等具体情况而定。

（四）听诊

听诊（auscultation）是护士用耳或借助于听诊器听取病人身体器官发出的声音，以识别正常与病理状态，从而判断健康与否的方法，常用于心血管、肺脏及胃肠道等评估。

1. 听诊方法

（1）直接听诊法（direct auscultation）：是指护士将耳直接贴附于被检查者的体壁上进行听诊，这种方法所能听到的体内声音很弱。这是听诊器出现之前所采用的听诊方法，目前也只有在某些特殊和紧急情况下才会采用。

（2）间接听诊法（indirect auscultation）：是指采用听诊器进行的听诊。此法方便，使用范围广，

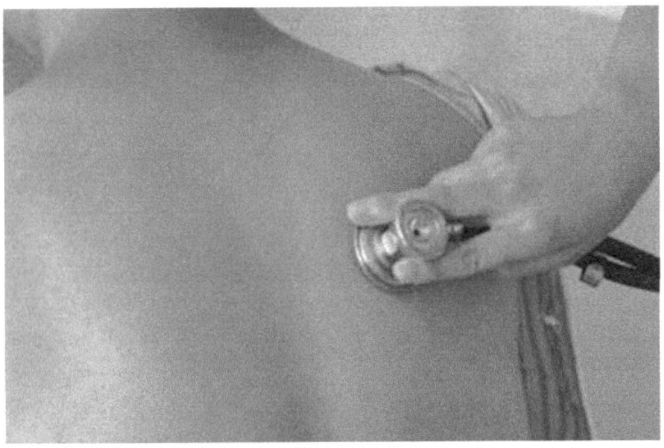
图 3-2-4 间接听诊法示意图

对器官运动的声音可起放大作用（图 3-2-4），主要用于心脏、肺脏、腹部、血管等的听诊。

2. 注意事项

（1）听诊前的准备：听诊时环境要安静、温暖、避风。寒冷可引起病人肌束颤动，出现附加音，影响听诊效果；听诊时应根据病情，嘱病人采取适当体位，对虚弱不能起床的病人，为减少其翻身的痛苦，以使用膜型听诊器为佳。

（2）正确使用听诊器：听诊前应注意耳件方向是否正确，管腔是否通畅；胸件要紧贴于被听诊部位，避免与皮肤摩擦而产生附加音。

（五）嗅诊

嗅诊（olfactory examination）是通过嗅觉判断发自病人的异常气味与疾病关系的一种评估方法。这些异常气味多来自皮肤、黏膜、呼吸道、胃肠道、呕吐物、排泄物、分泌物、脓液等。嗅诊时用手将病人散发的气味扇向自己的鼻部，然后仔细判断气味的性质和特点。常见的气味来源及其临床意义有：

1. 汗液 无强烈刺激性气味，酸性汗味见于风湿热或长期服用水杨酸、阿司匹林等；特殊的狐臭味见于腋臭等。

2. 痰液 无特殊气味，血腥味见于大量咯血；恶臭味可能为支气管扩张或肺脓肿。

3. 脓液 无特殊气味，如为恶臭味则见于气性坏疽。

4. 呕吐物 酸臭味提示食物在胃内滞留时间过长而发酵，粪臭味多见于幽门梗阻或腹膜炎，呕吐物混有脓液并有令人恶心的甜味（似烂苹果味）则见于胃坏疽。

5. 粪便 腐败性臭味多见于消化不良或胰腺功能不全，腥臭味见于细菌性痢疾，肝腥味见于阿米巴痢疾。

6. 尿液 浓烈的氨味见于膀胱炎及尿潴留，鼠尿味见于苯丙酮尿症，烂苹果味见于糖尿病酮症酸中毒，大蒜臭味见于有机磷中毒，腐臭味见于膀胱癌晚期。

7. 呼气 浓烈的酒味见于饮酒后或醉酒者，刺激性蒜味见于有机磷中毒，烂苹果味见于糖尿病酮症酸中毒，氨味见于尿毒症，肝腥味见于肝性脑病。

案例 3-2-1 分析讨论（2）

1. 对该病人进行的体格检查中看到了发育、营养、病容、体位、步态、全身皮肤、巩膜、腹壁静脉、胃肠型及蠕动波等情况，触摸了腹部包括腹壁和腹内脏器，检查了移动性浊音和肠鸣音等。

2. 该病人体格检查包含视诊、触诊、叩诊、听诊四种体格检查方法。

（王秀华）

第四章　常见症状问诊

第一节　发　　热

案例 4-1-1

李某，男，28 岁，农民。主诉：发热 4 天。

现病史：5 天前病人受凉后出现鼻塞、流涕、咽痛、伴有轻咳，在社区医院就诊，按“上呼吸道感染”给予利巴韦林等治疗，效果不佳。4 天前出现畏冷、发热，体温为 39.1～40℃。咳嗽较前明显加重，痰量增多，呈铁锈色痰，有时感左胸疼痛不适，以深吸气、咳嗽时明显，并出现口唇疱疹。发病以来自觉乏力、精神差，食欲减退，无腹痛、腹泻、恶心呕吐及尿频尿急，小便色黄，大便正常。

既往史：既往体健，无急、慢性传染病史及手术史、外伤史，无药物过敏史，预防接种史不详。

问题：

1. 该病人的主要症状是什么？
2. 该病人主要症状有哪些特点？
3. 该病人可能的护理诊断有哪些？

正常人体温因受大脑皮质及下部体温中枢的控制，通过神经、体液因素调节产热与散热过程，而保持相对恒定。当机体在致热原（pyrogen）作用下或各种原因引起体温调节中枢的功能障碍时，体温升高超出正常范围，称为发热（fever）。

一、正常体温与生理变异

正常成人在体温调节中枢的调控下，体内产热和散热过程保持动态平衡，体温相对恒定，一般为 36～37℃。正常体温因测量部位不同略有差异，一般口腔温度（舌下）相对恒定在 36.3～37.2℃；腋窝温度较口腔温度低 0.2～0.4℃；直肠温度一般较口腔温度高 0.3～0.5℃。体温也可受昼夜节律、年龄、性别、运动、进餐、情绪及内外环境因素的影响而稍有波动。

二、发生机制

（一）致热原性发热

致热原是引起发热的最常见因素。致热原可分为外源性和内源性两种类型。

外源性致热原（exogenous pyrogen）包括细菌、病毒、真菌及细菌内毒素、抗原–抗体复合物、某些类固醇物质等。外源性致热原分子量较大，不能通过血–脑脊液屏障直接作用于体温调节中枢引起发热，但各种外源性致热原均能通过激活血液中的中性粒细胞、嗜酸性粒细胞和单核–吞噬细胞系统，使之形成并释放白介素（interleukin-1，IL-1）、肿瘤坏死因子（tumor necrosis factor，TNF）和干扰素（interferon，IFN）等内源性致热原（endogenous pyrogen）。内源性致热原又称为白细胞致热原。

内源性致热原分子量较小，可通过血–脑脊液屏障直接作用于体温调节中枢，使体温调定点上移。体温调节中枢对体温加以重新调节，发出调节冲动，一方面通过交感神经作用，使皮肤血管收缩，血流量减少，排汗停止，散热减少；另一方面通过运动神经，使骨骼肌紧张性增高或阵挛（表现为寒战），产热增多。最终由于产热大于散热，体温调节中枢在新的调定点上达到平衡，机体处于发热状态。

（二）非致热原性发热

体温调节中枢直接受损，或存在某些引起产热增多或散热减少的疾病，影响正常体温调节过程，使产热大于散热所致的发热。

三、病 因

1. 感染性发热（infective fever） 可以是急性、亚急性或慢性，亦可以是全身性或局部性感染。其病原体可以是病毒、细菌、支原体、立克次体、螺旋体、真菌、寄生虫等。病人除发热外，还有全身毒血症状。其原因是病原体的代谢产物或其毒素作用于单核–吞噬细胞系统而释放出内源性致热原，从而导致发热。

2. 非感染性发热（noninfective fever） 主要有下列几类原因：

（1）无菌性坏死物质的吸收：组织细胞坏死、组织蛋白分解及坏死产物的吸收，可导致无菌性炎症而发热。①机械性、物理性或化学性损害，如大手术、内出血、大面积烧伤等；②血管栓塞或血栓形成引起的心、肺、脾等内脏梗死或肢体坏死；③组织坏死与细胞破坏，如肿瘤的坏死、白血病、淋巴瘤、溶血反应等。

（2）抗原–抗体反应：如风湿热、血清病、药物热、结缔组织疾病等。

（3）内分泌与代谢障碍：如甲状腺功能亢进时产热增多，重度脱水时因心排血量减少而散热减少。

（4）皮肤散热减少：见于广泛性皮炎、鱼鳞病及慢性心功能不全等，因皮肤散热减少引起低热。

（5）体温调节中枢功能紊乱：①物理性，如中暑；②化学性，如重度安眠药中毒等；③机械性，如脑出血、脑震荡、颅骨骨折等。上述各种原因可直接损害体温调节中枢，使其功能失常而发热。高热无汗是这类发热的特点。

（6）自主神经功能紊乱：由于自主神经功能紊乱而影响正常的体温调节过程，使产热大于散热，体温升高，临床上常表现为低热，属功能性发热。①原发性低热：可持续数月甚至数年，体温波动范围小，多在0.5℃以内。②感染后低热：感染后低热不退，而原有感染已愈，多因体温调节功能未恢复所致。③夏季低热：仅在夏季出现低热，入秋后体温正常，如此反复连续，数年后多可自行缓解。④生理性低热：精神紧张、剧烈运动、月经前、妊娠期出现的低热。

案例 4-1-1 分析讨论（1）

1. 该病人的主要症状是发热。
2. 根据已有病史资料，该病人发热的原因可能为感染性发热。

四、临床表现

（一）发热的分度

按发热的高低可分为：①低热，37.3～38℃；②中等度热，38.1～39℃；③高热，39.1～41℃；④超高热，41℃以上。

（二）发热过程及特点

发热一般可分为以下 3 个阶段：

1. 体温上升期　临床表现为畏寒或寒战、皮肤苍白并干燥无汗、疲乏无力、肌肉酸痛等症状。体温上升有两种方式：①骤升型，体温在几小时内达 39～40℃或以上，常伴有寒战，见于大叶性肺炎、疟疾、败血症、流感、急性肾盂肾炎、输液反应或某些药物反应等。②缓升型，体温于数日内缓慢上升达高峰，多不伴寒战，见于伤寒、结核病等。

2. 高热期　此期可持续数小时（如疟疾）、数日（如肺炎、流感）或数周（如伤寒）。此时体温已达到体温调定点水平，体温调节中枢不再发放寒战冲动，故畏寒、寒战消失；皮肤血管由收缩转为舒张，临床表现为皮肤潮红而灼热，产热与散热在较高水平上保持平衡。由于体温增高，基础代谢率增高，故病人呼吸加快变深，心率加快，可有出汗。

3. 体温下降期　由于机体的防御作用及适当治疗，疾病得到控制，内生致热原的作用逐渐减弱、消失，体温中枢的体温调定点逐渐降到正常水平，产热减少、散热增多，使体温恢复正常。降温的方式有两种：①骤降，体温于数小时内迅速下降至正常，有时甚至可略低于正常，常伴有大汗淋漓，常见于疟疾、大叶性肺炎、急性肾盂肾炎及输液反应等。②渐降，体温于数日内逐渐降至正常，如伤寒、风湿热等。

（三）热型及临床意义

发热病人在不同时间测得的体温数值分别记录在体温单上，将各体温数值点连接起来形成体温曲线。体温曲线的不同形态（形状）称为热型（fever type）。不同的病因所致发热的热型也常不同。临床上常见的热型有：

1. 稽留热（continued fever）　体温持续在 39～40℃及以上，达数日或数周，24 小时波动范围不超过 1℃。见于大叶性肺炎、伤寒的高热期（图 4-1-1）。

2. 弛张热（remittent fever）　又称败血症热型。体温在 39℃以上，24 小时内体温波动范围超过 2℃，最低时一般仍高于正常水平。常见于败血症、风湿热、重症肺结核、化脓性感染（图 4-1-2）。

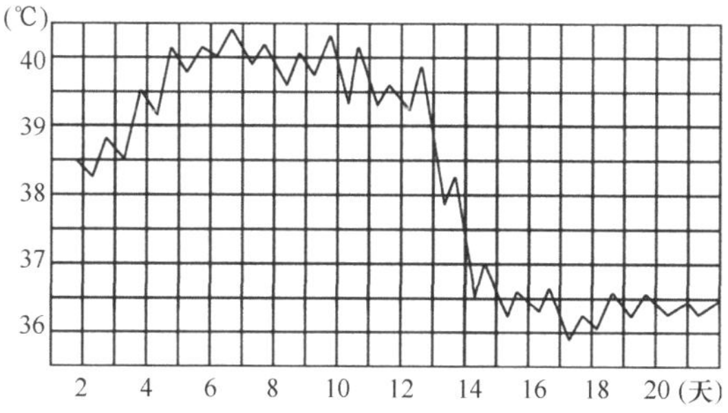

图 4-1-1　稽留热

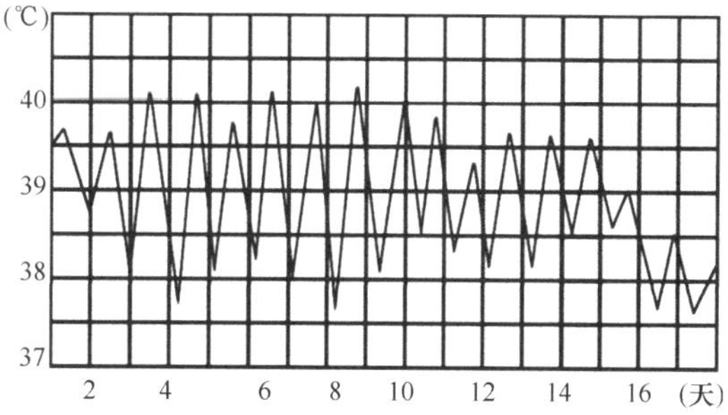

图 4-1-2　弛张热

3. 间歇热（intermittent fever）　高热期与无热期交替出现，体温波动幅度可达数度，无热期（间歇期）可持续 1 天至数天，反复发作。见于疟疾、急性肾盂肾炎等（图 4-1-3）。

4. 波状热（undulant fever）　体温逐渐升高达 39℃或以上，数天后逐渐下降至正常水平，持续数天后再逐渐升高，如此反复多次。常见于布鲁菌病（图 4-1-4）。

5. 回归热（recurrent fever）　体温骤然升至 39℃或以上，持续数日后又骤然下降至正常水平，

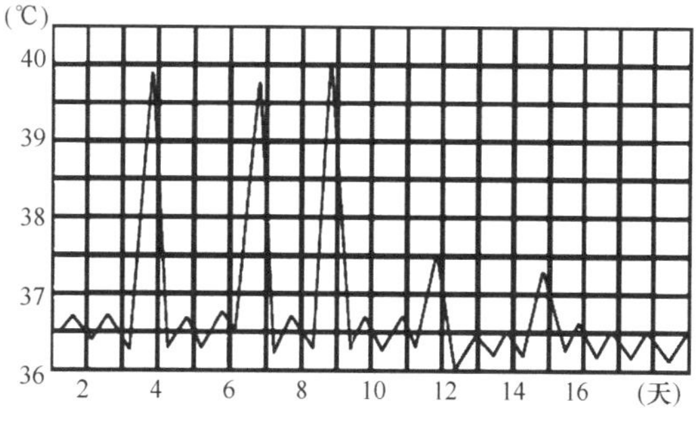

图 4-1-3　间歇热

高热期与无热期各持续数天后规律交替一次。见于霍奇金病等（图 4-1-5）。

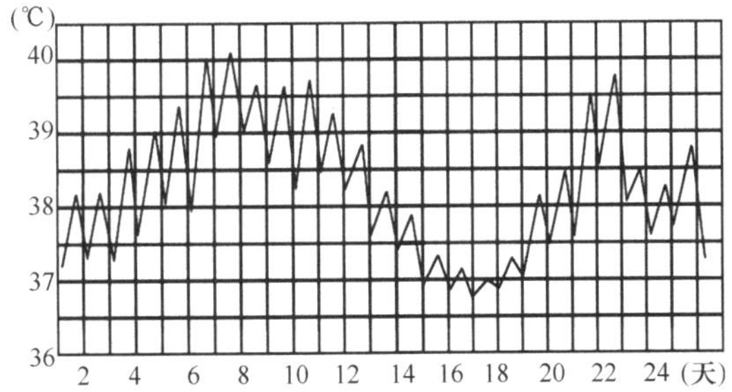

图 4-1-4　波状热

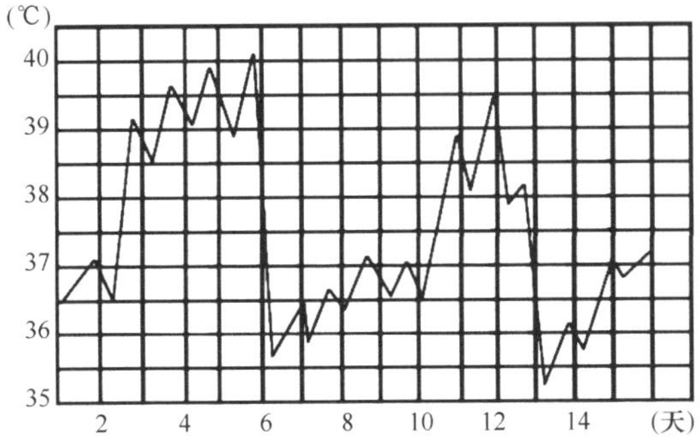

图 4-1-5　回归热

6. 不规则热（irregular fever）　发热的体温曲线无一定规律，可见于结核病、风湿热、支气管肺炎、渗出性胸膜炎等（图 4-1-6）。

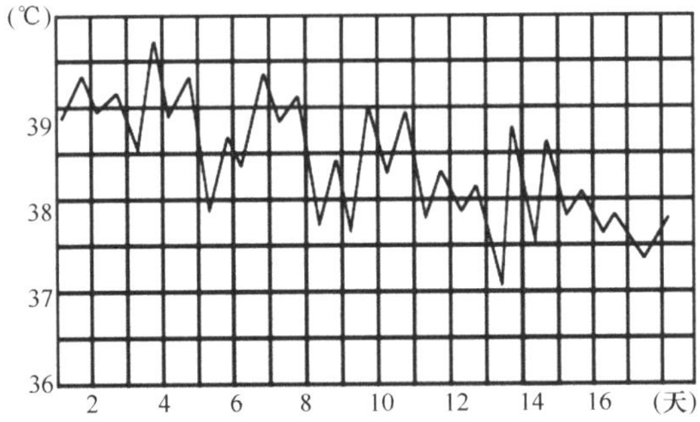

图 4-1-6　不规则热

独特的热型在诊断和鉴别诊断上有一定的临床意义，但须注意，由于抗生素、解热药与激素的广泛应用，可使一些疾病的热型变得不典型。此外，个体反应、年龄、营养状态等也均可影响热型。

案例 4-1-1 分析讨论（2）

1. 结合以上所述，该病人发热的特点为高热，热型为稽留热。
2. 本例病人病程 5 天，受凉后出现高热，在体温上升期属骤升型，伴有寒战。

五、问诊要点

1. 发热的特点　起病的时间、季节、起病缓急、发热程度、热型、诱因。

2. 伴随症状　伴寒战的高热常提示病情较为严重，最常见于败血症、急性肾盂肾炎、疟疾等；昏迷病人常为中枢神经系统感染。

3. 发热对人体功能性健康型态的影响　①有无认识与感知型态的改变，如意识障碍、惊厥、精神错乱。②有无食欲与体重的下降、脱水等营养与代谢型态的改变。

4. 诊断、治疗与护理经过　包括用药史、药物种类、剂量与疗效；有无采取物理降温措施、方法及其疗效。

六、相关护理诊断

1. 体温过高 与病原体感染有关；与体温调节中枢功能障碍有关。

2. 体液不足 与体温下降期出汗过多和（或）液体摄入量不足有关。

3. 营养失调 低于机体需要量与长期发热代谢率增高及营养物质摄入不足有关。

4. 口腔黏膜改变 与发热所致的口腔黏膜干燥有关。

5. 潜在并发症 惊厥、意识障碍。

案例 4-1-1 分析讨论（3）

病人可能存在的护理诊断：

1. 体温过高：与病原体感染有关，与体温调节中枢功能障碍有关。
2. 口腔黏膜改变：与发热所致的口腔黏膜干燥有关。

（刘永兵）

第二节 疼 痛

案例 4-2-1

王某，男，76岁，退休工人。主诉：剧烈胸痛1个月余。

现病史：病人自3年前发现左颈部包块半个月余，经住院检查，诊断为“左侧周围型肺癌并纵隔淋巴结、左颈部淋巴结转移”，因年龄及经济原因，未进行抗肿瘤治疗，出院后在家休养。近1个月来左前胸疼痛明显，咳嗽，咯血，并逐渐加重，故再次入院。发病以来自觉乏力、精神及睡眠差，食欲不振，大便2～3次/日，小便正常。

既往史：既往体健，无急、慢性传染病史及手术史、外伤史，无药物过敏史，预防接种史不详。

问题：

1. 该病人的主要症状是什么？
2. 该病人主要症状有哪些特点？
3. 该病人可能的护理诊断有哪些？

一、概 念

疼痛（pain）是一种与组织损伤或潜在损伤相关的不愉快的主观感觉和情感体验。疼痛既是一种生理感觉，又是对这一感觉的情感反应，前者即痛觉，是个人主观的知觉体验，同时也受性格、情绪、经验及文化背景等影响，表现为焦虑和痛苦；后者又称痛反应，是机体对疼痛刺激产生的生理和病理变化，如呼吸急促、血压升高、骨骼肌收缩，而且总是与不愉快的情绪相连。

二、发生机制

痛觉感受器位于皮肤和其他组织内的游离神经末梢。各种物理或化学刺激作用于机体达到一定程度时，受损部位的组织释放出致痛物质，如乙酰胆碱、5-羟色胺、组胺、缓激肽、钾离子、氢离子及酸性代谢产物等。痛觉感受器受到致痛物质的刺激而发出冲动，经脊髓后根沿脊髓丘脑侧束，进入内囊并传至大脑皮质痛觉感觉区，引起痛觉。

三、分　类

（一）按疼痛发生的起始部位及传导途径分类

1. 皮肤痛　疼痛来自体表，多因皮肤黏膜受损而引起。其特点是“双重痛觉”，即产生两种不同性质的疼痛。刺激后立即出现尖锐刺痛（快痛），定位明确，去除刺激后很快消失，之后出现烧灼样痛（慢痛），定位不够明确。

2. 躯体痛　是指肌肉、肌腱、筋膜和关节等深部组织引起的疼痛。这些组织的神经分布各有差异，对疼痛刺激的敏感性不同，其中以骨膜分布最密，痛觉最敏感。各种机械性与化学性刺激均可引起躯体痛，其中重要的原因是肌肉缺血。

3. 内脏痛　主要因内脏器官受到机械性牵拉、扩张或痉挛、炎症、化学性刺激等引起。内脏痛的发生缓慢而持久，可为钝痛、烧灼痛或绞痛，定位常不明确。

4. 牵涉痛　内脏痛常伴有牵涉痛，即内脏器官疾病引起疼痛的同时在体表某部位亦发生痛感或痛觉过敏。牵涉痛与病变的内脏有一定的解剖相关性，如心绞痛可牵涉至左肩和左前臂内侧疼痛，胆囊疾病疼痛可牵涉至右肩痛，胰腺疾病疼痛可牵涉至左腰背部。

牵涉痛的发生认为是由于原发病灶痛觉冲动，经传入神经使同一脊髓节段感觉神经兴奋，导致由其所支配的皮肤区域出现疼痛或痛觉过敏。

5. 神经痛　为神经受损所致，可表现为剧烈灼痛或酸痛。

6. 假性痛　是指病人在病变部位已经去除后，仍感到相应部位疼痛，如截肢病人仍可感到已不存在的肢体疼痛。其发生可能与病变部位去除前的疼痛刺激在大脑皮质形成强兴奋灶的后遗影响有关。

（二）按疼痛的病程分类

1. 急性疼痛　常突然发生，有明确的开始时间，持续时间较短，以数分钟、数小时或数天之内者居多，常用镇痛方法可以控制。

2. 慢性疼痛　疼痛持续3个月以上，具有持续性、顽固性和反复发作的特点，临床较难控制。

（三）按疼痛程度分类

1. 微痛　似痛非痛，常与其他感觉复合出现。

2. 轻度疼痛　范围局限、程度轻微。

3. 中度疼痛　疼痛较重，伴有心跳加快，血压升高。

4. 剧烈疼痛　疼痛程度剧烈，痛反应强烈。

（四）按疼痛性质分类

1. 钝痛　酸痛、胀痛、闷痛等。

2. 锐痛　刺痛、切割痛、灼痛、绞痛、撕裂样痛等。

3. 其他　跳痛、牵拉样痛等。

（五）按疼痛部位分类

疼痛可分为头痛、胸痛、腹痛、腰背痛和关节肌肉疼痛。一般将发生于额、顶、颞及枕部的疼痛称为头痛；发生于胸廓与胸腔部位的疼痛，包括源于胸壁表层皮肤或骨骼肌肉病变引起的疼痛，以及源于胸部脏器病变引起的疼痛称为胸痛；由于腹部脏器病变或腹腔外疾病及全身性疾病引起的，发生于腹部的疼痛称为腹痛。

四、病　因

（一）头痛

头痛（headache）是指额、顶、颞及枕部的疼痛。

引起头痛的原因有：

1. 颅内病变　可见于：①感染，如脑膜炎、脑炎、脑脓肿等；②脑血管病变，蛛网膜下腔出血、脑出血、脑栓塞、脑血栓形成、高血压脑病等；③颅内占位性病变，如脑肿瘤、颅内转移瘤、颅内白血病浸润、颅内囊虫病或棘球蚴病等；④脑外伤，如脑震荡、脑挫伤、硬脑膜下血肿、颅内血肿、脑外伤后遗症等；⑤其他，如偏头痛、丛集性头痛、腰椎穿刺后头痛等。

2. 颅外病变　①颅骨疾病；②颈椎病及其他颈部疾病；③神经痛：三叉神经、吞咽神经及枕神经痛；④眼、耳、鼻疾病引起的牵涉性头痛。

3. 全身性疾病　如流感、伤寒、原发性高血压、酒精中毒、一氧化碳中毒、贫血、尿毒症、中暑等。

4. 神经症　如神经衰弱及癔症性头痛等。

（二）胸痛

胸痛（chest pain）主要由胸部病变引起，少数由其他部位的病变所致。

1. 胸壁疾病　带状疱疹、肋间神经炎、肋软骨炎、肋骨骨折等。

2. 呼吸系统疾病　胸膜炎、自发性气胸、肺炎、支气管肺癌等。

3. 心血管系统疾病　心绞痛、急性心肌梗死、急性心包炎、肺梗死、神经症等。

4. 纵隔疾病　反流性食管炎、食管癌、纵隔炎、纵隔肿瘤等。

（三）腹痛

腹痛（abdominal pain）多由腹部脏器疾病引起，亦可由腹腔外疾病及全身性疾病引起。临床上一般将腹痛按起病缓急与病程长短分为急性腹痛与慢性腹痛。

1. 急性腹痛　常见病因：①腹腔器官急性炎症，如急性胃炎、急性肠炎、急性胰腺炎、急性胆囊炎等；②腹内空腔脏器阻塞或扩张，如肠梗阻、胆道蛔虫症、胆道或泌尿系统结石梗阻等；③腹内脏器扭转或破裂，如肠扭转、卵巢囊肿蒂扭转、肝或脾破裂、异位妊娠破裂等；④腹膜炎症，多由胃肠穿孔或炎症波及所致，少部分为自发性腹膜炎；⑤腹腔内血管阻塞，如缺血性肠病、夹层腹主动脉瘤等；⑥腹壁疾病，如腹壁挫伤、脓肿等；⑦胸部疾病所致的腹部牵涉性疼痛，如肺梗死、心绞痛、心肌梗死等；⑧全身性疾病，如腹型过敏性紫癜、尿毒症等。

2. 慢性腹痛　常见病因：①腹腔脏器慢性炎症，如反流性食管炎、慢性胃炎、慢性胆囊炎、慢性胰腺炎、溃疡性结肠炎、结核性腹膜炎等；②空腔脏器的张力变化，如胃肠痉挛或胃、肠、胆道运动障碍等；③胃、十二指肠溃疡；④腹腔脏器的扭转或梗阻，如慢性胃、肠扭转；⑤脏器包膜的牵张，实质性器官因病变肿胀，导致包膜张力增加而发生的腹痛，如肝炎、肝淤血、肝脓肿、肝癌等；⑥中毒与代谢障碍，如铅中毒、尿毒症等；⑦腹内肿瘤压迫及浸润，以恶性肿瘤居多，可能与肿瘤不断长大，压迫与浸润感觉神经有关；⑧胃肠神经功能紊乱，如功能性胃肠病。

案例 4-2-1 分析讨论（1）

1. 该病人的主要症状是疼痛。
2. 根据已有病史资料，该病人疼痛的原因可能为呼吸系统疾病——周围型肺癌。

五、临床表现

不同病因所致的疼痛，其疼痛的部位、性质、程度不同。常见疼痛的临床表现如下：

（一）头痛

1. 疼痛部位 全身性或颅内感染性疾病所致头痛多为全头部痛。高血压所致头痛常集中于额部或整个头部。眼源性、鼻源性或牙源性头痛多潜在而局限。蛛网膜下腔出血或脑脊髓膜炎除头痛外尚有颈痛。

2. 疼痛程度与性质 头痛的程度可分为轻度、中度和重度。三叉神经痛、偏头痛及脑膜刺激的疼痛最为剧烈。脑肿瘤多为中度或轻度头痛。高血压性、血管性及发热性疾病所致的头痛多为搏动性。神经痛多呈电击样痛或刺痛。

3. 疼痛出现与持续时间 某些头痛可发生在特定时间，如颅内占位性病头痛多于清晨加剧；鼻窦炎所致头痛亦常发生于清晨或上午；从集性头痛常于晚间发生，女性偏头痛多与月经周期有关；脑肿瘤所致头痛多呈慢性进行性加重。

4. 诱发与缓解因素 咳嗽、打喷嚏、摇头、俯身可使颅内高压性头痛、血管性头痛、颅内感染性头痛及脑肿瘤性头痛加剧，紧张性头痛可因活动或按摩颈肌缓解，偏头痛则可于应用麦角胺后缓解。

（二）胸痛

1. 疼痛部位 胸壁疾病所致者部位局限，局部可有压痛。炎症性病变所致疼痛常伴局部红、肿、热等表现。带状疱疹呈成簇水疱沿一侧肋间神经分布伴剧痛，疱疹不越过体表中线；自发性气胸所致疼痛表现为一侧胸部尖锐刺痛，向同侧肩部放射。肺梗死所致胸痛位于胸骨后，向颈、肩部放射。急性胸膜炎多为单侧胸痛。心绞痛和心肌梗死的疼痛多在心前区与胸骨后或剑突下，心肌梗死者的疼痛常放射至左肩、左前臂内侧，达无名指与小指，也可放射至左颈、咽与面颊部，经常被误认为是牙痛。食管及纵隔病变所致疼痛位于胸骨后。肝胆疾病引起的胸痛多在右下胸部。

2. 疼痛程度与性质 胸痛的程度可为剧烈、轻微或隐痛，胸痛的性质多样，如带状疱疹呈刀割样或灼热样剧痛；食管炎多为烧灼痛；心绞痛呈绞榨性并伴重压窒息感；心肌梗死类似心绞痛，但疼痛更为剧烈伴恐惧、濒死感；干性胸膜炎常呈隐痛、钝痛或刺痛；气胸发病初期有撕裂样疼痛；肺梗死亦为突然剧烈刺痛或绞痛，随呼吸运动加剧，常伴呼吸困难与发绀。

3. 疼痛持续时间 平滑肌痉挛致血管狭窄缺血引起的疼痛为阵发性；炎症、肿瘤、栓塞或梗死所致疼痛呈持续性，如心绞痛发作时间短暂（1～5 分钟），而心肌梗死疼痛持续时间长（数小时或更长）且不易缓解。纵隔肿瘤、食管癌所致疼痛呈进行性。

4. 诱发与缓解因素 胸壁炎症性病变所致胸痛于呼吸、咳嗽时加重。自发性气胸所致疼痛常于剧烈咳嗽或过度用力时发生。劳累或精神紧张可诱发心绞痛，休息、含服硝酸甘油或硝酸异山梨醇后于 1～2 分钟内缓解，而对心肌梗死所致疼痛则无效。食管疾病所致疼痛多在进食时发作或加剧，服用抗酸剂和促动力药物可减轻或消失。胸膜炎所致胸痛可因咳嗽或用力呼吸加剧。

（三）腹痛

1. 疼痛部位 腹痛部位一般多为病变所在部位，如胃、十二指肠和胰腺疾病所致疼痛多在中上腹部；胆囊炎、胆石症、肝脓肿等所致疼痛多在右上腹部；急性阑尾炎所致疼痛在右下腹 McBurney 点；小肠疾病所致疼痛多在脐部或脐周；结肠疾病所致疼痛多在下腹部或左下腹部；膀胱炎、盆腔炎及异位妊娠破裂所致疼痛亦在下腹部；弥漫性或部位不定的疼痛见于急性弥漫性腹膜炎、机械性肠梗阻、急性出血性坏死性肠炎、铅中毒和腹型过敏性紫癜等。

2. 疼痛性质与程度 腹痛的性质和程度与病变性质密切相关。烧灼样痛多与化学性刺激有关，如胃酸刺激；绞痛多由空腔脏器痉挛、扩张或梗阻引起；持续钝痛可能为实质脏器牵张或腹膜外刺激所致；剧烈刀割样疼痛多为脏器穿孔或严重炎症所致；隐痛或胀痛者病变轻微，可能为脏器轻度扩张或包膜牵张所致。临床所见突发中上腹剧烈刀割样痛、烧灼样痛，多为胃、十二指肠溃疡穿孔；持续中上腹隐痛多为慢性胃炎及胃、十二指肠溃疡；上腹部持续性剧痛或阵发性加剧应考虑急性胃炎、急性胰腺炎；胆石症或泌尿系统结石常为阵发性绞痛，相当剧烈，病人辗转不安；阵发性剑突下钻顶样疼痛是胆道蛔虫症的典型表现；持续、广泛而剧烈的腹痛伴腹壁肌紧张或板样强直，提示为急性弥漫性腹膜炎。

3. 疼痛出现的时间 餐后痛可能由于胆胰疾病、胃部肿瘤或消化不良所致；周期性、节律性疼痛见于胃、十二指肠溃疡；子宫内膜异位者腹痛与月经周期相关；卵泡破裂者疼痛于月经间期发作。

4. 诱发与缓解因素 胆囊炎或胆石症腹痛发作前常有进油腻食物史，急性胰腺炎腹痛发作前常有酗酒、暴饮暴食史；呕吐后缓解的上腹痛多为胃十二指肠病变而非胆胰疾病。

病人对疼痛的反应受其年龄、意志力、疼痛经历及社会文化背景的影响。儿童对疼痛较敏感，易产生恐惧心理，较小的儿童因不能准确表达常表现为哭闹不安。随着年龄增长，疼痛经验增加，个体对疼痛的认识与理解力增强，可准确描述疼痛的部位、性质及程度，并能采取措施减轻或缓解疼痛。老年人对疼痛刺激不敏感，反应迟缓，易掩盖病情的严重性。不同个体对疼痛的耐受力及表达方式亦不同。疼痛时，有人哭闹、喊叫，有人愤怒、暗自忍受或向人诉说，有的人即使疼痛难忍也不轻易表现出来。剧烈疼痛者多伴有明显的生理、心理和行为反应，包括：①痛苦面容、大汗、面色苍白，重者可休克；②呻吟、哭泣，血压升高、呼吸和心率增快，过度疲劳；③休息睡眠障碍，为缓解疼痛而采取强迫体位，致骨骼肌过度疲劳；④胃肠功能紊乱，如食欲下降、恶心、呕吐等；⑤产生恐惧、焦虑、抑郁、愤怒等情绪反应；⑥慢性疼痛病人易出现药物滥用或药物依赖的情况；⑦日常生活、工作及社会交往受影响。

案例 4-2-1 分析讨论（2）

结合以上所述，该病人疼痛的特点为持续的、剧烈的胸痛。

六、问诊要点

1. 疼痛的临床表现特点，包括疼痛发生的情况、起病缓急、持续的时间、疼痛部位，有无牵涉性、放射性或转移性疼痛，疼痛的性质、发作情况、程度，以及加重或缓解的因素等。也可应用疼痛测评工具测评疼痛的程度、性质等。常用测评工具如下：

（1）视觉类似评分法（VAS），画一条长 10cm 的直线，两端分别代表无疼痛和难以忍受的剧烈疼痛。病人根据自己所感受的疼痛程度在直线上选择某一点代表当时疼痛的程度，然后用直尺测量从起点到病人确定点的直线距离，用测量到的数字表达疼痛的强度。这一方法可在一段时间内重复使用表达病人疼痛程度。

（2）数字等级评分法（NRS），画一长 10cm 的直线，等分为 10 点，数字为 0 的一端表示无痛，数字为 10 的一端表示难以忍受的疼痛。病人根据自己所感受到的疼痛程度在直线上选择某一点代表当时疼痛的程度，然后用尺测量自起点至标记点的距离，即为评分值。评分值越高表示疼痛程度越重。该法是 VAS 方法的一种数字直观的表达方法，其优点是较 VAS 方法更为直观，该法不足之处是病人容易受到数字和描述字的干扰，降低其灵敏性和准确性。

（3）语言等级评分法（VRS），该方法为一种评价疼痛程度和其变化的方法，让病人从所给的一系列描述疼痛的形容词中挑选出符合自身疼痛程度的关键词。目前有多种语言等级评分法，包括 4 级评分法、5 级评分法、6 级评分法、12 级评分法和 15 级评分法。临床上最常用的是 5 级和 6 级评分法，即分为无痛、轻度痛、中度痛、重度痛和剧烈痛 5 级，或无痛、轻度痛、中度痛、重度痛、剧烈痛和难以忍受的痛 6 级。该方法的优点是易于被护士和病人接受，缺点是受病人主观因素的影响较大。

（4）Wong-Banker 疼痛面部表情评估法，该方法用 6 种面部表情从微笑、悲伤至哭泣来表达疼痛程度，其中 0 为全无疼痛，1 为轻微疼痛，2 为中度疼痛，3 为严重疼痛，4 为更严重疼痛，5 为最剧烈疼痛，适合任何年龄，没有特定的文化背景或性别要求，特别适用于急性疼痛、老人、小儿和表达能力丧失者。

（5）麦–吉疼痛问卷，为多因素疼痛测评工具，以疼痛的性质特点、程度和伴随状态为测评重点，而不仅局限于疼痛程度的评估。该方法适用于临床科研工作或较为详细的疼痛调查工作。其缺点是复杂，评估费时长，且因某些词语表述较抽象，对病人的要求高。

2. 疼痛对病人的影响。

3. 有无与疼痛相关的疾病史或诱因。

4. 诊断、治疗与护理经过。

重点为止痛措施及其效果，慢性疼痛病人应注意用药情况。

七、相关护理诊断

1. 急性/慢性疼痛 与各种伤害性刺激作用于机体引起的不适有关。

2. 睡眠型态紊乱 与疼痛有关。

3. 焦虑 与疼痛频繁发作有关，与长期慢性疼痛有关。

4. 恐惧 与剧烈疼痛有关。

案例 4-2-1 分析讨论（3）

病人可能存在的护理诊断：

1. 慢性疼痛：与周围型肺癌的刺激作用于机体引起的不适有关。
2. 睡眠型态紊乱：与疼痛有关。

（刘永兵）

第三节 水 肿

案例 4-3-1

张某，男，52 岁，农民。主诉：患高血压 7 年，反复心悸、胸闷、气短 2 年，加重伴双下肢水肿 2 天。

现病史：病人于 7 年前确诊高血压，间断服用“北京降压 0 号片”，具体用法用量不详，血压控制不理想。2 年前稍活动后出现心悸、胸闷、气短、乏力，未予重视。近 2 日加重，气短明显，不能平卧，并伴双下肢水肿，故入院治疗。发病以来自觉精神差、乏力，食欲减退，尿量减少，大便正常。

既往史：无急、慢性传染病史及手术史、外伤史，无药物过敏史，预防接种史不详。

问题：

1. 该病人的主要症状是什么？
2. 该病人的主要症状有哪些特点？
3. 该病人可能的护理诊断有哪些？

过多液体在组织间隙积聚致使全身或局部皮肤紧张发亮，原有的皮肤皱纹变浅或消失，甚至有液体渗出称为水肿（edema）。液体在组织间隙内弥漫性分布称为全身水肿（anasarca）；液体积聚在局部组织间隙内称为局部水肿（localized edema）。体腔内液体积聚过多称为积液，包括胸腔积液、腹水和心包积液等，为水肿的特殊形式。指压后组织凹陷，平复慢者称为凹陷性水肿（pitting edema），临床上所见的水肿大多为凹陷性；视诊皮肤水肿，伴苍白、干燥、粗糙，指压后无凹陷者称为非凹陷性水肿（non-pitting edema）。水肿可为隐性，也可为显性，组织间隙内液体积聚量较少，虽有水肿，检查时不易发现，称为隐性水肿（latent edema）；组织间隙内液体积聚量达 4～5kg

或以上，外观和指压凹陷明显，称为显性水肿（apparent edema）。通常临床所指的水肿不包括脑水肿、肺水肿等内脏器官的局部水肿。

（一）发生机制

正常人体组织间液量通过机体内外和血管内外液体交换的平衡维持恒定。肾脏在维持体内外液体交换平衡中起重要作用。任何原因导致球–管失衡均可使肾脏排水和排钠减少，从而引起钠水潴留和全身水肿。毛细血管内静水压、组织液胶体渗透压、血浆胶体渗透压、组织内静水压是维持血管内外液体交换平衡的因素，当这些因素发生障碍时，可引起组织间液生成过多或回吸收过少，形成水肿。产生水肿的主要因素：①钠水潴留，如继发性醛固酮增多症等；②毛细血管静水压增高，如充血性心力衰竭等；③毛细血管壁通透性增高，如局部炎症或过敏；④血浆胶体渗透压降低，通常继发于低蛋白血症，如肾病综合征等；⑤淋巴液或静脉回流受阻，如丝虫病或静脉栓塞等。

临床上由单一因素引起的水肿并不多见，通常是几个因素共同或相继作用的结果。不同类型水肿的发生机制亦不完全相同。

案例 4-3-1 分析讨论（1）

1. 该病人的主要症状是心悸、胸闷、气短，伴双下肢水肿。
2. 根据已有病史资料，该病人水肿的原因可能为毛细血管静水压增高。

（二）病因与临床表现

1. 全身水肿

（1）心源性水肿（cardiac edema）：主要见于右心衰竭。水肿的特点为首先出现于身体下垂部位，伴颈静脉怒张、肝大等体循环淤血的表现，重者可发生全身水肿合并胸腔积液和腹水。

（2）肾源性水肿（renal edema）：见于各型肾炎和肾病。水肿的特点是初为晨起时眼睑与颜面水肿，以后可发展为全身水肿。肾病综合征者水肿显著，常为中度或重度，可伴胸腔积液和腹水。

（3）肝源性水肿（hepatic edema）：见于失代偿期肝硬化。水肿的特点是以腹水为主要表现，也可出现踝部水肿，逐渐向上发展，但头面部及上肢多无水肿。

（4）营养不良性水肿（nutritional edema）：由于慢性消耗性疾病、长期营养缺乏、蛋白质丢失过多等致低蛋白血症，产生水肿。其特点为水肿多自组织疏松处开始，然后扩展至全身，以低垂部位显著。水肿发生前常有消瘦和体重减轻。

（5）黏液性水肿（mucous edema）：其特点为非凹陷性水肿，以口唇、眼睑及下肢胫前较明显，见于甲状腺功能减退。

（6）经前期紧张综合征：其特点为多于经前 7～14 天出现眼睑、踝部、手部轻度水肿，月经后水肿逐渐消退。

（7）药物性水肿：见于肾上腺糖皮质激素、雄激素、雌激素、胰岛素和扩血管等药物应用过程中，一般认为与钠水潴留有关。

（8）特发性水肿（idiopathic edema）：原因未明，几乎只发生于女性，其特点为水肿与体位有明显关系，主要在身体下垂部位，直立或劳累后出现，休息后减轻或消失。

2. 局部水肿　因局部静脉或淋巴液回流受阻、毛细血管壁通透性增加所致。常见于局部炎症、肢体静脉血栓形成或栓塞性静脉炎、上腔或下腔静脉阻塞综合征、丝虫病所致象皮肿和过敏等。

3. 水肿对病人的影响　全身水肿者除上述不同病因的临床表现特点外，无论是隐性水肿还是显性水肿，均因体内液体潴留出现体重增加，可伴尿量减少。严重全身水肿者因心脏前负荷增加，表现为脉搏增快、血压升高，甚至发生急性肺水肿。中至大量胸腔积液或大量腹水者可因呼吸困难使活动与运动功能减退。长期持续水肿引起水肿区组织、细胞营养不良，或因严重水肿致液体渗出，形成皮肤水疱，易发生皮肤溃疡和继发感染，且伤口不易修复。

案例 4-3-1 分析讨论（2）

1. 结合以上所述，该病人水肿的特点为全身水肿，属于心源性水肿。
2. 本例病人水肿的特点为首先出现于身体下垂部位，双下肢水肿。

（三）问诊要点

1. 水肿的临床表现特点 水肿发生的时间，首发部位及发展顺序，水肿的性质，使其加重或减轻的因素等。

2. 水肿对病人的影响 主要包括体重的变化、有无与前负荷增加有关的表现、活动与运动功能的情况，以及有无皮肤水疱、溃疡及与之相关的继发感染。

3. 疾病史或用药史 有无与水肿发生有关的疾病史或用药史。

4. 诊断、治疗与护理经过 重点为每日钠水摄入情况及有否应用利尿剂。应用利尿剂者，应进一步询问所用利尿药物的种类、给药途径、剂量、疗效和不良反应等。

（四）相关护理诊断与合作性问题

1. 体液过多 水肿，与右心功能不全所致钠水潴留有关，与肾脏疾病所致钠水潴留有关，等。

2. 皮肤完整性受损/有皮肤完整性受损的危险 与水肿所致组织、细胞营养不良有关。

3. 活动无耐力 与胸腔积液所致呼吸困难有关，与腹水所致呼吸困难有关。

4. 潜在并发症 急性肺水肿。

案例 4-3-1 分析讨论（3）

病人可能存在的护理诊断：

1. 体液过多：水肿，与右心功能不全所致钠水潴留有关。
2. 活动无耐力：与心功能下降，全身缺血、缺氧有关。

（刘永兵）

第四节 脱　　水

案例 4-4-1

王某，男，38 岁。主诉：呕吐、腹泻伴发热、口渴、尿少 4 天入院。

现病史：4 天前病人因食用不洁冷饮后，出现呕吐和腹泻，呕吐 10 余次/天，腹泻水样便 10 余次/天，发热 38℃左右，以下午明显。发病以来，进食少，饮水少，自服止泻药物和抗生素，不见好转，尿少 1 天而入院。体格检查：体温 38.4℃，血压 115/85mmHg，皮肤黏膜干燥，少汗，身高 1.70m，体重 75.5kg，发病前体重 78kg。实验室检查：血钠浓度 156mmol/L，血浆渗透压 320mmol/L，尿比重＞1.025。

问题：

1. 该病人是否有脱水？如有脱水，该病人属于哪种性质的脱水？
2. 试述病人脱水的原因。
3. 分析病人脱水的程度。
4. 该病人可能的护理诊断有哪些？

脱水（dehydration）是指水分摄入不足或丢失过多所引起的体液总量不足，尤其是细胞外液量的减少所导致的一组临床症候群。

一、病因及发生机制

（一）病因

正常情况下，机体通过渗透压依赖性和容量–压力依赖性两个调节机制，改变肾脏排水和口渴中枢的兴奋性维持水平衡。体液容量减少时，常伴有体液渗透压的变化。钠是决定细胞外液渗透压的主要成分，所以临床上根据血钠浓度和血浆渗透压的不同将脱水分为等渗性脱水、高渗性脱水和低渗性脱水。

1. 等渗性脱水（isotonic dehydration） 水和钠成比例丢失，血钠浓度135～145mmol/L，血浆胶体渗透压保持在290～310mmol/L。常见于：

（1）胃肠道失水过多，如剧烈呕吐、急性腹泻、胃肠引流术或肠瘘等。

（2）大面积烧伤。

（3）反复大量抽放胸腔积液和（或）腹水，或胸、腹腔引流。

值得注意的是，等渗性脱水若得不到及时治疗，经皮肤蒸发和呼吸道丢失低渗性液体，可转化为高渗性脱水；或因只补充水分却不补充钠而转化为低渗性脱水。

2. 高渗性脱水（hypertonic dehydration） 失水多于失钠，血钠浓度＞150mmol/L，血浆胶体渗透压＞310mmol/L。细胞外液量和细胞内液量均减少，口渴感正常的人，在可以得到水喝和能够喝水的情况下，很少引起高渗性脱水，因为在水分丧失的早期，血浆渗透压稍有增高时，就会刺激口渴中枢。在喝水后，血浆渗透压即可恢复。高渗性脱水常见于：

（1）水摄入不足：多见于水源断绝、进食或饮水困难等情况。如在沙漠和意外事故中得不到水、各种消化道病变不能进水或进水困难、昏迷或危重病人鼻饲高渗饮食或输注大量高渗盐水溶液而补水不足、脑部病变损害口渴中枢致渴感障碍。

（2）水丢失过多，未及时补充：常见于以下情况。①经胃肠道失水：呕吐、腹泻、肠瘘、胃肠道引流使消化液大量丢失，若不及时补充也可导致高渗性脱水。②经肾脏失水：尿崩症、糖尿病酮症酸中毒、大量渗透性利尿。③经皮肤失水：高温环境中进行重体力劳动、高热等导致大量出汗，经皮肤丢失大量低渗性液体。④经呼吸道失水：气管切开、喘息状态或过度通气（如癔症、代谢性酸中毒等）使呼吸道黏膜不感性蒸发加强，丢失不含电解质的水分，在伴有水摄入不足的情况下很容易造成高渗性脱水。

在临床实践中，高渗性脱水的原因常是综合性的，如婴幼儿腹泻时高渗性脱水的原因除了丢失肠液、摄入水不足外，还有发热出汗、呼吸增快等因素引起的失水过多。

3. 低渗性脱水（hypotonic dehydration） 失钠多于失水，血钠浓度＜135mmol/L，血浆胶体渗透压＜289mmol/L。见于：

（1）等渗或高渗失水：治疗过程中只补充水分或盐补充不足，如腹泻、呕吐、肠瘘、胃肠减压等，钠随消化液大量丧失或烧伤、手术后广泛渗液丧失却只补充水分。

（2）肾脏排出水和钠过多：长期使用排钠利尿剂或急性肾功能不全多尿期只补充水而忽略补钠。

（二）发生机制

1. 等渗性脱水 因细胞内外渗透压相当，不出现水的细胞内外转移，脱水主要是细胞外液减少，细胞内液量无明显变化。此时，抗利尿激素和醛固酮分泌增加，肾脏对水、钠的重吸收加强以使细胞外液量得到部分补充。病人可出现少尿、尿钠减少；若细胞外液容量持续严重减少，可出现血压下降、休克和肾衰竭。

2. 高渗性脱水 因渗透压升高，促使抗利尿激素分泌增多，肾远曲小管和集合管对水的重吸收增加，引起少尿和尿比重增高（尿崩症除外），并刺激下丘脑口渴中枢引起口渴感。若循环血容量明显减少，可使醛固酮分泌量增多，导致钠水潴留，血浆渗透压进一步升高，当细胞外液渗透压显著增高，细胞内液转移到细胞外，造成细胞内脱水。由于汗腺细胞脱水，皮肤散热减少，当严重脱水时可出现脱水热。脑细胞脱水可引起谵妄、昏迷，甚至死亡。

3. 低渗性脱水 由于细胞外液呈低渗状态，水从细胞外转移至细胞内，使细胞外液量进一步减少和细胞内水肿而引起周围循环衰竭和脑细胞水肿等症状；同时抗利尿激素分泌减少，肾小管对水分的重吸收减少导致尿量增加、尿比重下降。在失水量相同的情况下，其脱水症状较其他两种类型脱水严重。

案例 4-4-1 分析讨论（1）

该病人有脱水，其血钠浓度 156mmol/L，血浆渗透压 320mmol/L，因此是高渗性脱水。

脱水的原因：①剧烈呕吐、急性腹泻经胃肠道失水过多；②发热，经皮肤呼吸道失水。

二、临床表现

1. 等渗性脱水 轻症或早期病人无明显口渴感，有尿少、厌食、恶心、乏力、舌干、眼球下陷、皮肤干燥和松弛等表现。如短期内体液丧失达体重的 5%以上时，可出现脉搏细速、肢端湿冷、血压不稳定或下降等血容量不足的症状，严重者发生休克。

2. 高渗性脱水 口渴明显，少尿、尿比重升高，血容量下降较少，较少发生休克。

临床上按照体重下降的程度，将高渗性脱水分为以下三度：

（1）轻度脱水：病人体重下降达 2%～3%，表现为疲乏、口渴、皮肤黏膜干燥、直立性低血压，尿量减少。

（2）中度脱水：病人体重下降达 4%～6%，有皮肤弹性下降、眼窝凹陷、静脉塌陷、心悸、血压下降等。

（3）重度脱水：当失水量达体重的 7%～14%时，脑细胞失水严重，出现神经系统症状如躁狂、谵妄、定向力失常、幻觉、晕厥和脱水热。当失水量超过 15%时，可出现高渗性昏迷、低血容量休克、闭尿及急性肾衰竭。

3. 低渗性脱水 除一般脱水体征如皮肤弹性下降、黏膜干燥、眼窝凹陷、婴幼儿囟门凹陷外，早期即有手足麻木、肌肉痉挛、恶心、呕吐等低钠血症表现，重度低钠血症可致脑细胞水肿而出现意识障碍。口渴感不明显，尿比重下降，血容量不足出现早而明显，如血压下降、尿量减少等。

根据缺钠程度而有不同，常见症状有头晕、视物模糊、软弱无力、脉搏细速，严重者神志不清、肌肉痉挛性疼痛、肌腱反射减弱、昏迷等。根据缺钠程度，临床将低渗性脱水分为三度：

（1）轻度缺钠：病人有疲乏感，头晕，手足麻木，口渴不明显，血钠浓度在 135mmol/L 以下，尿中钠减少。

（2）中度缺钠：除上述症状外，常有恶心、呕吐，脉搏细速，血压不稳定，视物模糊，尿量少，血钠浓度在 130mmol/L 以下。

（3）重度缺钠：病人神志不清，肌腱反射减弱或消失，出现木僵，甚至昏迷，常发生休克，血钠浓度在 120mmol/L 以下。

案例 4-4-1 分析讨论（2）

该病人皮肤黏膜干燥，口渴，少尿，尿比重增高，血压正常。体重下降为 3.31%，因此属于轻度高渗性脱水。

三、问诊要点

1. 脱水的严重程度及临床表现特点　包括生命体征、皮肤弹性、眼窝凹陷与静脉充盈情况、意识状态、体重变化及出入液量情况等。

2. 引起脱水的相关因素　疾病史、环境因素和治疗因素等。

3. 脱水对病人（人体功能性健康型态）的影响　主要评估有无血容量不足及意识障碍的表现。

4. 诊断、治疗与护理经过　包括了解病人的血浆渗透压、血清电解质的检测结果，以及补充液体的方式、量、成分、速度及其效果等。

四、相关护理诊断

1. 体液不足　与腹泻、呕吐致体液丢失过多和液体摄入量不足有关。

2. 潜在并发症　意识障碍。

案例 4-4-1 分析讨论（3）

病人可能存在的护理诊断：

1. 体温过高：与病原体感染有关。
2. 腹泻：与食用不洁食物引起感染有关。
3. 有皮肤黏膜完整性受损的危险：与频繁腹泻排泄物刺激肛周皮肤有关。
4. 营养失调：高于机体需要量，与进食过多有关。

（王　艳）

第五节　贫　　血

案例 4-5-1

病人，女，34 岁。主诉：头晕、乏力多年。病人诉 3 年前出现劳累后乏力、头晕，休息后缓解，未予注意。现安静休息时也感疲乏，常有心慌、头晕感，夜间失眠、多梦。病人自诉饮食正常，偏爱素食，月经正常，有痔疮多年，曾见几次大便带鲜血，未加诊治。

体格检查：体温 36℃，脉搏 88 次/分，呼吸 18 次/分，血压 100/70mmHg，皮肤、黏膜苍白，发毛稀疏无光，指端苍白，指甲脆裂呈匙状。

实验室检查：Hb 50g/L，RBC 2.5×10^{12}/L，WBC 9.8×10^{9}/L，PBC 130×10^{9}/L，红细胞呈小细胞低色素。血清铁 6.5mmol/L，骨髓检查：红系增生活跃，骨髓铁染色阴性。

问题：

1. 该病人的主要症状是什么？
2. 该病人的主要症状有哪些特点？
3. 该病人可能的护理诊断有哪些？

贫血（anemia）是指单位容积外周血液中血红蛋白浓度（Hb）、红细胞计数（RBC）和血细胞比容（HCT）低于相同年龄、性别和地区正常值下限的一种常见临床症状。我国诊断标准为在海平面地区，成年男性 Hb＜120g/L，成年女性（非妊娠）Hb＜110g/L，孕妇 Hb＜100g/L 就有贫血，成年人贫血诊断标准如表 4-5-1 所示。1972 年世界卫生组织（WHO）制订的诊断标准认为在海平面地区 Hb 低于下述水平诊断为贫血：6 个月至 6 岁儿童 110g/L，6～14 岁儿童 120g/L，成年男性 130g/L，成年女性 120g/L，孕妇 110g/L。

表 4-5-1 贫血的实验室诊断标准

性别	Hb	RBC	HCT
男	＜120g/L	$<4.5\times10^{12}$/L	0.42
女	＜110g/L	$<4.0\times10^{12}$/L	0.37
妊娠期女性	＜100g/L	$<3.5\times10^{12}$/L	0.30

一、病因与发病机制

1. 红细胞生成减少性贫血 造血细胞、造血调节和造血原料的异常影响红细胞生成，可形成红细胞生成减少性贫血。造血细胞包括多能造血干细胞、髓系干祖细胞及各期红细胞。造血调节包括细胞调节（如骨髓基质细胞、淋巴细胞的影响及造血细胞本身的凋亡）和因子调节[如干细胞因子、白细胞介素、红细胞生成素（EPO）、粒–单系集落刺激因子、粒系集落刺激因子等]。造血原料指造血细胞增殖、分化、代谢及细胞构建必需的物质（如蛋白质、脂类、维生素、微量元素等）。

（1）造血干、祖细胞异常所致贫血：任何原因导致造血干细胞受损、功能缺陷，如再生障碍性贫血、纯红细胞再生障碍性贫血、先天性红细胞生成异常性贫血（CDA）及造血系统恶性克隆性疾病（包括骨髓增生异常综合征及各类造血系统肿瘤性疾病如白血病等）。

（2）造血调节异常所致贫血：①骨髓基质细胞受损所致贫血，如骨髓坏死、骨髓纤维化、骨髓硬化症、大理石病、各种髓外肿瘤性疾病的骨髓转移及各种感染或非感染性骨髓炎，均可因损伤骨髓基质和基质细胞，造血微环境发生异常而影响血细胞生成。②淋巴细胞功能亢进所致贫血，如 T 细胞功能亢进可通过细胞毒性 T 细胞直接杀伤和（或）T 细胞因子介导造血细胞凋亡而使造血功能衰竭。B 细胞功能亢进可产生抗骨髓细胞自身抗体，进而破坏或抑制造血细胞导致造血功能衰竭。③造血调节因子水平异常所致贫血，如红细胞生成素不足（肾功能不全、肝病和垂体或甲状腺功能低下等时）、肿瘤性疾病或某些病毒感染会诱导机体产生较多的造血负调控因子[如肿瘤坏死因子（TNF）、干扰素（IFN）、炎症因子等]，均可导致贫血。近年发现感染和炎症细胞因子诱导铁调素分泌增加，使血液中游离铁浓度降低导致铁利用障碍，因而发生慢性病性贫血。④造血细胞凋亡亢进所致贫血。

（3）造血原料不足或利用障碍所致贫血：①叶酸或维生素 B_{12} 缺乏或利用障碍所致贫血。由于各种生理或病理因素导致机体叶酸或维生素 B_{12} 绝对或相对缺乏或利用障碍可引起的巨幼细胞贫血。②缺铁和铁利用障碍性贫血。这是临床上最常见的贫血。缺铁和铁利用障碍影响血红素合成，有学者称该类贫血为血红素合成异常性贫血。该类贫血的红细胞形态变小，中央淡染区扩大，属于小细胞低色素性贫血。

2. 红细胞破坏过多性贫血 可见于各种原因引起的溶血。如由于红细胞本身缺陷导致红细胞寿命缩短，见于遗传性红细胞增多症、葡萄糖-6-磷酸脱氢酶缺乏（G-6-PD）、地中海贫血等；也可由于免疫、化学、物理及生物等外在因素导致红细胞大量破坏，超过骨髓的代偿功能而发生溶血，如自身免疫性溶血、脾功能亢进等。

3. 失血性贫血 见于各种原因引起的急性和慢性失血，根据失血原因分为凝血性疾病（如特发性血小板减少性紫癜、血友病和严重肝病等）、非出凝血性疾病（如外伤、肿瘤、结核、支气管扩张、消化性溃疡出血、肝病、痔疮、泌尿生殖系统疾病等）。慢性失血性贫血往往合并缺铁性贫血。

二、临床表现

贫血的临床表现与以下因素有关：贫血的病因、贫血的严重程度、贫血时血容量下降的程度、发生贫血的速度，以及血液、呼吸、循环等各系统对贫血的代偿和耐受能力。尽管贫血的病因和机制各不相同，但由于血红蛋白含量减少，血液携氧能力下降，可引起全身各组织和器官缺氧与功能障碍等一系列临床共有表现。

1. 贫血的严重程度及其临床表现　根据血红蛋白的浓度可将贫血按严重程度划分为四个等级（表 4-5-2）。

表 4-5-2　贫血严重程度划分标准

贫血的严重程度	血红蛋白浓度（g/L）	临床表现
轻度	＞90	症状轻微
中度	60～90	活动后感心悸、气促
重度	30～59	静息状态下仍感心悸、气促
极重度	＜30	常并发贫血性心脏病

2. 一般表现　疲乏、困倦、软弱无力是贫血最常见和最早出现的症状，与骨骼肌氧的供应不足有关。皮肤黏膜苍白是贫血最突出的体征。其机制主要是通过神经体液调节引起有效血容量重新分布，以保证重要脏器的供血、供氧（如脑、心、肝、肾等），而皮肤黏膜供血相应减少；另外单位容积血液内红细胞和血红蛋白量减少也是皮肤黏膜颜色变浅的原因。检查以睑结膜、口唇与口腔黏膜、甲床及手掌等部位的结果较可靠，但应注意环境温度及人为因素如化妆等的影响。粗糙、缺少光泽甚至形成溃疡是贫血时皮肤、黏膜的另一类表现，与贫血的原发病有关（如叶酸、维生素 B_{12} 缺乏，缺铁及自身免疫病等）。溶血性贫血可引起皮肤黏膜黄染。

3. 神经系统　头痛、眩晕、萎靡、晕厥、失眠、多梦、耳鸣、眼花、记忆力下降、注意力不集中等是贫血常见症状。有些是贫血导致脑组织缺氧所致，有些是急性失血性贫血引起的血容量不足或血压降低所致，有些是严重的溶血引起高胆红素血症或高游离血红蛋白血症所致，有些是引起贫血的原发病所致（如白血病中枢神经系统浸润）。维生素 B_{12} 缺乏性巨幼细胞性贫血可出现肢端麻木。小儿缺铁性贫血时可哭闹不安、躁动甚至影响智力发育。

4. 呼吸系统　主要表现为呼吸加快及程度不同的呼吸困难，多见于中度以上贫血的病人。轻度贫血由于机体对缺氧的代偿反应，平静时呼吸次数可能不增加，活动后由于低氧和高二氧化碳刺激呼吸中枢，引起呼吸加深加快。重度贫血时，即使平静状态也可能有气短甚至端坐呼吸。

5. 循环系统　非失血性贫血由于血容量不低，所以主要出现心脏对组织缺氧的反应：心悸、气促、活动后明显加重。其症状的轻重与贫血的严重程度和个体的活动量有关，轻度贫血仅活动后引起呼吸加深并心悸，随着贫血严重程度的加深及活动量的加大，症状愈加明显，长期严重贫血，心脏超负荷工作且供血不足，会导致贫血性心脏病，此时不仅有心率变化，还可有心律失常、心脏结构异常甚至心力衰竭。而急性失血性贫血时循环系统的主要表现则是对低血容量的反应，如外周血管收缩、心率加快、主观感觉心悸等。

6. 消化系统　凡能引起贫血的消化系统疾病，在贫血前或贫血同时有原发病的表现。贫血本身可影响消化系统出血功能甚至结构的改变，如消化腺分泌减少甚至腺体萎缩，进而导致消化功能减低、消化不良，出现腹部胀满、食欲减低、大便规律和性状的改变等。长期慢性溶血可合并胆道结石或（和）炎症。缺铁性贫血可有吞咽异物感。

7. 泌尿系统　肾性贫血在贫血前和贫血时有原发肾疾病的临床表现。胶原病可同时影响造血系统和肾。血管外溶血出现胆红素和高尿胆原尿；血管内溶血可出现游离血红蛋白和含铁血黄素尿，重者甚至可发生游离血红蛋白堵塞肾小管，进而引起少尿、无尿、急性肾衰竭。重度失血性贫血可因血容量不足而致肾血流量减少，进而引起少尿、无尿，持续时间过长可致肾功能不全。

8. 生殖内分泌系统　长期贫血影响睾酮的分泌，可减弱男性特征；对女性而言会影响女性激素的分泌而导致月经失常。还会影响各内分泌腺体的功能和促红细胞生成素的分泌。

此外，尚有免疫系统和血液系统的改变。

案例 4-5-1 分析讨论（1）

1. 结合以上所述，该病人贫血的特点为重度贫血，有倦怠、乏力及皮肤黏膜苍白的贫血主要表现。

2. 本例病人病程长，症状逐渐加重。

三、问诊要点

1. 贫血的特点 贫血发生的时间、速度，贫血的严重程度、病因或诱因。

2. 有无相关的疾病史或用药史 有无家族遗传史，有无出血性消化系统疾病（如消化性溃疡、胃癌、痔疮），有无化学毒物、放射性物质、特殊药物接触史、寄生虫感染史等。

3. 贫血对人体的影响 有无营养不良、体重减轻、头晕、头痛、疲乏、心悸等。

4. 诊断、治疗与护理经过 包括贫血的有关检查结果、治疗用药及其疗效；是否接受过输血及贫血相关知识的宣教等。

四、相关护理诊断

1. 活动无耐力 与贫血导致机体组织缺氧有关。

2. 疲乏 与严重贫血导致机体组织缺氧有关。

3. 营养失调 低于机体需要量，与造血物质摄入不足、消耗增加或丢失过多有关。

4. 潜在并发症 贫血性心脏病。

案例 4-5-1 分析讨论（2）

病人可能存在的护理诊断：

1. 活动无耐力：与贫血导致机体组织缺氧有关。
2. 营养失调：低于机体需要量，与造血物质摄入不足、丢失过多有关。
3. 知识缺乏：缺乏贫血防治相关知识。

（王 艳）

第六节 皮肤黏膜出血

案例 4-6-1

病人，女，28 岁。主诉：双下肢皮肤瘀点、瘀斑 7 天。病人诉 1 周前因受凉感冒后咽痛、咳嗽、低热、乏力，自服头孢菌素类抗生素药物后感冒症状好转，发现双下肢皮肤散在紫红色出血点未在意，后瘀点融合略高于皮肤表面，压之不退色，在臀部也发现瘀点、瘀斑。发病以来，无腹痛、腹泻及关节的肿痛。

体格检查：体温 36℃，脉搏 90 次/分，呼吸 20 次/分，血压 120/80mmHg。神志清楚，精神可。无贫血貌，下肢皮肤见少量散在陈旧性瘀点、瘀斑，浅表淋巴结无肿大。

实验室检查：WBC 13.6×10^9/L，N 61.2%，Hb 114g/L，PLT 260×10^9/L。凝血相关检查正常。尿常规示：微量蛋白阳性，余正常。

问题：

1. 该病人的主要症状是什么？
2. 该病人的主要症状有哪些特点？
3. 该病人可能的护理诊断有哪些？

皮肤黏膜出血（mucocutaneous hemorrhage）是因机体止血或凝血功能障碍所引起，通常以全身性或局限性皮肤黏膜自发性出血或损伤后难以止血为临床特征。

一、病因和发生机制

皮肤黏膜出血的基本病因有三个，即血管壁功能异常、血小板异常及凝血功能障碍。

1. 血管壁功能异常 正常情况下在血管破损时，局部小血管即发生反射性收缩，使血流变慢，以利于初期止血，继之，在血小板释放的血管收缩素等血清素作用下，使毛细血管较持久收缩，发挥止血作用。当毛细血管壁存在先天性缺陷或受损伤时则不能正常地收缩发挥止血作用，而致皮肤黏膜出血。常见于：

（1）先天性或遗传性：遗传性出血性毛细血管扩张症、血管性假性血友病等。

（2）获得性：①重症感染，如败血症；②过敏，如过敏性紫癜；③化学物质与药物作用，如药物性紫癜；④营养缺乏，如维生素 C 及维生素 PP 缺乏；⑤代谢及内分泌障碍，如糖尿病、库欣综合征；⑥其他，如动脉硬化、机械性紫癜等。

2. 血小板异常 血小板在止血过程中起重要作用。在血管损伤处血小板相互黏附、聚集成白色血栓阻塞伤口。血小板膜磷脂在磷脂酶作用下释放花生四烯酸，随后转化为血栓烷（TXA_2），进一步促进血小板聚集，并有强烈的血管收缩作用，促进局部止血。当血小板数量或功能异常时，均可引起皮肤黏膜出血，常见于：

（1）血小板减少：①血小板生成减少，如再生障碍性贫血、白血病、感染、药物性抑制等；②血小板破坏过多，如特发性血小板减少性紫癜、药物免疫性血小板减少性紫癜等；③血小板消耗过多，如血栓性血小板减少性紫癜、弥散性血管内凝血等。

（2）血小板增多：①原发性，如原发性血小板增多症；②继发性，如慢性粒细胞白血病、脾切除后、感染、创伤等。此类疾病血小板数虽然增多，仍可引起出血现象，是由于活动性凝血活酶生成迟缓或伴有血小板功能异常所致。

（3）血小板功能异常：①遗传性，如血小板无力症、巨大血小板综合征、血小板颗粒性疾病等；②获得性，如抗血小板药物作用、尿毒症、重症感染、肝病、异常球蛋白血症等。

3. 凝血功能障碍 凝血过程较复杂，有许多凝血因子参与，任何一个凝血因子缺乏或功能不足均可引起凝血障碍，导致皮肤黏膜出血。

（1）遗传性：各型血友病、遗传性纤维蛋白原缺乏症、遗传性凝血酶原缺乏症、遗传性低凝血酶原症、遗传性凝血因子缺乏症等。

（2）获得性：重症肝病（肝病性凝血障碍）、尿毒症（尿毒症性凝血异常）、维生素 K 缺乏症等。

4. 抗凝及纤维蛋白溶解异常 主要为获得性疾病，如肝素及双香豆素类药物过量、免疫相关性抗凝物质增多、敌鼠钠中毒、蛇咬伤或水蛭咬伤、溶栓药物过量。

5. 复合性止血机制异常 有遗传性（如血管性血友病）和获得性（如弥散性血管内凝血）。

案例 4-6-1 分析讨论（1）

1. 该病人的主要症状是皮肤黏膜出血。

2. 根据已有病史资料，该病人皮肤出血的原因可能为血管壁功能异常，因其实验室检查结果示血小板正常、凝血相关检查正常。

二、临床表现

皮肤黏膜出血表现为血液淤积于皮肤或黏膜下，形成红色或暗红色斑，压之不退色，视出血面积大小可分为瘀点（亦称出血点，直径不超过 2mm）、紫癜（直径 3～5mm）和瘀斑（直径大于 5mm）。

血小板减少出血的特点为同时有出血点、紫癜和瘀斑、鼻出血、牙龈出血、月经过多、血尿及黑便等，严重者可导致脑出血。血小板病病人血小板计数正常，出血轻微，以皮下、鼻出血及月经过多为主，但手术时可出现出血不止。

因血管壁功能异常引起的出血特点为皮肤黏膜的瘀点、瘀斑，如过敏性紫癜表现为四肢或臂部有对称性、高出皮肤的（荨麻疹或丘疹样）紫癜，可伴有痒感、关节痛及腹痛，累及肾脏时可有血尿。老年性紫癜常为手、足的伸侧瘀斑；单纯性紫癜为慢性四肢偶发瘀斑，常见于女性病人月经期等。

因凝血功能障碍引起的出血常表现有内脏、肌肉出血或软组织血肿，亦常有关节腔出血，且常有家族史或肝脏病史。

案例 4-6-1 分析讨论（2）

结合以上所述，该病人出血的特点为双下肢对称性、高出皮肤的瘀点、瘀斑。

三、问诊要点

1. 基本资料的收集 出血的初发年龄：自幼出血提示先天性出血性疾病，而成年后发病多为获得性因素所致；既往有无类似出血史及慢性病史；家庭成员中有无类似出血病人，凝血障碍性疾病者多有家族史，血小板和血管性疾病病人多无家族史；过敏史及药物应用史：一些皮肤黏膜出血性疾病可因过敏而发病，如过敏性紫癜可因为食物（如鱼、虾等）、药物（如抗生素、解热镇痛药、磺胺药等）、其他（如花粉、疫苗接种、昆虫咬伤等）等原因而发病。

2. 出血的特点 询问皮肤、黏膜出血的诱因、部位、大小、分布、持续天数、消退情况和出血的频度等。凝血性疾病出血的诱因多为外伤，出血部位多见于关节腔、肌肉、内脏出血；血小板、血管性疾病多为自发性出血，出血多见于皮肤黏膜瘀点、瘀斑。

3. 出血的伴随症状 四肢对称性紫癜伴有关节痛及腹痛、血尿者，见于过敏性紫癜；紫癜伴有广泛性出血，如鼻出血、牙龈出血、血尿、黑便等，见于血小板减少性紫癜、弥散性血管内凝血等；紫癜伴有黄疸者，见于肝脏疾病；皮肤黏膜出血伴贫血和（或）发热者，常见于白血病、再生障碍性贫血等；自幼有轻伤后出血不止，且有关节肿痛或畸形者，见于血友病；伴颅内压增高症状及中枢神经压迫症状应考虑合并颅内出血。

4. 出血对病人造成的影响 询问其心理反应，有无因皮肤黏膜出血或反复出血而出现紧张、焦虑和恐惧等心理反应；有无因出血量大而出现的循环血容量减少的情况。

5. 诊断、治疗与护理经过 包括用药史、药物种类、剂量与疗效；有无采取止血的其他措施、方法及其疗效。

四、相关护理诊断

1. 有皮肤完整性受损的危险 与血小板减少和（或）血管壁异常致皮肤黏膜出血有关。

2. 潜在并发症　内脏出血/脑出血。

3. 恐惧　与严重出血有关。

4. 疼痛　与皮下血肿及关节腔出血有关。

案例 4-6-1 分析讨论（3）

病人可能存在的护理诊断：

有皮肤完整性受损的危险，与血小板减少和（或）血管壁异常致皮肤黏膜出血有关。

（王　艳）

第七节　呼 吸 困 难

案例 4-7-1

李某，男，73 岁，农民。主诉：活动后气短、喘憋 2 周，加重 1 天。

现病史：反复咳嗽、咳痰 10 年，咳嗽以晨起和睡前较为明显，伴少许黏痰。半年前感活动后胸闷，休息后可缓解，门诊检查肺功能示轻度阻塞性通气功能障碍，给予缓释茶碱、抗生素和化痰治疗后好转。2 周前病人受凉后出现活动后气短，喘憋，未诊治。1 天前活动后感胸闷明显加重，稍微活动即可出现，平静时即可出现喘憋。发病以来神志清楚，精神稍差，饮食尚可，大便正常，小便正常，睡眠欠佳，体重无明显变化。

既往史：无急、慢性传染病史及手术史、外伤史，无药物过敏史，预防接种史不详。长期大量吸烟史 45 年，戒烟 4 年。

问题：

1. 该病人的主要症状是什么？
2. 该病人的主要症状有哪些特点？
3. 该病人可能的护理诊断有哪些？

呼吸困难（dyspnea）是呼吸功能不全的症状，病人主观感到空气不足，呼吸费力；客观表现为呼吸活动用力，严重者可有鼻翼扇动、张口耸肩、发绀、端坐呼吸，辅助呼吸肌参与呼吸运动并伴有呼吸频率、节律与深度的改变。

一、病因与发生机制

（一）病因

引起呼吸困难的原因繁多，以呼吸系统和心血管系统疾病为主。

1. 呼吸系统疾病

（1）气道阻塞：上呼吸道阻塞主要由气管异物或肿瘤、喉头水肿等引起；下呼吸道阻塞主要由支气管哮喘、慢性阻塞性肺疾病引起。

（2）肺部疾病：如肺炎、肺脓肿、肺水肿、肺栓塞、弥漫性肺结核等。

（3）胸壁、胸廓与胸膜疾病：如气胸、大量胸腔积液、胸廓严重外伤、严重胸廓脊柱畸形、广泛性胸膜粘连增厚等。

（4）神经肌肉疾病：如脊髓灰质炎、急性多发性神经根神经炎、重症肌无力、严重低钾血症、药物（肌松剂）所致呼吸肌麻痹等。

（5）膈疾病与运动受限：如膈肌麻痹、大量腹水、腹腔巨大肿瘤、妊娠末期等。

2. 心血管系统疾病：各种原因导致的心力衰竭、心脏压塞、缩窄性心包炎、肺动脉高压等。

3. 中毒性疾病：感染性中毒、尿毒症、糖尿病酮症酸中毒、药物和化学中毒等。

4. 血液系统疾病：重度贫血、高铁血红蛋白血症及硫化血红蛋白血症等。

5. 神经精神性疾病、颅脑疾病：如脑外伤、脑出血、脑肿瘤、脑脓肿、脑炎、脑膜炎；精神或心理疾病所致的癔症等。

（二）发生机制

常见呼吸困难类型的发生机制如表 4-7-1 所示。

表 4-7-1　常见呼吸困难类型的发生机制

呼吸困难类型	发生机制
肺源性	各种呼吸系统疾病引起肺通气和（或）肺换气功能障碍，导致缺氧和（或）二氧化碳潴留
心源性	左心衰竭引起的呼吸困难是肺淤血、肺泡弹性降低、肺泡张力增高和肺循环压力升高所致；右心衰竭引起的呼吸困难是体循环淤血，肝大、胸腔积液、腹水使呼吸运动受限，右心房、上腔静脉压增高及酸性代谢产物增多，从而兴奋呼吸中枢
中毒性	酸性代谢产物增多，刺激颈动脉窦、主动脉体化学受体或直接兴奋刺激呼吸中枢引起呼吸困难；某些药物（吗啡类、巴比妥类药物）中毒时，可抑制呼吸中枢引起呼吸困难；一氧化碳、亚硝酸盐和苯胺类中毒时，血红蛋白失去携氧能力，导致缺氧而产生呼吸困难；氰化物中毒时，氰离子抑制细胞色素氧化酶的活性，影响细胞呼吸，导致组织缺氧引起呼吸困难
血源性	重度贫血因红细胞携氧减少，血氧含量降低，组织氧供不足所致。大出血或休克时，呼吸加速，则与缺血和血压下降刺激呼吸中枢有关
神经性、精神性	神经性多为重度颅脑疾病使呼吸中枢因血流减少或颅内高压刺激，引起呼吸深而慢，常伴有呼吸节律的改变；精神性多为过度通气而发生呼吸性碱中毒

案例 4-7-1 分析讨论（1）

1. 该病人的主要症状是呼吸困难。
2. 根据已有病史资料，诊断该病人为肺源性呼吸困难。

二、临床表现

（一）肺源性呼吸困难

肺源性呼吸困难可分为 3 种类型：吸气性呼吸困难、呼气性呼吸困难和混合性呼吸困难。

1. 吸气性呼吸困难　主要表现为吸气显著费力，严重者吸气时可见三凹症（three depression sign），即胸骨上窝、锁骨上窝和肋间隙明显凹陷，可伴有干咳及高调吸气性喉鸣。常见于喉、气管、大支气管的炎症水肿、异物或肿瘤等引起的狭窄或梗阻。

2. 呼气性呼吸困难　主要表现为呼气费力、呼气缓慢、呼吸时间明显延长，常伴有哮鸣音。常见于慢性阻塞性肺气肿、支气管哮喘、慢性支气管炎（喘息型）等。

3. 混合性呼吸困难　主要表现为吸气期及呼气期均感呼吸费力，呼吸频率增快、深度变浅，可伴有呼吸音异常或病理性呼吸音。常见于重症肺炎、广泛性肺纤维化、大片肺不张、大量胸腔积液、气胸、大面积肺栓塞（梗死）、广泛性胸膜增厚等。

（二）心源性呼吸困难

心源性呼吸困难主要由左心衰竭和（或）右心衰竭引起，其中以左心衰竭引起的呼吸困难较为严重。

1. 左心衰竭的主要特点为活动时发生或加重，休息时缓解或减轻；仰卧位时加重，坐位时减轻；因活动加重心脏负荷，机体耗氧量增加；坐位时下半身回心血量减少，肺淤血程度减轻，同时坐位时膈肌下移，膈肌活动增大，肺活量增加，所以病情较重病人，常被迫采取半坐位或端坐位。急性左心衰竭时，常可出现夜间阵发性呼吸困难，表现为夜间睡眠中突然感觉气闷或气急而惊醒，被迫坐起，惊恐不安。轻者历时数分钟至数十分钟后症状逐渐减轻、消失；重者可见端坐呼吸，发绀，大汗伴哮鸣音，双肺湿啰音，咳浆液性粉红色泡沫痰，心率加快，可有奔马律，此种呼吸困难亦称"心源性哮喘"（cardiac asthma）。

2. 右心衰竭主要见于慢性肺源性心脏病，某些先天性心脏病，或由左心衰竭发展而来。也可见于各种原因导致的急、慢性心包积液，病人常取坐位，以缓解呼吸困难。

（三）中毒性呼吸困难

在代谢性酸中毒（尿毒症、糖尿病酮症酸中毒）时，出现深长而规则的呼吸，伴有鼾声，称为酸中毒性大呼吸（Kussmaul 呼吸）。急性感染时机体代谢增加，血液温度升高及中毒性代谢产物的影响，可刺激呼吸中枢，使呼吸频率加快。吗啡类、巴比妥类、有机磷药物中毒时，呼吸中枢受抑制，致呼吸缓慢、变浅如潮式呼吸。

（四）血源性呼吸困难

血源性呼吸困难临床常见于重度贫血、高铁血红蛋白血症、硫化血红蛋白血症、大出血或休克时。表现为呼吸浅促、心率增快。

（五）神经性、精神性呼吸困难

神经性呼吸困难临床常见于重度颅脑疾病，如脑出血、脑炎、脑膜炎、脑脓肿、脑外伤及脑肿瘤等。由于呼吸中枢受颅内压增高和供血量减少的刺激，使呼吸变得深而慢，常伴有呼吸节律的改变，如抽泣样呼吸、呼吸遏制（吸气突然停止）等。精神性呼吸困难主要表现为呼吸频率增快而深度变浅，伴有叹息样呼吸或出现手足抽搐，常因过度通气而发生呼吸性碱中毒。临床常见于癔症病人。

案例 4-7-1 分析讨论（2）

结合以上所述，本例病人有长期的咳嗽、咳痰病史，肺功能检查提示有阻塞性通气功能障碍，呼气阻力增大，该病人呼吸困难的特点为呼气性呼吸困难。

三、问诊要点

1. 呼吸困难的特点　起病缓急，持续时间，是吸气性、呼气性还是吸气与呼气时都感到困难，呼吸频率、节律与深度，昼夜发作情况，与活动和体位的关系等。

2. 呼吸困难的严重程度及对病人日常生活自理能力的影响　临床上常以完成日常生活自理能力水平来判定呼吸困难程度，如表 4-7-2 所示。

表 4-7-2　呼吸困难程度与日常生活自理能力水平的关系

分度	呼吸困难程度	日常生活自理能力
Ⅰ度	日常活动无不适，中、重度体力活动时出现气促	正常，无气促
Ⅱ度	与同龄健康人平地行走时无气促，登高或上楼时出现气促	满意，有轻度气促，但日常生活可自理，不需要帮助或中间停顿
Ⅲ度	与同龄健康人同等速度行走时即有呼吸困难	尚可，有中度气促，日常生活可自理，但费时、费力，必须停下来喘气休息
Ⅳ度	以自己的步速平地行走 100m 或数分钟即有呼吸困难	差，有显著呼吸困难，日常生活自理能力下降，需要部分帮助
Ⅴ度	洗脸、穿衣，甚至休息时也有呼吸困难	困难，日常生活不能自理，需要完全帮助

3. 呼吸困难对人体功能性健康型态的影响 ①有无认知与感知型态的改变，如意识障碍、语言障碍、焦虑、烦躁不安。②有无因发绀、呼吸困难引起日常生活自理能力下降或完全丧失等活动与运动型态的改变。

4. 病史及其诱因 注意评估病人年龄与常见疾病的关系，是否存在职业环境因素。

5. 诊断、治疗与护理经过 包括用药史、药物种类、剂量与疗效；是否使用氧疗，其浓度、流量及其效果。

四、相关护理诊断

1. 气体交换受损 与心肺功能不全、肺部感染等引起有效肺部面积减少、肺弹性减退等有关。

2. 低效性呼吸型态 与上呼吸道梗阻、心功能不全有关。

3. 活动无耐力 与呼吸困难所致能量消耗增加和缺氧有关。

4. 自理能力缺陷 与呼吸困难有关。

5. 语言沟通障碍 与严重喘息有关。

6. 潜在并发症 意识障碍。

案例 4-7-1 分析讨论（3）

病人可能存在的护理诊断：

1. 气体交换受损：与气道阻塞、通气不足等引起有效肺部面积减少、肺弹性减退等有关。
2. 活动无耐力：与呼吸困难所致能量消耗增加和缺氧有关。

（吴芳琴）

第八节 咳嗽与咳痰

案例 4-8-1

李某，男，35 岁。主诉：发热、咳嗽、咳痰伴胸痛 2 天。

现病史：2 天前病人因淋雨受凉后出现发热，体温在 39.1～39.8℃，伴寒战，咳嗽、咳大量铁锈色痰，呼吸急促，右侧胸部刺痛，剧烈咳嗽或深呼吸时加剧，门诊以“右下肺炎”收住院。发病以来自觉乏力、精神差，食欲减退，无腹痛、腹泻、恶心、呕吐及尿频、尿急，小便色黄，大便正常。

既往史：既往体健，无急、慢性传染病史及手术史、外伤史，无药物过敏史，预防接种史不详。

问题：

1. 该病人的主要症状是什么？
2. 该病人的主要症状有哪些特点？
3. 病人可能的护理诊断有哪些？

咳嗽（cough）是呼吸道受刺激后引发的紧跟在短暂吸气后的一种保护性反射动作。可以有效清除呼吸道分泌物及气道内异物。但咳嗽可使呼吸道内感染扩散，剧烈咳嗽可导致呼吸道出血，甚至诱发自发性气胸。

咳痰（expectoration）是呼吸道内分泌物，凭借支气管黏膜上皮细胞的纤毛运动、支气管肌肉的收缩及咳嗽时的气流冲动，将呼吸道内过多的分泌物从口腔排出的动作，也是机体的一种保护性反射。但长期频繁剧烈咳嗽而影响工作、休息及舒适度，则属病理现象。

一、病因与发生机制

（一）病因

1. 呼吸系统疾病　为引起咳嗽与咳痰最常见的病因。主要有下列几类原因：

（1）感染：各种病原体引起的急性上呼吸道感染、慢性支气管炎、支气管扩张症、肺炎、慢性阻塞性肺气肿、肺结核。

（2）肿瘤：如支气管肺癌或转移性癌等。

（3）变态反应性疾病：支气管哮喘。

（4）其他：呼吸道受冷空气、粉尘、异物刺激。

2. 胸膜疾病　胸膜炎、自发性或外伤性气胸、胸腔穿刺等。

3. 心血管系统疾病　二尖瓣狭窄或其他原因导致的左心衰竭引起的肺淤血与肺水肿，或因体循环静脉栓子脱落、羊水、气栓引起的肺栓塞时，肺泡与支气管内漏出液或渗出液，刺激肺泡壁及支气管黏膜而引起咳嗽。

4. 中枢神经系统疾病　脑炎、脑膜炎刺激大脑皮质发出冲动，传至延髓咳嗽中枢而引起咳嗽。

5. 其他　习惯性咳嗽、癔症、胃食管反流性疾病、药物因素如血管紧张性转换酶抑制剂引起的慢性咳嗽。

（二）发生机制

1. 咳嗽　是由于延髓咳嗽中枢受到主要来自于呼吸道黏膜、肺泡与胸膜的刺激，经迷走神经、舌咽神经和三叉神经的感觉神经纤维传入，通过喉下神经、膈神经与脊神经等传出神经分别把冲动传到咽肌、声门、膈肌与其他呼吸肌，引起咳嗽动作。首先是快速短暂吸气，膈肌下降，声门迅速关闭，随即呼吸肌、膈肌、腹肌迅速收缩，使肺内压短时迅速升高，接着声门突然开放，肺内高压气流喷射而出，冲击声门裂隙而发生咳嗽动作和特殊声响，同时呼吸道内分泌物与异物被排出。

2. 咳痰　正常支气管黏膜腺体和杯状细胞可分泌少量黏液，使呼吸道保持湿润。产生的黏液一般是通过呼吸道黏液–纤毛转运机制从下呼吸道向咽部运送，并不断不自觉地咽下。当咽、喉、气管、支气管和肺受到生物性、物理性、化学性、过敏性等因素刺激时，黏膜充血、水肿，黏液分泌增多，毛细血管通透性增加，浆液渗出，此时含有红细胞、白细胞、巨噬细胞、纤维蛋白等的渗出物与黏液，吸入的尘埃和某些组织破坏物等混合成痰，随咳嗽动作排出。

案例 4-8-1 分析讨论（1）

1. 该病人的主要症状是发热、咳嗽与咳痰、胸痛。
2. 根据已有病史资料，该病人上述症状的可能原因为肺部感染。

二、临床表现

（一）咳嗽

1. 性质　咳嗽无痰或少痰为干性咳嗽，见于急性咽喉炎、胸膜炎、急性支气管炎早期、支气管异物、支气管肿瘤等；咳嗽伴有痰液为湿性咳嗽，见于慢性支气管炎、肺炎、支气管扩张、支气管脓肿等。

2. 病程与节律　咳嗽时间少于 3 周为急性咳嗽；大于 8 周为慢性咳嗽；咳嗽时间 3～8 周为亚急性咳嗽。骤然出现的咳嗽，常见于突然吸入刺激性气体、急性咽喉炎或呼吸道异物；阵发性剧烈咳嗽多见于百日咳、支气管淋巴结结核或肿瘤压迫支气管分叉处。咳嗽于清晨起床体位改变时加剧，伴有大量脓痰，常见于支气管扩张或肺脓肿；咳嗽在夜间平卧时出现或加重，常见于慢性左心衰竭和肺结核，与夜间肺淤血加重及迷走神经兴奋性增高有关。

3. 音色 咳嗽声音嘶哑见于声带炎症或喉部病变；金属音调咳嗽见于纵隔肿瘤、原发性支气管肺癌、主动脉瘤、淋巴瘤及结节病等压迫气管，可出现吸气性哮鸣音；鸡鸣样咳嗽表现为阵发性连续剧烈咳嗽伴高调吸气回声，多见于百日咳，会厌、喉部疾病和气管受压；咳嗽声调低微或无声，见于极度虚弱或声带麻痹者。

（二）咳痰

1. 性质 痰液的性质可分为黏液性、浆液性、脓性和血性。黏液性痰呈灰白色或无色而透明。常见于急（慢）性支气管炎、支气管哮喘及大叶性肺炎的初期，也可见于肺结核等；浆液性痰外观稀薄而多泡沫，常见于肺水肿；脓性痰为黄色或绿色，质黏稠，常见于化脓性支气管炎、支气管扩张、肺脓肿；血性痰可为粉红色、棕褐色，因呼吸道黏膜受侵害、损害毛细血管或血液渗入肺泡所致。

2. 颜色 痰液的颜色取决于所含的成分。无色透明痰常见于支气管炎、支气管哮喘；铁锈色痰为典型肺炎球菌性肺炎的特征；棕红色黏稠状痰见于克雷伯菌肺炎；红褐色或巧克力色痰多见于肺阿米巴病；黄色或翠绿色痰提示铜绿色假单胞菌感染；痰白、黏稠且牵拉成丝难以咳出，提示有真菌感染；大量稀薄浆液性痰中含粉皮样物，提示棘球蚴病；粉红色泡沫样痰多见于急性肺水肿；灰色或黑色痰多见于各种肺尘埃沉着病。

3. 痰量 急性呼吸道炎症时痰量较少，痰量多时可达数百毫升，见于支气管扩张、肺脓肿和支气管胸膜瘘。大量痰液静置后可出现分层现象，即上层为泡沫，中层为浆液或浑浊黏液，下层为坏死组织。

4. 气味 厌氧菌感染时，痰液有恶臭味，见于肺脓肿、支气管扩张、支气管肺癌的晚期等。

长期剧烈、频繁的咳嗽可致呼吸肌疲劳及疼痛，使病人不敢有效咳嗽和咳痰，并可致失眠、头痛、食欲减退、精神不安。剧烈的咳嗽可因脏层胸膜破裂发生自发性气胸，或因呼吸道黏膜上皮受损产生咯血，也可使胸腹部伤口裂开，骨质疏松者可因剧烈咳嗽导致肋骨骨折。不能有效咳嗽者，痰液潴留可诱发或加重肺部感染，使肺通气与换气功能受损。

案例 4-8-1 分析讨论（2）

1. 结合以上所述，该病人咳铁锈色痰为典型肺炎球菌性肺炎的特征，发热的特点为高热，热型为稽留热。

2. 本例病人病程 2 天，属于急性咳嗽；痰较多，属于湿性咳嗽；受凉后出现高热伴有寒战，在体温上升期属骤升型。

三、问诊要点

1. 咳嗽与咳痰的特点 评估咳嗽的性质、时间与节律、音色及其与体位、睡眠的关系，痰液的性质、颜色、痰量、黏稠度及咳痰与体位的关系等，病人能否有效咳嗽与咳痰。

2. 伴随症状 注意有无发热、呼吸困难、咯血、胸痛、杵状指（趾）等。咳嗽伴发热见于急性呼吸道感染、胸膜炎、肺结核等；咳嗽伴呼吸困难见于喉水肿、喉肿瘤、支气管哮喘、慢性阻塞性肺疾病、重症肺炎、肺结核、大量胸腔积液、气胸、肺淤血、肺水肿、气管及支气管异物；咳嗽伴杵状指（趾）见于支气管扩张症、肺脓肿、支气管肺癌和脓胸等。

3. 咳嗽与咳痰对人体功能性健康型态的影响 ①有无失眠等睡眠与休息型态的改变。②有无食欲与体重的下降、日常活动能力受限。③胸、腹部手术后剧烈咳嗽者的伤口情况。

4. 诊断、治疗与护理经过 包括用药史，药物种类、剂量与疗效；有无采取促进排痰的措施及其疗效。

四、相关护理诊断

1. 清理呼吸道无效　与痰液黏稠、极度衰竭、咳嗽无力、手术后伤口疼痛引起的无效咳嗽有关。

2. 活动无耐力　与长期频繁咳嗽、营养摄入不足有关。

3. 营养失调　低于机体需要量，与长期频繁咳嗽所致能量消耗增加、营养摄入不足有关。

4. 睡眠型态紊乱　与夜间频繁咳嗽影响睡眠有关。

5. 潜在并发症　自发性气胸。

案例 4-8-1 分析讨论（3）

病人可能存在的护理诊断：

1. 体温过高：与病原体感染、体温调节中枢功能障碍有关。

2. 疼痛，胸痛：与炎症波及胸膜有关。

（吴芳琴）

第九节　咯　　血

案例 4-9-1

周某，男，48 岁。主诉：间断咯血 15 年，加重 1 天。

现病史：病人间断咯血 15 年，常于受凉后发作，亦可无诱因发作。为鲜血，量不多，多为血丝，偶有血块。曾诊断为“支气管扩张”，1 天前，病人无明显诱因再次出现咯鲜血，约 300ml，可咳出，憋气较重，无胸痛、恶心、呕吐。发病以来，精神紧张，饮食尚可，大、小便正常。

既往史：无结核病史及其密切接触史，无手术史、外伤史，无药物过敏史，预防接种史按计划进行。

问题：

1. 该病人的主要症状是什么？

2. 该病人的主要症状有哪些特点？

3. 该病人可能的护理诊断有哪些？

咯血（hemoptysis）是指喉及喉以下的呼吸道任何部位的出血，经口腔咯出者。少量咯血有时仅表现为痰中带血，大咯血时血液从口鼻涌出，常可阻塞呼吸道，造成窒息死亡。

一、病因与发生机制

（一）病因

1. 呼吸系统疾病　呼吸系统疾病为咯血最常见的病因。

（1）支气管疾病：常见有支气管扩张症、支气管肺癌、支气管内膜结核和慢性支气管炎等。

（2）肺部疾病：常见的有肺结核、肺炎、肺脓肿等。在我国，肺结核为咯血的首要原因。

2. 心血管系统疾病　较常见于二尖瓣狭窄，其次为原发性肺动脉高压症、高血压性心脏病、肺梗死、先天性心脏病所致的肺动脉高压等。

3. 全身性疾病 ①血液病：白血病、血小板减少性紫癜、再生障碍性贫血、血友病、弥散性血管内凝血等。②急性传染病：流行性出血热、肺出血型钩端螺旋体病等。③风湿性疾病：系统性红斑狼疮、贝赫切特病、结节性多动脉炎等。

4. 其他 如气管、支气管子宫内膜异位症等，均可引起咯血。

（二）发生机制

1. 支气管疾病引发的咯血 其发生主要是炎症、肿瘤等损伤了支气管黏膜或病灶处的毛细血管，使其通透性增加或黏膜下血管破裂。

2. 肺部疾病引发的咯血 为病变使毛细血管通透性增高，血液渗出，表现为痰中带血丝或小血块；小血管因病变侵蚀破裂，表现为中等量咯血；空洞壁小动脉瘤破裂，或继发性支气管扩张形成的动静脉瘘破裂，可引起大量咯血，甚至危及生命。

3. 心血管疾病引发的咯血 为肺淤血造成肺泡壁或支气管内膜毛细血管破裂所引起，可为少量咯血或血丝痰；支气管黏膜下层支气管静脉曲张破裂，可导致大咯血。急性肺水肿和任何原因导致急性左心衰竭时，咳粉红色泡沫痰。

4. 全身性疾病及其他疾病引发的咯血 为凝血功能障碍或气管、支气管子宫内膜异位症等。

案例 4-9-1 分析讨论（1）

1. 该病人的主要症状是咯血。
2. 根据已有病史资料，该病人咯血的原因为支气管扩张导致。

二、临床表现

青壮年咯血常见于肺结核、支气管扩张症、二尖瓣狭窄等疾病，40 岁以上有长期吸烟史的咯血者，应注意警惕支气管肺癌发生的可能性。

（一）咯血量

每日咯血量小于 100ml 为小量咯血，一般仅表现为痰中带血。100～500ml 为中等量咯血，咯血前可有喉部发痒、胸闷、咳嗽等先兆症状。500ml 以上或一次咯血 300～500ml 为大量咯血。大量咯血主要见于空洞型肺结核、支气管扩张症和慢性肺脓肿，常表现为咯出满口血液或短时内咯血不止，常伴呛咳、脉搏细速、出冷汗、呼吸急促、面色苍白、紧张不安和恐惧感。咯血量的多少与受损血管的性质及数量有直接关系，与病情的严重程度不完全一致，但临床上可作为判定咯血严重程度和预后的重要依据。

大量咯血因血液在支气管滞留，易导致多种并发症，常见的有：①窒息，易发生在急性大咯血、极度虚弱、应用镇静剂镇咳药和精神高度紧张者。表现为咯血过程中突然咯血量减少或停止，进而气促、胸闷、烦躁不安或紧张、惊恐、大汗淋漓、颜面青紫，严重者可出现意识障碍。②肺不张，咯血后出现呼吸困难、胸闷、发绀，呼吸音减弱或消失。③继发感染，咯血后持续发热、咳嗽加剧，肺部听诊出现干、湿啰音。④失血性休克，脉搏细速、血压下降、四肢湿冷、烦躁不安、少尿等。

（二）咯血性质

不同病因引起的咯血，其颜色和性质可不相同。如鲜红色多见于肺结核、支气管扩张、肺脓肿和出血性疾病等；铁锈色见于典型的肺炎球菌肺炎，也可见于肺吸虫病和肺泡出血；砖红色胶冻样多见于克雷伯菌肺炎；暗红色多见于二尖瓣狭窄；浆液性粉红色泡沫样多见于左心衰竭；黏稠暗红色多见于肺栓塞。

三、问诊要点

1. 确认是否咯血　少量咯血，需要与鼻咽部、口腔出血相鉴别。鼻出血多自鼻孔流出，常在鼻中隔前下方发现出血灶；鼻腔后部出血，病人因血液自后鼻孔沿软腭与咽后壁下流而有咽部异物感。大量咯血需与呕血相鉴别。咯血与呕血的鉴别如表 4-9-1 所示。

表 4-9-1　咯血与呕血的鉴别

鉴别要点	咯血	呕血
病因	肺结核、支气管肺癌、支气管扩张、肺炎、肺脓肿等	消化性溃疡、肝硬化、急性糜烂出血性胃炎、胃癌等
出血前症状	喉部发痒、胸闷、咳嗽等	上腹部不适、恶心、呕吐等
出血方式	咯出	呕出，可呈喷射状
血的颜色	鲜红色	暗红色或棕色，偶呈鲜红色
血中混有物	痰液、泡沫	食物残渣、胃液
酸碱反应	碱性	酸性
黑便	无，若咽下可有	有，呕血停止后仍可持续数日
出血后痰的性状	痰中带血，常持续数日	无痰

2. 咯血的特点　发病年龄，咯血量、咯血颜色和持续时间。

3. 疾病史　与咯血相关的疾病史或诱发因素。

4. 伴随症状　注意有无发热、胸痛、呛咳、脓痰、皮肤黏膜出血、杵状指（趾）、黄疸等。咯血伴发热见于肺结核、肺炎、肺脓肿、支气管肺癌等；咯血伴胸痛见于肺炎球菌肺炎、肺结核、肺梗死、支气管肺癌等；咯血伴呛咳见于支气管肺炎、支原体肺炎等。咯血伴脓痰见于支气管扩张、肺脓肿、空洞型肺结核继发细菌感染等。咯血伴皮肤黏膜出血见于血液病、风湿病及肺出血钩端螺旋体病和流行性出血热等。咯血伴杵状指（趾）见于支气管扩张症、肺脓肿和支气管肺癌等。咯血伴黄疸需注意钩端螺旋体病、肺梗死等。

5. 咯血对人体功能性健康型态的影响　①有无焦虑、恐惧等压力及压力应对型态的改变。②有无意识障碍等认知与感知型态的改变。

6. 诊断、治疗与护理经过　包括用药史、药物种类、剂量与疗效；有无行 X 线检查、支气管镜检查、痰检查等。是否接受护理干预措施及其效果。

案例 4-9-1 分析讨论（2）

1. 根据病因、血的颜色及其大便颜色综合判断此病人为咯血而非呕血。
2. 该病人咯血量为 300ml，为中等量咯血。

四、相关护理诊断

1. 焦虑　与咯血不止、对担心疾病预后有关。

2. 恐惧　与大量咯血有关。

3. 体液不足　与大量咯血所致循环血量不足有关。

4. 潜在并发症　窒息，肺不张，肺部继发感染，失血性休克。

案例 4-9-1 分析讨论（3）

病人可能存在的护理诊断：

1. 焦虑：与咯血不止、对担心疾病预后有关。

2. 潜在并发症：窒息。

（吴芳琴）

第十节 发 绀

案例 4-10-1

王某，男，60 岁，农民。主诉：反复咳嗽、咳痰 15 年，活动后胸闷、气促 2 年，加重 1 周。

现病史：病人于 15 年前出现咳嗽，咳白色黏液痰。此后每年因气候变化，受凉后出现咳嗽、咳痰，病情以冬季为重，天气转暖后症状缓解。近 2 年来上述症状加重，咳嗽、咳痰不断，活动后胸闷、气促、乏力，不能下地劳动。1 周前因受凉后上述症状再次加重，痰黏稠不易咳出，不能平卧，伴双下肢凹陷性水肿，生活不能自理。发病以来病人精神差、食欲减退、夜间睡眠差。体格检查：体温 38.2℃，脉搏 110 次/分，呼吸 20 次/分，血压 130/85mmHg。半坐卧位，口唇、颊部、耳垂及鼻尖发绀、四肢末端皮肤发绀，有杵状指。桶状胸，双侧触觉语颤减弱，叩诊过清音，右下肺闻及湿啰音。

既往史：既往有慢性支气管炎病史，无急、慢性传染病史及手术史、外伤史，无药物过敏史，预防接种史不详。

问题：

1. 该病人的主要症状是什么？

2. 该病人可能的护理诊断有哪些？

发绀（cyanosis）系由于血液中还原血红蛋白增多，或血液中含有异常血红蛋白衍生物所致的皮肤和黏膜弥漫性青紫现象。在皮肤较薄、色素较少和毛细血管丰富的末梢部位，如舌、口唇、鼻尖、颊部和指（趾）甲床表现较为明显。

一、病因与发生机制

（一）血液中还原血红蛋白增多

发绀出现与否取决于血液中还原血红蛋白的绝对量，当毛细血管内还原血红蛋白量超过 50g/L 时，即可出现发绀。严重贫血病人，即使氧合血红蛋白都处于还原状态，也不足以引起发绀。因此，临床所见发绀，有时并不能确切反映动脉血氧下降情况。

发绀按不同病因可分为如下三类：

1. 中心性发绀 因心、肺疾病，致动脉血氧饱和度降低而引起的发绀。

（1）肺性发绀：由于呼吸系统疾病导致肺泡通气、换气功能及弥散功能障碍，血中还原血红蛋白增多。见于呼吸道阻塞、肺淤血、肺水肿、肺炎或肺气肿、肺纤维化、胸腔大量积液、积气等。

（2）心性发绀：各种左到右分流引起的肺动脉高压，致右到左分流，使体循环静脉血与动脉血混合，还原血红蛋白增多引起发绀。见于法洛四联症等发绀型先天性心脏病。

2. 周围性发绀 指由于静脉血流缓慢、淤滞、组织氧耗量增加所造成的发绀。

（1）淤血性周围性发绀：因体循环淤血，周围血流缓慢，单位时间内氧的利用增加，还原血红蛋白增多所致。多见于右心功能不全、缩窄性心包炎等。

（2）缺血性周围性发绀：因循环血量不足，周围组织血液灌注不足、缺氧所致，或肢体动脉闭塞，多见于严重休克、雷诺病、血栓闭塞性脉管炎等。

（3）周围毛细血管收缩：最常见于寒冷、接触低温水等。

3. 混合性发绀　为中心性发绀与周围性发绀两者并存，较常见于心功能不全。

（二）异常血红蛋白血症

由于血红蛋白结构异常，使部分血红蛋白丧失携氧能力而出现发绀。

1. 高铁血红蛋白血症　见于药物或化学物质中毒，如服用某些化学制剂或药物，特别是亚硝酸盐、氯酸钾及苯、磺胺类药物中毒时，或进食大量含有亚硝酸盐的变质蔬菜，由于血红蛋白分子的二价铁被三价铁所取代，导致高铁血红蛋白血症。高铁血红蛋白达到 30g/L 可出现发绀。

2. 硫化血红蛋白血症　上述可致高铁血红蛋白血症的药物或化学物质引起高铁血红蛋白血症，如同时有便秘或服用硫化物，可生成硫化血红蛋白血，当硫化血红蛋白达到 5g/L 时，则可出现发绀。

案例 4-10-1 分析讨论（1）

1. 该病人的主要症状是发绀，除了发绀，症状还有咳嗽与咳痰、气促等。

2. 根据已有病史资料，该病人发绀的原因可能为右心功能不全引起的周围性发绀或呼吸系统疾病引起的肺性发绀。

二、临床表现

发绀主要表现为甲床、舌、口唇、鼻尖、颊部等部位皮肤黏膜青紫。发绀的程度取决于体表毛细血管的状态，在受热或二氧化碳含量增加的情况下，毛细血管扩张，发绀较为明显。休克时由于血管收缩，发绀表现较轻，易被忽视。

（一）中心性发绀

中心性发绀的特点为除四肢与面颊外，黏膜与躯干皮肤也可见发绀，皮肤温暖，可伴有杵状指（趾）及红细胞增多。

（二）周围性发绀

周围性发绀的表现为肢体末梢如肢端、耳垂与鼻尖等与下垂部位发绀，皮肤冰冷，按摩或加温后，发绀可减轻或消失。

（三）异常血红蛋白血症

异常血红蛋白血症虽有发绀，但一般不出现呼吸困难。

1. 高铁血红蛋白血症　急骤出现、暂时性、病情严重；氧疗后青紫不减，静脉血呈深棕色；静脉注射亚甲蓝、维生素 C 或硫代硫酸钠可使青紫消退。

2. 硫化血红蛋白血症　发绀持续时间长，可达数月或更长，病人血液呈蓝褐色。

案例 4-10-1 分析讨论（2）

结合以上所述，该病人发绀的特点为混合性发绀，即中心性发绀与周围性发绀并存，其中该病人发生的中心性发绀为肺性发绀，周围性发绀为淤血性周围性发绀。

三、问诊要点

1. 发绀的特点、范围及严重程度 评估发绀的起病时间、出现的急缓、持续时间、分布范围等。发绀的程度与皮肤厚度及着色情况有关，皮肤较薄、色素较少的部位，发绀容易显露，有色素沉着时可致误诊。心、肺疾病者发绀严重，常伴呼吸困难。有明显发绀而不伴呼吸困难者，提示有高铁血红蛋白血症或硫化血红蛋白血症。

区分中心性发绀和周围性发绀，观察发绀的部位、皮肤温度及按摩或加温后发绀能否消失可作鉴别。中心性发绀以心、肺疾病多见，应积极处理原发病。周围性发绀常出现于肢体末端与下垂部位，对症处理后发绀多能缓解。

2. 发绀常见的伴随症状 急性发绀同时伴有意识障碍，见于药物或化学物品中毒、休克、急性肺部感染或急性心力衰竭；发绀伴呼吸困难、咳嗽、咳痰、咯血或水肿见于慢性心、肺功能不全；发绀伴头晕、头痛多为缺氧所致，纠正缺氧后症状可改善；发绀伴蹲踞，是法洛四联症的典型表现；发绀伴杵状指，主要见于先天性心脏病、某些慢性肺部疾病。

3. 发绀对病人的影响 评估有无因缺氧所导致的呼吸困难及机体缺氧而使病人活动耐力下降，并出现各系统缺氧的症状。尤其中枢神经系统对缺氧的反应最敏感，观察缺氧表现及其程度，急性缺氧病人往往先有兴奋、欣快感、定向力下降，继而出现运动不协调、头痛、乏力等；慢性缺氧病人有易疲劳、嗜睡、注意力不集中、精神恍惚等表现。严重缺氧者可致烦躁不安、惊厥、昏迷甚至死亡。评估发绀病人可能产生的不同程度的情绪变化及心理反应，有无紧张、害怕、焦虑、恐惧等不良情绪反应。

4. 疾病史 有无发绀相关的疾病史或诱发因素。

5. 诊断、治疗与护理经过 发绀后有无采取相应的处理措施及其效果等，包括诊断、治疗的经过、相关的辅助检查结果等。

四、相关护理诊断

1. 活动无耐力 与心肺功能不全、氧的供需失衡有关。

2. 低效性呼吸型态 与呼吸系统疾病所致肺泡通气、换气、弥散功能障碍有关。

3. 气体交换受损 与心肺功能不全所致肺淤血有关。

案例 4-10-1 分析讨论（3）

病人可能存在的护理诊断：

1. 气体交换受损：与肺部疾病所致氧合作用不足有关。
2. 清理呼吸道无效：与呼吸道分泌物增多、黏稠有关。
3. 体温过高：与肺部感染有关。
4. 体液过多：与右心衰竭致体循环淤血有关。
5. 活动无耐力：与心肺功能不全有关。

（李 慧）

第十一节 心 悸

案例 4-11-1

张某，女性，40 岁，公司职员。主诉：心悸伴手抖 3 年，明显加重 1 周，持续不缓解。

现病史：病人于3年前出现心悸伴手抖症状，同时伴有多食、消瘦、出汗、易情绪激动等症状。症状反复发作，逐渐加重。近1周上述症状再次明显加重，持续不缓解，伴头晕、胸闷，日常生活尚能自理。发病以来病人精神差、食欲好、夜间睡眠差，大、小便正常。体格检查：体温36.5℃，脉搏110次/分，呼吸18次/分，血压115/80mmHg。一般情况尚可，甲状腺Ⅰ度肿大，心率120次/分，心律绝对不齐，第一心音强弱不等。

既往史：既往体健，无急、慢性传染病史及手术史、外伤史，无药物过敏史，预防接种史不详。

问题：

1. 该病人的主要症状是什么？
2. 该病人可能的护理诊断有哪些？

心悸（palpitation）是一种对心脏跳动感到不适的自觉症状。心悸时心脏搏动可增强，心率可快、可慢，可有心律失常，也可完全正常。

一、发生机制

心悸的发生机制尚未明了。一般认为与心动过速、每搏输出量大和心律失常有关，也与个体的敏感性、精神因素、注意力集中与否、心律失常存在的时间长短有关。

二、病因

（一）心脏搏动增强

心脏搏动增强所致心悸，可为生理性或病理性。生理性见于正常人剧烈活动、受惊吓或精神过度紧张时；饮酒、浓茶或咖啡后；应用麻黄素、氨茶碱、肾上腺素、阿托品、甲状腺素片等药物。病理性主要见于高血压性心脏病、风湿性心脏病、冠状动脉硬化性心脏病、先天性心脏病如室间隔缺损等所致的心室肥大、甲状腺功能亢进症、高热、贫血、低血糖症等。

（二）心律失常

常见类型包括各种原因引起的：①心动过速，如窦性心动过速、阵发性室性心动过速或室性心动过速等；②心动过缓，高度房室传导阻滞、窦性心动过缓、病态窦房结综合征等；③心律不齐，期前收缩、心房颤动等。

（三）心脏神经官能症

由自主神经功能紊乱引起，精神因素常为发病诱因，心脏本身并无器质性病变，多见于青年女性。

案例 4-11-1 分析讨论（1）

1. 该病人的主要症状是心悸。
2. 根据已有病史资料，该病人心悸的原因可能为甲状腺功能亢进、心房颤动。

三、临床表现

（一）症状和伴随症状

病人自觉心跳或心慌。常见的伴随症状：①头晕、晕厥，多见于不同病因引起的心律失常如高度房室传导阻滞，阵发性心动过速引起的心源性脑缺氧综合征。②呼吸困难，各种病因引起的二尖瓣关闭不全、主动脉瓣关闭不全及严重心律失常引起的心功能不全，常伴有呼吸困难。③胸痛，冠状动脉硬化性心脏病心绞痛时，心前区常伴有压榨样疼痛；心脏神经官能症者，常有心前区痛。④交感神经功能亢进症状，出冷汗，手足冰冷、麻木等。⑤恐惧，初发者，突感心悸，可产生恐惧感。

（二）体征

体格检查部分病人可无阳性体征，部分有原发病体征，或有心律失常。

案例 4-11-1 分析讨论（2）

结合以上所述，该病人心悸的特点为病人自觉心慌，出现心悸并伴有手抖，同时伴有多食、消瘦、出汗、易情绪激动等症状，发作时伴头晕、胸闷，症状严重、持续不缓解。

四、问诊要点

1. 心悸的临床特点 包括发作的频率、性质、程度及伴随症状等。心悸发作为偶发性还是持续性。心悸是自觉症状，依个人感受性而不同，主诉方式各异，程度差别较大。应让病人详细描述发生心悸当时的主观感受及伴随症状，如心跳快慢、有无不规则样感觉，是否伴有胸闷、胸痛、呼吸困难、头晕、晕厥等。

2. 心悸的身体反应 观察心悸发生当时脉搏、呼吸、血压的变化。评估心悸对心脏功能及日常生活自理能力的影响。心悸所致不适是否影响其工作、学习、睡眠和日常生活自理能力。

3. 心悸的心理反应 有无紧张、害怕、恐惧等情绪；心脏神经官能症者，一般心理反应更大。

4. 原因或诱发因素 包括体力活动、情绪、服药、饮酒、喝茶等可致生理性心悸的原因，有无心脏病史，有无甲状腺功能亢进、贫血等非循环系统疾病病史。

5. 诊断、治疗与护理经过 心悸后有无采取相应的处理措施及其效果等，包括诊断、治疗的经过、相关的辅助检查结果等。

五、相关护理诊断

1. 活动无耐力 与心悸发作所致疲乏无力有关。

2. 焦虑/恐惧 与心悸发作对心脏功能的影响有关。

3. 睡眠型态紊乱 与心悸发作所致不适有关。

案例 4-11-1 分析讨论（3）

病人可能存在的护理诊断：

1. 活动无耐力：与心悸发作所致疲乏无力有关。
2. 睡眠型态紊乱：与心悸发作所致不适有关。
3. 舒适度减弱：与心悸发作所致不适有关。

（李　慧）

第十二节　恶心与呕吐

案例 4-12-1

孙某，男，36 岁，农民。主诉：恶心、呕吐伴腹痛、腹泻 2 天。

现病史：2天前病人进食不洁食物后出现恶心、呕吐，呕吐6次，非喷射性，呕吐物为胃内容物，无咖啡样液体及其他异常，呕吐后自觉轻松，逐渐出现腹痛，脐周痛，呈阵发性绞痛，腹痛引起腹泻，为黄色不成形稀水样便，腹泻后腹痛减轻。每日3～5次，无里急后重感，无黏液脓血。发病以来自觉全身乏力、精神差，食欲减退，头晕，小便色黄。

既往史：既往体健，无急、慢性传染病史及手术史、外伤史，无药物过敏史，预防接种史不详。

问题：

1. 该病人的主要症状是什么？
2. 该病人的主要症状有哪些特点？
3. 该病人可能的护理诊断有哪些？

恶心（nausea）、呕吐（vomiting）是临床常见的一组症状。恶心为上腹部不适、紧迫欲吐的感觉。呕吐是指通过胃强烈收缩迫使胃或部分小肠内容物经食管、口腔排出体外的现象。

一、病因与发生机制

（一）病因

引起恶心与呕吐的病因很多，按发病机制可归纳为下列几类：

1. 反射性呕吐　是指来自内脏末梢神经的冲动，经自主神经传入纤维刺激呕吐中枢引起的呕吐。主要有下列几类原因：

（1）咽部受到刺激：如吸烟、剧咳、鼻咽部炎症等。

（2）消化系统疾病：如急、慢性胃肠炎，消化性溃疡、功能性消化不良、急性胃扩张或幽门梗阻、肠梗阻、急性肝炎、肝硬化、急性腹膜炎等。

（3）其他疾病：如肾输尿管结石、急性肾盂肾炎、急性盆腔炎、急性心肌梗死、心力衰竭、青光眼、屈光不正等。

2. 中枢性呕吐　是指来自中枢神经系统或化学感受器的冲动，刺激呕吐中枢引起的呕吐。

（1）神经系统疾病：①颅内感染，如各种脑炎；②脑血管疾病，如脑出血、脑栓塞等；③颅脑损伤，如脑挫裂伤、颅内血肿；④癫痫，特别是持续状态。

（2）全身性疾病：尿毒症、肝昏迷、糖尿病酮症酸中毒、甲亢危象、甲状旁腺危象等。

（3）药物：如某些抗生素、抗癌药、洋地黄等药物。

（4）中毒：乙醇、重金属、一氧化碳中毒等。

（5）精神因素：胃神经症、癔症、神经性厌食等。

3. 前庭障碍性呕吐　凡呕吐伴有听力障碍、眩晕等耳科症状者，需考虑前庭障碍性呕吐。常见疾病有迷路炎、梅尼埃（Meniere）病和晕动病。

（二）发生机制

呕吐是一个复杂的反射动作，其过程可分为三个阶段，即恶心、干呕和呕吐。恶心时胃蠕动减弱或消失、排空延缓，十二指肠及近端空肠紧张性增加，出现逆蠕动，可伴有或不伴有十二指肠液反流；干呕时胃上部放松而胃窦部短暂收缩；呕吐时胃窦部持续收缩，贲门开放，腹肌收缩，腹压增加，迫使胃内容物急速而猛烈地向上反流，经食管、口腔而排出体外。若胃逆蠕动较弱或贲门未开，则为恶心。

呕吐中枢位于延髓，包括神经反射中枢和化学感受器触发带两个部分。神经反射中枢位于延髓外侧网状结构的背部，接受来自消化道、大脑皮质、内耳前庭、冠状动脉及化学感受器触发带的传入冲动，直接支配呕吐动作；化学感受器位于延髓第四脑室的底面，接受各种外来的化学物质或药物（如洋地黄）及内生代谢产物（如感染、酮中毒等）的刺激并由此引发出神经冲动，传至呕吐中心引起呕吐。

案例 4-12-1 分析讨论（1）

1. 该病人的主要症状是恶心与呕吐。
2. 根据已有病史资料，该病人恶心、呕吐的原因是急性胃肠炎。

二、临床表现

恶心是一种上腹不适、欲吐的感受，多伴有面色苍白、出汗、流涎、血压降低及心动过缓等迷走神经兴奋症状，常为呕吐的前驱表现，恶心后随之出现呕吐，但也可仅有恶心而无呕吐，或仅有呕吐而无恶心。呕吐的临床表现因病因不同而异。

1. 呕吐的时间 育龄妇女晨起呕吐见于早期妊娠，亦可见于尿毒症，慢性酒精中毒或功能性消化不良；鼻窦炎病人因起床后脓液经鼻后孔流出刺激咽部，亦可致晨起恶心、干呕。晚上或夜间呕吐见于幽门梗阻。

2. 呕吐与进食的关系 进食过程中或餐后即刻呕吐，可能为幽门管溃疡或精神性呕吐；餐后 1 小时以上呕吐称延迟性呕吐，提示胃张力下降或胃排空延迟；餐后较久或数餐后呕吐，见于幽门梗阻，呕吐物可有隔夜宿食；餐后近期呕吐，特别是集体发病者，多由食物中毒所致。

3. 呕吐的特点 进食后立刻呕吐，恶心很轻或缺如，吐后又可进食，长期反复发作而营养状态不受影响，多为神经性呕吐。喷射状呕吐多为颅内高压性疾病。

4. 呕吐物的性质 带发酵、腐败气味提示胃潴留；带粪臭味提示低位小肠梗阻；不含胆汁说明梗阻平面多在十二指肠乳头以上，含多量胆汁提示在此平面以下；含有大量酸性液体者多有胃泌素瘤或十二指肠溃疡，无酸味者可能贲门狭窄或贲门失弛缓症。上消化道出血常呈咖啡样呕吐物。

案例 4-12-1 分析讨论（2）

本例病人恶心、呕吐的特点是进食后出现恶心、呕吐并伴有腹痛、腹泻，非喷射性，呕吐物为胃内容物，无咖啡样液体。

三、问诊要点

1. 呕吐的临床表现特点 包括呕吐发生与持续的时间、频率，与进食、药物等的关系，呕吐物的量、性状及气味等。

2. 伴随症状 ①伴腹痛、腹泻多见于急性胃肠炎、霍乱、副霍乱、细菌性食物中毒及其他原因引起的急性食物中毒；②伴右上腹疼痛及发热、寒战或有黄疸应考虑急性胆囊炎或胆石症；③伴头痛及喷射性呕吐见于颅内高压症或青光眼；④伴眩晕、眼球震颤见于前庭器官疾病等。

3. 疾病史或诱因 有无恶心、呕吐发生有关的疾病史或诱因。

4. 恶心与呕吐对病人的影响 主要包括有无进食、进液及体重变化，有无心率加快、尿量减少、皮肤干燥、弹性下降、眼眶下陷等脱水表现，对婴幼儿、老人、意识障碍者，还应对那些可能导致误吸的危险因素如体位等进行评估，密切观察面色、有无呛咳及呼吸道通畅情况。

5. 诊断、治疗与护理经过 是否已做 X 线钡餐、胃镜、血糖、血尿素氮、血清电解质、血常规等检查及其结果，已采取的措施及效果等。

四、相关护理诊断

1. 舒适度减弱 恶心/呕吐，与相关疾病导致恶心、呕吐有关等。

2. 体液不足/有体液不足的危险 与呕吐引起体液丢失及摄入量不足有关。

3. 有误吸的危险 与呕吐物吸入肺内有关。

4. 营养失调低于机体需要量 与长期频繁呕吐和摄入量不足有关。

5. 潜在并发症 窒息。

案例 4-12-1 分析讨论（3）

病人可能存在的护理诊断：

1. 舒适度减弱：恶心/呕吐，与急性胃炎导致的恶心呕吐有关等。
2. 体液不足/有体液不足的危险：与呕吐引起体液丢失及摄入量不足有关。
3. 有误吸的危险：与呕吐物吸入肺内有关。

（周 妹）

第十三节 吞咽困难

案例 4-13-1

李某，男，64 岁，农民。主诉：进行性吞咽困难 3 月余。

现病史：病人于 3 个月前始觉进食后轻微哽噎感，因症状轻微且断续出现，故未做治疗。后症状较前明显加重，出现次数亦增加，消瘦，未予药物治疗，症状也未见好转。进普食也发噎，伴胸骨后烧灼感，但进半流食感觉不明显，至医院作胃镜检查示：食管中上段癌。

既往史：既往体健，无急、慢性传染病史及手术史、外伤史，无药物过敏史，预防接种史不详。

问题：

1. 该病人的主要症状是什么？
2. 该病人的主要症状有哪些特点？
3. 该病人可能的护理诊断有哪些？

吞咽困难（dysphagia）是指在吞咽之初即出现咽下困难（口咽性吞咽困难）或者食物从口腔到胃的推进过程中受阻而出现梗阻感（食管性吞咽困难）。吞咽困难可由中枢神经系统疾病、食管、口咽部疾病引起，亦可由吞咽肌肉的运动障碍所致。假性吞咽困难并无食管梗阻的基础，仅为一种咽喉部阻塞感、不适感，不影响进食。

一、病因与发生机制

1. 口咽性吞咽困难

（1）机械性梗阻

1）感染：如腹膜后脓肿。

2）外压性狭窄：如甲状腺肿大、淋巴结肿大。

3）管腔狭窄：头颈部恶性肿瘤，如舌癌、咽部肿瘤等；口咽部炎症，如咽炎、扁桃体炎等；肌肉食管蹼和食管环，食管憩室等。

4）顺应性降低（肌炎，纤维化）：炎症性肌病。

5）颈部骨赘。

（2）神经肌肉障碍

1）中枢神经系统疾病：如脑卒中，帕金森病，颅神经或者延髓麻痹（如多发性硬化，运动神经元疾病），肌萎缩性（脊髓）侧索硬化。

2）肌张力障碍：如食管上括约肌运动障碍或者重症肌无力，咽肌营养不良等。

（3）其他：如牙列不良、口腔溃疡、口腔干燥症、长期应用青霉胺等。

2. 食管性吞咽困难

（1）腔内异物。

（2）黏膜（内源的）疾病：通过炎症、纤维化或瘤形成使得腔变狭窄继发于胃食管反流病的消化性狭窄。如食管环和食管蹼（缺铁性吞咽困难）、食管肿瘤、化学损伤（腐蚀剂摄入、药物性食管炎、食管静脉曲张硬化治疗）、放射损伤、感染性食管炎、嗜酸细胞性食管炎等。

（3）纵隔（外在的）疾病：通过直接浸润或淋巴结肿大压迫食管致管腔狭窄，如肿瘤（如肺癌、淋巴瘤）、感染（如结核、组织胞浆菌病）、心血管病变（心房增大、血管压迫）等。

（4）神经肌肉疾病：影响了食管平滑肌和其支配神经，导致食管蠕动和（或）食管括约肌功能降低，如贲门失弛缓症、硬皮病、其他运动障碍、手术后（如胃底折叠术、放置抗反流仪器）等。

案例 4-13-1 分析讨论（1）

1. 该病人的主要症状是吞咽困难。

2. 根据已有病史资料，该病人吞咽困难的原因可能为食管癌。

二、临床表现

口咽性吞咽困难也被称为高位吞咽困难，指的是口或咽部的吞咽困难。病人在开始吞咽时即感到咽下困难，食物由口腔进入食管的过程受阻，食物阻滞于口腔及咽喉部。食管性吞咽困难也称作低位吞咽困难，表现为吞咽时食物阻滞于食管某一段，进食过程受阻。对液体和固体食物都存在吞咽困难，尤其是间歇性发作伴胸痛者，提示食管动力障碍。如只有在进食固体食物时发生吞咽困难，则提示机械性梗阻可能。食管癌的吞咽困难病程较短，呈进行性，一般在半年内从进干食发噎到进半流质、流质食物亦难以下咽；食管良性肿瘤的吞咽困难症状较轻，或仅为一种阻挡感。反流性食管炎的吞咽困难症状不重，多伴有反食、胃灼热、胸痛等反流症状。

案例 4-13-1 分析讨论（2）

结合以上所述，该病人吞咽困难的特点为进行性吞咽困难，进普食也发噎，但进半流食感觉不明显，伴胸骨后烧灼感，是由食管癌导致的食管性吞咽困难。

三、问诊要点

1. 食物梗阻的部位 食管上段吞咽困难除癌肿外，可由胸骨后甲状腺肿、食管结核或恶性肉芽肿、缺铁性吞咽困难等疾病引起；食管中段梗阻常为食管癌、纵隔占位性病变压迫食管、食管良性狭窄、食管息肉、食管黏膜下肿瘤等疾病引起；食管下段的吞咽困难主要由癌肿、贲门失弛缓症等疾病所致。

2. 伴随症状　①吞咽困难伴声嘶多见于淋巴结肿大及肿瘤等压迫喉返神经。②伴呛咳见于脑神经疾病、贲门失弛缓症等致潴留食物反流。此外，也可因食管癌致食管支气管瘘及重症肌无力致咀嚼肌、咽喉肌和舌肌无力，继而出现咀嚼及吞咽困难及饮水呛咳。③伴吞咽疼痛见于口咽炎或溃疡，如急性扁桃体炎、急性咽炎及口腔溃疡等。④伴胸骨后疼痛见于食管炎、食管溃疡、纵隔炎及食管异物等。⑤伴反酸、胃灼热见于胃食管反流病。⑥伴哮喘和呼吸困难见于纵隔肿物、大量心包积液压迫食管及大气管。⑦伴口臭提示进展期失弛缓症或者食管长期梗阻致腔内有缓慢分解的食物残渣积聚。

3. 吞咽困难的特点　吞咽困难食物的种类、病程是进行性还是间歇性、症状持续时间。

4. 吞咽困难对病人健康功能型态的影响　有无吞咽困难导致营养摄入不足引起营养与代谢型态的改变。

5. 诊断、治疗与护理经过　包括疾病史、用药史等。

四、相关护理诊断

1. 营养失调　低于机体需要量，与吞咽困难导致营养物质摄入不足有关。

2. 活动无耐力　与吞咽困难导致营养不良有关。

3. 焦虑　与长期吞咽困难有关。

案例 4-13-1 分析讨论（3）

病人可能存在的护理诊断：

1. 营养失调：低于机体需要量，与吞咽困难导致营养物质摄入不足有关。
2. 焦虑：与长期进行性吞咽困难有关。

（周　妹）

第十四节　呕血与黑便

案例 4-14-1

莫某，男，50 岁，干部。主诉：呕血、黑便 5 小时。

现病史：病人 5 小时前出现恶心、呕吐咖啡色胃内容物 5 次，每次量约 200ml，解柏油样稀便 3 次，每次量约 200g，伴头晕、乏力、眼花、心悸、出汗。

既往史：乙肝（小三阳），无手术史、外伤史，无药物过敏史，预防接种史不详。

问题：

1. 该病人的主要症状是什么？
2. 该病人的主要症状有哪些特点？
3. 该病人可能的护理诊断有哪些？

呕血（hematemesis）是指上消化道（屈氏韧带以上的消化器官，包括食管、胃、十二指肠、肝、胆、胰）疾病或全身性疾病所致的急性上消化道出血，血液经口腔呕出。黑便（melena）则指上消化道出血时部分血液经肠道排出，因血红蛋白在肠道内与硫化物结合成硫化亚铁，色黑而称之。由于黑便附有黏液而发亮，类似柏油，又称柏油便（tarry stool）。

一、病因与发生机制

1. 消化系统疾病

（1）食管疾病：食管炎、食管癌、食管异物、食管外伤、食管黏膜糜烂等。大量呕血常见于门静脉高压食管静脉曲张破裂及食管异物戳穿主动脉。

（2）胃及十二指肠疾病：消化性溃疡最为常见，其次有急性糜烂出血性胃炎、胃癌、胃黏膜脱垂症、血管异常如胃恒径动脉破裂等疾病。

（3）肝、胆疾病：肝硬化（肝硬化门静脉高压引起食管下段与胃底静脉曲张破裂出血）、胆管感染、胆道蛔虫症、胆管结石、急性出血性胆管炎等。

（4）胰腺疾病：胰腺癌、出血性坏死性胰腺炎等。

2. 全身性疾病

（1）血液系统疾病：白血病、血小板减少性紫癜、过敏性紫癜、血友病、霍奇金淋巴瘤、再生障碍性贫血、弥散性血管内凝血等。

（2）感染性疾病：流行性出血热、钩端螺旋体病、急性重型肝炎、败血症等。

（3）结缔组织病：系统性红斑狼疮、结节性动脉炎、皮肌炎等。

（4）其他：尿毒症、呼吸衰竭、肺源性心脏病等。

呕血原因甚多，但以消化性溃疡最为多见，其次为肝硬化门静脉高压所致食管及胃底静脉曲张破裂，再次为急性糜烂出血性胃炎和胃癌。其他原因所致呕血，临床相对少见。

案例 4-14-1 分析讨论（1）

1. 该病人的主要症状是呕血与黑便。
2. 根据已有病史资料，该病人呕血与黑便的原因可能为肝脏疾病。

二、临床表现

1. 呕血与黑便 一般呕血前常有上腹不适、恶心等，随后呕吐出血液或血性胃内容物。其颜色视出血量、出血的急缓及出血部位而不同。出血量多且急、在胃内停留时间短、出血位于食管则血色鲜红或暗红色，常混有凝血块；若出血量较少，在胃内停留时间较长，因血红蛋白与胃酸作用形成酸化正铁血红蛋白，呕吐物可呈咖啡色或棕褐色。一般呕血多伴有黑便，但出现黑便不一定有呕血。黑便的颜色与性状取决于出血量及肠蠕动的快慢。出血量大或肠蠕动快时，血液在肠道内停留时间短，可形成暗红色或紫红色稀薄血便；反之，血液在肠道内停留时间长，形成较稠厚的黑便。

2. 失血性周围循环衰竭 一次出血量不超过 500ml（出血量为循环血量的 10%～15%）时，除头晕、畏寒外，多无血压、脉搏的变化；出血量为 800～1000ml（出血量为循环血量的 20%以上）时，可有出冷汗、四肢湿冷、心悸、脉搏增快等急性失血症状；如出血量超过 1500ml（出血量为循环血量的 30%以上），可出现周围循环衰竭表现，如脉搏细速、血压下降、四肢厥冷、少尿无尿、呼吸急促、意识模糊等休克征象。

3. 血液学改变 急性出血早期可不明显，随后由于组织液的渗出或输液等情况，血液被稀释，血红蛋白、细胞计数可逐渐降低。

4. 其他 上消化道大出血，血浆蛋白、血红蛋白的分解产物在肠内被吸收，致血清尿素氮升高。并可出现低热或中等度发热。

案例 4-14-1 分析讨论（2）

1. 该病人呕咖啡色胃内容物，解柏油样稀便，可判断出病人出血量大但速度不快。

2. 病人呕血、黑便伴头晕、乏力、眼花、心悸、出汗，未出现周围循环衰竭表现。说明出血量超过 400ml，但不超过 1000ml。

三、问诊要点

1. 确定是否为呕血与黑便　判断呕血时，应排除口腔、鼻咽部出血或咯血。判断黑便时，应排除因进食大量动物血、肝，服用铋剂、铁剂、炭粉或中药所致的黑便，此类黑便一般黑而无光泽，隐血试验阴性。

2. 病因与诱因　既往有无消化性溃疡、慢性肝炎病史；有无服药史如肾上腺糖皮质激素、水杨酸类等药物；有无诱发因素，如酗酒、进食粗硬或刺激性食物、精神刺激等。

3. 伴随症状

（1）上腹痛：中青年慢性反复发作上腹痛，呈周期性、节律性，多见于消化性溃疡；中老年慢性上腹痛，无周期性、节律性应警惕胃癌。

（2）脾大、腹水：多见于肝硬化门静脉高压；如同时伴有肝大，且质地坚硬，表面凹凸不平有结节，甲胎蛋白（AFP）测定阳性多提示肝癌。

（3）皮肤黏膜出血：多见于血液系统疾病，如原发性血小板减少性紫癜、再生障碍性贫血、白血病等。

4. 出血量的判断　每日消化道出血 5～10ml，粪便隐血试验出现阳性，每日出血量 50～100ml 可出现黑便。一般胃内储积血量在 250～300ml 可引起呕血。问诊时应询问和观察呕血次数、持续时间、颜色、量及性状等，结合失血的全身表现准确估计出血量。

5. 出血部位　幽门以上部位出血多有呕血和黑便，幽门以下部位出血常以黑便为主，但也与出血量和出血速度有关。幽门以上部位出血少或出血速度缓慢可仅有黑便；但出血量大、出血速度快时可同时出现呕血和黑便。

6. 出血是否停止　可通过呕血和黑便的次数、量、颜色的变化及临床表现是否好转或消失，配合实验室检查如粪便隐血试验、血红蛋白量、红细胞计数、血细胞比容等综合判断。

7. 呕血与黑便对人体功能性健康型态的影响　观察病人有无紧张、焦虑、恐惧或抑郁等心理反应。

8. 诊断、治疗与护理经过　包括疾病史、用药史。

四、相关护理诊断

1. 组织灌注量改变　与大量出血致血容量不足有关。

2. 有体液不足的危险　与大量出血致血容量不足有关。

3. 恐惧　与大量出血有关。

4. 活动无耐力　与出血致贫血或周围循环衰竭有关。

5. 潜在并发症　休克。

案例 4-14-1 分析讨论（3）

病人可能存在的护理诊断：

1. 组织灌注量改变：与上消化道出血致血容量不足有关。
2. 恐惧：与急性上消化道大量出血有关。
3. 潜在并发症：休克。

（周　妹）

第十五节 便 血

案例 4-15-1

钱某，男，35 岁，个体户。主诉：反复上腹痛 2 年，便血 1 天。

现病史：病人腹痛伴反酸，多空腹发作，昨又发作，并排柏油样黏糊状粪便 3 次，量约 1000ml，便后头晕，心悸，8 小时无尿。体格检查：脉搏 110 次/分，血压 80/50mmHg，无肝掌、蜘蛛痣，上腹剑突下有压痛，无反跳痛，肝、脾未及。实验室检查：Hb 80g/L，RBC 3.5×10^{12}/L，粪隐血（+++）。

既往史：既往无急、慢性传染病史及手术史、外伤史，无药物过敏史，预防接种史不详。

问题：

1. 该病人的主要症状是什么？
2. 该病人可能的护理诊断有哪些？

便血（hematochezia）是指上消化道和（或）下消化道出血，血液由肛门排出。便血性状可为糊样、稀薄带血样、水样或成形。便血的颜色可呈鲜红、暗红或黑色呈柏油样。少量出血（每日 5～10ml）可无粪便颜色改变，但隐血试验阳性，称为隐血（occult blood）。

一、病因与发生机制

1. 上消化道疾病 见“呕血与黑便”一节。

2. 下消化道疾病

（1）小肠疾病：肠结核、钩虫病、急性出血坏死性肠炎、肠伤寒、小肠肿瘤、肠套叠、Crohn 病、空肠憩室炎或溃疡等。

（2）结肠疾病：急性细菌性痢疾、阿米巴痢疾、溃疡性结肠炎、结肠憩室炎、结肠癌、结肠息肉、血吸虫病、缺血性结肠炎等。

（3）直肠肛管疾病：痔、肛裂、肛瘘、直肠肛管损伤、直肠癌、非特异性直肠炎、直肠息肉等。

（4）肠道血管畸形：先天性血管畸形、血管退行性变、遗传性毛细血管扩张等。

3. 全身疾病 白血病、血友病及肝脏疾病等。

案例 4-15-1 分析讨论（1）

1. 该病人的主要症状是便血。
2. 根据已有病史资料，该病人呕血与黑便的原因可能为上消化道疾病。

二、临床表现

便血的临床表现因出血部位不同、出血量的多少及血液在肠腔内停留时间的长短而异。出血量多，速度快或在肠道停留时间短者呈鲜红色便；出血量多，但在肠道内停留时间较长者为暗红色；出血速度较慢，在肠道内停留时间长者为黑色。进食动物血、肝及服用铁剂、铋剂、炭粉、中药等药物也可使粪便变黑，应予以鉴别。上消化道或小肠出血，血液与粪便可完全混合或全为血液；结肠出血，粪便与血液可部分混合或完全混合；便血呈鲜红色，不与粪便混合，仅黏附于粪便表面或于排便后有鲜血滴出或喷射出者，多提示肛门或肛管疾病出血，如痔、肛裂或直肠肿瘤。急性细菌性痢疾粪便多呈黏液脓性鲜血便，阿米巴痢疾粪便多呈暗红色果酱样的脓血便，急性坏死性肠炎可排出洗肉水样血便，并有腥臭味。

短时间大量便血，可致急性失血性贫血及周围循环衰竭，但由便血所致周围循环衰竭临床少见。长期慢性便血可出现乏力、头晕、活动后心悸、气促等贫血症状。大量便血者可伴恐惧，长期便血者多有焦虑。

三、问诊要点

1. 相关病史　有无与便血相关病史、服用药物、食物史。有无进食刺激性的食物、饮食不规律、过度劳累、精神刺激等诱发因素。

2. 确定是否为便血　注意排除食物、药物的影响，同时注意粪便的颜色、光泽，必要时作粪便隐血试验进行鉴别。

3. 估计出血量　应询问和观察便血次数、颜色、量及性状等，结合失血的全身表现准确估计出血量。

4. 便血方式　便血方式与病变部位、出血速度及量等密切相关。注意检查便血是出现在排便前还是排便后，血液是滴下、喷出还是与粪便混在一起。

5. 伴随症状

（1）腹痛：慢性反复上腹痛，呈周期性、节律性，出血后腹痛减轻见于消化性溃疡。右上腹绞痛并有黄疸，多提示肝、胆管疾病。腹痛时排脓血便，多见于细菌性痢疾、阿米巴痢疾等。腹痛伴便血还可见于急性出血坏死性肠炎、肠套叠、肠系膜动脉栓塞等。

（2）里急后重：便后肛门仍有坠胀感或排便未净感，提示为肛门、直肠疾病，见于细菌性痢疾、直肠炎、直肠癌等。

（3）腹部肿物：可见于肠道肿瘤、肠套叠及 Crohn 病等。

（4）发热：见于败血症、流行性出血热、钩端螺旋体病等。

6. 便血对人体功能性健康型态的影响　应注意出血的全身反应和程度，以及有无慢性失血性贫血的表现。反复便血不愈或预后不佳者，应观察病人有无焦虑、恐惧、悲观等心理反应。

7. 诊断、治疗与护理经过　包括疾病史、用药史。

四、相关护理诊断

1. 组织灌注量改变　与大量出血致血容量不足有关。

2. 活动无耐力　与便血所致贫血有关。

3. 有体液不足的危险　与大量便血所致血容量不足有关。

4. 有皮肤完整性受损的危险　与排泄物刺激肛周皮肤有关。

5. 焦虑　与长期便血未能确诊有关。

6. 恐惧　与大量便血有关。

案例 4-15-1 分析讨论（2）

病人可能存在的护理诊断：

1. 组织灌注量改变：与大量出血致血容量不足有关。
2. 活动无耐力：与便血所致贫血有关。
3. 有皮肤完整性受损的危险：与排泄物刺激肛周皮肤有关。
4. 恐惧：与大量便血有关。

（周　妹）

第十六节 腹　　泻

案例 4-16-1

王某，男，28 岁，自由职业者。主诉：间断腹痛、腹泻 10 年，加重一年半。

现病史：病人 10 年前劳累后出现腹痛、腹泻，腹痛以下腹部为主，大便 1～2 次/天，为黏液脓血便，最重时 10 余次/天。8 年前上述症状加重，就诊于当地医院，诊断为“溃疡性结肠炎”，治疗后好转。3 年前上述症状再次加重，就诊于当地医院，给予激素治疗后症状好转。一年半前，病人再次出现腹痛、腹泻、黏液脓血便，大便平均 10 次/天，最重时 15 次/天，伴有头晕、心慌、乏力，现为求进一步诊治来我院治疗，病来无发热，偶有咳嗽、咳痰，睡眠较差，大便 10 余次/天，便量少，小便正常，近一年半体重减轻 10kg。

既往史：否认高血压、冠心病、糖尿病病史。无药物过敏史。

问题：

1. 该病人的主要症状是什么？
2. 该病人可能的护理诊断有哪些？

腹泻（diarrhea）是常见的消化系统症状，指排便次数增多，粪质稀薄，或带有黏液、脓血及未消化的食物。腹泻一般可分为急性腹泻和慢性腹泻两种，病程超过 2 个月者为慢性腹泻。

一、病因与发生机制

（一）病因

1. 急性腹泻

（1）肠道疾病：常见由细菌、病毒、真菌、原虫、蠕虫等感染而引起的肠炎及急性出血性坏死性肠炎，以及 Crohn 病或溃疡性结肠炎急性发作、急性缺血性肠病等；也可因使用抗生素而发生相关小肠炎、结肠炎。

（2）急性中毒：多由食用毒蕈、桐油、河鲀、鱼胆及砷、磷、铅、汞等化学药物引起。

（3）全身性感染：如败血症、伤寒或副伤寒、钩端螺旋体病等。

（4）其他：如变态反应性肠炎、过敏性紫癜；服用氟尿嘧啶、利血平及新斯的明等药物，以及肾上腺皮质功能减退危象、甲亢危象等疾病。

2. 慢性腹泻

（1）消化系统疾病：①胃部疾病，如慢性萎缩性胃炎、胃大部切除后胃酸缺乏；②肠道疾病，见于肠结核、慢性阿米巴痢疾、慢性细菌性痢疾、血吸虫病、钩虫病、绦虫病、肠鞭毛原虫病等感染性病变，以及 Crohn 病、溃疡性结肠炎、结肠多发性息肉、吸收不良综合征等肠道非感染性病变；③肠道肿瘤，如结肠绒毛状腺瘤、肠道恶性肿瘤；④胰腺疾病，如胰腺癌、慢性胰腺炎以及胰腺切除术后等；⑤肝胆疾病，见于肝硬化、胆汁淤积性黄疸、慢性胆囊炎、胆石症等。

（2）全身性疾病：①内分泌及代谢障碍疾病，如甲状腺功能亢进、肾上腺皮质功能减退、胃泌素瘤等。②药物副作用，如利血平、甲状腺素、洋地黄类、胆苯烯胺等；某些抗肿瘤药和抗生素联合使用亦可导致腹泻。③神经功能紊乱，见于肠易激综合征。④其他疾病，如系统性红斑狼疮、硬皮病、尿毒症、放射性肠炎等。

（二）发生机制

根据病理生理可归纳为分泌性腹泻、消化功能障碍性腹泻、渗透性腹泻、动力性腹泻及吸收不良性腹泻。

1. 分泌性腹泻　由于肠道分泌大量液体超过了肠黏膜的吸收能力所致，如霍乱弧菌外毒素引起的大量水样腹泻。产毒素的大肠埃希菌感染、某些胃肠道内分泌肿瘤等所致的腹泻亦属于分泌性腹泻。

2. 消化功能障碍性腹泻　由于消化液分泌减少所致，如慢性胰腺炎、慢性萎缩性胃炎、胃大部切除术后。胰、胆管阻塞可因胆汁和胰酶排泌受阻而引起消化功能障碍性腹泻。

3. 渗透性腹泻　由于肠腔内渗透压增高，阻碍了肠内水与电解质的吸收所致。如乳糖酶缺乏时，乳糖不能水解，形成肠内高渗。也包括口服盐类泻剂（硫酸镁）、甘露醇等所致的腹泻。

4. 动力性腹泻　由于肠蠕动亢进，肠内食糜停留时间过短，未被充分吸收所致。见于肠炎、胃肠功能紊乱等。

5. 吸收不良性腹泻　由肠黏膜的吸收面积减少或吸收功能障碍所致，见于小肠大部分切除、吸收不良综合征等。

二、临床表现

急性腹泻起病急，病程较短；慢性腹泻起病缓慢，病程较长。

1. 排便次数增多　急性感染性腹泻常于进食后24小时内发病，每天排便数次甚至数十次，粪便呈糊状或水样便，少数为脓血便。慢性腹泻表现为每天排便次数增多，为稀便，可带黏液、脓血等。阿米巴痢疾的粪便呈暗红色或果酱样；肠易激综合征的粪便中带有黏液而无病理成分。

2. 腹痛　急性腹泻常伴有腹痛，尤其是感染性腹泻较为明显。小肠疾病引起的腹泻腹痛部位常在脐周，便后腹痛缓解不明显。结肠病变腹痛多在下腹部，便后腹痛可缓解。分泌性腹痛往往无明显的腹痛。

3. 伴随症状　①发热：见于急性细菌性痢疾、伤寒、副伤寒、肠结核等；②里急后重：提示病变以结肠、直肠为主，如痢疾、直肠炎、直肠肿瘤等；③消瘦：提示病变多位于小肠，如胃肠道恶性肿瘤、肠结核等；④皮疹或皮下出血：见于败血症、伤寒或副伤寒、过敏性紫癜等；⑤腹部包块：见于胃肠恶性肿瘤等；⑥关节痛或关节肿胀：见于溃疡性结肠炎、系统性红斑狼疮等。

三、问诊要点

1. 腹泻的起病　是否有进食不洁食物、聚餐、旅行等病史；是否摄入脂肪餐，或与紧张、焦虑有关。可根据腹泻的次数及大便的量、性状判断腹泻的类型及病变部位。

2. 大便的性状及气味　根据大便的性状和便常规检查，可大致区分是感染性还是非感染性、炎症渗出性还是分泌性或动力性腹泻。大便奇臭多有消化吸收障碍，无臭，多为分泌性水泻。

3. 同食者群体发病史及地区、家族的发病情况　对诊断食物中毒、流行病、地方病及遗传病具有重要价值。

4. 加重和缓解腹泻的因素　如与进食、与油腻食物的关系及抗生素应用史。

5. 腹泻对一般状态的影响　功能性腹泻、下段结肠病变对病人的一般状态影响较小；器质性疾病如炎症、肿瘤、肝胆胰疾病、小肠病变导致的腹泻对一般状态影响较大。

四、相关护理诊断

1. 腹泻　与肠道感染、中毒或消化不良等有关。

2. 营养失调　低于机体需要量，与长期慢性腹泻有关。

3. 体液不足/有体液不足的危险　与腹泻所致的体液丢失有关。

4. 有皮肤完整性受损的危险　与排便次数增加及排泄物对肛周皮肤的刺激有关。

（王爱平）

第十七节　便　　秘

案例 4-17-1

张某，女，49 岁，工人。主诉：便秘 8 年。

现病史：病人 8 年前无明显诱因出现便秘，大便 4 天以上排一次，为黑色羊粪样硬结便，未予治疗，后症状渐加重，4 年前始必须服用肠清茶或排毒养颜胶囊方可每 3～4 天排大便 1 次，大便前有少许白色黏液，无脓血，伴有腹胀，排便后减轻。4 天前出现上腹胀、嗳气等不适，夜间自觉有发热，无盗汗，门诊予奥美拉唑口服治疗无好转。为进一步诊治来我院门诊，以“功能性便秘”收入院。病来无腹痛、呕吐、腹泻等不适，无咳嗽、发热、胸痛。病人精神状态一般，食欲一般，睡眠正常，小便正常。体重无明显变化。

既往史：平素体健，否认肝炎、结核等传染病史，无高血压及糖尿病史。

问题：

1. 该病人的主要症状是什么？
2. 该病人可能的护理诊断有哪些？

便秘（constipation）是指正常排便形态改变，排便次数减少，排出过干、过硬的粪便，且排便不畅、困难。

一、病因与发生机制

（一）病因

1. 功能性便秘

（1）进食量少或食物缺乏纤维素或水分不足，对结肠运动的刺激降低。

（2）因工作紧张、生活节奏过快、工作性质和时间改变、精神因素等使正常的排便习惯紊乱。

（3）结肠的运动功能紊乱：见于肠易激综合征，由结肠及乙状结肠痉挛引起，也有病人表现为便秘与腹泻交替出现。

（4）腹肌及盆腔肌张力不足，使排便推动力不足，难以将粪便排出体外。

（5）滥用缓泻剂、栓剂、灌肠；长期卧床，活动减少等。

2. 器质性便秘

（1）由于直肠或肛门病变导致排便疼痛而惧怕排便，或肛裂、肛瘘、痔疮或肛周脓肿引起肛门括约肌痉挛导致便秘。

（2）结肠肿瘤、肠梗阻、肠粘连、Crohn 病导致的结肠梗阻或痉挛。

（3）腹腔或盆腔内肿瘤压迫，常见子宫肌瘤。

（4）全身性疾病导致肠肌松弛，排便无力，如糖尿病、甲状腺功能低下、尿毒症等。

（二）发生机制

1. 正常排便的条件　正常排便需具备以下条件，其中任何一项条件不能满足，即可发生便秘：①有足够的引起正常肠蠕动的肠内容物，即足够的食物量、食物中含有适量的水分和纤维素；②肠道内肌肉张力正常、肠蠕动功能正常；③有正常的排便反射；④参与排便的肌肉功能正常。

2.排便过程的生理活动　①粪团在直肠内膨胀所致的机械性刺激，引起便意、排便反射及随后的一系列肌肉活动；②直肠平滑肌的推动性收缩；③肛门内、外括约肌松弛；④腹肌与膈肌收缩使腹内压增高，最后将粪便排出体外。若上述任何一个环节发生问题即可导致便秘。

3. 引起便秘的常见因素　①摄入食物量过少，尤其是纤维素和水分摄入不足，导致肠内的食糜和粪团的量不足以刺激肠道的正常蠕动；②各种原因引起的肠道内肌肉张力降低和蠕动减弱；

③肠蠕动受阻，导致肠内容物滞留而不能下排，如肠梗阻；④排便过程的神经或肌肉活动障碍，如肛门括约肌痉挛等。

二、临床表现

1. 急性便秘　病人多有腹痛、腹胀，甚至恶心、呕吐；慢性便秘多无特殊表现，可有食欲减退、腹胀、下腹不适或头晕、头痛、疲乏等神经功能症状，部分病人有口苦。

2. 粪便坚硬　排便时可有左腹部或下腹痉挛性疼痛与下坠感，常可在左下腹触及痉挛的乙状结肠。

3. 排便困难　可因痔或肛裂导致大便带血或便血，引起病人的紧张、焦虑。

4. 伴随症状　各种原因引起的肠梗阻可伴有呕吐、腹胀、肠绞痛等；结肠肿瘤常伴有腹部包块；便秘与腹泻交替者应注意溃疡性结肠炎、肠结核等。

三、问诊要点

1. 是否存在便秘　询问大便的性状、频度、排便量、排便是否费力；询问便秘的起病与病程、持续或间歇发作、诱因等；询问年龄、职业、生活习惯、食物是否含有充足纤维素、有无偏食等。

2. 是否长期服用泻药　药物的种类及疗程，是否有腹部、盆腔手术史。

3. 有无服用引起便秘的药物　如吗啡、可待因、肠道吸收剂等。

4. 询问是否有其他疾病　如内分泌与代谢病、慢性铅中毒等。

四、相关护理诊断

1. 便秘　与饮食中纤维素过少或运动量过少、液体摄入不足、长期卧床或排便环境改变等有关。

2. 慢性疼痛　与粪便过于干硬造成排便困难有关。

3. 焦虑　与长期排便困难有关。

4. 知识缺乏　缺乏有关促进排便的知识。

（王爱平）

第十八节　黄　疸

案例 4-18-1

崔某，女，51 岁，工人。主诉：面黄伴腹胀一个半月。

现病史：病人一个半月前大量饮酒后出现黄疸伴周身水肿、乏力，就诊于当地医院，给予保肝、利尿、补蛋白质治疗，腹水较前减少，腹胀症状较前缓解，血清胆红素浓度进行性升高，为求进一步诊治来我院治疗。病人发病以来精神状态一般，饮食可，大小便正常，睡眠正常，体重无明显变化。

既往史：否认肝炎、结核病史，否认高血压、冠心病、糖尿病病史。无药物过敏。

问题：

1. 该病人的主要症状是什么？
2. 该病人可能的护理诊断有哪些？

黄疸（jaundice）是由于血清中胆红素浓度增高，导致皮肤黏膜和巩膜发黄的一种症状和体征。正常血清胆红素为 1.7～17.1μmol/L。

一、病因与发生机制

胆红素生成过多，肝细胞对胆红素的摄取、结合和排泄障碍，或肝内、肝外的胆道阻塞，均可导致血清胆红素浓度增高而发生黄疸。根据黄疸的发生机制可分为溶血性黄疸、肝细胞性黄疸、胆汁淤积性黄疸和先天性非溶血性黄疸 4 种，以前 3 种多见。

1. 溶血性黄疸 由于红细胞的破坏，形成大量的非结合胆红素，超过了肝细胞的摄取、结合和排泄能力。加之由于溶血造成的贫血、缺氧和红细胞破坏产物的毒素作用，降低了肝细胞对胆红素的代谢功能，使非结合胆红素在血中潴留，超过正常水平而出现黄疸。主要见于：①先天性溶血性贫血，如海洋性贫血、遗传性球形红细胞增多症；②后天获得性溶血性贫血，如自身免疫性溶血性贫血、新生儿溶血、不同血型输血后的溶血等。

2. 肝细胞性黄疸 由于肝细胞损伤导致肝细胞对胆红素的摄取、结合和排泄功能降低，导致血中非结合胆红素增加。而未受损的肝细胞仍能够将非结合胆红素转化为结合胆红素。结合胆红素部分仍经毛细胆管从胆道排泄，一部分则由于毛细胆管和胆小管因肝细胞肿胀压迫、炎性细胞浸润或胆栓阻塞使胆汁排泄受阻而反流入血中，导致血中结合胆红素增加，从而引起黄疸。主要见于病毒性肝炎、肝硬化、中毒性肝炎、败血症、钩端螺旋体病等。

3. 胆汁淤积性黄疸 由于胆道阻塞，使阻塞上方胆管内压力增高，胆管扩张，导致小胆管和毛细血管破裂。胆汁中的胆红素反流入血使血中结合胆红素增高。也可由于胆汁分泌功能障碍、毛细胆管的通透性增加，胆汁浓缩而流量减少，导致胆道内胆盐沉淀与胆栓形成。胆汁淤积分为肝内性和肝外性。肝内性又分为肝内阻塞性胆汁淤积和肝内胆汁淤积。肝内阻塞性胆汁淤积见于肝内泥沙样结石、癌栓、寄生虫病等；肝内胆汁淤积见于病毒性肝炎、药物性胆汁淤积、原发性胆汁性肝硬化等。肝外性胆汁淤积可由胆总管结石、狭窄、炎症和肿瘤等引起。

二、临床表现

1. 溶血性黄疸 黄疸一般为轻度，呈浅柠檬色，不伴有皮肤瘙痒。急性溶血时可有发热、寒战、头痛、呕吐、腰痛及不同程度的贫血和血红蛋白尿，严重者可有急性肾衰竭；慢性溶血多为先天性，伴贫血、脾大。

2. 肝细胞性黄疸 表现为皮肤、黏膜浅黄至深黄色，可伴有轻度皮肤瘙痒，以及肝脏原发病的表现，如疲乏、食欲减退，严重者有出血倾向、腹水、昏迷等。

3. 胆汁淤积性黄疸 表现为皮肤呈暗黄色，完全阻塞者皮肤颜色更深，伴有皮肤瘙痒、心动过缓，尿色深，粪便颜色变浅或呈白陶土色。

4. 伴随症状 急性胆管炎、肝脓肿、败血症等可伴有发热；胆道结石、肝脓肿、胆道蛔虫病可伴有上腹部疼痛；急性化脓性胆管炎可伴有右上腹剧痛，与寒战高热、黄疸合称夏科（Charcot）三联征；胆总管梗阻者，伴胆囊肿大，见于胰头癌、壶腹癌、胆总管癌、胆总管结石等；伴腹水者见于重症肝炎、肝硬化失代偿期、肝癌等。

三、问诊要点

1. 确定是否存在黄疸 应与皮肤苍白、球结膜下脂肪及高胡萝卜素血症等相区别；仔细检查巩膜有无黄染、尿色有无改变。

2. 黄疸的起病 急性起病或慢性起病，是否有群发病、外出旅游史、药物应用史，有无长期酗酒或肝病史。

3. 黄疸的时间与波动情况　有利于区别梗阻性黄疸与肝细胞性黄疸。

4. 黄疸对全身状况的影响　肝细胞性黄疸的深度与肝功能损害程度呈正相关，先天性非溶血性黄疸的全身状况较好。

四、相关护理诊断

1. 舒适改变　皮肤瘙痒，与胆红素排泄障碍，血中胆盐增高有关。

2. 有皮肤完整性受损的危险　与皮肤瘙痒有关。

3. 体像紊乱　与黄疸所致皮肤、黏膜和巩膜发黄有关。

（王爱平）

第十九节　血　　尿

案例 4-19-1

李某，女，32 岁，工人。主诉：发现血尿 17 天。

现病史：病人 19 天前食用海鲜出现呕吐、腹泻，就诊于当地医院诊断为“胃肠炎”，抗炎对症治疗，17 天前无明显诱因出现全程深红色血尿，于当地医院给予抗炎、保肾等治疗，症状好转，肉眼血尿消失。为求进一步诊治来我院治疗。病来无发热、咳嗽、咳痰，无胸闷、气短，无尿急、尿频、尿痛，无皮疹，无脱发、光过敏、口腔溃疡、关节肿痛。精神状态良好，饮食睡眠良好，大便正常，尿量 1500ml/天，体重无明显变化。

既往史：否认肝炎、结核病病史，否认高血压、冠心病、糖尿病病史。阿奇霉素过敏。

问题：

1. 该病人的主要症状是什么？
2. 该病人可能的护理诊断有哪些？

血尿（hematuria），是泌尿系统疾病最常见的症状之一，包括肉眼血尿和镜下血尿。肉眼血尿是指肉眼即可见的血尿，尿液呈洗肉水色或血色。镜下血尿是指肉眼尿色正常，需经显微镜检查方能确定。通常离心沉淀后的尿液镜检每高倍视野有 3 个以上红细胞。

一、病因与发生机制

1. 泌尿系统疾病　见于肾小球疾病，如急、慢性肾小球肾炎，IgA 肾病等；还可见于各种间质性肾炎、尿路感染、泌尿系统结石、肿瘤、结核、血管异常、多囊肾、息肉等。

2. 全身性疾病　①感染性疾病：如败血症、流行性出血热、猩红热、钩端螺旋体病等；②免疫和自身免疫性疾病：如系统性红斑狼疮、类风湿关节炎等引起的肾损害；③血液病：如白血病、再生障碍性贫血、过敏性紫癜等；④心血管疾病：如亚急性感染性心内膜炎、慢性心力衰竭等。

3. 尿路邻近器官的疾病　如前列腺炎、急性盆腔炎、阴道炎、阑尾炎、直肠和结肠肿瘤。

4. 药品引起的尿路损害　如磺胺药、甘露醇、吲哚美辛。此外，环磷酰胺可引起出血性膀胱炎等。

5. 功能性血尿　没有器质性病变，如突然加大运动量的健康人。

二、临床表现

1. 尿颜色改变 除镜下血尿颜色正常外，根据出血量的多少肉眼血尿可呈不同的颜色。尿呈淡红色像洗肉水样，提示每升尿液中含血量超过 1ml。出血量大时尿液呈血液状。膀胱或前列腺出血尿颜色鲜红，可有血凝块；肾脏出血时，尿与血混合均匀，呈暗红色。

2. 分段尿异常 尿三杯试验，即将全程尿用三个清洁玻璃杯分别留取起始段、中段和终末段来观察颜色，如起始段血尿提示病变在尿道；终末段血尿提示病变部位在膀胱颈部、三角区或后尿道的前列腺和精囊腺；三段尿均呈红色即全程血尿，提示病变在肾脏或输尿管。

3. 镜下血尿 尿颜色正常，如显微镜下红细胞大小不一、形态多样为肾小球性血尿，见于肾小球肾炎；如镜下红细胞形态单一，近似外周血，为均一型血尿，提示血尿来源于肾后，见于肾盂肾盏、输尿管、膀胱和前列腺病变。

4. 症状性血尿 血尿的同时伴有局部或全身症状，如伴有肾区疼痛提示病变在肾脏；伴尿频、尿急和排尿困难提示膀胱和尿道病变。

5. 无症状性血尿 部分血尿病人既无泌尿道症状也无全身症状，见于某些疾病的早期，如肾结核、肾癌或膀胱癌的早期。

6. 伴随症状 肾或输尿管结石常伴肾绞痛；膀胱和尿道结石常伴尿流中断；前列腺炎、前列腺癌可伴尿流细和排尿困难；伴尿频、尿急、尿痛见于膀胱炎和尿道炎，如同时伴有腰痛、高热畏寒常见于肾盂肾炎；肾小球肾炎常伴有水肿、高血压、蛋白尿；血液病和某些感染性疾病可伴有皮肤黏膜和其他部位出血；血尿合并乳糜尿见于丝虫病、慢性肾盂肾炎。

三、问诊要点

1. 尿的颜色 如为红色，应进一步了解是否进食了引起红色尿液的药品或食物，女性是否为月经期。

2. 血尿出现在尿程的哪一段 是否为全程血尿，有无血块。

3. 伴随症状 是否有全身或泌尿系统症状。

4. 外伤 有无腰腹部新近外伤或泌尿道器械检查史。

5. 既往史和家族史 既往是否有高血压和肾炎病史；家族中有无耳聋和肾炎史。

四、相关护理诊断

1. 恐惧 与尿中带血有关。

2. 活动无耐力 与血红蛋白低下有关。

3. 疼痛 与泌尿道感染、结石、外伤、肿瘤等有关。

（王爱平）

第二十节 尿潴留

案例 4-20-1

张某，男，68 岁，农民。主诉：进行性排尿困难 1 年余。

现病史：1年来，病人自感无法完全排空膀胱。排尿后，常感觉需要再次小便。近3个月来尿频，每日排尿10余次，且尿道外口常有尿液溢出。无尿急、尿痛，否认有尿道分泌物。体检：下腹部半球形膨隆，扪及囊性包块，边缘光滑，叩诊浊音，压痛明显。直肠指检：前列腺4cm×5cm大小，质韧，中央沟消失，测定残余尿为300ml。发病以来自觉乏力，精神差，食欲减退，无腹痛、腹泻、恶心、呕吐，小便色黄，大便正常。

问题：

1. 该病人的病因是什么？
2. 该病人的主要症状是什么？
3. 该病人可能的护理诊断有哪些？

尿潴留（urinary retention）是指膀胱内充满尿液而不能排出，常常由排尿困难发展到一定程度引起。

一、病因与发生机制

（一）发生机制

正常排尿是由于膀胱内尿量充盈达一定程度时（400～500ml或以上），被膀胱壁的牵张感受器感知，冲动沿盆神经传入到达骶髓的排尿反射初级中枢（S_2～S_4），同时上传到脑干和大脑皮质的排尿反射高位中枢产生尿意。大脑皮质和脑干发出的副交感神经冲动下行到骶髓，冲动沿盆神经传出到达膀胱，引起膀胱逼尿肌收缩和尿道内括约肌松弛，尿道内压力下降，低于膀胱内压，尿液进入后尿道。此时尿液还可以刺激后尿道的感受器，产生兴奋性冲动，沿盆神经再次传到骶髓的排尿反射初级中枢，进一步加强其活动，同时反射性地控制阴部神经的活动，使尿道外括约肌开放，于是尿液被强大的膀胱内压驱出。在排尿末期，由于尿道海绵体肌收缩，可将残留在尿道内的尿液排出体外。排尿时，膈肌和腹肌的收缩也能产生较高的腹压，从而增加膀胱压力，协助克服排尿的阻力，加快尿液的排出。如无排尿机会，骶髓的排尿反射初级中枢的活动受到大脑排尿反射高位中枢的抑制，尿道外括约肌仍收缩，直到有适当机会时，排尿反射才发生。

（二）病因

排尿反射弧的任何一个部位受损，骶髓排尿初级中枢与高位中枢失去联系，都将导致排尿异常；尿道损伤，逼尿肌和括约肌功能异常等均可导致尿潴留发生。

1. 机械性梗阻 是指参与排尿的神经及肌肉功能正常，但在膀胱颈至尿道外口的某一部位存在梗阻性病变。

（1）膀胱颈梗阻：如前列腺增生、纤维化或肿瘤，膀胱结石、血块、肿瘤或异物，直肠、盆腔肿瘤，以及妊娠子宫、子宫肌瘤的压迫等。

（2）尿道梗阻：炎症或损伤（外伤、手术或器械检查）后尿道狭窄，尿道结石、结核、肿瘤或异物等。包茎和先天性后尿道瓣膜是男婴尿道梗阻的常见原因。

2. 动力性梗阻 是指膀胱、尿道无器质性梗阻病变，尿潴留系排尿动力障碍所致。主要有下列几类原因：

（1）神经源性因素：中枢和周围神经系统器质性或功能性病变为最常见的原因，如先天性畸形（脊柱裂、脊膜膨出）、脊上神经系统损害（颅脑肿瘤、卒中、脑炎、脊髓灰质炎、多发性硬化）和骶上神经系统损害（脊髓肿瘤、糖尿病、周围神经炎），可使膀胱的感觉或运动神经受损，不同程度影响排尿反射。

（2）肌源性因素：膀胱逼尿肌痉挛、收缩与尿道括约肌弛张协同发生失调，如使用麻醉剂、影响膀胱的感觉或运动神经。饮酒过量、腰麻或肛管手术后膀胱过度充盈、膨胀；术后切口疼痛和尿道括约肌痉挛所致尿意急迫，容易诱发急性尿潴留。各种原因引起的低血钾，可使膀胱逼尿肌无力，发生排尿困难甚至尿潴留。

（3）药物因素：引发尿潴留的药物较多，如中枢神经系统抑制剂可抑制大脑皮质及脑干的自主排尿控制功能。抗胆碱药、抗抑郁药、心血管系统用药（硝酸甘油）可使逼尿肌松弛。α-肾上腺类药物可使括约肌收缩，导致尿道阻力增加。

3. 其他原因 如不习惯卧床排尿，焦虑、窘迫等心理因素影响。

上述病因中，以机械性梗阻引起者最为常见。

案例 4-20-1 分析讨论（1）

根据已有病史资料，该病人尿潴留的原因可能为前列腺增生造成的进行性排尿困难，属于机械性梗阻，为尿潴留最常见的病因。

二、临床表现

（一）急性尿潴留

急性尿潴留又称为完全性尿潴留，尿液完全不能排出。突然发生不能排尿，使尿液滞留于膀胱内，膀胱壁张力下降而成为无张力性膀胱（atonic bladder）。见于膀胱颈部以下尿路严重梗阻，尿道损伤、尿道结石嵌顿、前列腺增生，腹部、会阴部手术后病人；也可见于高热、昏迷病人。临床上表现为尿胀难忍，尿意急迫而不能自行排出，辗转不安，十分痛苦。在触诊或叩诊膨胀的膀胱区时，有尿意感。

（二）慢性尿潴留

慢性尿潴留又称为部分性尿潴留，排尿后膀胱内仍留存尿液（残余尿量大于 100ml）。起病缓慢，见于膀胱颈部以下尿路不完全性梗阻或神经源性膀胱、膀胱膨出及其他尿道梗阻性疾病。临床上表现为排尿困难，耻骨上区膨隆、不适或疼痛，严重时出现充溢性尿失禁。少数病人虽无明显慢性尿潴留梗阻症状，但已有明显上尿路扩张、肾积水，甚至出现尿毒症症状，如全身衰弱、食欲差、恶心、呕吐、贫血、血清肌酐和尿素氮显著升高等。

发生尿潴留时，膀胱容积可增至 3000～4000ml。由于贮积的尿液有利于细菌的生长和繁殖，所以尿潴留者易发生尿路感染。长期尿潴留引起膀胱过度膨胀，压力增高，可发生输尿管反流，双侧输尿管及肾积水，最终导致肾功能受损。

案例 4-20-1 分析讨论（2）

病人自感无法完全排空膀胱 1 年余，排尿后膀胱内仍留存尿液，残余尿为 300ml。近 3 个月来尿频，每日排尿 10 余次，尿道外口常有尿液溢出（充溢性尿失禁），属于慢性尿潴留。

三、问诊要点

1. 尿潴留的特点 发生时间、起病缓急。

2. 伴随症状 有无尿频、尿急、尿痛等尿路感染的表现，尤其是留置导尿的病人。

3. 尿潴留对人体功能性健康型态的影响 ①有无健康行为的改变，如健康管理无效、健康维持无效、防护无效。②有无体像紊乱、低自尊等自我概念型态的改变。

4. 诊断、治疗与护理经过 包括用药史及药物种类、剂量与疗效；有无采取其他利尿措施、方法及其疗效。

四、相关护理诊断

1. 尿潴留　与尿道梗阻有关，与神经系统病变有关，与服用药物有关，与精神紧张有关。

2. 舒适度减弱　与尿液无法正常排出有关。

3. 焦虑　与无法有效排空膀胱有关；与伴有尿频、尿急、尿失禁等有关。

4. 体像紊乱　与不能自行控制排尿有关。

5. 潜在并发症　尿路感染。

案例 4-20-1 分析讨论（3）

该病人可能存在的护理诊断：

1. 尿潴留：与尿道梗阻有关，与神经系统病变、服用药物、精神紧张有关。
2. 舒适度减弱：与尿液无法正常排出有关。

（李雪洁）

第二十一节　尿　失　禁

案例 4-21-1

杨某，女，62 岁，农民，孕 3 产 3。主诉：阴道块状物脱出伴溢尿 2 年，加重 5 天。

现病史：2 年前行全子宫切除术。术后病人自觉阴道口有异物脱出，块状，质软，无压痛，平躺后可自行回纳，于咳嗽、大笑及用力时脱出较明显，伴有小便从尿道口排出，不能自控。近 5 天病人自觉阴道块状物脱出明显，不能自行回纳。尿液外溢症状明显加重，每天更换内裤近 10 条。尿频、尿急、尿痛。体检：尿道口少许稀薄脓性分泌物。阴道前壁呈半球形膨出于阴道口，后壁膨出约 1.5cm，阴道通畅，阴道分泌物较多，色黄。发病以来自觉乏力，精神差，食欲减退，无腹痛、腹泻、恶心、呕吐，小便色黄，大便正常。

问题：

1. 该病人可能的病因是什么？
2. 该病人的主要症状有哪些特点？
3. 该病人可能的护理诊断有哪些？

尿失禁（urinary incontinence）是指尿液不能自主控制而排出。

一、发 生 机 制

病理生理机制并未完全清楚，与下列因素有关：膀胱颈及近端尿道下移，尿道黏膜的封闭功能减退，尿道括约肌功能下降，盆底肌肉及结缔组织功能下降，支配控尿组织结构的神经系统功能障碍。

案例 4-21-1 分析讨论（1）

根据已有病史资料，该病人尿失禁的致病因素可能有：老年女性，多次分娩史，有盆腔手术史。

二、病因与临床表现

1. 压力性尿失禁（stress urinary incontinence） 当腹内压突然增高（咳嗽、喷嚏、大笑、运动、提举重物等）时，尿液不自主地流出。腹内压突然增高，传导至膀胱和尿道的压力因正常解剖关系改变不等，膀胱压力增高而没有相应的尿道阻力增加，从而产生漏尿。也与骨盆底部肌肉及韧带松弛有关，多见于多次分娩或绝经后妇女。这类尿失禁多在直立体位时发生。

真性压力性尿失禁（genuine stress urinary incontinence） 又称真性尿失禁、持续性（完全）尿失禁，指尿液持续的昼夜从膀胱或泌尿道瘘中流出，几乎没有正常的排尿，膀胱处于空虚状态。可因参与排尿反射的神经系统功能障碍而丧失自主排尿能力。或由于膀胱逼尿肌持续性张力增高及尿道括约肌过度松弛，以致尿液不受控制地从膀胱流出。常见的原因为外伤、手术或先天性疾病引起的膀胱颈和尿道括约肌的损伤。还可见于女性尿道口异位、膀胱阴道瘘等。

2. 急迫性尿失禁（urge urinary incontinence） 严重的尿频、尿急而膀胱不受意识控制就开始排尿。这类尿失禁可能由膀胱逼尿肌的强烈的不随意收缩引起。部分性上运动神经元病变或急性膀胱炎等强烈的局部刺激，造成膀胱逼尿肌张力增高和尿道括约肌合作不当，出现严重的尿频、尿急。见于未能抑制膀胱逼尿肌收缩的中枢神经系统疾病，如脑血管意外、脑瘤、痴呆、帕金森病、多发性硬化或脊髓损伤；尿路感染、粪便嵌顿、前列腺增生症、子宫脱垂和膀胱癌等引起的膀胱及尿道局部炎症或激惹的病变。

3. 充溢性尿失禁（overflow incontinence） 又称假性尿失禁，指膀胱功能完全失代偿，膀胱过度充盈而不自主持续或间断溢出少量尿液。膀胱从未完全排空，储存部分尿液，呈慢性扩张。当膀胱内压超过尿道阻力时，即不自主排尿；当膀胱内压力减轻时，排尿即停止。夜间多见。各种原因所致的慢性尿潴留均可出现，如膀胱颈至尿道外口（下尿路）的严重的机械性（如前列腺增生）或功能性梗阻。

4. 反射性尿失禁（reflex incontinence） 是由完全的上运动神经元病变引起，排尿依靠脊髓反射，病人不自主地间歇排尿（间歇性尿失禁）。这类尿失禁可能由膀胱逼尿肌张力增高和（或）尿道括约肌不随意松弛引起。常见于骶髓以上节段的脊髓完全性损伤，上行感觉传导中断而使病人无尿意，下行抑制排尿纤维中断即会造成病人有规律的间隔出现不能抑制的膀胱收缩或痉挛；也可见于各种原因引起的神经源性膀胱。

5. 混合性尿失禁（mixed urinary incontinence） 上述尿失禁类型有时可并存，通常指压力性尿失禁伴急迫性尿失禁。

> **案例 4-21-1 分析讨论（2）**
> 根据已有病史资料，该病人的尿失禁可能为混合性，即压力性尿失禁伴急迫性尿失禁。

三、问诊要点

1. 尿失禁的特点 发生时间、诱因、频度、漏出尿量，排尿前是否有尿意。

2. 伴随症状 有无尿频、尿急、尿痛等尿路感染的表现，甚至尿潴留。有无排尿困难，便秘和性生活障碍。

3. 尿失禁对人体功能性健康型态的影响 ①有无健康行为的改变，如健康管理无效、健康维持无效、防护无效。②有无体像紊乱、低自尊等自我概念型态的改变。③有无情绪与情感的改变，如自卑、抑郁。

4. 诊断、治疗与护理经过 包括相关的疾病史、手术史、用药史；预防或处理尿失禁的方法及其疗效。

四、相关护理诊断

1. 排尿障碍 与尿道梗阻有关，与神经系统病变有关，与服用药物有关，与精神紧张有关。

2. 舒适度减弱 与尿液无法正常排出有关。

3. 压力性尿失禁 与尿道括约肌张力减低，骨盆底部肌肉和韧带松弛有关。

4. 反射性尿失禁 与骶髓排尿初级中枢以上的脊髓完全性损伤有关。

5. 急迫性尿失禁 与中枢神经系统和膀胱局部病变所致膀胱收缩不受控制有关。

6. 溢出性尿失禁 与膀胱排尿出口梗阻或膀胱逼尿肌失去正常张力，引起尿液潴留，膀胱内压超过尿道阻力时尿液溢出有关。

7. 体像紊乱 与长期小便不能自控有关。

8. 情境性低自尊/有情境性低自尊的危险 与不能自主控制尿液排出有关。

9. 皮肤完整性受损/有皮肤完整性受损的危险 与尿液浸湿并刺激皮肤有关。

10. 有跌倒的危险 与尿急有关。

案例 4-21-1 分析讨论（3）

该病人可能存在的护理诊断：

1. 压力性尿失禁：与尿道括约肌张力减低，骨盆底部肌肉和韧带松弛有关。
2. 舒适度减弱：与尿液无法正常排出有关。
3. 体像紊乱：与长期小便不能自控有关。

（李雪洁）

第二十二节 眩 晕

案例 4-22-1

张某，女，43 岁，教师。主诉：发作性眩晕 4 天。

现病史：3 天前病人在连续加班时突然感到天旋地转，恶心呕吐、大汗淋漓、面色苍白、耳鸣、不能站立，发作持续 8 小时左右，休息后稍有缓解，但不能睁眼和活动，听力下降。发病以来自觉乏力、精神差，食欲减退，无腹痛、腹泻及尿频尿急，大小便正常。

既往史：既往体健，无急、慢性传染病史及手术史、外伤史，无药物过敏史，预防接种史不详。

问题：

1. 该病人的主要症状是什么？
2. 该病人主要的伴随症状有哪些？
3. 该病人可能的护理诊断有哪些？

眩晕（vertigo）是一种主观症状，是病人感到自身或周围环境物体旋转或摇动的一种主观感觉障碍，常伴有客观的平衡障碍，一般无意识障碍。主要由迷路神经、前庭神经、脑干及小脑病变引起，亦可由其他系统或全身性疾病而引起。

一、病 因

根据病因，眩晕可分为周围性眩晕、中枢性眩晕和其他原因的眩晕。

1. 周围性眩晕 又称耳源性眩晕，多为内耳迷路和神经前庭支受损所致，常见于外耳道耵聍、急性中耳炎、鼓膜内陷、耳硬化症、迷路炎、梅尼埃病、良性发作性位置性眩晕、迷路动脉供血不足等。

2. 中枢性眩晕 又称脑源性眩晕，多为脑干前庭神经核或核团间的联系受损所致。常见于听神经瘤、桥小脑角肿瘤、小脑或脑干出血、梗死、炎症、肿瘤，多发性硬化症、椎–基底动脉短暂性脑缺血发作、癫痫、颈椎病等。

3. 其他 ①全身性疾病：如低血压、高血压、严重的心律失常、急性感染性疾病、尿毒症、肝病、糖尿病等。一些眼源性疾病和头颈外伤也可引起不同程度的眩晕。②某些药物：如氨基糖苷类抗生素、抗痫药、抗高血压药和镇静药等。③生理性：部分人在乘船、乘车、乘飞机、乘电梯时或从高处快速落下时会发生一过性眩晕。

二、发生机制

人体通过视觉、深感觉和前庭器官分别将躯体位置的信息经感觉神经传入中枢神经系统，整合后做出位置的判断，并通过运动神经传出调节位置、维持平衡。其中任何传入环节功能异常都会出现判断错误，而产生眩晕。

1. 视觉障碍 由于视觉障碍，使传入至中枢神经系统躯体位置的定位信息发生错觉而引起眩晕，如眼外肌麻痹引起的复视、屈光不正、注视快速移动或旋转的物体等。

2. 深感觉障碍 由于深感觉障碍，使传入至中枢神经系统的躯体定位信息发生错觉而引发的眩晕，称为姿态感觉性眩晕。

3. 前庭功能异常 正常情况下，前庭的活动很少为人们所感受。当前庭器官或中枢受到较大刺激或病变时,前庭感觉到的刺激与来自肌肉关节的深感觉和视觉感受器的空间定向冲动不一致时，便产生了运动幻觉或错觉，常伴有眼震、平衡失调、向一侧倾倒、恶心、呕吐、腹泻等。

三、临床表现

1. 周围性眩晕

（1）梅尼埃病：以发作性眩晕伴耳鸣、听力减退及眼球震颤为主要特点，严重时可伴有恶心、呕吐、面色苍白和出汗，发作持续时间短，多为 20 分钟至数小时，具有复发性特点。

（2）迷路炎：多由于中耳炎并发，眩晕呈阵发性或继发性，伴恶心、呕吐，瘘管试验多呈阳性。

（3）内耳药物中毒：常由链霉素、庆大霉素及其同类药物中毒性损害所致。多为渐进性眩晕，持续时间长，程度轻，伴耳鸣、听力减退。

（4）前庭神经元炎：多在发热或上呼吸道感染后突然出现眩晕，伴恶心、呕吐，一般无耳鸣及听力减退。持续时间较长，数周至数月内自行缓解。

（5）位置性眩晕：病人头部处在一定位置时出现眩晕和眼球震颤，多数不伴耳鸣及听力减退。可见于迷路和中枢病变。

（6）晕动病：见于晕船、晕车等，常伴恶心、呕吐、面色苍白、出冷汗等。

2. 中枢性眩晕

（1）颅内血管性疾病：多有眩晕、头痛、耳鸣等症状，高血压脑病可有恶心、呕吐，重者抽搐或昏迷。

（2）颅内占位性病变：听神经瘤、小脑肿瘤除有眩晕外，常有进行性耳鸣和听力下降，还有头痛、复视、构音不清等。其他肿瘤因部位不同表现各不相同。

（3）颅内感染性疾病：除神经系统临床表现外，尚有感染症状。

（4）颅内脱髓鞘疾病及变性疾病：多发性硬化常以肢体疼痛、感觉异常及无力为首发症状，可有眩晕、视力障碍及相关的神经系统症状和体征。延髓空洞症部分病人伴有眩晕，可出现软腭瘫痪、吞咽困难、发音障碍等表现。

3. 生理性眩晕 多在乘船、乘车、乘飞机、乘电梯时或从高处快速落下时会发生一过性眩晕，伴恶心、呕吐，很少出现眼震，休息后可快速缓解。

4. 全身性疾病所致的眩晕 表现不一，如有漂浮感、麻木感、倾斜感及直线幻动等，一般不伴听力减退、眼球震颤，少有耳鸣。但有原发病的表现。

案例 4-22-1 分析讨论（1）

1. 该病人的突出症状是眩晕，表现为周围性眩晕。
2. 该病人的伴随症状有恶心呕吐、大汗淋漓、面色苍白、耳鸣、听力下降、眼球震颤。

四、问诊要点

1. 临床表现特点 眩晕发作时间、诱因、病程，有无复发性特点。

2. 伴随症状 有无发热、耳鸣、听力减退、恶心、呕吐、出汗、口周及四肢麻木、视力改变、平衡失调等相关伴随症状。

3. 有无与眩晕相关的疾病病史 急性感染、中耳炎、颅脑疾病及外伤、心血管疾病、严重肝肾疾病、糖尿病等病史。

4. 服药史 有无晕车、晕船及服药史。

5. 诊断、治疗与护理经过 已接受过的诊断性检查及结果，已采用的治疗措施及效果。

五、相关护理诊断

1. 有跌倒的危险 与眩晕有关。

2. 恐惧 与反复发作的眩晕有关。

3. 潜在并发症 耳鸣、听力下降，共济失调。

4. 舒适度减弱 恶心/呕吐，与梅尼埃病，晕动病有关。

案例 4-22-1 分析讨论（2）

该病人可能的护理诊断：

1. 有跌倒的危险：与眩晕有关。
2. 恐惧：与反复发作的眩晕有关。
3. 舒适度减弱：恶心/呕吐，与梅尼埃病有关。

（王 娟）

第二十三节 晕 厥

案例 4-23-1

陈某，女，16岁，学生。主诉：发作性意识丧失1次。

现病史：病人在2小时前考试时突然感头晕、全身无力、恶心，几分钟后突然意识丧失、摔倒在地，2分钟后意识恢复，面色苍白，出汗多，无头痛、抽搐、心慌，无大小便失禁。

既往史：既往体健，无类似病史，无急、慢性传染病史及手术史、外伤史，无药物过敏史，预防接种史不详。

问题：

1. 该病人的主要症状是什么？
2. 该病人的发病机制是什么？
3. 该病人可能的护理诊断有哪些？

晕厥（syncope）亦称昏厥，是由于一时性广泛性脑供血不足所致的短暂意识丧失状态，发作时病人因肌张力消失不能保持正常姿势而倒地。一般为突然发作、迅速恢复，很少有后遗症。

一、病　因

晕厥不是一个单独的疾病，而是由多种病因所致的一种综合征。导致晕厥的原因大致可分为四类。

1. 血管舒缩障碍　见于单纯性晕厥、直立性低血压、颈动脉窦综合征、排尿性晕厥、咳嗽性晕厥及疼痛性晕厥等。

2. 心源性晕厥　见于严重心律失常、心脏排血受阻及心肌缺血性疾病等，如阵发性心动过速、阵发性心房颤动、病态窦房结综合征、高度房室传导阻滞、主动脉瓣狭窄、先天性心脏病某些类型、心绞痛与急性心肌梗死、原发性肥厚型心肌病等，最严重的为阿–斯（Adams-Stokes）综合征。

3. 脑源性晕厥　见于脑动脉粥样硬化、短暂性脑缺血发作、偏头痛、无脉症、慢性铅中毒性脑病等。

4. 血液成分异常　见于低血糖、通气过度综合征、重症贫血及高原晕厥等。

案例4-23-1分析讨论（1）

该病人的突出症状是晕厥，根据已有的病史资料，该病人晕厥的主要病因是血管舒缩障碍。

二、发生机制和临床表现

1. 血管舒缩障碍

（1）单纯性晕厥：又称血管抑制性晕厥，是由于各种刺激通过迷走神经反射，引起短暂的血管床扩张，回心血量减少、心排血量减少、血压下降导致脑供血不足所致。多见于年轻体弱女性，发作时常有明显诱因，如疼痛、情绪紧张、恐惧、轻微出血、各种穿刺及小手术等，在天气闷热、空气污浊、疲劳、空腹、失眠及妊娠等情况下更易发生。晕厥前期有头晕、眩晕、恶心、上腹不适、面色苍白、肢体发软、坐立不安和焦虑等，持续数分钟继而突然意识丧失，常伴有血压下降、脉搏微弱，持续数秒或数分钟后可自然苏醒，无后遗症。

（2）直立性低血压：由于下肢静脉张力低，血液蓄积于下肢（直立性）、周围血管扩张淤血或血液循环反射调节障碍等因素，使回心血量减少、心排血量减少、血压下降导致脑供血不足所致。表现为在体位骤变，主要由卧位或蹲位突然站起时发生晕厥。多见于：①某些长期站立于固定位置及长期卧床者；②服用某些药物，如氯丙嗪、胍乙啶、亚硝酸盐类等或交感神经切除术后病人；③某些全身性疾病，如脊髓空洞症、多发性神经根炎、脑动脉粥样硬化、急性传染病恢复期、慢性营养不良等。

（3）颈动脉窦综合征：由于颈动脉窦附近病变，如局部动脉硬化、动脉炎、颈动脉窦周围淋巴结炎或淋巴结肿大、肿瘤及瘢痕压迫或颈动脉窦受刺激，致迷走神经兴奋、心率减慢、心排血量减少、血压下降，引起脑供血不足。可表现为发作性晕厥或伴有抽搐。常见的诱因有用手压迫颈动脉窦、突然转头、衣领过紧等。

（4）排尿性晕厥：机制可能为综合性的，包括自身自主神经不稳定，体位骤变，排尿时屏气动作或通过迷走神经反射致心排血量减少、血压下降、脑缺血。多见于青年男性，在排尿中或排尿结束时发作，持续1～2分钟，自行苏醒，无后遗症。

（5）咳嗽性晕厥：可能是剧烈咳嗽时胸腔内压力增加，静脉血回流受阻，心排血量降低、血压下降、脑缺血所致，亦有认为剧烈咳嗽时脑脊液压力迅速升高，对大脑产生震荡作用所致。见于患慢性肺部疾病者，剧烈咳嗽后突然意识丧失，发生数秒至数分钟后可自行缓解。

（6）其他因素：如剧烈疼痛、下腔静脉综合征、食管/纵隔疾病、胸腔疾病、胆绞痛、支气管镜检时由于血管舒缩功能障碍或迷走神经兴奋，引致发作晕厥。

2. 心源性晕厥 由于心脏病心排血量突然减少或心脏停搏，导致脑组织缺氧而发生。最严重的为 Adams-Stokes 综合征，主要表现是在心搏停止 5～10 秒出现晕厥，停搏 15 秒以上可出现抽搐，偶有大小便失禁。

3. 脑源性晕厥 由于脑部血管或主要供应脑部血液的血管发生循环障碍，导致一时性广泛性脑供血不足所致。如脑动脉硬化引起血管腔变窄，高血压引起脑动脉痉挛，偏头痛及颈椎病时基底动脉舒缩障碍，各种原因所致的脑动脉微栓塞、动脉炎等病变均可出现晕厥。其中短暂性脑缺血发作可表现为多种神经功能障碍症状。由于损害的血管不同而表现多样化，如偏瘫、肢体麻木、语言障碍等。

4. 血液成分异常

（1）低血糖综合征：是由于血糖低而影响大脑的能量供应所致，表现为头晕、乏力、饥饿感、恶心、出汗、震颤、神志恍惚、晕厥甚至昏迷。

（2）通气过度综合征：是由于情绪紧张或癔症发作时，呼吸急促、通气过度，二氧化碳排出增加，导致呼吸性碱中毒、脑部毛细血管收缩、脑缺氧，表现为头晕、乏力、颜面四肢针刺感，并因可伴有血钙降低而发生手足搐搦。

（3）重症贫血：是由于血氧低下而在用力时发生晕厥。

（4）高原晕厥：由短暂缺氧所引起。

案例 4-23-1 分析讨论（2）

本病例为年轻女性，考试时紧张，结合病人出汗多、面色苍白等症状，考虑为单纯性晕厥，发生机制是刺激通过迷走反射引起。

三、问诊要点

1. 临床表现特点 晕厥发作年龄、性别、时间、诱因，发作与体位关系，发作持续时间，发作时生命体征情况。

2. 伴随症状 有无面色苍白、出汗、恶心、呕吐、头晕、头痛、抽搐、手足发麻、视听障碍、发热、水肿等相关伴随症状。

3. 心脑血管病史 有无心、脑血管病史。

4. 既往史 既往有无相同发作史及家族史。

5. 诊断、治疗与护理经过 已接受过的诊断性检查及结果，已采用的治疗措施及效果。

四、相关护理诊断

1. 急性意识障碍 与心源性晕厥，脑源性晕厥有关等。

2. 有受伤的危险 与晕厥所致跌倒有关。

3. 焦虑 与晕厥发作所致不适有关。

4. 潜在并发症 窒息。

案例 4-23-1 分析讨论（3）

该病人可能的护理诊断：

1. 急性意识障碍：与单纯性晕厥有关。
2. 有受伤的危险：与晕厥所致跌倒有关。
3. 焦虑：与晕厥发作所致不适有关。

（王 娟）

第二十四节 抽搐与惊厥

案例 4-24-1

李某，女，3个月。主诉：意识丧失伴全身肌肉强直，呼吸暂停2分钟。

现病史：今日上午患儿家人发现其意识突然丧失，全身肌肉强直，呼吸暂停，持续2分钟，大小便失禁。无发热、呕吐。患儿出生时因头盆不称难产后，辅助以产钳助产术娩出，产后评分良好。病前无其他外伤、特殊药物服用史。家族中无癫痫等疾病史。

问题：

1. 该病儿肢体抽搐的主要原因是什么？
2. 该病儿可能的护理诊断有哪些？

抽搐（tic）与惊厥（convulsion）均属于不随意运动。抽搐是指全身或局部成群骨骼肌非自主的抽动或强烈收缩，常可引起关节运动和强直。当肌群收缩表现为强直性和阵挛性时，称为惊厥。惊厥表现的抽搐一般为全身性、对称性，伴有或不伴有意识丧失。

惊厥的概念与癫痫有相同点也有不相同点。癫痫大发作与惊厥的概念相同，而癫痫小发作则不应称为惊厥。

一、病 因

抽搐与惊厥的病因可分为特发性与症状性。特发性常由于先天性脑部不稳定状态所致。症状性病因有以下几种：

1. 脑部疾病

（1）感染：如脑炎、脑膜炎、脑脓肿、脑结核瘤、脑灰质炎等。

（2）外伤：如产伤、颅脑外伤等。

（3）肿瘤：包括原发性肿瘤、脑转移瘤。

（4）血管疾病：如脑出血、蛛网膜下腔出血、高血压脑病、脑栓塞、脑血栓形成、脑缺氧等。

（5）寄生虫病：如脑型疟疾、脑血吸虫病、脑包虫病、脑囊虫病等。

（6）其他：先天性脑发育障碍，原因未明的大脑变性，如结节性硬化、播散性硬化、核黄疸等。

2. 全身性疾病

（1）感染：如急性胃肠炎、中毒型菌痢、链球菌败血症、中耳炎、百日咳、狂犬病、破伤风等。小儿高热惊厥主要由急性感染所致。

（2）中毒：①内源性，如尿毒症、肝性脑病；②外源性，如酒精、苯、铅、砷、汞、氯喹、阿托品、樟脑、白果、有机磷等中毒。

（3）心血管疾病：高血压脑病或 Adams-Stokes 综合征等。

（4）代谢障碍：如低血糖、低钙及低镁血症、急性间歇性血卟啉病、子痫、维生素 B_6 缺乏等。其中低血钙可表现为典型的手足搐搦症。

（5）风湿病：如系统性红斑狼疮、脑血管炎等。

（6）其他：如突然撤停安眠药、抗癫痫药，还可见于热射病、溺水、窒息、触电等。

3. 神经症 如癔症性抽搐和惊厥。

此外，尚有一重要类型，即小儿惊厥（部分为特发性，部分由于脑损害引起），高热惊厥多见于小儿。

二、发生机制

抽搐与惊厥发生机制尚未完全明了，可能是运动神经元的异常放电所致。这种病理性放电主要是神经元膜电位的不稳定引起，并与多种因素相关，可由代谢、营养、脑皮质肿物或瘢痕等激发，与遗传、免疫、内分泌、微量元素、精神因素等有关。

三、临床表现

由于病因不同，抽搐和惊厥的临床表现各有特征，通常可分为全身性和局限性两种。

1. 全身性抽搐 以全身骨骼肌痉挛为主要表现，典型者为癫痫大发作，表现为病人突然意识模糊或丧失，全身强直、呼吸暂停，继而四肢发生阵挛性抽搐，呼吸不规则，尿便失控、发绀，发作约 30 秒自行停止，也可反复发作或呈持续状态。发作时可有瞳孔散大，对光反射消失或迟钝、病理反射阳性等，发作停止后不久意识恢复。由破伤风引起者为持续性强直性痉挛，伴肌肉剧烈的疼痛。

2. 局限性抽搐 以身体某一局部连续性肌肉收缩为主要表现，大多见于口角、眼睑、手足等。手足搐搦症表现间歇性双侧强直性肌痉挛，以上肢手部最典型，呈“助产士手”表现。

惊厥可致跌伤、舌咬伤、大小便失禁和肌肉酸痛，短期频繁发作可致高热；伴意识障碍者可因呼吸道分泌物、呕吐物吸入或舌后坠堵塞呼吸道引起窒息。严重惊厥由于骨骼肌强烈收缩，机体氧耗量显著增加，加之惊厥所致呼吸改变可引起缺氧。惊厥发作后病人可因发作失态而致困窘。惊厥伴血压增高、脑膜刺激征、剧烈头痛、意识丧失等多见于危重急症。

案例 4-24-1 分析讨论（1）

根据病儿突然意识丧失，全身肌肉强直，呼吸暂停，持续 2 分钟，大小便失禁。无发热、呕吐，有产伤史，符合癫痫大发作的特点。

四、问诊要点

1. 临床表现特点 抽搐与惊厥发生年龄、病程。发作的诱因、持续和间隔时间。部位是全身性还是局限性，性质呈持续强直性还是间歇阵挛性。发作时意识状态，有无大小便失禁、舌咬伤、肌痛等。

2. 相关病史 有无与抽搐和惊厥相关的病史，询问分娩史、生长发育异常史。

3. 抽搐与惊厥对病人的影响 主要为有无跌伤、咬伤等发作意外。有无全身无力、肌肉酸痛等发作后反应。持续发作者应注意有无高热。

4. 诊断、治疗与护理经过 已接受过的诊断性检查及结果，已采用的治疗措施及效果。

五、相关护理诊断

1. 有受伤的危险 与惊厥发作所致的不受控制的强直性肌肉收缩和意识丧失有关。

2. 潜在并发症 窒息，高热。

3. 排尿障碍/排便失禁 与抽搐与惊厥发作所致短暂意识丧失有关。

4. 恐惧 与不可预知的惊厥发作有关。

5. 照顾者角色紧张 与照顾接受者的健康不稳定性及照顾情景的不可预测性有关。

案例 4-24-1 分析讨论（2）

该病儿可能的护理诊断：

1. 有受伤的危险：与惊厥发作所致的不受控制的强直性肌肉收缩和意识丧失有关。
2. 潜在并发症：窒息。
3. 排尿障碍/排便失禁：与抽搐、惊厥发作所致短暂意识丧失有关。

（王　娟）

第二十五节　意识障碍

案例 4-25-1

李某，男，73 岁。主诉：左侧肢体无力伴意识不清 3 小时。

现病史：病人 3 小时前在家中上厕所时突然感左侧肢体无力，有剧烈头痛，伴恶心，呕吐 3 次，呕吐物为胃内容物，继而出现意识不清，呼之不应，送来急诊科。既往有高血压病史 10 年，近半个月未服降压药。

体格检查：体温 37℃，脉搏 90 次/分，呼吸 22 次/分，血压 200/120mmHg。心肺腹未见明显异常。浅昏迷状，呼之不应，双侧瞳孔等大等圆，对光反射迟钝，左侧肢体呈外旋状态，无活动。左侧肢体腱反射亢进，左侧病理征阳性。

问题：

1. 该病人突出的症状是什么？如何分度？
2. 该病人可能的护理诊断有哪些？

意识障碍（disturbance of consciousness）是指人对周围环境及自身状态的识别和觉察能力出现障碍，多由于高级神经中枢功能活动（意识、感觉和运动）受损所引起。

一、病　因

1. 重症急性感染 败血症、肺炎、中毒型菌痢、伤寒、斑疹伤寒、恙虫病和颅脑感染（脑炎、脑膜脑炎、脑型疟疾）等。

2. 颅脑非感染性疾病 ①脑血管疾病：脑缺血、脑出血、蛛网膜下腔出血、脑栓塞、脑血栓形成、高血压脑病等；②脑占位性疾病：如脑肿瘤、脑脓肿；③颅脑损伤：脑震荡、脑挫裂伤、外伤性颅内血肿、颅骨骨折等；④癫痫。

3. 内分泌与代谢障碍 尿毒症、肝性脑病、肺性脑病、甲状腺危象、甲状腺功能减退、糖尿病性昏迷、低血糖、妊娠中毒症等。

4. 心血管疾病 心肌梗死、心律失常、休克等。

5. 水、电解质平衡紊乱 低钠血症、低氯性碱中毒、高氯性酸中毒等。

6. 外源性中毒 安眠药、有机磷杀虫药、氰化物、一氧化碳、酒精和吗啡等中毒。

7. 物理性及缺氧性损害 高温中暑、日射病、触电、高山病等。

二、发生机制

意识有两个组成部分，即意识内容及其“开关”系统。意识内容即大脑皮质功能活动，包括记忆、思维、定向力和情感，还有通过视、听、语言和复杂运动等与外界保持紧密联系的能力。意识状态的正常取决于大脑半球功能的完整性，急性广泛性大脑半球损害或半球向下移位压迫丘脑或中脑时，则可引起不同程度的意识障碍。意识的“开关”系统包括经典的感觉传导径路（特异性上行投射系统）及脑干网状结构（非特异性上行投射系统）。意识“开关”系统可激活大脑皮质并使之维持一定水平的兴奋性，使机体处于觉醒状态，从而在此基础上产生意识内容。“开关”系统不同部位与不同程度的损害，可发生不同程度的意识障碍。

三、临床表现

1. 以意识内容改变为主的意识障碍

（1）意识模糊（confusion）：病人能保持简单的精神活动，但对时间、地点、人物的定向能力发生障碍。

（2）谵妄（delirium）：是一种以兴奋性增高为主的高级神经中枢急性活动失调状态。临床上表现为意识模糊、定向力丧失、感觉错乱（幻觉、错觉）、躁动不安、言语杂乱。谵妄可发生于急性感染的发热期间，也可见于某些药物中毒（如颠茄类药物中毒、急性酒精中毒）、代谢障碍（如肝性脑病）、循环障碍或中枢神经疾病等。由于病因不同，有些病人可以康复，而有些病人发展为昏迷状态。

2. 以觉醒状态改变为主的意识障碍

（1）嗜睡（somnolence）：是程度最轻的意识障碍。病人陷入持续的睡眠状态，可被唤醒，并能正确回答和做出各种反应，但当刺激去除后很快又再入睡。

（2）昏睡（stupor）：是接近于人事不省的意识状态。病人处于熟睡状态，不易唤醒。虽在强烈刺激下（如压迫眶上神经，摇动病人身体等）可被唤醒，但很快又再入睡。醒时答话含糊或答非所问。

（3）昏迷（coma）：是严重的意识障碍，表现为意识持续的中断或完全丧失。按其程度可分为三阶段。

1）轻度昏迷：意识大部分丧失，无自主运动，对声、光刺激无反应，对疼痛刺激尚可出现痛苦的表情或肢体退缩等防御反应。角膜反射、瞳孔对光反射、眼球运动、吞咽反射等可存在。

2）中度昏迷：对周围事物及各种刺激均无反应，对于剧烈刺激可出现防御反射。角膜反射减弱，瞳孔对光反射迟钝，眼球无转动。

3）深度昏迷：全身肌肉松弛，对各种刺激全无反应。深、浅反射均消失。

意识障碍病人感知能力、对环境的识别能力及日常生活活动能力均发生改变。谵妄者因躁动不安易发生意外。昏迷者由于意识部分或完全丧失所致无自主运动、不能经口进食、咳嗽，以及吞咽反射减弱或消失、排尿与排便控制能力丧失或留置导尿等，除血压、脉搏、呼吸等生命体征可有改变外，易发生肺部感染、尿路感染、口腔炎、结膜炎、角膜炎、角膜溃疡、压疮、营养不良及肢体挛缩畸形等。此外，还可能出现照顾者因照顾负荷过重而产生的照顾角色负荷过重的问题。

案例 4-25-1 分析讨论（1）

该病人主要临床表现为昏迷。根据病人意识不清、呼之不应、对光反射迟钝等表现，昏迷的分级为中度昏迷。

四、问诊要点

1. 相关病史与诱因 有无与意识障碍相关的病史或诱发因素。

2. 意识障碍程度及其进展 可通过与病人交谈，了解其思维、反应、情感活动、定向力等，必要时做痛觉试验、角膜反射、瞳孔对光反射等，判断意识障碍程度。也可按格拉斯哥昏迷评分量表（Glasgow coma scale，GCS）对意识障碍的程度进行评测（表 4-25-1）。评分项目包括睁眼反应、运动反应和语言反应，分别检测 3 个项目并予以计分，再将各项目分值相加求其总分，即可得到意识障碍程度的客观评分。GCS 总分为 3～15 分，14～15 分为正常，8～13 分为意识障碍，≤7 分为浅昏迷，<3 分为深昏迷。评估中应注意运动反应的刺激部位应以上肢为主，以最佳反应计分。

通过动态观察或动态的 GCS 评分和记录可了解意识障碍演变的连续性。将 3 项记录值分别绘制成横向的 3 条曲线，如总分值减少、曲线下降，提示意识障碍程度加重，病情趋于恶化；反之，曲线上升，提示意识障碍程度减轻，病情趋于好转。

表 4-25-1 Glasgow 昏迷评分量表

评分项目	反应	得分
睁眼反应	正常睁眼	4
	对声音刺激有睁眼反应	3
	对疼痛刺激有睁眼反应	2
	对任何刺激无睁眼反应	1
运动反应	可按指令动作	6
	对疼痛刺激能定位	5
	对疼痛刺激有肢体退缩反应	4
	疼痛刺激时肢体过屈（去皮质强直）	3
	疼痛刺激时肢体过伸（去大脑强直）	2
	对疼痛刺激无反应	1
语言反应	能准确回答时间、地点、人物等定向问题	5
	能说话，但不能准确回答时间、地点、人物等定向问题	4
	用字不当，但字意可辨	3
	言语模糊不清，字意难辨	2
	任何刺激无语言反应	1

3. 意识障碍对病人的影响 ①有无口腔炎、结膜炎、角膜炎、压疮等；②有无肌肉萎缩、关节僵硬、肢体畸形；③有无排便、排尿失禁等；④有无亲属无能力照顾病人等。

4. 诊断、治疗与护理经过 已接受过的诊断性检查及结果，已采用的治疗措施及其效果。

五、相关护理诊断

1. 急性意识障碍　与脑出血、肝性脑病有关等。

2. 清理呼吸道无效　与意识障碍所致咳嗽、吞咽反射较弱或消失有关。

3. 口腔黏膜改变　与意识障碍丧失自理能力及唾液分泌减少有关。

4. 排尿障碍　与意识障碍所致排尿功能障碍有关。

5. 排便障碍　与意识障碍所致排便功能障碍有关。

6. 有受伤的危险　与意识障碍所致躁动不安有关。

7. 营养失调　低于机体需要量，与意识障碍不能正常进食有关。

8. 有皮肤完整性受损的危险　与意识障碍所致自主运动消失有关；与意识障碍所致排便、排尿失禁有关。

9. 有感染的危险　与意识障碍所致咳嗽、吞咽反射减弱或消失，侵入性导尿装置有关。

10. 照顾者角色紧张　与照顾者角色负荷过重有关。

案例 4-25-1 分析讨论（2）

该病人可能的护理诊断：

1. 清理呼吸道无效：与意识障碍所致咳嗽、吞咽反射较弱或消失有关。

2. 排尿障碍：与意识障碍所致排尿功能障碍有关。

3. 排便障碍：与意识障碍所致排便功能障碍有关。

4. 营养失调：低于机体需要量，与意识障碍不能正常进食有关。

5. 有皮肤完整性受损的危险：与意识障碍所致自主运动消失，意识障碍所致排便、排尿失禁有关。

6. 有感染的危险：与意识障碍所致咳嗽、吞咽反射减弱或消失，侵入性导尿装置有关。

（王　娟）

第五章　体格检查

第一节　一般状态检查

案例 5-1-1

刘某，女性，68 岁，主诉发热、咳嗽 3 天。原有风湿性心脏病二尖瓣狭窄史。3 天前因过度劳累、受凉后出现发热、咳嗽。

问题：

1. 请为该病人进行一般状态检查。
2. 该病人可能的护理诊断有哪些？

一般状态检查包括全身状态检查、皮肤检查和浅表淋巴结检查。

一、全身状态检查

全身状态（general body state）检查是对病人一般状况的概括性观察。检查方法以视诊为主，有时需配合触诊、嗅诊或借助辅助工具（体温计、血压计、听诊器等）进行检查。检查内容包括性别、年龄、生命体征、发育与体型、营养状态、意识状态、面容与表情、体位与步态等。

（一）性别

性别（sex）主要根据生殖器和第二性征的发育情况进行判断。正常成年人性征明显，性别不难判断。某些疾病的发病率存在着性别差异，如甲状腺疾病和系统性红斑狼疮多见于女性，胃癌、食管癌、痛风、甲型血友病多见于男性。某些疾病或药物可引起性征的改变，如肾上腺皮质肿瘤或长期应用肾上腺皮质激素、雄激素治疗再生障碍性贫血等均可使女性出现男性化表现；肾上腺皮质肿瘤、肝功能严重损害可使男性病人出现乳房发育等女性化表现。性染色体的数目和结构异常可致两性畸形。

（二）年龄

年龄（age）可通过问诊获知，在某些特殊情况下如病人死亡、意识障碍、精神障碍或故意隐瞒真实年龄时，需要通过观察皮肤的弹性与光泽、毛发的分布与颜色、面与颈部皮肤的皱纹、肌肉及牙齿的状态等进行粗略评估。某些疾病或环境对机体状态的影响，导致发育速度和衰老程度的差异。如一些慢性消耗性疾病的病人，眼观年龄与实际年龄不相符。年龄与某些疾病的发生率密切相关，如佝偻病、麻疹、白喉、猩红热等多见于儿童；结核病、风湿热等多见于青少年；心脑血管疾病、肿瘤等多见于中老年。年龄也是影响疾病预后的重要因素，青年人患病后易康复，而老年人康复则相对缓慢。

（三）生命体征

生命体征（vital sign）是评估生命活动是否存在及其质量的重要征象，包括体温（temperature）、脉搏（pulse）、呼吸（respiration）和血压（blood pressure），是监测病人病情变化的重要指标之一。

临床上常用的体温测量方法有腋测法、口测法和肛测法。通过触诊桡动脉来评估脉搏的频率、节律、强弱及呼吸对脉搏的影响等。在计数脉搏的同时，视诊病人的胸廓或腹部随呼吸运动出现的活动情况，以评估呼吸的类型、频率、节律、深度及其有无其他异常。血压的测定需借助血压计，因血压易受周围动脉收缩舒张及其他因素的影响，检查时应操作规范。测得的生命体征各项数值应及时准确地进行记录。

体温、脉搏、呼吸和血压的测量方法详见《健康评估实训指导》，其正常值参考范围及其临床意义详见此书第四章临床常见症状的评估、第五章第四节胸部检查及第七节血管检查的相关内容。

（四）发育与体型

1. 发育（development） 发育正常与否通常根据年龄、智力和体格成长状态（身高、体重和第二性征）及其相互间的关系进行综合判断。发育通常受种族、遗传、营养代谢、内分泌、生活条件和体育锻炼等多种因素的影响。

（1）发育正常：发育正常者其年龄、智力与体格成长状态是均衡一致的。各年龄组的身高与体重之间有一定的对应关系。成年以前，随着年龄的增长，生长发育不断进行，出现婴儿期和青春期两个生长高峰。成人发育正常的指标：①头部的长度为身高的 1/8～1/7；②胸围约为身高的 1/2；③两上肢展开左右手两中指指端之间的长度约等于身高；④身体的上部量（头顶至耻骨联合上缘的距离）与下部量（耻骨联合上缘至足底的距离）大致相等；⑤坐高约为下肢的长度、约为 1/2 身高。

（2）发育异常：临床上所见的发育异常主要与内分泌疾病密切相关。生长激素是影响体格生长的重要因素。在发育成熟前，如腺垂体功能亢进致生长激素分泌过多，则表现为体格异常高大，称为巨人症（gigantism）；发育成熟前，腺垂体功能减退致生长激素分泌过少，则表现为体格异常矮小，称为垂体性侏儒症（pituitary dwarfism）。甲状腺激素对体格发育有促进作用，在发育成熟前，如甲状腺功能减退，可引起体格矮小且智力低下，称为呆小病（cretinism）。性激素决定第二性征的发育，当结核病、肿瘤等疾病破坏性腺分泌功能时，性激素分泌障碍，可引起第二性征的改变，男性表现为四肢过长、骨盆宽大、毛发稀少、无胡须、皮下脂肪丰满、发音似女声，称为阉人症（eunuchism）；女性则表现为乳房发育不良、多毛、闭经、体格及发音男性化。性激素对体格发育也有一定的影响，性早熟儿童病初可较同龄儿童体格发育快，但因骨骺过早闭合而限制后期的体格发育。婴幼儿期营养不良也可影响发育，如维生素 D 缺乏可导致佝偻病；锌、硒、硅、钼等微量元素缺乏均可引起生长发育迟缓。

2. 体型（habitus） 指身体各部分发育的外观表现，包括骨骼、肌肉成长与脂肪的分布状态。临床上将成人的体型分为以下 3 种类型：

（1）正力型（匀称型）（ortho-sthenic type）：见于多数正常成人。身体各部分匀称适中，腹上角即两侧肋弓在胸骨下端会合处所形成的夹角在 90°左右。

（2）无力型（瘦长型）（asthenic type）：身高瘦削，颈细长，肩窄下垂，胸廓扁平，腹上角小于 90°。

（3）超力型（矮胖型）（sthenic type）：身矮粗壮，颈粗短，肩宽而平，胸廓宽大，腹上角大于 90°。

（五）营养状态

营养状态（nutritional status）与食物的摄入、消化、吸收和代谢等因素有关，并受种族、遗传、心理、社会、文化、疾病等因素的影响，为判断被评估者是否健康和疾病严重程度的指标之一。

1. 评估方法 营养状态可根据皮肤、毛发、皮下脂肪、肌肉等情况，结合身高和体重进行综合判断。常用的可测量的评价指标如下。

（1）体重（weight）：监测一定时期内体重的变化是观察营养状态最常用的方法。体重测量时宜穿单衣裤，在同一体重秤上测量，测量时间应选择清晨、空腹、排尿和排便后。成人粗略的计算公式：标准体重（kg）= 身高（cm）−105。

体重在标准体重±10%的范围内为正常，低于标准体重 10%～20%为消瘦（emaciation），低于标准体重的 20%以上为明显消瘦，极度消瘦称为恶病质（cachexia）；超过标准体重的 10%～20%

为超重（overweight），超过标准体重的 20%以上为肥胖（obesity）。

知识链接：评估体重的注意事项

病人如果短期内体重出现大幅度变化，可能存在钠水潴留（水肿）或体液丢失（脱水）情况，应注意动态观察体重的变化，结合病史及其他体液失衡的体征加以综合分析。

（2）体重指数（body mass index，BMI）：由于体重受身高影响较大，常用体重指数来衡量体重是否正常。计算方法为：BMI = 体重（kg）/身高 ^{2}（m）。我国成人 BMI 的正常范围为 18.5～24kg/m^2，BMI＜18.5 kg/m^2 为消瘦，BMI 在 24～28 kg/m^2 为超重，BMI＞28 kg/m^2 为肥胖。

（3）皮褶厚度（skinfold thickness）：皮下脂肪可直接反映体内的脂肪量，与营养状态关系密切，可作为评估营养状态的参考。常用的测量部位有肱三头肌、肩胛下和脐部，成人以肱三头肌皮褶厚度测量最常用。测量时受检者取立位，两上肢自然下垂，检查者站于其后，以拇指和示指在肩峰至尺骨鹰嘴连线中点的上方 2cm 处捏起皮褶，捏起点两边的皮肤须对称，接着用重量压力为 10g/mm^2 的皮褶计测量，于夹住后 3 秒内读数，一般取 3 次测量的平均值。正常范围为男性（13.1±6.6）mm，女性（21.5±6.9）mm。

2. 临床评价 临床上常采用良好、中等、不良三个等级对营养状态进行描述，具体描述如表 5-1-1 所示。

表 5-1-1 营养状态的临床评价

评估内容	营养良好	营养中等	营养不良
皮肤黏膜	红润光泽、弹性好	介于两者之间	干燥、弹性降低
皮下脂肪	丰满		菲薄
皮褶厚度	正常或增大		低于正常
肌肉	结实		松弛无力
肌肉厚度	正常		明显低于正常
指甲、毛发	润泽		粗糙无光泽、毛发稀疏
肋间隙、锁骨上窝凹陷	深浅适中		凹陷
肩胛部和股部	肌肉丰满		骨骼嶙峋突出

3. 异常表现 临床上常见的营养状态异常表现包括营养不良和营养过剩。

（1）营养不良（malnutrition）：临床表现为消瘦，重者可呈恶病质。主要因摄食不足和（或）消耗增多，营养低于机体需要量引起，多见于长期或严重疾病，摄食不足常见于消化性疾病所致的摄食障碍或消化吸收不良，精神、神经系统与肝、肾疾病引起的严重恶心和呕吐；消耗增多常见于各种慢性消耗性疾病，如结核病、恶性肿瘤、甲状腺功能亢进症、糖尿病等所致的热量、蛋白质和脂肪消耗过多。

（2）营养过剩（overnutrition）：体内中性脂肪积聚过多，表现为超重或肥胖。按病因可将肥胖分为单纯性和继发性两种类型。单纯性肥胖表现为全身脂肪分布均匀，一般无神经、内分泌与代谢等系统的功能性或器质性异常，其发生主要与摄食过多、营养过剩有关，有一定的遗传倾向，与生活方式和精神因素等也有一定的关系。继发性肥胖脂肪分布多有显著特征，如肾上腺皮质功能亢进（Cushing 综合征）者表现为向心性肥胖，下丘脑病变导致的肥胖性生殖无能综合征（Frohlich 综合征）表现为脂肪集中积聚在面部、腹部、臀部和大腿，其发生多与某些内分泌与代谢性疾病有关，如 Cushing 综合征、腺垂体功能减退症、甲状腺功能减退症、皮质醇增多症和胰岛素瘤等。

（六）意识状态

意识状态（consciousness status）是人对周围环境及自身状态的认知和觉察能力，为大脑功能活动的综合表现。其包括记忆、思维、定向力和情感，通过视、听、语言和复杂运动等与外界保持紧密联系的能力。正常人意识清晰、思维合理、定向力和情感活动正常，语言准确、流畅、言能达意。凡影响大脑功能活动的疾病都可引起不同程度的意识改变，称为意识障碍。临床上根据意识障碍的程度不同分为嗜睡、意识模糊、昏睡、昏迷、谵妄等。嗜睡（somnolence）是轻度意识障碍，是一种病理性倦睡，病人陷入持续的深睡眠状态，可被唤醒，醒时能正确应答和做出各种反应，但刺激去除后很快又再入睡。意识模糊（confusion），程度深于嗜睡的意识障碍，病人能保持简单的精神活动，但对时间、地点、人物等定向能力发生障碍。昏睡（stupor）是接近于人事不省的意识状态。病人处于熟睡状态，不易唤醒，虽在强烈刺激下（压迫眶上神经、摇动身体等）可被唤醒，但很快又入睡。醒时答话含糊或答非所问。昏迷（coma）是严重的意识障碍，表现为意识持续的中断或完全丧失。昏迷按其程度可分为轻度昏迷、重度昏迷和深度昏迷。谵妄（delirium）是一种以兴奋性增高为主的高级神经中枢急性活动失调状态。意识障碍的临床特征与评估详见第四章第二十五节。

（七）面容与表情

面容（facial features）即面部呈现的状态。表情（expression）是在面部和姿态上所表现的情绪、情感。面容与表情是评价个体情绪状态和身体状况的重要指标。正常人表情自然、神态安逸。情绪与疾病可引起面容与表情的变化，当疾病发展到一定程度时，可出现特征性的面容与表情，对临床诊断具有重要价值。临床上常见的异常面容及临床意义如下。

1. 急性面容（acute disease facies） 面色潮红，表情痛苦，呼吸急促，躁动不安，可有鼻翼扇动、口唇疱疹等。见于急性发热性疾病，如肺炎球菌性肺炎、流行性脑脊髓膜炎、急腹症等。

2. 慢性面容（chronic disease facies） 面容憔悴，面色晦暗，目光暗淡，精神萎靡。见于慢性消耗性疾病，如恶性肿瘤、严重结核病、肝硬化等。

3. 二尖瓣面容（mitral facies） 面色晦暗，双颊紫红，口唇发绀。见于风湿性心脏病二尖瓣狭窄病人（图 5-1-1）。

4. 贫血面容（anemic facies） 面色苍白，唇舌色淡，表情疲惫。见于各类贫血病人。

5. 甲状腺功能亢进面容（hyperthyroidism facies） 表情惊愕，眼裂增宽，眼球突出，烦躁易怒，兴奋不安。见于甲状腺功能亢进症病人（图 5 1 2）。

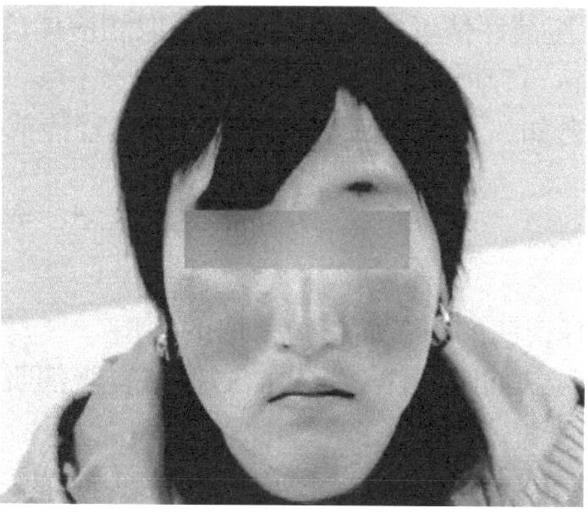

图 5-1-1 二尖瓣面容

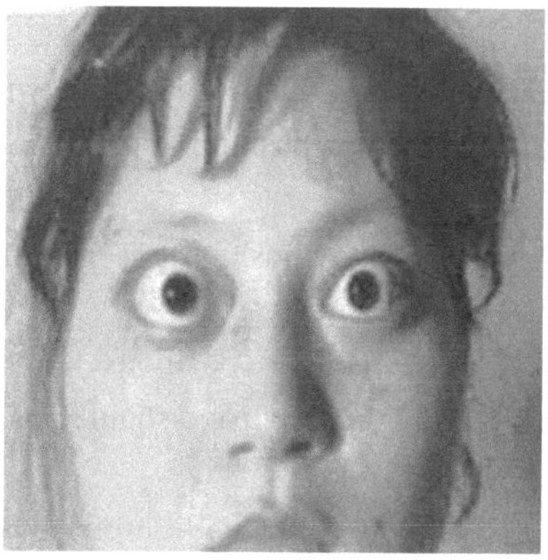

图 5-1-2 甲状腺功能亢进面容

6. 黏液性水肿面容（myxedema facies） 面色苍黄，颜面水肿，睑厚面宽，目光呆滞，反应迟钝，毛发稀疏。见于甲状腺功能减退症（图 5-1-3）。

7. 肢端肥大症面容（acromegaly facies） 头颅增大，面部变长，下颌增大前突，眉弓及两颧隆起，唇舌肥厚，耳鼻增大。见于肢端肥大症病人（图 5-1-4）。

8. 满月面容（moon facies） 面圆如满月，皮肤发红，常伴痤疮和小须。见于 Cushing 综合征及长期应用肾上腺皮质激素的病人（图 5-1-5）。

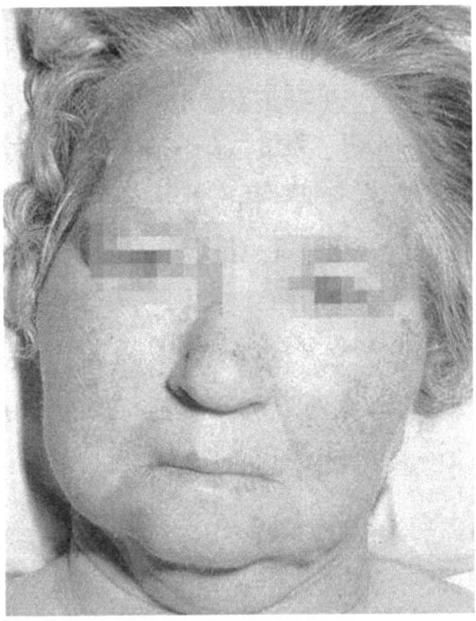

图 5-1-3　黏液性水肿面容

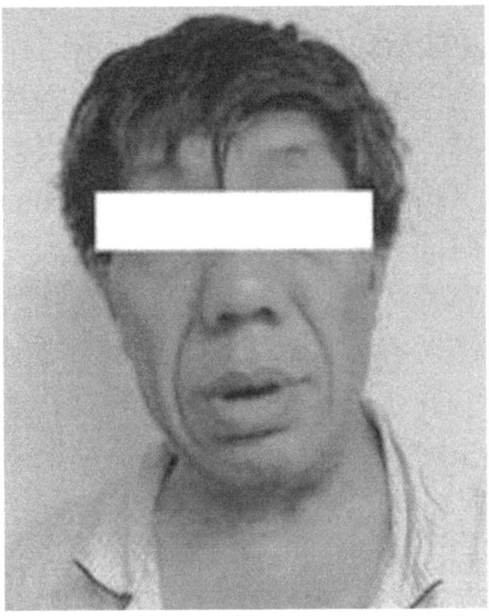

图 5-1-4　肢端肥大症面容

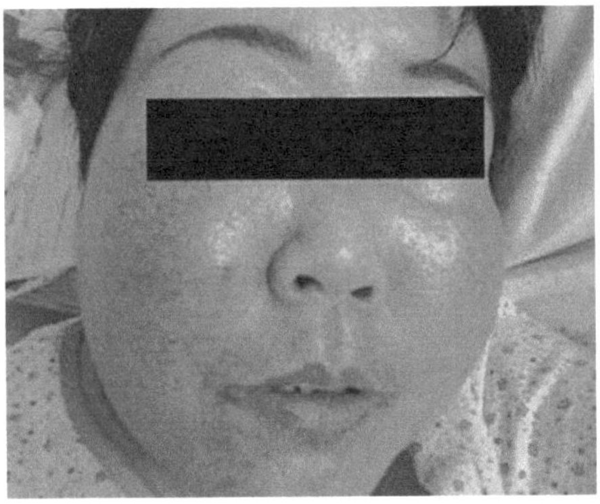

图 5-1-5　满月面容

9. 病危面容（critical facies）　面部瘦削，面色铅灰或苍白，目光无神，表情淡漠，眼窝凹陷，鼻骨峭耸。见于大出血、严重休克及脱水、急性腹膜炎等病人。

10. 肝病面容（hepatic facies）　面色晦暗，双颊有褐色素沉着，有时可见蜘蛛痣。见于慢性肝病病人。

11. 肾病面容（nephrotic facies）　面色苍白，眼睑、颜面水肿。见于慢性肾病病人。

12. 面具面容（masked facies）　面部呆板无表情，似面具样。见于震颤性麻痹、脑炎等病人。

（八）体位

体位（position）指身体所处的状态。在不同疾病状态下，使被评估者主动或被动地采取相应体位，因此体位对诊断某些疾病具有一定的意义。常见的体位有：自动体位、被动体位和强迫体位。

1. 自动体位（active position）　身体活动自如，不受限制。见于正常人、轻症或疾病初期的病人。

2. 被动体位（passive position）　不能自己随意调整或变换肢体和躯干的位置。见于极度衰弱或意识丧失病人。

3. 强迫体位（compulsive position）　为减轻疾病的痛苦而被迫采取的体位。

（1）强迫仰卧位（compulsive supine position）：仰卧，伴双腿屈曲，以减轻腹部肌肉的紧张程度。见于急性腹膜炎病人。

（2）强迫俯卧位（compulsive prone position）：俯卧位可减轻脊背肌肉的紧张度。见于脊柱疾病。

（3）强迫侧卧位（compulsive lateral position）：胸膜疾病病人如一侧胸膜炎、气胸、大量胸腔积液等，多卧向患侧，以限制胸廓活动减轻胸痛，并有利于健侧代偿性呼吸减轻呼吸困难。

（4）强迫坐位（compulsive sitting position）：又称端坐呼吸（orthopnea）。病人坐于床沿，两手置于膝盖或床沿，可使膈肌下降，有助于胸廓和辅助呼吸肌运动，增加肺通气量，同时可减少回心血量，减轻心脏负荷，缓解呼吸困难，见于心肺功能不全病人。

（5）强迫蹲位（compulsive squatting position）：病人在活动过程中，因呼吸困难和心悸突然停止活动并采用蹲踞体位或膝胸位以缓解症状，见于发绀型先天性心脏病。

（6）强迫停立位（forced standing position）：病人在步行时因心前区疼痛突然发作而被迫立刻站立，并以手安抚心前区，待稍缓解后，才离开原位。见于心绞痛病人。

（7）辗转体位（restless position）：病人腹痛发作时，辗转反侧，坐卧不安。见于胆石症、胆道蛔虫症、肠绞痛等。

（8）角弓反张位（opisthotonos position）：因颈及脊背肌肉强直，病人头后仰，背过伸，胸腹前凸，躯干呈弓形。见于破伤风及小儿脑膜炎等。

（九）步态

步态（gait）指走路时所表现的姿态。正常人步态因年龄、健康状态、所受训练、精神状态等因素的影响而表现不同，如小儿喜急行或小跑，青壮年步态稳健快速，老年人小步慢行。某些疾病可引起步态出现特征性改变。常见的异常步态的表现特征和临床意义如表 5-1-2 所示。

表 5-1-2 常见异常步态的表现特征和临床意义

异常步态	特征	临床意义
蹒跚步态（wadding gait）	走路时身体左右摇晃如鸭步	见于佝偻病、大骨节病、进行性肌营养不良和先天性双侧髋关节脱位
酒醉步态（drunken gait）	行走时躯干重心不稳，步态紊乱如醉酒状	见于小脑疾患、酒精或巴比妥中毒
共济失调性步态（ataxic gait）	起步时一脚高抬，骤然垂落，两脚间距很宽，摇晃不稳，双目下视，闭目时不能保持平衡	见于脊髓结核
慌张步态（festination gait）	起步困难，起步后身体前倾，小步急行，难以止步，双上肢缺少摆动	见于帕金森病
跨阈步态（steppage gait）	因踝部肌腱、肌肉迟缓，患足下垂，行走时必须高抬下肢才能起步	见于腓总神经麻痹
剪刀步态（scissors gait）	因双下肢肌张力增高，尤以伸肌和内收肌张力增高较明显，行走时下肢内收过度，两下肢交叉呈剪刀状	见于脑性瘫痪、截瘫等
间歇性跛行（intermittent claudication）	行走时因下肢突发性酸痛乏力而被迫停止行进，需休息片刻后才能继续行走	见于高血压、动脉硬化等

案例 5-1-1 分析讨论（1）

一般状态：女性，48 岁，意识清楚，言语清晰，精神欠佳，表情痛苦，二尖瓣面容，发育正常，无力型体型，消瘦，自主体位，步态正常，身高 156cm，体重 43kg，体温 39℃，脉搏 106 次/分，节律整齐，强度正常，双侧肢体对称。呼吸 26 次/分，胸式呼吸为主，呼吸浅促，血压 100/65mmHg。

二、皮肤检查

皮肤（skin）是机体与外界环境之间的屏障，具有重要的生理功能。外界环境改变、皮肤本身病变或其他疾病继发的均可引起皮肤功能和（或）结构发生变化。皮肤检查以视诊为主，必要时需配合触诊。检查内容包括颜色、温度、湿度、弹性、水肿及各种类型的皮肤损害。

（一）颜色

皮肤颜色（skin color）与种族和遗传有关，因色素量、毛细血管分布、血液充盈度及皮下脂肪的厚薄而不同。正常皮肤颜色均一，暴露部分微深，无发绀、黄染、色素沉着或脱失。常见的皮肤颜色异常有以下几种情况。

1. 苍白（pallor） 由于血红蛋白含量降低、末梢毛细血管痉挛或充盈不足引起。见于贫血、休克、虚脱及主动脉关闭不全等，也可见于寒冷和惊恐时。以面部、结膜、口腔黏膜和甲床最明显。仅肢端苍白见于雷诺病、血栓闭塞性脉管炎。

2. 发红（redness） 由于毛细血管扩张充血、血流加速或红细胞数量增多引起。生理情况下可见于运动、饮酒后或情绪激动时。病理情况下可见于发热性疾病或阿托品、一氧化碳中毒。皮肤持久性发红见于 Cushing 综合征、长期应用糖皮质激素或真性红细胞增多症。

3. 发绀（cyanosis） 皮肤黏膜呈青紫色，常出现于舌、口唇、耳垂、面颊及肢端，主要由于血液中还原血红蛋白量增多或异常血红蛋白血症所引起。见于心、肺部疾病和亚硝酸盐中毒等。

4. 黄染（stained yellow） 皮肤和黏膜发黄称为黄染。常见原因有以下几种：

（1）黄疸：因溶血性疾病、肝细胞损害或胆道阻塞导致的血清胆红素浓度增高而使皮肤黏膜乃至体液及其他组织出现黄染。其特点是首先于巩膜、硬腭后部及软腭黏膜出现黄染，随着血中胆红素浓度继续增高，黄染更明显时可见于皮肤。黄疸所致巩膜黄染是连续的，近角膜边缘处黄染较淡，远离角膜边缘处黄染较深。

（2）食物影响：过多食用胡萝卜、南瓜、橘子等食物使血中胡萝卜素含量增高也可引起皮肤黄染。其特点是黄染多出现于手掌、足底、前额及鼻部皮肤，一般不出现在巩膜和口腔黏膜。停止食用后，黄染可逐渐消退。

（3）药物影响：长期服用呋喃类、阿的平等含有黄色素的药物也可引起皮肤黄染。其特点与黄疸不同，首先于皮肤出现黄染，严重时可出现于巩膜，近巩膜边缘处黄染较深，远离巩膜边缘处黄染较浅。

5. 色素沉着（pigmentation） 因表皮基底层黑色素增多，引起部分或全身皮肤色泽加深称为色素沉着。正常健康人身体外露部分、乳头、乳晕、腋窝、关节、肛门周围及外阴部分皮肤色泽较深。如上述部位的皮肤色泽明显加深，或其他部位（如口腔黏膜）出现色素沉着则为病理征象，常见于肾上腺皮质功能减退症、肝硬化、肝癌及长期使用某些药物（如砷剂和抗肿瘤药物等）。妊娠期女性面部、额部可有棕褐色对称性色素沉着，称为妊娠斑（cyasma）。老年人面部或全身可出现散在的色素沉着，称为老年斑（senile plaque）。

6. 色素脱失（depigmentation） 因体内缺乏酪氨酸酶，酪氨酸不能转化为多巴，黑色素合成减少，使皮肤原有色素丧失，称为色素脱失，常见于白癜风（vitiligo）、白斑（leukoplakia）和白化病（albinismus）。白癜风使身体外露部位出现多形性大小不等的色素脱失斑片，进展缓慢，常无自觉症状。白斑多呈圆形或椭圆形，常发生于口腔黏膜和女性外阴部，部分可癌变。白化病是一种遗传性疾病，因先天性酪氨酸酶合成障碍而引起全身皮肤和毛发色素脱失。

（二）温度

通常以手背触摸皮肤表面评估皮肤的温度。正常人皮肤温暖，外界环境寒冷时四肢末端温度可稍低。常见的异常情况：①全身皮肤发热见于发热性疾病、甲状腺功能亢进症。②局部皮肤发热见于疖、痈、丹毒等炎症。③全身皮肤发冷见于休克、甲状腺功能减退症等。④四肢末端皮肤发冷见于雷诺病。

（三）湿度

皮肤湿度（moisture）主要与汗腺的排泄功能、外界环境的温度和湿度有关。在气温高、湿度大的环境中，出汗增多是正常的生理调节反应。一般正常人夏季时皮肤较为湿润，而秋冬季时皮肤较为干燥。出汗多者皮肤较为湿润，出汗少者皮肤较为干燥。常见的异常情况：①出汗过多见于风湿热、结核病、甲状腺功能亢进症、佝偻病等。②出汗过少或无汗见于维生素 A 缺乏、甲状腺功能减退症、尿毒症、脱水和硬皮病等。③盗汗，即夜间入睡后出汗，见于结核病。④冷汗，即大汗淋漓伴四肢皮肤发凉，见于休克、虚脱和急性心肌梗死等。

知识链接：评估皮肤湿度的注意事项

如果发现病人皮肤湿冷，应判断病人是否发生了低血糖、休克、虚脱和急性心肌梗死等急危病症，应迅速检查其生命体征，观察血压、脉搏、呼吸有无异常变化。

（四）弹性

皮肤弹性（elasticity）及皮肤紧张度，与年龄、营养状态、皮下脂肪及组织间隙含液量有关。儿童与青年人皮肤弹性好，中年以后皮肤弹性逐渐减弱，老年人皮肤弹性差。检查皮肤时常选择手背或上臂内侧部位（图 5-1-6），用示指和拇指将皮肤捏起，松手后观察皮肤褶皱恢复速度，如皮肤皱褶迅速平复为弹性正常，如皮肤皱褶平复缓慢为弹性减退。皮肤弹性减退见于长期消耗性疾病、营养不良或严重脱水的病人。

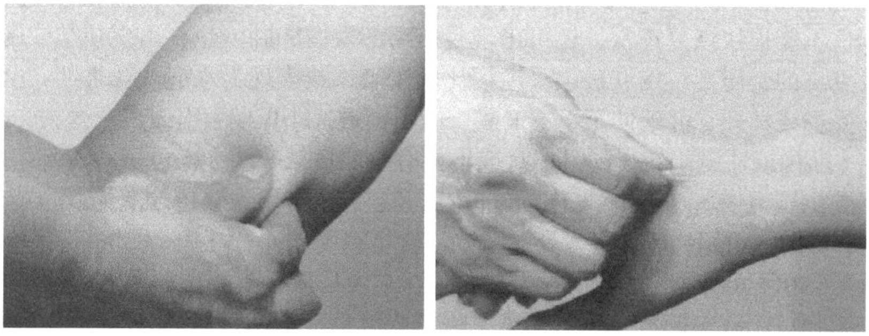

图 5-1-6 皮肤弹性检查

（五）水肿

水肿（edema）的病因及其特点详见第四章第三节相关内容。通过视诊和触诊较易确定。触诊时，手指按压局部组织发生明显凹陷，称为凹陷性水肿，如心源性、肝源性、肾源性及营养不良性水肿。视诊颜面、胫骨前内侧及手、足背皮肤水肿，伴苍白、干燥、粗糙，但触诊时指压局部组织后无凹陷，称为黏液性水肿，见于甲状腺功能减退症。下肢不对称性皮肤增厚、粗糙、毛孔增大，有时出现皮肤皱褶，指压为凹陷，可累及阴囊、大阴唇和上肢，称为象皮肿（elephantiasis），见于丝虫病。临床上根据全身水肿的程度不同将水肿分为轻、中、重三度。

1. 轻度水肿 仅见于眼睑、眶下、踝部、胫前等皮下组织，指压后组织轻度凹陷，平复较快。全身皮肤早期可仅仅表现为体重明显、迅速增加而无水肿现象。

2. 中度水肿 全身疏松组织均可见明显的水肿，指压后出现明显的组织凹陷，平复缓慢。

3. 重度水肿 全身组织严重水肿，身体低垂部位皮肤紧张发亮，甚至有液体渗出，可伴有胸腔、鞘膜腔积液和腹水，外阴部可见明显水肿。

（六）皮肤损害

皮肤损害（skin lesion）分为原发性、继发性和血管性，可由皮肤本身病变引起，也可为全身性疾病在局部皮肤的反应。

1. 皮疹（skin rash） 为原发性皮肤损害，多为全身性疾病的征象之一，是诊断某些疾病的重要依据。常见于传染病、皮肤病、药物及其他物质引起的过敏反应。发现皮疹时应仔细观察皮疹的形态、大小、颜色、平坦或隆起、压之是否退色、有无瘙痒及脱屑、出现与消退的时间、分布部位、发展顺序等。临床常见的皮疹类型如下。

（1）斑疹（macula）：局部皮肤颜色发红，一般不凸出皮肤表面，见于斑疹伤寒、丹毒、风湿性多形性红斑等。

（2）丘疹（papule）：局部皮肤颜色改变，且凸出于皮肤表面，见于药物疹、麻疹、湿疹等。

（3）斑丘疹（maculopapule）：在丘疹周围有皮肤发红的底盘，见于风疹、药物疹、猩红热等。

（4）荨麻疹（urticaria）：又称风团，为局部皮肤暂时性的水肿性隆起，大小不等，形态不一，苍白或淡红，伴瘙痒，消退后不留痕迹。为速发性皮肤变态反应所致，常见于各种食物、药物或其他物质过敏。

（5）玫瑰疹（roseola）：是一种鲜红色的圆形斑疹，直径 2～3mm，压之退色，松开复现，多见于胸腹部，是伤寒或副伤寒的特征性皮疹。

2. 压疮（pressure sore） 又称压力性溃疡，是一种皮肤和（或）皮下组织的局部损伤，通常出现在骨隆凸部位，常因压力或压力与剪切力或摩擦力联合所致。好发于身体易受压部位，如枕部、耳郭、肩胛部、肘部、髋部、骶尾部、膝关节内外侧、内外踝和足跟等处，主要见于长期卧床者。临床上常采用 Braden 压疮评分量表（表 5-1-3）对高危人群进行筛查，从而预测其压疮发生的可能性。对已发生的压疮，临床上根据组织损伤的程度不同分期如下。①Ⅰ期：皮肤完整，出现红斑，解压后皮肤颜色不能很快恢复正常，还可出现受压局部发白、肿、热，出现硬结或硬块。②Ⅱ期：表皮甚至深及真皮的受压部位皮肤破损。溃疡比较浅表，或表现为水疱。③Ⅲ期：全层皮肤受损，包括皮下组织受损或坏死，可延伸至下方筋膜，但不穿透。④Ⅳ期：组织广泛受损，组织坏死或损害侵袭至骨骼、肌肉或肌腱组织，同时伴有或不伴有全层皮肤丧失。⑤可疑的深部组织损伤：表现为皮下软组织受到压力或剪切力的作用，局部皮肤完整，但可出现颜色改变如紫色或褐红色，或导致充血的水疱，与周围组织比较，这些受损区域的软组织可能伴有疼痛、硬块、黏液性渗出、潮湿、温度偏高或偏低。⑥不可分期：表现为全层组织缺失，溃疡底部有腐肉覆盖（黄色、黄褐色、灰色、绿色或褐色）或伤口床有焦痂覆盖（黄褐色、褐色或黑色），此期只有将覆盖的腐肉或焦痂去除，暴露伤口床后，才能确定分期。

表 5-1-3 Braden 压疮评分量表

评估内容	评分及依据			
	1 分	2 分	3 分	4 分
1. 知觉感受：对压力相关的不适做有意义反应的能力	完全受限	轻微受限	非常受限	无缺损
2. 潮湿：皮肤暴露在潮湿环境中的程度	持久潮湿	常常潮湿	偶尔潮湿	很少潮湿
3. 活动：身体活动的程度	完全卧床	局限于椅	偶尔步行	经常步行
4. 移动：改变或控制体位的能力	完全受限	严重受限	轻度受限	不受限
5. 营养：通常的进食型态	非常差	可能不足	营养摄入适当	营养摄入良好
6. 摩擦力和剪切力	存在问题	有潜在问题	无明显问题	

注：总分范围为 6～23 分。根据总分将压疮发生危险的等级分为极度危险（9 分以下）、高度危险（10～12 分）、中度危险（13～14 分）、低度危险（15～18 分）和无危险（18 分以上）。

3. 皮下出血（subcutaneous hemorrhage） 皮下出血为血管性皮肤损害，其特点为局部呈青紫色或黄褐色（陈旧性），压之不退色，除血肿外一般不高出皮肤表面。根据其直径大小及其伴随情况可分为以下几种：出血斑点直径小于 2mm 称为瘀点（petechia），直径在 3～5mm 称为紫癜（purpura），直径大于 5mm 称为瘀斑（ecchymosis），片状出血伴皮肤显著隆起称为血肿（hematoma）。皮下出血常见于造血系统疾病、重症感染、某些毒物或药物中毒及外伤等。出血斑点也可发生于黏膜下，其临床意义同皮下出血。

知识链接：瘀点、皮疹和小红痣的鉴别点

较小的瘀点、皮疹和小红痣视诊时差别不明显，皮疹受压后可退色或消失，而瘀点和小红痣受压后均不退色，但小红痣触诊时稍高于皮肤表面，且表面光滑。

4. 蜘蛛痣和肝掌（spider angioma and liver palm） 蜘蛛痣是皮肤小动脉末端分支性扩张所形成的血管痣，形似蜘蛛，大小不等，主要见于面部、颈部、手背、上臂、前胸和肩部等上腔静脉分布的区域。蜘蛛痣的特点为压迫痣中心，其辐射状小血管网消失，去除压力后又复出现（图 5-1-7）。慢性肝病病人大小鱼际处皮肤发红，加压后褪色，称为肝掌。一般认为蜘蛛痣和肝掌的出现与肝脏对雌激素的灭活作用减弱、体内雌激素水平增高有关，多见于急、慢性肝炎及肝硬化，也可见于健康的妊娠期女性。

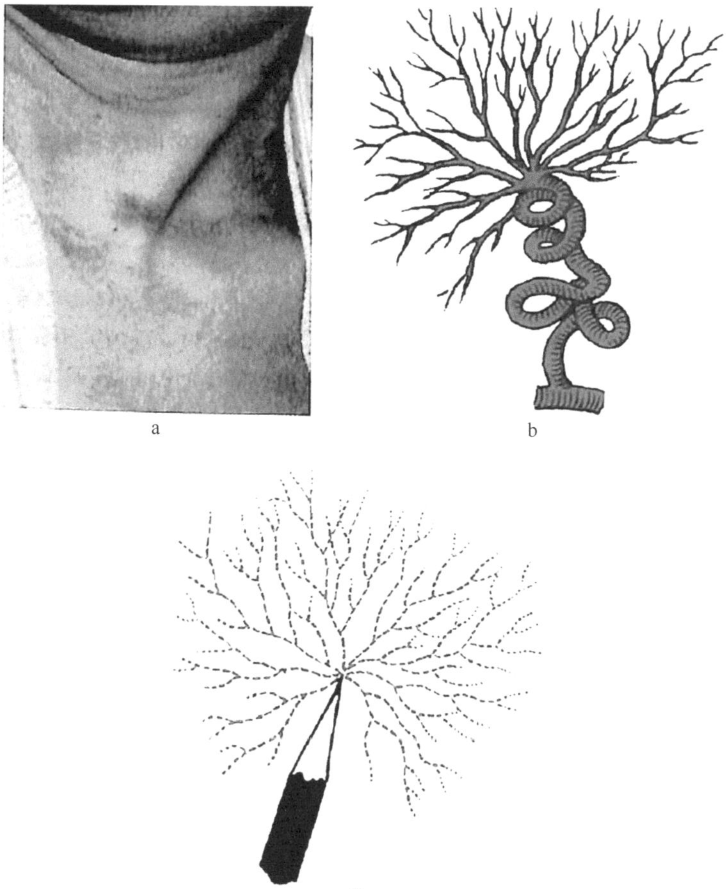

a　　b

c

图 5-1-7　蜘蛛痣

案例 5-1-1 分析讨论（2）

皮肤状态：口唇苍白，全身皮肤发热，无汗，皮肤弹性正常，双下肢轻度水肿，皮肤完整，根据压疮评分量表判断此病人暂无发生压疮的危险。

三、浅表淋巴结检查

淋巴结（lymph node）分布于全身，一般检查只能发现身体各部浅表淋巴结的变化。正常浅表淋巴结体积较小，直径多在 0.2～0.5cm，质地柔软，表面光滑，无压痛，与周围组织无粘连，常不易触及。

（一）浅表淋巴结的分布部位和收集淋巴液的范围

浅表淋巴结以组群分布，按部位分为头面部淋巴结（图 5-1-8）、颈部淋巴结（图 5-1-8）、上肢淋巴结和下肢淋巴结。一个组群的淋巴结收集一定区域的淋巴液，局部炎症或肿瘤可引起相应区域的淋巴结肿大。全身浅表淋巴结的分布部位和收集淋巴液的范围如表 5-1-4 所示。

表 5-1-4　浅表淋巴结的分布部位和收集淋巴液的范围

淋巴结	分布部位	收集范围
头面部淋巴结		
耳前淋巴结	耳屏前方	头皮
耳后淋巴结	耳后乳突表面，胸锁乳突肌止点处	头皮
枕淋巴结	枕部皮下，斜方肌起点与胸锁乳突肌止点之间	头皮
颌下淋巴结	颌下腺附近，下颌骨和颏部的中间部位	口底、颊黏膜、牙龈
颏下淋巴结	颏下三角内，下颌舌骨肌表面，两侧下颌骨前端中点后方	颏下三角区内组织、唇及舌部
颈部淋巴结		
颈前淋巴结	胸锁乳突肌表面及下颌角处	鼻咽部
颈后淋巴结	斜方肌前缘	咽喉、气管、甲状腺等
锁骨上淋巴结	锁骨与胸锁乳突肌形成的夹角处	食管、胃、气管、胸膜及肺
上肢淋巴结		
腋窝淋巴结（图 5-1-9）	分为五群：①外侧淋巴结群，位于腋窝外侧壁；②胸肌淋巴结群，位于胸大肌下缘深部；③肩胛下淋巴结群，位于腋窝后皱襞深部；④中央淋巴结群，位于腋窝内侧壁近肋骨及前锯肌处；⑤腋尖淋巴结群，位于腋窝顶部	乳房、前后胸壁、臂部
滑车上淋巴结	上臂内侧，内上髁上方 3～4cm 处，肱二头肌与肱三头肌之间的间沟内	肘部
下肢淋巴结		
腹股沟淋巴结（图 5-1-10）	腹股沟韧带下方股三角内，分为上群和下群。①上群：位于腹股沟韧带下方，与韧带平行排列，又称腹股沟韧带横组或水平组；②下群：位于大隐静脉上端，沿静脉走向排列，又称腹股沟淋巴结纵组或垂直组	会阴及下肢
腘窝淋巴结	小隐静脉和腘静脉汇合处	小腿及足部

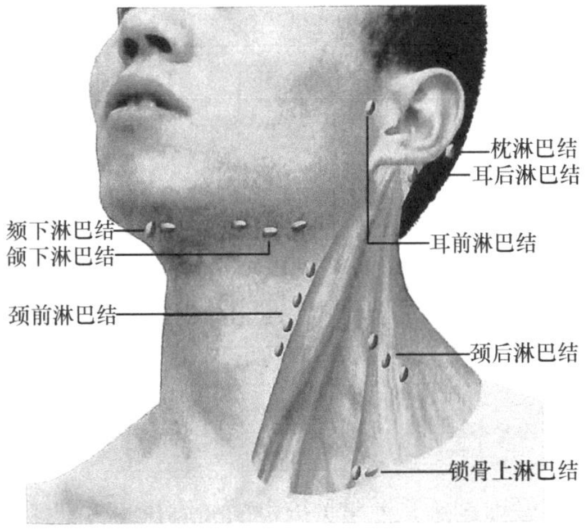

图 5-1-8　头面部淋巴结、颈部淋巴结

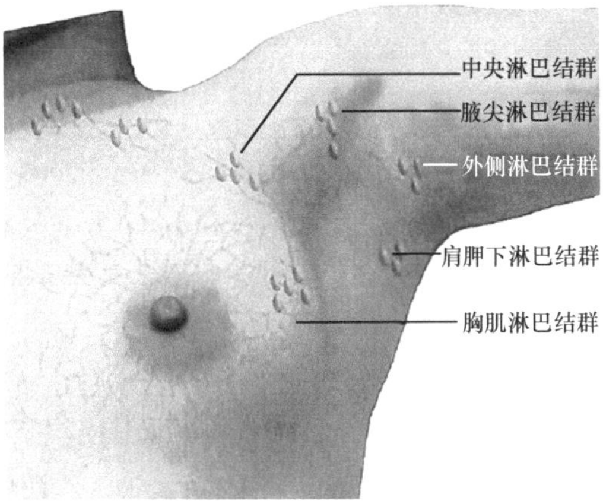

图 5-1-9　腋窝淋巴结

（二）检查方法

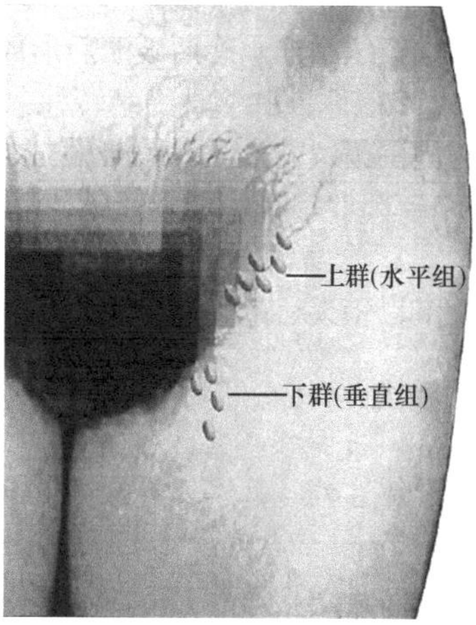

图 5-1-10 腹股沟淋巴结

淋巴结的检查方法包括视诊和触诊，以触诊为主，视诊为辅。触诊时应使检查部位的皮肤和肌肉呈自然放松状态，检查者以并拢的示指、中指和环指紧贴检查部位，按照一定的顺序由浅入深，以指腹按压的皮肤与皮下组织之间的滑动，触诊顺序为耳前、耳后、枕部、颌下、颏下、颈前、颈后、锁骨上窝、腋窝、滑车上、腹股沟和腘窝淋巴结。滑动方式应取相互垂直的多个方向或转动式滑动，此方法有助于区别淋巴结与肌肉和血管结节。若触及肿大的淋巴结，应注意其部位、大小、数目、硬度、活动度、有无压痛和粘连，局部皮肤有无红肿、瘢痕和瘘管等，并注意寻找引起淋巴结肿大的原发病灶。

检查颌下淋巴结时，检查者用右手扶住受检者的头部，使头倾向右前下方，再以左手触诊右颌下淋巴结；检查左颌下淋巴结时方法同上，改为右手触诊即可。检查颈部淋巴结时，检查者站在受检者对面或背面，嘱其头稍低或偏向检查侧以方便触诊（图 5-1-11），也可采取卧位进行检查。检查锁骨上淋巴结时，受检者取坐位或仰卧位，头稍向前屈，左手触诊右侧，右手触诊左侧。检查腋窝淋巴结时，检查者用左手托住受检者左上肢，使其稍向外展，前臂略屈曲。左手触诊右侧，右手触诊左侧，一般按照腋窝顶部、后壁、内侧壁、前壁、外侧壁的顺序由浅入深进行触诊，触诊腋窝外侧壁时应使原先外展的手臂自然下垂以利于触诊。检查滑车上淋巴结时，检查者左手托扶受检者左前壁，右手于肘部上方上臂的内侧触诊滑车上淋巴结，再用相同方法检查右侧（图 5-1-12）。检查腹股沟淋巴结时，受检者平卧，下肢伸直，髋关节稍屈曲，检查者用双手触诊，左手触右侧，右手触左侧，按上群、下群顺序由浅入深滑动触诊。检查腘窝淋巴结时，检查者一般以右手扶起（或托起）受检者小腿，以左手触摸淋巴结。

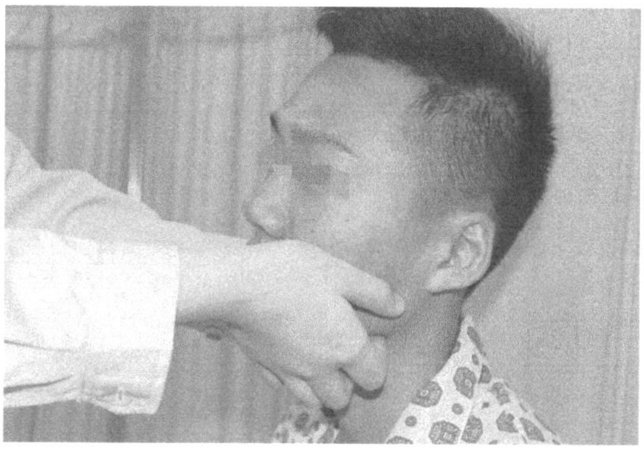
图 5-1-11 头颈部淋巴结检查

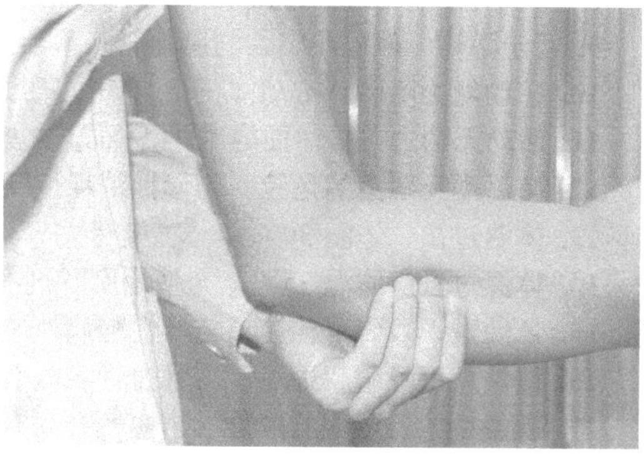
图 5-1-12 滑车上淋巴结检查

（三）淋巴结肿大的临床意义

1. 局部淋巴结肿大

（1）非特异性淋巴结炎：由淋巴结引流区域的急、慢性炎症引起。例如，扁桃体炎、牙龈炎可引起颈部或颌下淋巴结肿大；胸壁和乳腺炎症可引起腋窝淋巴结肿大；会阴部、臀部和小腿炎症可引起腹股沟淋巴结肿大。急性炎症初期肿大的淋巴结一般质地柔软，有压痛，表面光滑，与周围组织无粘连。慢性炎症时淋巴结质地较硬。

（2）淋巴结核：肿大的淋巴结常见于颈部，呈多发性，质地较硬，大小不等，可相互粘连或与周围组织粘连。晚期破溃后形成瘘管，愈合后形成瘢痕。

（3）恶性肿瘤淋巴结转移：恶性肿瘤转移所致的肿大淋巴结质地坚硬、表面光滑，一般无压痛，与周围组织粘连，不易推动。例如，肺癌多转向右侧锁骨上淋巴结或腋窝淋巴结群；胃癌、食管癌多转移到左侧锁骨上淋巴结群，称 Virchow 淋巴结，为胃癌、食管癌转移的标志。

2. 全身淋巴结肿大 淋巴结肿大的部位可以遍及全身，大小不等，无粘连，多见于急性和慢性淋巴结炎、淋巴瘤、白血病、结缔组织病、传染性单核细胞增多症等。

案例 5-1-1 分析讨论（3）

浅表淋巴结检查：颌下可触及 2 枚黄豆大小的淋巴结，质地柔软、活动度可，边界清楚，轻微压痛。其余各处未触及淋巴结。

四、相关护理诊断

1. 体液过多 全身水肿，与右心衰竭所致体循环淤血有关。

2. 体液不足 皮肤弹性减退，与腹泻、慢性消化性疾病所致严重营养不良有关。

3. 有体液不足的危险 皮肤弹性减退，与高热所致液体丢失过多有关。

4. 营养失调 低于机体需要量，体重下降低于理想体重 20%以上或 BMI＜18，与机体消耗增加、摄入减少有关。

5. 营养失调——高于机体需要量 体重上升高于理想体重的 10%以上或 BMI＞28kg/m^2 与机体进食增多、运动少有关。

6. 有营养失调的危险 高于机体需要量，与父母肥胖、不良生活习惯有关。

7. 皮肤完整性受损 压疮，与长期卧床有关。

8. 有皮肤完整性受损的危险 与心功能不全引起下肢水肿有关。

9. 行走障碍 偏瘫步态，与脑血管疾病所致下肢肌力减退有关。

10. 移动能力障碍 被动体位，与偏瘫所致躯体活动受限有关。

11. 活动无耐力 贫血面容/慢性病面容，与慢性消耗性疾病有关。

12. 有活动无耐力的危险 与慢性消耗性疾病有关。

13. 体温过高 体温 39℃，与感染有关。

14. 体温过低 体温 35℃，与使用麻醉剂有关。

15. 急性意识障碍 昏迷，与肝性脑病/肺性脑病有关。

16. 慢性意识障碍 昏迷，与脑血管疾病有关。

17. 有急性意识障碍的危险 与血氨升高有关。

案例 5-1-1 分析讨论（4）

病人可能存在的护理诊断：

1. 体温过高：体温 39℃，与病原体感染有关。

2. 营养失调：体重低于标准体重的 10%以上，低于机体需要量，与机体消耗增加、摄入减少有关。

3. 活动无耐力：与贫血、心排血量减少有关。

4. 有皮肤完整性受损的危险：与疾病所致皮肤水肿有关。

（吴芳琴）

第二节 头面部检查

案例 5-2-1

麦某，男，55 岁，农民。主诉：头颅受伤 3 小时。

现病史：3 小时前病人劳动时不小心被重物砸伤右侧头颅，伴有出血、头痛、头晕、恶心、呕吐症状，出血量约 100ml，无晕厥、目眩、发热、大汗淋漓、休克症状，头颅 CT 示：右侧颞部软组织肿胀，遂给予病人伤口简单包扎缝合，受伤 3 小时后，病人头痛加重。在整个病程中，病人大小便正常，饮食未进，体重无明显变化。初步诊断"脑外伤、脑水肿"收入院。

既往史：既往体健，无急、慢性传染病史及手术史、外伤史，无药物过敏史，预防接种史不详。

问题：

1. 请为该病人进行头部专科检查。
2. 该病人可能的护理诊断有哪些？

头面部的检查包括头发与头皮、头颅和颜面及其器官，检查方式以视诊和触诊为主。

一、头发与头皮

（一）头发

检查头发（hair）要注意颜色、疏密度、脱发的类型与特点。头发的颜色、曲直和疏密度可因种族遗传因素和年龄而不同。儿童和老年人头发较稀疏，头发逐渐变白也是老年性改变。脱发可由疾病引起，如伤寒、甲状腺功能低下、斑秃等；也可由物理与化学因素引起，如放射治疗和抗癌药物治疗等。检查时要注意脱发发生部位、形状与头发改变的特点。

（二）头皮

头皮（scalp）的检查需分开头发观察头皮颜色、头皮屑，有无头癣、疖痈、外伤、血肿及瘢痕等。

案例 5-2-1 分析讨论（1）

一般情况：意识清楚，言语清晰，精神差，痛苦面容，查体合作。

头发与头皮：头发颜色正常、分布均匀、无脱发，右侧头颅颞部可见一约 10cm×1.5cm×1cm 长的伤口，有出血，伴头痛。

二、头 颅

头颅（skull）的视诊应注意大小、外形变化和有无异常活动。触诊是用双手仔细触摸头颅的每一个部位，了解其外形，有无压痛和异常隆起。

（一）大小

头颅的大小以头围来衡量，测量时以软尺自眉间绕到颅后通过枕骨粗隆（图 5-2-1）。头围在发育阶段的变化为：新生儿约 34cm，出生后的前半年增加 8cm，后半年增加 3cm，第 2 年增加 2cm，第 3、4 年内约增加 1.5cm，4～10 岁共增加约 1.5cm，到 18 岁可达 53cm 或以上，之后几乎不再变化。头围反映脑和颅骨的发育程度，头围过小见于头小畸形、大脑发育不全；头围过大见于脑积水。

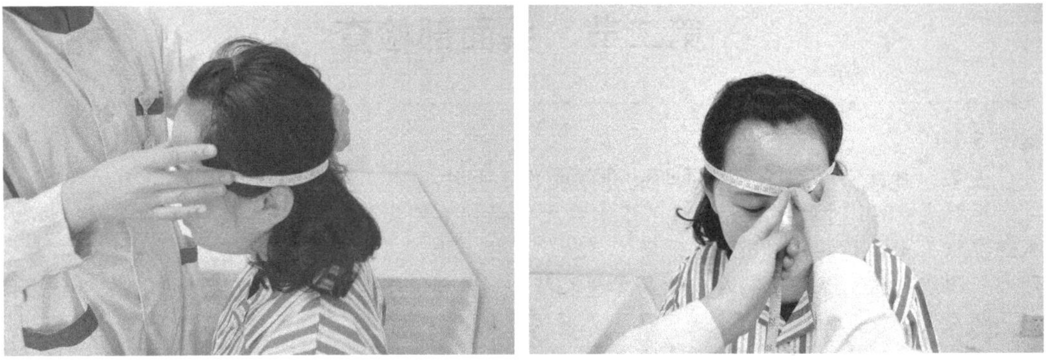

图 5-2-1 头围的测量

（二）外形

头颅的外形与前、后囟门闭合早晚有关。前囟门应在出生后 1～1.5 岁闭合，闭合过早见于头小畸形；闭合过晚见于佝偻病、呆小病、脑积水等；前囟门饱满见于颅内高压性疾病，如婴儿脑膜炎、脑炎；前囟门凹陷见于脱水、极度消瘦儿。

头颅的大小异常或畸形可成为一些疾病的典型体征，临床常见者如下：

1. 小颅（microcephalia） 小儿囟门过早闭合可形成小头畸形，这种畸形同时伴有智力发育障碍。

2. 尖颅（oxycephaly） 亦称塔颅（tower skull），头顶部尖突高起，造成与颜面的比例异常，这是矢状缝与冠状缝过早闭合所致（图 5-2-2）。见于先天性疾病尖颅并指（趾）畸形（acrocephalosyndactylia），即 Apert 综合征。

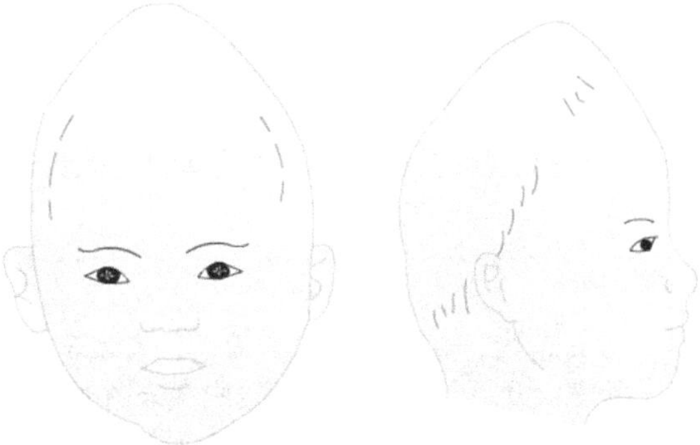

图 5-2-2 尖颅

图 5-2-3 方颅

3. 方颅（squared skull） 前额左右突出，头顶平坦呈方形，见于小儿佝偻病或先天性梅毒（图 5-2-3）。

4. 巨颅（large skull） 额、顶、颞及枕部突出膨大呈圆形，颈部静脉充盈，对比之下颜面很小。由于颅内压增高，压迫眼球，形成双目下视，巩膜外露的特殊表情，称落日现象（setting sun phenomenon），见于脑积水（图 5-2-4）。

5. 长颅（dolichocephalia） 自颅顶至下颌部的长度明显增大，见于马方综合征及肢端肥大症。

6. 变形颅（deforming skull） 发生于中年人，以颅骨增大变形为特征，同时伴有长骨的骨质增厚与弯曲，见于变形性骨炎

(Paget 病)。

7. 扁头畸形(acrobrachycephaly) 指枕部明显扁平的头颅。多由小儿久平卧而致，也见于头小畸形及先天愚型。

头部的运动异常，一般视诊即可发现。头部活动受限，见于颈椎疾病；头部不随意地颤动，见于震颤麻痹(Parkinson 病)；与颈动脉搏动一致的点头运动，称 Musset 征，见于严重主动脉瓣关闭不全。

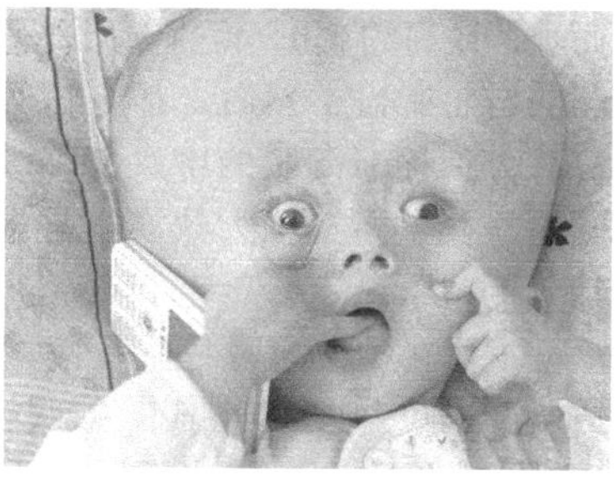

图 5-2-4 巨颅

案例 5-2-1 分析讨论(2)

头颅：病人头颅大小正常无畸形；头部运动无异常。

三、颜面及其器官

颜面(face)为头部前面不被头发遮盖的部分，除面部器官本身的疾病外，许多全身性疾病在面部及其器官上有特征性改变，检查面部及其器官对某些疾病的诊断具有重要意义。颜面部器官主要有眼、耳、鼻、口腔、咽喉及腮腺等。

(一)眉毛

注意观察眉毛有无稀疏、脱落。正常人眉毛的疏密不完全相同，一般内侧与中间部分比较浓密，外侧部分比较稀。外侧 1/3 眉毛过于稀疏或脱落，见于黏液水肿(甲减)、腺垂体功能减退、麻风病等。小片眉毛脱落可见于梅毒。

(二)眼

眼的检查包括四部分：视功能、外眼、眼前节和内眼。检查时应按由外向内，先右后左的顺序进行。检查眼外部时，在自然光或用手电筒斜照法进行；检查眼底时应在暗室内用检眼镜检查。

1. 视功能的检查 视功能包括视力、视野、色觉等检查。

(1)视力(visual acuity)：分为远视力和近视力，后者通常指阅读视力。其检测是采用通用国际标准视力表进行：

1)远距离视力表：病人距视力表 5m 远，分别两眼检查。一般先检查右眼，用干净的卡片或遮眼板盖于左眼前，但勿使眼球受压。嘱病人从上至下指出“E”字形视标开口的方向，记录所能看清的最小一行视力读数，即为该眼的远视力。能看清“1.0”行视标者为正常视力。在 1m 处不能辨认“0.1”行视标者，则改为“数手指”。让病人背光而立，护士任意伸出几个手指，嘱其说出手指的数目，记录为数指/距离(CF/cm)。手指移近眼前到 5cm 仍数不清，则改为用手指在病人眼前左右摆动，如能看到，记录为手动/距离(HM/cm)。不能看到眼前手动者，到暗室中用手电筒照被检眼，如能准确地看到光亮，记录为光感(LP)，不能者，记录为无光感。确定有光感后，还需分别检查视网膜各个部位的“光定位”。良好的光定位通常提示视网膜和视神经的功能是正常的；反之，则多提示视网膜和视神经的病变。

2)近距离视力表：在距视力表 33cm 处，能看清“1.0”行视标者为正常视力。视力检查可初步诊断是否有屈光不正(包括散光、近视、远视)和老视，或是否有器质性病变，如白内障、眼底病变等。

(2)视野(visual fields)：是当眼球向正前方固视不动时所见的空间范围，是周围视力，是检查黄斑中心凹以外的视网膜功能。手试对比检查法可粗略地测定视野。检查方法：病人与护士相对而坐，距离约 1m，检查右眼，则嘱其用手遮住左眼，右眼注视护士的左眼，此时，护士亦应将自己的右眼遮盖；然后，护士将其手指置于自己与病人中间，分别自上、下、左、右等不同的方位从外周逐渐向眼的中央部移动，嘱病人在发现手指时，立即示意。如病人能在各方向与护士同时看到手指，则大致属正常视野。若对比检查法结果异常或疑有视野缺失，可利用视野计作精确的视野测定。

视野在各方向均缩小者，称为向心性视野狭小。在视野内的视力缺失地区称为暗点。视野的左或右一半缺失，称为偏盲。双眼视野颞侧偏盲或象限偏盲，见于视交叉以后的中枢病变，单侧不规则的视野缺损见于视神经和视网膜病变。

（3）色觉（color sensation）：色觉的异常可分为色弱和色盲两种。色弱是对某种颜色的识别能力减低；色盲是对某种颜色的识别能力丧失。色盲又分先天性与后天性两种，先天性色盲是遗传性疾病，以红绿色盲最常见；后天性者多由视网膜病变、视神经萎缩和球后视神经炎引起。蓝黄色盲极为少见，全色盲更罕见。

色觉检查要在适宜的光线下进行，让病人在 50cm 距离处读出色盲表上的数字或图像，如 5～10 秒内不能读出表上的彩色数字或图像，则可按色盲表的说明判断为某种色盲或色弱。

2. 眼睑（eyelids） 分为上睑和下睑，检查时应观察病人眼睑有无红肿、水肿、淤血、硬结、瘢痕，睑缘有无内、外翻，睫毛生长方向如何，根部有无脓痂、溃疡，双侧睑裂是否对称，闭合功能是否正常等。常见异常如下：

（1）睑内翻（entropion）：由于瘢痕形成使睑缘向内翻转，见于沙眼。

（2）上睑下垂（ptosis）：双侧睑下垂见于先天性上睑下垂、重症肌无力；单侧上睑下垂见于蛛网膜下腔出血、白喉、脑脓肿、脑炎、外伤等引起的动眼神经麻痹（图 5-2-5）。

（3）眼睑闭合障碍：双侧眼睑闭合障碍可见于甲状腺功能亢进症，单侧闭合障碍见于面神经麻痹。

（4）眼睑水肿（blepharoedema）：眼睑皮下组织疏松，轻度或初发水肿常在眼睑表现出来，见于肾炎、慢性肝病、营养不良、贫血、血管神经性水肿等（图 5-2-6）。

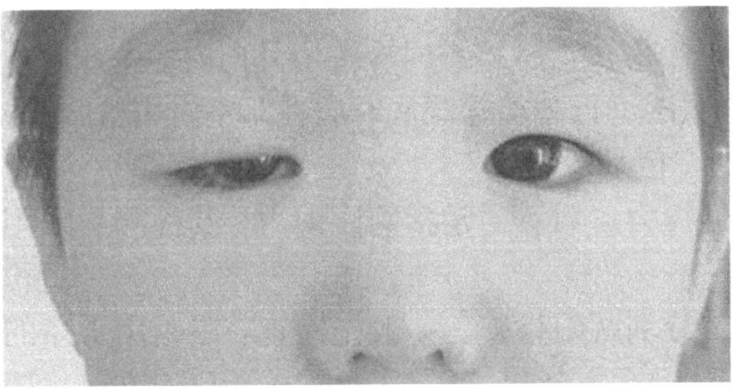

图 5-2-5 上睑下垂

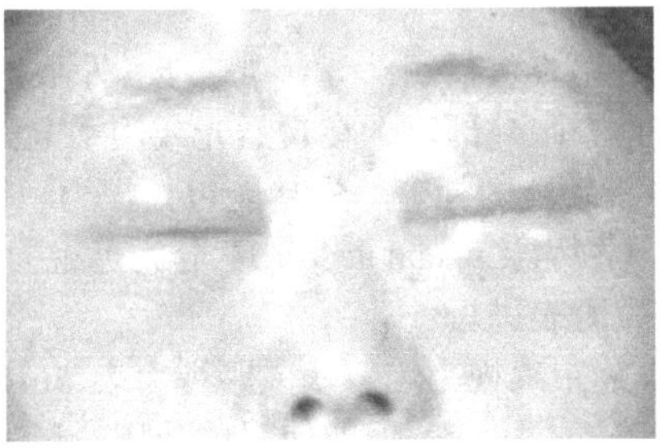

图 5-2-6 眼睑水肿

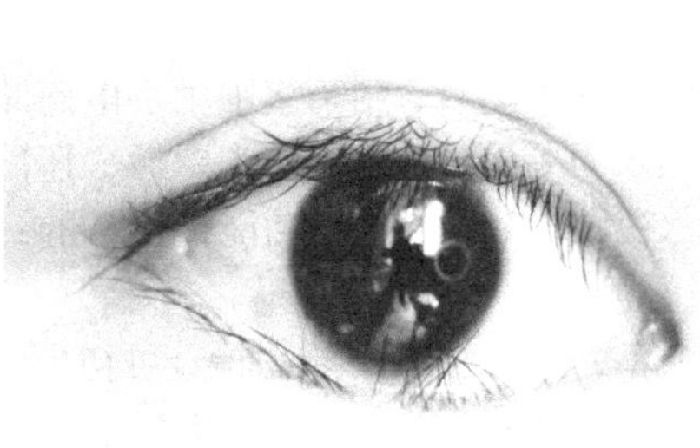

图 5-2-7 倒睫

（5）倒睫：病因可为沙眼、睑缘炎、外伤、烧伤导致睫毛囊瘢痕性收缩、睫毛乱生等（图 5-2-7）。

3. 结膜（conjunctiva） 分睑结膜、穹窿部结膜与球结膜三部分。检查上睑结膜时需翻转眼睑。护士用示指和拇指捏住上睑中外 1/3 交界处的边缘，嘱病人向下看，此时轻轻向前下方牵拉，然后示指向下压迫睑板上缘，并与拇指配合将睑缘向上捻转即可将眼睑翻开（图 5-2-8）。翻眼睑时动作要轻巧、柔和，以免引起病人的痛苦和流泪。检查后，轻轻向前下牵拉上睑，同时嘱病人往上看，即可使眼睑恢复正常位置。正常睑结膜为粉红色。结膜常见的改变：充血时黏膜发红可见血管充盈，见于结膜炎（图 5-2-9）、角膜炎；颗粒与滤泡见于沙眼；结膜苍白见于贫血（图 5-2-10）；结膜发黄见于黄疸；若有多少不等散在的出血点时，可见于感染性心内膜炎，如伴充血、分泌物，见于急性结膜炎；若有大片的结膜下出血，可见于高血压、动脉硬化。

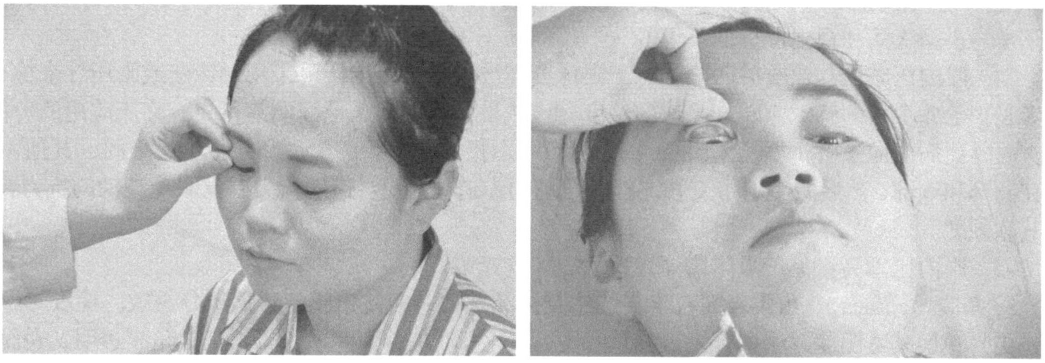

图 5-2-8 上睑结膜检查

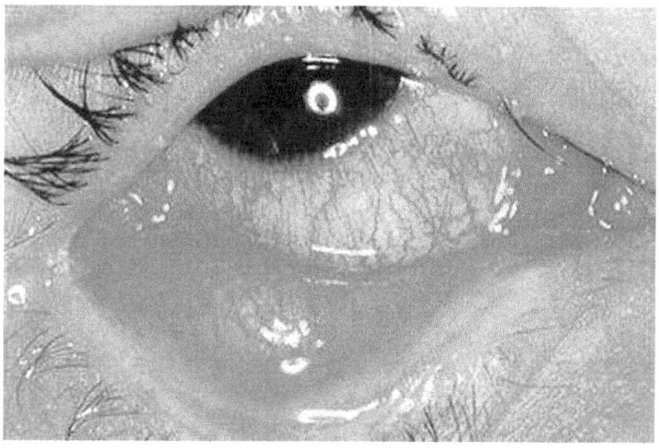

图 5-2-9 结膜炎

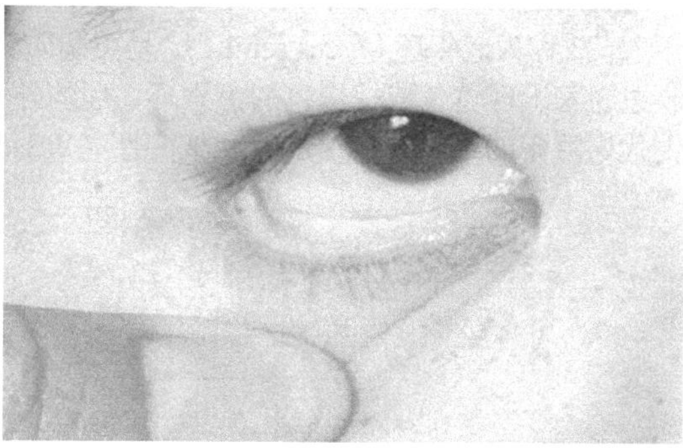

图 5-2-10 结膜苍白

4. 眼球（eyeball） 检查时注意眼球的外形与运动。正常人双侧眼球对称，无突出或凹陷。检查眼球运动时，护士将示指置于病人眼前 30～40cm 处，嘱病人固定头位，眼球随示指方向移动，一般按左→左上→左下，右→右上→右下 6 个方向的顺序进行，每做完一个方向，护士示指均要回复到原来的位置，每一方向代表双眼的一对配偶肌的功能，若有某一方向运动受限提示该对配偶肌功能障碍。常见的眼球异常表现有：

（1）眼球突出（exophthalmos）：双侧眼球突出见于甲状腺功能亢进症（图 5-2-11）。病人除突眼外还有以下眼征：①Stellwag 征，瞬目（即眨眼）减少；②Graefe 征，眼球下转时上睑不能相应下垂；③Mobius 征，表现为集合运动减弱，即目标由远处逐渐移近眼球时，两侧眼球不能适度内聚；④Joffroy 征，上视时无额纹出现。

单侧眼球突出，多由于局部炎症或眶内占位性病变所致，偶见于颅内病变。

（2）眼球下陷（enophthalmos）：双侧下陷见于严重脱水，老年人由于眶内脂肪萎缩亦有双眼眼球后退；单侧下陷，见于 Horner 综合征和眶尖骨折。

（3）眼球运动异常：眼球运动受动眼、滑车、展 3

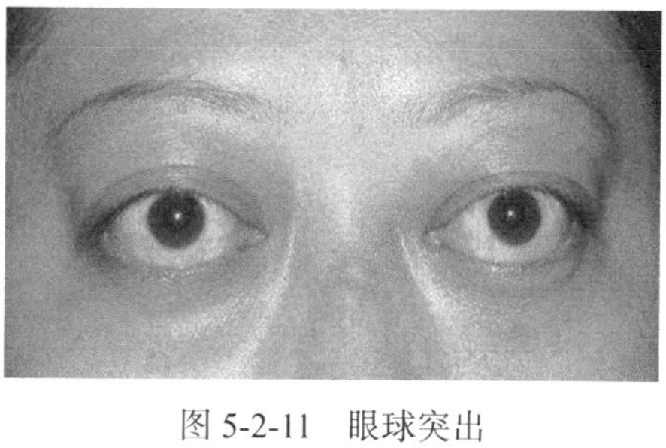

图 5-2-11 眼球突出

对脑神经支配，当支配眼球运动的神经麻痹时，眼球运动障碍伴复视（diplopia）。由支配眼肌运动的神经核、神经或眼外肌本身器质性病变所产生的斜视，称为麻痹性斜视（paralytic squint），多由颅脑外伤、鼻咽癌、脑炎、脑膜炎、脑脓肿、脑血管病变所引起。

双侧眼球发生一系列有规律的快速往返运动，称为眼球震颤（nystagmus）。检查方法：嘱病人眼球随护士示指所示方向（水平和垂直）运动数次，观察是否出现震颤。自发的眼球震颤见于耳源性眩晕、小脑疾病和视力严重低下等。

（4）眼内压减低：双眼球凹陷，见于眼球萎缩或脱水。眼内压可采用触诊法或眼压计来检查。前者是护士凭手指的感觉判断其眼球的硬度，该法虽不够准确，但简便易行，有临床应用的价值。检查时，让病人向下看（不能闭眼），护士用双手示指放在上睑的眉弓和睑板上缘之间，其他手指放在额部和颊部，然后两手示指交替地轻压眼球的赤道部，便可借助指尖感觉眼球波动的抗力，判断其软硬度。

（5）眼内压增高：见于眼压增高性疾病，如青光眼。

5. 角膜（cornea） 角膜表面有丰富的感觉神经末梢，因此角膜的感觉十分灵敏。检查时用斜照光更易观察其透明度，注意有无云翳、白斑、软化、溃疡、新生血管等。正常角膜透明，表面光滑、湿润、无血管。云翳与白斑如发生在角膜的瞳孔部位可以引起不同程度的视力障碍；角膜周边的血管增生可能为严重沙眼所造成。

角膜软化见于婴幼儿营养不良、维生素 A 缺乏等。角膜边缘及周围出现灰白色混浊环，多见于老年人，故称为老年环（arcus senilis），是类脂质沉着的结果，无自觉症状，不妨碍视力（图 5-2-12）。角膜边缘若出现黄色或棕褐色的色素环，环的外缘较清晰，内缘较模糊，称为 Kayser-Fleischer 环，是铜代谢障碍的结果，见于肝豆状核变性（Wilson 病）（图 5-2-13）。

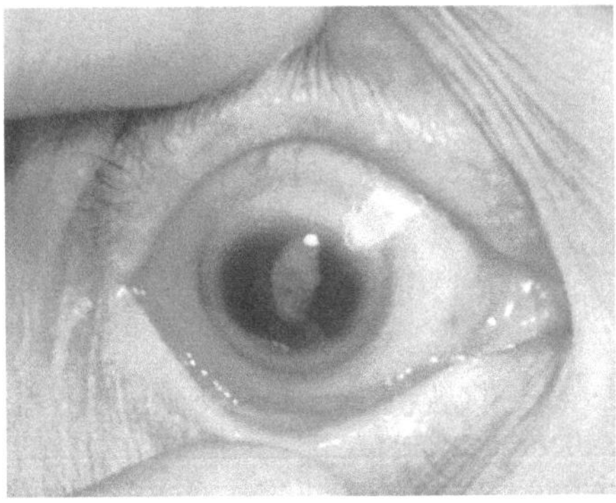

图 5-2-12　老年环

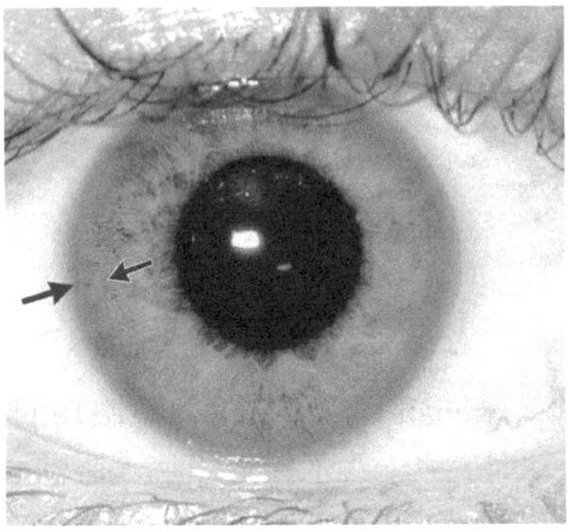

图 5-2-13　肝豆状核变性

6. 巩膜（sclera） 正常巩膜呈不透明瓷白色。在发生黄疸时，巩膜比其他黏膜更先出现黄染。中年以后在内眦部可出现黄色斑块，为脂肪沉着所形成，这种斑块呈不均匀性分布，应与黄疸鉴别。血液中其他黄色色素成分增多时（如胡萝卜素、阿的平等），也可引起巩膜黄染。

7. 虹膜（iris） 是眼球葡萄膜的最前部分，中央有圆形孔洞即瞳孔，虹膜内有瞳孔括约肌与扩大肌，能调节瞳孔的大小。正常虹膜纹理近瞳孔部分呈放射状排列，周边呈环形排列。纹理模糊或消失见于虹膜炎症、水肿和萎缩。形态异常或有裂孔，见于虹膜后粘连、外伤、先天性虹膜缺损等。

8. 瞳孔（pupil） 是虹膜中央的孔洞。检查时应注意瞳孔的形状、大小、位置，双侧是否等圆、等大，对光及集合反射等。

（1）瞳孔的形状与大小：正常为圆形，直径为 2～5mm，双侧等大。瞳孔形状与大小异常包括：①形状改变，青光眼或眼内肿瘤时可呈椭圆形，虹膜粘连时形状可不规则；②瞳孔缩小，见于虹膜炎症、中毒（有机磷类农药）、药物反应（毛果芸香碱、吗啡、氯丙嗪）等；③瞳孔扩大，见于外伤、颈交感神经刺激、青光眼绝对期、视神经萎缩、药物影响（阿托品、可卡因）等；④双侧瞳孔大小不等，常提示有颅内病变，如脑外伤、脑肿瘤、中枢神经梅毒、脑疝等。双侧瞳孔不等，且变化不定，可能是中枢神经和虹膜的神经支配障碍；如双侧瞳孔不等且伴有对光反射减弱或消失及神志不清，往往是中脑功能损害的表现。

（2）对光反射：是检查瞳孔功能活动的测验。直接对光反射，通常用手电筒直接照射瞳孔并观察其动态反应。正常人，当眼受到光线刺激后瞳孔立即缩小，移开光源后瞳孔迅速复原。间接对光反射是指光线照射一眼时，另一眼瞳孔立即缩小，移开光线，瞳孔扩大。检查间接对光反射时，应以一手挡住光线以免对检查眼受照射而形成直接对光反射（图 5-2-14）。瞳孔对光反射迟钝或消失，见于昏迷病人。双侧瞳孔散大并伴有对光反射消失为濒死状态的表现。

（3）集合反射：嘱病人注视 1m 以外的目标（通常是护士的示指尖），然后将目标逐渐移近眼球（距眼球 5～10cm），正常人此时可见双眼内聚，瞳孔缩小，称为集合反射（convergence reflex）（图 5-2-15）。动眼神经功能损害时，睫状肌和双眼内直肌麻痹，集合反射和调节反射均消失。

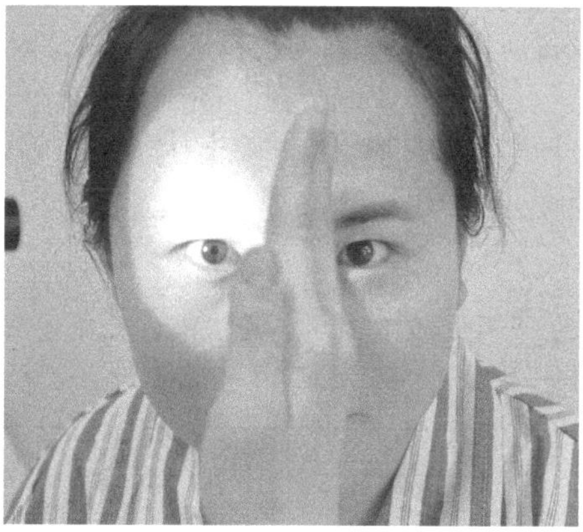

图 5-2-14 间接对光反射

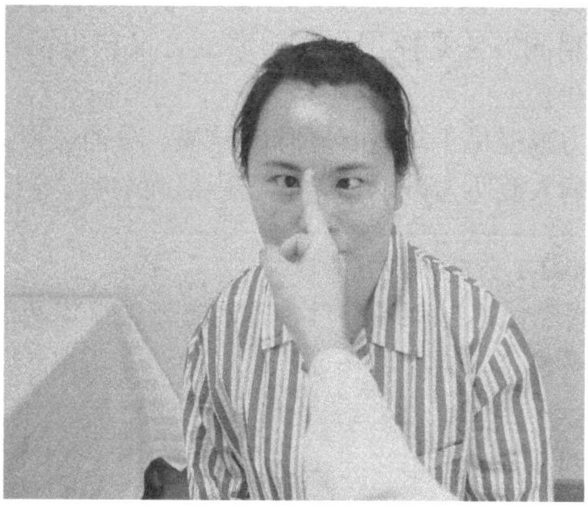

图 5-2-15 集合反射

9. 眼底检查 需借助检眼镜才能检查眼底。检查眼底主要观察的内容：视盘、视网膜血管、黄斑区、视网膜各象限，应注意视盘的颜色、边缘、大小、形状，视网膜有无出血和渗出物，动脉有无硬化等。正常眼底的视盘为卵圆形或圆形，边缘清楚，色淡红，颞侧较鼻侧稍淡，中央凹陷。动脉色鲜红，静脉色暗红，动、静脉管径的正常比例为 2∶3。

视盘病变常见于颅内肿瘤、脑脓肿、外伤性脑出血、脑膜炎、脑炎等引起的颅内压增高。许多全身性疾病可以引起眼底的改变。

案例 5-2-1 分析讨论（3）

眼：粗测病人视力未见异常，视野无缺损；眼睑皮肤颜色正常，无水肿、炎症、出血等；双眼睑无下垂，睑缘和眦部健康无分泌物，睫毛生长方向向外生长；结膜无充血、出血现象；双眼球各方向运动自如，无眼球震颤；双侧瞳孔等大等圆，直径约 3.0mm，直接、间接对光反射灵敏；角膜透明，巩膜瓷白色，无充血压痛，虹膜颜色正常，纹理清晰。

（三）耳

耳（ear）是听觉和平衡器官，分外耳、中耳和内耳三个部分。

1. 外耳

（1）耳郭（auricle）：注意耳郭的外形、大小、位置和对称性，是否有发育畸形、外伤瘢痕、红肿、瘘口、低垂耳等；观察是否有结节，痛风病人可在耳郭上触及痛性小结节，为尿酸钠沉着的结果。耳郭红肿并有局部发热和疼痛，见于感染。牵拉和触诊耳郭引起疼痛，常提示有炎症。

（2）外耳道（external auditory canal）：注意皮肤是否正常，有无溢液。如有黄色液体流出并有痒痛者为外耳道炎；外耳道内有局部红肿疼痛，并有耳郭牵拉痛则为疖肿。有脓液流出并有全身症状，则应考虑急性中耳炎。有血液或脑脊液流出则应考虑到颅底骨折。对耳鸣病人则应注意是否存在外耳道瘢痕狭窄、耵聍或异物堵塞。

2. 中耳 观察鼓膜是否穿孔，注意穿孔位置，如有溢脓并有恶臭，可能为胆脂瘤。

3. 乳突（mastoid） 乳突内腔与中耳道相连。正常人乳突表面皮肤无红肿，触诊无压痛。患化脓性中耳炎引流不畅时可蔓延为乳突炎，检查时可发现耳郭后方皮肤有红肿，乳突有明显压痛，有时可见瘘管。严重时，可继发耳源性脑脓肿或脑膜炎。

4. 听力（auditory acuity） 体格检查时可先用粗略的方法了解病人的听力，检测方法为：在静室内嘱病人闭目坐于椅子上，并用手指堵塞一侧耳道，护士持手表或以拇指与示指互相摩擦，自 1m 以外逐渐移近病人耳部，直到病人听到声音为止，测量距离，同样方法检查另一耳。比较两耳的测试结果并与护士（正常人）的听力进行对照。正常人一般在 1m 处可闻及机械表声或捻指声。精测方法是使用规定频率的音叉或电测听设备所进行的一系列较精确的测试，对明确诊断更有价值。

听力减退见于耳道有耵聍或异物、听神经损害、局部或全身血管硬化、中耳炎、耳硬化等。粗测发现病人有听力减退，则应进行精确的听力测试和其他相应的专科检查。

案例 5-2-1 分析讨论（4）

耳：病人双侧耳郭对称，无畸形、结节和触痛；外耳道皮肤正常，无溢液，乳突按压无疼痛；双侧听力粗测未见异常。

（四）鼻

鼻（nose）的检查包括外鼻的颜色和外形、鼻腔、鼻窦及其功能检查。

1. 颜色和外形 如鼻梁皮肤出现黑褐色斑点或斑片为日晒后或其他原因所致的色素沉着，如黑热病、慢性肝脏疾病等。如鼻梁部皮肤出现红色斑块，病损处高起皮面并向两侧面颊部扩展，见于系统性红斑狼疮（图 5-2-16）。如发红的皮肤损害主要在鼻尖和鼻翼，并有毛细血管扩张和组织肥厚，见于酒渣鼻（图 5-2-17）。凡鼻外伤引起鼻出血病人都应仔细检查有无鼻骨或软骨的骨折或移位。鼻腔完全堵塞、外界变形、鼻梁宽平如蛙状，称为蛙状鼻，见于肥大的鼻息肉病人。鞍鼻（saddle nose）是由于鼻骨破坏、鼻梁塌陷所致，见于鼻骨折、鼻骨发育不良、先天性梅毒和麻风病。

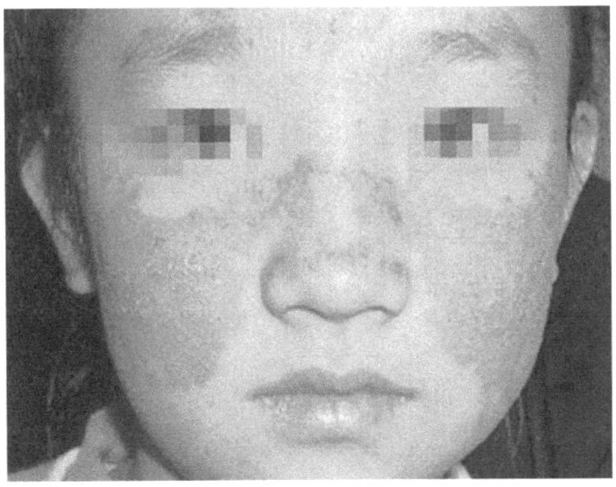

图 5-2-16 系统性红斑狼疮的蝶形红斑

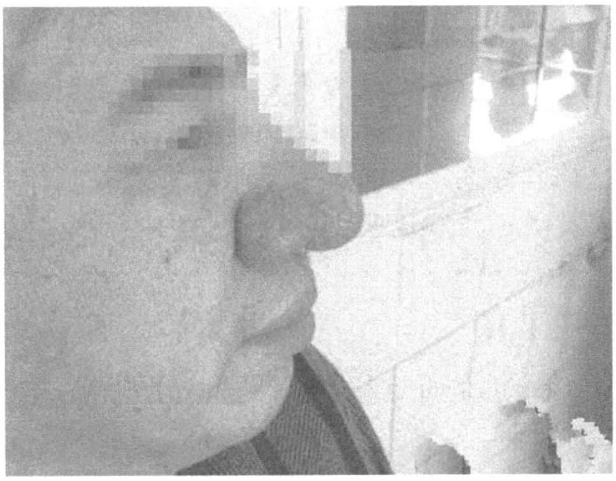

图 5-2-17 酒渣鼻

2. 鼻翼扇动（nasal ale flap） 吸气时鼻孔张大，呼气时鼻孔回缩，见于伴有呼吸困难的高热性疾病（如大叶性肺炎）、支气管哮喘和心源性哮喘发作时。

3. 鼻中隔 正常成人的鼻中隔很少完全正中，多数稍有偏曲，如有明显的偏曲，并产生呼吸障碍，称为鼻中隔偏曲，严重的高位偏曲可压迫鼻甲，引起神经性头痛，也可因偏曲部骨质刺激黏膜而引起出血。鼻中隔出现孔洞称为鼻中隔穿孔，病人可听到鼻腔中有哨声，检查时用小型手电筒照射一侧鼻孔，可见对侧有亮光透入。穿孔多为鼻腔慢性炎症、外伤等引起。

4. 鼻出血（epistaxis） 多为单侧，见于外伤、鼻腔感染、局部血管损伤、鼻咽癌、鼻中隔偏曲等。双侧出血则多由全身性疾病引起，如某些发热性传染病（流行性出血热、伤寒等）、血液系统疾病（血小板减少性紫癜、再生障碍性贫血、白血病、血友病）、高血压、肝脏疾病、维生素 C 或 D 缺乏等。妇女如发生周期性鼻出血则应考虑到子宫内膜异位症。

5. 鼻腔黏膜 急性鼻黏膜肿胀多为炎症充血所致，伴有鼻塞和流涕，见于急性鼻炎。慢性鼻黏膜肿胀多为黏膜组织肥厚，见于各种因素引起的慢性鼻炎。鼻黏膜萎缩、鼻腔分泌物减少、鼻甲缩小、鼻腔宽大、嗅觉减退或丧失，见于慢性萎缩性鼻炎。

6. 鼻腔分泌物 鼻腔黏膜受到各种刺激时会产生过多的分泌物。清稀无色的分泌物为卡他性炎症，黏稠发黄或发绿的分泌物为鼻或鼻窦的化脓性炎症所引起。

7. 鼻窦（sinus nasalis） 鼻窦为鼻腔周围含气的骨质空腔，共四对，都有窦口与鼻腔相通，当引流不畅时容易发生炎症。鼻窦炎时出现鼻塞、流涕、头痛和鼻窦压痛。

各鼻窦区压痛检查法如下。

（1）额窦：一手扶持病人枕部，用另一拇指或示指置于眼眶上缘内侧用力向后向上按压。或以两手固定头部，双手拇指置于眼眶上缘内侧向后、向上按压，询问有无压痛，两侧有无差异（图 5-2-18）。

（2）筛窦：双手固定病人两侧耳后，双侧拇指分别置于鼻根部与眼内眦之间向后方按压，询问有无压痛（图 5-2-19）。

（3）上颌窦：护士双手固定于病人的两侧耳后，将拇指分别置于左右颧部向后按压，询问有无压痛，并比较两侧压痛有无区别（图 5-2-20）。

（4）蝶窦：因解剖位置较深，不能在体表进行检查。

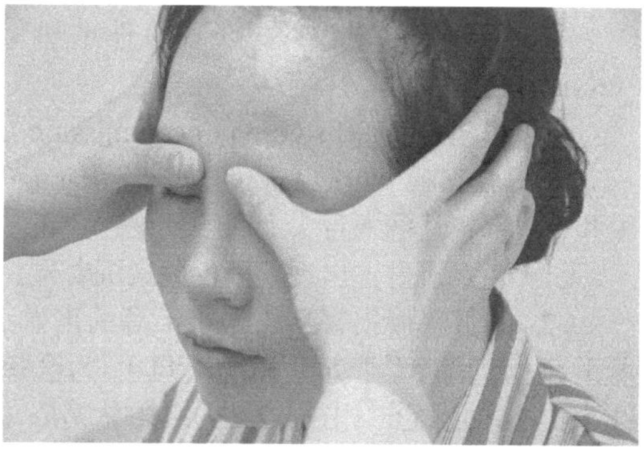

图 5-2-18 额窦检查

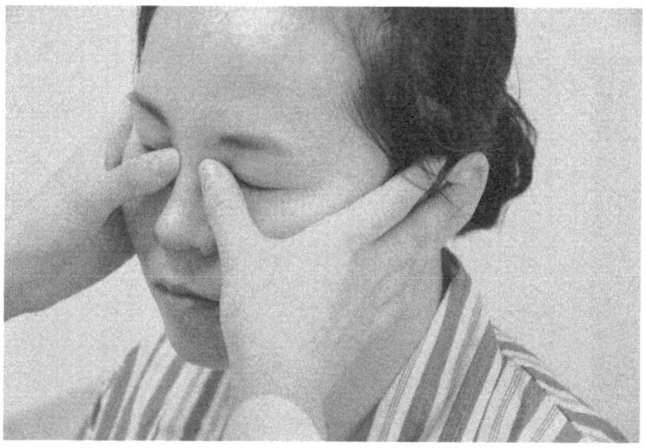

图 5-2-19 筛窦检查

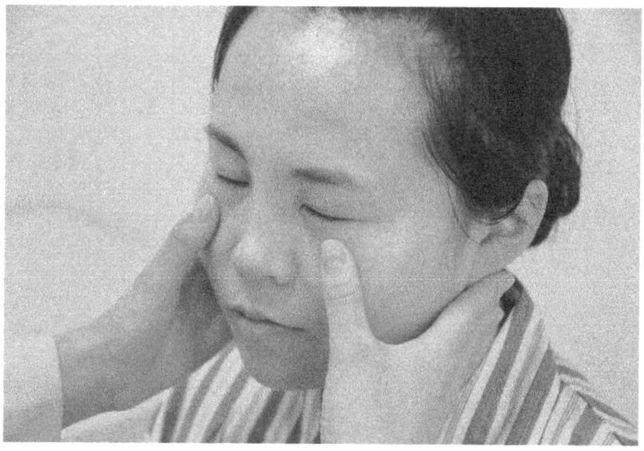

图 5-2-20 上颌窦检查

案例 5-2-1 分析讨论（5）

鼻：病人外形正常，无鼻翼扇动；鼻部皮肤无明显变化；鼻中隔无偏曲；鼻腔黏膜红润无肿胀，无鼻血；鼻窦去无压痛。

（五）口

口（mouth）的检查包括口唇、口腔内器官和组织及口腔气味等。

1. 口唇 检查时注意口唇颜色，有无口唇干燥皲裂、疱疹、口角糜烂或口角歪斜等。正常人口唇红润有光泽，常见的口唇异常改变如下：

（1）颜色改变：口唇苍白见于贫血、虚脱、主动脉瓣关闭不全等；口唇颜色深红见于急性发热性疾病；口唇发绀为心肺功能不全、缺氧所致；口唇有红色斑片，加压即退色，见于遗传性毛细血管扩张症。

（2）干燥并有皲裂：见于严重脱水病人。

（3）口唇疱疹（herpes labialis）：为口唇黏膜与皮肤交界处发生的成簇的小水疱，半透明，初发时有痒或刺激感，随后出现疼痛，1 周左右即结棕色痂，愈后不留瘢痕，多为单纯疱疹病毒感染所引起，常伴发于大叶性肺炎、感冒、流行性脑脊髓膜炎、疟疾等。

（4）唇裂：为先天性发育畸形。

（5）口唇突然发生非炎症性、无痛性肿胀：见于血管神经性水肿。

（6）口角糜烂：见于核黄素缺乏症。

（7）口唇肥厚增大：见于黏液性水肿（myxedema）、肢端肥大症（acromegaly）及呆小病（cretinism）等。

（8）口角歪斜（distortion of commissure）：见于面神经瘫痪或脑血管意外。

2. 口腔黏膜 口腔黏膜的检查应在充分的自然光线下进行，也可用手电筒照明，检查口底黏膜和舌底部，让病人舌头上翘触及硬腭。正常口腔黏膜光洁呈粉红色。常见的病变如下：

（1）色素沉着：出现蓝黑色色素沉着斑片多为肾上腺皮质功能减退症（Addison 病）。

（2）口腔黏膜损害：①大小不等的出血点或瘀斑，可能为各种出血性疾病或维生素 C 缺乏所引起；②麻疹黏膜斑（Koplik 斑），为麻疹的早期特征，在相当于第二磨牙的颊黏膜处出现帽针头大小白色斑点（图 5-2-21）；③黏膜疹（enanthema），黏膜充血、肿胀并伴有小出血点，多为对称性，见于猩红热、风疹和某些药物中毒；④黏膜溃疡，可见于口腔炎症；⑤鹅口疮，为白念珠菌感染（图 5-2-22），多见于衰弱的病儿或老年病人，也可出现于长期使用广谱抗生素和抗癌药之后。

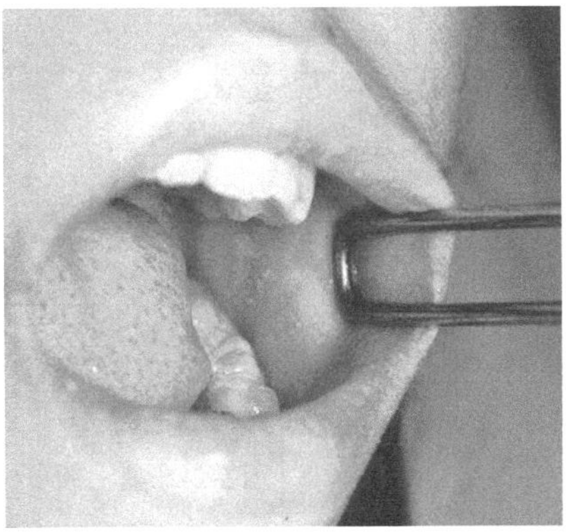

图 5-2-21 麻疹黏膜斑

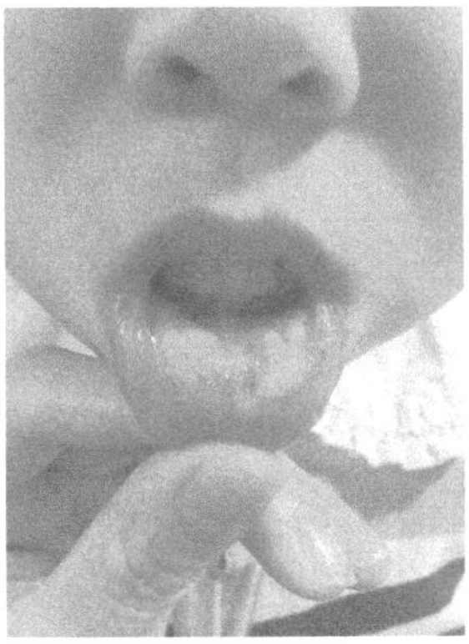

图 5-2-22 鹅口疮

3. 牙（teeth） 应注意有无龋齿、残根、缺牙和义齿等。如发现牙疾病，应按下列格式标明所在部位：

	右	左
上	8 7 6 5 4 3 2 1	1 2 3 4 5 6 7 8
下	8 7 6 5 4 3 2 1	1 2 3 4 5 6 7 8

1 中切牙；2 侧切牙；3 尖牙；4 第一前磨牙；5 第二前磨牙；6 第一磨牙；7 第二磨牙；8 第三磨牙。

如 $\dfrac{1|}{\;\;|}$ 为右上中切牙；$\dfrac{|\;\;}{|4}$ 为左下第一前磨牙。

牙的色泽与形状也具有临床诊断意义，正常牙齿呈白色，排列整齐，无龋齿、残根或缺牙。牙齿呈黄褐色称斑釉牙（图 5-2-23），为长期饮用含氟量过高的水所引起；牙齿呈灰棕色为四环素牙（图 5-2-24）；中切牙切缘呈月牙形凹陷且牙间隙分离过宽，称为 Hutchinson 齿（图 5-2-25），为先天性梅毒的重要体征之一，单纯牙间隙过宽见于肢端肥大症。

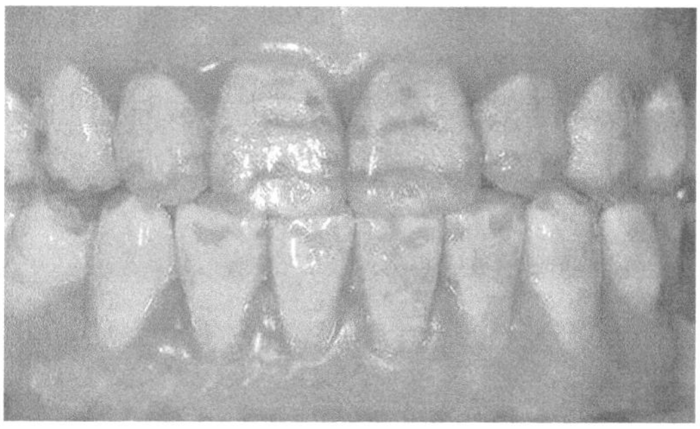

图 5-2-23 斑釉牙

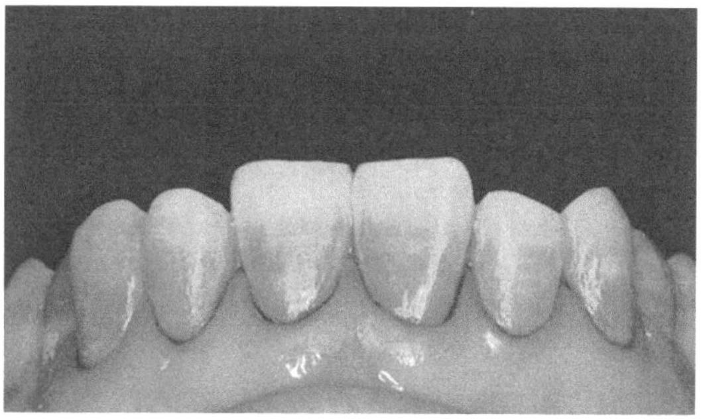

图 5-2-24 四环素牙

4. 牙龈（gum） 正常牙龈呈粉红色，质坚韧且与牙颈部紧密贴合，检查时经压迫无出血及溢脓。牙龈水肿见于慢性牙周炎，牙龈缘出血常为口腔内局部因素引起，如牙石等，也可由全身性疾病所致，如维生素 C 缺乏症、肝脏疾病或血液系统出血性疾病等。牙龈经挤压后有脓液溢出见于慢性牙周炎、牙龈瘘管等。牙龈的游离缘出现蓝灰色点线称为铅线（图 5-2-26），是铅中毒的特征。在铋、汞、砷等中毒时可出现类似的黑褐色点线状色素沉着。

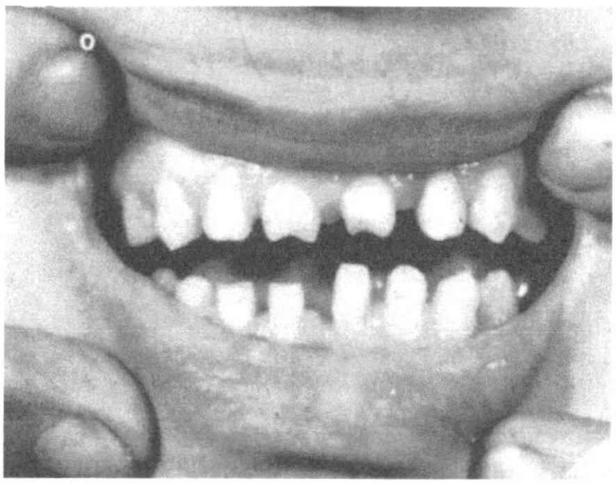

图 5-2-25 Hutchinson 齿

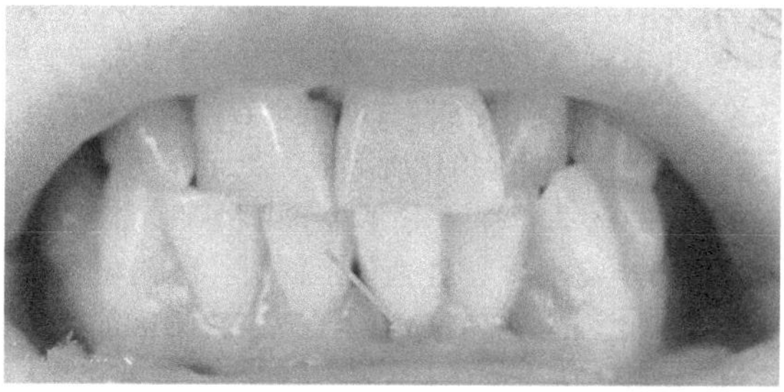

图 5-2-26 铅线

5. 舌（tongue） 许多局部或全身疾病均可使舌的感觉、运动与形态发生变化，这些变化往往能为临床提供重要的诊断依据。检查时嘱病人伸舌，舌尖翘起，左右侧移，以观察舌质、舌苔及舌

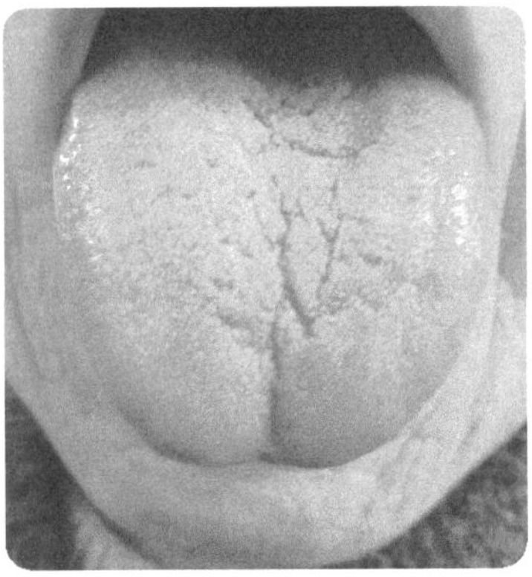

图 5-2-27　干燥舌

的运动状态。正常人舌质淡红，表面湿润，附有薄白苔，伸出居中，活动自如无颤动。舌常见的异常变化如下：

（1）干燥舌（dry tongue）：明显干燥见于鼻部疾病（可伴有张口呼吸、唾液缺乏）、大量吸烟、阿托品作用、放射治疗后等；严重的干燥舌可见舌体缩小，并有纵沟，见于严重脱水，可伴有皮肤弹性减退（图 5-2-27）。

（2）舌体增大：暂时性肿大见于舌炎、口腔炎、舌的蜂窝组织炎、脓肿、血肿、血管神经性水肿等。长时间的增大见于黏液性水肿、呆小病和先天愚型（Down 病）、舌肿瘤等。

（3）地图舌（geographic tongue）：舌面上出现黄色上皮细胞堆积而成的隆起部分，状如地图（图 5-2-28）。舌面的上皮隆起部分边缘不规则，存在时间不长，数日即可剥脱恢复正常，如再形成新的黄色隆起部分，称移行性舌炎（migratory glossitis），这种舌炎多不伴随其他病变，发生原因尚不明确，也可由核黄素缺乏引起。

（4）裂纹舌（wrinkled tongue）：舌面上出现横向裂纹，见于 Down 病与核黄素缺乏，后者有舌痛，纵向裂纹见于梅毒性舌炎。

（5）草莓舌（strawberry tongue）：舌乳头肿胀、发红类似草莓，见于猩红热或长期发热病人（图 5-2-29）。

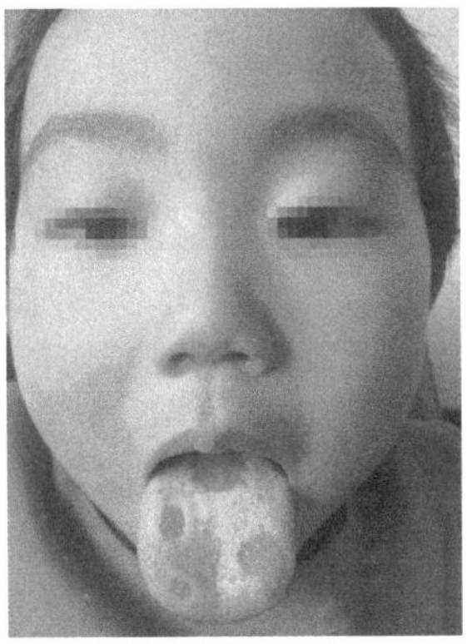

图 5-2-28　地图舌

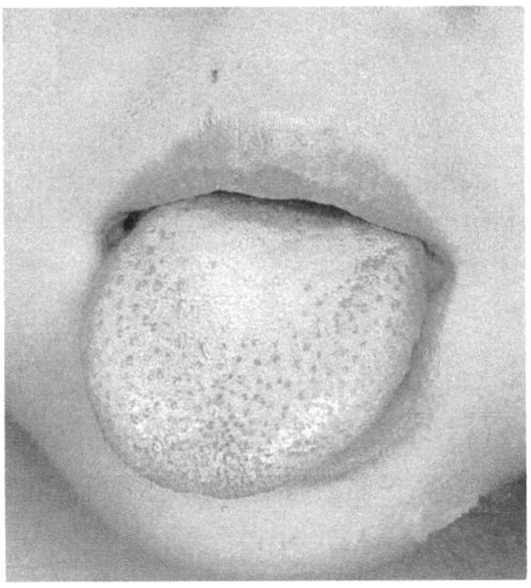

图 5-2-29　草莓舌

（6）牛肉舌（beefy tongue）：舌面绛红如生牛肉状，见于糙皮病（烟酸缺乏）。

（7）镜面舌：亦称光滑舌（smooth tongue），舌头萎缩，舌体较小，舌面光滑呈粉红色或红色，见于缺铁性贫血、恶性贫血及慢性萎缩性胃炎。

（8）毛舌：也称黑舌，舌面敷有黑色或黄褐色毛，故称毛舌（hairy tongue），此为丝状乳头缠绕了真菌丝及其上皮细胞角化所形成。见于久病衰弱或长期使用广谱抗生素（引起真菌生长）的病人。

（9）舌的运动异常：震颤见于甲状腺功能亢进症；偏斜见于舌下神经麻痹。

6. 咽部及扁桃体　咽部分为鼻咽、口咽和喉咽三个部分。

（1）鼻咽（nasal pharynx）：位于软腭平面之上、鼻腔的后方，在儿童时期这个部位淋巴组织丰富，称为腺状体或增殖体，青春期前后逐渐萎缩，如果过度肥大，可发生鼻塞、张口呼吸和语音单调。如一侧有血性分泌物和耳鸣、耳聋，应考虑早期鼻咽癌。

（2）口咽（oral pharynx）：位于软腭平面之上、会厌上缘的上方；前方直对口腔，软腭向下延续形成前后两层黏膜皱襞，前面的黏膜皱襞称为舌腭弓，后称为咽腭弓。扁桃体位于舌腭弓和咽腭弓之间的扁桃体窝中。咽腭弓的后方称咽后壁，一般咽部检查即指这个范围。

检查咽和扁桃体时，嘱病人取坐位，头略后仰，口张大并发“啊”音，此时护士用压舌板在舌的前 2/3 与后 1/3 交界处迅速下压，此时软腭上抬，在照明的配合下即可见软腭、腭垂、软腭弓、扁桃体、咽后壁等（图 5-2-30）。检查时应注意咽部颜色、对称性，有无充血、肿胀、分泌物及扁桃体的大小。正常人咽部无充血、红肿及黏液分泌增多，扁桃体不肿大。

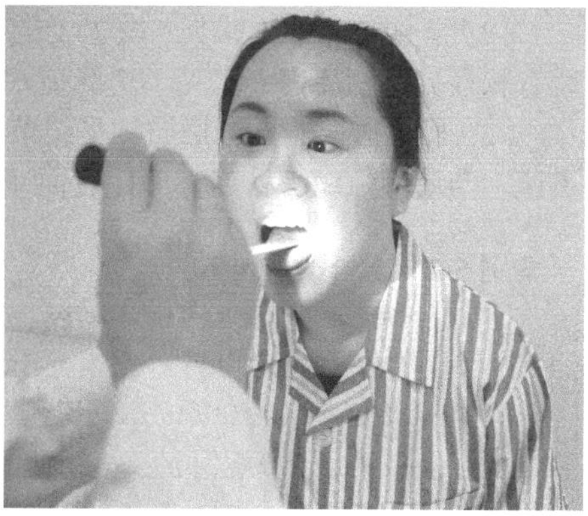

图 5-2-30　咽和扁桃体检查

检查时若发现咽部黏膜充血、红肿及黏膜腺分泌增多，多见于急性咽炎。若咽部黏膜充血、表面粗糙，并可见淋巴滤泡呈簇状增殖，见于慢性咽炎。扁桃体发炎时，腺体红肿、增大，在扁桃体隐窝内有黄白色分泌物，或渗出物形成的苔片状假膜，很易剥离，这点与咽白喉在扁桃体上所形成的假膜不同，白喉假膜不易剥离，若强行剥离则易引起出血。

扁桃体肿大一般分为三度（图 5-2-31）：不超过咽腭弓者为Ⅰ度；超过咽腭弓者为Ⅱ度；达到或超过咽后壁中线者为Ⅲ度。

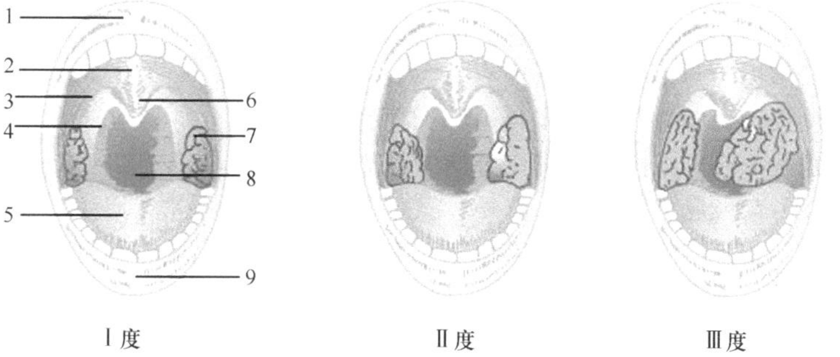

1. 上唇
2. 软腭
3. 舌腭弓
4. 咽腭弓
5. 舌
6. 悬雍垂
7. 扁桃体
8. 咽后壁
9. 下唇

图 5-2-31　扁桃体三度肿大分解图

（3）喉咽（laryngeal pharynx）：位于口咽之下，也称下咽部，其前方通喉腔，下端通食管，此部分的检查需用间接或直接喉镜才能进行。

7. 口腔的气味　健康人口腔无特殊气味，饮酒、吸烟的人可有烟酒味，如有特殊难闻的气味称为口臭，可由口腔局部、胃肠道或其他全身性疾病引起。常见的特殊气味的口臭有：①糖尿病酮症酸中毒病人可发生烂苹果味；②尿毒症病人可发出尿味，肝坏死病人口腔中有肝臭味；③肺脓肿病人呼吸时可发出组织坏死的臭味；④有机磷农药中毒的病人口腔中能闻到大蒜味。

8. 腮腺（parotid gland）　位于耳屏、下颌角、颧弓所构成的三角区内，正常腮腺体薄而软，触诊时摸不出腺体轮廓。腮腺肿大时可见到以耳垂为中心的隆起，并可触及边缘不明显的包块。腮腺导管位于颧骨下 1.5cm 处，横过嚼肌表面，开口相当于上颌第二磨牙对面的颊黏膜上。检查时应注意导管口有无分泌物。

腮腺肿大见于：

（1）急性流行性腮腺炎：腮腺迅速胀大，先为单侧，继而可累及对侧，检查时有压痛，急性期可能累及胰腺、睾丸或卵巢。腮腺导管结石时，腮腺肿大，进食时肿胀和疼痛加重。Mikulicz 综合征除腮腺肿大外，还同时有泪腺、颌下腺肿大，但皆为无痛性。

（2）急性化脓性腮腺炎：发生于抵抗力低下的重症病人，多为单侧性，检查时在导管口处加压后有脓性分泌物流出，多见于胃肠道术后及口腔卫生不良者。

（3）腮腺肿瘤：混合瘤质韧呈结节状，边界清楚，可有移动性；恶性肿瘤质硬、有痛感，发展迅速，与周围组织有粘连，可伴有面瘫。

案例 5-2-1 分析讨论（6）

口：口唇红色略干；口腔黏膜、牙龈呈粉红色；牙龈与牙颈紧密贴合；牙齿洁白坚固，排列整齐；舌淡红，薄白苔，舌体大小厚薄适中，伸舌居中，活动自如；咽腔无充血，口腔无特殊气味；腮腺正常，轮廓无法触得；腮腺导口无分泌物；扁桃体无肿大。

四、相关护理诊断

1. 体液不足 双侧眼球下陷/口唇干燥皲裂，与腹泻引起消化液丢失有关。

2. 体液过多 双侧眼睑水肿，与肾病综合征引起血浆清蛋白减少有关。

3. 急性意识障碍 瞳孔对光反射消失，与脑血管疾病有关。

4. 慢性意识障碍 与脑血管疾病有关。

5. 体像紊乱 口角歪斜，与脑血管疾病所致面瘫有关。

6. 牙齿受损 龋齿，与不良生活习惯有关。

7. 口腔黏膜受损 口腔黏膜溃疡，与口腔炎症有关。

8. 有跌倒的危险 视力下降，与白内障所致视力受损有关。

9. 疼痛 头痛，与颅脑外伤有关。

案例 5-2-1 分析讨论（7）

该病人可能存在的护理诊断：

1. 疼痛：头痛，与颅脑外伤有关。
2. 有体液不足的危险：口唇干燥，与脑水肿引起呕吐、饮食未进有关。

（周 媸）

第三节 颈部检查

案例 5-3-1

李某，女，40 岁。3 年前发现颈部肿物，近 6 个月突然增大。病人主诉颈部肿物逐渐增大，伴轻度气短。无心悸、多食、易饥感，二便正常。初步诊断：结节性甲状腺肿。

问题：

1. 请为该病人进行专科检查。
2. 该病人可能的护理诊断有哪些？

颈部的检查应在平静、自然的状态下进行，病人取舒适坐位，解开内衣，暴露颈部和肩部。如病人卧位，也应尽量充分暴露。检查时手法应轻柔，当怀疑颈椎有疾病时更应注意避免损伤。颈部评估时以视诊、触诊、听诊为主。检查内容包括颈部外形与运动、颈部皮肤与包块、颈部血管、甲状腺、气管。

一、颈部外形与运动

正常人颈部直立，两侧对称，伸屈、转动自如。瘦弱者较细长，矮胖者较粗短，男性甲状软骨较突出，女性则不显著，转头时可见胸锁乳突肌凸显。正常人在静坐时颈部血管不显露，检查时，头稍后仰，更易观察颈部有无包块、瘢痕和两侧是否对侧，同时，应注意颈部静态与动态时的改变。如头不能抬起，见于严重消耗性疾病的晚期、重症肌无力、脊髓前角细胞炎、进行性肌萎缩等。头部向一侧偏斜称为斜颈（torticollis），见于颈肌外伤、瘢痕收缩、先天性颈肌挛缩和斜颈。颈部运动受限并伴有疼痛，见于软组织炎症、颈肌扭伤、肥大性脊椎炎、颈椎结核或肿瘤等。颈部强直为脑膜受刺激的特征，见于各种脑膜炎、蛛网膜下腔出血等。

二、颈部皮肤与包块

1. 颈部皮肤　检查时应注意有无蜘蛛痣、疖、痈等局部感染灶及其他局限性或广泛性的病变，如瘢痕、神经性皮炎、银屑病等。

2. 颈部包块　检查时应注意包块的部位、数目、大小、质地、活动度、与邻近器官的关系和有无压痛等特点。如淋巴结肿大、质地不硬、有轻度压痛，考虑为非特异性淋巴结炎；如质地较硬，且伴有纵隔、胸腔或腹腔病变的症状或体征，则可能为恶性肿瘤的淋巴结转移；如有全身性、无痛性淋巴结肿大，则多为血液系统疾病。如颈部包块弹性大又无全身症状，则考虑囊肿的可能性大。此外，肿大的甲状腺和甲状腺来源的包块在做吞咽动作时可随吞咽上下移动，以此区别于颈部其他包块。

三、颈部血管

1. 颈静脉　正常人立位或坐位时颈外静脉不显露，平卧时可稍见充盈，充盈的水平仅限于锁骨上缘至下颌角距离的下 2/3 以内。坐位或半坐位（身体呈 45°）时，如颈静脉明显充盈、怒张或搏动，提示颈静脉压升高，见于右心衰竭、缩窄性心包炎、心包积液、上腔静脉阻塞综合征，以及胸腔、腹腔压力增加等情况。颈静脉搏动可见于三尖瓣关闭不全等。平卧位时若看不到颈静脉充盈，提示低血容量状态。

2. 颈动脉　正常人安静状态下不易看到颈部动脉搏动，只有在剧烈活动后心搏出量增加时可见，且很微弱。如在安静状态下出现颈动脉的明显搏动，则多见于主动脉瓣关闭不全、高血压、甲状腺功能亢进及严重贫血病人。触诊颈动脉搏动比较强劲，为膨胀性，搏动感明显。

听诊颈部血管时，病人取坐位，用钟型听诊器听诊，如发现异常杂音，应注意其部位、强度、性质、音调、传播方向和出现时间，以及病人姿势改变和呼吸等对杂音的影响。如在颈部大血管区听到血管性杂音，应考虑颈动脉或椎动脉狭窄，颈动脉狭窄的典型杂音起自颈动脉分叉部，并向下颌部传导，出现于收缩中期，呈吹风样高音调性质。这种杂音提示强劲的颈动脉血流和颈动脉粥样硬化狭窄，但也可见于健侧颈动脉，可能是代偿性血流增快的关系。若在锁骨上窝处听到杂音，则可能为锁骨下动脉狭窄，见于颈肋压迫。颈静脉杂音常出现于右侧颈下部，伴随着体位变化、转颈、呼吸等改变其性质，故与动脉杂音不同。如在右锁骨上窝听到低调、柔和、连续性杂音，则可能为颈静脉血流快速流入上腔静脉口径较宽的球部所产生，这种静脉音是生理性的，用手指压迫颈静脉后即可消失。

四、甲状腺

甲状腺（thyroid）位于甲状软骨下方及两侧（图 5-3-1），表面光滑，柔软不易触及。甲状腺检

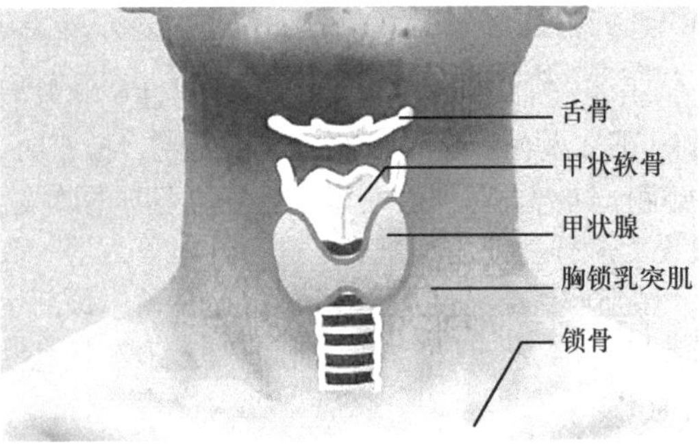

图 5-3-1 甲状腺位置图

查一般按视诊、触诊、听诊的顺序进行。

1. 视诊 观察甲状腺的大小和对称性。检查时嘱病人做吞咽动作,可见甲状腺随吞咽动作上下移动,如观察不明显,再嘱病人两手放于枕后,头向后仰,再进行观察。正常人甲状腺外观不突出,女性在青春发育期可略增大。

2. 触诊 较视诊更能明确甲状腺的轮廓及病变的性质。触诊时动作应轻柔,包括甲状腺峡部和甲状腺侧叶。

(1)甲状腺峡部:位于环状软骨下方第 2～4 气管环前面。护士站于病人前面用拇指或站于病人后面用示指从胸骨上切上触摸,可触及气管前软组织,判断有无增厚;同时,请病人吞咽,可感到此软组织在手指下滑动,判断有无增大和肿块。

(2)甲状腺侧叶

1)前面触诊:护士站于病人前面,一手拇指施压于一侧甲状软骨,将气管推向对侧,另一手示、中指在对侧胸锁乳突肌后缘向前推挤甲状腺侧叶,拇指在胸锁乳突肌前缘触诊,配合吞咽动作,重复检查,可触及被推挤的甲状腺(图 5-3-2)。用同样方法检查另一侧甲状腺。

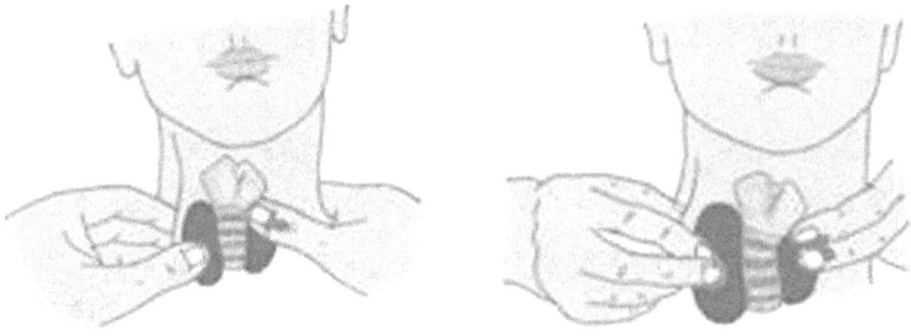

图 5-3-2 甲状腺触诊示意图

2)后面触诊:护士站于病人后面。一手示、中指施压于一侧甲状软骨,将气管推向对侧,另一手拇指在对侧胸锁乳突肌后缘向前推挤甲状腺,示、中指在其前缘触诊甲状腺。配合吞咽动作,重复检查。用同样方法检查另一侧甲状腺。

3. 听诊 当触到甲状腺肿大时,用钟型听诊器直接放在肿大的甲状腺上进行听诊,在甲状腺功能亢进者可听到低调的连续性静脉"嗡鸣"音;在弥漫性甲状腺肿伴甲状腺功能亢进者还可听到收缩期动脉杂音。

4. 甲状腺肿大的分度 甲状腺肿大可分为三度:不能看出肿大但能触及者为Ⅰ度;能看到肿大又能触及,但在胸锁乳突肌以内者为Ⅱ度;超过胸锁乳突肌外缘者为Ⅲ度。甲状腺肿大常见于甲状腺功能亢进、单纯性甲状腺肿、甲状腺癌、慢性淋巴性甲状腺炎(桥本甲状腺炎)、甲状旁腺腺瘤等。

甲状腺功能亢进表现为肿大的甲状腺质地柔软,触诊时可有震颤,可听到低调的连续性静脉"嗡鸣"音;单纯性甲状腺肿一般腺体肿大较突出,多为弥漫性,也可为结节性,不伴有甲状腺功能亢进;甲状腺癌触诊时包块不规则、质硬、可有结节感;桥本甲状腺炎一般甲状腺呈弥漫性或结节性肿大,由于肿大的炎性腺体可将颈总动脉推移向后方,触诊时可在腺体后缘摸到颈总动脉搏动,而甲状腺癌则往往将颈总动脉包绕在癌组织内,触诊时摸不到颈总动脉搏动,可借此进行鉴别;甲状旁腺瘤的病人,因为甲状旁腺位于甲状腺后方,腺瘤会使甲状腺突出,检查时也随吞咽移动,需结合甲状旁腺功能亢进的临床表现加以鉴别。

案例 5-3-1 分析讨论（1）

视诊：甲状腺Ⅱ度肿大。

触诊：甲状腺弥漫性肿大，可触及多个大小不等结节，质地软硬不一，无震颤，无压痛。颈部血管区无淋巴结肿大。

听诊：未闻及血管杂音。

五、气　管

正常人气管居于颈前正中部。检查时嘱病人取舒适坐位或仰卧位，使颈部处于自然直立状态，护士用示指与环指分别置于两侧胸锁关节上，然后将中指置于气管之上，观察中指是否在示指与环指中间，根据两侧间隙判断气管是否移位（图 5-3-3）。当一侧胸腔积液、积气、纵隔肿瘤及单侧甲状腺肿大时，气管向健侧移位；而肺不张、肺纤维化、胸膜增厚粘连时，气管向患侧移位。此外，主动脉弓动脉瘤时，由于心脏收缩时瘤体膨大将气管压向后下，因而每随心脏搏动可以触及气管的向下拽动，称为 Oliver 征。

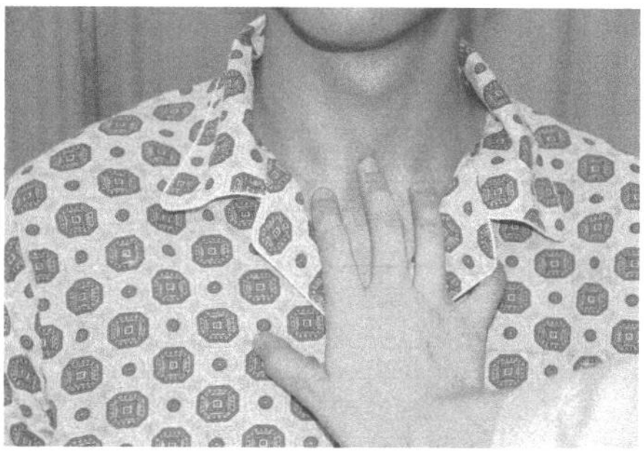

图 5-3-3　气管检查

六、相关护理诊断

1. 自我形象紊乱　斜颈，与颈部肌肉受损有关。

2. 体液过多　颈静脉怒张，与右心功能不全所致体循环淤血有关。

3. 体液不足　平卧位时不能看到颈静脉充盈，与低血容量有关。

案例 5-3-1 分析讨论（2）

该病人可能存在的护理诊断：

1. 呼吸困难：与肿物压迫气管有关。
2. 焦虑：与结节性病变担心癌变有关。
3. 自我形象紊乱：与病人弥漫性肿物导致的颈部粗大有关。
4. 潜在并发症：囊肿出血、癌变。

（王　娟）

第四节　胸部与肺脏检查

胸部（chest）是指颈部以下和腹部以上的区域。由胸骨、肋骨和脊柱共同组成骨性支架，并与皮肤、肌肉和胸膜共同构成胸廓。胸廓与横膈围成胸腔，胸腔分为两侧部和中间部，侧部容纳左右胸腔和肺，中间部由纵隔占据，内容包括心包、心脏、出入心脏的大血管、气管、食管、胸导管、胸腺及神经、淋巴管和淋巴结等。胸部检查的目的是判断胸腔脏器的生理和病理状态，其中胸壁和胸廓的检查主要经视诊和触诊来完成，肺的检查则需按照视诊、触诊、叩诊、听诊的顺序进行。胸部检查应尽量暴露整个胸部，病人一般取坐位，也可取卧位，根据需要也可取特殊体位。总的顺序为从前胸部开始到侧胸部，最后检查背部。检查过程中应尽量减少变动病人体位的次数，以减轻其痛苦和避免劳累。

一、胸部的体表标志

为了准确地描述胸壁及胸腔内脏器及其病变所在部位和范围,常借助于体表自然标志及人工划线和分区。胸部的体表标志主要包括骨骼标志、自然陷窝及人工划线和分区。

(一)骨骼标志

胸廓由 12 个胸椎、12 对肋骨、2 个锁骨和胸骨构成,其骨骼标志见图 5-4-1、图 5-4-2。

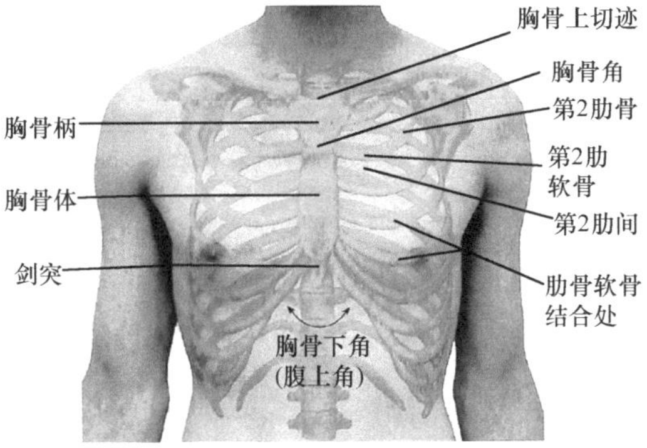

图 5-4-1 胸部骨骼正面示意图

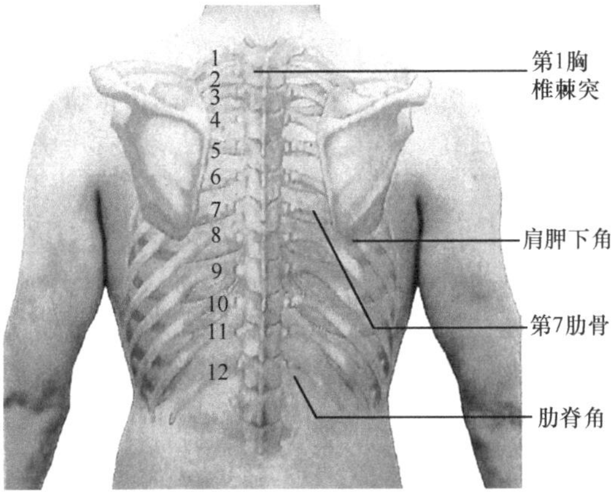

图 5-4-2 胸部骨骼背面示意图

1. 胸骨上切迹(suprasternal notch) 指胸骨柄上方边缘。正常情况下气管位于切迹正中。

2. 胸骨柄(manubrium sterni) 为胸骨上端略呈六角形的骨块,其上部两侧与左右锁骨的胸骨端相连接,下方则与胸骨体相连。

3. 胸骨角(sternal angle) 又称 Louis 角,由胸骨柄与胸骨体的连接处向前突起而成,其两侧分别与左右第 2 肋软骨连接,是计数肋骨和肋间隙顺序的主要标志。胸骨角还是支气管分叉、心房上缘和上下纵隔交界的标志。胸骨角相当于第 5 胸椎的水平。

4. 剑突(xiphoid process) 为胸骨体下端的突出部分,呈三角形,其底部与胸骨体相连。正常人剑突长短存在较大的个体差异。

5. 锁骨(clavicle) 位于前胸部上方两侧,内端与胸骨柄相连,外端终止于肩锁关节。

6. 肋骨(rib) 共 12 对。第 1~7 肋骨在前胸部与各自的肋软骨连接,第 8~10 肋骨的肋软骨联合在一起与胸骨相连,构成胸廓的骨性支架,第 11~12 肋骨不与胸骨相连,其前端为游离缘,称为浮肋(free ribs)。肋骨于背部与相应胸椎相连,由后上方向前下方倾斜,其倾斜度上方略小,下方稍大。大多数肋骨可在胸壁上触及,但第 1 对肋骨前部因与锁骨相重叠,故不能触到。

7. 肋间隙(intercostal space) 为两个肋骨之间的空隙。第 1 肋骨下面的间隙为第 1 肋间隙,第 2 肋骨下面的间隙为第 2 肋间隙,其他依此类推。

8. 腹上角(epigastric angle) 又称胸骨下角(infrasternal angle),为左右肋弓在胸骨下端会合处所形成的夹角,相当于横膈的穹窿部。腹上角正常为 70°~110°,体型瘦长者角度较小,矮胖者较大,深吸气时可稍增宽;其后为肝左叶、胃及胰腺的所在区域。

9. 肩胛骨(scapula) 位于后胸壁第 2~8 肋骨之间。肩胛冈及其肩峰端均易触及,肩胛骨的最下端称为肩胛下角。被检查者取直立位双上肢自然下垂时,肩胛下角可作为第 7 肋骨水平的标志,或相当于第 8 胸椎的水平。此可作为后胸部计数肋骨的标志。

10. 脊柱(spine) 位于背部正中,以第 7 颈椎棘突最为突出,低头时更明显,其下为胸椎的起点。

11. 脊柱棘突（spinous process） 是后正中线的标志，以第 7 颈椎棘突最为突出，其下为第 1 胸椎，常以此作为计数胸椎的标志。

12. 肋脊角（costal spinal angle） 为背部第 12 肋骨与脊柱所构成的夹角。肾、输尿管的上端即位于此角的内部。

胸壁的垂直定位大都以肋骨和肋间隙为标志。前肋一般根据胸骨角定位第 2 肋软骨，然后依此类推。后肋可以根据第 7 颈椎棘突、肩胛角或第 12 肋计数。

（二）自然限窝与解剖区域

胸部有 4 个自然限窝和 3 个解剖区域。

1. 胸骨上窝（suprasternal fossa） 胸骨柄上方的凹陷部，正常气管位于其后。

2. 锁骨上窝（supraclavicular fossa）（左、右） 锁骨上方的凹陷部，相当于双肺尖的上部。

3. 锁骨下窝（infraclavicular fossa）（左、右） 为锁骨下方的凹陷部，下界为第 3 肋下缘。为双肺上叶肺尖的下部所在部位。

4. 腋窝（axillary fossa）（左、右） 上肢内侧与胸壁相连的凹陷部。

5. 肩胛上区（suprascapular region）（左、右）肩胛冈以上的区域，斜方肌的上缘为其外上界。

6. 肩胛下区（infrascapular region）（左、右） 两肩胛下角的连线与第 12 胸椎水平线之间的区域，后正中线将其分为左、右两部分。

7. 肩胛区（scapular region）（左、右） 为肩胛冈以下、肩胛下角以上、肩胛骨内缘以外的区域，后正中线将此区分为左、右两部分。

8. 肩胛间区（interscapular region）（左、右） 为两肩胛骨内缘之间的区域，以后正中线为界，分为左、右两部。

（三）垂直线标志

自前胸部、侧胸部到后胸部，共有 9 条人工划线（图 5-4-3～图 5-4-5）。

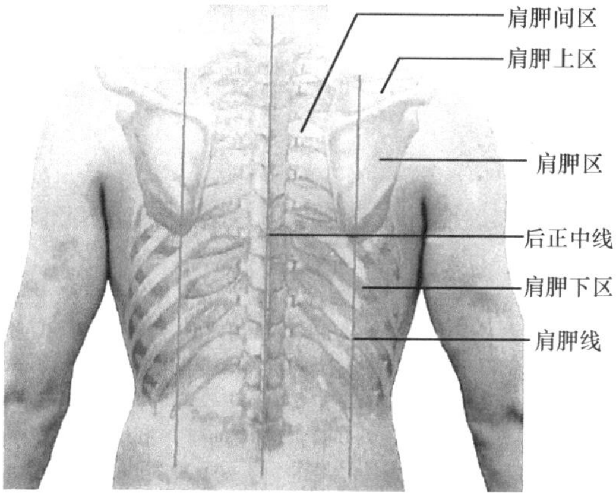

图 5-4-3 胸部体表分区与标线（背面观）

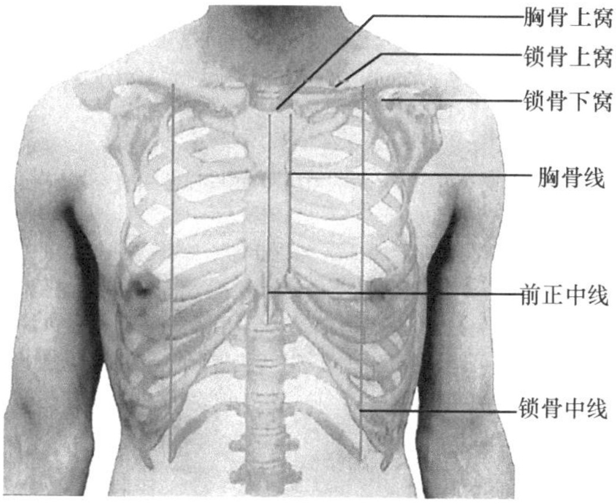

图 5-4-4 胸部体表标线与分区（正面观）

1. 前正中线（anterior midline） 即胸骨中线，为通过胸骨正中的垂直线，即其上端位于胸骨柄上缘的中点，向下通过剑突中央的垂直线。

2. 胸骨线（sternal line）（左、右） 为沿胸骨边缘与前正中线平行的垂直线。

3. 锁骨中线（midclavicular line）（左、右） 为通过锁骨的肩峰端与胸骨端两者中点的垂直线，即通过锁骨中点向下的垂直线，此线与前正中线平行。

4. 腋前线（anterior axillary line）（左、右） 为通过腋窝前皱襞沿前侧胸壁向下的垂直线。

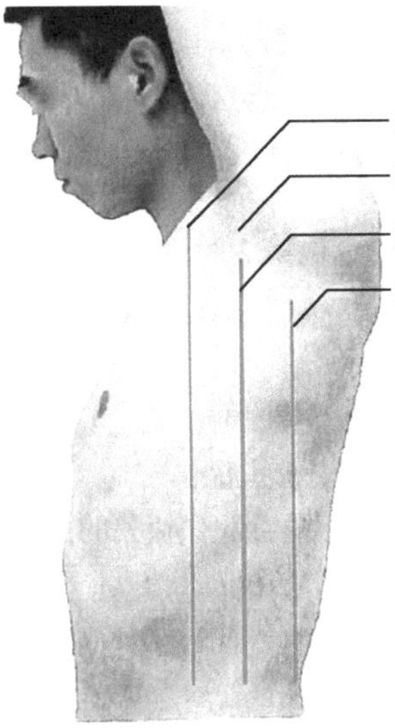

图 5-4-5 胸部体表标线与分区（侧面观）

5. 腋后线（posterior axillary line）（左、右） 为通过腋窝后皱襞沿后侧胸壁向下的垂直线。

6. 腋中线（midaxillary line）（左、右） 为自腋窝顶端于腋前线和腋后线之间向下的垂直线。

7. 后正中线（posterior midline） 即脊柱中线，为通过脊柱棘突，或沿脊柱正中下行的垂直线。

8. 肩胛线（scapular line）（左、右） 为双臂下垂时通过肩胛下角与后正中线平行的垂直线。

（四）肺和胸膜的体表投影

气管自颈部正中沿食管前方下行进入胸部，在胸骨角水平分为左、右主支气管。右主支气管粗短而陡直，左主支气管细长而倾斜。

1. 肺尖 突出于锁骨之上，其最高点近锁骨的胸骨端，达第 1 胸椎的水平，距锁骨上缘约 3cm。

2. 肺上界 于前胸壁的投影呈一向上凸起的弧线，然后转折向下至锁骨中 1/3 与内 1/3 交界处。

3. 肺外侧界 由肺上界向下延伸而成，几乎与侧胸壁的内部表面相接触。

4. 肺内侧界 自胸锁关节处下行，于胸骨角水平处左右双肺的前内界几乎相遇。然后分别沿前正中线两旁下行，至第 4 肋软骨水平处分开，右侧几乎呈直线继续向下，至第 6 肋软骨水平处垂直向右，下行与右肺下界连接。左侧于第 4 肋软骨水平处向左侧达第 4 肋骨前端，沿第 4～6 肋骨的背面向下，至第 6 肋软骨水平处再向左，与左肺下界连接。

5. 肺下界 左右两侧肺下界的位置基本相似。前胸部的肺下界于锁骨中线处达第 6 肋间隙，腋中线处达第 8 肋间隙，肩胛线处位于第 10 肋骨水平。

6. 胸膜 胸膜的脏、壁两层在肺底部互相反折延续，围成左右两个完全封闭的胸膜腔。生理情况下胸腔内为负压，胸膜腔内有少量浆液。两侧肋胸膜与膈胸膜于肺下界以下的转折处称为肋膈窦，由于其位置最低，胸水易积聚于此处。

二、胸壁与胸廓

案例 5-4-1

段某，男，18 岁。主诉：右侧胸部剧烈疼痛，呼吸困难 20 分钟。体格检查：体温 37.3℃，脉搏 124 次/分，呼吸 30 次/分，血压 100/65mmHg。段某在 100m 短跑过程中突然出现右侧胸部剧烈疼痛、气促、咳嗽、胸闷、呼吸困难，不能平卧。X 线检查结果提示右侧胸腔大量积气，诊断：自发性气胸。

问题：

1. 请对该病人进行体格检查。
2. 该病人可能的护理诊断有哪些？

（一）胸壁

胸壁（chest wall）检查主要通过视诊和触诊来完成，病人病情允许时，以坐位最好。病人面对亮光，与护士面对面正坐。检查背部时，病人上身稍前倾，两手抱肘。检查胸壁时除了注意营养状态、骨骼肌发育情况、皮肤颜色和完整性、浅表淋巴结等，还应注意以下情况。

1. 静脉 正常时胸壁静脉多无明显暴露，但皮下脂肪较少者的侧胸壁及哺乳期妇女乳房表面可见浅静脉。当上、下腔静脉血流受阻建立侧支循环时，胸壁静脉充盈或曲张。检查血流方向可明确静脉梗阻位置，当血流方向自上而下时，为上腔静脉梗阻；反之为下腔静脉梗阻。

2. 皮下气肿 正常胸壁无皮下气肿，当皮下组织有气体积存时称为皮下气肿（subcutaneous emphysema）。视诊可见胸壁外观肿胀。用手按压时，可引起气体在皮下组织内移动，似用手握雪一样的感觉，即握雪感。用听诊器边加压边听诊，可以听到多个微小的“喳喳”音，类似捻发音。皮下气肿产生的原因可以是肺、气管及胸膜受损，气体逸出进入皮下所致；亦偶见于胸壁产气杆菌感染。皮下气肿严重时，可以蔓延至颈部、腹部甚至是全身皮下。

3. 胸壁压痛 正常胸壁用手指轻压，一般无压痛。胸壁压痛可见于：肋间压痛，多为肋间神经炎。肋软骨局部压痛，可伴有肿胀，为肋骨软骨炎。胸骨压痛及叩击痛，可为白血病的表现之一。胸壁局部压痛，多见于胸壁软组织炎症、脓肿、肋骨骨折。肌肉压痛，见于肌炎、流行性肌痛等。

4. 肋间隙 观察肋间隙有无狭窄或饱满。吸气时肋间隙回缩提示呼吸道阻塞使吸气时气体不能顺利地进入肺内。肋间隙膨胀见于大量胸腔积液、张力性气胸或严重肺气肿病人。此外，胸壁肿瘤、主动脉瘤或婴儿和儿童心脏明显增大时，其相应局部的肋间隙亦常膨出。

（二）胸廓

护士从前、后、左、右对病人胸廓形态进行全面、详细的视诊检查，必要时可配合触诊，注意两侧对比检查。

正常胸廓两侧对称，成人胸廓前后径短于左右径。前后径与左右径的比例为 1∶1.5，横截面为椭圆形；小儿和老年人胸廓前后径略小于左右径或几乎相等，故呈圆柱形。惯用右手者，由于胸肌发达，右侧前胸部可较饱满；惯用左手者，则相反。正常胸廓前后径、左右径和常见异常胸廓外形改变示意图（图 5-4-6）。

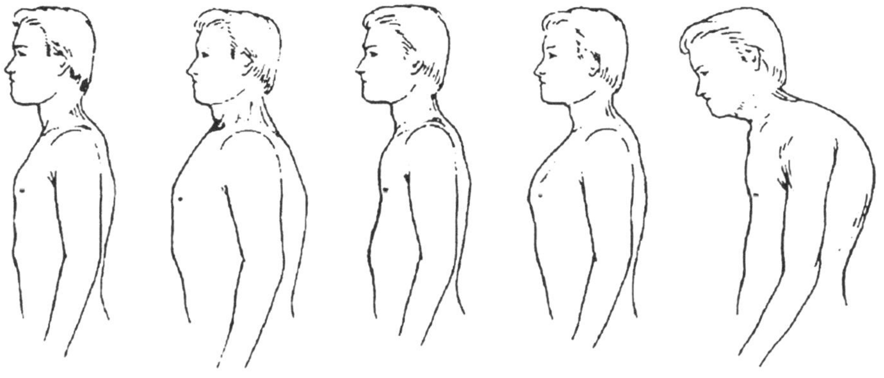

a. 正常胸　b. 桶状胸　c. 漏状胸　d. 鸡胸　e. 脊柱后突

图 5-4-6 正常胸廓和常见异常胸廓外形改变

1. 桶状胸（barrel chest） 胸廓前后径增大，与左右径几乎相等，呈圆桶状，两侧肋骨较平行，肋间隙变宽，腹上角加大。多见于肺气肿病人；一部分老年人或矮胖体型者，亦可有桶状胸。

2. 扁平胸（flat chest） 胸廓扁平，前后径短于左右径的一半，多见于慢性消耗性疾病，如肺结核等，亦可见于正常瘦长体型者。

3. 佝偻病胸（rachitic chest） 见于患佝偻病的儿童，其表现如下：

（1）鸡胸（pectus carinatum）胸廓上、下径较短，前后径略长于左右径。胸骨下端前突，前侧肋骨可凹陷。

（2）佝偻病串珠沿胸骨两侧各肋软骨与肋骨交界处隆起，形成串珠状，亦称串珠肋。肋膈沟自胸骨剑突沿膈肌附着的部位胸壁向内凹陷，形成一沟，称为肋膈沟（Harrison’s groove）。

4. 漏斗胸 胸骨下部剑突处向内凹陷较显著而形成漏斗状，称为漏斗胸。以胸骨和剑突处凹陷多见，多为先天性。

5. 胸廓局部隆起 胸廓局部隆起可能为局部肿块结节或胸内病变所致，常见于主动脉瘤、心脏明显增大、心包大量积液及胸壁炎症、肿瘤等。

6. 胸廓一侧变形 大量胸腔积液、积气或一侧严重代偿性肺气肿常致胸廓一侧膨隆。肺纤维化、肺不张、广泛胸膜增厚或粘连常致胸廓一侧平坦或凹陷。

7. 脊柱畸形所致胸廓畸形 多见于脊柱畸形，特别是胸椎畸形所致，表现为脊柱前凸、后凸、侧凸使胸廓不对称，肋间隙变窄或增宽，胸腔内脏器与胸部的体表标志关系发生改变。当严重畸形时，可引起呼吸、循环功能障碍。也可由脊椎结核、外伤、发育不良引起。

案例 5-4-1 分析讨论（1）

少量气胸常无明显体征，但该病人 X 线检查结果提示右侧胸腔积气较多，故体格检查可出现以下体征：

视诊：右侧胸廓饱满，肋间隙增宽，呼吸运动减弱。

触诊：气管向左侧移位，右侧语音震颤减弱、胸部压痛。

三、肺和胸膜

检查时室内环境应安静、舒适、温暖，光线要充足。病人一般取坐位或仰卧位，脱去外衣，使腰以上的胸部充分暴露。仰卧位时，光线应从上方直接照射在病人的胸部，其他部位如背部、侧胸部亦要求上方光线直接照射。肺和胸膜检查的顺序为视诊、触诊、叩诊和听诊。

（一）视诊

观察呼吸运动时，病人仰卧位时，护士视线应与其胸壁表面在同一平面。通过观察、对比呼吸时两侧前胸和锁骨下区的运动幅度是否增强和对称来判定疾病状态。

1. 呼吸运动（respiratory movement） 通过膈肌和肋间肌的收缩和松弛完成的。胸廓随着呼吸运动扩大和缩小，同时肺进行扩张和收缩。正常人吸气时，肋间肌和膈肌收缩，胸廓扩张，空气进入肺内，呼气时肋间肌和膈肌松弛，胸廓缩小，空气呼出。呼吸类型有胸式呼吸（thoracic respiration）和腹式呼吸（diaphragmatic respiration）。胸式呼吸是指以胸廓（肋间肌）为主的呼吸，腹式呼吸是指以腹部（膈肌运动）为主的呼吸。一般来说，成年女性以胸式呼吸为主，儿童及成年男性则以腹式呼吸为主。生理状态下，一般人两种呼吸共存，但程度不同。某些疾病可致呼吸运动改变或呼吸困难。

（1）呼吸运动改变正常时两侧呼吸运动对称。如一侧呼吸运动减弱或消失常见于大量胸腔积液、气胸、显著胸膜增厚及粘连、一侧肺不张、一侧膈神经麻痹，而两侧呼吸运动减弱最常见于慢性阻塞性肺气肿，也可见于双侧肺纤维化、气胸、胸腔积液、胸膜增厚及粘连、呼吸肌瘫痪。如一侧或局部呼吸运动增强可由健侧代偿性引起，双侧呼吸运动增强则见于库斯莫尔呼吸、剧烈运动等。

胸式呼吸减弱而腹式呼吸增强可见于肺炎、重症肺结核、胸膜炎、肋骨骨折、肋间肌麻痹等胸部疾病。腹式呼吸减弱而胸式呼吸增强可见于腹膜炎、腹水、巨大卵巢囊肿、肝脾极度肿大、胃肠胀气等腹部疾病及妊娠晚期等。反常呼吸是指部分胸壁吸气时内陷、呼气时外凸，可见于多发性肋骨、肋软骨骨折或胸骨骨折。

（2）呼吸困难

1）吸气性呼吸困难：见于各种原因引起的喉、气管、大支气管的狭窄与梗阻，导致气流进入肺内不畅，吸气时肺内负压增高。其特点为吸气显著困难，吸气时间延长，高度狭窄时呼吸肌极度紧张，胸骨上窝、锁骨上窝、肋间隙在吸气时明显下陷，称为三凹征（three depression sign），常伴有频繁干咳及高调的吸气性喘鸣音。常见于气管阻塞如气管肿瘤、气管异物或气管受压（甲状腺肿大、淋巴结肿大或主动脉瘤压迫）等。

2）呼气性呼吸困难：由肺组织弹性减弱、小支气管痉挛或狭窄所致。特点为呼气费力，呼气时间延长，常伴有哮鸣音。多见于支气管哮喘、慢性喘息性支气管炎、慢性阻塞性肺气肿等。

3）混合性呼吸困难：吸气和呼气均费力，呼吸频率快而表浅，多由于广泛肺组织病变时，呼吸面积减少，影响肺换气功能所致。多见于自发性气胸、肺水肿、胸膜炎、肺栓塞、肺源性心脏病等。

2. 呼吸频率、深度及节律（respiratory frequency，depth and rhythm） 正常成人静息状态下，两侧呼吸基本对称，节律均匀而整齐，呼吸频率为 12～20 次/分，呼吸与脉搏之比为 1∶4。新生儿的呼吸频率较快，可达 44 次/分，随年龄增长而逐渐减慢。呼吸频率一般要求测量 1 分钟，至少 30 秒。某些疾病可导致呼吸频率、深度、节律的改变（图 5-4-7）。

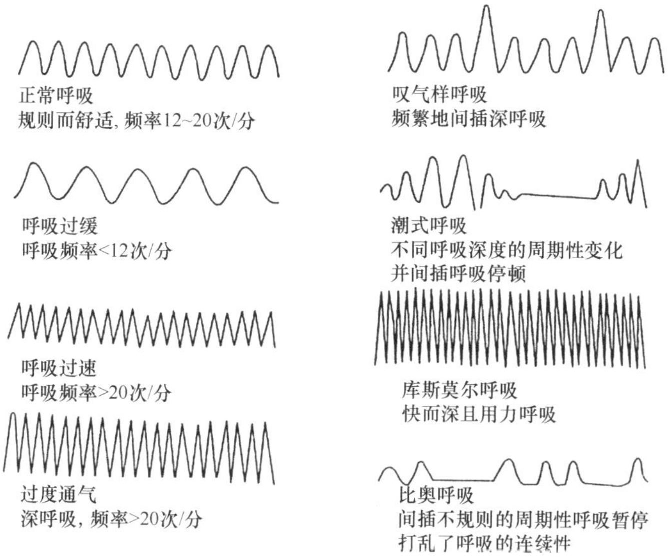

图 5-4-7 常见的呼吸类型及特点

（1）呼吸频率变化：成人呼吸频率＞24 次/分称为呼吸过速（tachypnea），见于剧烈体力活动、发热（体温每升高 1℃，呼吸大约增加 4 次/分）、疼痛、贫血、甲状腺功能亢进、呼吸功能障碍、心力衰竭、肺炎、胸膜炎、精神紧张等。成人呼吸频率＜12 次/分称为呼吸过缓（bradypnea），见于深睡、颅内高压、黏液性水肿、吗啡及巴比妥类中毒等。呼吸停顿但心跳仍存在，可见于脑疝及其他能引起延髓麻痹的疾病，如感染性多发性神经炎等。

（2）呼吸深度变化：呼吸幅度加深，生理情况下常见于剧烈运动、突然发生情绪激动或紧张时，因机体需氧量增加，呼吸中枢受到强烈刺激，呼吸加深、加快。此时，病人通气、换气过度可致动脉血二氧化碳含量降低，而出现呼吸性碱中毒。病理情况下呼吸幅度加深可见于严重代谢性酸中毒时，病人出现节律匀齐、深而大、不感到呼吸困难的呼吸，称为库斯莫尔（Kussmaul）呼吸，又称酸中毒大呼吸。库斯莫尔呼吸有利于排出较多的二氧化碳，从而缓解代谢性酸中毒，常见于尿毒症、糖尿病酮症酸中毒等疾病。呼吸浅快可见于肺气肿、胸膜炎、胸腔积液、气胸、呼吸肌麻痹、大量腹水等。

（3）呼吸节律变化：正常成人静息状态下呼吸节律基本是均匀整齐的，但在病理状态下，可发生各种类型呼吸节律的变化。根据呼吸节律变化的特点可分为潮式呼吸、间停呼吸和叹气样呼吸。

1）潮式呼吸（tidal respiration）又称陈–施呼吸（Cheyne-Stokes）。呼吸由浅慢逐渐变为深快，再由深快逐渐变为浅慢，随之出现一段呼吸暂停（5～30 秒），如此周而复始，如潮水涨落。潮式呼吸的周期为 30～120 秒。其发生机制是呼吸中枢兴奋性降低，对二氧化碳的敏感性降低，只有二氧化碳潴留至一定程度才能刺激呼吸中枢，使呼吸恢复和加强。当积聚的二氧化碳呼出后，呼吸中枢又失去有效的兴奋性，呼吸再次减弱而暂停。潮式呼吸多见于中枢神经系统疾病，如脑炎、脑膜炎、颅内压增高及某些中毒，也可见于心力衰竭（肺脑循环时间延长）、缺氧及某些脑干损伤。有些老年人在深睡时出现的潮式呼吸，可能是脑动脉硬化、脑供血不足的表现。

2）间停呼吸（intermittent respiration）：又称毕奥呼吸（Biot breathing）。表现为有规律的深度相等的呼吸几次之后，停止一段时间，开始均匀呼吸，然后又停止一段时间再开始深度相同的呼吸，如此周而复始。间停呼吸的周期为 10～60 秒。间停呼吸暂停时间较潮式呼吸更长，呼吸次数也明显减少，多在呼吸完全停止前出现，常发生于脑损伤、颅内高压、脑炎、脑膜炎等中枢神经系统疾病，是临终前的危急征象。

3）叹气样呼吸是病人自觉胸部发闷，间隔一段时间做一次深大呼吸，常伴有叹气声，转移其注意力时则呼吸正常。常见于神经衰弱、精神紧张或抑郁者，多为功能性改变。

有些病人会出现不规则呼吸，指呼吸频率与节律均不规则，且呼吸表浅、不均，常见于中枢神经系统疾病、休克等。双吸气样呼吸也称抽泣样呼吸，表现为连续 2 次较短的吸气之后继以较长的呼气，类似哭泣后的抽泣，是中枢性呼吸衰竭的表现，主要见于颅内高压和脑疝前期。

（二）触诊

触诊既能对视诊的异常发现作进一步的评估，也可弥补视诊所不能发现的异常体征。除了触诊皮肤的温度、湿度、压痛及包块外，重点检查胸廓扩张度、语音震颤及胸膜摩擦感。

1. 胸廓扩张度（thoracic expansion） 胸廓扩张度即呼吸时胸廓的活动度。一般检查前胸和背部。检查前胸时病人可取坐位或仰卧位，护士的左、右拇指展开，沿肋缘指向剑突，并在胸骨下端前正中线相遇，手掌及其余四指分开紧贴两侧前胸下部；检查背部时病人取坐位，护士两手掌面贴于肩胛下区对称部位，两手拇指在后正中线相遇，其余四指对称性地置于胸部两侧。检查时嘱病人做深呼吸，观察拇指随呼吸运动而分离的距离、两侧胸部呼吸运动的范围和对称性（图 5-4-8、图 5-4-9）。正常人呼吸时两拇指的离合程度和两侧胸部的活动在一定范围并呈对称性。

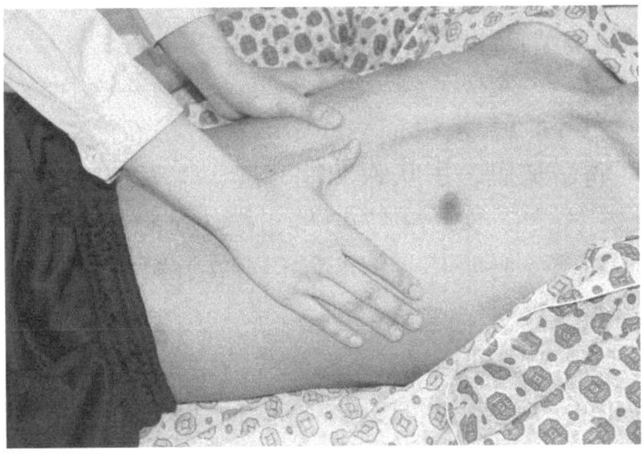

图 5-4-8 胸廓扩张度检查法（前面）

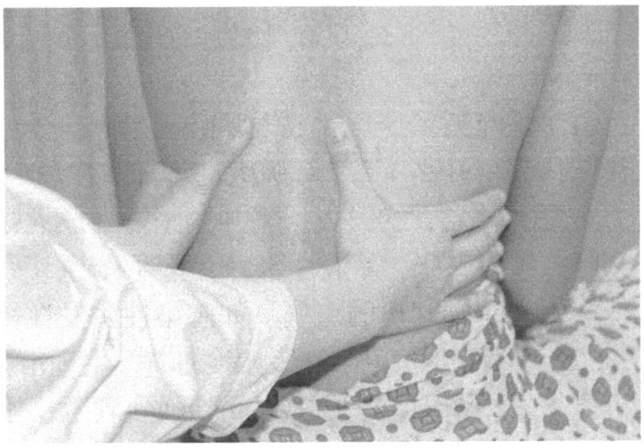

图 5-4-9 胸廓扩张度检查法（后面）

常见的胸廓扩张度异常改变：一侧胸廓扩张度增强，见于对侧肺扩张受限，如对侧膈肌麻痹、肺不张和肋骨骨折等；一侧胸廓扩张度减弱，由于一侧肺弹性降低或含气量减少，或一侧胸膜肥厚影响肺的膨胀，或一侧肋骨或胸壁软组织病变影响胸廓扩张度。常见于同侧大量胸腔积液、气胸、胸膜增厚和肺不张、肺纤维化、肺大疱、胸膜肥厚粘连、胸膜肿瘤等。双侧胸廓扩张度均增强，多见于膈肌在吸气时向下运动障碍，使腹式呼吸减弱所致，如腹水、肝脾大、腹腔内巨大肿瘤、急性腹膜炎、膈下脓肿等；双侧胸廓扩张度均降低，可见于中枢神经系统病变或周围神经病变，呼吸肌无力或广泛肺部病变，如双侧胸膜增厚、肺气肿和双侧胸膜炎等。

2. 语音震颤（vocal fremitus） 指病人发出声音后声波沿气管、支气管及肺泡传导至胸壁，引起胸壁振动由护士触及，又称为触觉语颤（tactile fremitus）。气管、支气管畅通及脏层胸膜和壁层胸膜接近是语音震颤产生的必要条件。语音震颤的强弱与气道是否通畅及胸壁传导性有关，能反映胸内病变的性质。检查上胸部时，嘱病人取坐位，护士立于病人背后，双手从其肩部置于上胸部触诊。检查前胸部时，以仰卧位比较合适，也可取坐位。检查背部时，嘱病人取坐位，护士位于病人背后触诊较方便。护士将双手掌或手掌尺侧缘平贴于病人胸壁两侧对称部位，嘱病人用低音调拉长说“yi”，小儿可趁其啼哭时触诊，此时护士手掌可触及震动（图 5-4-10）。若此种震动感较对侧相应部位增强则为语音震颤增强。检查时应反复比较两侧对称部位，并根据需要，嘱病人提高声音或降低音调。

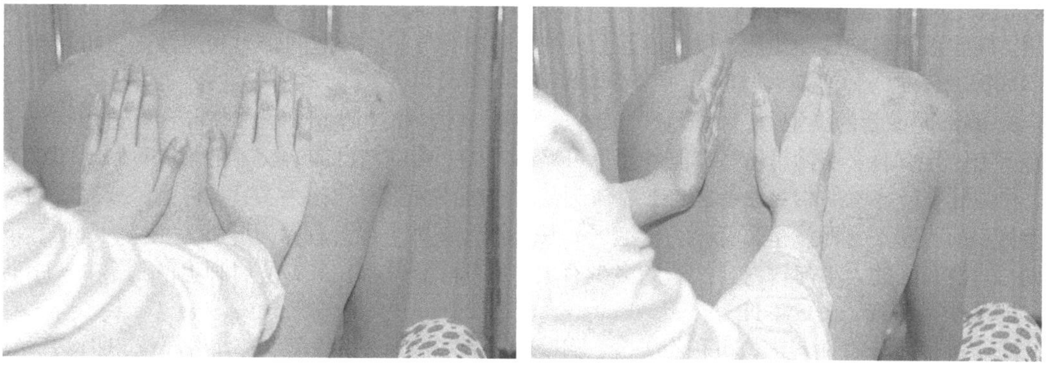

图 5-4-10 语音震颤示意图

正常人双侧语音震颤基本一致。语颤的强弱与发音强弱、音调高低（音调低则较强）、胸壁厚薄（越薄则越强）、支气管至胸壁距离等因素密切相关。因生理因素，通常前胸壁胸骨角附近、背部、肩胛间区声音最强，由上至下呈对称性逐渐减弱。语颤在前胸上部较下部强，后胸下部较上部强，右上胸较左上胸强，男性（音强调低）较女性强，成人较儿童强，消瘦者较肥胖者强。

语音震颤的检查对判断检查部位肺组织密度及胸腔病变有重要价值。语颤增强主要见于：①肺实变。因为传导声波的能力为固体＞液体＞气体，故肺组织实变传导声波的能力较正常肺组织强。常见于肺炎链球菌肺炎、肺梗死、肺结核、肺脓肿及肺癌等。②压迫性肺不张。压迫性肺不张时肺泡内含气量减少，导致肺组织密度增加，而传导声波能力增强。常见于胸腔积液上方受压而萎瘪的肺组织、受肿瘤压迫的肺组织，以及大量心包积液所致肺组织受压时。③较浅而大的肺空洞。由于声波在空洞内产生共鸣而导致声波振幅增大，且空洞周围肺组织多有炎性浸润而实变，有利于声波传导，常见于肺结核、肺脓肿、肺肿瘤所致的空洞。但是如果病变区的支气管完全阻塞，则声波传导受阻反而会使语颤减弱甚至消失。

语颤减弱或消失主要见于：①肺泡内含气量过多，如肺气肿及支气管哮喘发作。②支气管阻塞，如阻塞性肺不张、气管内分泌物增多。③胸壁与肺组织距离加大，如胸腔积液、气胸、胸膜高度增厚及粘连、胸壁水肿或高度肥厚、胸壁皮下气肿。④体质衰弱，如大量胸腔积液、严重气胸。

3. 胸膜摩擦感（sense of pleural friction） 正常时胸膜脏层和壁层之间润滑，呼吸运动时不产生摩擦感。当各种原因引起胸膜炎症时，两层胸膜因有纤维蛋白沉着而变得粗糙，呼吸时两层胸膜相互摩擦引起胸膜摩擦感。检查时，病人取仰卧位，护士用手掌轻轻放在病人胸壁，嘱病人反复作深慢呼吸，若手掌有皮革相互摩擦的感觉，即为胸膜摩擦感，其中胸廓的下前侧部或腋中线第 5、6 肋间最易触到，因为呼吸时该部位胸廓的活动度较大，脏层胸膜和壁层胸膜摩擦的面积相应增大。常见于胸膜炎症、胸膜原发或继发肿瘤、胸膜高度干燥、肺部病变累积胸膜时，纤维蛋白沉积于胸膜，使其表面粗糙，呼吸时脏、壁两层胸膜互相摩擦，方可触及胸膜摩擦感。

（三）叩诊

胸部叩诊是用外力叩击胸壁使胸壁及胸壁下组织振动并发出声音，并根据声音的性质及间隔时间来判断该部位是否正常。离胸壁 5～7cm 深的病变仍可借叩诊发现，更深部的病变则无法叩击。

1. 叩诊方法 肺部叩诊一般采用间接叩诊法。病人通常取坐位或卧位，放松肌肉，呼吸均匀。先检查前胸部，然后检查侧胸和背部。当病人不能取坐位时，先仰卧位检查前胸，然后侧卧检查侧胸及背部。叩诊自锁骨上窝开始，自上而下，由外向内从第 1 肋间隙逐一向下叩诊，并与对侧对称部位进行对比。检查腋部时让病人将上臂置于头顶，从腋窝开始向下叩至肋缘；检查背部时让病人头低垂，上身略向前倾，双手交叉抱肘，尽可能使肩胛骨移向外侧方。叩诊时，叩诊力量要均匀、轻重适宜，遵循由上而下、由外向内的顺序，左右对比，注意两侧叩诊音的变化。

2. 影响叩诊音的因素 叩诊音与肺泡含气量、胸壁厚薄等因素有关。胸壁组织增厚，如皮下脂肪较多、肌肉层较厚、乳房较大和水肿等，均可使叩诊音变浊。胸壁骨骼支架增大，可加强共鸣作用。胸腔积液影响震动传播，故叩诊音会变浊。肺内含气量、肺泡的张力和弹性等也可影响叩诊音，如深吸气时，肺泡张力增加，叩诊音调较高。

3. 胸部叩诊音的类型 包括清音、鼓音、浊音、实音和过清音。正常肺部含有适量空气，肺泡壁又有一定弹性，叩诊呈清音，但各部位可略有不同。在肺与肝或心交界的重叠区域，叩诊为浊音，称为肝脏或心脏的相对浊音区；未被肺遮盖的心脏或肝脏时叩诊为实音，称心脏或肝脏的绝对浊音区。前胸左下方叩诊呈鼓音，为胃泡区，其上界为左肺下缘，右界为肝脏，左界为脾脏，下界为肋弓。鼓音区的大小与胃内含气量的多少有关。背部除脊柱部位外，从肩胛上区到第 9～11 肋下缘，叩诊均呈清音（图 5-4-11）。

正常肺部叩诊音在各部位可稍有差异。胸壁较厚者如胸肌发达、肥胖、乳房部位，叩诊音稍浊；肺上叶体积较下叶小，含气量少，且胸上部的肌肉较厚，故胸上部较下部相对稍浊；右肺上叶较左肺上叶小，右肺尖位置又较低，惯用右手者前胸右上方肌肉较左侧更厚，故右肺上部较左肺上部稍浊；背部的肌肉、骨骼（如肩胛骨）层次较多、较厚，故背部较前胸稍浊（图 5-4-12）。

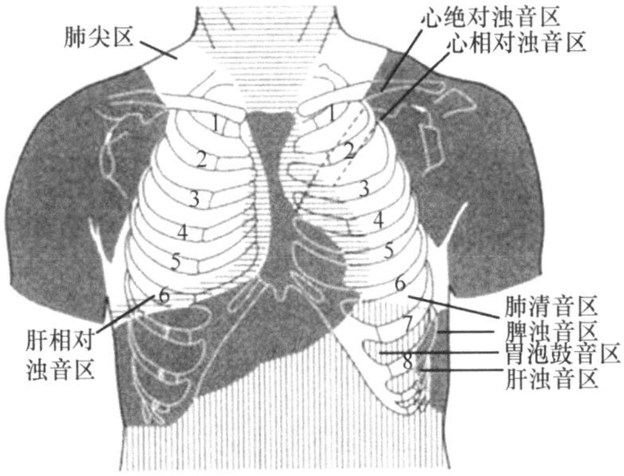

图 5-4-11 正常胸部叩诊音（前面）

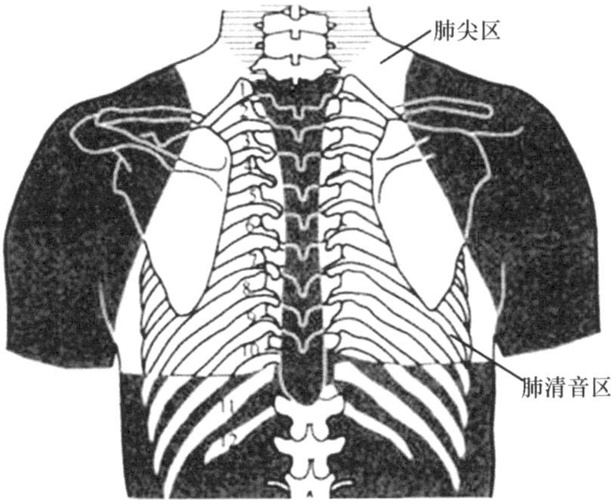

图 5-4-12 正常胸部叩诊音（后面）

4. 肺界的叩诊

（1）肺上界：检查时，病人取坐位，护士站于病人身后。自斜方肌前缘中央开始，逐渐向外侧叩诊，当清音变为浊音时，用笔做一记号；然后转向内侧叩诊，直到清音转为浊音为止，再做一记号。浊音之间的宽度即肺尖的宽度，正常人为 4～6cm（图 5-4-13）。右肺尖位置较低且右肩部肌肉较厚，故右侧肺尖的宽度较左侧稍窄。一侧肺上界增宽可见于气胸、肺气肿、肺尖部肺大疱等；一侧肺上界显著变窄提示该侧可能有结核、肿瘤、纤维化、萎缩或胸膜增厚等。

（2）肺前界：正常的肺前界相当于心脏的浊音界。右肺前界相当于胸骨线的位置。左肺前界相当于胸骨旁线自第4～6肋间隙的位置。当心脏扩大、心包积液、主动脉瘤、肺门淋巴结明显增大，可使左右肺前界的浊音区扩大，肺气肿时则可使其缩小。

（3）肺下界：嘱病人平静呼吸，在两侧锁骨中线、腋中线和肩胛线上，从肺野的清音区开始，沿肋间隙自上而下进行肺部叩诊，由清音变为浊音即为肺下界。正常人平静呼吸时肺下界在锁骨中线、腋中线、肩胛线的位置分别为第6、第8、第10肋。左肺下界除在左锁骨中线上变动较大（因有胃泡鼓音区）外，其余与右侧大致相同。肺下界的位置还与体位和体形有关。矮胖体型或妊娠时肺下界可上移1肋间隙，消瘦体型者肺下界可下移1肋间隙；卧位时肺下界可比直立时升高1肋间隙。

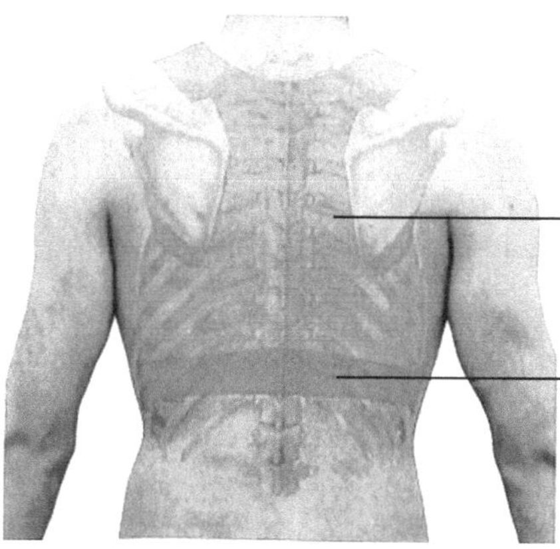

图5-4-13 正常肺尖宽度与肺下界移动范围

病理情况下，肺下界上升见于阻塞性肺不张、肺萎缩、胸腔积液、气胸、胸膜增厚或粘连，以及腹内压增高所致的膈肌上抬（如腹水、鼓肠、肝脾大、腹腔肿瘤、膈肌麻痹）。肺下界降低见于肺气肿、腹腔内脏下垂。胸腔积液和气胸时，由于液体或气体位于肺脏和膈肌之间，会使肺下界上移而膈肌下移。

（4）肺下界移动度：相当于深呼吸时横膈的移动范围。首先叩出平静呼吸时锁骨中线、腋中线及肩胛线上的肺下界。然后嘱病人深吸气后屏住呼吸，重新叩出肺下界，作一标记；待病人恢复平静呼吸后，再嘱病人深呼气后屏住呼吸，叩出肺下界，用笔标记。测量两个标记之间的距离即为肺下界移动度。

正常人肺下界移动度为6～8 cm。肺下界移动度减弱见于阻塞性肺气肿、胸腔积液、气胸、肺不张、胸膜粘连、肺炎及各种原因所致的腹压增高。当肺下界移动度难以叩出时，可能是胸腔大量积液、积气或广泛胸膜增厚、粘连。

5. 胸部异常叩诊音 在正常肺的清音区出现清音以外的其他叩诊音即为异常叩诊音。

（1）浊音或实音：常由肺组织含气量减少或消失、肺内不含气的病变及胸膜、胸壁组织局限性肿胀所致。既可见于肺部病变如肺炎、肺结核、肺梗死、肺不张、肺水肿、肺硬化、肺肿瘤、肺包囊虫病、未穿破的肺脓肿等，也可见于胸膜腔和胸壁病变如胸腔积液、胸膜增厚或粘连、胸壁水肿、肿瘤等。实音可能是病灶广泛较大、位置较浅，而浊音则可能病灶范围较小、位置较深。

（2）鼓音：提示肺部有大的含气腔，可见于气胸、直径在3～4cm及以上的浅表肺空洞，如空洞型肺结核、液化破溃的肺脓肿或肺肿瘤。若空洞巨大，位置表浅且腔壁光滑或张力性气胸的病人，叩诊时局部虽呈鼓音，但因具有金属回响，故又称为空瓮音。

（3）过清音：介于鼓音和清音之间，提示肺内含气量增加，肺泡弹性减退。可见于肺气肿、支气管哮喘发作时。

（4）浊鼓音：当肺泡壁松弛，肺泡含气量减少的情况下，如肺不张、肺炎充血或消散期、肺水肿，局部叩诊时可呈现一种兼有浊音和鼓音特点的混合性叩诊音，称为浊鼓音。

（四）听诊

肺部听诊时，病人取坐位或卧位，微张口做均匀呼吸。如坐在凳子上，身体不要歪斜，双手自然下垂或置于膝上，全身肌肉松弛。如坐在床上，两腿不应伸直。充分暴露胸部，以免衣服与听诊器摩擦产生杂音。天冷时要注意检查室内和听诊器体件的温暖，避免寒冷引起肌肉收缩产生杂音。仰卧位时背部听诊不便，仅适用于病重体弱者。侧卧位时下肺扩张度减少，会影响检查结果。检查幼儿背部可由家人抱着，并让其胸部靠在家人肩前部。一般要求病人作均匀而平静的呼吸，微张口，以免气流通过口唇发出声音，必要时做深长呼吸、屏气或咳嗽动作。小儿啼哭时也呈深呼吸动作，哭声出现在呼气相，而吸气相并无哭声，可照样听诊。

听诊顺序：一般从肺尖开始，自上而下，左右交替，分别听诊前胸、侧胸及背部，同时做上下对比与左右对比。听诊前胸部应沿锁骨中线和腋前线，侧胸部应沿腋中线和腋后线，背部应沿肩胛间区、肩胛线，自上而下，左右交替肋间逐一进行。每一听诊部位至少听诊 1～2 个呼吸周期，注意上下、左右对称对比。必要时请病人做深呼吸或咳嗽动作，这样有利于发现呼吸音的改变及附加音。

听诊部位：前胸部为锁骨上窝，锁骨中线上、中、下部，腋前线上、下部和腋中线上、下部，左右两侧，共 16 个听诊部位。背部听诊为腋后线上、下部，肩胛区上、下部，肩胛下区内、外部，左右两侧共 12 个听诊部位（图 5-4-14、图 5-4-15）。根据需要在某一部位可多听几处。

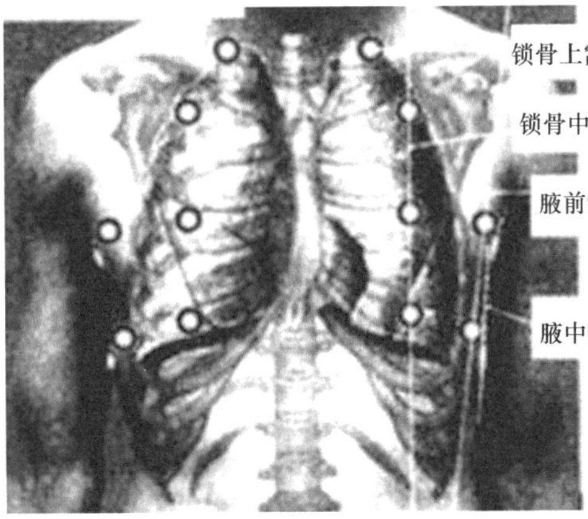

图 5-4-14　肺脏前胸听诊部位

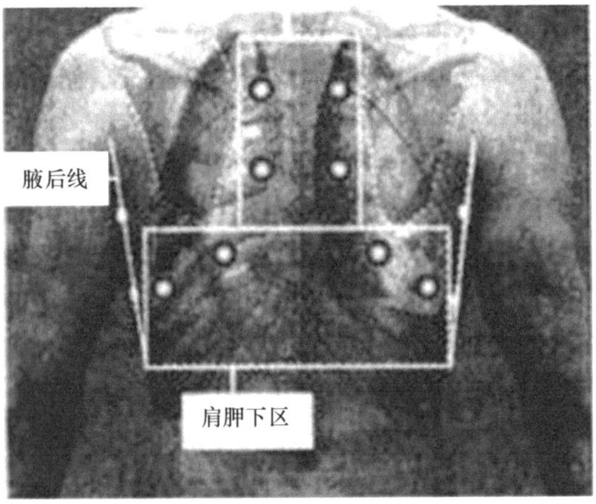

图 5-4-15　肺脏后胸听诊部位

听诊内容：呼吸运动引起气流进出呼吸道，并产生湍流造成震动，经过肺和胸壁传到体表，借助听诊器所听到的声音称为肺部呼吸音，包括正常呼吸音、异常呼吸音、附加音如啰音和胸膜摩擦音。听诊时要注意呼吸音和附加音的部位、响度、音调、性质及与呼吸时相的关系。此外，还应让病人发出声音，听诊语音共振。

1. 正常呼吸音　见图 5-4-16。

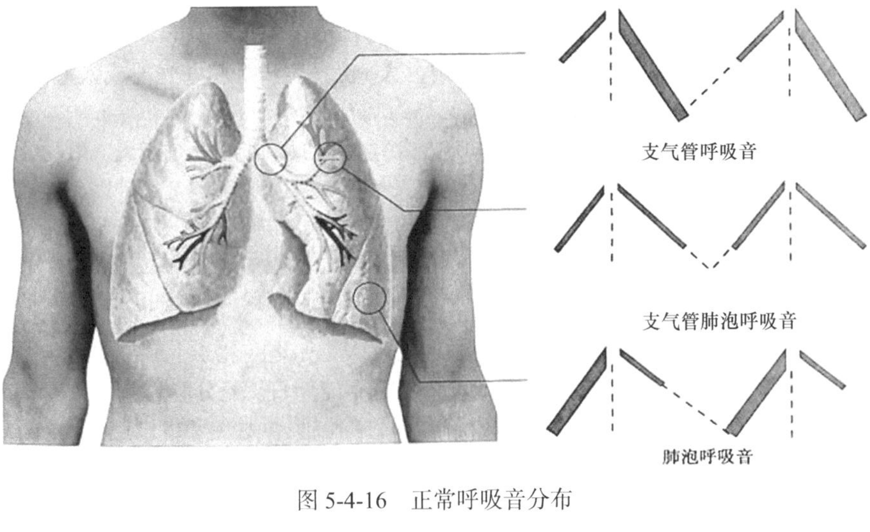

图 5-4-16　正常呼吸音分布

（1）支气管呼吸音：是呼吸气流在声门、气管、支气管内形成湍流和摩擦所产生的声音。如同将舌抬高后张口呼吸时所发出的“哈……”音。支气管呼吸音音强、调高，吸气时弱而短，呼气时强而长。因为吸气时声门较宽，气体流速较快，故占时短；呼气时声门较窄，气体流速较慢，故占时长。

正常人在喉部、胸骨上窝、背部第6颈椎至第2胸椎附近可闻及支气管呼吸音，越靠近气管的区域音响越强。如在肺脏其他部位听到支气管呼吸音，则为病理现象。

（2）肺泡呼吸音：为呼吸气流在细支气管和肺泡内进出所致。吸气时气流经支气管进入肺泡，冲击肺泡壁，使肺泡壁由弛缓变为紧张，呼气时肺泡壁由紧张变为松弛。肺泡呼吸音很像上齿咬下唇呼吸时发出的“夫……”声，声音柔和而有吹风样性质。肺泡呼吸音的吸气音较呼气音强，音调高、时限长，因为吸气为主动运动，吸入气流较大、速度较快，肺泡维持紧张的时间较长。正常人除了支气管呼吸音的部位和支气管肺泡呼吸音的部位外，其余部位均可闻及肺泡呼吸音。

肺泡呼吸音的强弱与呼吸运动的强度、年龄、性别以及体形有关。呼吸运动愈深、愈快，呼吸音愈强。老年人呼吸音较弱，呼气时间较长。年龄愈小，肺组织弹性愈好，呼吸音愈清晰。男性较女性强，消瘦者较肥胖者强。乳房下部、肩胛下区、腋窝下部肺组织较多，肺泡呼吸音较强，而肺尖及肺下缘则较弱。

（3）支气管肺泡呼吸音：是支气管呼吸音与肺泡呼吸音的混合音，亦称混合呼吸音。这种呼吸音的呼气音和吸气音的强弱、音调、时限大致相等。一般来说，支气管肺泡呼吸音的吸气音与肺泡呼吸音的吸气音相似，其呼气音与支气管呼吸音的呼气音相似。正常人在胸骨角附近、肩胛间区的第3、4胸椎水平及右肺尖可闻及支气管肺泡呼吸音，右肺上部的锁骨上、下窝处的呼吸音也很像支气管肺泡呼吸音，这是由于右肺尖含气量较少且右侧主支气管较粗、短、直，接近体表的缘故。

2. 异常呼吸音（abnormal breath sound）

（1）异常肺泡呼吸音（abnormal vesicular breath sound）：肺脏发生病变时所引起的肺泡呼吸音减弱、增强或性质改变，称为病理性肺泡呼吸音。

1）肺泡呼吸音减弱或消失：既可表现为双侧减弱或消失，也可表现为单侧或局部减弱或消失。常由肺泡内的空气量减少、气流速度减慢或声音传导障碍所引起。可见于下列疾病：①呼吸运动障碍，如全身衰弱、呼吸肌瘫痪、腹压过高、胸膜炎、肋骨骨折、肋间神经痛等。②呼吸道狭窄或阻塞，如支气管炎、支气管哮喘、喉或大支气管肿瘤等。③肺顺应性降低，如肺气肿、肺淤血、肺间质炎症等。肺顺应性是指在外力作用下肺组织的可扩张性，容易扩张者顺应性大，不易扩张者顺应性小。肺顺应性降低可使肺泡壁弹性减退，充气受限，使呼吸音减弱。④胸腔内肿物，如肺癌、肺囊肿等，因肺组织受压，空气不能进入肺泡或进入肺泡减少引起肺泡呼吸音减弱。⑤胸膜疾病，胸腔积液、气胸、胸膜增厚或粘连等，由于胸廓呼吸运动受限，进入肺泡的气体量减少、气流速度减慢，以及声波传导障碍引起。大量胸腔积液、气胸时，肺泡呼吸音甚至无法闻及。

2）肺泡呼吸音增强：主要由于生理或病理因素而引起呼吸运动增强，导致肺泡通气增加、流量增加或流速增快；也可与肺部实变或胸壁较薄导致声音传导性增强有关。可见于以下情况：①生理性肺泡呼吸音增强，见于婴幼儿或胸壁较薄的成人及体力活动者。②病理性肺泡呼吸音增强，见于运动、发热、甲状腺功能亢进等。因体内需氧量增加，使呼吸加深、加快；贫血、代谢性酸中毒时可刺激呼吸中枢使呼吸深长，从而引起双侧肺泡呼吸音增强。一侧肺泡呼吸音增强可见于肺脏或胸腔病变，使部分肺呼吸功能减弱或丧失，而健侧或无病变部分肺泡呼吸音出现代偿性增强。

3）呼气音延长：下呼吸道有部分梗阻或狭窄时，呼气时气道狭窄更明显而使呼气时间延长，常伴呼吸音粗糙。双肺呼气音延长见于支气管哮喘、喘息型支气管炎及慢性阻塞性肺气肿；局部呼气音延长见于局限性支气管狭窄或部分阻塞，如支气管肺癌等。

4）断续性呼吸音：又称齿轮性呼吸音。其表现为吸气音较强，有不规则的间歇而将吸气音分为若干节段，但每个节段的声音是均匀的。肺脏某一局部有小的炎性病灶或小支气管狭窄，空气断续地通过呼吸道进入肺泡，即形成断续性呼吸音。断续性呼吸音可见于肺炎、肺结核、支气管肺癌、胸膜粘连等。当寒冷、疼痛、精神紧张时，可闻及断续性肌肉收缩的附加音，但此音与呼吸无关，应注意鉴别。

5）粗糙性呼吸音：为音调较高、音响不均匀且有粗糙感的呼吸音。多为黏膜水肿或炎性浸润而使支气管管腔不光滑或狭窄，加之黏稠分泌物黏附于呼吸道表面，气流通过时引起旋涡或冲击黏稠分泌物而引起振动，使呼吸音变得粗糙。临床常见于支气管炎或肺炎早期。

（2）异常支气管呼吸音（abnormal bronchial breath sound）：在正常肺泡呼吸音听诊区域听到支气管呼吸音即为病理性支气管呼吸音，亦称管样呼吸音。常见病因为：

1）肺组织实变：主要是炎症性肺实变。发炎的肺泡内充满渗出物及炎性细胞，气体无法进入肺泡，则肺泡呼吸音不能形成；实变的肺组织传导声音的能力增强，使支气管呼吸音经畅通的气管、支气管及实变的肺组织传导到胸壁表面而被听到。常见于大叶性肺炎实变期、肺结核（大块渗出性病变），也见于肺脓肿、肺肿瘤及肺梗死。实变部位范围越大、越表浅，则支气管呼吸音越强；反之，则较弱。

2）肺内大空腔：当肺内大空腔与支气管相通，气流进入空腔产生漩涡振动，或支气管呼吸音的音响在空腔内产生共鸣而增强，且空腔周围实变的肺组织有利于声波传导，因此可听到支气管呼吸音。常见于肺结核、肺脓肿、肺癌形成空洞时。

3）压迫性肺不张：在胸腔积液、肺部肿块等情况下，肺组织受压发生肺不张时，肺组织致密且支气管畅通。支气管呼吸音可通过畅通的支气管、致密的肺组织传导到体表而被听到。

（3）异常支气管肺泡呼吸音（abnormal bronchovesicular breath sound）：在正常肺泡呼吸音听诊区域听到支气管肺泡呼吸音，称为病理性支气管肺泡呼吸音。常见于肺实变区域较小且与正常肺组织掺杂存在，或肺实变部位较深并被正常肺组织所遮盖，实变区的支气管呼吸音和正常肺组织的肺泡呼吸音均可听到，两音一起形成混合呼吸音。肺组织轻度或不全实变，或胸腔积液上方有肺膨胀不全时，亦可产生混合呼吸音而听到异常支气管肺泡呼吸音。

3. 啰音（rales）　是一种伴随呼吸音的附加音（adventitious sound），正常情况下并不存在。根据声音性质不同可分为干啰音和湿啰音两种。

（1）干啰音（dry rales/rhonchi）：是一种持续时间较长的呼吸性附加音，是气流通过狭窄或阻塞的气道发生湍流产生的声音。病理基础为气管、支气管炎症使管壁黏膜充血水肿、分泌物增加，气管平滑肌痉挛，管腔内异物或肿瘤部分阻塞气道，管腔外肿大的淋巴结或纵隔肿瘤压迫所致（图 5-4-17A）。

1）听诊特点：①吸气和呼气相均可听到，呼气相更为清楚，因为呼气相管腔狭窄更加严重；②性质多变且部位变幻不定，如咳嗽后可增多、减少、消失或出现，多为黏稠分泌物位置移动所致；③音调较高，每个音响持续时间较长；④几种不同性质的干啰音可同时存在；⑤发生于主支气管以上的干啰音，不用听诊器亦可能被闻及，故又称喘鸣（wheeze）。

2）分类：根据音调的性质可分为以下几类。

A. 鼾音（rhonchus rale）：为气流通过有黏稠分泌物的较大支气管或气管时引起的振动和分泌物移动所产生的一种粗糙、音调较低、类似熟睡时鼾声的干啰音。

B. 哨笛音：为气流通过狭窄或痉挛的小支气管时发生的一种高音调的干啰音。有的似吹口哨或吹笛声，称为哨笛音（图 5-4-17B）；有的呈“咝咝”声，称为飞箭音。

C. 哮鸣音：是一种高调的干啰音，呼气时伴有口哨样声响。常被描述为乐音样、咝咝音、飞箭音、鸟鸣音等，多发生在支气管、细支气管狭窄和痉挛时。常见于支气管哮喘、心源性哮喘、喘息型慢性支气管炎、支气管肺炎等疾病。

3）临床意义：干啰音是支气管病变的表现。双肺干啰音，可见于急性或慢性支气管炎、支气管哮喘、支气管肺炎、心源性哮喘等。局限性干啰音是由局部支气管狭窄所致，常见于支气管局部结核、肿瘤、异物或黏稠分泌物附着等。局部持久的干啰音可见于肺癌早期或支气管内膜结核。

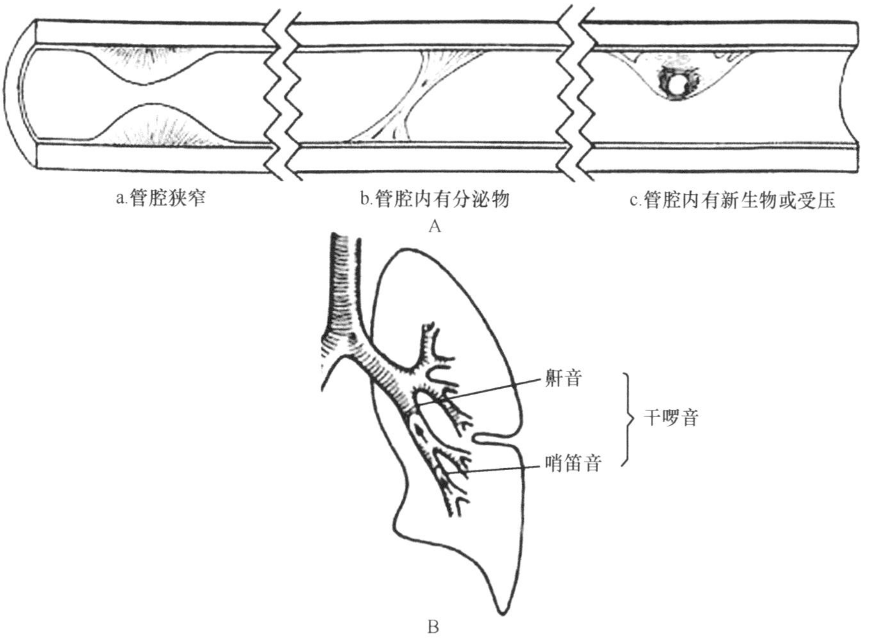

图 5-4-17 干啰音的发生机制

A. 发生的原因；B. 与发生部位的关系

（2）湿啰音（moist rales）：又称不连续性呼吸附加音，是气道或空洞内有较稀薄的液体（渗出物、黏液、血液、漏出液、分泌液），呼吸时气流通过液体形成水泡并立即破裂所产生的声音，很像用小管插入水中吹气时产生的水泡破裂音，故也称水泡音（bubble sound）。或由于小支气管、细支气管及肺泡壁因分泌物黏着而限闭，当吸气时突然张开重新充气所产生的爆裂音（crackles）（图 5-4-18）。

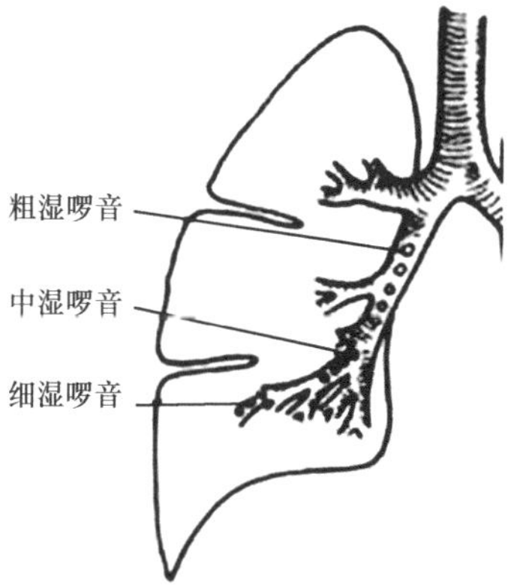

图 5-4-18 湿啰音的发生机制

1）听诊特点：①吸气相和呼气相均可闻及，但以吸气终末时多而清楚，因为吸气时气流速度较快且较强，吸气末气泡大、容易破裂的缘故。②部位较恒定，性质不易改变。③常有数个水泡音成串或断续发生。④大、中、小湿啰音可同时存在。⑤咳嗽后湿啰音可增多、减少或消失，因咳嗽可使支气管、气管内的液体发生移动。

2）分类：根据产生部位呼吸道口径大小分为大、中、小水泡音和捻发音（图 5-4-19）。①大水泡音：又称粗湿啰音（coarse rales），产生于气管、大支气管或空洞内，多出现在吸气早期。见于肺结核空洞、肺水肿、昏迷或濒死的病人，也可见于支气管扩张的病人。昏迷或濒死的病人因无力将气管内的分泌物咳出，呼吸时可出现大水泡音，有时不用听诊器亦可闻及，称为痰鸣音（wheezy phlegm）。②中水泡音：又称中湿啰音，产生于中等大小的支气管内，多出现于吸气中期。见于支气管肺炎、支气管炎、肺梗死、肺结核。③小水泡音：又称细湿啰音（fine rales），发生于小支气管或肺泡内，多在吸气终末出现。常见于细支气管炎、支气管肺炎、肺结核早期、肺淤血、肺水肿及肺梗死等。

捻发音（crepitus），又称捻发性湿啰音或微小湿啰音，是一种极细而均匀的高音调音响，很像用手在耳边捻搓一束头发所发出的声音，多出现于吸气末。捻发音是由于细支气管或肺泡壁因分泌

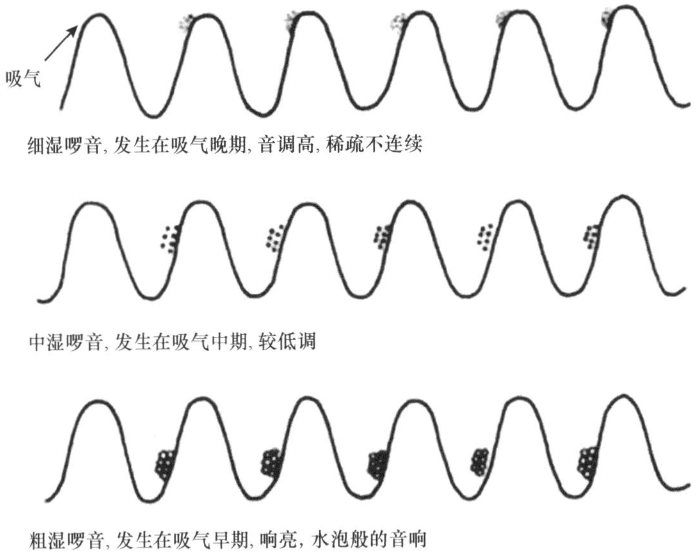

图 5-4-19 湿啰音听诊特点

物存在而相互黏着，当吸气时被气流冲开重新充气所产生的极细的高调爆裂音（图 5-4-20）。常见于细支气管和肺泡充血及炎症。老年人、深睡或长期卧床者因呼吸较浅、边缘部位肺泡充气不足而萎陷，深吸气时可在肺底听到捻发音，在数次深呼吸或咳嗽后则可消失，一般无特殊临床意义。持续存在的捻发音为病理性的，见于肺炎早期、肺结核早期、肺淤血、纤维性肺泡炎等。

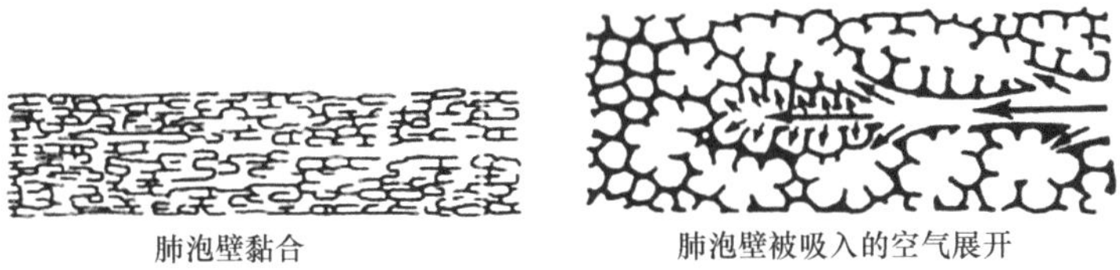

图 5-4-20 捻发音的产生机制

根据湿啰音的部位可分为局部性湿啰音或弥漫性湿啰音：局限固定不变的湿啰音，提示局部有病灶，如肺部炎症、肺结核、支气管扩张症、肺脓肿或肺癌继发肺炎等。双肺底部湿啰音主要见于心功能不全导致的肺淤血。双肺广泛性湿啰音见于急性肺水肿、支气管肺炎、慢性支气管炎等。肺尖部湿啰音多见于肺结核。心功能不全时湿啰音的分布部位往往与体位有关，平卧时双肺底较多，侧卧位时近床侧较多，且随体位变动而异。

根据湿啰音出现的时间分为吸气早期湿啰音和吸气后期湿啰音：慢性阻塞性肺病可闻及吸气早期湿啰音，肺炎和弥漫性肺间质纤维化可闻及吸气后期湿啰音，而充血性心力衰竭吸气早期和后期湿啰音均可闻及。

4. 语音共振 又称听觉语音（vocal resonance），其产生机制与语音震颤相似，听诊较触诊更敏感。

当病人按平时说话的音调数“1、2、3”时或用一般的声音强度重复发出“yi”的长音，在胸壁上用听诊器可听到柔和而模糊的声音，即听觉语音。病人声带振动产生的声波经过气管、支气管、肺组织、胸膜及胸壁而传出，用听诊器便可听到。正常时在气管、大支气管附近（如胸骨柄和肩胛间区）听觉语音较强且清楚，右胸上部较左胸上部强，其他部位则较弱且字音含糊，肺底最弱。

听觉语音增强、响亮且字音清楚，称为支气管语音，见于肺组织实变。此时常伴触觉语颤增强、病理性支气管呼吸音等肺实变体征，但以支气管语音出现最早。常见的异常类型：胸语音，一种更强、更响亮的支气管语音，言词清晰可见，见于大范围的肺实变区域；羊鸣音，不仅语音强度增加，而且其性质发生改变，带有鼻音性质，颇似“羊叫声”，病人发出的声音为“yi”，听到的声音为英文“A”的声音。常在中等量胸腔积液上方肺受压的区域听到，亦可在肺实变伴有少量胸腔积液的部位闻及。

听觉语音增强见于肺实变、肺空洞及压迫性肺不张。听觉语音减弱见于病人过度衰弱、支气管阻塞、肺气肿、胸腔积液、气胸、胸膜增厚或水肿。

5. 胸膜摩擦音（pleural friction sound） 正常胸膜表明光滑，胸腔内有微量液体起润滑作用，呼吸时无声响。当胸膜发生炎症时，表面粗糙，呼吸时脏、壁两层胸膜相互摩擦产生振动，触诊时有胸膜摩擦感，听诊时有胸膜摩擦音，以胸膜摩擦音更易被发现。即听到胸膜摩擦音不一定能触到胸膜摩擦感，触到胸膜摩擦感一定能听到胸膜摩擦音。胸膜摩擦音颇似以手掩耳，用指腹摩擦掩耳手背时听到的声音。胸膜摩擦音在吸气和呼气时皆可听到，一般以吸气末或呼气开始时较为明显。屏住呼吸时胸膜摩擦音消失，可借此与心包摩擦音区别。深呼吸或在听诊器体件上加压时胸膜摩擦音常更清楚。胸膜摩擦音可在短期内消失或重新出现，亦可持续存在数日或更久。胸膜摩擦音可发生于胸膜的任何部位，但最常见于脏层胸膜与壁层胸膜发生位置改变最大的部位，即胸廓下侧沿腋中线处。

胸膜摩擦音是干性胸膜炎的重要体征，出现胸膜摩擦音时一定存在胸膜炎。当胸腔积液较多时，将脏、壁两层胸膜分开后胸膜摩擦音消失，积液吸收后可再出现。

胸膜摩擦音见于：①胸膜炎症，如结核性胸膜炎、化脓性胸膜炎等各种胸膜炎症。②原发性或继发性胸膜肿瘤。③肺部病变累及胸膜，如肺炎、肺梗死等。④胸膜高度干燥，如严重脱水等。⑤其他疾病引起的胸膜改变，如尿毒症等。

案例 5-4-1 分析讨论（2）

病人肺部的体格检查结果：

视诊：右侧胸部饱满、腹式呼吸增强、呼吸过速。

触诊：右侧胸廓扩张度减弱、右侧语音震颤减弱。

叩诊：右侧胸部呈鼓音，肝浊音界下移。

听诊：右侧呼吸音消失，语音共振减弱。

四、相关护理诊断

1. 气体交换受损 呼吸过速，与肺部感染有关。

2. 气体交换受损 双肺湿啰音，与左心功能不全所致肺淤血有关。

3. 低效型呼吸形态 桶状胸、呼吸费力、呼气时间延长、双侧胸廓扩张度降低、语音震颤减弱或消失、肺部叩诊呈过清音、肺下界下移，与阻塞性肺气肿所致呼吸困难有关。

案例 5-4-1 分析讨论（3）

该病人可能存在的护理诊断：

1. 气体交换受损：与胸部损伤、疼痛、胸廓活动受限有关。
2. 急性疼痛：与组织损伤有关。
3. 潜在并发症：胸腔或肺部感染。

（马春花）

第五节 乳房检查

案例 5-5-1

赵某，女，26 岁，初产妇，3 个月前顺产一健康女婴，母乳喂养。主诉 2 日前出现左乳胀痛，出现红肿、发热、乳汁减少，现因“体温升高，全身发冷”来院就诊。体格检查：体温 39.8℃，脉搏 102 次/分，呼吸 22 次/分，血压 105/70mmHg。初步诊断：急性乳腺炎。

问题：

1. 请为该病人进行体格检查。
2. 该病人可能的护理诊断有哪些?

乳房（breast）位于前胸部胸大肌和胸筋膜的表面。成年女性乳房位于第 2～6 肋之间，内侧至胸骨线旁，外侧可达腋中线。乳房的外上部向腋窝呈角状延伸。乳头在乳房前中央突起，平第 4 肋间隙或第 5 肋骨水平。乳房的检查方法主要包括视诊与触诊。为便于记录，常以乳头为中心分别做一条水平线和一条垂直线，将乳头分成 4 个象限，即外上、外下、内上、内下象限（图 5-5-1）。

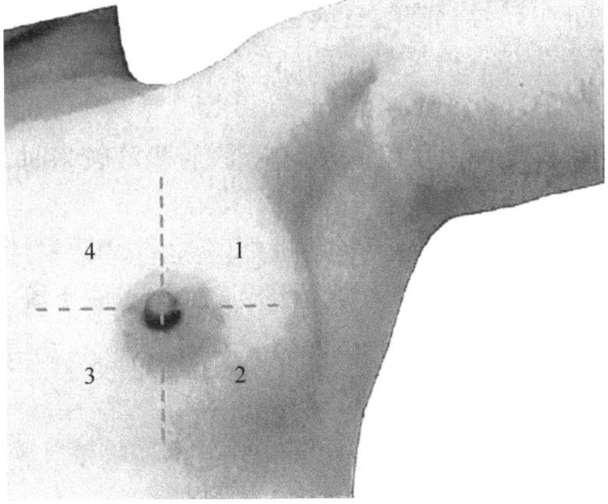

图 5-5-1 乳房病变的定位与划区

一、视 诊

病人取坐位或仰卧位，面对亮光，两肩等高，脱去上衣，充分暴露颈部、前胸和两上臂。乳房视诊的主要内容有：

1. 对称性和大小（symmetry and size） 正常女性坐位时两侧乳房基本对称，但亦有轻度不对称者，此系两侧乳房发育程度不同的结果。一侧乳房明显增大见于先天畸形、囊肿形成、炎症或肿瘤等。一侧乳房明显缩小则多因发育不全所致。

2. 乳房皮肤（skin of breast） 乳房皮肤检查应注意观察乳房皮肤的颜色，有无皮肤回缩或凹陷、水肿、溃疡，有无局部血管出现及其分布情况，乳头及乳晕有无过度色素沉着等。正常乳房皮肤无红肿、下陷、溃疡、瘢痕或色素沉着等。乳癌或炎症均可致乳房皮肤发红，炎症常伴局部肿、热、痛，而癌症常不伴热、痛，且皮肤常呈深红色；淋巴系统受阻会导致乳房皮肤发生水肿，乳房皮肤变厚且毛囊及毛囊孔明显下降致乳房皮肤呈橘皮或猪皮样改变，常见于乳房肿瘤；乳房回缩或凹陷通常是由于纤维组织变短或库柏（Cooper）韧带活动性降低所造成，病人双手上举过头或叉腰胸大肌收缩时明显，常见于乳房肿瘤。乳房溃疡常提示皮肤及皮下组织破坏，为乳腺癌晚期的典型表现，亦可继发于外伤、感染或放射性损伤等。孕妇或哺乳期妇女乳房常可见乳晕增大、色素加深、浅表静脉曲张，同时乳房增大。

3. 乳头（nipple） 注意乳头的位置、大小，两侧是否对称，有无乳头内陷等。乳头回缩，如系自幼发生，为发育异常；如为近期发生则可能为乳癌。乳头出现血性分泌物，最常见于导管内良性乳突状瘤，亦可见于乳癌的病人；乳头分泌物由清亮变为绿色或黄色，常见于慢性囊性乳腺炎。妊娠时乳头及其活动度均增大，肾上腺皮质功能减退时，乳晕可出现明显色素沉着。

4. 乳晕（areola） 是指围绕在乳头周围色素沉着的部分，生理情况颜色可由粉红色到咖啡色，范围也有较大个体差异。乳晕表面可以看到少许或许多突起的皮脂腺，故外表略显粗糙。应观察其大小、形状、对称性、颜色和表面特征。颜色变深可见于服用避孕药或怀孕，若呈深褐色可见于肾上腺皮质功能减退。

二、触 诊

触诊乳房时，病人取坐位或仰卧位。如取坐位，先两臂下垂，然后双臂高举超过头部或双手叉腰再进行检查。当病人仰卧位时，护士应置一小垫枕于病人肩下以便充分暴露乳房进行仔细检查。触诊时，先触诊健侧再触诊患侧，检查一般按外上象限、外下象限、内下象限、内上象限的顺序，由浅入深触诊，最后检查乳头。检查左侧乳房时由外上象限开始，然后顺时针方向进行由浅入深触诊直至4个象限检查完毕为止，最后触诊乳头。以同样方式检查右侧乳房，但沿逆时针方向。触诊时护士以并拢的示指、中指和环指掌面略施压力，以旋转或来回滑动的方式进行触诊，不可用手指将乳房提起来触摸。乳房触诊的重点为注意有无红、肿、热、痛和包块，乳头有无硬结、弹性消失或分泌物等。

正常乳房触诊有弹性，呈模糊的颗粒感或柔韧感，随不同年龄而有区别。青年人乳房柔软，质地均匀一致；中年人可触及乳腺小叶；老年人多呈纤维结节感。月经期乳房小叶充血，触诊有紧张感；妊娠期乳房增大饱满有柔韧感；哺乳期呈结节感。

触诊乳房时应注意下列征象：

1. 硬度和弹性（consistency and elasticity） 乳房硬度增加和弹性消失提示皮下组织被炎症或新生物所浸润。当乳晕下有癌肿存在时，该区域的皮肤弹性常消失。此外，还应注意乳头的硬度和弹性。

2. 压痛（tenderness） 乳房某一区域压痛多提示炎症。但月经期乳房较敏感，也可有压痛。恶性病变则较少出现压痛。

3. 包块（masses） 触及乳房包块时应注意以下特征：

（1）部位（location）：记录包块所在象限及其与乳头的距离。

（2）大小（size）：以厘米记录包块的长度、横径和厚度，如肿块为2cm×1cm×1cm。

（3）数量（number）：乳腺癌多为单个肿块，乳腺囊性增大或乳腺纤维瘤可有多个肿块。

（4）外形（contour）：是否规则，边缘是否光滑，与周围组织有无粘连固定。良性肿瘤表面大多光滑规整，恶性肿瘤则凹凸不平，边缘多固定。圆形或椭圆形肿块可能为囊肿、腺瘤、纤维腺瘤或正常乳房腺体。不规则的肿块，可见于癌肿、肉瘤和导管内乳头状瘤。

（5）硬度（consistency）：包块的质地可描写为柔软的、囊性的、中等硬度或极硬等。良性肿瘤多呈柔软或囊性感觉。坚硬者多提示恶性病变，也可为炎症后硬结。

（6）压痛（tenderness）：炎性病变常表现为中度至重度压痛，恶性病变压痛大多不明显。

（7）活动度（mobility）：护士应确定病变是否可自由移动，如仅能向某一个方向活动或固定不动，则应明确包块系固定于皮肤、乳腺周围组织或固定于深部结构。大多数良性肿瘤活动度较大，炎性病变则较固定，恶性包块早期虽可活动，但发展至晚期，癌肿侵犯周围组织，则活动度明显下降。

乳房触诊结束后，还应仔细触诊腋窝、锁骨上窝及颈部的淋巴结是否肿大或其他异常。

案例5-5-1 分析讨论（1）

该病人体格检查结果：

视诊：左乳房红肿，病人面色潮红。

触诊：左乳房外下象限触及一2cm×2cm×1cm的压痛肿块，外形规则，表明光滑，质软，活动良好。

三、相关护理诊断

1. 自我形象紊乱 与乳腺疾病造成乳房皮肤改变，失去对称性、乳头溢液有关。

2. 疼痛 与乳房炎症有关。

3. 知识缺乏 缺乏乳房自我检查的知识。

案例 5-5-1 分析讨论（2）

该病人可能的护理诊断：

1. 急性疼痛：与乳腺炎症、肿胀、乳汁淤积有关。
2. 体温过高：与乳腺炎症有关。

（马春花）

第六节 心脏检查

案例 5-6-1

阮某，男，76岁，高血压、高血脂病史10余年，血压控制不佳，收缩压最高时可达190mmHg。3年前开始发现胸口闷、心慌，休息后缓解，未引起重视。现主诉胸闷、心慌加重，劳累后胸痛明显且持续时间较长，急诊测血压162/99mmHg，心率68次/分，急查心电图示左心室下外侧壁ST段轻度抬高。初步诊断：高血压、心绞痛发作。

问题：

1. 请为该病人进行专科检查。
2. 该病人可能的护理诊断有哪些？

心脏检查是全身体格检查的重要组成部分，是医生护士初步了解病人心脏功能，明确心血管疾病性质、部位、严重程度，最终诊断心血管疾病的重要参考。通过详细询问病人病史，结合症状针对性地开展心脏检查，可及早做出诊断、发现主要护理问题，进一步结合现代化心脏检查技术，综合评估和考虑，最终对疾病做出正确诊断并给予准确治疗和护理。

心脏检查时应在安静、光线充足及温度适宜的环境中进行，病人多取仰卧位，护士立于病人右侧，按照视诊、触诊、叩诊及听诊的顺序依次进行。检查时，注意全身疾病对心血管系统的影响及心血管疾病的全身表现。必要时，可进行同一部位多体位反复检查，以提高阳性体征的检出率和准确性。

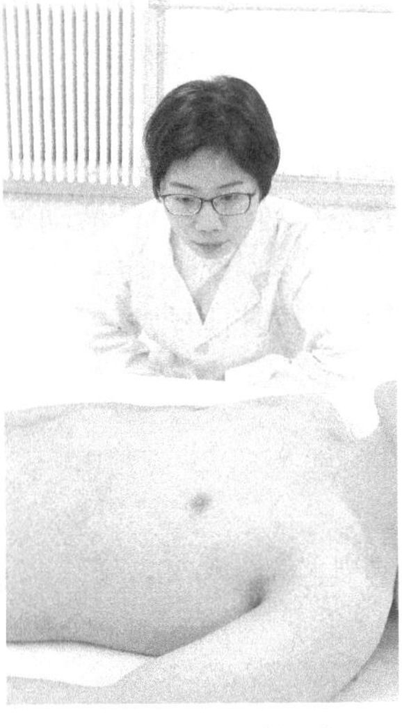

图 5-6-1 心脏视诊

一、视诊

视诊应注意保持护士视线与病人胸廓在同一水平线，以便更好地观察心前区外形或有无异常搏动等（图 5-6-1）。

（一）心前区外形

1. 正常情况 正常人心前区外形与右侧相应部位对称，无异常隆起或凹陷。

2. 异常发现

（1）心前区隆起：可见于先天性心脏病或风湿性心脏病病人。尤其是儿童期患先天性心脏病者可导致心脏肥大，在生长发育完成前影响胸廓正常发育。常见部位有胸骨下段及胸骨左缘第3～5肋间局部隆起，如法洛四联症、肺动脉瓣狭窄等引起右心室肥大；少数见于儿童期风湿性心瓣膜病二尖瓣狭窄所致的右心室肥大。胸骨下段及胸骨右缘第2肋间附近的局部隆起多为主动脉弓动脉瘤或升主动脉扩张所致，常伴有收缩期搏动。心前区饱满多提示大量心包积液。

（2）心前区凹陷：可见于佝偻病、鸡胸引起的胸廓畸形，心前区内陷或马方综合征病人。

（二）心尖搏动

心尖搏动（apical impulse）主要是由于心室收缩时心尖向前冲击前胸壁相应部位而形成。

1. 正常心尖搏动

（1）位置：坐位时，正常成人心尖搏动位于第5肋间左锁骨中线内侧0.5～1.0cm，搏动范围直径为2.0～2.5cm（图5-6-2）。生理情况下，心尖搏动可随体位或体型发生改变，如仰卧位时可略微上移，左侧卧位时心尖搏动向左移2.0～3.0cm；右侧卧位可向右移1.0～2.5cm。肥胖体型、小儿及妊娠时，横膈位置较高可使心脏呈横位，心尖搏动位置向外上移，可在第4肋间左锁骨中线外。体型瘦长者立位或坐位时可使横膈下移，心脏呈垂位，心尖搏动移向内下，可达第6肋间。

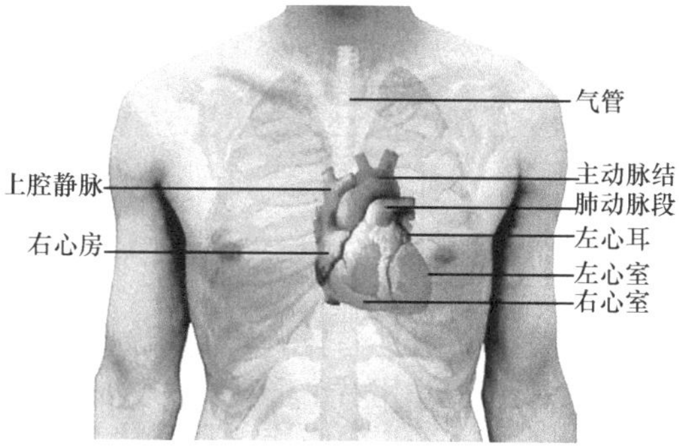

图5-6-2 心脏在体表的投影

（2）强度：生理情况下，胸壁肥厚、乳房悬垂或肋间隙狭窄时心尖搏动较弱，搏动范围也缩小。胸壁薄或肋间隙增宽时心尖搏动相应增强，范围也较大。另外，剧烈运动与情绪激动时，心尖搏动也随之增强。

2. 异常心尖搏动

（1）位置变化：①心脏因素，如左心室肥大引起心尖部向左下移位，右心室肥大可引起心尖部向左侧移位，左右心室均增大引起心尖搏动向左下移位，并伴有心脏浊音界的明显扩大。先天性右位心者心尖搏动位置位于右侧心壁。②心外因素，胸部疾病如一侧胸腔积液或气胸可引起心尖搏动向健侧移位，一侧肺不张或肺粘连可引起心尖搏动向患侧移位，严重肺气肿或可导致横膈下移、心脏垂位，心尖搏动位置移向内下；腹部疾病如腹水或腹腔巨大肿瘤可引起膈肌上移，心尖搏动随之向左外侧移位。

（2）强度变化：①心尖搏动增强，病理情况下的心肌收缩力增加可使心尖搏动增强，如高热、严重贫血、甲状腺功能亢进或左心室肥厚心功能代偿期，左心室肥大明且处于代偿期时可见抬举样心尖搏动。②心尖搏动减弱，扩张型心肌病和急性心肌梗死引起的心肌收缩力下降，其他造成心尖搏动减弱的心脏因素有心包积液、缩窄性心包炎，由于心脏与前胸壁距离增加使心尖搏动减弱；心脏以外的病理性影响因素如肺气肿、左侧大量胸腔积液或气胸等也会造成心尖搏动减弱或消失。

（3）负性心尖搏动：心脏收缩时，心尖搏动内陷，称为负性心尖搏动（inward impulse）。主要见于粘连性心包炎或心包与周围组织广泛粘连；另外，重度右室肥大所致心脏顺时针转位，也可使左心室向后移位引起负性心尖搏动。

（三）心前区搏动

1. 胸骨左缘3～4肋间搏动 表现为心脏收缩时此部位出现强有力而持久的搏动，并可持续至第二心音开始。为右心室持久压力负荷增加所致右心室肥厚的征象，多见于先天性心脏病如房间隔缺损等引起的右心室肥厚。

2. 剑突下搏动 生理情况下可能是右心室收缩期搏动，也可由腹主动脉搏动产生；消瘦者剑突下搏动可能来自正常心脏垂位时的右心室搏动或腹主动脉搏动。病理情况下，右心室搏动可见于肺源性心脏病右心室肥大，腹主动脉搏动常由腹主动脉瘤引起。

3. 心底部搏动 胸骨左缘第 2 肋间（肺动脉瓣区）收缩期搏动，多见于肺动脉扩张或肺动脉高压，也可见于少数正常青年人（特别是瘦长体形者）在体力活动或情绪激动时。胸骨右缘第 2 肋间（主动脉瓣区）收缩期搏动，多为主动脉弓动脉瘤或升主动脉扩张。

案例 5-6-1 分析讨论（1）

询问病史：阮先生吸烟 20 余年，每天一包，不嗜酒，父亲死于高血压性脑出血，测体温 36.2℃，心率 68 次/分，呼吸 20 次/分，血压 162/99mmHg。建议入院完善相关检查。

入院时：病人神志清，痛苦面容，家人搀扶步入病房，查体合作，皮肤黏膜无黄染，浅表淋巴结未触及，口唇无发绀，颈静脉无怒张。

二、触　诊

心脏触诊除可进一步确定视诊检查所见外，尚可发现心脏疾病特有的震颤及心包摩擦感。触诊方法是护士先用右手全手掌置于心前区心尖搏动最强的位置，感觉心尖搏动的位置、强弱、有无心前区震颤或心包摩擦感等，必要时可进一步用手掌尺侧（小鱼际）明确震颤的具体位置，以及判定震颤发生在收缩期还是舒张期；检查心尖搏动的准确位置多用示指和中指指腹并拢同时触诊（图 5-6-3）。

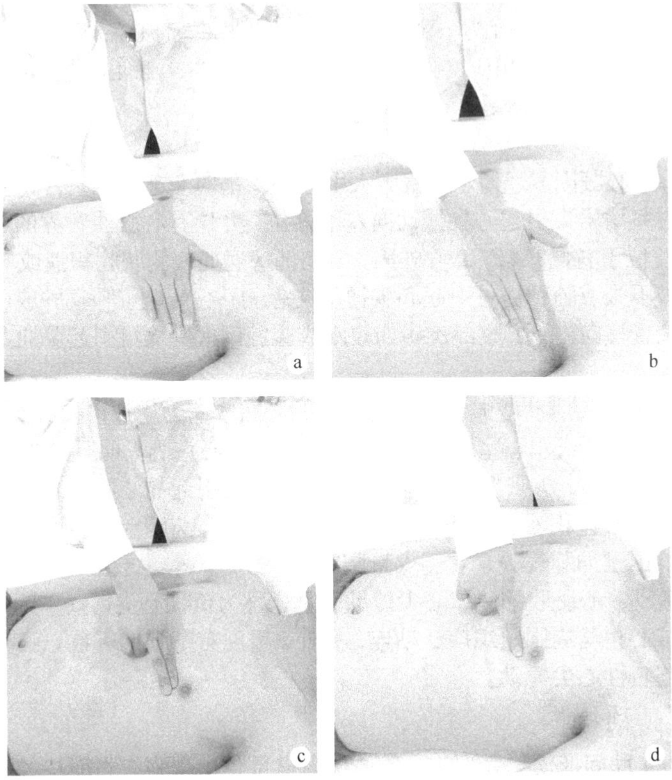

图 5-6-3　心脏触诊

（一）心尖搏动及心前区搏动

对确定心尖搏动的位置、强度、范围及有无抬举性搏动，触诊较视诊更为准确。异常情况可表现为抬举性心尖搏动（heaving apex impulse），是指左心室肥大时触诊的手指可被强有力的心尖搏动抬起，是左心室肥厚代偿期的重要征象。而胸骨左下缘收缩期抬举性搏动是右心室肥厚的可靠指征。

（二）震颤

震颤（thrill）为触诊时手掌感到的一种细小震动感，与在猫喉部摸到的呼吸震颤类似，故又称猫喘，是器质性心脏病的重要体征。多见于瓣膜狭窄或某些先天性心脏病，瓣膜关闭不全时则较少有震颤，但在房室瓣重度关闭不全时也可触及震颤。震颤的发生机制与杂音相同，系血液经狭窄的口径或循异常的方向流动形成涡流造成瓣膜、血管壁或心腔壁震动传至胸壁所致。发现震颤后应首先确定部位及来源（瓣膜、大血管或间隔缺损），其次确定其处于心动周期中的时相（收缩期、舒张期或连续性），最后分析其临床意义。因触诊和听诊对音频高低的敏感性不同，震颤并不一定都能闻及响亮的杂音，听诊杂音也并非全部可触及震颤。具体不同部位触及震颤代表的临床意义如表 5-6-1 所示。

表 5-6-1　心前区触及震颤的临床意义

触及部位	时相	常见原因
胸骨右缘第 2 肋间	收缩期	主动脉狭窄
胸骨左缘第 2 肋间	收缩期	肺动脉狭窄
胸骨左缘第 3～4 肋间	收缩期	室间隔缺损
胸骨左缘第 2 肋间	连续性	动脉导管未闭
心尖区	舒张期	二尖瓣狭窄
心尖区	收缩期	重度二尖瓣关闭不全

（三）心包摩擦感

心包摩擦感（sense of pericardial friction）是由于急性心包炎时心包膜纤维素渗出致表面粗糙，心脏收缩时脏层与壁层心包摩擦产生的振动传至胸壁所致。心前区或胸骨左缘第 3、4 肋间最易触及，多呈收缩期和舒张期双相粗糙摩擦感，以收缩期、前倾体位和呼气末（使心脏靠近胸壁）更为明显。随心包渗液的增多，心包脏层与壁层分离，摩擦感可随之减弱或消失。

案例 5-6-1 分析讨论（2）

叩诊心界稍向左下扩大，余未见明显改变。

三、叩　诊

心脏叩诊主要用于确定心脏的位置、大小及其形状。其中叩诊心脏浊音界包括相对浊音界和绝对浊音界，心脏左右缘被肺遮盖的部分，叩诊呈相对浊音，而不被肺遮盖的部分则叩诊呈绝对浊音（图 5-6-4）。通常心脏相对浊音界反映心脏的实际大小，但右心室肥大早期，相对浊音界可能无明显改变但绝对浊音界增大；心包积液较多时，绝对浊音与相对浊音界较为接近。

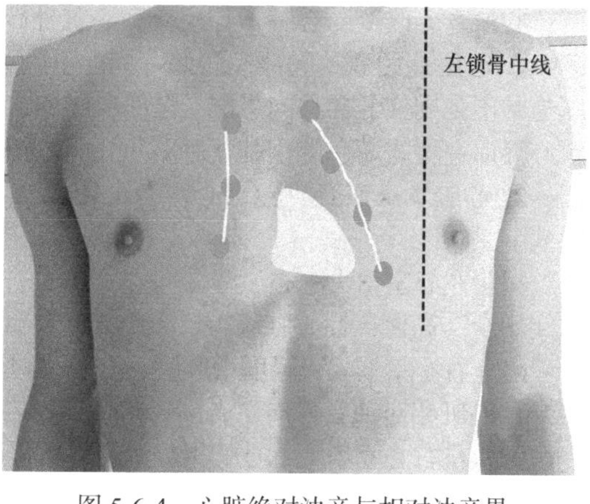

图 5-6-4　心脏绝对浊音与相对浊音界

（一）叩诊方法

采用间接叩诊法，病人一般取平卧位，以左手

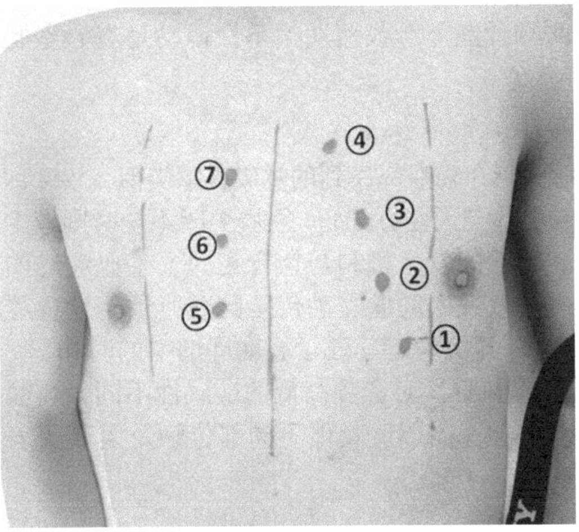

图 5-6-5 心脏叩诊顺序

中指作为叩诊板指，板指与肋间平行，如特殊原因被护士取坐位时，板指可与肋间垂直，必要时分别进行坐、卧位叩诊，并注意两种体位时心浊音界的变化。叩诊时注意利用腕关节活动，以右手中指均匀叩击板指第二指间关节的前端部位，分别叩诊心脏左右相对浊音界，必要时叩诊心脏绝对浊音界。叩诊时须注意板指每次移动距离不宜过大，并可在发现声音由清变浊时，反复叩诊验证，以确定心脏实际大小和位置。

（二）叩诊顺序

通常的顺序是先叩左界、后叩右界，由外向内、由下向上。左界自心尖搏动最强处向外 2～3cm 处开始，由外向内，逐个肋间向上，直至第 2 肋间；右界叩诊需先沿右侧锁骨中线叩出肝上界，然后于其上一肋间（通常是第 4 肋间）由外向内，肋间逐一向上叩诊，直至第 2 肋间（图 5-6-5）。

（三）正常心浊音界

对各肋间叩得的浊音界逐一作出标记，以记录心脏相对浊音界的位置，正常心脏左界自第 2 肋间起向外逐渐形成一外凸弧形，直至第 5 肋间。右界各肋间几乎与胸骨右缘一致，仅第 4 肋间稍超过胸骨右缘。测量叩诊左右界与胸骨中线间的垂直距离（cm）表示正常成人心相对浊音界（正常成人参考标准见表 5-6-2），再测量左侧锁骨中线距前正中线的距离，其中正常成人左侧锁骨中线与前正中线间为 8～10cm。

表 5-6-2 正常成人心脏相对浊音界叩诊范围

右界/cm	肋间	左界/cm
2～3	Ⅱ	2～3
2～3	Ⅲ	3.5～4.5
3～4	Ⅳ	5～6
	Ⅴ	7～9

（四）心浊音界的组成

心脏左界第 2 肋间处相当于肺动脉段，第 3 肋间为左心耳，第 4、5 肋间为左心室，其中血管与心脏左心交接处向内凹陷，称心腰。右界第 2 肋间相当于升主动脉和上腔静脉，第 3 肋间以下为右心房。

（五）心浊音界改变及其临床意义

心浊音界改变受心脏本身病变和心脏外因素的影响。

1. 心脏外因素 胸部疾病如一侧大量胸腔积液或气胸可使心界移向健侧，一侧胸膜粘连、增厚与肺不张则使心界移向患侧。腹部疾病如大量腹水或腹腔巨大肿瘤可使横膈抬高、心脏横位，以致心界向左增大等。严重肺气肿时可压迫心脏导致心浊音界变小。

2. 心脏本身病变 包括心房、心室增大与心包积液等，其心浊音界的改变情况和临床常见疾病。

（1）左心室增大：心浊音界向左下扩大，心腰部加深，心界呈靴形（图 5-6-6）。常见于主动脉关闭不全、高血压性心脏病等。

（2）右心室增大：轻度增大时，心脏相对浊音界无明显改变，但绝对浊音界增大；显著增大时可导致心脏相对浊音界向左右同时扩大，以左侧明显。常见于肺源性心脏病或房间隔缺损等疾病。

（3）左右心室增大：心脏相对浊音界可同时向左右两侧扩大，且左界向左下扩大明显，又称为普大型心。常见于扩张型心肌病、重症心肌炎及全心衰竭等。

（4）左心房增大或合并肺动脉段扩大：可见左房显著增大：胸骨左缘第3肋间心界增大，心腰消失，心界呈梨形（图5-6-7）。常见于二尖瓣狭窄等。

（5）主动脉扩张：可见胸骨右缘第1、2肋间浊音界增宽，长伴收缩期搏动。常见于升主动脉瘤等。

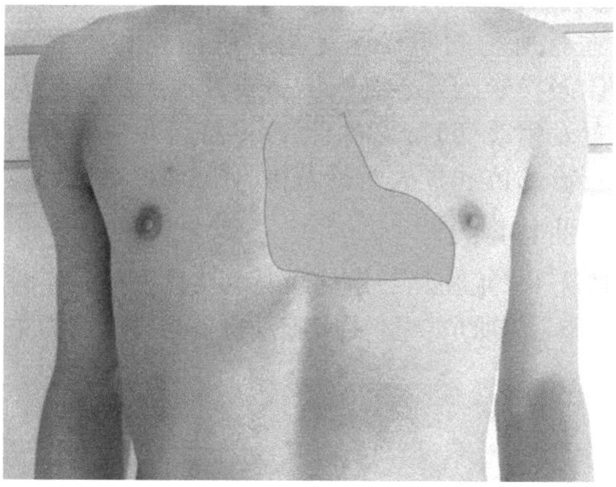

图5-6-6 主动脉瓣型心（靴形）

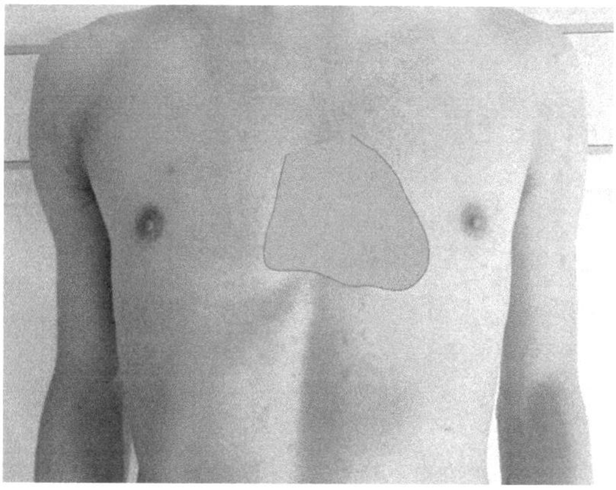

图5-6-7 二尖瓣型心（梨形）

（6）心包积液：心界向两侧增大，相对、绝对浊音界几乎相同，且心界形状随体位变化发生明显改变，坐位时心界呈三角形烧瓶样，卧位时心底部浊音增宽呈球形。该种变化是心包积液的特征性体征。

案例5-6-1 分析讨论（3）

听诊，双肺呼吸音清，未闻及干湿啰音；心尖部第一心音低钝，心律不齐，二尖瓣膜听诊区可闻及柔和收缩早期吹风样杂音，其余各瓣膜听诊正常，$A_2>P_2$（即主动脉瓣第二心音强于肺动脉瓣第二心音）。

腹平坦，无压痛及反跳痛，肝脾肋下未触及，双肾无叩击痛，双下肢无水肿。

四、听 诊

心脏听诊是心脏物理诊断中最重要、也是最难掌握的检查方法。听诊内容包括心率、心律、心音、心脏杂音和额外心音等，基于视触叩诊检查结果，进一步通过听诊验证检查所见，可为进一步明确心脏功能及存在问题提供确切证据。

（一）听诊方法

听诊时，病人多取卧位或坐位，必要时改变体位或深呼吸，以更好地听诊和鉴别心音和杂音。如疑有二尖瓣狭窄者，宜嘱病人取左侧卧位；疑有主动脉瓣关闭不全者取坐位且上半身前倾。另外，注意不同类型听诊器的使用方法，其中钟型体件轻放在胸前皮肤，适合于听低音调声音，如二尖瓣舒张期隆隆样杂音；膜型体件需紧贴皮肤，能滤过部分低音调声音而适用于听高音调声音，如主动脉瓣舒张期叹气样杂音。注意不可隔衣服进行心脏听诊，以免出现干扰和杂音影响听诊结果。

（二）心脏瓣膜听诊区

心脏各瓣膜开放与关闭时所产生的声音传导至体表最易听清的部位称心脏瓣膜听诊区，与其解剖部位不完全一致。通常四个瓣膜有五个听诊区。

1. 二尖瓣区 位于心尖搏动最强点，又称心尖区；心脏大小位置正常时位于第5肋间左锁骨中线内侧；心脏大小发生改变时，其听诊部位随之改变。

2. 肺动脉瓣区 胸骨左缘第 2 肋间。

3. 主动脉瓣第一听诊区 胸骨右缘第 2 肋间。

4. 主动脉瓣第二听诊区 胸骨左缘第 3～4 肋间。

5. 三尖瓣区 胸骨下端左缘或右缘，即第 4、5 肋间。

注意通常所指的听诊区是指心脏结构和位置正常时瓣膜的体表投影，当心血管疾病或其他疾病引起心脏结构和位置发生改变时，需根据改变特点和血流方向，适当移动听诊部位和扩大听诊范围（图 5-6-8、图 5-6-9）。

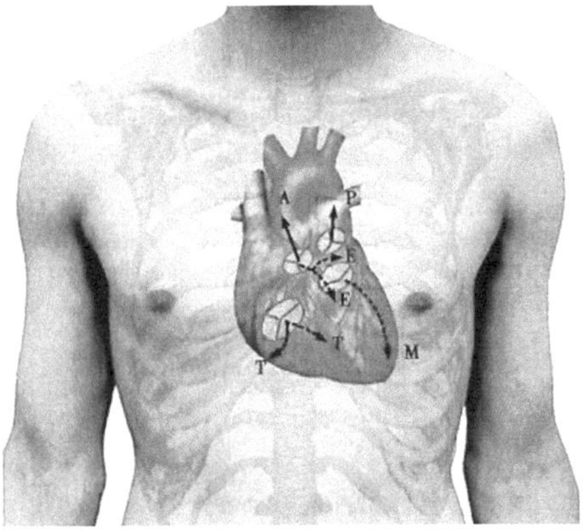

图 5-6-8 心脏各瓣膜在体表的投影

（三）听诊顺序

通常情况下，心脏听诊顺序可从心尖区开始，逆时针方向依次听诊：先听心尖区再听肺动脉瓣区，然后为主动

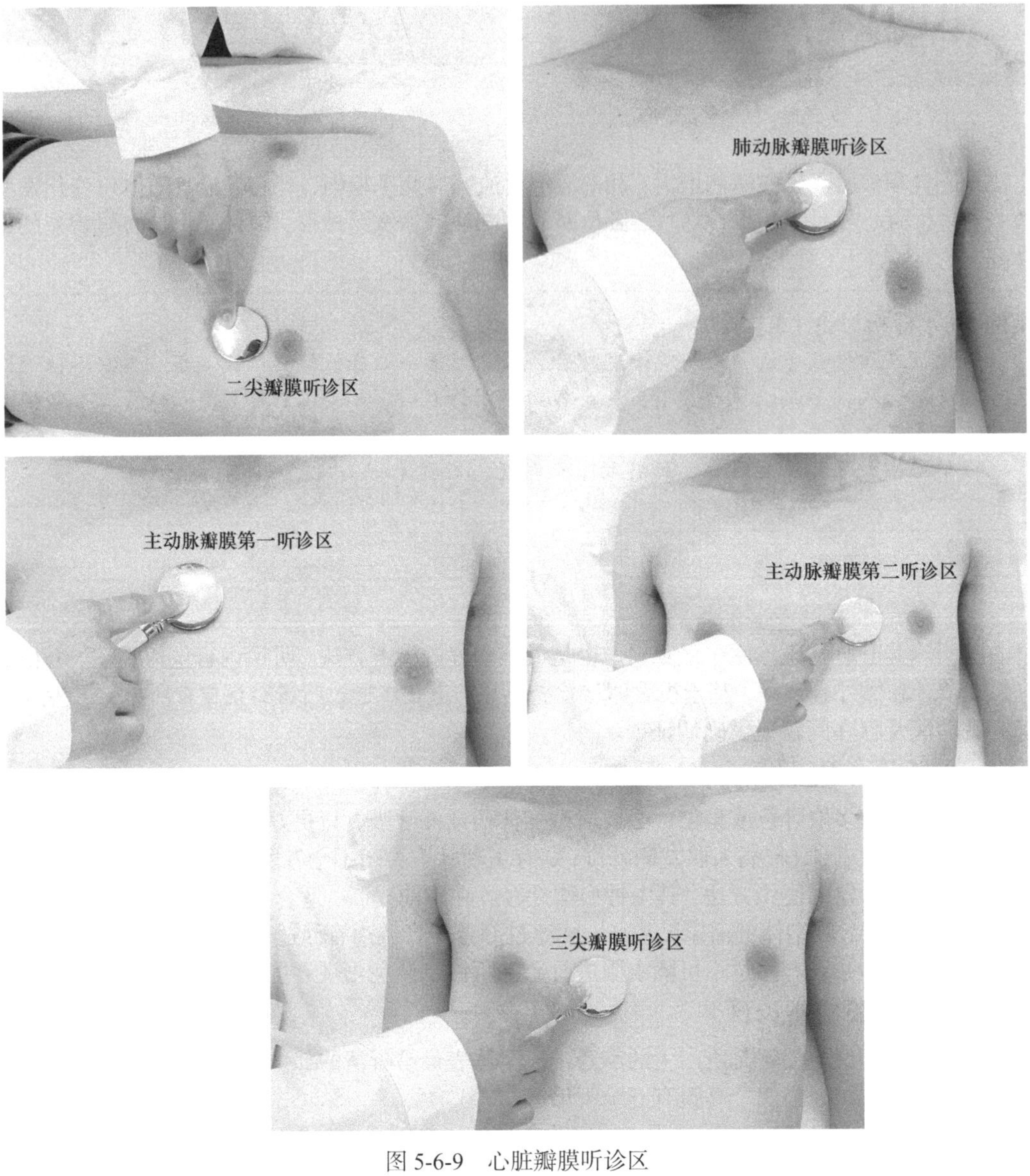

图 5-6-9 心脏瓣膜听诊区

脉瓣区、主动脉瓣第二听诊区，最后是三尖瓣区。对于初学者，按照听诊顺序有助于防止遗漏和全面了解心脏状况；有经验的护士可根据前面检查结果针对性地选择听诊部位和顺序。

（四）听诊内容

听诊内容包括心率、心律、心音、额外心音、杂音和心包摩擦音。

1. 心率（heart rate） 指每分钟心搏次数。正常成人在安静、清醒的情况下心率范围为 60～100 次/分，老年人偏慢，女性稍快，儿童较快，＜3 岁的儿童多在 100 次/分以上。凡成人心率超过 100 次/分，婴幼儿心率超过 150 次/分称为心动过速。心率低于 60 次/分称为心动过缓。心动过速与过缓可有短暂性或持续性，可由多种生理性、病理性或药物性因素引起。

（1）心动过速：生理情况可见于运动、兴奋、情绪激动等，病理情况可见于发热、甲状腺功能亢进、贫血、心力衰竭和休克等。

（2）心动过缓：生理性可见于健康人，尤其是长期从事体力劳动者或运动员；病理情况可见于颅内压增高、阻塞性黄疸、甲状腺功能低下、房室传导阻滞及部分降压药如美托洛尔等药物的副作用。

2. 心律（cardiac rhythm） 指心脏跳动的节律。正常人心律基本规则，部分青年人可出现随呼吸改变的心律，吸气时心率增快，呼气时减慢，称窦性心律不齐（sinus arrhythmia），一般无特殊临床意义。听诊能发现最常见的心律失常有期前收缩（premature beat）和心房颤动（atrial fibrillation）。

（1）期前收缩：是指在规则心律基础上，突然提前出现一次心跳。听诊特点：①规律的心脏节律中心音提前出现，其后有一个长间歇；②提前出现的第一心音增强，第二心音减弱；③长间歇后的第一次心跳，第一心音减弱。若期前收缩规律出现，可形成联律，如连续每一次窦性搏动后出现一次期前收缩，称二联律；每两次窦性搏动后出现一次期前收缩则称为三联律，依此类推。二联律和三联律多为病理性因素导致。

（2）心房颤动：是过早的心室收缩（心室内仅有少量的血液充盈）不能将足够的血液输送到周围血管所致。听诊特点：①心律绝对不规则；②第一心音强弱不等；③脉率少于心率，又称脉搏短绌（pulse deficit）。常见于二尖瓣狭窄、高血压、冠心病和甲状腺功能亢进症等。少数原因不明为特发性。

3. 心音（heart sound） 按其在心动周期中出现的先后次序，可依次命名为第一心音（first heart sound，S_1）、第二心音（second heart sound，S_2）、第三心音（third heart sound，S_3）和第四心音（fourth heart sound，S_4），产生机制和听诊特点见表 5-6-3。通常情况下，多数成年人只能听到第一、第二心音，第三心音可在部分青少年中闻及。第四心音一般听不到，如听到第四心音，属病理性。心脏听诊最基本的技能是能够判定第一和第二心音，由此才能进一步确定杂音或额外心音所处的心动周期时相。第一心音出现于心室收缩的早期，标志着心室收缩的开始；第二心音出现于心室舒张早期，标志着心室舒张的开始。

表 5-6-3 心音产生机制和听诊特点

心音	产生机制	听诊特点
第一心音	产生机制是由于瓣膜关闭，瓣叶突然紧张产生振动而发出声音，在心室开始收缩时，二尖瓣和三尖瓣的关闭产生 S_1 的主要成分。其他如半月瓣的开放等也参与 S_1 的形成，但通常不能被人耳分辨	音调较低钝，强度较响，历时较长（持续约 0.1 秒），与心尖搏动同时出现且在心尖部最响
第二心音	产生机制是血流在主动脉与肺动脉内突然减速和半月瓣突然关闭引起瓣膜振动所致，其他如房室瓣的开放等因素也参与 S_2 音的形成。注意 S_2 产生时主动脉瓣关闭在前，肺动脉瓣关闭在后，但通常也不能被人耳所分辨	音调较高而脆，强度较第一心音弱，历时较短（约 0.08 秒），不与心尖搏动同步，多在之后出现，心底部听诊最清楚
第三心音	出现在心室舒张早期，快速充盈期之末，多认为是由于心室快速充盈的血液自心房冲击室壁，使心室壁、腱索和乳头肌突然紧张、振动所致	音调轻而低，持续时间短（约 0.04 秒），局限于心尖部及其内上方，仰卧位、呼气时较清楚
第四心音	出现在心室舒张末期，收缩期前。一般认为第四心音的产生与心房收缩使房室瓣及其相关结构（瓣膜、瓣环、腱索和乳头肌）突然紧张、振动有关	心尖部及其内侧较明显，低调、沉浊而弱，属病理性

4. 心音改变及其临床意义

（1）心音强度改变：除肺含气量多少、胸壁或胸腔病变等心外因素和是否心包积液外，影响心音强度的主要因素是心肌收缩力与心室充盈程度、瓣膜位置的高低、瓣膜的结构及活动性等。

1）S_1强度改变：决定因素是心室内压增加的速率，心室内压增加的速率越快，S_1越强；其次受心室开始收缩时二尖瓣和三尖瓣的位置和上述其他因素的影响。①S_1增强：常见于二尖瓣狭窄。由于心室充盈减慢减少，以致心室开始收缩时二尖瓣位置低垂，且心室充盈减少，使心室收缩时左室内压上升加速和收缩时间缩短，使得低位的二尖瓣末关闭速度加快，造成瓣膜关闭振动幅度大，进而导致 S_1 亢进。但二尖瓣狭窄时如伴有严重瓣叶病变，瓣叶显著纤维化或钙化，使瓣叶增厚、僵硬，瓣膜活动明显受限，S_1 反而减弱。另外，心肌收缩力增强和心动过速时，如高热、贫血、甲状腺功能亢进等也可使 S_1 增强。②S_1 减弱：常见于二尖瓣关闭不全。由于左心室舒张期过度充盈（包括由肺静脉回流的血液加收缩期反流入左心房的血液），使二尖瓣漂浮，以致在心室收缩前二尖瓣位置较高，关闭时振幅小，S_1 减弱。其他原因如心电图 PR 间期延长、主动脉瓣关闭不全等使心室充盈过度和二尖瓣位置较高；心肌炎、心肌病、心肌梗死或心力衰竭引起心肌收缩力减弱，等均可致 S_1 减弱。③S_1 强弱不等：常见于心房颤动和完全性房室传导阻滞。前者当两次心搏相近时 S_1 增强，相距远时则 S_1 减弱；后者当心房心室几乎同时收缩时 S_1 增强，又称“大炮音”（cannon sound），其产生机制为当心室收缩正好即刻出现在心房收缩之后（心电图上表现为 QRs 波接近 P 波出现），心室在相对未完全舒张和未被血液充分充盈的情况下，二尖瓣位置较低，急速的心室收缩使二尖瓣迅速和有力地关闭使 S_1 增强。

2）S_2强度改变：体或肺循环阻力的大小和半月瓣的病理改变是影响 S_2 的主要因素。S_2 有两个主要部分即主动脉瓣部分（A_2）和肺动脉瓣部分（P_2），通常 A_2 在主动脉瓣区最清楚，P_2 在肺动脉瓣区最清晰。一般情况下，青少年 $P_2>A_2$，成年人 $P_2=A_2$，而老年人 $P_2<A_2$。①S_2 增强：体循环阻力增高或血流增多时，主动脉压增高，主动脉瓣关闭有力，振动大，S_2 的主动脉瓣部分增强或亢进，可呈高调金属撞击音，可向心尖及肺动脉瓣区传导，常见于高血压、动脉粥样硬化等。肺循环阻力增高或血流量增多时，肺动脉压力增高，S_2 的肺动脉瓣部分亢进，可向胸骨左缘第 3 肋间传导，可见于肺源性心脏病、左向右分流的先天性心脏病（房间隔缺损、室间隔缺损、动脉导管未闭等）、二尖瓣狭窄伴肺动脉高压等。②S_2 减弱：由于体循环或肺循环阻力降低、血流减少、半月瓣钙化或严重纤维化时均可分别导致 S_2 的 A_2 或 P_2 减弱，可见于低血压、主动脉瓣或肺动脉瓣狭窄等。

3）S_1、S_2 同时发生改变：①同时增强，可见于心脏活动增强或心肌收缩力增强时如劳累、情绪波动等；②同时减弱，可见于心肌炎、心肌病、重症心肌梗死及左侧胸腔积液等。

（2）心音性质改变：心肌严重病变时，S_1 失去原有性质且明显减弱，S_2 也弱，S_1、S_2 极相似，可形成“单音律”。当心率增快，收缩期与舒张期时限几乎相等时，听诊类似钟摆声，又称“钟摆律”（pendulum rhythm）或“胎心律”，提示病情严重，是大面积急性心肌梗死和重症心肌炎等的重要体征。

（3）心音分裂（splitting of heart sounds）：生理条件下，心室收缩与舒张时两个房室瓣与两个半月瓣的关闭并非绝对同步，三尖瓣较二尖瓣延迟关闭 0.02～0.03 秒，肺动脉瓣迟于主动脉瓣约 0.03 秒，上述时间差不能被人耳分辨，听诊仍为一个声音。当 S_1 或 S_2 的两个主要成分之间的间距延长，导致听诊闻及心音分裂为两个声音即称心音分裂。

1）S_1 分裂：当左、右心室收缩明显不同步时，S_1 的两个成分相距 0.03 秒以上时，可出现 S_1 分裂，在心尖或胸骨左下缘可闻及 S_1 分裂。S_1 的分裂一般不因呼吸而有变异，常见于心室电或机械活动延迟，使三尖瓣关闭明显迟于二尖瓣。电活动延迟见于完全性右束支传导阻滞，机械活动延迟见于肺动脉高压等，由于右心室开始收缩时间晚于左心室、三尖瓣延迟关闭，以致 S_1 分裂。

2）S_2 分裂：临床上较常见，以肺动脉瓣区明显。见于下列情况：①生理性分裂（physiologic splitting），由于深吸气时因胸腔负压增加，右心回心血流增加，右心室排血时间延长，使肺动脉瓣关闭延迟，如果肺动脉瓣关闭明显迟于主动脉瓣关闭，则可在深吸气末出现 S_2 分裂，无心脏疾病存在，尤其是在青少年更常见。②通常分裂（general splitting），是临床上最为常见的 S_2 分裂，也受呼吸影响，见于某些使右心室排血时间延长的情况，如二尖瓣狭窄伴肺动脉高压、肺动脉瓣狭窄等，也可见于左室射血时间缩短，使主动脉瓣关闭时间提前（如二尖瓣关闭不全、室间隔缺损等）。③固定分裂（fixed splitting），指 S_2 分裂不受吸气、呼气的影响，S_2 分裂的两个成分时距较固定，可见于先天性心脏病房间隔缺损。房间隔缺损时，虽然呼气时右心房回心血量有所减少，但由于存在左心房向右心房的血液分流，右心血流仍然增加，排血时间延长，肺动脉瓣关闭明显延迟，致 S_2 分裂；当吸气时，回心血流增加，但右心房压力暂时性增高同时造成左向右分流稍减，抵消了吸气导致的右心血流增加的改变，因此其 S_2 分裂的时距较固定。④反常分裂（paradoxical splitting），又称逆分裂（reversed splitting），指主动脉瓣关闭迟于肺动脉瓣，吸气时分裂变窄，呼气时变宽。S_2 逆分裂是病理性体征，见于完全性左束支传导阻滞。另外主动脉瓣狭窄或重度高血压时，左心排血受阻，排血时间延长使主动脉瓣关闭明显延迟，也可出现 S_2 反常分裂。

5. 额外心音（extra cardiac sound）　指在正常 S_1、S_2 之外听到的病理性附加心音，与心脏杂音不同。多数为病理性，大部分出现在 S_2 之后即舒张期，与原有的心音 S_1、S_2 构成三音律（triple rhythm），如奔马律、开瓣音和心包叩击音等；也可出现在 S_1 之后即收缩期，如收缩期喷射音。少数可出现两个附加心音，则构成四音律（quadruple rhythm）。

（1）舒张期额外心音

1）奔马律（gallop rhythm）：系一种额外心音发生在舒张期的三音心律，由于同时常存在的心率增快，额外心音与原有的 S_1、S_2 组成类似马奔跑时的蹄声，故称奔马律。奔马律是心肌严重损害的体征。按出现时间早晚可分三种：①舒张早期奔马律（proto diastolic gallop），最为常见，常伴有心率增快，使 S_2 和 S_3 的间距与 S_1 和 S_2 的间距相仿。它与生理性 S_3 的主要区别是后者见于健康人，尤其是儿童和青少年，心率不快时易发现，S_3 与 S_2 的间距短于 S_1 与 S_2 的间距，左侧卧位及呼气末明显，坐位或立位时 S_3 可消失。舒张早期奔马律主要产生机制为心室舒张期负荷过重，心肌张力减低与顺应性减退，以致心室舒张时血液充盈引起室壁振动。舒张早期奔马律提示有严重器质性心脏病，常见于心力衰竭、急性心肌梗死、重症心肌炎与扩张性心肌病等。根据舒张早期奔马律不同来源又可分为左室奔马律与右室奔马律，以左室占多数。听诊部位为左室奔马律在心尖区稍内侧，呼气时响亮；右室奔马律则在剑突下或胸骨左缘第 5 肋间，吸气时响亮。②舒张晚期奔马律（1ate diastolic gallop），发生于 S_4 出现的时间，主要与心房收缩有关，是由于心室舒张末期压力增高或顺应性减退，以致心房为克服心室的充盈阻力而加强收缩所产生的异常心房音。多见于阻力负荷过重引起心室肥厚的心脏病，如高血压性心脏病、肥厚型心肌病、主动脉瓣狭窄等。③重叠型奔马律（summation gallop），为舒张早期和晚期奔马律在快速性心率或房室传导时间延长时在舒张中期重叠出现引起，此时额外音明显增强。当心率较慢时，两种奔马律可没有重叠，则听诊为 4 个心音，称舒张期四音律，常见于心肌病或心力衰竭。

2）开瓣音（opening snap）：又称二尖瓣开放拍击声，常位于 S_2 后 0.05～0.06 秒，见于二尖瓣狭窄而瓣膜功能尚可时。由于舒张早期血液自高压力的左房迅速流入左室，导致弹性尚好的瓣叶迅速开放后又突然停止，使瓣叶振动引起拍击样声音。听诊特点为音调高、历时短促而响亮、清脆，呈拍击样，在心尖内侧较清楚。开瓣音的存在可作为二尖瓣瓣叶弹性及活动尚好的间接指标，是二尖瓣分离术适应证的重要参考条件。

（2）收缩期额外心音：心脏在收缩期也可出现额外心音，可分别发生于收缩早期或中、晚期。

1）收缩早期喷射音（early systolic ejection sound）：又称收缩早期喀喇音，为高频爆裂样声音，高调、短促而清脆，紧接于 S_1 后 0.05～0.07 秒，在心底部听诊最清楚。其产生机制为扩大的肺动脉或主动脉在心室射血时动脉壁振动，以及在主、肺动脉阻力增高的情况下半月瓣瓣叶用力开启，或狭窄的瓣叶在开启时突然受限产生振动所致。其中肺动脉收缩期喷射音常见于肺动脉高压、原发性肺动脉扩张、轻中度肺动脉瓣狭窄和房间隔缺损、室间隔缺损等疾病；主动脉收缩期喷射音可见于高血压、主动脉瘤、主动脉瓣狭窄、主动脉瓣关闭不全与主动脉缩窄等。当瓣膜钙化和活动减弱时，此喷射音可消失。

2）收缩中、晚期喀喇音（mid and late systolic click）：高调、短促、清脆，如关门落锁的“Ka Ta”样声音，在心尖区及其稍内侧最清楚，改变体位从下蹲到直立可使喀喇音在收缩期的较早阶段发生，而下蹲位或持续紧握指掌可使喀喇音发生时间延迟。可由房室瓣（多数为二尖瓣）在收缩中、晚期脱入左房，瓣叶突然紧张或其腱索的突然拉紧产生震动所致，这种情况临床上称为二尖瓣脱垂。由于二尖瓣脱垂可造成二尖瓣关闭不全，血液由左室反流至左房，因而二尖瓣脱垂病人可同时伴有收缩晚期杂音。收缩中、晚期喀喇音合并收缩晚期杂音也称二尖瓣脱垂综合征。

知识链接

听诊心音时可大体参照以下步骤来进行：

（1）发生的时间：收缩期还是舒张期？

（2）听得最清楚的部位：心尖部？或第几肋间？与锁骨中线和腋中线距离如何？以确定病变位置。

（3）音调高低。

（4）传导部位。

（5）相关事件：如与呼吸关系、随心跳变化等。

（6）声音大小：属于几级？

（7）声音变化形式：由小变大还是由大变小？

通过系列的步骤判断，更有助于听诊和分析心音、杂音或额外心音。

6. 心脏杂音（cardiac murmurs） 是指心音与额外心音之外，在心脏收缩或舒张过程中产生的异常声音，杂音性质的判断对心脏病的诊断具有重要参考价值。

（1）产生机制：正常血流呈层流状态。在血流加速、异常血流通道、血管管径异常等情况下，可使层流转变为湍流或旋涡冲击心壁、大血管壁、瓣膜、腱索等使之振动继而在相应部位产生杂音（图 5-6-10）。

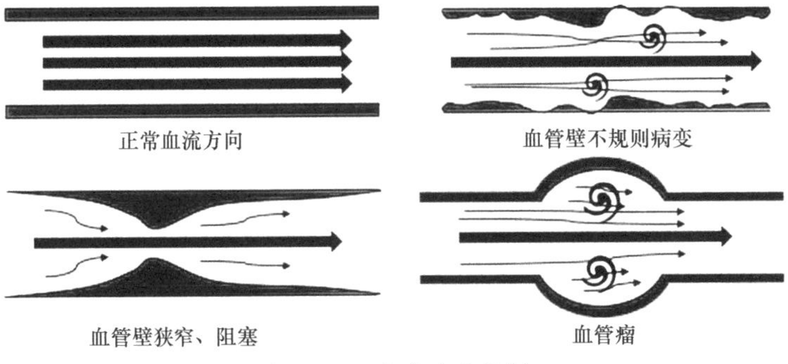

图 5-6-10 杂音产生机制

1）血流加速：血流速度越快，越容易产生旋涡，杂音也越响。如剧烈运动、严重贫血、高热、甲状腺功能亢进等，使血流速度明显增加时，即使没有瓣膜或血管病变也可产生杂音，或使原有杂音增强。

2）瓣膜口狭窄：血流通过狭窄处会产生湍流而形成杂音，是形成杂音的常见原因，如二尖瓣狭窄、主动脉瓣狭窄、肺动脉瓣狭窄、先天性主动脉缩窄等。

3）瓣膜关闭不全：心脏瓣膜由于器质性病变（畸形、粘连或穿孔等）形成的关闭不全或心腔扩大导致的相对性关闭不全，血液反流经过关闭不全的部位会产生旋涡而出现杂音，也是产生杂音的常见原因之一。如主动脉瓣关闭不全可闻及主动脉瓣区舒张期杂音，高血压性心脏病左心室扩大导致的二尖瓣相对关闭不全可在心尖区闻及收缩期杂音。

4）异常血流通道：在心腔内或大血管间存在异常通道，如室间隔缺损、动脉导管未闭等，血流经过这些异常通道时形成旋涡而产生杂音。

5）心腔异常结构：心室内乳头肌、腱索断裂的残端漂浮，均可能扰乱血液层流而出现杂音。

6）大血管瘤样扩张：血液在流经血管瘤（主要是动脉瘤）时也可能会形成涡流而产生杂音。

（2）杂音特性与听诊要点：杂音听诊有一定的难度，应根据以下要点进行仔细分辨并分析。

1）最响部位和传导方向：杂音最响部位常与病变部位有关，如杂音在心尖部最响，提示二尖瓣病变；杂音在主动脉瓣区或肺动脉瓣区最响，则分别提示主动脉瓣或肺动脉瓣病变；如在胸骨左缘第 3、4 肋间闻及响亮而粗糙的收缩期杂音，应考虑室间隔缺损等。杂音的传导方向也有一定规律，如二尖瓣关闭不全的杂音多向左腋下传导，主动脉瓣狭窄的杂音向颈部传导，而二尖瓣狭窄引起的隆隆样杂音则局限于心尖区。由于杂音多具有传导性，在心脏任何听诊区听到的杂音除考虑相应瓣膜病变外，还应考虑是否由其他部位传导所致。一般杂音传导得越远，其声音将变得越弱，但性质仍保持不变。可将听诊器自某一听诊区逐渐移向另一听诊区，若杂音逐渐减弱，只在某一听诊区杂音最响，则可能仅是这一听诊区相应的瓣膜或部位有病变，其他听诊区的杂音是传导而来的。若移动时，杂音先逐渐减弱，而移近另一听诊区时杂音有增强且性质不相同，应考虑两个瓣膜或部位均有病变。

2）心动周期中的时期：不同时期的杂音反映不同的病变。可分收缩期杂音（systolic murmurs）、舒张期杂音（diastolic murmurs）、连续性杂音（continuous murmurs）和双期杂音（收缩期与舒张期均出现但不连续的杂音）。还可根据杂音在收缩期或舒张期出现的早、晚而进一步分为早期、中期、晚期或全期杂音。一般认为，舒张期杂音和连续性杂音均为器质性杂音，而收缩期杂音则可能系器质性杂音或功能性杂音，应注意鉴别。

3）性质：临床上常用于形容杂音音调的词为柔和、粗糙，音色可形容为吹风样、隆隆样（雷鸣样）、机器样、喷射样、叹气样（哈气样）、乐音样和鸟鸣样等。不同音调与音色的杂音，反映不同的病理变化。临床上可根据杂音的性质，推断不同的病变，如心尖区舒张期隆隆样杂音是二尖瓣狭窄的特征；心尖区粗糙的吹风样全收缩期杂音，常指示二尖瓣关闭不全；心尖区柔和而高调的吹风样杂音常为功能性杂音；主动脉瓣第二听诊区舒张期叹气样杂音为主动脉瓣关闭不全等。

4）强度：杂音的响度及其在心动周期中的变化。收缩期杂音的强度一般采用 Levine 6 级分级法（表 5-6-4），对舒张期杂音的分级也可参照此标准。杂音分级的记录方法：杂音级别为分子，6 为分母；如响度为 2 级的杂音则记为 2/6 级杂音。

表 5-6-4 杂音强度分级

级别	响度	听诊特点	震颤
1	很轻	很弱，易被初学者或缺少心脏听诊经验者所忽视	无
2	轻度	能被初学者或缺少心脏听诊经验者听到	无
3	中度	明显的杂音	无
4	中度	明显的杂音	无
5	响亮	杂音很响	明显
6	响亮	杂音很响，即使听诊器稍离开胸壁也能听到	明显

5）体位、呼吸和运动对杂音的影响：采取某一特定体位或体位改变、运动后、深吸气或呼气、屏气等动作均可使某些杂音增强或减弱，有助于杂音的判别。①体位：左侧卧位可使二尖瓣狭窄的舒张期隆隆样杂音更明显；前倾坐位时，易于闻及主动脉瓣关闭不全的叹气样杂音；仰卧位则二尖瓣、三尖瓣与肺动脉瓣关闭不全的杂音更明显。此外，迅速改变体位，由于血流分布和回心血量的

改变也可影响杂音的强度，如从卧位或下蹲位迅速站立，使瞬间回心血量减少，从而使二尖瓣、三尖瓣、主动脉瓣关闭不全及肺动脉瓣狭窄与关闭不全的杂音均减轻，而肥厚型梗阻性心肌病的杂音则增强。②呼吸：深吸气时，胸腔负压增加，回心血量增多和右心室排血量增加，从而使与右心相关的杂音增强，如三尖瓣或肺动脉瓣狭窄与关闭不全。③运动：使心率增快，心搏增强，在一定的心率范围内亦使杂音增强。

（3）杂音的分类：根据杂音的产生部位及心脏有无器质性病变可分为器质性杂音与功能性杂音；根据杂音的临床意义又可以分为病理性杂音和生理性杂音（包括无害性杂音）。器质性杂音是指杂音产生部位有器质性病变存在，功能性杂音包括：①生理性杂音；②全身性疾病造成的血流动力学改变产生的杂音（如甲状腺功能亢进使血流速度明显增加）；③有心脏病理意义的相对性关闭不全或狭窄引起的杂音（也可称相对性杂音）。后者心脏局部虽无器质性病变，但它与器质性杂音又可合称为病理性杂音。应注意的是，生理性杂音必须符合以下条件：只限于收缩期、心脏无增大、杂音柔和、吹风样、无震颤。生理性与器质性收缩期杂音的鉴别如表 5-6-5 所示。

表 5-6-5　生理性与器质性收缩期杂音鉴别要点

鉴别点	生理性	器质性
年龄	儿童、青少年多见	不定
部位	肺动脉瓣区和（或）心尖区	不定
性质	柔和、吹风样	粗糙、吹风样、常呈高调
持续时间	短促	较长、常为全收缩期
强度	≤2/6 级	常≥3/6 级
震颤	无	3/6 级以上可伴有震颤
传导	局限	沿血流方向传导较远而广

（4）杂音的临床意义：杂音听诊对心血管疾病的诊断与鉴别诊断有重要价值。但有杂音不一定有心脏病，有心脏病也可无杂音。根据杂音出现在心动周期中的时期与部位，将杂音的特点和临床意义分述如下：

1）收缩期杂音

A. 二尖瓣区：①功能性，常见于运动、发热、贫血、妊娠与甲状腺功能亢进等，杂音性质柔和、吹风样、强度 2/6 级，时限短，较局限；高血压性心脏病、冠心病、贫血性心脏病和扩张型心肌病等，可导致左心增大引起二尖瓣相对关闭不全，杂音性质较粗糙、吹风样、强度 2/6～3/6 级，时限较长，可有一定的传导。②器质性，常见于风湿性心瓣膜病二尖瓣关闭不全等，杂音性质粗糙、吹风样、高调，强度≥3/6 级，持续时间长，可占全收缩期，甚至遮盖 S_1，并向左腋下传导。

B. 主动脉瓣区：①功能性，见于升主动脉扩张，如高血压和主动脉粥样硬化，杂音柔和，常有 A_2 亢进。②器质性，主要见于主动脉瓣狭窄，杂音为典型的喷射性收缩中期杂音，响亮而粗糙，递增递减型，向颈部传导，常伴有震颤，常有 A_2 减弱。

C. 肺动脉瓣区：①功能性，生理性杂音在青少年及儿童中多见，呈柔和、吹风样，强度在 2/6 级以下，时限较短；肺淤血及肺动脉高压导致肺动脉扩张产生的肺动脉瓣相对性狭窄产生的杂音，听诊特点与生理性类似，杂音强度较响，P_2 亢进。②器质性，主要见于肺动脉瓣狭窄，杂音呈典型的收缩中期杂音，喷射性、粗糙、强度≥3/6 级，常伴有震颤且 P_2 减弱。

D. 三尖瓣区：①功能性，多见于右心室扩大的病人，如二尖瓣狭窄、肺源性心脏病后右心室扩大导致三尖瓣相对性关闭不全，杂音为吹风样、柔和，吸气时增强，一般在 3/6 级以下，可随病情好转、心腔缩小而减弱或消失。②器质性，极少见，听诊特点与器质性二尖瓣关闭不全类似，但不传至腋下，可伴颈静脉和肝脏收缩期搏动。

E. 其他部位：①功能性，胸骨左缘第 2～4 肋间，部分青少年中可闻及生理性（无害性）杂音，可能系左心室或右心室将血液排入主动脉或肺动脉时产生的紊乱血流所致。杂音 1/6～2/6 级、柔和、无传导，平卧位吸气时杂音易闻及，坐位时杂音减轻或消失。②器质性，胸骨左缘第 3、4 肋间响亮而粗糙的收缩期杂音伴震颤，有时呈喷射性，提示室间隔缺损等。

2）舒张期杂音

A. 二尖瓣区：①功能性，主要见于中、重度主动脉瓣关闭不全，导致左室舒张期容量负荷过高，使二尖瓣基本处于半关闭状态，呈现相对狭窄而产生的杂音，称 Austin Flint 杂音。②器质性，主要见于风湿性心瓣膜病的二尖瓣狭窄。听诊特点为心尖 S_1 亢进，局限于心尖区的舒张中、晚期低调、隆隆样、递增型杂音，平卧或左侧卧位易闻及，常伴有震颤。

B. 主动脉瓣区：主要见于主动脉瓣关闭不全所致的器质性杂音，呈舒张早期递减型柔和叹气样杂音，常向胸骨左缘及心尖传导，于主动脉瓣第二听诊区、前倾坐位、深呼气后屏气最清楚。常见病因包括风湿性心瓣膜病或先天性心脏病的主动脉瓣关闭不全，特发性主动脉瓣脱垂、梅毒性升主动脉炎和马方综合征所致主动脉瓣关闭不全等。

C. 肺动脉瓣区：器质性病变少见，多为肺动脉扩张导致相对性关闭不全所致的功能性杂音。杂音柔和、较局限、呈舒张期递减型、吹风样，于吸气末增强，常合并 P_2 亢进，称 Graham steell 杂音，常见于二尖瓣狭窄伴明显肺动脉高压。

D. 三尖瓣区：局限于胸骨左缘第 4、5 肋间，低调隆隆样，深吸气末杂音增强，见于三尖瓣狭窄，极为少见。

3）连续性杂音：常见于先天性心脏病动脉导管未闭。杂音粗糙、响亮似机器转动样，持续于整个收缩与舒张期，其间不中断，掩盖 S_2。在胸骨左缘第 2 肋间稍外侧闻及，常伴有震颤。此外，先天性心脏病主肺动脉间隔缺损也可有类似杂音，但位置偏内而低，约在胸骨左缘第 3 肋间。冠状动静脉瘘、冠状动脉窦瘤破裂也可出现连续性杂音，但前者杂音柔和；后者有冠状动脉窦瘤破裂的急性病史。

7. 心包摩擦音（pericardial friction sound） 指脏层与壁层心包由于生物性或理化因素致纤维蛋白沉积而粗糙，以致在心脏搏动时产生摩擦而出现的声音。音质粗糙、高音调、搔抓样、比较表浅，类似纸张摩擦的声音。在心前区或胸骨左缘第 3、4 肋间最响亮，坐位前倾及呼气末更明显。典型者摩擦音的声音呈三相：心房收缩–心室收缩–心室舒张期，但多为心室收缩、舒张的双期摩擦音，有时也可仅出现在收缩期。心包摩擦音与心搏一致，屏气时摩擦音仍存在，可据此与胸膜摩擦音相鉴别。见于各种感染性心包炎，也可见于急性心肌梗死、尿毒症、心脏损伤后综合征和系统性红斑狼疮等非感染性情况。当心包腔有一定积液量后，摩擦音可消失。

案例 5-6-1 分析讨论（4）

入院即刻给予氧气吸入，心电监护。2 小时后复查心电图提示 ST 段抬高不明显，已经基本回降，T 波高耸直立，未见病理性 Q 波；QRS 波群高耸直立，时间延长；心脏彩超示左心室肥厚明显，左心房轻度肥大，余未见异常，胸片未见明显异常，双肾及肾上腺彩超正常。一段时间后，病情好转出院；医嘱院外口服阿司匹林、美托洛尔、阿托伐他汀等药物，定期复查。

五、相关护理诊断

1. 心排血量减少 与左心功能不全有关。

2. 外周组织灌注无效 与心功能不全、外周有效循环血容量下降有关。

3. 活动无耐力 与心功能不全、外周有效循环血容量下降有关。

4. 有心排血量减少的危险 与心功能不全有关。

5. 有心脏组织灌注不足的危险 与心功能不全有关。
6. 有外周组织灌注无效的危险 与心功能不全有关。
7. 有胃肠道灌注无效的危险 与心功能不全有关。
8. 有肾脏灌注无效的危险 与心功能不全有关。
9. 有脑组织灌注无效的危险 与心功能不全有关。
10. 有活动无耐力的危险 与心功能不全、外周有效循环血容量下降有关。
11. 有休克的危险 与心力衰竭有关。
12. 知识缺乏
13. 恐惧

（林蓓蕾）

第七节 血 管 检 查

案例 5-7-1

张某，女，56 岁。间断性头痛、头晕、心悸、失眠 5 年。近半个月出现咳嗽、咳白色浆液性泡沫痰、劳累后呼吸困难等表现。

问题：

应重点为病人做哪些方面的体格检查？

一、脉 搏

（一）视诊

周围血管视诊时应注意肢体皮肤及甲床的颜色、静脉分布的形式、肢体有无水肿等。正常肢体发育匀称，皮肤颜色与身体其他部位相似，甲床呈粉红色，静脉无曲张、无水肿。

病理情况可见浅表静脉形态异常改变，如乳房根治术上臂淋巴结摘除的病人常有上肢的淋巴水肿。上肢静脉阻塞时，病人的手臂水肿且静脉明显浮现。大（小）隐静脉曲张时下肢前内方静脉扭曲、扩张，严重者呈囊状突起，扭曲成团。血栓性静脉炎的病人常有下肢肿胀、浅静脉扩张，有时可见肢体发绀。

（二）触诊

触诊浅表动脉为检查脉搏（pulse）的主要方法，一般多选桡动脉，以并拢的示指、中指和无名指的指腹轻压浅表动脉进行触诊。触诊时注意比较两侧脉搏的强弱及出现时间是否相同，触诊血管的硬度，有无压痛，脉搏的频率、节律、紧张度，脉搏的波形及动脉壁的情况。

1. 脉率 正常成人安静时，脉率（pulse rate）为 60～100 次/分。生理情况下，脉率受性别、年龄、运动、情绪、昼夜节律等因素影响。病理情况下，脉率增快可见于发热、贫血、甲状腺功能亢进、心肌炎、心功能不全、休克、阵发性心动过速、心房颤动等；脉率减慢可见于颅内压增高、阻塞性黄疸、完全性房室传导阻滞、甲状腺功能减退等。

2. 脉律 脉搏的节律反映心脏冲动的节律。正常脉搏的节律是规则的。窦性心律不齐者的脉律（pulse rhythm）可随呼吸改变，吸气时增快，呼气时减慢。各种心律失常，在脉搏上均可反映出来，如期前收缩二联律或三联律时，可出现有一定规律的不整脉；心房颤动时出现脉律绝对不规则、强弱不等、脉率少于心率；不完全性房室传导阻滞时可出现脉搏脱漏。

3. 脉搏强弱 脉搏的强弱与心排血量、脉压、外周阻力的大小有关。心排血量增加、脉压增大、外周阻力降低时，脉搏有力而振幅大，称为洪脉（bounding pulse），可见于发热，甲状腺功能亢进、主动脉瓣关闭不全等；反之，心排血量减少、脉压小、外周阻力增加时，脉搏减弱，称细脉（small pulse），可见于心力衰竭、休克、主动脉瓣狭窄、周围循环衰竭等。

4. 脉搏波形 当血流通过动脉时，动脉内压力上升和下降的情况通过脉波计描记出来的曲线称脉波，也可通过触诊粗略感知脉波（图 5-7-1）。

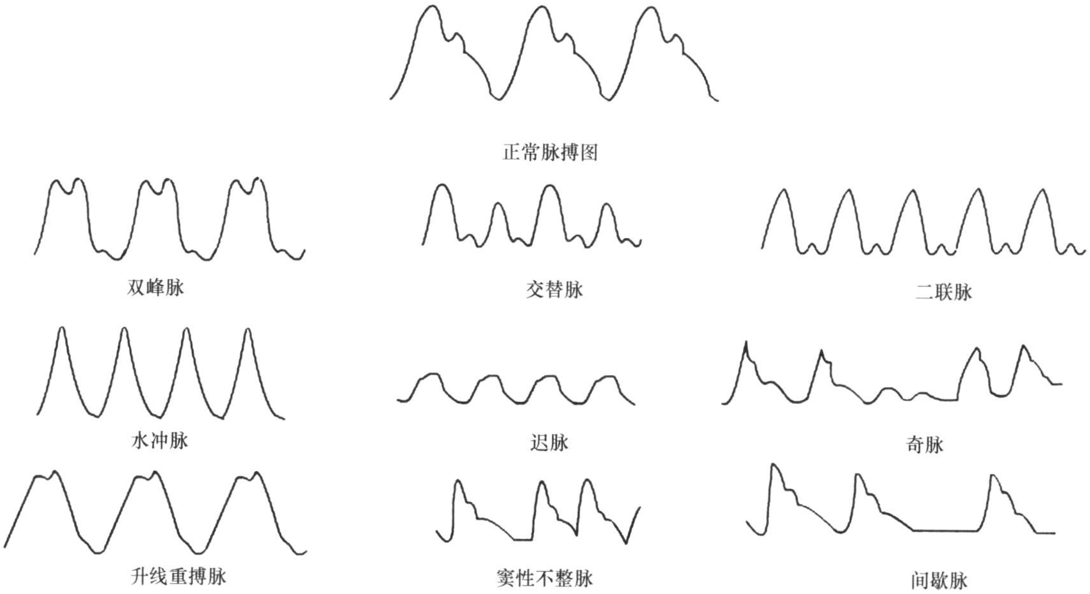

图 5-7-1 脉搏波形图

（1）水冲脉（water hammer pulse）：检查时护士紧握病人腕部掌面桡动脉处，将其前臂抬高过头，感受桡动脉的搏动。如果出现脉搏骤起骤降，急促而有力，犹如潮水冲涌，即为水冲脉，主要由于脉压增大所致。常见于主动脉瓣关闭不全、动脉导管未闭，也可见于重症发热性疾病、甲状腺功能亢进、严重贫血、情绪激动等。

（2）交替脉（pulses alternans）：指节律规则而强弱交替出现的脉搏。由左心室收缩强弱交替引起，是左心衰竭的重要体征。可见于高血压性心脏病、急性心肌梗死和主动脉瓣关闭不全等。

（3）奇脉（paradoxical pulse）：指吸气时脉搏明显减弱或消失的现象。可见于心包积液和缩窄性心包炎，是心脏压塞的重要体征之一。心包积液或缩窄性心包炎的病人吸气时右心舒张功能受限，体循环血液向右心回流减少，结果使肺静脉流入左心的血容量较正常时减少，因而左心室搏出量也随之减少，形成吸气时脉搏减弱或消失。

（4）迟脉（pulse tardus）：指升支上升缓慢、波顶平宽，降支也缓慢，常于主动脉瓣狭窄引起的脉压减小有关。

（5）无脉（pulseless）：指触不到脉搏，见于严重休克、多发性大动脉炎或肢体栓塞等。

二、血 压

血压（blood pressure，BP）是指血管内的血液对血管壁产生的侧压力。心室收缩时，主动脉内压力急剧升高，在收缩中期达到最高值，称为收缩压（systolic blood pressure，SBP）；心室舒张时，主动脉内压力下降，在舒张末期达最低值，称为舒张压（diastolic blood pressure，DBP）。收缩压与舒张压的差值为脉压（pulse pressure）。舒张压加 1/3 脉压为平均动脉压（mean arterial pressure）。

（一）血压测量方法

1. 病人准备 测血压前 30 分钟内禁烟、酒、咖啡、浓茶及对血压有影响的药物等，并在安静环境中休息至少 5 分钟。

2. 体位 可取坐位或仰卧位，暴露上肢，上肢伸直并轻度外展。测量时，被测上肢的肘部置于心脏同一水平。

3. 缚袖带 先把袖带内的空气排尽，然后将袖带紧贴皮肤缚于上臂，使其下缘在肘窝以上 2～3cm，袖带中央位于肱动脉上。袖带松紧度以恰能放进一个手指为宜。

4. 放置听诊器 将听诊器体件置于肘窝部、肱二头肌肌腱内侧的肱动脉搏动最强处，轻压、贴紧。

5. 充气加压 旋紧气栓，向袖带内缓缓充气，边充气边听诊，待肱动脉搏动消失后，再充气使压力升高 20～30mmHg。

6. 放气、读值 缓慢放掉袖带内气体，边听边注视汞柱的下降，当听到第一声响亮的血管搏动声时血压计汞柱所在的血压值即为收缩压，声音消失前血压计汞柱所在的血压值即为舒张压。

7. 确定血压值 以同样的方法测量 2 次，取均值为血压值。

（二）注意事项

1. 重复测量时应将袖带内气体完全排空后 2～3 分钟再测量。

2. 采用适当尺寸的袖带，肥胖的人用宽袖带，特别瘦弱的人和儿童用窄袖带。

（三）血压变化的意义

新生儿血压为（50～60）/（30～40）mmHg。由成年期至老年期，血压随着年龄的增长而稍有增高，男性较女性稍高，老年人血压性别差异较小。由于血压的影响因素较多，因此不能根据一次测量结果判断其正常与否，应根据多次测量结果综合判断。正常成人脉压为 30～40mmHg，双侧上肢脉压为 5～10mmHg，下肢血压高于上肢 20～40mmHg。18 岁以上成人血压标准及高血压分类如表 5-7-1 所示。

表 5-7-1 成人血压标准及高血压分类

类型	收缩压（mmHg）		舒张压（mmHg）
理想血压	＜120	和	＜80
正常血压	＜130	和	＜85
正常高值	130～139	和（或）	85～89
高血压	≥140	和（或）	≥90
1 级高血压（轻度）	140～159	和（或）	90～99
2 级高血压（中度）	160～179	和（或）	100～109
3 级高血压（重度）	≥180	和（或）	≥110
单纯收缩期高血压	≥140	和	＜90

1. 高血压 血压高于正常标准，称为高血压（hypertension）。原因不明的高血压称为原发性高血压，临床比较多见。由于某些疾病引起的高血压称为继发性高血压，如肾动脉狭窄、肾实质病变、嗜铬细胞瘤、原发性醛固酮增多症等。

2. 低血压 血压低于 90/60mmHg，称为低血压（hypotension）。分为生理性低血压和病理性低血压，生理性低血压是指健康人血压长期低于 90/60mmHg，但无任何不适症状，长期随访无组织器官缺血和缺氧等损害，常见于运动量较大的人，如重体力劳动者、运动员及瘦长体型的女性。

病理性低血压根据起病形式分为急性和慢性两类。急性低血压是指血压由正常或较高水平突然明显降低，同时出现头晕、黑矇、四肢瘫软、心悸、出冷汗等重要脏器缺血和缺氧的表现，多见于休克、急性心肌梗死、心脏压塞、极度衰弱者。慢性低血压是指血压持续低于正常标准，根据病因不同分为直立性低血压、体质性低血压和继发性低血压等。

3. 脉压增大或减小 脉压大于 40mmHg 称为脉压增大，多见于主动脉瓣关闭不全、动脉导管未闭、甲状腺功能亢进、严重贫血等。脉压小于 30mmHg 称为脉压减小，见于主动脉瓣狭窄、心力衰竭、低血压、心包积液等。

4. 双侧上肢血压差别显著 正常人双侧肢体的血压相似或有轻度差异。若双侧上肢血压相差 10mmHg 以上则属异常，见于多发性大动脉炎、先天性动脉畸形、血栓闭塞性脉管炎等。

5. 上、下肢血压差异常 袖带法测量血压时，正常人下肢血压较上肢血压高 20～40mmHg。如果下肢血压低于或等于上肢血压，则提示相应部位动脉狭窄或闭塞，多见于主动脉瓣狭窄、胸腹主动脉型大动脉炎、髂动脉或股动脉闭塞。

三、周围血管征

周围血管征包括水冲脉、枪击音、杜柔（Duroziez）双重杂音和毛细血管搏动征，主要是由于脉压增大所致，常见于主动脉关闭不全、动脉导管未闭、严重贫血和甲状腺功能亢进等。

1. 枪击音（pistol shot sound） 正常人颈动脉及锁骨下动脉可闻及相当于第一、二心音的两个声音，称为正常动脉音。如果在四肢动脉，特别是股动脉和肱动脉处，听到一种短促的如同射击时的“Ta-Ta-”声，称为枪击音。

2. 杜柔双重杂音 以听诊器的模型体件稍加压力置于股动脉或肱动脉上，可闻及收缩期与舒张期吹风样杂音，称为杜柔双重杂音。

3. 毛细血管搏动征（capillary pulsation） 用手指轻压甲床末端，或用清洁玻片轻压被检查者口唇黏膜，如果见到受压部分的边缘有随心脏搏动而有规律的红白交替现象，称为毛细血管搏动征。

四、血管杂音

（一）静脉杂音

由于静脉压力低，不易出现湍流，一般不出现杂音。比较有意义的静脉杂音为颈静脉瓮鸣声，尤其是右侧颈根部近锁骨处，可闻及低调、柔和的连续性杂音，坐位及站立位明显，系颈静脉血流快速回流入上腔静脉所致。用手指压迫颈静脉暂时中断血流，则杂音消失，属于无害性杂音。

（二）动脉杂音

常见的周围动脉杂音：甲状腺功能亢进时，甲状腺区有时可闻及吹风样收缩期杂音；多发性大动脉炎的狭窄部位可出现收缩期杂音；肾动脉狭窄时可在上腹部和腰背部闻及收缩期杂音；外周动脉瘘时在病变部位可出现连续性杂音。

案例 5-7-1（续）

检查发现该病人血压为 175/110mmHg，心率 116 次/分。触诊脉搏强弱交替，节律整齐，频率 116 次/分。

问题：

1. 该病人属于几级高血压？
2. 该病人脉搏有什么异常？最可能引起异常的原因是什么？

案例 5-7-1 分析讨论

1. 作为护士，应为该病人重点做心肺的体格检查、测量血压、触诊脉搏等。
2. 该病人属于 3 级高血压。
3. 该病人脉搏属于交替脉，最可能引起交替脉的原因是高血压导致左心衰。

五、相关护理诊断

1. 外周组织灌注不足 无脉/血压下降，与低血容量有关。

2. 有休克的危险 细脉、无脉、血压下降、脉压减小，与大量失血有关。

（刘永民）

第八节 腹部检查

案例 5-8-1

谢某，男，41 岁。因“食欲减退、乏力 3 个月，腹胀 1 周”入院。病人自诉 3 个月来食欲下降，厌油腻食物，腹胀，自觉腹围进行性增加，精神、睡眠欠佳，大小便正常，体力下降。初步诊断：肝硬化并腹水。

问题：

1. 为该病人进行专科检查。
2. 该病人可能的护理诊断有哪些？

腹部主要由腹壁、腹腔和腹腔内脏器组成。腹部范围上起横膈，下至骨盆。腹部体表上以两侧肋弓下缘和胸骨剑突与胸部为界，下至两侧腹股沟韧带和耻骨联合，前面及侧面为腹壁，后面为脊柱及腰肌。腹腔内有很多重要脏器，腹部检查是体格检查的重要组成部分。腹部检查要求充分暴露全腹部，注意保暖，光线自然、柔和，为避免触诊刺激胃肠蠕动而影响听诊，腹部检查按视、听、叩、触的顺序进行，而记录时为了格式的统一，仍按视、触、叩、听顺序。

一、腹部体表标志及分区

为了准确描述和记录脏器及病变部位，必须首先熟悉腹部脏器的部位及其在体表的投影，熟悉各种体表标志及腹部分区。

（一）体表标志

常用的体表标志有（图 5-8-1）：

1. 肋弓下缘（costal margin） 肋弓由第 8～10 肋软骨和第 11、12 浮肋连接而成，其下缘为腹部上界，常用于腹部分区和肝脾测量、胆囊点定位。

2. 剑突（xiphoid process） 为胸骨下端的软骨，是体表腹部上界，常用于肝脏测量的定位。

3. 腹上角（upper abdominal angle） 为两侧肋弓至剑突根部的交角，常用于判断体型及肝脏测量的定位。

4. 脐（umbilicus） 为腹部中心，平第 3～4 腰椎之间，常用于腹部分区、腰椎穿刺定位及阑尾压痛点的定位。

5. 髂前上棘（anterior superior iliac spine）　为髂嵴前上方的突出点，常用于腹部分区、骨髓穿刺部位及阑尾压痛点的定位。

6. 腹直肌外侧缘（lateral border of rectus muscles）　相当于锁骨中线的延续，常用于胆囊点的定位。

7. 腹中线（ventral median line）　为前正中线的延续，常用于腹部分区。

8. 腹股沟韧带（inguinal ligament）　两侧腹股沟韧带与耻骨联合上缘共同构成腹部体表的下界，是股动、静脉的定位标志，也是腹股沟疝通过的部位。

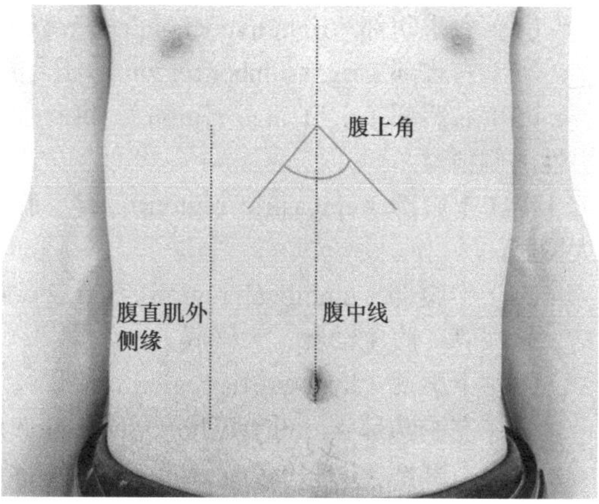

图 5-8-1　腹部体表标志示意图

9. 肋脊角（costovertebral angle）　背部两侧第 12 肋骨与脊柱的交角，为检查肾脏叩击痛的位置。

10. 耻骨联合（pubic symphysis）　两耻骨间的纤维软骨连接，与耻骨共同组成腹部体表下界。

（二）腹部分区

借助体表标志可将腹部人为的划分为几个区域，常用的腹部分区法有四区分法和九区分法：

1. 四区分法　通过脐画一水平线与一垂直线，两线相交将腹部分为四区，即右上腹、右下腹、左上腹、左下腹（图 5-8-2）。各区所包含主要脏器如下：

（1）右上腹部（right upper quadrant）：肝、胆囊、幽门、十二指肠、小肠、胰头、右肾上腺，右肾、结肠肝曲、部分横结肠、腹主动脉、大网膜。

（2）右下腹部（right lower quadrant）：盲肠、阑尾、部分升结肠、小肠、右输尿管、胀大的膀胱、淋巴结、女性右侧卵巢和输卵管、增大的子宫、男性右侧精索。

（3）左上腹部（left upper quadrant）：肝左叶、脾、胃、小肠、胰体、胰尾、左肾上腺、左肾、结肠脾曲、部分横结肠、腹主动脉、大网膜。

（4）左下腹部（left lower quadrant）：乙状结肠、部分降结肠、小肠、左输尿管、胀大的膀胱、淋巴结、女性左侧卵巢和输卵管、增大的子宫、男性左侧精索。

四区分法简单易行，但较粗略，难以准确定位为其不足之处。

2. 九区分法　用两条水平线和两条垂直线将腹部划分为上腹部、中腹部、下腹部，左、右季肋部，左、右腰部，左、右髂部九个区。两条水平线分别是两侧肋弓下缘最低点的连线和两侧髂前上棘的连线，两条垂直线分别为左右两侧髂前上棘至腹正中线连线的中点所作的垂直线（图 5-8-3）。

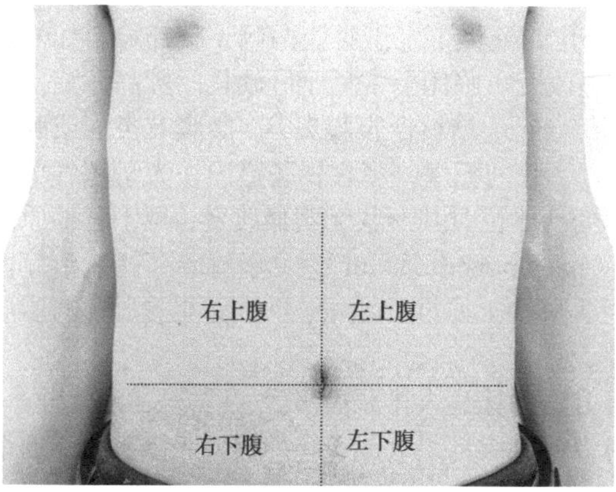

图 5-8-2　腹部体表分区（四区分法）

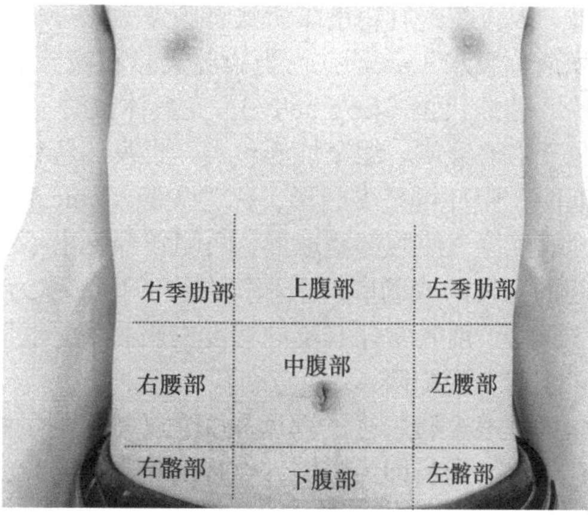

图 5-8-3　腹部体表分区（九区分法）

（1）右季肋部（right hypochondriac region）：肝右叶、胆囊、结肠肝曲、右肾上腺、右肾。

（2）右腰部（right lumber region）：升结肠、空肠、右肾。

（3）右髂部（right iliac region）：盲肠、阑尾、回肠下端、淋巴结、女性右侧卵巢和输卵管、男性右侧精索。

（4）上腹部（epigastric region）：胃、肝左叶、十二指肠、胰头、胰体、横结肠、腹主动脉、大网膜。

（5）中腹部（umbilical region）：十二指肠、空肠、回肠、下垂的胃或横结肠、肠系膜及淋巴结、输尿管、腹主动脉、大网膜。

（6）下腹部（hypogastric region）：回肠、乙状结肠、输尿管、胀大的膀胱、女性增大的子宫。

（7）左季肋部（left hypochondriac region）：脾、胃、结肠脾曲、胰尾、左肾上腺、左肾。

（8）左腰部（left 1umbar region）：降结肠、空肠、回肠、左肾。

（9）左髂部（left iliac region）：乙状结肠、淋巴结、女性左侧卵巢和输卵管、男性左侧精索。

九区分法较细，定位准确，但因各区较小，包含脏器常超过一个分区，加之体型不同，脏器位置可略有差异，应予注意。

二、视　诊

进行腹部视诊前，嘱病人排空膀胱，取低枕仰卧位，两手自然置于身体两侧，充分暴露全腹，上自剑突，下至耻骨联合。光线宜充足而柔和，从前侧方射入视野，有利于观察腹部表面的器官轮廓、肿块、肠型和蠕动波等。护士应站立于病人右侧，按一定顺序自上而下地观察腹部，当观察细小隆起或蠕动波时，护士应将视线降低至腹平面，从侧面呈切线方向进行观察。

腹部视诊的主要内容有腹部外形、呼吸运动、腹壁皮肤、腹壁静脉、胃肠型和蠕动波等。

（一）腹部外形

健康正常成年人平卧位时，前腹壁大致处于肋缘至耻骨联合平面或略微凹陷，称腹部平坦；肥胖者及小儿（尤其餐后）腹部外形较饱满，前腹壁稍高于肋缘与耻骨联合的平面，称为腹部饱满；消瘦者及老年人，因腹壁皮下脂肪较少，腹部下陷，前腹壁稍低于肋缘与耻骨联合的平面，称为腹部低平，这些都属于正常腹部外形。

1. 腹部膨隆　仰卧位时前腹壁明显高于肋缘至耻骨联合的平面，外观呈凸起状，称腹部膨隆（abdominal protuberance），可因生理状况如肥胖、妊娠，或病理状况如腹水、腹内积气、巨大肿瘤等引起，因情况不同又可表现为以下几种：

（1）全腹膨隆：弥漫性膨隆的腹部呈球形或椭圆形，除因肥胖、腹壁皮下脂肪明显增多、脐凹陷外，因腹腔内容物增多所致者腹壁无增厚，腹压影响使脐突出。常见于下列情况：①腹水，腹腔内积液称腹水（ascites）。当腹腔大量积液，病人仰卧位时液体下沉于腹腔两侧，腹部宽扁如同蛙腹状，称蛙状腹（frog belly）。变换体位时，腹形明显改变。临床上常见于肝硬化门脉高压症，亦可见于右心衰竭、缩窄性心包炎、腹膜癌转移、肾病综合征、结核性腹膜炎等。腹膜有炎症或肿瘤浸润时，腹部可呈尖凸形，称为尖腹（apical belly）。②腹内积气，多在胃肠道内，大量积气可引起全腹膨隆，使腹部呈球形，两侧腰部膨出不明显，变动体位时其形状无明显改变，见于各种原因引起的肠梗阻或肠麻痹。积气在腹腔内，称为气腹（pneumoperitoneum），见于胃肠穿孔或治疗性人工气腹，前者常伴有不同程度的腹膜炎。③腹内巨大肿块，如足月妊娠、巨大卵巢囊肿、畸胎瘤等可引起全腹膨隆。

为观察全腹膨隆的程度和变化，常需测量腹围。方法为让病人排尿后平卧，用软尺经脐绕腹一周，测得的周长即为腹围，称脐周腹围。同时，还可以测其腹部最大周长，称最大腹围。腹围通常以厘米表示。

（2）局部膨隆：腹部的局限性膨隆常因为脏器肿大，腹内肿瘤或炎性肿块、胃或肠胀气，以及腹壁上的肿物和疝等。视诊时应注意膨隆的部位、外形，是否随呼吸而移位或随体位而改变，有无搏动等。脏器肿大一般都在该脏器所在部位，并保持该脏器的外形特征。

上腹中部膨隆常见于肝左叶肿大、胃癌、胃扩张（如幽门梗阻、胃扭转）、胰腺肿瘤或囊肿等。右上腹膨隆常见于肝大（肿瘤、脓肿、淤血等）、胆囊肿大及结肠肝曲肿瘤等。左上腹膨隆常见于脾大、结肠脾曲肿瘤或巨结肠。腰部膨隆见于多囊肾、巨大肾上腺肿瘤、肾盂大量积水或积脓。脐部膨隆常因脐疝、腹部炎症性肿块（如结核性腹膜炎致肠粘连）引起。下腹膨隆常见于子宫增大（妊娠、子宫肌瘤等）、膀胱胀大，后者在排尿后可以消失。右下腹膨隆常见于回盲部结核或肿瘤、Crohn病及阑尾周围脓肿等。左下腹膨隆见于降结肠及乙状结肠肿瘤，亦可因干结粪块所致。此外还可因游走下垂的肾脏或女性的卵巢癌或囊肿而致下腹部膨隆。

有时局部膨隆是由于腹壁上的肿块（如皮下脂肪瘤、结核性脓肿等）而非腹腔内病变。其鉴别方法是嘱病人仰卧位做屈颈抬肩动作，使腹壁肌肉紧张，如肿块更加明显，说明肿块位于腹壁上；如变得不明显或消失，说明肿块在腹腔内，被收缩变硬的腹肌所掩盖。

2. 腹部凹陷 仰卧时前腹壁明显低于肋缘至耻骨联合的平面，称腹部凹陷（abdominal concavity），凹陷亦分为全腹凹陷和局部凹陷。

（1）全腹凹陷：见于消瘦和脱水者。严重时前腹壁凹陷几乎贴近脊柱，肋弓、髂嵴和耻骨联合显露，腹外形如舟状，称为舟状腹（scaphoid abdomen），见于恶性肿瘤晚期、结核、神经性厌食、糖尿病、严重的甲状腺功能亢进等病人。吸气时腹壁凹陷见于膈肌麻痹和上呼吸道梗阻病人。

（2）局部凹陷：较少见。多因手术后腹壁瘢痕收缩引起，病人立位或增加腹压时，凹陷更加明显。

（二）呼吸运动

正常人呼吸时腹壁上下起伏，吸气时上抬，呼气时下陷，即为腹式呼吸运动。成年男性及儿童以腹式呼吸为主；女性以胸式呼吸为主，腹壁起伏不明显。

腹式呼吸减弱常见于腹膜炎症、腹水、急性腹痛、腹腔内巨大肿物或妊娠等。腹式呼吸消失常见于胃肠穿孔所致急性腹膜炎或膈肌麻痹等。腹式呼吸增强不多见，常因癔症性呼吸或胸腔疾病等使胸式呼吸受限所致。

（三）腹壁静脉

正常人腹壁静脉一般不显现，消瘦或皮肤白皙者隐约可见，皮肤较薄而松弛的老年人亦可见，但无迂曲。

腹壁静脉明显可见或迂曲变粗，称为腹壁静脉曲张（abdominal wall varicosis），常见于门静脉高压致循环障碍或上、下腔静脉回流受阻而有侧支循环形成。此时门静脉高压显著时，于脐部可见到一簇曲张静脉向四周放射，如水母头（caput medusae），常在此处听到静脉血管杂音。

为辨别腹壁静脉曲张的来源，需要检查其血流方向。正常时脐水平线以上的腹壁静脉血流自下向上经胸壁静脉和腋静脉而进入上腔静脉，脐水平以下的腹壁静脉自上向下经大隐静脉而流入下腔静脉。门静脉高压时，腹壁静脉血流以脐为中心呈放射状（图 5-8-4）；下腔静脉阻塞时，曲张的静脉大都分布在腹壁两侧，有时在臀部及股部外侧，脐以下的腹壁浅静脉血流方向向上（图 5-8-5）；上腔静脉阻塞时，上腹壁和胸壁的静脉血流方向下。

检查曲张静脉血流方向时，可选择一段没有分支的腹壁静脉，护士将右手示指和中指压在静脉上，然后一只手指紧压静脉向外滑动，挤出该段静脉内血液，至一定距离后放松该手指，另一手指紧压不动，看静脉是否充盈，如迅速充盈，则血流方向是从放松的一端流向紧压手指的一端。再同法放松另一手指，观察静脉充盈速度，即可看出血流方向（图 5-8-6）。

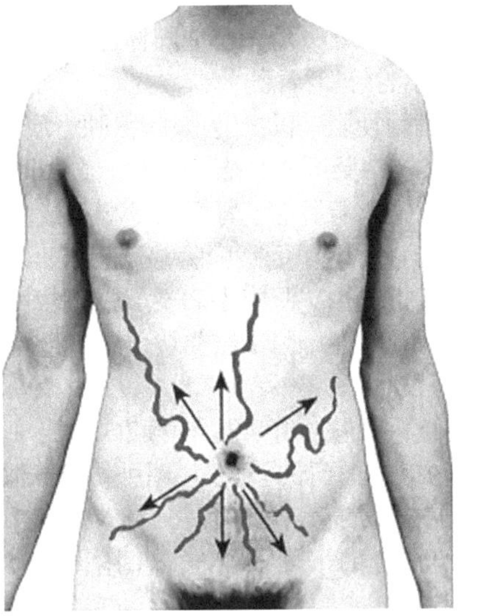

图 5-8-4 门静脉高压时腹壁浅静脉血流的分布和方向

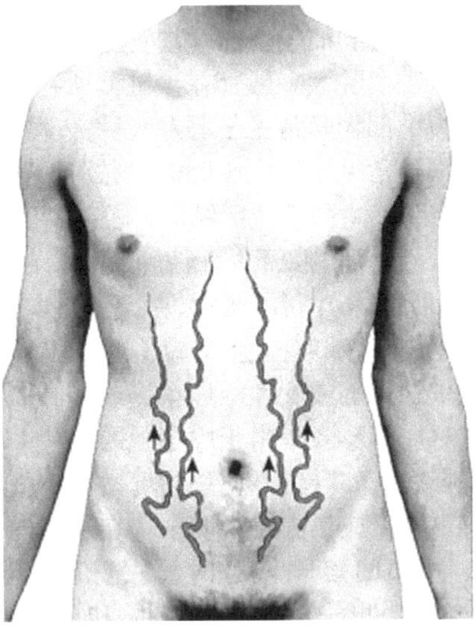

图 5-8-5 下腔静脉梗阻时腹壁浅静脉血流的分布和方向

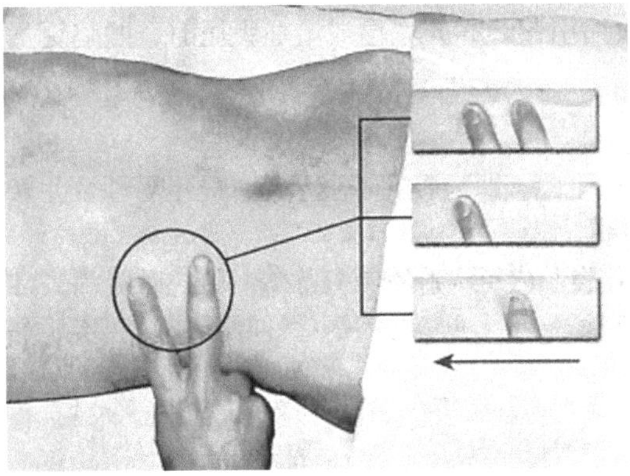

图 5-8-6 检查腹壁浅静脉血流方向手法示意图

（四）胃肠型和蠕动波

除腹壁皮肤菲薄或松弛的老年人、经产妇、极度消瘦者外，正常人一般看不到胃肠蠕动和胃肠型。

胃肠道发生梗阻时，梗阻近端的胃或肠段饱满而隆起，可显出各自的轮廓，称为胃型（gastral pattern）或肠型（intestinal pattern），同时伴有该部位的蠕动加强，可以看到蠕动波（peristalsis）。胃蠕动波自左肋缘下开始，缓慢地向右推进，到达右腹直肌旁消失，此为正蠕动波。有时尚可见到自右向左的逆蠕动波。肠梗阻时亦可看到肠蠕动波，小肠梗阻所致的蠕动波多见于脐部，严重梗阻时，胀大的肠袢呈管状隆起，横行排列于腹中部，组成多层梯形肠型，并可看到明显的肠蠕动波，运行方向不一致，此起彼伏，全腹膨胀，听诊时可闻高调肠鸣音或呈金属音调。结肠远端梗阻时，其宽大的肠型多位于腹部周边。如发生了肠麻痹，则蠕动波消失。在观察蠕动波时，从侧面观察更易察见，亦可用手轻拍腹壁而诱发。

（五）腹部其他情况

1. 皮疹 不同种类的皮疹提示不同的疾病，充血性或出血性皮疹常出现于发疹性高热疾病或某些传染病（如麻疹、猩红热、斑疹伤寒）及药物过敏等。紫癜或荨麻疹可能是过敏性疾病全身表现的一部分。一侧腹部或腰部的疱疹（沿脊神经走行分布）提示带状疱疹。

2. 色素 正常情况下，腹部皮肤颜色较暴露部位稍淡。皮肤皱褶处（如腹股沟及系腰带部位）有褐色素沉着，可见于肾上腺皮质功能减退。左腰部皮肤呈蓝色，为血液自腹膜后间隙渗到侧腹壁的皮下所致（Grey-Turner 征），可见于急性出血坏死型胰腺炎。脐周围或下腹壁皮肤发蓝为腹腔内大出血的征象（Cullen 征），见于异位妊娠破裂或急性出血坏死型胰腺炎。妇女妊娠时，在脐与耻骨之间的中线上有褐色素沉着，常持续至分娩后才逐渐消退。此外，长久的热敷腹部可留下红褐色环状或地图样痕迹，类似皮疹，需注意辨别。

3. 腹纹 多分布于下腹部和左、右下腹部，白纹为腹壁真皮结缔组织因张力增高断裂所致，呈银白色条纹，可见于肥胖者或经产妇女。妊娠纹出现于下腹部和髂部，下腹部呈以耻骨为中心略呈放射状，条纹处皮肤较薄，在妊娠期呈淡蓝色或粉红色，产后则转为银白色而长期存在。

4. 瘢痕 腹部瘢痕多为外伤、手术或皮肤感染的遗迹，有时对诊断和鉴别很有帮助，特别是某些特定部位的手术瘢痕，常提示有手术史。如右下腹 McBurney 点处切口瘢痕标志曾行阑尾手术，右上腹直肌旁切口瘢痕标志曾行胆囊手术，左上腹弧形切口瘢痕标志曾行脾切除术等。

5. 疝 为腹腔内容物经腹壁或骨盆壁的间隙或薄弱部分向体表突出而形成。脐疝多见于婴幼儿，成人则可见于经产妇或有大量腹水的病人；先天性腹直肌两侧闭合不良者可有白线疝；手术瘢痕愈合不良处可有切口疝；股疝位于腹股沟韧带中部，多见于女性；腹股沟疝则偏于内侧。男性腹股沟斜疝可下降至阴囊，在直立位或咳嗽用力时明显，至卧位时可缩小或消失。

案例 5-8-1 分析讨论（1）

视诊：病人腹式呼吸受限，无呼吸困难，无胃肠蠕动波及胃肠型，腹部隆起宽大扁平呈“蛙腹”，腹围 135cm，脐周静脉曲张呈“水母头”样提示门静脉高压存在。

三、听　诊

腹部听诊时应全面听诊各区，尤其注意上腹部、中腹部、腹部两侧及肝、脾各区。听诊内容主要有肠鸣音、血管杂音和摩擦音等。妊娠 5 个月以上的妇女还可在脐下方听到胎儿心音。

（一）肠鸣音

当肠蠕动时，肠管内气体和液体随之而流动，产生一种断断续续的咕噜声或气过水声称为肠鸣音（bowel sound）。

通常可用脐旁作为肠鸣音听诊点，无须频繁移动听诊器。正常情况下，肠鸣音每分钟 4～5 次，其频率、声响和音调变异较大，餐后频繁而明显，休息时稀疏而微弱，只有靠护士的经验来判断是否正常。

1. 肠鸣音活跃 肠蠕动增强时，肠鸣音达每分钟 10 次以上，但音调不特别高亢。见于急性胃肠炎、服泻药后或胃肠道大出血时。

2. 肠鸣音亢进 肠鸣音次数多且响亮、高亢，甚至呈叮当声或金属音。见于机械性肠梗阻。此类病人肠腔扩大，积气增多，肠壁胀大变薄，且极度紧张，与亢进的肠鸣音可产生共鸣，因而在腹部可听到高亢的金属性音调。

3. 肠鸣音减弱 肠鸣音减弱，或数分钟才听到一次。见于老年性便秘、腹膜炎、电解质紊乱（低血钾）及胃肠动力低下等。

4. 肠鸣音消失 如持续听诊 3～5 分钟未听到肠鸣音，用手指轻叩或搔弹腹部仍未听到肠鸣音，称为肠鸣音消失，见于急性腹膜炎或麻痹性肠梗阻。

（二）血管杂音

腹部血管杂音对诊断某些疾病有一定作用，听诊部位详见图 5-8-7。

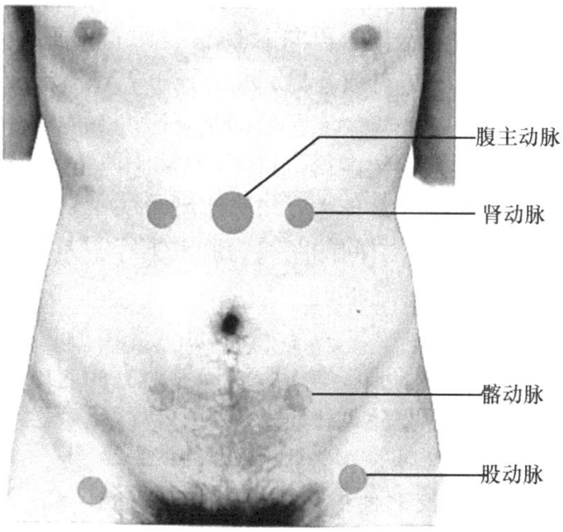

5-8-7 腹部血管杂音的听诊部位

血管杂音有动脉性和静脉性杂音。动脉性杂音常在腹中部或腹部两侧。腹中部的收缩期血管杂音（喷射性杂音）常提示腹主动脉瘤或腹主动脉狭窄。前者可触到该部搏动的肿块；后者则搏动减弱，下肢血压低于上肢，严重者触不到足背动脉搏动。如收缩期血管杂音在上腹部两侧，常提示肾动脉的狭窄，可见于年轻的高血压病人。如该杂音在下腹两侧，应考虑髂动脉狭窄。

静脉性杂音为连续性嗡鸣声，无收缩期与舒张期性质。常出现于脐周或上腹部，尤其是腹壁静脉曲张严重时，常提示门静脉高压伴侧支循环形成，称克–鲍综合征（Cruveilhier-Baumgarten syndrome）。

（三）摩擦音

在脾梗死、脾周围炎、肝周围炎或胆囊炎累及局部腹膜等情况下，可在深呼吸时，于各相应部位听到摩擦音，严重时可触及摩擦感。腹膜纤维渗出性炎症时，亦可在腹壁听到摩擦音。

案例 5-8-1 分析讨论（2）

听诊：腹壁听诊“嘤嘤”声提示静脉杂音存在侧支循环形成，肠鸣音 4 次/分。

四、叩　诊

腹部叩诊的目的在于通过叩诊了解脏器的大小、位置及有无叩痛，胃肠道充气情况，腹腔内有无积气、积液和肿块等。直接叩诊法和间接叩诊法均可用于腹部，但一般采用间接叩诊法，因其较为准确、可靠。

（一）腹部叩诊音

正常情况下，除了肝脏、脾脏、增大的膀胱和子宫所占据的部位及两侧腹部近腰肌处为浊音或实音外，腹部叩诊大部分区域均为鼓音。鼓音范围明显增大见于胃肠高度胀气、胃肠穿孔所致气腹或人工气腹；鼓音范围缩小见于肝脾或其他脏器极度肿大、腹腔内肿瘤或大量腹水。腹部叩诊时首先是普遍叩诊，可从左下腹开始，逆时针方向至右下腹部，再至脐部，借此可获得腹部叩诊音的总体印象。

（二）肝脏叩诊

1. 肝上下界叩诊　用叩诊法确定肝上界时，叩指用力要适当，勿过轻或过重。护士沿右锁骨中线由肺清音区向下叩，当由清音转为浊音时，即为肝上界。此处相当于被肺遮盖的肝顶部，故又称肝相对浊音界。再向下叩 1～2 肋间，则浊音变为实音，此处的肝脏不再被肺所遮盖而直接贴近胸壁，称肝绝对浊音界，亦为肺下界。确定肝下界时，最好由腹部鼓音区沿右锁骨中线或正中线向上叩，由鼓音转为浊音处即是。因肝下界与胃、结肠等重叠，很难叩准，故多用触诊法确定。一般叩得的肝下界比触得的肝下缘高 1～2cm，但若肝缘明显增厚，则两项结果较为接近。在确定肝的上下界时要注意体型，匀称体型者的正常肝脏在右锁骨中线上，其上界在第 5 肋间，下界位于右季肋下缘，两者之间的距离为肝上下径，为 9～11cm。矮胖体型者肝上下界均可高一个肋间，瘦长体型者则可低一个肋间。

肝浊音界扩大见于肝癌、肝脓肿、肝炎、肝淤血和多囊肝等。肝浊音界缩小见于急性重型肝炎、肝硬化和胃肠胀气等。肝浊音界消失代之以鼓音者，多由于肝表面覆有气体所致，是急性胃肠穿孔的一个重要征象。肝浊音界向上移位见于右肺纤维化、右下肺不张及气腹鼓肠等。肝浊音界向下移位见于肺气肿、右侧张力性气胸等。

2. 肝区叩击痛　正常人肝区无叩击痛。肝区叩击痛见于肝炎、肝脓肿或肝癌等。叩击痛的部位和范围有助于病灶定位定性。

（三）移动性浊音

移动性浊音（shifting dullness）是发现有无腹水的重要检查方法。当腹腔内有较多的液体存留时，因重力作用，液体多潴积于腹腔的低处，故在此处叩诊呈浊音。检查时先让病人仰卧，腹中部由于含气的肠管在液面浮起，叩诊呈鼓音，两侧腹部因腹水积聚叩诊呈浊音。护士自腹中部脐水平面开始向病人左侧叩诊，发现浊音时，板指固定不动，嘱病人右侧卧，再度叩诊，如呈鼓音，表明浊音移动。同样方法向右侧叩诊，叩得浊音后嘱病人左侧卧，以核实浊音是否移动。这种因体位不同而出现浊音区变动的现象，称移动性浊音（图 5-8-8）。若出现移动性浊音阳性，提示腹腔内游离腹水在 1000ml 以上。

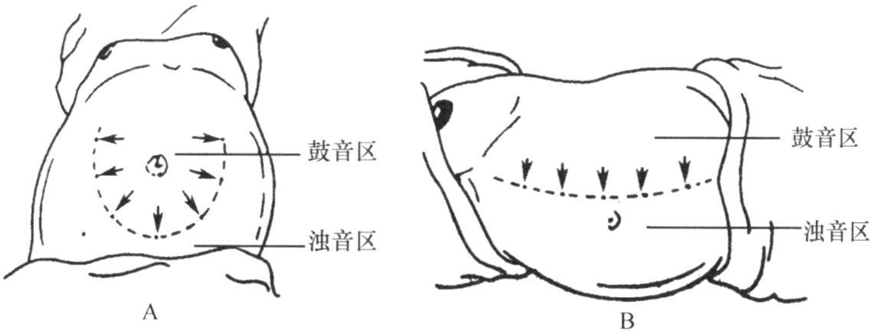

图 5-8-8 移动性浊音叩诊示意图

腹水应与下列情况鉴别：

（1）肠梗阻时肠管内有大量液体潴留，可因病人体位的变动，出现移动性浊音，但常伴有肠梗阻的征象。

（2）巨大卵巢囊肿亦可使腹部出现大面积浊音，鉴别要点：①卵巢囊肿所致浊音，在仰卧时，浊音区在腹中部，鼓音区在腹部两侧，这是由于肠管被卵巢囊肿压挤至两侧腹部所致（图 5-8-9）。②卵巢囊肿浊音不呈移动性。③尺压试验（ruler pressing test）若有跳动与心搏动相一致的节奏性跳动，则为卵巢囊肿；如为腹水，则压尺不跳动。

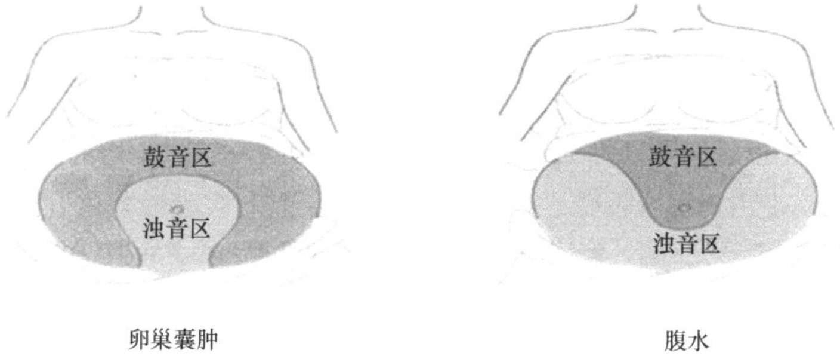

图 5-8-9 卵巢囊肿与腹水叩诊音的鉴别示意图

（四）肋脊角叩击痛

肋脊角叩击痛主要用于检查肾脏病变。检查时，病人采取坐位或侧卧位，护士用左手掌平放在其肋脊角处，右手握拳用由轻到中等的力量叩击左手背。正常时肋脊角处无叩击痛，肋脊角叩击痛阳性常见于肾炎、肾盂肾炎、肾结石、肾结核及肾周围炎等。

（五）膀胱叩诊

当膀胱触诊结果不满意时，可用叩诊来判断膀胱膨胀的程度。叩诊在耻骨联合上方进行，通常从上往下，由鼓音转成浊音。膀胱空虚时，因耻骨上方有肠管存在，叩诊呈鼓音，叩不出膀胱的轮廓。当膀胱内有尿液充盈时，耻骨上方叩诊呈圆形浊音区。女性在妊娠期子宫增大、子宫肌瘤或卵巢囊肿时，在该区叩诊也呈浊音，应予鉴别。排尿或导尿后复查，如浊音区转为鼓音，即为尿潴留所致膀胱增大。

案例 5-8-1 分析讨论（3）

叩诊：腹部鼓音区存在，肝区无叩击痛，移动性浊音（+）。

五、触诊

触诊是腹部评估的主要方法。为使腹部触诊达到满意的效果，应让病人排尿后取低枕仰卧位，两手自然置于身体两侧，两腿屈起并稍分开，以使腹肌尽量松弛，做张口缓慢腹式呼吸，吸气时横膈向下而腹部上抬隆起，呼气时腹部自然下陷，可使膈下脏器随呼吸上下移动。检查肝脏、脾脏时，还可分别取左、右侧卧位。检查肾脏时可用坐位或立位。

护士站立于病人右侧，面对病人，前臂应与腹部表面在同一水平，一般自左下腹开始逆时针方向至右下腹，再至脐部，依次检查腹部各区。原则是先触诊健康部位，逐渐移向病变区域，以免造成病人感受的错觉。边触诊边观察被检查者的反应与表情，对精神紧张或有痛苦者给予安慰和解释。

浅部触诊，使腹壁压陷约 1cm，用于发现腹壁的紧张度，表浅的压痛、肿块、搏动和腹壁上的肿物等；深部触诊，使腹壁压陷至少 2cm，有时可达 4～5cm，以了解腹腔内脏器情况，检查压痛、反跳痛和腹内肿物等。包括深压触诊，以探测腹腔深在病变的压痛点和反跳痛；滑动触诊在被触及脏器或肿块上作上下、左右的滑动触摸，以探知脏器或肿块的形态和大小；双手触诊常用于肝、脾、肾和腹腔内肿块的检查，检查盆腔的双合诊亦属此例；浮沉触诊又称冲击触诊，用于大量腹水时检查深部的脏器或肿块；勾指触诊，多用于肝、脾触诊。

（一）腹壁紧张度

正常人腹壁触之柔软、紧张度适中、有一定张力，因年龄、性别和职业而异。一般触之柔软、较易压陷，称腹壁柔软。

1. 腹壁紧张度增加

（1）全腹紧张度增加：由于腹腔内容物增加如肠胀气或气腹，腹腔内大量腹水者，触诊腹部张力可增加，但无肌痉挛，也无压痛。如因急性胃肠穿孔或脏器破裂所致急性弥漫性腹膜炎，腹膜受刺激而引起腹肌痉挛、腹壁常有明显紧张，甚至强直硬如木板，称板状腹（board like rigidity）；结核性炎症或其他慢性病变由于发展较慢，对腹膜刺激缓和，且有腹膜增厚和肠管、肠系膜的粘连，使腹壁柔韧而具抵抗力，不易压陷，称揉面感或柔韧感（dough kneading sensation），此征亦可见于癌性腹膜炎。

（2）局部腹壁紧张度增加：因腹内脏器炎症累及腹膜所致，如急性胆囊炎可见右上腹壁紧张，急性阑尾炎可见右下腹壁紧张。

2. 腹壁紧张度减弱或消失 多因腹肌张力减低或消失所致，表现为按压时腹壁松弛无力，失去弹性。见于慢性消耗性疾病、大量放水后、严重脱水或年老体弱者。

（二）压痛与反跳痛

正常腹部触摸时不引起疼痛，深压时仅有一种压迫感。

1. 压痛 腹腔内的病变，如脏器的炎症、淤血、肿瘤、破裂、扭转及腹膜的刺激等均可引起压痛，压痛的部位常提示存在相关脏器的病变。腹部常见疾病的压痛点位置见图 5-8-10。一些位置较固定的压痛点常反映特定的疾病，如位于右锁骨中线与肋缘交界处的胆囊点压痛标志胆囊的病变，位于脐与右髂前上棘连线中、外 1/3 交界处的麦氏（McBurney）点压痛标志阑尾的病变等。

当护士用右手压迫左下腹降结肠区，相当于麦氏点对称部位，再用左手按压其上端使结肠内气体传送至右下腹盲肠和阑尾部位，如引起右下腹疼痛，则为结肠充气征（Rovsing sign）阳性，提示右下腹部有炎症。

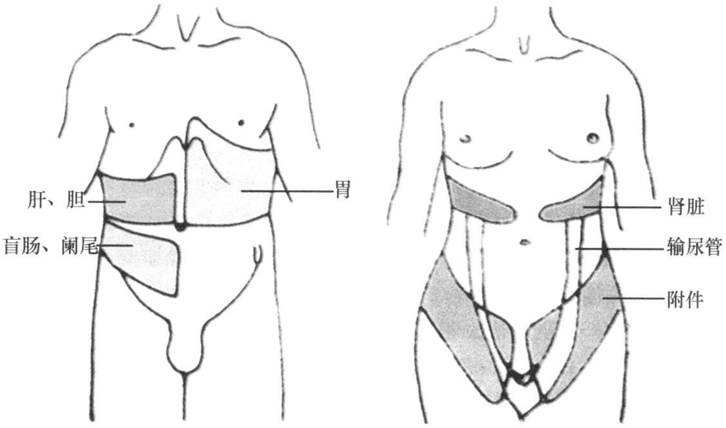

图 5-8-10　腹部常见疾病的压痛点

2. 反跳痛　护士用手触诊腹部出现压痛后，用并拢的 2～3 个手指（示、中、无名指）压于原处稍停片刻，使压痛感觉趋于稳定，然后迅速将手抬起，如此时病人感觉腹痛骤然加重，并常伴有痛苦表情或呻吟，称为反跳痛（rebound tenderness）。反跳痛是腹膜壁层已受炎症累及的征象，当突然抬手时腹膜被激惹所致，是腹内脏器病变累及邻近腹膜的标志。腹膜炎病人常有腹肌紧张，压痛与反跳痛，称腹膜刺激征（peritoneal irritation sign），亦称腹膜炎三联征。当腹内脏器炎症尚未累及壁层腹膜时，可仅有压痛而无反跳痛。

（三）脏器触诊

1. 肝脏触诊　主要用于了解肝脏下缘的位置和肝脏的质地、表面、边缘及搏动等。触诊时，被检查者处于仰卧位，两膝关节屈曲，使腹壁放松，并做较深腹式呼吸动作以使肝脏在膈下上下移动。护士立于病人右侧用单手或双手触诊。

（1）单手触诊法：较为常用，护士将右手四指并拢，掌指关节伸直，与肋缘大致平行地放在右上腹部估计肝下缘的下方，随病人呼气时，手指压向腹壁深部，吸气时，手指缓慢抬起朝肋缘向上迎触下移的肝缘，如此反复进行，手指逐渐向肋缘移动，直到触到肝缘或肋缘为止（图 5-8-11）。需在右锁骨中线及前正中线上，分别触诊肝缘并测量其与肋缘或剑突根部的距离，以厘米表示。

（2）双手触诊法：护士右手位置同单手法，而用左手托住被检查者右腰部，拇指张开置于肋部，触诊时左手向上推，使肝下缘紧贴前腹壁下移，并限制右下胸扩张，以增加膈下移的幅度，进而使吸气时下移的肝脏就更易碰到右手指，可提高触诊的效果（图 5-8-12）。

触及肝脏时，应详细描述下列内容：

（1）大小：正常成人的肝脏，一般在肋缘下触不到，但腹壁松软的瘦长体型，于深吸气时可于肋弓下触及肝下缘，在 1cm 以内。在剑突下可触及肝下缘，多在 3cm 以内，腹上角较锐的瘦高者在剑突根部下可达 5cm，但是不会超过剑突根部至脐距离的中、上 1/3 交界处。如超出上述标准，肝脏质地柔软，表面光滑，且无压痛，则首先应考虑肝下移。如此时叩诊肝上界也相应降低，肝上下径正常，则为肝下移，如肝上界正常或升高，则提示肝大。肝脏下移常见于内脏下垂，肺气肿、右侧胸腔大量积液导致膈肌下降。弥漫性肝大见于病毒性肝炎、肝淤血、脂肪肝、早期肝硬化、白血病、血吸虫病，华支睾吸虫病等。局限性肝大见于肝脓肿、肝肿瘤及肝囊肿等。

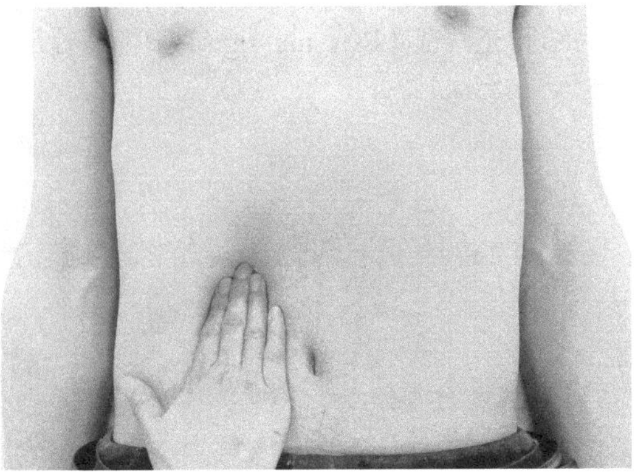

图 5-8-11 肝脏触诊——单手

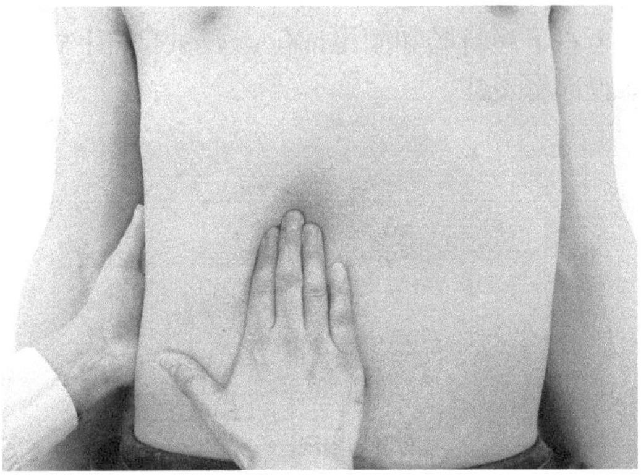

图 5-8-12 肝脏触诊——双手

（2）质地：正常肝脏质地柔软，如触口唇；肝脏触诊质韧，如触鼻尖，见于慢性肝炎及肝淤血；触诊质硬，如触前额，见于肝硬化、肝癌的病人。此外，肝脓肿或囊肿有液体时触诊呈囊性感，大而表浅者可能触到波动感。

（3）边缘和表面状态：正常肝脏边缘整齐且厚薄一致、表面光滑。肝边缘圆钝常见于脂肪肝或肝淤血；肝边缘锐利，表面扪及细小结节，多见于肝硬化；肝边缘不规则，表面不光滑，呈不均匀的结节状，见于肝癌、多囊肝和肝包虫病。

（4）压痛：正常肝脏无压痛。肝炎或肝淤血时，肝包膜有炎性反应或因肝大受到牵拉，则有压痛。此时，叩诊可有叩击痛。当右心衰竭引起肝淤血肿大时，用手压迫肝脏可使颈静脉怒张更明显，称为肝–颈静脉回流征（hepatojugular reflux sign）阳性，是因压迫淤血的肝脏使回心血量增加，已充血右心房不能接受回心血液而使颈静脉压上升所致。

2. 脾脏触诊 可用单手或双手触诊。

单手触诊法时病人取仰卧位，手法同肝脏触诊。如果肿大的脾脏位置较深，应用双手触诊法进行检查。病人仰卧，双腿稍屈曲，护士左手绕过病人腹前方，手掌置于其左胸下部第 9～11 肋处，试将其脾脏从后向前托起，并限制了胸廓运动，右手掌平放于脐部，与左肋弓大致成垂直方向，自脐平面开始配合呼吸，如同触诊肝脏一样，迎触脾尖，直至触到脾缘或左肋缘为止（图 5-8-13a）。在脾脏轻度肿大而仰卧位不易触到时，可嘱病人取右侧卧位，双下肢屈曲，此时用双手触诊则容易触到（图 5-8-13b）。

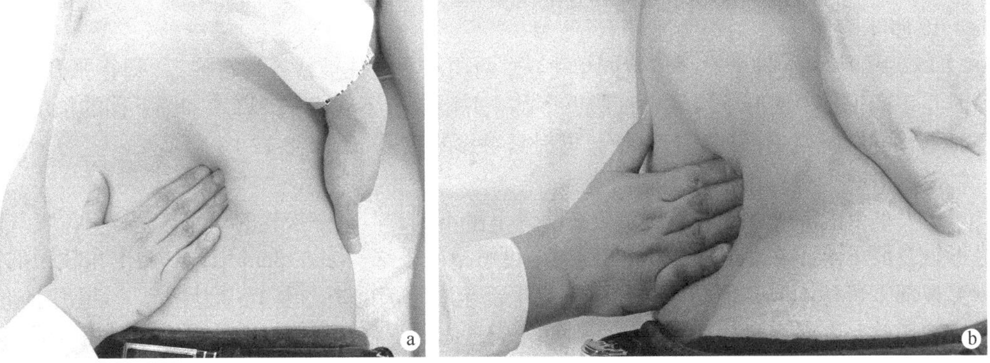

图 5-8-13 脾脏触诊法

正常脾脏位于左季肋区，相当于第 9～11 肋的深面，肋缘下不能触及。除内脏下垂、胸腔积液或积气所致脾下垂可在左肋缘下触及脾脏边缘外，触及脾脏即提示脾大。临床上多采用第Ⅰ线测量、第Ⅱ线测量和第Ⅲ线测量表示脾大的大小（图 5-8-14）。脾脏轻度肿大时只作第Ⅰ线测量，指左锁骨中线与左肋缘交点至脾下缘的距离，以厘米表示（下同）；脾脏明显肿大时，应加测第Ⅱ线和第Ⅲ线，前者系指左锁骨中线与左肋缘交点至脾脏最远点的距离（应大于第Ⅰ线测量），后者指脾右缘与前正中线的距离。如脾脏高度增大向右越过前正中线，则测量脾右缘至前正中线的最大距离，以“+”表示；未超过前正中线则测量脾右缘与前正中线的最短距离，以“–”表示。

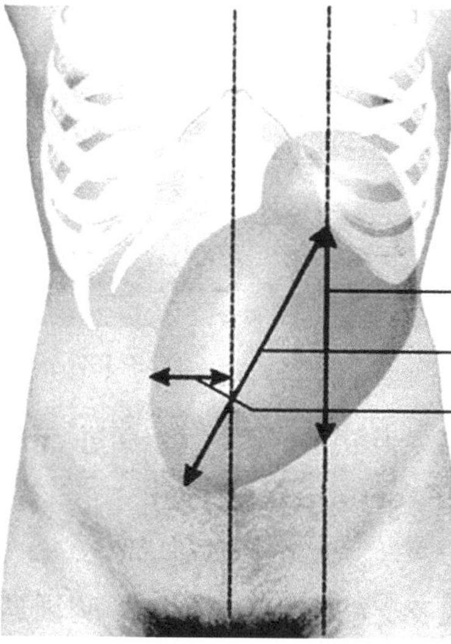

图 5-8-14　脾大测量法示意图

临床上常根据脾下缘至肋下缘的距离将脾肿大分为轻、中、高三度。脾缘不超过肋下 2cm 为轻度肿大，见于急慢性肝炎、伤寒等；超过 2cm，在脐水平线以上为中度肿大，见于肝硬化、慢性淋巴细胞白血病、淋巴瘤等；超过脐水平线或前正中线则为高度肿大，即巨脾，见于慢性淋巴细胞白血病、慢性疟疾、淋巴瘤或恶性组织细胞病。

3. 胆囊触诊　可用单手滑行触诊法或钩指触诊法进行。正常时胆囊隐存于肝之后，不能触及。

（1）胆囊肿大：肿大的胆囊可超过肝缘及肋缘，此时可在右肋缘下、腹直肌外缘处触到。肿大的胆囊一般呈梨形或卵圆形，有时较长呈布袋形，表面光滑，张力较高，常有触痛，随呼吸上下移动。如肿大胆囊呈囊性感，并有明显压痛，常见于急性胆囊炎；如呈囊性感，无压痛者，见于壶腹周围癌；有实性感者，见于胆囊结石或胆囊癌。

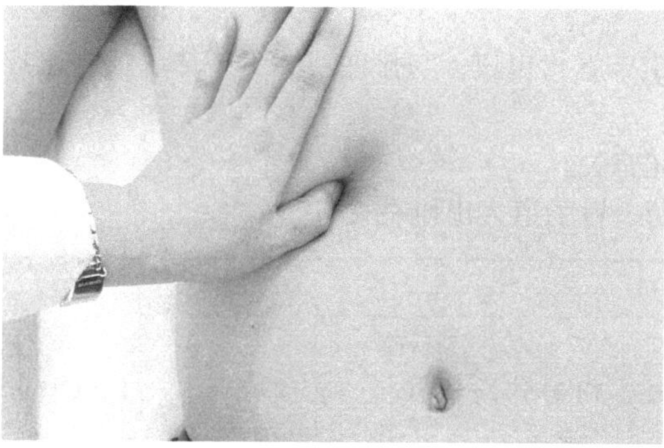
图 5-8-15　脾大测量法示意图

（2）Murphy 征：胆囊疾病时，有时胆囊尚未肿大或虽已肿大但未到肋缘以下，不能触及胆囊，此时可探测胆囊触痛。检查时护士以左手掌平放于病人右肋缘部，拇指指腹勾压于右肋下胆囊点处（图 5-8-15），然后嘱病人缓慢深吸气，在吸气过程中发炎的胆囊下移时碰到用力按压的拇指，即可引起疼痛，此为胆囊触痛，如因剧烈疼痛而致吸气中止称 Murphy 征阳性。

4. 膀胱触诊　正常膀胱空虚时隐存于盆腔内，不易触到。膀胱触诊一般采用单手滑行法。病人取仰卧屈膝位，护士以右手自脐开始向耻骨方向触摸。膀胱增大多由积尿所致，呈扁圆形或圆形，触之囊性感，不能用手推移。按压时憋胀有尿意，排尿或导尿后缩小或消失。

膀胱胀大最多见于尿道梗阻、脊髓病所致的尿潴留、昏迷、腰椎或骶椎麻醉后、手术后局部疼痛的病人。如长期尿潴留致膀胱慢性炎症，导尿后膀胱亦常不能完全回缩。

（四）液波震颤

腹腔内有大量游离液体时，如用手指叩击腹部，可感到液波震颤（fluid thrill），或称波动感。检查时病人取平卧位，护士以一手掌面贴于病人一侧腹壁，另一手四指并拢屈曲，用指端叩击对侧腹壁（或以指端冲击式触诊），如有大量液体存在，则贴于腹壁的手掌有被液体波动冲击的感觉，即波动感。为防止腹壁本身的震动传至对侧，可让另一人将手掌尺侧缘压于脐部腹中线上，即可阻止之（图 5-8-16）。此法检查腹水，需有 3000～4000ml 及以上液量才能查出，不如

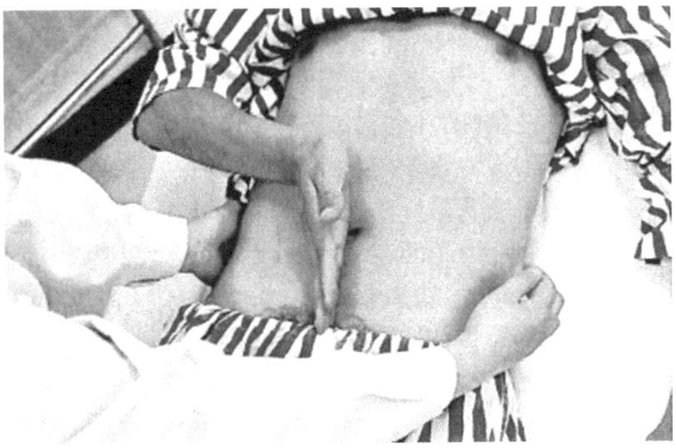
图 5-8-16 液波震颤检查法

移动性浊音敏感。

（五）振水音

在胃内有大量液体及气体存留时可出现振水音（succussion splash）。检查时病人取仰卧位，护士以一耳凑近上腹部，同时以冲击触诊法振动胃部，即可听到气、液撞击的声音，亦可将听诊器膜型体件置于上腹部进行听诊。正常人在餐后或饮进大量液体时可有上腹部振水音，如若在清晨空腹或餐后 6～8 小时或以上仍有此音，则提示幽门梗阻或胃扩张。

案例 5-8-1 分析讨论（4）

触诊：右侧肋弓下 4cm 触及肝大、质地硬、边缘薄，表面有结节、脾脏中度肿大；腹壁紧张明显，无压痛、反跳痛，Murphy（－），液波震颤（＋）。

六、相关护理诊断

1. 营养失调—— 低于机体需要量 舟状腹，与慢性消耗性疾病、严重腹泻有关。

2. 营养失调—— 高于机体需要量 腹部膨隆，与不良生活习惯所致肥胖有关。

3. 体液过多 腹水，与肝硬化有关。

4. 排尿障碍 膀胱区叩诊浊音，与尿道梗阻、服用抗胆碱药物、神经系统病变有关。

5. 尿潴留 耻骨联合上方叩诊圆形浊音区，耻骨联合上方可触及圆形囊性感肿物，与尿道梗阻、服用抗胆碱药物、神经系统病变有关。

6. 便秘 肠鸣音减弱、左下腹部触及类圆形或粗条索状包块，与排便习惯不规律、低钾血症有关。

7. 有便秘的危险 与排便习惯不规律、低钾血症有关。

8. 腹泻 肠鸣音活跃，与急性胃肠炎、服用泻药、胃肠道大出血有关。

案例 5-8-1 分析讨论（5）

该病人可能存在的护理诊断：

1. 营养失调：低于机体需要量，与肝功能减退、门静脉高压引起的食欲减退、消化吸收障碍有关。

2. 体液过多：与肝功能减退、门静脉高压引起的水钠潴留有关。

3. 潜在并发症：上消化道出血、肝性脑病。

（陈 垦）

第九节 肛门、直肠和生殖器检查

案例 5-9-1

病人，男，42 岁，公交车司机。近 1 周以来出现排大便困难，排大便时肛周疼痛，并发现有时粪便上附着有鲜血。

问题：

1. 该病人重点要做哪方面的体格检查？
2. 检查时病人采取什么体位，具体检查什么内容？

肛门、直肠和生殖器检查是体格检查不可忽略的一部分。对有指征的病人应向其说明检查目的及重要性，简要介绍检查方法，以解除心理顾虑，取得配合。

一、肛门、直肠

病人的体位对肛门、直肠的检查很重要，若体位不当可能引起疼痛或遗漏病情，因此检查时，应根据病人的身体情况和检查要求，选择合适的体位。常用体位有以下几种：

1. 肘膝位（genucubital position） 病人双膝屈曲跪伏于检查台上，肘关节和胸部紧贴台面，臀部抬高。该体位能使肛门部显露清楚，是肛门和直肠检查最常用的体位，适用于前列腺、精囊及乙状结肠镜检查等，但不能持久，所以病重或年老体弱者不宜采用（图 5-9-1）。

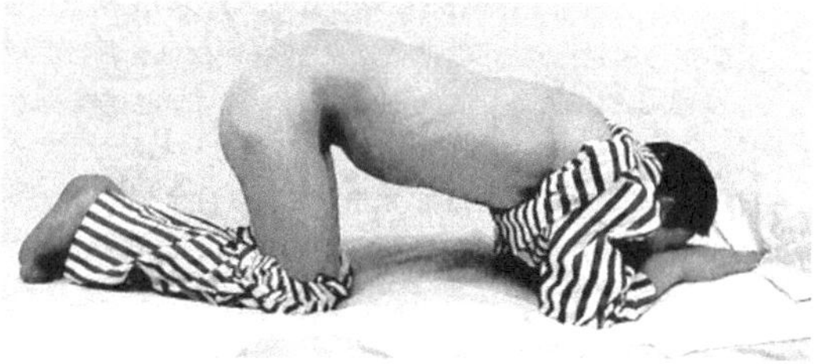

图 5-9-1 肘膝位

2. 左侧卧位（left recumbent position） 病人臀部靠近检查台右侧，左腿伸直，右腿屈曲，护士位于病人背后进行检查。此体位适用于肛门直肠小手术或病重、年老体弱者（图 5-9-2）。

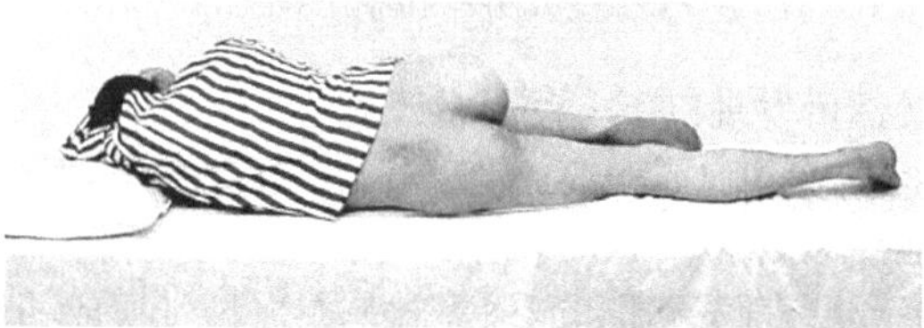

图 5-9-2 左侧卧位

3. 仰卧位或截石位（lithotomy position） 病人仰卧，臀部垫高，两腿屈曲、抬高并外展，充分暴露肛门。此体位适用于重症体弱、直肠膀胱陷凹检查及直肠双合诊。

4. 蹲位（kneeling-squatting position） 病人下蹲作排便姿势，用力增加腹压。此体位适用于检查直肠脱垂、内痔及直肠下段息肉等。

5. 弯腰扶椅（bending with chair supporting position） 病人向前弯腰，至少达 90°，双手扶椅，暴露臀部及肛门。此体位适用于门诊检查。

肛门、直肠的检查应在光线充足处进行，动作宜轻柔。另外，由于该检查涉及病人的隐私，故还应注意做好适当保护。检查方法以视诊和触诊为主，辅以内镜检查。

肛门和直肠检查所发现的病变如肿块、溃疡等应按时钟方向进行记录，并注明病人的体位。肘膝位时肛门后正中点为 12 点，前正中点为 6 点；仰卧位时的时钟位则与此相反。

（一）视诊

护士用手分开病人臀部，观察肛门周围皮肤颜色及皱褶，正常颜色较深，皱褶呈放射状。注意肛周皮肤有无增厚、粪便、脓血、黏液、皮疹、肛裂、外痔、肿块及瘘管外口等，以便判断病变性质。然后嘱病人取蹲位作排便姿势或让病人用力屏气，护士用示指和中指将其臀裂轻轻分开，使肛门外翻，观察有无内痔、息肉及直肠脱垂等情况。

（二）触诊

触诊包括肛门指诊或直肠指诊。它是一种简便易行而又有效的检查方法。许多肛门直肠疾病通过指诊就可早期发现，如 80%直肠癌可在直肠指诊时被发现，也能及时发现肛裂、肛管的炎症反应、肛瘘的走行、直肠息肉及直肠周围的疾病，另外还有助于检查阑尾炎、前列腺与精囊、子宫与输卵管病变等。检查时要求病人保持肌肉松弛，避免肛门括约肌紧张。护士右手戴橡皮手套或指套，示指涂以液状石蜡、肥皂液或凡士林等润滑剂，以指腹轻轻按摩肛门外口，让病人作深呼吸，再缓慢插入肛门及直肠内进行检查。插入直肠后，有顺序地上下左右全面检查，注意有无触痛、黏膜是否光滑，有无包块、狭窄或波动感。示指抽出后，观察指套上有无黏液、脓血等分泌物，必要时送检（图 5-9-3）。

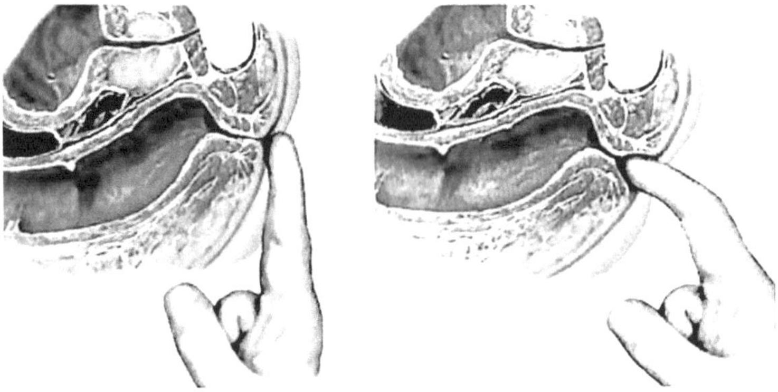

图 5-9-3 肛门指诊示意图

经肛门、直肠视诊和触诊可发现以下一些异常改变：

1. 肛门外伤与感染 肛门有创口或瘢痕，见于外伤与术后；肛门周围有红肿、压痛及波动感，见于肛门周围脓肿（perianal abscess）。

2. 痔疮（hemorrhoid） 是直肠下部和肛门静脉丛淤血扩张形成的静脉团。临床上分为内痔、外痔和混合痔。内痔位于齿状线上方，表面被直肠黏膜所覆盖，病人排便时常有便血并有痔块脱出于肛门外，视诊于肛门内口可见紫红色柔软包块；外痔位于齿状线下方，表面为肛管皮肤所覆盖，病人常有疼痛感，视诊于肛门外口可见紫红色柔软包块；混合痔位于齿状线上下，表面为肛管皮肤和直肠黏膜所覆盖，兼有内、外痔的特点。

3. 肛裂（anal fissure） 是肛管齿状线以下深达皮肤全层的狭长裂口，可伴有梭形或椭圆形多发溃疡。病人于排便时疼痛剧烈，便后可缓解，再次排便时又发生疼痛，排出的粪便表面或便纸上可有少量鲜血。检查时肛门括约肌高度紧张呈挛缩状，肛门触痛明显。

4. 直肠脱垂（proctoptosis） 嘱病人取蹲位，用力屏气。若在肛门外看到紫红色、圆形、光滑的肿物且黏膜皱襞呈“放射状”，且直肠指诊时能感到其肛管括约肌收缩无力，此为直肠部分脱垂（即直肠黏膜脱垂）；若看到的膨出部分呈椭圆形块状物，表面有“同心环”皱襞，且指诊时发现肛门口扩大并感到肛管括约肌松弛无力，此为直肠完全脱垂（即直肠壁全层脱垂）。

5. 其他 直肠指诊在内口处有轻度压痛，可扪及硬结样内口及索样瘘管者见于肛瘘；触到表面凹凸不平、质地坚硬的肿块可考虑直肠癌；触及柔软、表面光滑、有弹性、有或无蒂、活动的球形肿物多为直肠息肉；指诊后指套上带有黏液、脓液或血液，说明有炎症或组织破坏。

二、男性生殖器

男性生殖器检查时一般先检查外生殖器，后检查内生殖器。检查方法有视诊和触诊。其检查内容包括：

（一）阴茎

视诊时注意阴茎有无形态异常，如有无偏斜或屈曲畸形，以及包皮、阴茎头和阴茎颈、尿道口等情况。触诊时注意海绵体及尿道有无硬结和压痛。

1. 阴茎大小和形态 正常成人阴茎长 7～10cm。成人阴茎过小（婴儿型）多见于垂体或性腺功能不全；儿童阴茎过大（成人型）多见于促性腺激素过早分泌（真性性早熟）和睾丸间质细胞瘤（假性性早熟）。

2. 包皮 是随年龄增长逐渐退缩的，包皮口也逐渐扩大。婴幼儿期包皮较长，包住整个阴茎头，包皮口也小。3 岁后 90%小儿的包皮能翻转。成人当阴茎松弛时，包皮不应掩盖尿道口，上翻后可退到冠状沟，露出阴茎头。包皮长过阴茎头但上翻后能露出尿道外口和阴茎头，称为包皮过长（redundant prepuce），易引起炎症、包皮嵌顿，甚至阴茎癌；若包皮上翻后不能露出阴茎头，则称为包茎（phimosis），可由先天性包皮口狭窄、外伤或炎症后粘连引起。

3. 茎头和阴茎颈 正常阴茎头红润光滑，无红肿和结节。检查时应注意阴茎头有无充血、水肿、糜烂、溃疡、肿块等，包皮过长者应将其包皮翻开进行检查。如看到或触到硬结，伴有暗红色溃疡、易出血，或呈菜花状、表面覆有灰白色坏死组织、有腐臭味，可能是阴茎癌。阴茎颈处若有单个椭圆形硬质溃疡，称为下疳，可见于梅毒。

4. 尿道外口 正常尿道外口呈竖鱼口形，黏膜红润，无分泌物。尿道外口狭窄见于先天性畸形或炎症引起的粘连；尿道外口发红、附有分泌物并沿尿道有压痛者，见于尿道炎；尿道开口于阴茎腹面者，见于尿道下裂。

（二）阴囊

检查时病人取站立位，充分暴露下身。检查方法主要有视诊和触诊。检查时注意观察阴囊皮肤是否粗糙，有无颜色改变，有无渗出、糜烂、皮疹及水肿等。触诊时护士双手拇指置于阴囊前面，其余手指置于阴囊后面进行检查。

1. 睾丸（testicle） 正常者两侧各一，呈椭圆形，质地光滑柔韧。触诊时应两侧对比，注意其大小、形状、硬度、有无触痛及缺如等。

（1）睾丸增大：一侧睾丸肿大、质硬或伴结节，可见于睾丸肿瘤；睾丸急性肿大，并有明显触压痛，可见于睾丸外伤或急性睾丸炎、流行性腮腺炎、淋病等炎症。

（2）睾丸过小：多由先天性因素和内分泌异常所致，如肥胖性生殖无能症。

（3）睾丸萎缩：可由外伤后遗症、流行性腮腺炎及精索静脉曲张所致。

（4）睾丸缺如：可为单侧或双侧，常见于性染色体数目异常所致的先天性无睾症。若在阴囊内未触及睾丸，还应仔细检查同侧的阴茎根部、腹股沟管、会阴部或腹腔等处，如果在上述部位触及较正常小而柔软的睾丸，则为隐睾。

2. 附睾（epididymis） 呈新月形，紧贴睾丸上端和后缘略偏外侧。急性附睾炎时，附睾肿痛；慢性附睾炎时，触诊能摸到结节，稍有压痛。附睾结核时，附睾肿胀，可触到结节状硬块，但一般无挤压痛，与周围组织粘连并伴输精管增粗且呈串珠状。

3. 精索（varicosity） 位于附睾上方，呈柔软的圆索状结构，正常无压痛。若局部皮肤红肿且有挤压痛，可见于急性精索炎；若局部呈串珠样状，可见于输精管结核；若触及蚯蚓状柔软的团块，且团块于站立位或增加腹压时明显，平卧位时消失，则见于精索静脉曲张。

正常精囊柔软、光滑，通过直肠指诊一般不能触及。前列腺炎症或积脓累及精囊时，可触及精囊呈条索状肿胀并有压痛；前列腺结核累及精囊时，可触及精囊表面呈结节状；前列腺癌累及精囊时，可触及不规则硬结。

4. 其他异常改变 阴囊皮肤青紫、增厚、皱褶变浅或消失，见于阴囊皮下淤血或血肿；阴囊皮肤肿胀发亮，达到透明程度，称阴囊水肿，见于全身性水肿，也可由炎症、过敏反应、下腔静脉阻塞等引起；阴囊皮肤粗厚、明显下垂，皱褶变宽变浅、色淡，见于丝虫病（象皮肿）；阴囊单侧或双侧肿大，触之有囊性感，可回纳至腹腔，但咳嗽或腹压增高时又降至阴囊者，见于阴囊疝。

（三）前列腺

正常成人前列腺（prostate）呈栗子大小，中等硬度，有弹性，能触及中间沟，表面光滑，无结节和压痛。病人取膝胸位、左侧卧位或站立弯腰体位，检查前排空膀胱，用直肠指诊进行检查。老年人的良性前列腺肥大时，触诊可见前列腺肿大、中间沟消失、表面平滑、质韧、无压痛和粘连；急性前列腺炎时，前列腺肿大并有明显压痛；前列腺癌时，前列腺肿大、表面凹凸不平、质硬。

三、女性生殖器

女性生殖器检查包括视诊和触诊，触诊方法有双合诊、三合诊和肛腹诊。女性生殖器评估应注意：①检查前排空小便。②病人取截石位，仰卧于检查台上。③防止交叉感染。④未婚女性一般行肛腹诊。

（一）视诊

观察外阴的发育、阴毛的多少及分布、外阴和阴道有无红肿，外阴皮肤色泽、前庭大腺是否肿大，有无畸形或肿瘤等，阴道口、处女膜状态，阴道前后壁有无膨出。

1. 阴毛 成熟女性的阴毛呈三角形分布，上缘为一水平线，止于耻骨联合上缘处。阴毛稀少或缺如见于席汉病或性腺功能减退症。阴毛明显增多呈男性分布，多由于肾上腺功能亢进所致。

2. 大阴唇 经产妇两侧大阴唇常分开，绝经后呈萎缩状，局部受伤易形成血肿。

3. 小阴唇 小阴唇有红肿、疼痛见于炎症；局部色素脱失见于白斑症；若有结节、溃烂，可能为恶性肿瘤。

4. 阴蒂 阴蒂过小见于性功能发育不全，阴蒂过大则多为两性畸形或雄激素水平过高。

5. 阴道前庭 阴道口两侧红肿、疼痛或有脓液溢出，则可能为前庭大腺脓肿。未开始性生活者处女膜多完整，已婚者有处女膜裂痕，经产妇仅余残痕。

6. 阴道 正常阴道黏膜呈浅红色、柔软、光滑。检查时应注意其有无瘢痕、肿块、分泌物、出血及子宫颈情况。

（二）触诊

1. 阴道 注意阴道的紧张度。

2. 子宫 正常成人未孕子宫长约 7.5cm，宽 4.0cm，厚 2.5cm；产后子宫增大，触之较韧，光滑无压痛。子宫体积匀称性增大多见于妊娠，非匀称性增大见于各种肿瘤。

3. 输卵管 正常输卵管不能触及。输卵管肿胀、增粗或有结节、明显压痛，且常与周围组织粘连、固定，多见于急性、慢性炎症或结核。输卵管明显肿大则多为输卵管积水或积脓。

4. 卵巢 正常卵巢有时可以触及，约 4cm×3cm×1cm，表面光滑、质软。绝经后卵巢变小、变硬。卵巢增大有压痛见于卵巢炎症；卵巢囊肿时卵巢会有不同程度的肿大。

案例 5-9-1 分析讨论

1. 该病人重点要做肛门、直肠视诊和触诊。

2. 检查时具体视诊肛门及其周围皮肤与皱褶，注意有无痔、出血点及其他情况；触诊采用直肠指诊法，病人取仰卧位、左侧卧位或肘膝位，评估肛门及括约肌的紧张度，评估肛管及直肠的内壁有无压痛、黏膜是否光滑，有无肿块及波动感。

四、相关护理诊断

1. 皮肤完整性受损 肛裂、痔疮，与长期便秘有关。

2. 有皮肤完整性受损的危险 与腹泻所致肛周皮肤炎症，长期便秘有关。

（刘永民）

第十节 脊柱、四肢与关节检查

案例 5-10-1

张某，女，61 岁。3 年前无明显诱因出现双手指间关节、掌指关节疼痛、肿胀，逐渐累及双腕、双肘，并伴有晨僵。1 年前出现双腕关节肿大、畸形，右肘部出现皮下结节，全身关节肿痛加重。初步诊断为“类风湿关节炎”。

问题：

1. 为该病人进行专科检查。

2. 该病人可能的护理诊断有哪些？

一、脊 柱

脊柱（spine）是躯体活动的枢纽，是维持躯体各种姿势的重要支柱，起着保护脊髓的重要作用。脊柱由 7 个颈椎、12 个胸椎、5 个腰椎、5 个骶椎及 4 个尾椎共同组成。脊柱病变时，主要表现为姿势或形态异常、疼痛及活动受限等。脊柱检查时病人可取站立位或坐位，按视诊、触诊、叩诊的顺序进行。

（一）脊柱弯曲度

1. 生理性弯曲 正常人脊柱有四个生理性弯曲，从侧面观呈“S”状弯曲，即颈椎稍向前凸、胸椎向后凸、腰椎向前凸、骶椎则有较大幅度的后凸。检查时让病人取站立位或坐位，双臂自然下垂，从后面观察脊柱有无侧弯。轻度侧弯时需借助触诊确定，护士用右手示指、中指或拇指沿脊椎棘突，以适当的压力从上向下划压，划压后皮肤即出现一条红色压痕，以此痕观察脊柱有无侧弯。

2. 病理性变形

（1）颈椎变形：颈部检查可观察自然姿势有无异常，如病人立位时有无侧偏、前屈、过度后伸和僵硬感。颈侧偏见于先天性斜颈。

（2）脊柱后凸（kyphosis）：脊柱过度后弯称为脊柱后凸，也称为驼背，多发生于胸段脊柱。脊柱后凸时前胸凹陷，头颈部前倾。常见于佝偻病、胸椎结核、强直性脊柱炎、脊椎退行性变、脊柱外伤等。

（3）脊柱前凸（lordosis）：脊柱过度向前凸出性弯曲，称为脊柱前凸。多发生在腰椎部位。病人腹部明显向前突出，臀部明显向后突出，多由于晚期妊娠、大量腹水、腹腔巨大肿瘤、髋关节结核及先天性髋关节后脱位等所致。

（4）脊柱侧凸（scoliosis）：脊柱离开后正中线向左或右偏曲，称为脊柱侧凸。多见于脊柱的胸椎段、腰椎段及胸椎腰椎联合处。侧凸严重时可出现肩部及骨盆畸形。根据侧凸的性状分为姿势性和器质性两种。①姿势性侧凸，改变体位可使侧凸得以纠正。常见于儿童发育期坐立姿势不良、椎间盘突出、脊髓灰质炎后遗症等。②器质性侧凸，改变体位不能使侧凸得到纠正。常见于先天性脊柱发育不全、营养不良、慢性胸膜肥厚、胸膜粘连及肩部或胸廓的畸形等。

（二）脊柱活动度

正常人脊柱有一定的活动范围，颈段与腰段活动范围最大，胸段活动范围较小，而骶段几乎无活动性。颈、胸、腰椎及全脊柱活动范围参考值见表 5-10-1。

表 5-10-1 颈、胸、腰椎及全脊柱活动范围

	前屈	后伸	左右侧弯	旋转度（一侧）
颈椎	35°～45°	35°～45°	45°	60°～80°
胸椎	30°	20°	20°	35°
腰椎	75°～90°	30°	20°～35°	30°
全脊柱	128°	125°	73.5°	115°

注：由于年龄、运动训练及脊柱结构差异等因素，脊柱活动范围存在较大的个体差异。

检查脊柱的活动度时，应让病人做前屈、后伸、左右侧弯和旋转等动作，以观察脊柱的活动情况及有无变形。对已有脊柱外伤、可疑骨折或关节脱位时，应避免脊柱活动，以防止损伤脊髓。检查方法见图 5-10-1。

脊柱的各种病变，均可使脊柱活动度不同程度受限。颈椎段活动受限常见于颈部肌纤维织炎及韧带受损、颈椎病、结核或肿瘤浸润、颈椎外伤、骨折或关节脱位等；腰椎段活动受限常见于腰部肌纤维织炎及韧带受损、腰椎椎管狭窄、椎间盘突出、腰椎结核或肿瘤、腰椎骨折或脱位等。

（三）脊柱压痛与叩击痛

1. 压痛 嘱病人取端坐位，身体稍向前倾，护士以右手拇指从枕骨粗隆开始自上而下逐个按压脊椎棘突及椎旁肌肉。正常时每个棘突及椎旁肌肉均无压痛。若有压痛，提示压痛部位的脊椎或肌肉可能有病变或损伤，并以第 7 颈椎棘突骨性标志计数病变椎体的位置。常见的病变有脊椎结核、椎间盘突出、脊椎外伤或骨折；若椎旁肌肉有压痛，常为腰背肌纤维织炎或劳损。

2. 叩击痛 正常脊柱无叩击痛。常用的检查方法：

（1）直接叩击法：以中指或叩诊锤直接叩击各椎体的棘突，询问有无疼痛，多用于胸椎及腰椎的检查。颈椎疾病，尤其是颈椎骨关节损伤时，一般不用此种方法检查。

（2）间接叩击法：嘱病人取坐位，护士将左手掌面置于其头顶，右手半握拳用小鱼际肌部位以适当的力度叩击左手背，询问其脊柱各部位有无疼痛。叩击痛阳性见于脊柱结核、脊椎骨折、椎间盘突出、脊柱肿瘤等。

二、四肢与关节

四肢（four limbs）及其关节（arthrosis）的检查通常运用视诊与触诊的方法，两种方法相互配合，特殊情况下采用叩诊和听诊。检查的内容包括四肢和关节的形态、运动。

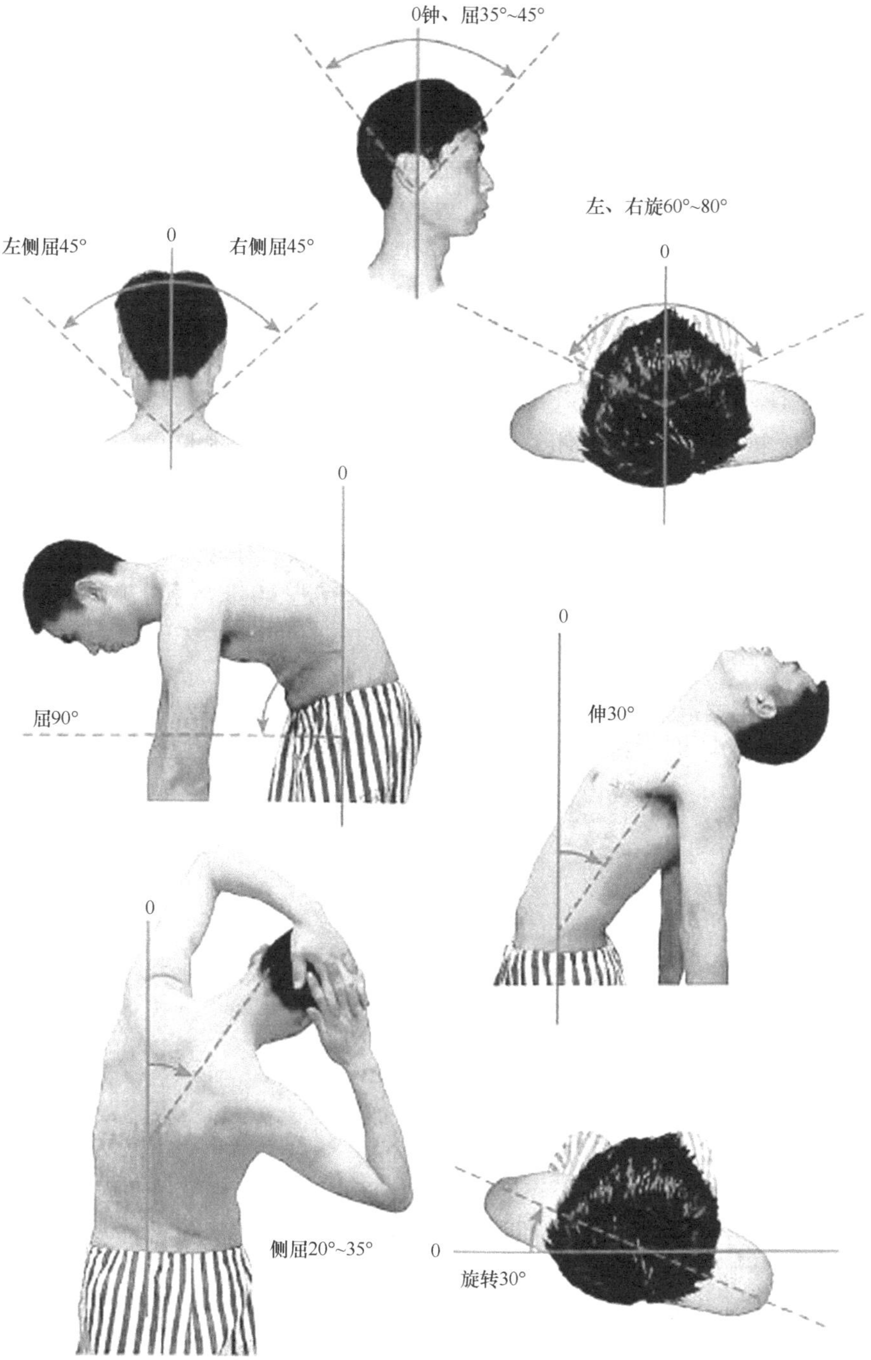

5-10-1 脊柱活动示意图

（一）四肢与关节的形态

上肢包括肩、上臂、肘、前臂、腕和手；下肢包括臀、大腿、膝、小腿、踝和足。正常人双上肢等长，双肩对称呈弧形，肘关节伸直时轻度外翻，双手自然休息时呈半握拳状；双下肢等长，双腿可伸直，两脚并拢时双膝和双踝可靠拢，站立时足掌、足跟可着地。

检查时，病人取合适的体位，充分暴露检查部位，护士双侧对比观察四肢的长度、周径、关节形态、姿势，同时注意皮肤与指（趾）甲的颜色、形态，有无皮肤损害、局部肿胀等，并触诊有无

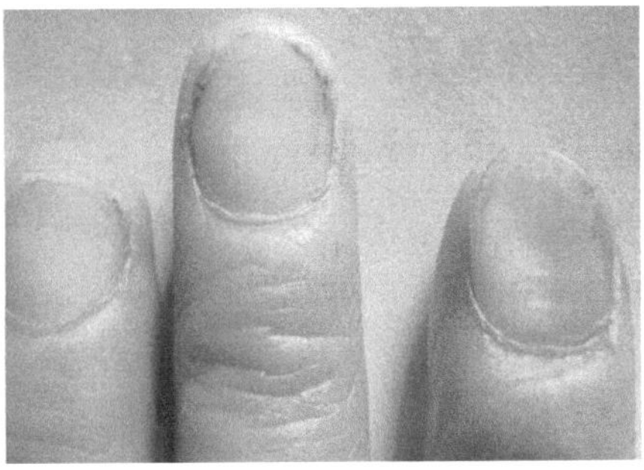

图 5-10-2 匙状甲

肿块、压痛。上肢、踝关节与足部检查时受检者一般取立位或坐位；髋关节检查时受检者取仰卧位，双下肢伸直，腰部放松；膝关节检查时取立位及仰卧位。必要时可辅以步行。

四肢常见的形态异常：

1. 匙状甲（spoon nails） 又称反甲，特点为指甲中央凹陷，边缘翘起，指甲变薄变脆，其表面粗糙带有条纹（图 5-10-2）。常见于缺铁性贫血及高原疾病，偶见于风湿热及甲癣。

2. 杵状指（acropachy） 手指或足趾末端指节增生、肥厚，指（趾）甲从根部到末端隆起呈杵状（图 5-10-3）。其发生可能与肢体末端慢性缺氧、代谢障碍及中毒性损害有关。缺氧时末端肢体毛细血管增生扩张，因血流丰富软组织增生，末端膨大。常见于支气管扩张、支气管肺癌、肺脓肿、发绀型先天性心脏病、亚急性感染性心内膜炎、肝硬化等。

3. 肢端肥大（acromegalia） 组织、骨骼及韧带增生肥大，使肢体端异常粗大，表现为手指、足趾粗而短，手、足背厚而宽。其发生与成人腺垂体功能亢进、生长激素分泌过多有关，多见于巨人症和肢端肥大症。

4. 指关节变形

（1）梭形关节：近端指间关节呈对称性梭形畸形，活动受限及僵直。重者手指及腕部向尺侧偏斜，多为双侧（图 5-10-4）。常见于类风湿关节炎。

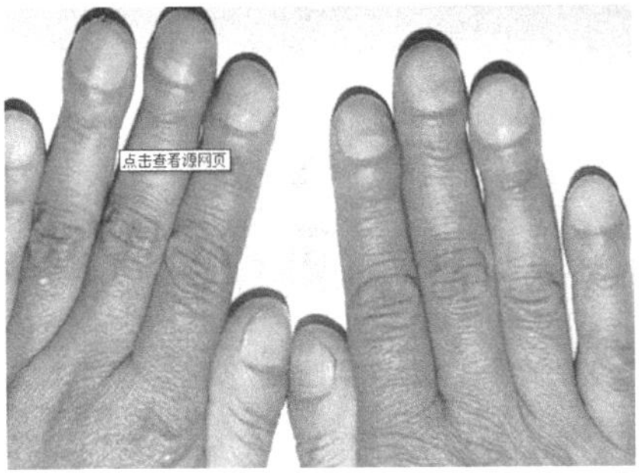

图 5-10-3 杵状指

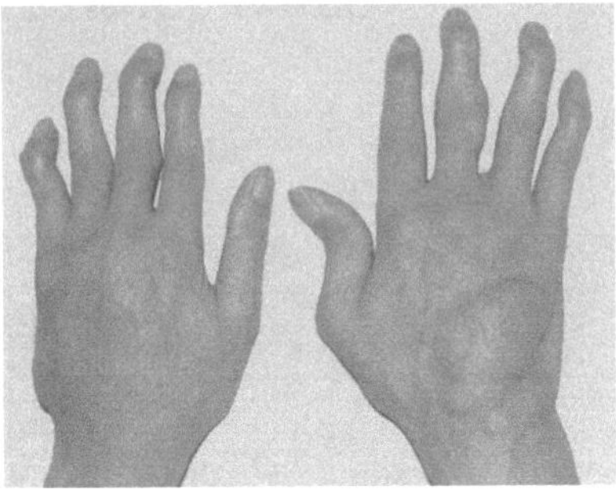

图 5-10-4 梭形关节

（2）爪形手：掌指关节过伸，指间关节屈曲变形，大小鱼际肌和骨间肌萎缩，手呈鸟爪样（图 5-10-5）。见于尺神经损伤、进行性肌萎缩、脊髓空洞症、麻风病等。

5. 腕关节变形 腕部手掌的神经、血管、肌腱及骨骼的损伤或先天性因素及外伤引起的畸形，包括：①腕垂症，桡神经损伤所致；②“餐叉样”畸形，见于 Colles 骨折（图 5-10-6）。

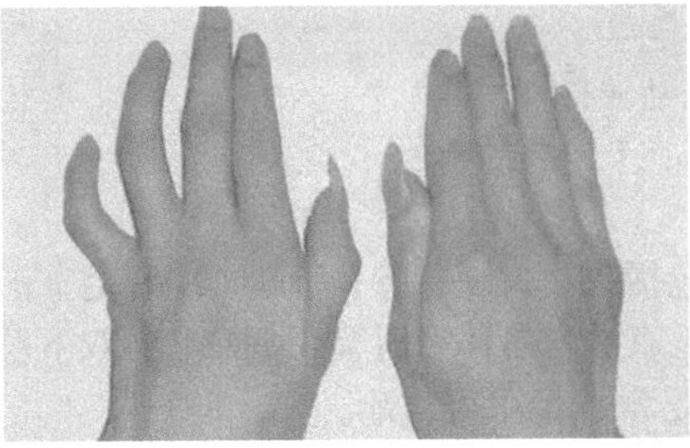

图 5-10-5 爪形手

图 5-10-6 “餐叉样”畸形

6. 肘关节变形　正常人肘关节伸直时，肱骨内外上髁与尺骨鹰嘴位于一直线，屈肘 90°时，此三点成一等腰三角形，称肘后三角（Hüter 三角）（图 5-10-7）。肘关节脱位时，此三点关系则发生改变，肱骨内外上髁位于肱骨下端，当病人屈肘时较易扪及。若肱骨外上髁有压痛时称“网球肘”；当内上髁有压痛时，则称“高尔夫肘”。

7. 肩关节变形　正常双肩对称呈弧形。肩关节弧形轮廓消失，肩峰突出，呈“方肩”，见于肩关节脱位或三角肌萎缩。两侧肩关节一高一低，颈短耸肩，呈“耸肩”，见于脊柱侧弯及先天性肩胛高耸症。锁骨远端下垂，肩部突出畸形如戴肩章状，呈“肩章状肩”，见于外伤性肩销关节脱位。肩关节外形异常见图 5-10-8。

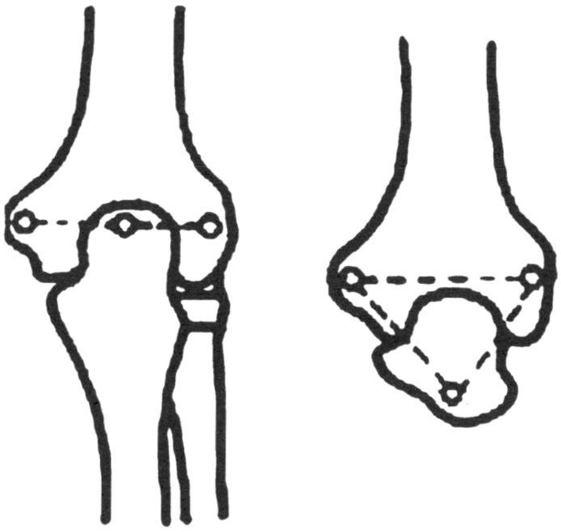

图 5-10-7　肘后三角

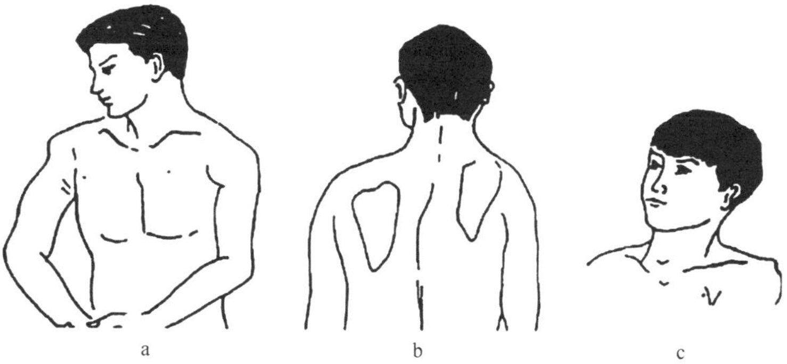

图 5-10-8　肩关节外形异常

a. 方肩；b. 耸肩；c. 肩章状肩

8. 膝关节变形　包括膝内翻、膝外翻、膝反张、膝关节腔积液等。评估时应充分暴露膝关节，注意两侧对比。

（1）膝内、外翻：正常人两脚并拢直立时，两膝及双踝均可靠拢。如果双踝并拢时双膝却向外分离呈“O”形，称膝内翻，又称“O 型腿”畸形。如果双膝靠拢时，双踝分离呈“X”形，称膝外翻，又称“X 型腿”畸形。膝内、外翻畸形常见于佝偻病和大骨节病。膝内、外翻见图 5-10-9。

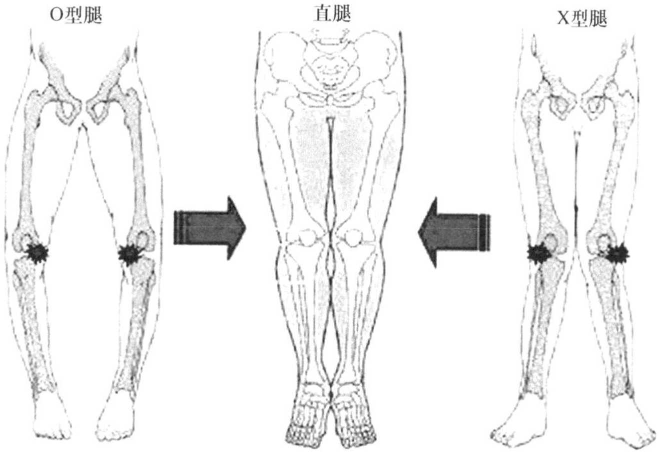

图 5-10-9　膝内、外翻

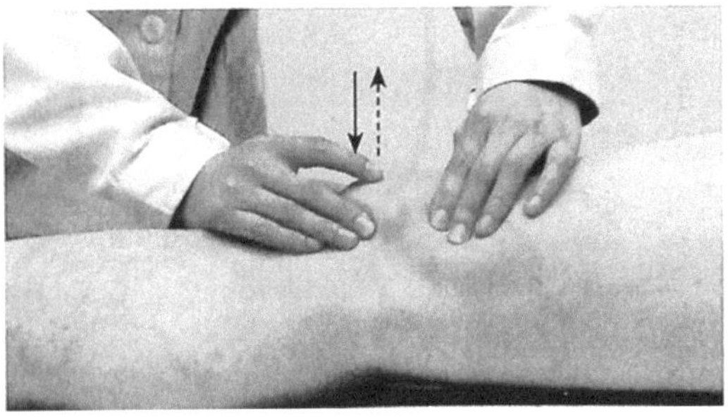

图 5-10-10　浮髌试验

（2）膝反张：膝关节过度后伸形成向前的反屈状，见于膝关节结核、小儿麻痹后遗症。

（3）关节腔积液：关节腔少量积液时，膝部屈曲 90°，髌骨两侧的凹陷消失。大量积液时，关节周围明显肿胀，触诊可有浮动感，称为浮髌现象。检查时嘱病人取平卧位，下肢伸直放松，护士一手示指垂直按压髌骨并迅速抬起，按压时髌骨与关节面触碰感，放开时有髌骨浮起，则为浮髌试验阳性（图 5-10-10），提示关节腔有中等量（50ml 以上）的积液，是膝关节积液的重要体征。

9. 足部形态异常　包括足内、外翻，马蹄足、弓形足及扁平足等。

（1）足内、外翻：正常人足做内、外翻动作时皆可达 35°，复原时足掌、足跟可着地。如跟骨内旋，前足内收，足纵弓高度增加，站立时足不能踏平，外侧着地，足掌部呈固定内翻、内收位，称为足内翻，常见于小儿麻痹后遗症，先天畸形。如跟骨外旋，前足外展，足纵弓塌陷，舟骨突出，呈扁平状，跟腱延长线落在跟骨内侧，即为足外翻，见于先天畸形和胫前胫后肌麻痹。足内、外翻见图 5-10-11。

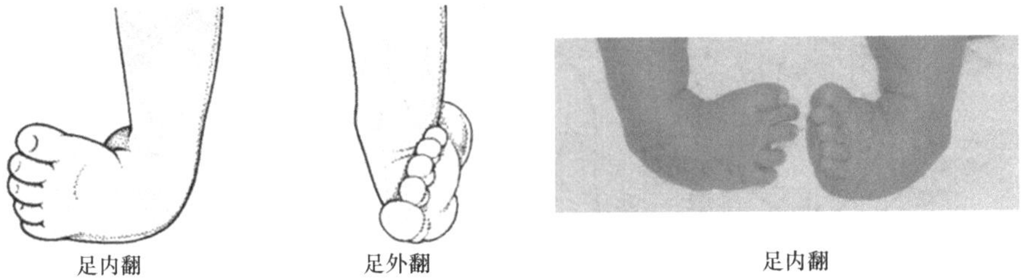

图 5-10-11　足内、外翻

（2）马蹄足：踝关节跖屈，前半足着地。常见于跟腱挛缩或腓总神经麻痹。

（3）弓形足：足纵弓高起，横弓下陷，足背隆起，足趾分开。常见于下肢神经麻痹等。

（4）扁平足：足纵弓塌陷，足跟外翻，前半足外展，形成足旋前畸形。横弓塌陷，前足增宽，足底前部形成胼胝。多为先天性异常。

10. 肌肉萎缩（muscle atrophy）　为中枢或周围神经病变、肌炎或肢体失用所致的部分或全部肌肉组织体积缩小、松弛无力。见于脊髓灰质炎后遗症、脑血管疾病所致肢体瘫痪而失用者、多发性神经炎、周围神经损坏、外伤性截瘫等。

（二）四肢与关节的运动

检查时，嘱病人作主动或被动运动，观察关节的活动度、有无活动受限或疼痛。正常关节活动不受限，人体内以肩关节活动的范围最大，可屈曲、外展、内收、外旋、内旋等。当各关节不能达到各自的活动幅度时，为关节运动障碍。可见于相应关节的炎症、肿瘤、创伤及退行性变等。

1. 指关节　嘱病人屈曲近指关节和远指关节做爪状、握拳、对掌动作。正常各指关节屈曲可紧握成拳，也可伸直。

2. 腕关节　活动度的测定以腕关节、手和前臂在一条直线上作为 0°。将病人的前臂处于旋前位，以一手握持，另一手轻轻将腕关节向下屈曲，正常腕关节屈曲 50°～60°；再让腕关节背伸，正常 30°～60°；让病人前臂旋前，评估者一手握持其前臂，分别让其手向身体方向活动（内收），然后向离开身体的方向活动（外展），正常内收 25°～30°、外展 30°～40°。

3. 肘关节　只可做屈伸运动。护士一手握持病人的一侧肘关节，另一手握住其手腕，使前臂尽量趋向肩部。正常肘关节的主动或被动屈曲可达 130°～150°；再缓慢伸直前臂，过伸可达 5°～10°。于屈曲位把持住病人的肘关节，嘱其旋转手臂至手掌向下（旋前），然后反向旋转至手掌向上（旋后），肘关节旋前或旋后可达 80°～90°。

4. 肩关节 让病人尽可能地将上肢从前方上抬并超过头部的高度。正常肩关节的前屈曲约 135°；再嘱病人尽可能将上肢从下方向后上方运动，正常后伸 45°；内收肘部可达前正中线（45°～50°）；外展（肩关节固定）可达 90°；内旋 80°～90°；外旋约 30°。

5. 髋关节 嘱病人取仰卧位，双下肢伸直平放，护士嘱其做各种髋关节的运动。将病人的一侧下肢自中立位越过另一侧下肢向对侧活动，正常内收 20°～30°；将一侧下肢自中立位外移，远离躯体中线，外展 30°～45°；股前部可与腹壁相贴，可屈曲 130°～140°；评估对象俯卧，评估者一手按压臀部，另一手握其小腿下端；屈膝 90°后上提，后伸可达 15°～30°；将一侧下肢自中立位做内旋与外旋方向的动作，内旋与外旋各达 45°。

6. 膝关节 缓慢地尽量屈曲病人的膝关节，正常膝关节可屈曲 120°～150°。护士握住病人的膝和踝关节，从屈曲位尽量伸直膝关节。正常情况下，膝关节能完全伸直，有时可有 5°～10° 的过伸。

7. 踝关节 护士握住病人的足部，并将之向上方和下方推动，正常背伸 20°～30°，跖屈 40°～50°；评估者一手握住病人的踝部，另一手握住其的足部并将踝部向左右两侧活动，正常足内翻与外翻各约 35°。

案例 5-10-1 分析讨论（1）

专科检查：双腕关节肿胀、压痛，活动受限，双手近远端指间关节呈梭形，掌指关节向尺侧偏移，右肘伸侧可触及皮下结节，约 3cm×4cm，质韧，无压痛，移动度可。

三、相关护理诊断

1. 有失用综合征的危险 与关节病变、肢体外伤有关。
2. 床上活动障碍 与脊柱病变有关。
3. 躯体活动障碍 与脊柱、关节病变有关。
4. 借助轮椅活动障碍 与关节病变、肢体外伤有关。
5. 移动能力障碍 与脊柱病变有关。
6. 行走障碍 与脑卒中后功能锻炼不足有关。
7. 沐浴自理缺陷 与脊柱、关节病变有关。
8. 穿着自理缺陷 与关节病变有关。
9. 进食自理缺陷 与关节病变、肢体外伤有关。
10. 如厕自理障碍 与脊柱病变有关。
11. 有跌倒的危险 与脊柱、关节病变有关。
12. 有受伤的危险 与脊柱、关节病变有关。

案例 5-10-1 分析讨论（2）

该病人可能存在的护理诊断：

1. 躯体活动障碍：与关节病变有关。
2. 有失用综合征的危险：与关节病变有关。
3. 有受伤的危险：与关节病变有关。

（王 娟）

第十一节　神经系统检查

案例 5-11-1

张某，男，69 岁，10 小时前在做家务时无明显诱因感左侧肢体无力，左上肢能上举，握物不稳，左下肢明显拖行，无头晕头痛、恶心呕吐、意识障碍，无言语不清、吞咽困难、饮水呛咳，无胸闷气短，无二便失禁。初步诊断：脑梗死。

问题：

1. 请为该病人进行神经专科检查。
2. 该病人可能的护理诊断有哪些？

神经系统检查主要包括对脑神经、感觉功能、运动功能、神经反射和自主神经功能检查。进行神经系统检查前需确定病人对外界刺激的反应状态，即意识状态。本节所涉及的许多检查要求在病人意识清晰的状态下完成。

一、脑 神 经

脑神经共 12 对，脑神经检查对颅脑病变的定位诊断有重要意义。检查时应按顺序进行，以免遗漏，同时注意双侧对比。

（一）嗅神经

嗅神经（olfactory nerve）是第Ⅰ对脑神经。检查前应先确定病人鼻道是否通畅、有无鼻黏膜病变，然后测试嗅觉。嘱病人闭目，依次检查双侧嗅觉。先压住一侧鼻孔，选用日常生活中熟悉的 3 种不同气味的物品，如醋、酒、香烟、薄荷、樟脑等，分别置于另一侧鼻孔前，让病人辨别各物品的气味，以了解其嗅觉正常与否，有无减退或消失。同法检查另一侧鼻孔，注意双侧比较。

病人无法嗅到气味即为嗅觉缺失；能嗅到气味，但无法辨别，为嗅觉不良。鼻黏膜炎症或萎缩也可引起嗅觉减退。在排除鼻腔病变的前提下，嗅觉障碍常提示同侧嗅神经损害，见于颅脑创伤、颅前凹占位性病变等。

（二）视神经

视神经（optic nerve）是第Ⅱ对脑神经。检查包括视力、视野和眼底检查。具体见本章第二节相关内容。

（三）动眼神经、滑车神经、展神经

动眼神经（oculomotor nerve）、滑车神经（trochlear nerve）、展神经（abducens nerve）分别为第Ⅲ、Ⅳ、Ⅵ对脑神经，共同支配眼球运动，合称眼球运动神经，可同时检查。眼球运动的检查方法见本章第二节的相关内容。

（四）三叉神经

三叉神经（trigeminus nerve）为第Ⅴ对脑神经，是混合性神经，具有感觉和运动两种功能，其感觉纤维分布于面部皮肤及眼、鼻、口腔黏膜；运动纤维主要支配咀嚼肌、颞肌和翼状内外肌。

1. 感觉功能检查　包括用针刺检查痛觉、棉絮检查触觉及用盛有冷或热水的试管检查温度觉。检查时，自上而下、由内向外，轻触前额、鼻部两侧及下颌，两侧对比，并随时询问病人有无感觉过敏、减退或消失。

2. 运动功能检查　护士将双手置于病人两侧下颌角上面咀嚼肌隆起处，嘱病人做咀嚼动作，

比较两侧咀嚼肌力量的强弱；再将双手置于病人的颏下，向上用力，嘱病人做张口动作，感触张口时的肌力，观察张口时下颌有无偏斜。一侧三叉神经运动纤维受损时，可表现为患侧咀嚼肌肌力减弱或出现萎缩，张口时下颌偏向患侧。

（五）面神经

面神经（facial nerve）是第Ⅶ对脑神经，主要支配面部表情肌和舌前 2/3 的味觉功能。

1. 面肌运动 检查时观察病人双侧额纹、眼裂、鼻唇沟和口角是否对称，然后嘱病人做皱额、闭眼、露齿、微笑、鼓腮或吹口哨动作，观察左右两侧是否对等。一侧面神经周围性（核或核下性）损害时，患侧额纹减少、眼裂增大、鼻唇沟变浅，不能皱额、闭眼，微笑或露齿时口角向健侧歪斜，鼓腮及吹口哨时患侧漏气。中枢性（核上的皮质脑干束或皮质运动区）损害时，由于上半部面肌受双侧皮质运动区的支配，皱额和闭眼无明显影响，仅出现健侧下半部面部表情肌瘫痪，表现为鼻唇沟变浅、口角下垂。

2. 味觉功能 嘱病人伸舌，将具有不同味感的物质（盐、糖、醋、奎宁等）用棉签涂于舌面，测试其味觉，请其用手指指出事先写在纸上的咸、甜、酸、苦四个字之一，病人不能说话、缩舌和吞咽。每种味觉试验完成后，用水漱口，再测试下一种味觉。面神经损害者舌前 2/3 的味觉丧失。

（六）位听神经

位听神经（vestibulocochlear nerve）是第Ⅷ对脑神经，检查包括听力和前庭功能检查。

1. 听力检查 见本章第二节。

2. 前庭功能 询问病人有无眩晕、平衡失调，检查有无自发性眼球震颤。病人若出现眩晕、平衡失调或有自发性眼球震颤提示前庭功能病变。

（七）舌咽神经、迷走神经

舌咽神经（glossopharyngeal nerve）是第Ⅸ对脑神经，支配舌后 1/3 味觉和咽部感觉，并支配软腭和咽肌的运动；迷走神经（vagus nerve）是第Ⅹ对脑神经，支配咽喉的感觉和运动。由于两者在解剖上关系密切，常同时受损。

1. 运动功能 检查前，先询问病人有无声音嘶哑、带鼻音，有无饮水呛咳或吞咽困难，再嘱其张口发"啊"音，观察悬雍垂是否居中，两侧软腭上抬是否有力、对称，腭垂有无偏斜。若一侧软腭上抬减弱，腭垂偏向对侧，提示该侧神经受损；若腭垂居中，但双侧软腭上抬受限，甚至完全不能上抬，提示双侧神经麻痹。

2. 感觉功能 嘱病人张口，用棉签轻触两侧软腭和咽后壁，询问病人的感觉。此外，舌后 1/3 的味觉减退为舌咽神经损害，检查方法同面神经。

3. 咽反射 用压舌板分别轻触两侧咽后壁，正常者出现咽部肌肉收缩和舌后缩，有恶心反应。有神经损害者患侧反射迟钝或消失。

（八）副神经

副神经（accessory nerve）是第Ⅺ对脑神经，支配胸锁乳突肌和斜方肌。检查时，先观察胸锁乳突肌与斜方肌有无萎缩。然后护士将一手置于病人腮部，嘱其对抗阻力转颈，以测试其胸锁乳突肌的肌力；将两手置于病人双肩向下按压，嘱其对抗阻力做耸肩运动，以测试其斜方肌的肌力。副神经受损时，可出现一侧肌力下降或肌肉萎缩。

（九）舌下神经

舌下神经（hypoglossal nerve）是第Ⅻ对脑神经，支配舌肌运动。检查时，嘱病人伸舌，观察有无舌偏斜、舌肌萎缩或舌颤动。单侧舌下神经麻痹时，伸舌向患侧偏斜，常见于脑血管病变；双侧舌下神经麻痹时，舌不能伸出口外，伴语言和吞咽困难。

案例 5-11-1 分析讨论（1）

一般情况：意识清楚，言语清晰，情感无异常，定向力正常、记忆力及计算力未见异常、判断力无明显障碍。

脑神经：嗅觉粗测未见异常；粗测视力未见异常，视野无缺损；双眼睑无下垂，双眼球各方向运动自如，双侧瞳孔等大等圆，直径约 3.0mm，双侧直接、间接对光反射双侧灵敏，辐辏反射正常，瞬目反射灵敏；颜面痛温觉存在，双侧咀嚼有力，张口对称，双侧角膜反射灵敏；双侧额纹对称，双侧闭目正常，双侧鼻唇沟对称，鼓气良好；双侧听力粗测未见异常，无眼球震颤；无声嘶、呛咳、吞咽困难，悬雍垂居中，双侧软腭上提对称有力，双侧咽反射存在，双侧转颈、耸肩有力；伸舌居中，双侧舌肌无萎缩、纤颤、肥厚。

二、感觉功能

检查感觉功能时，要求环境安静，病人意识清晰，注意力集中。检查前向病人解释检查目的和方法，取得病人的理解与配合。检查应从感觉障碍区向正常部位移行，注意左右及远近端部位的对比。为避免主观或暗示作用，检查时嘱病人闭目。若病人无神经系统疾病的症状和体征，一般感觉功能的检查仅限于触觉、痛觉和震动觉。

（一）浅感觉

1. 痛觉 用大头针的针尖和针帽交替、均匀地轻刺病人的皮肤，让其陈述感受。注意两侧对称部位的比较，判断有无感觉障碍及其类型（正常、过敏、减退或消失）与范围。痛觉障碍见于脊髓丘脑侧束病史。

2. 触觉 用棉签轻触病人的躯干及四肢皮肤或黏膜，询问其有无轻痒的感觉。正常人对轻触感觉十分敏感。对触觉刺激反应不灵敏或无反应分别称为触觉减退或消失。触觉障碍见于脊髓丘脑前束和后索病损。

3. 温度觉 用分别盛有热水（40～50℃）和冷水（5～10℃）的试管交替接触病人的皮肤，让其陈述感受。正常人能明确辨别冷热的感觉。温度觉障碍见于脊髓丘脑侧束病损。

（二）深感觉

1. 运动觉 护士用示指和拇指轻持病人手指或足趾的两侧做被动伸或屈的动作，嘱病人根据感觉说出“向上”或“向下”，观察其反应是否正确。运动觉障碍见于脊髓后索病损。

2. 位置觉 护士将病人肢体置于某一位置，让其回答自己肢体所处的位置或用对侧肢体模仿。位置觉障碍见于脊髓后索病损。

3. 震动觉 将震动的音叉（128Hz）置于病人的骨隆起处，如内踝、外踝，指尖，桡骨茎突，肘部，肩部，髂前上棘，胫骨结节等，询问有无震动感，注意两侧对比。正常人有共鸣性震动感。震动觉障碍见于脊髓后索病损。

（三）复合感觉

复合感觉又称为皮质感觉，是大脑综合分析和判断的结果，包括皮肤定位觉、两点辨别觉、实体觉和体表图形觉。正常人闭目情况下可正确辨别，大脑皮质病变时发生障碍。

1. 皮肤定位觉 护士用手指或棉签轻触病人的体表某处皮肤，要求病人指出被触部位。皮肤定位觉障碍见于皮质病变。

2. 两点辨别觉 护士用分开的钝脚分规轻触病人皮肤上的两点，若病人能分辨为两点，则再逐步缩小双脚间距，直至病人感觉为一点时，测其实际间距，双侧比较。正常人身体不同部位的分辨能力不同，舌尖、鼻端、指尖敏感度最高，四肢近端和躯干较差。触觉正常而两点辨别觉障碍见于额叶病变。

3. 实体觉 嘱病人用单手触摸熟悉的物件，如硬币、钥匙、钢笔等，并说出物件的名称。先测功能差的一侧，再测另一侧。实体觉障碍见于皮质病变。

4. 体表图形觉 护士以钝物在病人皮肤上画圆形、方形、三角形等简单图形或写一、二、十等简单的字，观察其能否识别，须双侧对照。如有障碍，常为丘脑水平以上病变。

案例 5-11-1 分析讨论（2）

感觉功能：全身痛、温觉对称存在，全身关节音叉震动觉对称存在，全身两点辨别、图形及实体觉对称存在。

三、运动功能

运动分为随意运动和不随意运动。随意运动由锥体束支配，又称为自主运动；不随意运动由锥体外系和小脑支配，又称为不自主运动。

（一）肌力检查

肌力（muscle strength）是指肌肉运动时的最大收缩力。检查时，嘱病人用力做肢体伸屈动作，护士分别从相反的方向给予阻力，测试病人对阻力的克服力量，注意两侧肢体的对比。肌力的记录采用 0～5 级的 6 级分级法。

0 级：完全瘫痪，测不到肌肉收缩。

1 级：仅见肌肉收缩，但无肢体运动。

2 级：肢体能在床上水平移动，但不能抬离床面。

3 级：肢体能抬离床面，但不能抵抗阻力。

4 级：能做抗阻力动作，但较不完全。

5 级：正常肌力。

肌力减退或消失称为瘫痪。按瘫痪的程度可分为完全性瘫痪和不完全性瘫痪。完全性瘫痪，即肌力为 0 级；肌力 1～4 级者称为不完全性瘫痪。按瘫痪的部位可分为：①单瘫（monoplegia），为单一肢体瘫痪，多见于脊髓灰质炎；②偏瘫（hemiplegia），为一侧肢体（上、下肢）瘫痪，常伴有同侧脑神经损害，多见于脑出血、脑栓塞、脑肿瘤等；③截瘫（paraplegia），多为双侧下肢瘫痪，见于脊髓外伤、炎症等所致脊髓横贯性损伤；④交叉性偏瘫（crossed paralysis），为一侧肢体瘫痪及对侧脑神经损害，多见于脑干病变。

（二）肌张力检查

肌张力（muscular tension）是指静息状态下肌肉的紧张度。检查时，嘱病人完全放松被检肢体，护士通过触摸肌肉的硬度及根据关节被动运动时的阻力对肌张力的情况作出判断。

1. 肌张力增高 触摸肌肉坚实，做被动运动时阻力增加。见于锥体束或锥体外系损害。

2. 肌张力降低 触摸时肌肉松软，伸屈肢体时阻力降低，关节运动范围扩大，可表现为关节过伸。见于周围神经炎、脊髓前角灰质炎、小脑病变等。

（三）不随意运动

不随意运动是指病人在意识清晰的状况下，随意肌不自主收缩时所产生的一些无目的的异常动作，多为锥体外系损害的表现。

1. 震颤（tremor） 为躯体某部分出现不自主，但有节律性的抖动。常见有：

（1）静止性震颤（static tremor）：安静状态下出现，运动时减轻，睡眠时消失，常伴肌张力增高，见于帕金森病。

（2）姿势性震颤（postural tremor）：身体在维持某一特定姿势时出现，运动及休息时消失，震颤较静止性震颤细而快。姿势性震颤包括应用肾上腺素后、甲状腺功能亢进症、焦虑状态等所致的震颤。检查时嘱病人双上肢平伸，可见手指出现细微的不自主震颤。肝昏迷、尿毒症、慢性肺功能不全等全身代谢障碍病人，双上肢前伸，手指及腕部伸直维持一定姿势时，腕关节突然屈曲，而后又迅速伸直至原来位置，如此反复，状如扑翼，称扑翼样震颤，也属于姿势性震颤。

（3）动作性震颤（action tremor）：又称意向性震颤。震颤在运动时出现，动作终末越接近目标物时越明显，休息时消失，见于小脑病变。

2. 舞蹈样动作（choreatic movement） 为面部肌肉及肢体的快速、不规则、无目的、不对称的不自主运动，表现为做鬼脸、转颈、耸肩、手指间断性伸屈、伸臂、摆手等舞蹈样动作，常难以维持一定的姿势，睡眠时可减轻或消失。多见于儿童期脑风湿性病变。

3. 手足搐搦（tetany） 发作时手足肌肉呈紧张性痉挛。在上肢表现为腕部屈曲、手指伸展、掌指关节屈曲、拇指内收靠近掌心并与小指相对；在下肢表现为踝关节与趾关节皆呈屈曲状。见于低钙血症和碱中毒。

（四）共济运动

共济运动是指机体完成任一动作时所依赖的某组肌群协调一致的运动。这种协调运动有赖于小脑、前庭神经、深感觉及锥体外系的共同参与。当这些结构发生病变，动作协调发生障碍时，称为共济失调（ataxia）。共济运动的检查方法：

1. 指鼻试验（finger-to-nose test） 嘱病人手臂外旋、伸直，用示指触碰自己的鼻尖，先慢后快，先睁眼后闭眼，重复上述动作。正常人动作准确。小脑半球病变者同侧指鼻不准；如睁眼时指鼻准确，闭眼时出现障碍为感觉性共济失调。

2. 跟–膝–胫试验（heel-knee-shin test） 病人仰卧，嘱其抬高一侧下肢，然后将足跟置于对侧下肢的膝部，再沿胫骨前缘向下移动至足背，先睁眼后闭眼，重复进行。小脑损害时动作不稳；感觉性共济失调者闭眼时足跟难以寻到膝盖。

3. 快速轮替动作（rapid alternating test） 嘱病人伸直手掌并反复做快速旋前旋后动作，或用一手手掌、手背连续交替拍打对侧手掌。共济失调者动作缓慢，不协调。

4. 闭目难立征（Romberg's test） 嘱病人直立，双足并拢，两臂前伸，然后闭目。若出现身体摇晃或倾斜为阳性。若睁眼时能站稳，闭目时站立不稳，为感觉性共济失调，提示两下肢有深感觉障碍。闭目睁目皆不稳提示小脑蚓部病变。

案例 5-11-1 分析讨论（3）

运动功能：四肢肌肉形态无异常，四肢无不自主运动，四肢肌张力正常，右侧肢体肌力5级，左上肢肌力4级，左下肢肌力3级；右侧指鼻试验、跟膝胫动作稳准，左下肢拖行；Romberg's试验阴性。

四、神经反射

神经反射是通过反射弧完成的，并且受高级神经中枢的控制。反射弧包括感受器、传入神经、中枢、传出神经和效应器。反射弧中任何一个环节病变可使反射减弱或消失；而锥体束以上部位的病变，可导致一些反射活动因失去抑制而出现反射亢进。反射包括生理反射和病理反射，根据刺激部位不同，生理反射又分为浅反射和深反射。

（一）浅反射

刺激皮肤、黏膜或角膜引起的反射称为浅反射（superficial reflexes）。

1. 角膜反射（corneal reflex） 护士将一手的示指置于病人眼前约 30cm 处，引导其眼睛向内上方注视，另一手用细棉签纤维由病人眼外侧从视野外向内接近并轻触病人的角膜，注意避免触及眼睫毛。正常时可见该眼睑迅速闭合，称为直接角膜反射；如刺激一侧角膜，对侧眼睑也出现闭合，称为间接角膜反射（图 5-11-1）。直接角膜反射消失，间接角膜反射存在，见于该侧面神经瘫痪（传出障碍）；直接与间接角膜反射均消失，见于三叉神经病变（传入障碍）；深昏迷病人角膜反射完全消失。

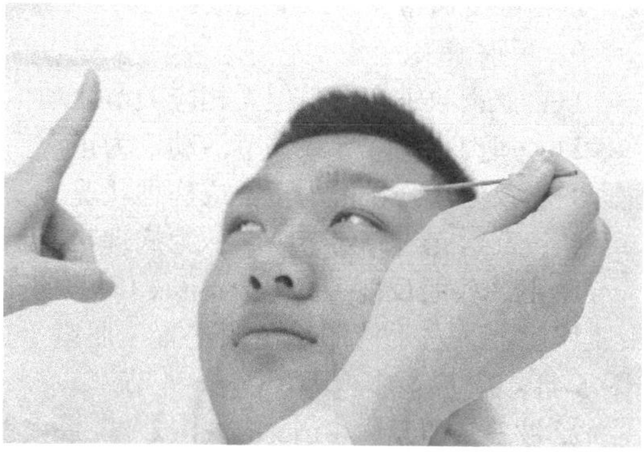

图 5-11-1 角膜反射检查

2. 腹壁反射（abdominal reflex） 嘱病人仰卧，双下肢稍屈曲使腹壁放松，然后用棉签杆按上（肋缘下）、中（脐平）、下（腹股沟上）3 个部位由外向内轻划腹壁皮肤（图 5-11-2）。正常时，可见受刺激的部位腹壁肌肉收缩。

上部反射消失见于胸髓 7～8 节病损，中部反射消失见于胸髓 9～10 节病损，下部反射消失见于胸髓 11～12 节病损。双侧上、中、下腹壁反射均消失见于昏迷或急腹症病人。一侧腹壁反射消失见于同侧锥体束病损。肥胖、老年及经产妇因腹壁过于松弛腹壁反射也可减弱或消失。

3. 提睾反射（cremasteric reflex） 嘱病人仰卧，用棉签杆自下向上轻划股内侧上方皮肤（图 5-11-2）。正常反应为同侧提睾肌收缩，睾丸上提。双侧反射消失见于腰髓 1～2 节病损；一侧反射减弱或消失见于锥体束损害。局部病变如腹股沟疝、阴囊水肿等也可影响提睾反射。

4. 跖反射（plantar reflex） 嘱病人仰卧，双下肢伸直，护士手持病人踝部，用棉签杆沿足底外侧，由足跟向前划至小趾根部足掌时再转向踇趾侧（图 5-11-3）。正常反应为足趾向跖面屈曲。反射消失见于骶髓 1～2 节病损。

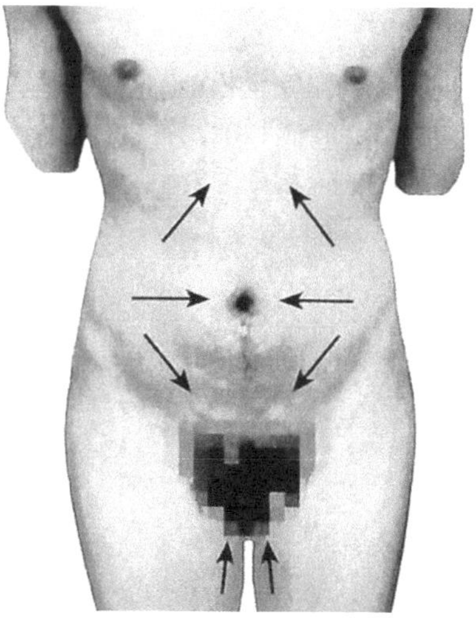

图 5-11-2 腹壁反射和提睾反射检查

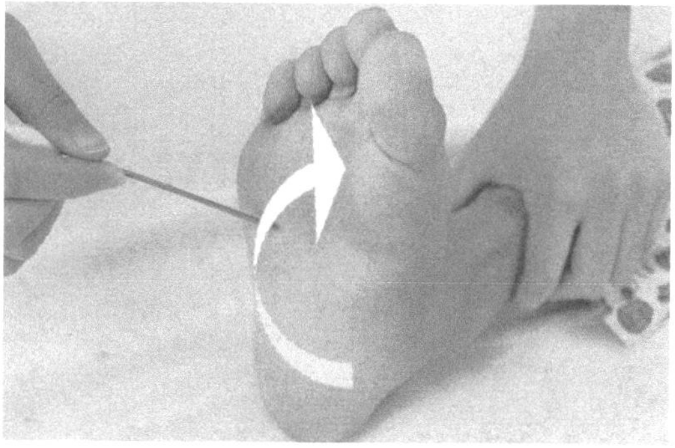

图 5-11-3 跖反射检查

（二）深反射

刺激骨膜、肌腱所引起的反射，称为深反射（deep reflexes）。检查时，要求病人完全放松受检的肢体，护士叩击的力量要均匀，注意两侧对比。

反射强度通常分为以下几级：

0：反射消失。

1+：肌肉收缩存在，但无相应关节活动，为反射减弱。

2+：肌肉收缩并导致关节活动，为正常反射。

3+：反射增强，可为正常或病理状况。

4+：反射亢进并伴有阵挛，为病理状况。

1. 肱二头肌反射（biceps reflex） 护士以左手托扶病人屈曲的肘部，将拇指置于病人肱二头肌肌腱上，右手持叩诊锤叩击置于肌腱上的拇指。正常反应为肱二头肌收缩，前臂快速屈曲（图 5-11-4）。反射中枢为颈髓 5～6 节。

2. 肱三头肌反射（triceps reflex） 病人肘部屈曲，护士以左手托扶其前臂，右手持叩诊锤直接叩击病人鹰嘴上方的肱三头肌肌腱。正常反应为肱三头肌收缩，前臂伸展（图 5-11-5）。反射中枢为颈髓 6～7 节。

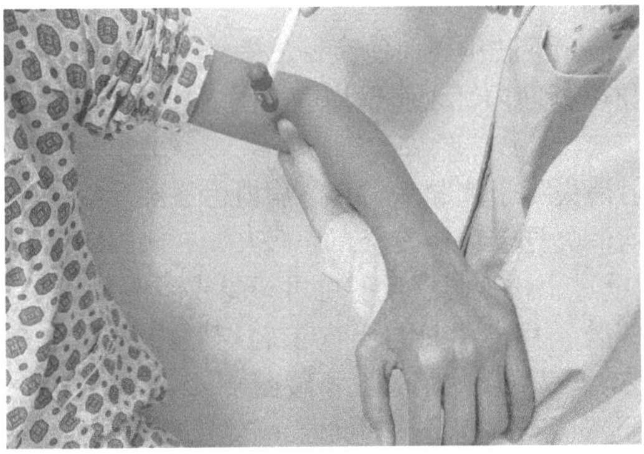

图 5-11-4 肱二头肌反射检查

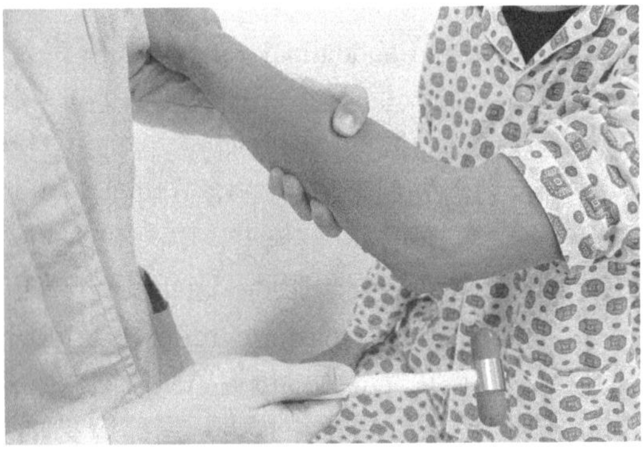

图 5-11-5 肱三头肌反射检查

3. 桡骨骨膜反射（radioperiosteal reflex） 嘱病人前臂置于半屈半旋前位，护士以左手托扶病人腕部，使腕关节自然下垂，右手持叩诊锤叩击病人桡骨茎突。正常反应为肱桡肌收缩，前臂旋前，屈肘（图 5-11-6）。反射中枢为颈髓 5～6 节。

4. 膝腱反射（patellar tendon reflex） 病人取坐位检查时，小腿完全松弛，自然下垂；卧位检查时，护士用左手在病人腘窝处托起其双下肢，使髋、膝关节屈曲约 120°，右手持叩诊锤叩击髌骨下方股四头肌肌腱（图 5-11-7）。正常反应为小腿伸展。反射中枢为腰髓 2～4 节。

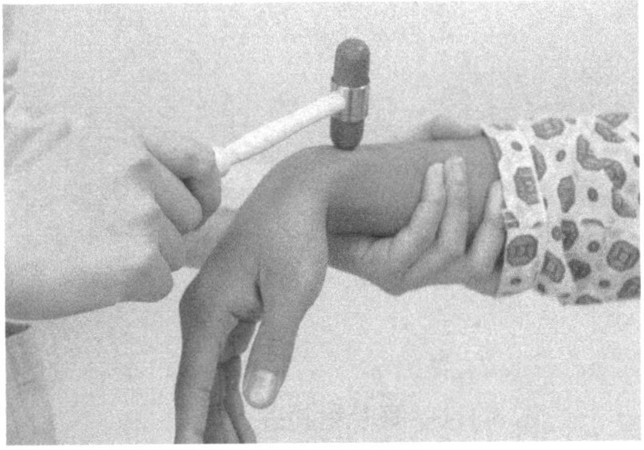

图 5-11-6 桡骨骨膜反射检查

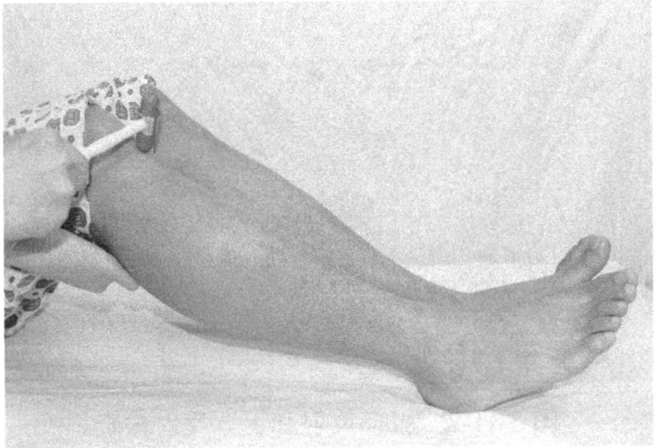

图 5-11-7 膝腱反射检查

5. 跟腱反射（achilles tendon reflex）　病人仰卧，髋、膝关节稍弯曲，下肢取外旋外展位，护士用左手托扶病人的足掌，使足呈过伸位，右手持叩诊锤叩击病人的跟腱（图 5-11-8）。正常反应为腓肠肌收缩，足向跖面屈曲。卧位不能测出者，可嘱病人跪于椅面上，双足自然下垂，然后轻叩跟腱，反应同前。反射中枢为骶髓 1～2 节。

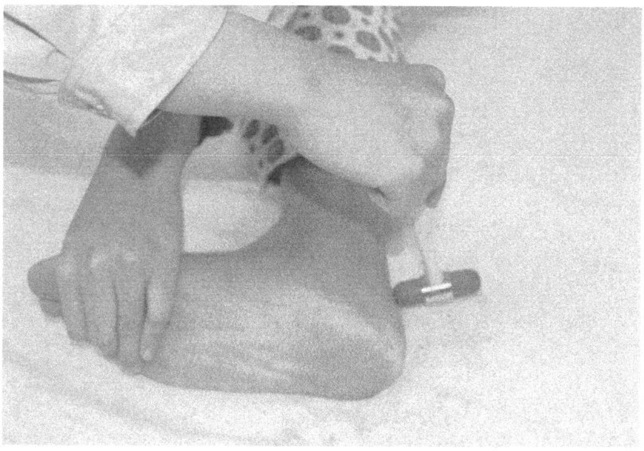

图 5-11-8　跟腱反射检查

深反射减弱或消失多为器质性病变，见于末梢神经炎、神经根炎、脊髓前角灰质炎等；骨关节病和肌营养不良也可使深反射减弱或消失。深反射亢进常为上运动神经元瘫痪的表现。

6. 阵挛（clonus）　常见的有踝阵挛和髌阵挛，见于锥体束以上部位病变，系由于病变致深反射高度亢进所引起。

（1）踝阵挛：病人仰卧位，髋关节、膝关节稍屈曲，护士一手托扶病人的小腿，另一手托住其足掌前端，突然用力使踝关节背屈并持续施压于足底（图 5-11-9）。阳性表现为腓肠肌与比目鱼肌发生持续性节律性收缩使足部呈现交替性屈伸动作。

（2）髌阵挛：病人仰卧位，下肢伸直，护士用拇指和示指按住病人髌骨上、下缘，用力向远端快速连续推动数次后维持推力（图 5-11-10）。阳性反应为股四头肌发生节律性收缩，使髌骨上下移动。

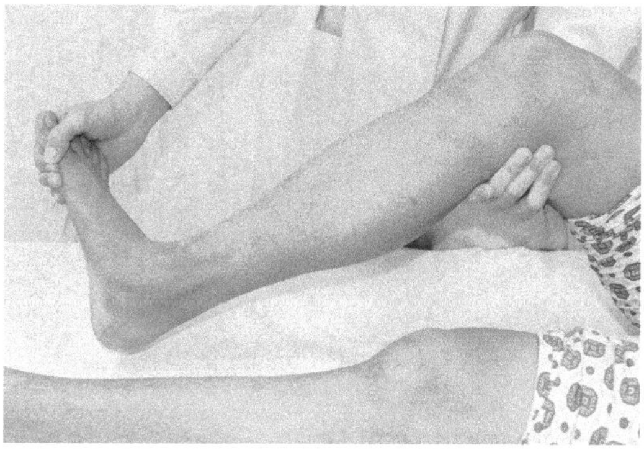

图 5-11-9　踝阵挛检查

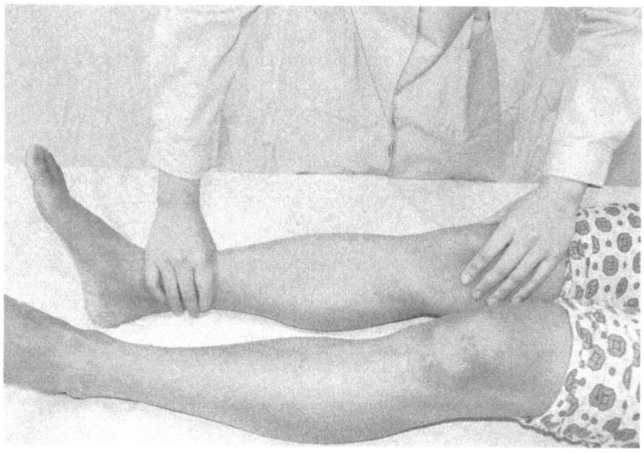

图 5-11-10　髌阵挛检查

（三）病理反射

病理反射是指锥体束损害时，大脑失去对脑干和脊髓的抑制作用而出现的异常反射，也称为锥体束征。此类反射多属于原始的脑干和脊髓反射。1.5 岁以内的婴幼儿，由于神经系统发育未完善也可出现，不属于病理性。临床常见的有以下几种：

1. Babinski 征检查　方法同跖反射检查。阳性反应为踇趾背伸，其余四趾呈扇形展开。

2. Oppenheim 征检查　病人仰卧位，护士以拇指和示指沿病人胫骨前缘用力自上而下滑压（图 5-11-11）。阳性反应同 Babinski 征。

3. Gordon 征检查　护士用拇指和其余四指挤压病人的腓肠肌（图 5-11-12）。阳性反应同 Babinski 征。

以上 3 种体征的检查方法不同，但阳性表现的形式与临床意义相同，其中以 Babinski 征最常用，也最易在锥体束损害时被引出。

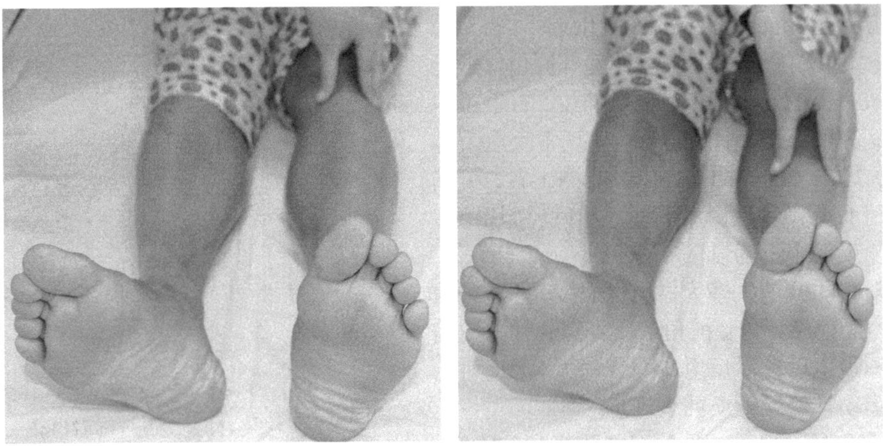

图 5-11-11 Oppenheim 征检查

4. Hoffmann 征检查 护士左手持握于病人腕关节的上方，右手中指及示指夹持病人的中指并稍向上提，使其腕部轻度过伸，然后护士以右手拇指快速弹刮病人的中指指甲。阳性反应为其余四指轻度掌屈（图 5-11-13）。此征为上肢的锥体束征，多见于颈髓病变。

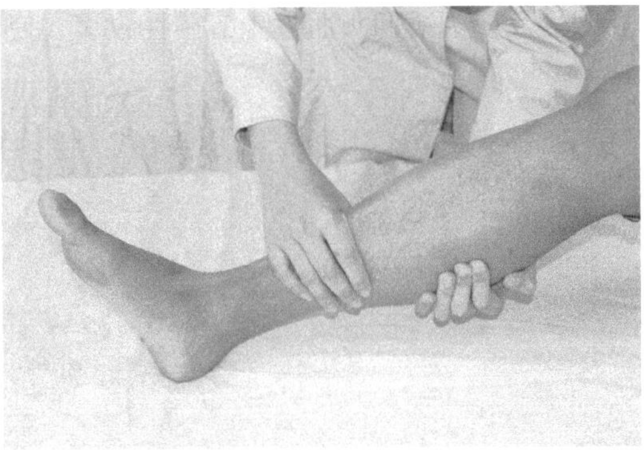

图 5-11-12 Gordon 征检查

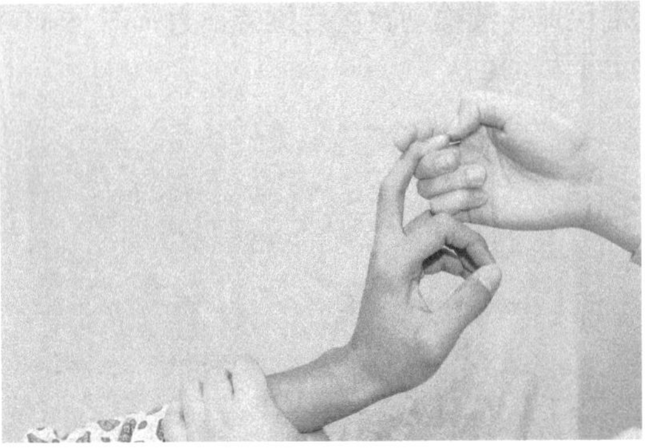

图 5-11-13 Hoffmann 征检查

（四）脑膜刺激征

脑膜刺激征为脑膜受刺激的表现。见于脑膜炎、蛛网膜下腔出血、颅内压增高等。常见的脑膜刺激征有以下几种：

1. 颈强直（neck rigidity） 病人仰卧，护士用手托扶病人枕部做被动屈颈动作以测试颈肌的抵抗力（图 5-11-14）。抵抗力增强者称为颈强直。除脑膜受刺激外，颈强直也可见于颈椎或颈部肌肉局部病变。

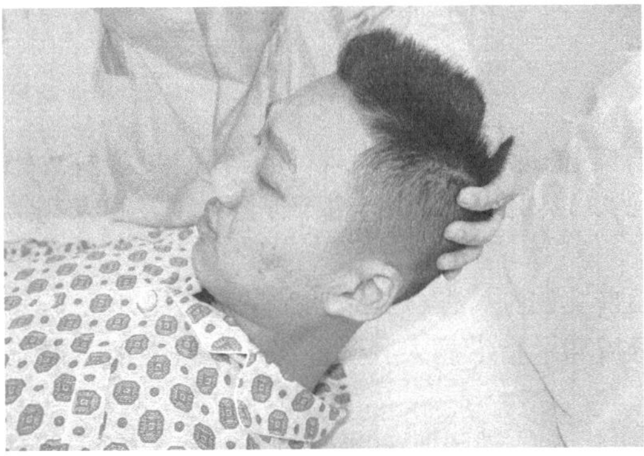

图 5-11-14 颈强直检查

2. Kernig 征检查 病人仰卧，护士将一侧髋、膝关节屈曲成直角，然后用左手固定膝关节，右手将其小腿尽量上抬，使膝关节伸直。正常膝关节可伸达 135°以上（图 5-11-15）。阳性反应为伸膝受限，伴有疼痛和屈肌痉挛。

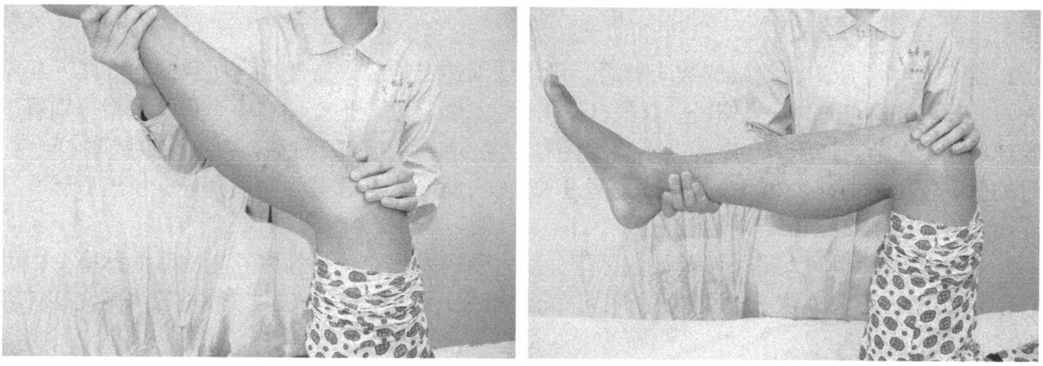

图 5-11-15　Kernig 征检查

3. Brudzinski 征检查　病人仰卧下肢自然伸直，护士一手置于病人胸前以维持胸部位置不变，另一手托起病人的枕部使其头部前屈。当头部前屈时，若双侧髋关节和膝关节同时屈曲，为阳性（图 5-11-16）。

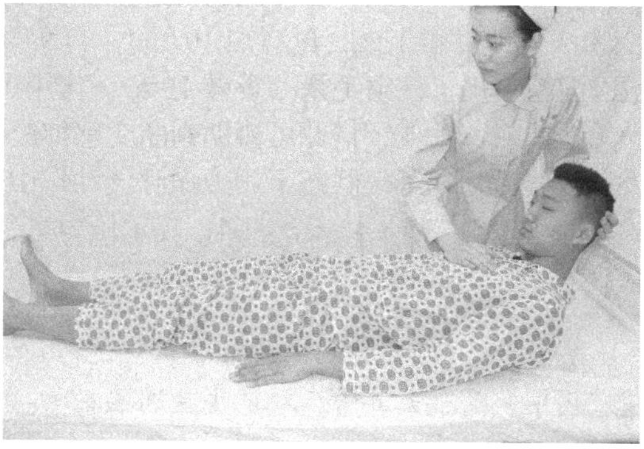

图 5-11-16　Brudzinski 征检查

案例 5-11-1 分析讨论（4）

神经反射：双侧腹壁反射存在，双侧肱二、三头肌反射存在，双侧桡骨膜反射存在，双侧膝反射存在，双侧跟腱反射存在，双侧 Hoffmann 征（–），双侧 Babinski 征（–），双侧 Gordon 征（–），双侧 Oppenheim 征（–）。

脑膜刺激征：颈软，Kernig 征（–），Brudzinski 征（–）。

五、自主神经功能

自主神经分为交感神经和副交感神经，其主要功能是调节内脏、血管、竖毛肌和腺体等的活动。

（一）一般观察

1. 皮肤与黏膜　是反映自主神经功能的重要部位，应注意有无下列改变：①色泽，苍白、潮红、红斑、发绀等；②质地，光滑、变薄、增厚、变硬、脱屑、潮湿、干燥等；③皮疹；④水肿；⑤溃疡等。

2. 出汗　有无全身或局部出汗过多、过少或无汗。

交感神经短期损害，血管扩张、充血，局部皮肤潮红，温度升高；长期损害，血管调节功能丧失，血流淤滞，局部皮肤发绀、湿冷，温度降低。

（二）自主神经反射

1. 眼心反射 压迫一侧眼球数十秒后，可出现因迷走神经兴奋性增高所致的心率减慢现象，称为眼心反射。检查时，病人仰卧，双眼自然闭合，计数脉率。护士用右手中指及示指分别置于病人眼球两侧，逐渐施加压力，以病人不感觉疼痛为度。加压20～30秒后，再次计数脉率。正常人，此时的脉率较压迫前减少10～12次/分。超过12次/分提示副交感神经功能亢进；压迫后脉率不减慢反而加速则提示交感神经功能亢进。

2. 卧立试验 于病人平卧位时计数脉率，然后嘱病人起立，再计数其立位时的脉率。由卧位到立位脉率增加超过10次/分者为交感神经兴奋性增强；若脉率减慢超过10次/分为副交感神经兴奋性增强。

3. 皮肤划痕试验 护士用棉签杆以适度压力在病人皮肤上划一条线，数秒后即可见皮肤出现白色划痕并高出皮面。正常持续1～5分钟即消失，若白色划痕持续时间超过5分钟，提示交感神经兴奋性增高。若经棉签杆划压后很快出现红色划痕，且持续时间长、明显增宽甚至隆起，提示副交感神经兴奋性增高。

4. 竖毛反射 将冰块置于病人颈后或腋窝，数秒钟后可见竖毛肌收缩，毛囊处隆起呈鸡皮状。竖毛肌由交感神经支配，根据竖毛反射障碍的部位可判断交感神经功能障碍的范围。

5. 发汗试验 常用碘淀粉法，即以碘1.5g，蓖麻油10.0ml，与95%乙醇溶液100ml混合成淡碘酊涂布于皮肤，干后再敷以淀粉。皮下注射毛果芸香碱10mg，作用于交感神经节后纤维而引起出汗，出汗处淀粉变黄色，无汗处颜色不变，借此可协助判断交感神经功能障碍的范围。

6. Valsalva动作 病人深吸气后，在屏气状态下用力做呼气动作10～15秒。计算此期间最长心搏间期与最短心搏间期的比值，正常人≥1.4。若＜1.4，提示压力感受器功能不灵敏或其反射弧的传入或传出纤维损害。

案例5-11-1 分析讨论（5）

自主神经功能：皮肤、指甲、关节无异常，双侧皮肤划痕征（–）。

六、相关护理诊断

1. 躯体活动障碍 瘫痪、肌力减弱、肌张力增高、共济失调、不随意运动，与中枢神经系统疾病有关。

2. 自理能力缺陷 瘫痪、肌力减弱、肌张力增高、共济失调、不随意运动，与中枢神经系统疾病有关。

3. 单侧身体忽视 偏瘫，与脑血管疾病有关。

4. 行走障碍 共济失调，与小脑损害、前庭功能障碍等有关。

5. 有跌倒的危险 与中枢神经系统疾病所致意识障碍、行走障碍有关。

6. 有皮肤完整性受损的危险 与瘫痪而致长期卧床有关。

7. 有急性意识障碍的危险 与脑血管疾病有关。

案例5-11-1 分析讨论（6）

该病人可能存在的护理诊断：

1. 躯体移动障碍：与疾病所致肌力减弱有关。
2. 有受伤的危险：与疾病所致四肢无力有关。

（王 娟）

第十二节　全身体格检查

一、全身体格检查的基本要求

全身体格检查（complete physical examination）要求学生在学习各系统体格检查的基础上，融会贯通和综合应用已习得的知识和技能，对病人实施从头到脚、全面系统、井然有序的体格检查。应注意以下要求：

1. 自我介绍　检查前要向病人做简单的自我介绍，其内容包括姓名、职责和体格检查的目的，以消除病人的紧张情绪，融洽双方的关系。

2. 预防医源性感染　开始前需洗净双手（最好当面），检查后再次洗手。

3. 检查内容全面系统　全身体格检查的内容包括各系统体格检查中要求掌握的内容。由于体格检查通常是在问诊之后进行，所以应结合病人的具体情况在全面系统的基础上做到重点突出，有所侧重。

4. 体格检查灵活操作　需立即抢救或治疗的急、重症病人，首先进行简单体检，遗留的内容待病情稳定后补充。不能坐起的病人，背部检查侧卧进行。明确肛门直肠、外生殖器的检查是否必要，如确需检查应特别注意保护病人隐私。

5. 检查过程规范有序　为减少病人不适和不必要的体位更动，同时方便操作，提高效率和速度，全身体检应从头到脚分段进行，将各系统体检结合起来。

以卧位病人为例：一般情况和生命体征→头颈部→前、侧胸部（心、肺）→（病人取坐位）后背部（包括肺、脊柱、肾区、骶部）→（卧位）腹部→上肢→下肢→肛门直肠→外生殖器→神经系统（最后站立位）。

以坐位病人为例：一般情况和生命体征→上肢→头颈部→后背部（包括肺、脊柱、肾区、骶部）→（病人取卧位）前、侧胸部（心、肺）→腹部→下肢→肛门直肠→外生殖器→神经系统（最后站立位）。

6. 检查时间　掌握检查的进度和时间，一般应尽量在40分钟内完成。

二、全身体格检查的基本项目

检查的基本项目根据上述要求拟定，有利于初学者养成良好的职业习惯和行为规范。按此逻辑顺序学习，经过反复实践可以熟能生巧，应用自如，面对具体情况也可根据临床工作要求合理取舍。

（一）一般检查/生命体征

1. 准备和清点器械。
2. 自我介绍姓名、职称，并进行简短交谈以融洽医患关系。
3. 当受检者在场时洗手。
4. 观察发育、营养、面容、表情和意识等一般状态。
5. 测量体温（腋温，10分钟）。
6. 触诊桡动脉至少30秒；用双手同时触诊双侧桡动脉，检查其对称性。
7. 计数呼吸频率至少30秒。
8. 测右上肢血压。

（二）头颈部

1. 观察头部外形、毛发分布、异常运动等。
2. 触诊头颅。

3. 视诊双眼及眉毛。
4. 分别检查左右眼的近视力（用近视力表）。
5. 检查下睑结膜、球结膜和巩膜。
6. 检查泪囊。
7. 翻转上睑，检查上睑、球结膜和巩膜。
8. 检查面神经运动功能（皱额、闭目）。
9. 检查眼球运动（六个方位）。
10. 观察瞳孔。
11. 检查瞳孔直接和间接对光反射。
12. 检查角膜反射。
13. 检查集合反射。
14. 观察双侧外耳及耳后区。
15. 触诊双侧外耳及耳后区。
16. 触诊颞颌关节及其运动。
17. 分别检查双耳粗听力（摩擦手指）。
18. 观察外鼻。
19. 触诊外鼻。
20. 观察鼻前庭、鼻中隔。
21. 分别检查左右鼻道通气状态。
22. 检查上颌窦、额窦、筛窦，有无肿胀、压痛、叩痛等。
23. 观察口唇。
24. 借助压舌板检查颊黏膜、牙、牙龈、舌、口底。
25. 借助压舌板检查口咽部及扁桃体。
26. 检查舌下神经（伸舌）。
27. 检查面神经运动功能（露齿、鼓腮或吹口哨）。
28. 检查三叉神经运动支（触双侧咀嚼肌，或以手对抗张口动作）。
29. 检查三叉神经感觉支（上、中、下三支）。
30. 暴露颈部。
31. 观察颈部外形和皮肤、颈静脉充盈和颈动脉搏动情况。
32. 检查颈椎屈曲及左右活动情况。
33. 检查副神经（耸肩及对抗头部旋转）。
34. 触诊耳前、耳后、枕后、颌下、颏下、颈前、颈后和锁骨上淋巴结。
35. 触诊甲状软骨。
36. 触诊甲状腺峡部、侧叶（配合吞咽）。
37. 分别触诊左右颈动脉。
38. 触诊气管位置。
39. 听诊颈部（甲状腺、血管）杂音。

（三）前、侧胸部

1. 暴露胸部。
2. 观察胸部外形、对称性、皮肤和呼吸运动等。
3. 视诊乳房，触诊双侧乳房（四个象限及乳头）。
4. 用右手触诊左侧腋窝淋巴结。
5. 用左手触诊右侧腋窝淋巴结。

6. 触诊胸壁弹性、有无压痛。
7. 检查双侧呼吸动度。
8. 检查双侧触觉语颤。
9. 检查有无胸膜摩擦感。
10. 叩诊双侧肺尖。
11. 叩诊双侧前胸和侧胸。
12. 听诊双侧肺尖。
13. 听诊双侧前胸和侧胸。
14. 检查双侧语音共振。
15. 观察心尖、心前区搏动（切线方向）。
16. 触诊心尖搏动（两步法）。
17. 触诊心前区。
18. 叩诊左侧心脏相对浊音界。
19. 叩诊右侧心脏相对浊音界。
20. 听诊二尖瓣区（频率、节律、心音、杂音、摩擦音）。
21. 听诊肺动脉瓣区、主动脉瓣区、主动脉瓣第二听诊区、三尖瓣区（心音、杂音、摩擦音）。

上述心脏听诊，先用膜型体件，再酌情用钟型体件补充。

（四）背部

1. 请受检者坐起，充分暴露背部。
2. 观察脊柱、胸廓外形及呼吸运动。
3. 检查胸廓活动度及其对称性。
4. 检查双侧触觉语颤。
5. 检查有无胸膜摩擦感。
6. 请受检者双上肢交叉。
7. 叩诊双侧后胸部。
8. 叩诊双侧肺下界及肺下界移动度（肩胛线）。
9. 听诊双侧后胸部。
10. 听诊有无胸膜摩擦音。
11. 检查双侧语音共振。
12. 触诊脊柱有无畸形、压痛。
13. 检查脊柱有无叩击痛（直接叩诊法）。
14. 检查双侧肋脊点（角）和肋腰点（角）有无压痛和叩击痛。

（五）腹部

1. 正确暴露腹部，请受检者屈膝、放松腹肌，双上肢置于躯干两侧。
2. 观察腹部外形、对称性、皮肤、脐及腹式呼吸等。
3. 听诊肠鸣音（至少 1 分钟）。
4. 听诊腹部有无血管杂音。
5. 叩诊全腹。
6. 检查肝脏有无叩击痛，叩诊肝上界、肝下界。
7. 检查移动性浊音（经脐平面先左后右）。
8. 浅触诊全腹部（自左下腹开始、逆时针）。
9. 深触诊全腹部（自左下腹开始、逆时针）。

10. 训练受检者作加深的腹式呼吸 2～3 次。
11. 在右锁骨中线上单手法触诊肝脏。
12. 在右锁骨中线上双手法触诊肝脏。
13. 在前正中线上双手法触诊肝脏。
14. 检查肝颈静脉反流征。
15. 检查胆囊点有无压痛。
16. 双手法触诊脾脏（如未能触及，嘱受检者右侧卧位，再触诊脾脏）。
17. 双手法触诊双侧肾脏。
18. 检查腹部（触觉或痛觉）。
19. 检查腹壁反射。

（六）上肢

1. 正确暴露上肢。
2. 观察上肢皮肤、关节等。
3. 观察双手及指甲。
4. 触诊指间关节和掌指关节。
5. 检查指关节运动。
6. 检查上肢远端肌力。
7. 触诊腕关节。
8. 检查腕关节运动。
9. 触诊双肘鹰嘴和肱骨髁状突。
10. 触诊滑车上淋巴结。
11. 检查肘关节运动。
12. 检查屈肘、伸肘的肌力。
13. 暴露肩部。
14. 视诊肩部外形。
15. 触诊肩关节及其周围。
16. 检查肩关节运动。
17. 检查上肢触觉或痛觉。
18. 检查肱二头肌反射。
19. 检查肱三头肌反射。
20. 检查桡骨骨膜反射。
21. 检查 Hoffmann 征。

（七）下肢

1. 正确暴露下肢。
2. 观察双下肢外形、皮肤、趾甲等。
3. 触诊腹股沟区（有无肿块、疝等），腹股沟淋巴结横组、纵组。
4. 触诊股动脉搏动，必要时听诊。
5. 检查髋关节屈曲、内旋、外旋运动。
6. 检查双下肢近端肌力（屈髋）。
7. 触诊膝关节和浮髌试验。
8. 检查膝关节屈曲运动。
9. 触诊踝关节及跟腱。
10. 检查有无凹陷性水肿。

11. 触诊双足背动脉。
12. 检查踝关节背屈、跖屈运动。
13. 检查双足背屈、跖屈肌力。
14. 检查踝关节内、外翻运动。
15. 检查屈趾、伸趾运动。
16. 检查下肢触觉或痛觉。
17. 检查膝腱反射。
18. 检查跟腱反射。
19. 检查 Babinski 征。
20. 检查 Oppenheim 征。
21. 检查 Kernig 征。
22. 检查 Brudzinski 征。

（八）肛门直肠（仅必要时检查）

1. 嘱受检者左侧卧位，右腿屈曲。
2. 观察肛门、肛周、会阴区。
3. 戴上手套，示指涂以润滑剂行直肠指检。
4. 观察指套有无分泌物。

（九）外生殖器（仅必要时检查）

1. 解释检查的必要性，注意保护隐私。
2. 确认膀胱已排空，受检者取仰卧位。

男性：视诊阴毛、阴茎、冠状沟、龟头、包皮；视诊尿道外口；视诊阴囊，必要时作提睾反射；触诊双侧睾丸、附睾、精索。

女性：视诊阴毛、阴阜、大小阴唇、阴蒂；视诊尿道口及阴道口；触诊阴阜、大小阴唇；触诊尿道旁腺、巴氏腺。

（十）共济运动、步态与腰椎运动

1. 请受检者站立。
2. 指鼻试验（睁眼、闭眼）。
3. 检查双手快速轮替运动。
4. 观察步态。
5. 检查腰椎屈腰、伸腰、左右侧弯及旋转运动。

三、重点体格检查

重点体格检查（focused physical examination）适用于急、重症的门诊和急诊病人，需要简单体检后立即着手抢救或治疗。其顺序与全身体格检查基本一致。首先检查生命体征，为减少病人的不适，根据病人的体位、病情适当调整部位和内容。注意对于重点系统的体格检查有的放矢，视、触、叩、听必须全面深入。

四、老年人的体格检查

中国已经进入了老龄化社会，对老年人进行体格检查时，应正确区分年龄改变与病态，注意检查的技巧。

（一）因衰老而可能出现的老年性改变

1. 视力、听力有一定下降，记忆力减退。

2. 皮肤弹性降低。

3. 瞳孔对光反应稍迟钝，眼球向上凝视能力下降；角膜老年环不是病理改变。

4. 收缩压略升高，但仍在正常范围。

5. 与脊柱后弓和椎体下塌有关的胸腔前后径增加；胸部检查时有捻发音并不一定是疾病所造成。

6. 肠蠕动功能下降致肠鸣音较少和较弱。

7. 性器官（如女性阴唇、阴道，男性睾丸）萎缩。

8. 前列腺增大。

9. 肌肉常有轻度萎缩。

10. 步态变慢，跨步变小。

11. 神经系统检查时，踝反射可能减弱，其他深反射及肌力也可能减弱。

（二）老年人体检的注意事项

1. 定期进行体检，应照顾老年人实际情况，准备更多时间，耐心细致进行。

2. 检查的方法应灵活、机动，如在交谈中有效地了解智力、记忆力。

3. 可从一般状态（appearance）、情感反应（affect）及语言和行为是否适度（appropriateness）三方面，初步评估精神状态。

4. 注意病人视力、听力下降程度，一般对耳语音及高调语音分辨能力较差。

5. 心脏检查时，注意第一心音改变及第三心音可能是病态表现。

6. 血压检查最好包括坐、卧、立位，以了解循环代偿能力，并应双臂检查。

五、特殊情况的体格检查

由于病情与体位的限制、心理或生理的缺陷，全身体格检查不能按常规方法和顺序进行，要善于灵活变通。

（一）智力障碍病人的检查

可能由于不能理解意图、过去不悦的经历、恐惧或对检查方法不适应，不能配合检查。有经验的工作人员或家人在场，可减少病人顾虑，使其配合检查。手法应慢、轻柔，不得已时可分次完成。可能有损伤或恐惧感的检查应留待最后。

（二）情绪障碍病人的检查

可能由于不合作、敌意而妨碍检查。有经验的工作人员或家人在场，可抚慰病人完成全身体格检查。必要时可在用镇静药物或适当约束后进行体格检查。

（三）病重或生理缺陷病人的检查

灵活变通完成检查，往往需要更长的时间，更轻柔的手法。

1. 卧床的病人，有时需变更检查者位置完成体检。心音听诊有时需变动病人体位（下蹲或Valsalva 动作），而病人不能，则嘱其握拳、被动抬腿或用血压计袖袋压迫双臂等增加回心血量，同样鉴别杂音。卧位不宜检查呕吐与吞咽反射。

2. 轮椅上的病人，头颈、心肺、上下肢检查同坐位。腹部、直肠、外生殖器、下背部、臀部的检查则不可能满意，如必要，应转移至检查床上进行。

（四）检查条件不佳情景下的检查

在病人家里进行体格检查，需要携带器械，光线应尽量充足，最好有助手或家人协助完成。结束后应注意将所有用过的一次性消耗物品装袋处理。

（五）某些意外紧急情况下的检查

有时在社交场合、旅行途中或度假期间遇到一些危及生命的急诊病人，在缺乏必要器械的情况下灵活应对。首先进行生命征的检查，酌情完成重要器官的一些检查，如神志状态、瞳孔大小、对光反射、眼球活动，以及心、肺听诊和四肢活动度等，为进一步抢救或治疗的决策提供依据。

（李雪洁）

第六章　心理社会评估

第一节　概　　述

一、心理社会评估的意义

人体是由生物因素、心理因素和社会因素共同构成的一个统一整体，要维持和促进健康、治疗疾病，除了注重生物因素外，绝不可忽视心理因素和社会因素的作用，这就要求护理人员要从人体的生物、心理、社会等方面进行全面的评估，才能获得系统、准确的资料，为病人提供整体护理。

二、心理社会评估的方法

（一）会谈法

会谈法是心理评估的常用方法，通过会谈可使交谈双方建立相互信任和合作的关系，并获得病人的健康问题和心理状况的自我描述。如果访谈是按照事先设计好的提纲或主题有目的、有计划、有步骤地进行则属结构式会谈；如果无固定的访谈问题，或无事先设定的程序，鼓励病人发表自己的看法则属自由式会谈。

（二）心理测量学方法

心理测量学方法包括心理测量法和评定量表法，是心理评估主要的标准化方法之一。心理测量是在标准情形下，用统一的测量手段测试受检者本人对测量项目所做出的反应的方法。评定量表法是由评定者按照评定量表对受试者进行观察评价的方法。

（三）观察法

观察法是直接观察和记录病人的行为、精神状态、面部表情等，从而获得病人心理状况资料的方法。其优点是真实、客观。尤其适用于儿童，不合作、言语交流障碍及精神障碍者的心理评估。

（四）自我报告法

通常采用一些有关既往健康问题的定式报告清单，让受试者自己填写的方法。内容主要涉及身心问题、心理的发展过程、社会功能情况等。

第二节　心 理 评 估

一、认 知 能 力

案例 6-2-1

病人，女，73岁，农民。主诉：记忆力减退7年，猜疑被窃、出门迷路2年。

现病史：病人10年前常因找不到存折而哭泣，7年前因心脏传导阻滞，住院安装起搏器，之后便出现记忆力差，搞不清住院费用，还称邻居将自家的坏家具换到她家，当时家人未在意，未予求治。5年前春节期间某日，病人晨4点钟步行数公里至儿子住处，说女儿拿她东西。次日至医院就诊，诊断为痴呆，给予再普乐等药物治疗，病人服药被动，时服时停。病情持续加重，骂对面邻居，称邻居拿她东西不还，平时将钱物到处藏，随后又忘记藏匿地点。两年内，两次走失后找回。近1年病情较重，常有自语，称有人到家中拿走钱物，烧饭途中走开，忘关煤气致炊具烧坏。将换下的衣服藏在席子下面，夜间将报纸折成长条塞住门缝，睡眠差、骂人，不肯吃药，将药藏在舌下，随后吐出。家人为进一步为其诊治，来院就诊。病人意识清、定向全，交谈不甚合作，表情警惕，存在被窃妄想。远近记忆减退，今日之事次日必忘，计算力差。情绪焦虑，夜间睡眠差，反复走动，烦躁不安。

既往史：无特殊。

认知（cognition）是个体推测和判断客观事物的心理过程，是在过去的经验及对有关线索进行分析的基础上形成的对信息的理解、分类、归纳、演绎和计算，包括感觉、知觉、注意、记忆、思维、语言、定向及构成认知活动基础的智能。其中，思维是认知过程的核心。

（一）感知觉评估

感觉是直接作用于感觉器官的客观事物个别属性在人脑中的反映。通过感觉，人们可以认识外界物体的大小、性状、颜色、软硬、气味和声音等，以及机体的自身状况，并因此可以实现自我调节。知觉是直接作用于感觉器官的客观事物的整体及其外部相互关系在人脑中的反映。感觉是知觉的基础，感觉越清晰、越丰富，知觉就越完整、越正确。人们常把感觉和知觉联系在一起，统称为感知觉。

1. 会谈 可询问病人以下问题了解其有无感知觉异常。

您觉得最近视力有异常吗？

您夜间视物有困难吗？

您的视力对您的生活有影响吗？

您觉得最近听力有异常吗？

您的听力对您的生活有影响吗？

您觉得最近您的味觉或嗅觉有异常吗？

您能否尝出食物的味道，能否辨认气味？

独自一人时，能听到有人与你说话吗？

声音是从哪里来的？是什么人的声音？说些什么呢？

2. 医学检测 可通过视力、听力、味觉和嗅觉检查验证上述会谈获取的主观资料。

（二）注意力评估

注意是心理活动对一定对象的指向和集中，是个体在清醒状态下，时刻伴随着各种心理活动的特殊心理现象。注意分为无意注意和有意注意。无意注意是指预先没有目的，也无须作意志努力的注意，如巨大声响或强烈气味引起的注意。有意注意为人类特有的注意方式，是有目的并需要作一定意志努力的注意，受意识的调节和支配。

1. 无意注意评估 通过观察病人对周围环境的变化有无反应来评估有无注意，如观察病室新来的病人对开灯和关灯等有无反应。

2. 有意注意评估 指派某些任务让病人来完成，如请病人叙述自己入院前的治疗经过；或嘱病人“用你的左手拿起笔，放到右手，然后递给我”，同时观察病人执行任务的专注程度。对儿童和老年人，应着重观察其能否有意识地将注意力集中于某一具体事物上。

（三）记忆评估

记忆是一个复杂的心理过程，是个体将所经历的事物通过识记、保持、再认和再现等方式，积累经验的心理过程。按信息在大脑中保存时间的长短，可将记忆分为感觉记忆、短时记忆和长时记忆。常用的记忆评估方法是回忆法和再认法。

1. 回忆法 用于测量短时记忆和长时记忆的一种方法。评估短时记忆时，可让病人重复听到的一句话或由5～7个数字组成的数字串如电话号码；评估长时记忆时可让病人说出当天吃过的食物或自己的生日、家人的姓名或叙述自己过去的重要事件等。

2. 再认法 可用来测量感觉记忆、短时记忆和长时记忆，尤其是当回忆法无法使用时，如因学习时联系程度不够，或对学到的知识记忆模糊的情况下，可以用再认法弥补回忆法的不足。

3. 评定量表测评法 如韦氏记忆量表（Wechsler memory scale，WMS）、Rivermead行为记忆测验（Rivermead behavioral memory test，RBMT）、再认量表（recognition memory test，RMT）、临床记忆量表等。

（四）思维评估

思维是人脑对客观事物间接的、概括的反应，是人们认识事物本质特征及其内部规律的理性认识过程。思维活动在感知觉的基础上产生，借助语言和文字来表达。思维过程是连续性的，如果这种连续性丧失，就会出现思维障碍。思维的评估主要是对思维形式和内容的评估。

1. 概念化能力评估 如护士给病人做过数次疾病健康教育后，请病人总结概括其所患疾病的特征、所需的自理知识等，从而判断病人对这些知识进行概念化的能力。同时关注病人语言的速度、连贯性，评估其有无联想障碍。

2. 判断力评估 可询问病人有关工作和日常生活中可能出现的情况并请其做出判断，从而评估其有无判断力受损。例如，你感到恶心时如何处理？出院后你如何争取到医务人员的帮助？

3. 推理能力评估 可以根据病人的年龄特征提出一些问题，通常让病人解释成语的意义，如掩耳盗铃、亡羊补牢、狐假虎威等。或让病人比较两种事物的异同点，如询问病人“马和骆驼有什么异同点”，推理能力受损者不能正确解释成语，也不能正确比较事物间的差异。

4. 思维内容评估 可通过询问病人“周围的人，如同事对你的态度如何？”“外界有没有什么东西能影响或控制你的思维和行动？”等来评估病人有无思维内容障碍。

（五）语言能力评估

语言是人们进行思维的工具和手段。语言可分为接受性语言和表达性语言两种类型，接受性语言是指理解语句的能力，包括倾听、阅读等感受过程；表达性语言是传递思想、观点和情感的能力，包括说话、书写等表达过程。可通过提问、复述、自发性语言、命名、阅读和书写等方法进行语言能力的评估，如发现语言能力异常，应进一步明确语言障碍的类型。

1. 提问 护士可通过提出一些由简单到复杂，由具体到抽象的问题，来判断病人能否正确理解及回答。

2. 复述 护士说一简单词句，让病人来重复。

3. 自发性语言 让病人陈述病史，观察其陈述是否流利，用词是否准确、恰当。

4. 命名 护士拿出一些常用物品，请病人说出名称，如不能说出名称，则让病人说出其用途。

5. 阅读 让病人朗诵单个或数个词、短句或一段文字，再默读一段短文或一个简单的故事，然后说出大意。评价其读音及阅读理解的程度。

6. 书写 要求病人随便写出一些简单的字、自己的名字或短句；让病人写出护士口述字句；让病人抄写一段字句来判断病人的自发性书写能力、默写、抄写能力是否正常。

（六）定向力评估

定向力是指个体对时间、地点、人物及自身状态的判断认识能力，包括时间定向、空间定向、地点定向和人物定向。可通过下列问题来评估病人的定向力是否异常。

1. 时间定向力 请问现在是几点钟？你知道今天是星期几吗？请告诉我今年是哪一年？

2. 空间定向力 请回答我现在是站在你的左边还是右边？床头呼叫器在哪里？窗户是在你的

左边还是右边？

3. 地点定向力 你家住在哪里？请告诉我你现在在什么地方。

4. 人物定向力 请问你叫什么名字？你知道我是谁吗？

（七）智能评估

智能也称智力，是指人们认识客观事物并运用知识解决实际问题的能力。临床上常用一些有目的的简单问题和操作来了解病人的常识、理解能力、分析判断能力、记忆力和计算力等，从而对病人的智能是否正常及其损害的程度做出判断。也可采用评估工具，如简明智能状态检查(mini-mental state examination，MMSE)、长谷川痴呆量表（Hastgawa dementia scale，HDS）、神经行为认知状态测试（neurobehavioral cognitive status examination，NCSE）等。其中MMSE是目前公认的用于认知功能初步筛查的方法，主要评估定向、注意、学习、计算、抽象、信息加工、空间结构能力和记忆等，如表6-2-1所示。总分范围为0～30分，正常与不正常的分界值与受教育程度有关：文盲（未受教育）组17分；小学（教育年限≤6年）组20分；中学或以上（教育年限>6年）组24分，低于分界值为有认知功能缺损。

表6-2-1 简明智能状态检查（MMSE）

内容		得分					
定向力（10分）	1. 今年是哪一年？					1	0
	现在是什么季节？					1	0
	现在是几月份？					1	0
	今天是几号？					1	0
	今天是星期几？					1	0
	2. 你住在哪个省？					1	0
	你住在哪个县（区）？					1	0
	你住在哪个乡（街道）？					1	0
	咱们现在在哪个医院？					1	0
	咱们现在在第几层楼？					1	0
记忆力（3分）	3. 告诉你三种东西，我说完后，请你重复一遍并记住，待会还会问你（各1分，共3分）			3	2	1	0
注意力和计算力（5分）	4. 100−7=？连续减5次（93、86、79、72、65。各1分，共5分。若错了，但下一个答案正确，只记一次错误）	5	4	3	2	1	0
回忆能力（3分）	5. 现在请你说出我刚才告诉你让你记住的那些东西			3	2	1	0
语言能力（9分）	6. 命名能力						
	出示手表，问这个是什么东西。					1	0
	出示钢笔，问这个是什么东西					1	0
	7. 复述能力						
	我现在说一句话，请跟我清楚地重复一遍（四十四只石狮子）					1	0
	8. 阅读能力						
	（闭上你的眼睛）请你念念这句话，并按上面意思去做					1	0
	9. 三步命令						
	我给您一张纸请您按我说的去做，现在开始："用右手拿着这张纸，用两只手将它对折起来，放在您的左腿上"（每个动作1分，共3分）			3	2	1	0
	10. 书写能力 要求受试者自己写一句完整的句子					1	0
	11. 结构能力						
	（出示图案）请你照上面图案画下来					1	0

（八）相关护理诊断

1. 意识障碍 与感觉器官疾病或精神性疾病、滥用药物等有关。

2. 记忆功能障碍 与脑部器质性疾病、注意力不集中或应激事件有关。

3. 语言沟通障碍 与意识障碍、思维障碍和言语发育障碍等有关。

4. 感知觉紊乱 与感觉器官疾病、精神性疾病及药物滥用等有关。

二、情绪与情感

案例 6-2-2

病人，女，32 岁，产后 2 个月，农民。主诉：情绪低落、自言自语、恐慌、夜不眠 1 个月。

现病史：病人于 2 个月前剖宫产育下一子后，渐出现情绪消沉、对任何事对提不起来兴趣，反应迟钝，如与别人谈话时总是断断续续接不上话茬儿、对老公的安慰感到不耐烦，对新生的儿子情感平淡，甚至不理不睬，休息差，时睡时醒，每天下半夜醒后不能再入睡，一直持续到天亮。半月前，病人在深夜里突然割腕企图自杀，幸好被丈夫及时发现，急拨“120”急救，送至急诊发现左腕部被刀片所伤，深及神经，给予修复缝合，在综合医院住院 1 周，精神状态未见好转，遂送至我院，门诊以“精神障碍待查”收入院。病人意识清，情感反应平淡。对医护人员有抵触情绪，定向正确。谈话中对答困难，不切题，反应迟钝，目光呆滞。

既往史：无特殊。

情绪（emotion）与情感（feeling）是个体对客观事物是否满足自身需要的内心体验与反映。人的身心健康和各种心理活动都是在一定的情绪与情感的调节和控制下进行的。当自身需要得到满足时就会引起积极的情绪与情感，如愉快、喜爱、满意等；而当自身需要不能得到满足时便会产生消极的情绪与情感，如苦闷、哀伤、不满意、憎恨等。常见的异常情绪有焦虑、抑郁、恐惧、情感高涨、易激惹和情绪不稳等。可运用会谈、观察与测量、评定量表测评等方法对情绪和情感进行评估。

（一）会谈

可通过询问以下问题来收集有关情绪、情感的资料，并将询问结果与病人的家属如配偶、父母、子女、同事等核实。

你近来心情如何？

有什么事情使你感到特别高兴、担心或沮丧？这样的情绪存在有多久了？

你感到生活有意义吗？

（二）观察与医学检测

1. 外部表现 又称表情，包括面部表情、身体表情和言语表情。

（1）面部表情：是情绪在面部肌肉上的表现。人不同的眼神可以表达不同的情绪，如高兴时眉开眼笑，生气时怒目而视；口部肌肉也可以表达情绪的变化，如憎恨时咬牙切齿，高兴时合不拢嘴等。

（2）身体表情：是情绪在身体动作上的表现。人在不同的情绪状态下身体姿势会发生不同的变化，如紧张时坐立不安，得意时摇头晃脑、悔恨时捶胸顿足。在身体表情中，手势最为重要。

（3）言语表情：是情绪在语言的音调、速度和节奏等方面的表现。如喜悦时音调高亢，语速加快；伤心时音调低沉，语速缓慢。

2. 生理表现 情绪改变伴随着一系列生理变化，主要是呼吸系统和循环系统。因此，可通过监测病人呼吸频率、心率、血压、皮肤颜色和温度、睡眠等变化，获得病人情绪和情感变化的客观资料，并对会谈收集到的资料进行验证。

（三）评定量表测评

评定量表测评是评估情绪与情感较为客观的方法。常用的有 Zung 焦虑自评量表（self-rating anxiety scale，SAS）、Zung 抑郁自评量表（self-rating depression scale，SDS）、Beck 焦虑量表（Beck anxiety inventory，BAI）和 Beck 抑郁量表（Beck depression inventory，BDI）等。SAS 含有 20 个条目，采用 4 级评分，其中 5、9、13、17、19 条反向计分，如表 6-2-2 所示。

表 6-2-2　Zung 焦虑自评量表（SAS）

评定项目	很少有	有时有	大部分时间有	绝大多数时间有
1. 我感到比往常更加神经过敏和焦虑	1	2	3	4
2. 我无缘无故感到担心	1	2	3	4
3. 我容易心烦意乱或感到恐慌	1	2	3	4
4. 我感到我的身体好像被分成几块，支离破碎	1	2	3	4
5. 我感到事事都很顺利，不会有倒霉的事情发生	4	3	2	1
6. 我的四肢抖动和震颤	1	2	3	4
7. 我因头痛、颈痛、背痛而烦恼	1	2	3	4
8. 我感到无力且容易疲劳	1	2	3	4
9. 我感到很平静，能安静坐下来	4	3	2	1
10. 我感到我的心跳较快	1	2	3	4
11. 我因阵阵的眩晕而不舒服	1	2	3	4
12. 我有阵阵要昏倒的感觉	1	2	3	4
13. 我呼吸时进气和出气都不费力	4	3	2	1
14. 我的手指和脚趾感到麻木和刺痛	1	2	3	4
15. 我因胃痛和消化不良而苦恼	1	2	3	4
16. 我必须时常排尿	1	2	3	4
17. 我的手总是很温暖而干燥	4	3	2	1
18. 我觉得脸发热发红	1	2	3	4
19. 我容易入睡，晚上休息很好	4	3	2	1
20. 我做噩梦	1	2	3	4

Zung 抑郁自评量表（SDS）包含 20 个条目，按 1～4 级评分，10 个条目（2、5、6、11、12、14、16、17、18 和 20）为正性词陈述，反向计分，如表 6-2-3 所示。

表 6-2-3　Zung 抑郁自评量表

评定项目	很少有	有时有	大部分时间有	绝大多数时间有
1. 我觉得闷闷不乐，情绪低沉	1	2	3	4
2. 我觉得一天中早晨最好	4	3	2	1
3. 我一阵阵哭出来或觉得想哭	1	2	3	4
4. 我晚上睡眠不好	1	2	3	4
5. 我吃得跟平常一样多	1	2	3	4
6. 我与异性密切接触时和以往一样感到愉快	4	2	2	1
7. 我发觉我的体重在下降	1	2	3	4
8. 我有便秘的苦恼	1	2	3	4
9. 我心跳比平常快	1	2	3	4

续表

评定项目	很少有	有时有	大部分时间有	绝大多数时间有
10. 我无缘无故地感到疲乏	1	2	3	4
11. 我的头脑跟平常一样清楚	4	3	2	1
12. 我觉得经常做的事情并没有困难	4	3	2	1
13. 我觉得不安而平静不下来	1	2	3	4
14. 我对将来抱有希望	4	3	2	1
15. 我比平常容易生气激动	1	2	3	4
16. 我觉得做出决定是容易的	4	3	2	1
17. 我觉得自己是个有用的人，有人需要我	4	3	2	1
18. 我的生活过得很有意思	4	3	2	1
19. 我认为如果我死了，别人会生活得好些	1	2	3	4
20. 平常感兴趣的事我仍然照样感兴趣	4	3	2	1

（四）相关护理诊断

1. 焦虑 与过度担心、自责、不适应环境或需要未得到满足等有关。

2. 恐惧 与机体功能缺失、疾病晚期等有关。

3. 疲乏 与精力不足、缺乏兴趣等有关。

4. 有自伤、自杀的危险 与情绪低落、沮丧等有关。

5. 睡眠型态紊乱 与情绪障碍、环境改变、疾病因素等有关。

三、应激与应对

案例 6-2-3

病人，女，48 岁，公司职员。主诉：情绪低落、烦躁，失眠、食欲缺乏半年，加重伴思维混乱、注意力不集中，不能正常工作 2 周。

现病史：病人半年前，丈夫因病去世后，一直在伤心中不能自拔，晚上经常失眠，默默伤心流泪。唯一的儿子，对其丈夫离世表现出态度漠然，更加令她寒心。病人半年来还不能完全接受丈夫离世的事实，情绪低落，烦躁易怒，感觉生活没有意义。经常卧床不起，不思饮食，对正读高中的儿子也不闻不问。情绪平复后，刚刚上班几天，又沉溺在悲痛中不能自拔。近 2 周，上述症状加重，病人思维混乱，不能正常工作。故来就诊。病人意识清楚，言语流利，音量小，无幻觉、妄想，精神差，情绪低落，表情痛苦。

既往史：无精神疾病史，无严重器质性疾病。

应激（stress）是个体“察觉”各种刺激对其生理、心理及社会系统威胁时的整体现象，所引起的反应可以是适应，也可以是适应不良。应对（coping）是个体对生活事件及因生活事件而出现的自身不平衡状态所采取的认知和行为措施。可通过会谈、观察、评定量表测评和体格检查等方法对个体的应激源、应激中介因素及应激反应进行评估。

（一）会谈

重点包括应激源、应激心理中介因素和应激反应。

1. 应激源 通过会谈了解病人近 1 年内是否经历重大生活事件和日常生活的困扰及对个体影响的主要和次要顺序。

目前有哪些事情让你感到有压力或紧张焦虑?

近来你的生活有哪些改变？
由于疾病、住院、生活改变或家庭事件，你经历了哪些压力？
你所处的环境是否让你感到紧张或烦恼？什么原因？
你与家人的关系如何？是否让你感到痛苦或烦恼？
你是否感到工作压力很大，无法胜任？
你的经济状况如何？是否感到入不敷出？

2. 应激心理中介因素　包括病人对应激源的认知评价、应对方式、社会支持和个性特征。

（1）对应激源的认知评价：
这件事对你意味着什么？你是如何看待的？
你认为自己是否有能力来应对这件事？
如果你无法控制这件事，你会有何感觉？

（2）应对方式：
通常你采取什么方式来缓解紧张和压力？
在下列措施中，最能描述你应对方式的是哪种？与人交谈、想办法解决问题、抱怨、寻求帮助、从事体力活动、祈祷、试图忘却、酗酒或用药、睡觉、任命、什么都不做或其他？

（3）社会支持：
当你遇到困难时，你的家人、亲属和朋友是否能帮助你？
当你遇到困难时，你是否主动寻求家人、亲属或朋友的帮助？
你对家人、亲属或朋友的帮助是否满意？

（4）个性特征：
面对困难时，你一般采取什么样的态度和行为？
你做事情和做决定是依赖他人还是独立完成？
遇到不开心的事情，你是喜欢说出来还是闷在心里？

3. 应激反应　包括病人应对的有效性及应激的身心反应。
通常你能否解决自己的问题和烦恼？
你采取的措施是否有效？
你是否感觉到自己身心疲惫？

（二）评定量表测评

1. 应激源强度的评估　主要是 Holmes 和 Rahe（1967 年）编制的社会再适应评定量表（social readjustment rating scale，SRRS）（表 6-2-4）、杨德森和张亚林（1986 年）编制的生活事件量表（life event scale，LES）。总和超过 300 分者，80%可能患病，150～300 分者 50%可能患病；＜150 分，30%可能患病。

表 6-2-4　社会再适应评定量表

序号	生活事件	生活变化单位	序号	生活事件	生活变化单位
1	配偶死亡	100	8	被解雇	47
2	离婚	73	9	与配偶重修旧好	45
3	分居	65	10	退休	45
4	监禁	63	11	家庭成员健康状况改变	44
5	亲密的家庭成员死亡	63	12	妊娠	40
6	自己受伤或生病	53	13	性生活障碍	39
7	结婚	50	14	家庭增加新成员	39

续表

序号	生活事件	生活变化单位	序号	生活事件	生活变化单位
15	职务重新调整	39	30	和上司相处不好	23
16	收支状况的改变	38	31	工作时间或工作条件的改变	20
17	亲密朋友死亡	37	32	搬家	20
18	改行	36	33	转校	20
19	与配偶争吵次数改变	35	34	消遣娱乐方式的改变	19
20	大额抵押贷款	32	35	教堂活动的改变	19
21	丧失抵押品赎回权或借出的贵重财物不能收回	30	36	社交活动的改变	18
22	工作职责变化	29	37	小额抵押贷款或者借出	17
23	子女离开家庭	29	38	睡眠习惯的改变	16
24	姻亲间纠纷	29	39	家庭团聚次数的改变	15
25	突出的个人成就	28	40	饮食习惯的改变	15
26	配偶开始或停止工作	26	41	度假	13
27	学业的开始或结束	26	42	过圣诞节	12
28	生活条件的改变	25	43	轻微犯法	11
29	个人习惯的修正	24			

2. 应激心理中介因素的评估

（1）应对方式评定量表：用于评估个体采取的应对方式的类型。常用的有 Jaloviee 应对方式量表、简易应对方式问卷（simplified coping style questionnaire，SCSQ）、沈晓红等（2000 年）修订的 Feifel 医学应对问卷（medical coping modes questionnaire，MCMQ）等。MCMQ 用于测评病人面对疾病时的应对方式。MCMQ 由病人按指导语根据自己情况在各条目后面所附的 4 项答案中各选取一项。各项目按 1～4 四级计分，其中有 8 个条目须反向计分。“面对”量表分由 1、2、5、10、12、15、16、19 各条目分累计；“回避”量表分由 3、7、8、9、11、14、17 各条目分累计；“屈服”量表分由 4、6、13、18、20 各条目分累计（表 6-2-5）。

表 6-2-5　医学应对问卷

说明：下面列出一些问题，以了解您的某些想法、感受和行为，这些想法、感受和行为与您目前所患的疾病有关，请在每一问题后的四个答案中选取与您的实际情况最接近的一个打勾

序号	内容	1	2	3	4
1	你在多大程度上希望自己参与做出各种治疗决定？*	非常希望	中等希望	有点希望	不希望
2	你是否经常想与亲戚朋友谈论你的疾病？	不想	有时想	经常想	总是想
3	在讨论你的疾病的时候，你是否经常发现自己却在考虑别的事情？	从不这样	有时这样	经常这样	总是这样
4	你是否经常觉得自己要完全恢复健康是没有指望的？*	总是这样	经常这样	有时这样	从不这样
5	几个月来，你从医生，护士等懂行的人那里得到多少有关疾病的知识？	极少	一些	较多	很多
6	你是否经常觉得，因为疾病，自己对今后各方面的事不关心了？	从不这样	有时这样	经常这样	总是这样
7	你在多大程度上愿意与亲友谈别的事，因为你没有必要老去考虑疾病？	极低程度	一定程度	相当程度	很大程度
8	在多大程度上你的疾病使你以更积极的态度去考虑生活中的一些事？	极低程度	一定程度	相当程度	很大程度
9	当想到自己的疾病时，你是否会做些别的事情来分散自己的注意力？*	总是这样	经常这样	有时这样	从不这样

续表

序号	内容	1	2	3	4
10	你是否经常向医生询问，对于你的疾病你该如何去做？*	总是这样	经常这样	有时这样	从不这样
11	当亲戚朋友与你谈起你的疾病时，你是否经常试图转换话题？	总是这样	经常这样	有时这样	从不这样
12	近几个月，你从书本、杂志、报纸上了解多少有关你的疾病的信息？*	很多	较多	一些	极少
13	你是否经常觉得自己要向疾病屈服了？*	总是这样	经常这样	有时这样	从不这样
14	在多大程度上你想忘掉你的疾病？	极低程度	一定程度	相当程度	很大程度
15	关于疾病，你向医生问了多少问题？	没有	一些	较多	很多
16	遇到患有同样疾病的人，通常你会与他谈论多少有关疾病的细节？	极少	一些	较多	很多
17	你是否经常以看电影、电视等方式来分散自己对疾病的注意？	从不这样	有时这样	经常这样	总是这样
18	你是否经常觉得自己对疾病无能为力？*	总是这样	经常这样	有时这样	从不这样
19	亲朋好友向你询问病情时，你是否经常与他谈许多病情细节？*	总是这样	经常这样	有时这样	从不这样
20	对于你的疾病，你是否经常感到自己只能听天由命？	从不这样	有时这样	经常这样	总是这样

*为反评题。

（2）社会支持评定量表（social support rating scale，SSRS）：肖水源（1987年）提出社会支持分为主观支持、客观支持和利用度3类，并形成社会支持评定量表（表6-2-6）。量表计分方法：①第1～4、8～10条：每条只选一项，选择1、2、3、4项分别计1、2、3、4分；②第5条分A、B、C、D四项计总分，每项从无到全力支持分别计1～4分；③第6、7条如回答无任何来源则计0分，回答“下列来源”者，有几个来源就计几分。10个条目分数之和为总分，2、6、7条目分数之和为客观支持分；1、3、4、5条目之和为主观支持；8、9、10条为对支持的利用度。领悟社会支持量表（perceived social support scale，PSSS）是Blumenthal等（1987）开发的，将社会支持分为家庭支持、朋友支持和其他人支持3类。

表6-2-6　社会支持评定量表（SSRS）

指导语：下面的问题用于反映您在社会中所获得的支持，请按各个问题的具体要求，根据您的实际情况写，谢谢您的合作

1. 您有多少关系密切，可以得到支持和帮助的朋友？（只选一项）

（1）一个也没有　（2）1～2个　（3）3～5个　（4）6个或6个以上

2. 近一年来您：（只选一项）

（1）远离家人，且独居一室　（2）住处经常变动，多数时间和陌生人住在一起

（3）和同学、同事或朋友住在一起　（4）和家人住在一起

3. 您和邻居：（只选一项）

（1）相互之间从不关心，只是点头之交　（2）遇到困难可能稍微关心

（3）有些邻居很关心您　（4）大多数邻居都很关心您

4. 您和同事：（只选一项）

（1）相互之间从不关心，只是点头之交　（2）遇到困难可能稍微关心

（3）有些同事很关心您　（4）大多数同事都很关心您

5. 从家庭成员得到的支持和照顾（在合适的框内划“√”）

	无	极少	一般	全力支持
A. 夫妻（恋人）				
B. 父母				
C. 儿女				
D. 兄弟姐妹				
E. 其他成员（如嫂子）				

续表

6. 过去，在您遇到急难情况时，曾经得到的经济支持和解决实际问题的帮助的来源有：
（1）无任何来源
（2）下列来源（可选多项）
A. 配偶；B. 其他家人；C. 亲戚；D. 同事；E. 工作单位；F. 党团工会等官方或半官方组织；G. 宗教、社会团体等非官方组织；H. 其他（请列出）_______
7. 过去，在您遇到急难情况时，曾经得到的安慰和关心的来源有：
（1）无任何来源
（2）下列来源（可选多项）
A. 配偶；B. 其他家人；C. 亲戚；D. 同事；E. 工作单位；F. 党团工会等官方或半官方组织；G. 宗教、社会团体等非官方组织；H. 其他（请列出）_______
8. 您遇到烦恼时的倾诉方式：（只选一项）
（1）从不向任何人诉讼　　（2）只向关系极为密切的 1～2 个人诉讼
（3）如果朋友主动询问您会说出来　　（4）主动诉讼自己的烦恼，以获得支持和理解
9. 您遇到烦恼时的求助方式：（只选一项）
（1）只靠自己，不接受别人帮助　　（2）很少请求别人帮助
（3）有时请求别人帮助　　（4）有困难时经常向家人、亲友、组织求援
10. 对于团体（如党组织、宗教组织、工会、学生会等）组织活动，您：（只选一项）
（1）从不参加　　（2）偶尔参加　　（3）经常参加　　（4）主动参加并积极活动

（3）人格测验：是评估个性心理特征的一种技术。目前主要分为人格调查和投射技术两类。人格调查通常是用经过精心编制的一系列问题调查表，要求被调查者根据提出的要求选择适合自己的答案。常用的有明尼苏达多相人格问卷（Minnesota multiphasic personality inventory，MMPI）、艾森克人格问卷（Eysenck personality questionnaire，EPQ）等。常用的投射技术有罗夏墨迹测验，主题统觉测验等。

3. 应激反应的评估　由于应激常导致焦虑和抑郁，因此测量焦虑和抑郁的量表可用来评估应激反应。

（三）观察与医学检测

1. 一般状态与行为　观察有无胃痛、多食、疲乏、失眠、睡眠过多、畏食、头痛或胸痛等应激反应所致的生理反应；有无思维混乱、记忆力下降、解决问题能力下降等应激导致的认知改变；有无焦虑、抑郁、无助和愤怒等情绪反应；有无行为退化或敌对、自杀或暴力倾向等应激所致的行为反应。

2. 全身各系统　注意评估有无心率、心律、血压改变；呼吸频率、消化功能、身体活动情况改变；皮肤温度、湿度的改变等。

（四）相关护理诊断

1. 应对无效　与缺乏自信、无助感有关。

2. 精神困扰　与认知障碍、缺乏社会支持等有关。

3. 社交障碍　与疾病所致活动受限、缺乏社会支持等有关。

4. 有对他人施暴的危险　与酒精或药物依赖，情绪不稳定等有关。

四、健康行为

案例 6-2-4

病人，男，55 岁，工人。主诉：左侧肢体活动不灵伴言语不清 8 小时。

现病史：病人 8 小时前，无明显诱因突然出现左上肢抬起费力伴言语不清，来院急诊。头

CT 显示：右基底节区低密度影。测血压 180/110mmHg，脉搏 80 次/分，体温 37.0℃，呼吸 20 次/分。给予病人降颅压、疏通血管、营养脑细胞治疗。病人意识清楚，精神差，未进食水。睡眠可，二便正常。

既往史：高血压 10 年，未规律服药，血压最高达 190/100mmHg；糖尿病 8 年，血糖控制不佳；无重大外伤、手术史。饮酒史 30 余年，每日饮酒量约白酒 150g；吸烟史 20 年，每日吸烟量达 10 余支；喜食肉类及油炸食品，蔬菜水果进食较少；平时运动量少。

健康行为（health behavior）是人们为了增强体质、维持与促进身心健康和避免疾病而采取的各种行为。健康的行为方式能对人的身心健康发挥积极的作用。世界卫生组织推荐的四个健康行为是不吸烟、不过量饮酒、锻炼身体和平衡膳食。可以通过会谈、观察和评定量表测评等方法对健康行为进行评估。

（一）会谈

通过询问下列问题了解病人是否存在不良生活方式与习惯、是否有危害健康的行为等。

1. 生活方式与习惯

你的饮食是否规律？

你是否喜欢进食高盐或高脂肪饮食？

你是否喜欢油炸食品？

你每天进食多少蔬菜和水果？

你经常运动吗？每周运动多少次？每次运动多长时间？

2. 危害健康行为

你是否吸烟？如果吸烟，每天的吸烟量是多少？

你是否饮酒？如果饮酒，每天的饮酒量是多少？

你是否有吸毒行为？若是，是从何时开始的？

你有过不洁性行为吗？如有，是从何时开始的？频度如何？

3. 疾病过程中的行为

你是否经常怀疑自己患有疾病？

你是否害怕到医院看病？

你身体不适时是否能及时就医？

你是否能遵照医生的治疗方案执行？

你是否有放弃治疗的想法？

4. 致病行为模式

你是否觉得压力很大？

你做事是否有耐心？

你是否经常觉得时间紧张？

你是否喜欢做富有竞争性的事情？

（二）观察

观察内容包括病人健康行为或危害健康行为发生的频率、强度和持续时间等。如饮食的种类、量、有无节食或暴饮暴食行为；日常运动的频率、类型；有无吸烟、酗酒、吸毒等行为；有无感觉压力大、不耐烦或时间紧的行为模式等。

（三）评定量表测评

1. 健康促进生活方式问卷（health-promoting life profile，HPLP）　由 Walker 等编制，用于测量健康促进行为。量表共 52 个条目，包括健康责任、自我实现、营养、人际关系、压力应对和运动 6 个方面，采用 1～4 级评分，总分 52～208 分。得分越高表明健康促进生活水平越高；52～126

分表示生活方式不健康；126 分以上表示生活方式健康，如表 6-2-7 所示。

表 6-2-7 健康促进生活方式问卷（HPLP）

指导语：这份问卷的内容是关于你目前的生活情况。请尽可能回答所有问题，并勾出你所选择的答案

	项目	从来不会	有时会	通常会	一定会
1	你会不会与亲密好友谈及自己的问题，同时也关心他们？				
2	你会不会选择低脂肪、低饱和脂肪和低胆固醇食物？				
3	当你出现任何不寻常的症状时，你会告诉医生、护士等专业人士吗？				
4	你会不会实行已经定好的运动计划？				
5	你有充足的睡眠吗？				
6	你是不是觉得自己仍然持续好的成长及向好的改变？				
7	你是不是乐于称赞其他人的成就？				
8	你会不会刻意减少吸收糖分及糖类食物，如甜食？				
9	你会不会阅读或收看关于促进健康的书籍或电视节目？				
10	你会不会积极从事运动，每星期至少 3 次，每次至少 20 分钟。如快步走、骑单车、爬楼梯等？				
11	你会不会每天都安排好时间，让自己休息？				
12	你有没有生活目标？				
13	你会不会令你的人际关系持续和更美好吗？				
14	你会不会每天吃足够的淀粉类食物，如 6～11 块面包、3～5 碗麦片、半碗到三碗饭或 3～5 碗面条等？				
15	你会不会详细询问医护人员给你的意见以求明白？				
16	你会不会从事轻度至中度的体力活动？（如每星期运动五次以上、每次持续步行 30～40 分钟）。				
17	你会不会勇于面对自己无法改变的事实？				
18	你会不会对未来的日子有所期待？				
19	你会不会拨出时间，与亲朋好友相处？				
20	你会不会每天吃水果？如 2～3 个苹果或 1～2 根香蕉等。				
21	当你对医护人员的建议有疑问时，你会不会寻求第二位专家的意见？				
22	你会不会参加休闲性或娱乐性的运动？（如游泳、跳舞、骑脚踏车等）				
23	每晚睡觉前，你会不会回想一些令你开心的事情？				
24	你会不会常常感觉到内心的满足及平和？				
25	你会不会很容易地表达出对他人的关怀爱心？				
26	你会不会每天吃蔬菜？如 1～3 碗生菜或 1～3 碗茄子等				
27	你会不会和医护人员讨论自己的健康问题？				
28	你会不会每星期至少做三次伸展运动？如拉筋、压腿。				
29	你会不会找方法来舒缓自己的压力？				
30	你会不会为追求人生的长远目标而努力？				
31	你会不会与你关心的人保持紧密的联系？				
32	你会不会每天都饮用 1～2 盒鲜奶（240ml）？				
33	你会不会每个月自我检查身体一次、留意身体有没有变化或发生危险征兆？				
34	在日常生活中，你会不会找机会做运动？（如舍电梯而用楼梯、少搭巴士而多步行等）				
35	你会不会设法在工作和娱乐之间取得平衡？				
36	你会不会感到：每天的生活都是充满趣味和具有挑战性？				

续表

	项目	从来不会	有时会	通常会	一定会
37	你会不会找方法，去满足自己精神和性的需要？				
38	你会不会每天都吃 2～3 两瘦肉或鸡或鱼或 2～3 个蛋、豆类或坚果类？				
39	你会不会向专业的医护人员，请教如何自我照顾的方法？				
40	你会不会在运动时，测量自己的脉搏？				
41	你会不会每天用 15～20 分钟的时间，去练习放松或冥想？				
42	你会不会思考：在自己的生命中，什么是最重要的？				
43	你会不会从关怀你的亲朋好友中，得到支持？				
44	你会不会留意食品包装上，有关营养成分、脂肪和钠含量的商标？				
45	你会不会参加促进个人健康的教育课程？				
46	运动时，你会不会达到自己的目标心率？				
47	你会不会自我调节以免过分疲劳？				
48	你会不会感到：有某种超过自我的力量在身旁？				
49	你会不会用讨论和折中的办法，来解决和别人的冲突？				
50	你会不会每天吃早餐？				
51	你会不会在有需要时，寻求辅导、咨询或协助？				
52	你会不会乐于接受新的体验及新的挑战？（如做一些从未做过的事、到一个陌生的地方等）				

2. 烟草与酒精依赖 Russell 吸烟原因问卷（1974）分为社会心理维度和药理维度，共 8 个分量表，即心理意象、手口活动、享乐、镇静、刺激、瘾、自动和辅助量表。酒精依赖性疾患识别测验（the alcohol use disorders identification test，AUDIT）是 WHO 1983 年开发的。该量表由 10 个问题组成，所有问题都是涉及酒精问题的，3 个问题涉及饮酒量与饮酒频率，3 个问题有关酒精依赖，4 个问题有关因酒精引起的各类问题。

（四）相关护理诊断

1. 维护健康能力低下 与缺乏健康知识、个人应对疾病无效有关。

2. 不依从行为 与健康知识缺乏、不能耐受药物不良反应等有关。

五、自我概念

案例 6-2-5

病人，女，33 岁，公务员。主诉：情绪低落、失眠、食欲减退 1 个月，加重伴频繁哭泣 1 周。

现病史：病人 1 个月前，于单位体检发现左乳腺癌晚期，立即于当地大型综合医院就诊，行左乳腺全切除术。术后，病人不能接受左乳腺全切的事实，不愿与人谈论该事实，不敢看手术切除的部位。经常质疑自己还是不是个女人。病人术后经常盯着墙壁或天花板看半天，不愿与人交谈，夜间经常失眠，感觉生活没有意义。近 1 周，上述症状加重，病人频繁哭泣，总感觉丈夫不再爱自己，并且一阵阵感到心悸、气紧，为求诊治来诊。病人意识清楚，精神差，情绪低落，穿戴很随意，与医护人员几乎无目光交流。

既往史：无精神疾病史。

自我概念（self concept）是个体对自我存在的感知和评价。人们通过对自己的内、外在特征及他人对其反应的感知与体验形成的对自我的认识与评价,是个体在与其所处的心理和社会环境的相互过程中形成的动态的、评价性的“自我肖像”。自我概念是评价心理健康的重要指标。自我概念紊乱可影响个体维持健康与康复的能力。

一般采用会谈、观察、画人测验、评定量表测评等方法来评估个体身体意象、社会认同、自我认同以及自尊。

(一)会谈

可通过询问下列问题以了解病人自我概念。

1. 身体意象

对你来说，身体的哪一部分最重要？为什么？

你最喜欢自己身体的哪些部位？最不喜欢的是身体的哪些部位？

在外表方面，你最希望自己什么地方有所改变？他人又希望你什么地方有所改变？

对身体意象发生改变者，可以询问：这些改变对你的影响有哪些？你认为这些改变会影响他人对你的看法吗？

2. 社会认同

你从事什么职业？

你的家庭及工作情况如何？

你是政治团体或学术团体的成员吗？

你最引以为豪的个人成就有哪些？

3. 自我认同与自尊

你觉得你是怎样的一个人？如何描述你自己？

你觉得你具有什么样的性格特征和道德品质？

你对自己的性格特征、心理素质满意吗？哪些方面不满意？

你处理日常生活问题和工作的能力如何？

你对自己的社会能力满意吗？哪些方面不满意？

你的同事、朋友、领导如何评价你？

你是否经常有“我还不错”的感觉？

总体来说，你对自己满意吗？

4. 自我概念的现存与潜在的威胁

目前有哪些事情让你感到焦虑、恐惧或绝望？

目前有哪些事情让你感到忧虑或痛苦？

(二)观察

观察用于收集病人的外表、非语言行为及与他人的互动关系等。

1. 外表 观察病人是否整洁？穿着打扮是否得体？身体的哪些部位有改变？

2. 非语言行为 观察是否与护士有目光交流，面部表情如何、是否与其主诉一致；是否有不愿见人、不愿照镜子、不愿与他人交往、不愿看体貌改变的部位、不愿与他人讨论伤残或不愿听到这方面的谈论等表现。

3. 语言行为 观察是否流露出“我真没用”等语言。

4. 情绪反应 观察有无着急、害怕、惊慌、心悸、恶心、尿频、出汗、脸红、失眠等焦虑表现。

5. 生理反应 观察有无哭泣、睡眠障碍、食欲减退、体重下降、心慌、易疲劳等表现。

(三)评定量表测评

常用的有 Rosenberg 自尊量表(表 6-2-8)。分四级评分，1 表示非常符合，2 表示符合，3 表示不符合，4 表示很不符合。总分范围是 10～40 分，分值越高，自尊程度越高。

表 6-2-8　Rosenberg 自尊量表

指导语：这个量表是用来了解您是怎样看待自己的。请仔细阅读下面的句子，选择最符合您情况的选项。请注意，这里要回答的是您实际上认为您自己怎样，而不是回答您认为您应该怎样。答案无正确与错误或好与坏之分，请按照您的真实情况来描述您自己。您的回答绝对不会向外泄漏，因此您完全不必要有这方面的顾虑。请您注意要保证每个问题都做了回答，且只选一个答案

内容	非常符合	符合	不符合	很不符合
1. 我感到我是一个有价值的人，至少与其他人在同一水平上	4	3	2	1
2. 我感到我有许多好的品质	4	3	2	1
*3. 归根结底，我倾向于觉得自己是一个失败者	1	2	3	4
4. 我能像大多数人一样把事情做好	4	3	2	1
*5. 我感到自己值得自豪的地方不多	1	2	3	4
6. 我对自己持肯定态度	4	3	2	1
7. 总的来说，我对自己是满意的	4	3	2	1
*8. 我希望我能为自己赢得更多尊重	4	3	2	1
*9. 我确实时常感到自己毫无用处	1	2	3	4
*10. 我时常认为自己一无是处	1	2	3	4

*为反向计分题。

（四）相关护理诊断

1. 体像紊乱　与身体功能变化有关。

2. 自我认同紊乱　与人格障碍有关。

3. 自尊低下　与躯体功能下降、家庭矛盾、事业不顺等有关。

六、价值观与信仰

案例 6-2-6

病人，女，51 岁，教师。主诉：癌症晚期，频发疼痛，自服止痛药物无效。

现病史：病人乳腺癌晚期，手术后放疗、化疗等治疗后，未能控制病情，癌细胞全身扩散。病人极度消瘦、周身疼痛难忍，入院给予止痛等终末期安宁治疗。病人意识清，精神差，睡眠差，进食少。

既往史：无特殊。

个人史：病人性格善良、乐于助人，信仰基督教，认为身体是灵魂的寄居之所，死后灵魂升天，身体是否完整不重要。病人住院期间，签署了角膜捐献协议，希望自己死后，能将角膜捐献给需要的人，在生命的最后阶段，还能帮助别人重见光明。

价值观（values）是基于人的一定的思维感官之上而做出的认知、理解、判断或抉择，也就是人认定事物、辨定是非的一种思维或价值取向，从而体现出人、事、物一定的价值或作用。信仰（belief）是指对某种主张、主义、宗教或某人极度相信和尊敬，并把它奉为自己的行为准则。可通过会谈、观察、评定量表测评来评估价值观和信仰。

（一）会谈

1. 评估病人是否有精神或宗教信仰

你的希望、力量、舒适和宁静的来源是什么？

是什么给了你生活的意义和目的？

是什么支持你，让你努力向前？

困难时期，你会依赖什么？

你认为自己是有宗教信仰或精神信仰的人吗？若是，与你的健康或健康决策有何关系？

对一些人来说，宗教或精神信仰是为跌宕的生活带来舒适和力量的源泉，对你是这样吗？

对你来说什么最重要？你的精神信仰对你来说有多重要？

因为精神信仰，你在生活中有哪些需要遵从的戒规，如饮食约束？

你吃素食是因为精神信仰，还是健康或其他原因？

我见你有些特殊饰品，你是否有精神信仰？

2. 评估是否参与有组织的宗教活动

你加入精神或宗教团体吗？若有，这对你是否很重要？

加入精神或宗教团体对你有帮助吗？如何帮助的？

你觉得精神或宗教信仰活动的哪些方面对你最有帮助，如祈祷、冥想、读圣经、参加宗教服务、听音乐、徒步或与自然交流？

在你患病时，什么组织可提供支持？

3. 评估可能会冲突或影响健康的精神信仰

患病后，你的生活发生了怎样的变化？

患病会影响到你的精神和（或）宗教信仰吗？

你会担心你的精神和（或）宗教信仰与你的医疗情境/照顾/决策有冲突吗？

为你提供医疗照顾时，还有什么与精神和（或）宗教信仰有关的特殊活动或限制是需要我们知道的，如饮食限制、使用血制品等？

对于临终病人，应进一步询问：在接下来几天/几周/几个月里，就你的精神和/或宗教信仰，你希望我们提供何种照顾？

4. 评估其他与精神和（或）宗教信仰相关的信息

你是否有提前的嘱咐，如生命意愿、固定的医疗权利代理人？

你是否签了器官捐献的协议，或考虑过死后捐献器官或组织？

如果病人表达他/她是器官捐献者，应进一步询问其为何做此决策？是否与家人商量过？

（二）观察

病人是否穿戴宗教服装或饰品，是否阅读宗教书籍，有无餐前祈祷，有无教友访视者等。

（三）评定量表测评

精神价值观经验指数，精神健康调查，日常精神体验量表，主要用于评估人们在日常生活中精神/宗教信仰的表达或经历，精神超越指数，米勒精神价值观量表。

（四）相关护理诊断

有精神困扰的危险，与突然危机状态或精神、宗教信仰冲突有关。

（王爱平）

第七章 实验室检查

第一节 标本采集与处理

案例 7-1-1

临床实验室检验人员在当日检测中发现某住院病人的电解质检测结果为 K^+ 10.1mmol/L，Na^+ 140.2mmol/L，Cl^- 103.3mmol/L，Ca^{2+}1.25mmol/L，Mg^{2+}0.7mmol/L。在实验室信息系统中发现前天电解质检测结果正常。重新检查血液标本未发现溶血现象，复查血钾浓度，结果为 10.3mmol/L，标注为临床危急值，并在最短时间内与主治医生和护士联系、告知情况。

问题：

1. 什么原因引起的高血钾、低血钙、低血镁？
2. 如何保证分析前标本的质量控制？

一、影响实验室检查结果的因素

正确实验诊断标本的采集是检验结果准确的前提。医护人员应了解标本采集前病人的状态要求和影响检验结果的因素，并将相关的要求和注意事项告知病人及家属给予配合，使所采集的标本尽可能地减少非疾病因素的影响，保证标本能客观真实反映当前病人的状态。

（一）生物学因素的影响

生物学因素包括生物钟周期、情绪、年龄、性别、种族、妊娠、季节、海拔等，均可引起体内部分物质的含量发生变化。

1. 生物周期 人体存在多种生物钟周期，体内许多物质随生物周期呈现出不同节律性变化。

（1）昼夜节律：对多种分析物浓度有所影响，如血清促肾上腺皮质激素、皮质醇等在清晨 6 时左右浓度最高，随后下降，午夜 12 时降至最低。生长激素在夜间熟睡后 1 小时达高峰，昼夜变化幅度达 300%～400%。皮质醇具有促进糖代谢的作用，皮质醇水平昼夜节律变化可影响下午进行的葡萄糖耐量试验（OGTT）。由于下午皮质醇浓度低于上午，所以在下午进行 OGTT 所获得的血糖值高于上午。血液新蝶呤、IL-1、IL-12、TNF-α、INF-γ、$CD4^+$细胞等昼夜节律变化正好与皮质醇相反。睡眠短时间内可使催乳素、生长激素分泌明显升高。血液促甲状腺素在深夜达峰值，在正午时分为最低值。时间节律变化影响最大的检验项目是激素类。对这些项目要规定统一采集标本的时间。

（2）月经周期：是成熟女性的正常生理过程。月经周期的三个阶段（月经期、卵泡期、黄体期）部分激素水平有差异。①月经期历时 4～5 天，血液中孕激素和雌激素降到最低水平。②增殖期（卵泡期）约 10 天，即月经周期第 5～14 天，此期因卵泡生长，分泌的雌激素越来越多，使血液中雌激素水平逐渐升高。③分泌期（黄体期）历时 14 天左右，成熟的卵泡排卵后生成黄体，黄体所分泌的孕激素作用于子宫内膜。在排卵期间，血清胆固醇水平降低；在中期或黄体期，醛固酮的浓度大约是卵泡期的 2 倍；肾素活性在黄体期增加。绝经前胆固醇（CH）及低密度脂蛋白胆固醇（LDL-C）高于男性。

2. 情绪 精神紧张和情绪激动影响神经–内分泌系统，可使儿茶酚胺、皮质醇、血糖、血细胞等升高。

3. 年龄 许多检验结果在不同年龄段存在差异。临床实验室应根据不同的年龄段，设定参考区间加以区别，以消除年龄因素对结果的影响。

（1）新生儿：出生时红细胞数量及血红蛋白浓度比成人要高，因胎儿期处于相对缺氧状态，红细胞生成素合成增加。生后随着自主呼吸的建立，血氧含量增加，红细胞生成素减少；胎儿红细胞寿命较短，破坏较多；婴儿生长发育迅速，循环血量增加，红细胞数及血红蛋白降低，呈现“生理性贫血”，3 个月后红细胞数及血红蛋白量又缓慢增加，12 岁时可达成人水平。因红细胞破坏加速；新生儿肝中缺乏葡糖醛酸转移酶；血清中总胆红素和非结合胆红素水平增加，出现新生儿黄疸。中性粒细胞、嗜酸性粒细胞、单核细胞等在出生后 1～2 周内持续升高，淋巴细胞在新生儿出生时即明显偏高，至 4 岁时仍高于成人。

（2）儿童：因骨骼生长及发育快，成骨细胞活力强，分泌的碱性磷酸酶高于健康成人 3 倍左右，18 岁后降至成人水平。

（3）老年人：健康人血清 IL-6、抗利尿激素、醛固酮（ADH）、促甲状腺激素（TSH）、血清总胆固醇及低密度脂蛋白胆固醇（LDL-C）等含量与年龄的增长呈正相关。因肾功能下降，肌肉量减少，肌酐清除率减低。老年人的促肾上腺皮质激素、肾上腺皮质甾体激素、血清三碘甲腺原氨酸（T_3）水平下降。

4. 性别 可能与肌肉质量、内分泌、器官特异性差异有关。男性比女性高的常见指标有三酰甘油、胆红素、丙氨酸氨基转移酶、肌酐、肌红蛋白、尿酸、尿素、氨、天冬氨酸转氨酶、血红蛋白、酸性磷酸酶、红细胞、氨基酸、碱性磷酸酶、胆碱酯酶、铁、葡萄糖、低密度脂蛋白胆固醇、清蛋白、IgG、胆固醇和总蛋白等。女性比男性高的常见指标有高密度脂蛋白胆固醇、铜和网织红细胞等。

5. 妊娠 妊娠期间，血浆容量升高 2600～3900ml，导致血液稀释，血液成分浓度波动，尤其是部分微量元素等波动较大。妊娠期血液生化主要指标变化如表 7-1-1 所示。

表 7-1-1 妊娠期血液主要指标变化

变化	机制
脂肪动员增加	ApoAⅠ、AⅡ、三酰甘油和总胆固醇（特别是 LDL-C）增加
血浆运输蛋白增加	甲胎蛋白、甲状腺素、脂质、血浆铜蓝蛋白含量升高
血浆稀释	总蛋白、清蛋白含量降低
体重及代谢增加	肾小球滤过率降低、肌酐清除率上升
凝血系统功能亢进	凝血因子活性增强，凝血酶原时间、活化部分凝血酶时间缩短，纤维蛋白原含量升高
需要增加造成的相对缺乏	铁、转铁蛋白缺乏
急性期反应蛋白增高	红细胞沉降率升高

6. 人种 因种族间存在遗传特性和生活习性的不同，某些生理或病理指标有种族差异。如美国黑种人的白细胞计数明显比白种人低，而 CK 明显高于白种人和黄种人，维生素 B_{12} 是白种人的 1.35 倍，脂蛋白 a 是白种人的 2 倍左右。

（二）生活习性

不同的生活习性可对检验项目的结果产生影响，所以病人须在采样前做相应的准备。

1. 饮食 饮食对多种检测指标特别是生化指标影响较大，这种影响视食物的种类及餐后采样的时间而定。

（1）餐后检验结果的影响：标准餐（2900J 或 700kcal）后，血中三酰甘油将增加 50%，天冬氨酸转氨酶的活性增加 20%，胆红素、无机磷、血糖水平增加 15%，丙氨酸转氨酶及血钾水平上升 15%，总蛋白、白蛋白、尿素、尿酸等增加 5%。

（2）不同类别食物对检验结果的影响：高蛋白膳食可使血尿素、尿酸及血氨增高；高脂肪饮食可使三酰甘油大幅度升高，不饱和脂肪酸与饱和脂肪酸比例对血脂水平影响较大；高核酸食物可导致尿酸明显增加。

（3）餐后采血时间对检测结果的影响：餐后立即采血，葡萄糖、三酰甘油增高明显，钾略增高，磷略降低，游离脂肪酸则减低约 30%。高脂肪餐后 2～4 小时，肠源性碱性磷酸酶增高，特别是 B 和 O 血型 Lewis 阳性分泌型的病人。餐后的血清混浊可干扰某些实验，如使血清总蛋白增高，而尿酸、尿素则轻度减低，另外高脂血对梅毒、病毒、真菌、支原体等病原微生物的抗体检验也有影响。因此，采血前应告知病人必须空腹 12 小时，且前一餐清淡饮食，以清晨空腹为佳。测定内生肌酐清除率要前 3 天禁食肉类，以避免外源性肌酐的干扰。

2. 饥饿　长期饥饿可使血中多项指标发生改变，如胆固醇、三酰甘油、载脂蛋白等降低；血肌酐及尿酸升高。由于饥饿时机体的能量消耗减少，血中 T_3、T_4 将明显减少。饥饿 14 小时后，β-羟丁酸、乳酸、乙酰乙酸及丙酮酸开始升高。饥饿 48 小时 β-羟丁酸浓度升高约 30 倍，胆红素升高约 240%，游离脂肪酸、亮氨酸、异亮氨酸、胰高血糖素亦显著升高，胰岛素轻度升高，伴代谢性酸中毒，葡萄糖、白蛋白、前白蛋白、转铁蛋白及补体 C3 血浆水平下降。饥饿 4 周 γ-谷氨酰转肽酶、三酰甘油三酯及尿素显著下降（20%～50%），尿酸、肌酐、天冬氨酸转氨酶等显著升高。

3. 运动　剧烈运动可加快机体有氧和无氧代谢。轻度活动可引起血糖升高，继之皮质醇及胰岛素上升，与肌肉有关的酶如 CK、LD、AST 都有不同程度的增加，以 CK 最为明显。运动时肾上腺素、去甲肾上腺素、胰高血糖素、皮质醇、促肾上腺皮质激素、生长激素水平升高，胰岛素水平下降，糖异生增加，故血糖水平升高。由于无氧糖酵解，血乳酸升高，尿酸排泄减少，故血尿酸水平也升高。运动也可使血 LDL-C、ApoB、TG 水平减低，ApoA Ⅰ、HDL-C 水平升高，肾小球滤过量减少，尿量下降，尿液红细胞、白细胞、尿蛋白排泄升高，血浆肌酐浓度升高。因此必须嘱咐病人在安静状态或正常活动下收集标本。最好在病人休息 30 分钟后进行采血。

4. 吸烟　因为吸烟时吸入大量的一氧化碳，血中一氧化碳结合血红蛋白水平升高；RBC 及 Hb 则因缺氧呈代偿性升高，同时 WBC 计数也升高。吸烟后血浆肾上腺素、皮质醇、醛固酮、游离脂肪酸、三酰甘油、癌胚抗原等将增高，而免疫球蛋白 IgG、血管紧张素转化酶活性下降。

5. 饮酒　饮酒影响或损害肝脏代谢功能，饮酒早期（酒后 2～4 小时），血糖、碳酸氢盐下降，而乳酸、乙酸、尿酸增高；长期饮酒者可导致血中 ALT、AST、GGT 升高；慢性酒精中毒者，血中胆红素、碱性磷酸酶、三酰甘油等升高。

6. 饮茶和咖啡　茶叶和咖啡中的茶碱或咖啡因，使血浆葡萄糖水平轻度下降。咖啡因可激活脂肪酶使血浆游离脂肪酸升高（约 3 倍）。游离脂肪酸与某些药物或激素竞争结合白蛋白，导致血液游离药物或激素增加。

7. 药物　大剂量服用维生素 C，可导致血糖、胆固醇、三酰甘油、尿酸严重降低，使尿潜血、尿糖、尿酮体、尿亚硝酸盐出现假阴性反应。先锋霉素类药物可影响肌酐的测定结果。青霉素治疗病人，导致尿蛋白的检查为假阴性。成瘾性药物如吗啡可使血清 AMY、LPS、ALT、AST、ALP 活性升高，使胆红素、胃泌素、促甲状腺素（TSH）、催乳素升高，胰岛素、去甲肾上腺素、神经紧张素及胰多肽的水平降低；大麻可使血中钠、钾、氯、尿素、胰岛素浓度增高，而血肌酐、血糖及血尿酸水平降低；海洛因可使 PCO_2、甲状腺素、胆固醇、血钾升高，PO_2 及白蛋白则降低；安非他命可使血中游离脂肪酸增高。

（三）季节变化

夏季由于人们所受光照时间延长，故 25-羟基维生素 D_3[25-（OH）$_2D_3$]浓度比冬天高；总甲状腺素、三碘甲腺原氨酸、促甲状腺激素释放激素、总胆固醇等在冬季较高，三酰甘油水平偏低。

（四）海拔

不同的海拔，由于适应性的需要，人体血清中某些成分的含量会发生变化，如红细胞数、血红蛋白、C 反应蛋白水平升高，而血浆肾素、血清转铁蛋白、尿肌酐、雌三醇及肌酐清除率则随着海拔的升高而降低。

（五）病人准备的控制要点

1. 作好解释工作，医护人员应向病人说明做该项检验的目的及注意事项，消除在抽血时，特别在抽取脑脊液、胸腔积液、腹水及骨髓穿刺时的恐惧和紧张，使之能较好配合。

2. 避免饮食、酒、茶、咖啡和药物等的影响。

3. 尽力争取病人的配合，特别是由病人自己留取标本时（如中段尿、24 小时尿标本、痰标本、大便标本中病理成分的采集等），要告之留取方法和注意事项，以保证采集到高质量的标本。

（六）标本采集的影响因素

1. 采集时间 体内某些化学成分在血中的水平有周期性变化。因此，采血应：①最好在上午 9 时前空腹进行。②尽可能在其他检查和治疗之前进行。③在检验申请单上注明采血的具体时间。

2. 采血部位 不同部位的血液样本中某些检测成分会有差异，甚至对检测结果产生严重影响，故应选择恰当的采血部位。采血不畅容易引起血小板破坏和凝血因子的消耗等。

3. 采血体位 人的体位改变可引起血液许多指标发生变化。从仰卧到直立时，由于有效滤过压增高，水及小分子物质从血管内转移到组织间隙，血浆容量可减少 12%。因血液浓缩，血中细胞及大分子物质相对增高 5%。受这种体位影响的项目包括红细胞计数、白细胞计数、血细胞比容、丙氨酸氨基转移酶、碱性磷酸酶、总蛋白、清蛋白、免疫球蛋白、载脂蛋白、三酰甘油、低密度脂蛋白胆固醇、醛固酮、肾上腺素、去甲肾上腺素和血管紧张素等。采集静脉血液标本时，住院病人可卧位，门诊病人可坐位，保持平静心态。

4. 压脉带 使用静脉采血时，压脉带压迫时间过长可使多种血液成分发生改变。如压迫 40 秒，总蛋白可增加 4%，AST 增加 16%；压迫超过 3 分钟，因静脉扩张、淤血，水分转入组织间隙，血液浓缩，可使清蛋白、血清铁、血清钙、碱性磷酸酶、天冬氨酸转氨酶、胆固醇等增高 5%～10%，血清钾增高更明显。同时，由于氧消耗增加，无氧酵解加强，乳酸增高，pH 减低。因此，在采血时应尽量缩短压脉带的压迫时间，一般应小于 1 分钟。在见到血液进入采血容器后，立即解开压脉带。当需要重复采血时，建议采用另一只手臂。

5. 输液 应尽可能避免在输液过程中采血，因为输液不仅使血液稀释，而且输液的成分会严重干扰检验结果。最常见的干扰项目是葡萄糖和电解质。一般情况下，输入碳水化合物、氨基酸、蛋白质或电解质的病人应在输液结束 1 小时后采血，而输入脂肪乳剂的病人应在 8 小时后采血。如果必须在输液时采血检验，也要避免在输液同侧静脉采血。

6. 溶血 血细胞内、外各种成分有梯度差，有的成分相差数十倍；溶血标本造成的检验差错可造成严重的临床错误判断后果，如血清钾离子浓度，故在采集、运送、保管和分离血清时应尽量避免溶血。发生溶血的主要原因有容器不洁、血液接触水分、大量泡沫、强力振荡、注射器带着针头强压注血等。此外，凝血和脂血可严重干扰检测结果的准确性。

二、血液标本的采集与处理

1. 血液标本的种类 ①全血：血液中加抗凝剂，用于对血细胞成分的检查；②血清：血液未加抗凝剂，离心后的上清，用于大部分临床生化检查和免疫学检查；③血浆：血液中加抗凝剂，离心后的上清，适用于部分临床生化检查，凝血因子测定和游离血红蛋白测定等必须采用血浆标本。

2. 采血部位

（1）毛细血管采血：主要用于床边项目和急诊项目，其结果代表局部的状态，与全身性样品系列观察时应注意到这些因素。成人常在指端、婴幼儿可用拇指或足跟、烧伤病人可选择皮肤完整处采血。采血部位应无炎症或水肿，采血时穿刺深度要适当，切忌用力挤压，防止不客观结果的出现。

（2）静脉采血：需血量较多时采用。通常多在肘部静脉、腕部静脉或手背静脉，婴幼儿在颈部外静脉采血。采血所用注射器和容器必须干燥，抽血时避免产生大量气泡，抽血后应先拔出针头，将血液沿血管壁徐徐注入容器，真空管采血时则按其要求进行。进行血小板功能检查时，注射器和容器需先经硅化处理，以防止血小板接触玻璃器皿被激活，商品化采血管已经硅化处理。严禁从静脉输液管中采取血液标本，防止输液成分中的离子等影响检验结果。

（3）动脉采血：常用于血气分析时。多在股动脉穿刺采血，也有用肱动脉或桡动脉。采得血标本必须与空气隔绝，立即送检。

3. 采血时间

（1）空腹采血：是指在禁食 8 小时后空腹采取的标本，一般是在晨起早餐前采血，常用于临床生化检查。其优点是可避免饮食成分和白天生理活动对检验结果的影响，同时因每次均在固定时间采血也便于对照比较。

（2）特定时间采血：因人体生物节律在昼夜间有周期性变化，故在一天中不同时间所采的血标本检验结果也会随着变化，如激素、葡萄糖等测定。检查微丝蚴需在半夜唤醒后采标本。此外，三酰甘油、维生素 D 等还可有季节性变化。进行治疗药物监测时，更需注意采血时药物浓度的峰值和低谷。

（3）急诊采血：不受时间限制。检测单上应标明急诊和采血时间。

4. 标本采集后的处理

（1）抗凝剂：采集全血或血浆标本时，采血后应立即将血液标本注入含适当抗凝剂的试管中，并充分混匀。如用肝素抗凝，则在抽血前先用肝素湿润注射器。商品化真空采血管已经抗凝处理。常用的抗凝剂有：①草酸盐，与血中钙离子结合形成不溶性草酸钙而起抗凝作用。2mg 草酸盐可抗凝 1ml 血液。常用的草酸盐为草酸钠、草酸钾等。②枸橼酸钠，溶解度和抗凝力较弱，每毫升血液需 5mg。常用于临床血液学检验、红细胞沉降率、血液凝固检验及输血。③肝素，主要作用是抑制凝血酶原转化为凝血酶，使纤维蛋白原不能转化为纤维蛋白。除有些凝血机制的检验项目外，适用于大多数实验诊断的检查。0.1～0.2mg 可抗凝 1ml 血液。④乙二胺四乙酸二钠（$EDTA\text{-}Na_2$），与钙离子络合而抗凝。1ml 血液需用 1～2mg，适用于多项血液学检验。

（2）及时送检和检测：血液离体后，可产生以下一些变化，如血细胞的代谢活动仍在继续进行，部分葡萄糖分解成乳酸，使血糖含量降低，乳酸含量增高；二氧化碳逸散，血液 pH 增高；氯离子从细胞内向血浆移动等变化而影响检验结果。因此，血液标本采集后应尽快送检和检测。

（3）微生物检验的血标本：尽可能在使用抗生素前采样，血液标本采集后应立即注入血培养皿中送检，并防止标本的污染。

案例 7-1-1 分析讨论（1）

主治医生告诉检验人员，该病人状态良好，标本采集前未输注射钾盐，怀疑检验科的检测结果有误。检验人员咨询年轻的值班护士，“采血时是否有其他异常，病人是否配合采血？”值班护士说：“这位病人已 72 岁，采血十分困难，先采集了血常规的血液，再采集用于生化检测的血液时明显血量不足，于是把血常规采血管盖子拧开，倒了一点血液至用于生化分析的采集管中。”

检验人员感觉问题在于标本的抗凝管，于是通知临床护士再次用正确的试管采血检测电解质浓度。经复查后，结果正常。

你知道第一次检测的问题在哪吗？

三、尿液标本的采集与处理

（一）尿液标本的收集

尿液标本的正确收集、留取、保存和尿量的准确记录，对保证检验结果的可靠性十分重要。

成年女性留尿时，应避开月经期，防止阴道分泌物混入。用清洁干燥容器留取标本，避免污染。标本应在30分钟之内送检。

1. 晨尿 指清晨起床、未进早餐和做运动之前第一次排出的尿液。晨尿在膀胱中的存留时间达6～8小时，各种成分浓缩，已达检测或培养所需浓度。可用于肾浓缩功能的评价、绒毛膜促性腺激素测定及血细胞、上皮细胞、管型、胞病理学等有形成分分析。住院病人最适宜收集晨尿标本。

2. 随机尿 指病人无须任何准备、不受时间限制、随时排出的尿液标本。但饮食、运动、药物会影响尿液成分，因而随机尿不能准确反映病人状况。随机尿标本新鲜、易得，适合于门诊、急诊病人的尿液筛查。

3. 餐后尿 通常在午餐后2小时收集尿标本。有利于检出病理性尿胆原、糖尿、蛋白尿。

4. 计时尿 指采集规定时段内的尿液标本，如收集治疗后、进餐后、白天或卧床休息后3小时、12小时或24小时内的全部尿液。计时尿常用于物质的定量测定、肌酐清除率试验和细胞学研究。①3小时尿：一般收集上午6～9时的尿液，多用于检查尿液有形成分，如1小时尿排泄率检查，衣原体、支原体培养等。②12小时尿：从晚上8时开始到次晨8时终止的12小时内的全部尿液。女性留尿前要清洗外阴，夏天则要先加40%甲醛1ml防腐。检验当天，除正常饮食外不再饮水，以利尿液浓缩（因低渗会使部分红细胞与管型溶解）。12小时尿用于尿液有形成分计算，还可用于微量清蛋白、球蛋白排泄率测定。③24小时尿：测定24小时期间溶质的排泄总量，如尿蛋白、尿糖、电解质、尿激素等定量检测，留取24小时尿液，并且记录尿量，留取10ml送检。

（二）尿液标本的保存

尿液常规检查的标本收集后应在2小时内检查完毕。①尿中的尿素经细菌分解后生成$(NH_4)_2CO_3$，使尿pH升高，有形成分被破坏。②尿中化学物质经细菌或真菌降解，如糖分解后可使病理性尿糖减低或消失。③盐类可因久置而结晶析出，干扰显微镜检查。如遇特殊情况或进行特殊检查，可采取以下措施保存与防腐。

1. 冷藏 用于不能立即进行常规检测的标本。可将尿液标本置冰箱（2～8℃）保存6～8小时。注意有些标本冷藏后可有磷酸盐、尿酸盐析出，影响对有形成分的观察。

2. 化学试剂防腐 ①甲醛：能较好地保存细胞和管型，用量为每升尿中加40%甲醛5ml。因甲醛具有还原性，可干扰尿糖测定，所以不能用于尿糖检测的防腐剂。②甲苯：用于尿糖、尿蛋白检测的防腐剂，可在尿液表面形成一薄膜层，以阻止标本与空气接触。用量为每升尿中加甲苯5ml。③盐酸：用于尿17-羟或17-酮类固醇、肾上腺素或去甲肾上腺素、儿茶酚胺等化学成分定量检查。每升尿液用量5～10ml。④冰醋酸：用于醛固酮和5-羟色胺检测的防腐剂，在24小时尿液中加入10～25ml。

四、粪便标本的采集与处理

1. 用干燥洁净盛器留取新鲜标本，不得混有尿液或其他物质，如作细菌学检查应将标本加入有盖、灭菌容器内立即送检。

2. 粪便标本有脓血时，应当挑取脓血及黏液部分涂片检查，外观颜色无异常的粪便要从表面、深处及末端等多点采集。一般采集3～5g粪便送检。

3. 对某些寄生虫及虫卵的初筛检测，应采取三送三检，因为许多肠道原虫和某些蠕虫卵都有周期性排出现象。

4. 从粪便中检测阿米巴滋养体等寄生原虫，应在收集标本后 30 分钟内送检，并注意保温。

5. 粪便隐血检测，试验前 3 天应禁食肉类、动物血和某些蔬菜，禁服铁剂及维生素 C，否则易出现假阳性。

6. 无粪便又必须检测时，可经肛门指诊采或采便管采集标本。

五、特殊项目标本的采集与处理

（一）脑脊液标本采集

脑脊液标本由医生通过腰椎穿刺采集，特殊情况下可采用小脑延髓池或脑室穿刺术。穿刺后先做压力测定，将脑脊液分别收集于 3 支无菌试管内，每管 1～2ml，第 1 管做细菌学检查，第 2 管做生物化学和免疫学检查，第 3 管做细胞计数和分类，如怀疑为恶性肿瘤，另留一管作脱落细胞学检查。标本收集后应立即送检，以免放置过久细胞破坏、葡萄糖分解或纤维蛋白凝集而致细胞分布不均影响检验结果。

（二）阴道分泌物标本采集

采集阴道分泌物标本前 24 小时应无性交、盆浴、阴道检查、阴道灌洗和局部用药等。一般采用生理盐水浸湿的棉拭子，阴道深部或后穹窿、宫颈管口等处采集，生理盐水分泌物涂片，或涂薄片以 95%乙醇固定，经 Papanicolaou 染色、Giemsa 染色或革兰氏染色，检查阴道清洁度、肿瘤细胞和病原生物等。

（三）精液标本采集

1. 采集时机与方法　精液标本采集前应禁欲（无性交、无手淫、无遗精）4～5 天。若怀疑精子生成能力低下时，需禁欲 7 天。

2. 精液　标本采集以手淫法为宜。将一次射出的全部精液收入干净的容器内，容器应加盖、标明标本采集日期和时间。采集微生物培养标本须无菌操作。

3. 注意事项　①采集标本后立即送检，并注明采集时间，30～60 分钟内应送检标本。②冬季采集标本应注意保温。③精子生成的时间变化较大，不能单凭 1 次检测结果作出诊断。如出现 1 次异常检测结果，应间隔 7～14 天再采集标本检测，连续检测 2～3 次才能获得较正确的结果。

4. 标本处理　精液内可能含有乙型肝炎病毒、人类免疫缺陷病毒和疱疹病毒等，故精液需按潜在生物危害物质处理。标本用毕后应用火焚烧，或浸入 0.1%过氧乙酸 12 小时或 5%甲酚皂溶液中 24 小时后处理。

案例 7-1-1 分析讨论（2）

第一次检验血钾浓度异常增高，第一次复查则怀疑为临床危急值，按照程序与医生报告并与护士沟通。沟通后发现检测结果与病人临床表现明显不符，则将重点锁定在标本采集的过程是否有错误导致检验质量缺陷。

护士的回答找出了问题所在，她把血常规分析的真空抗凝管（EDTA-K_2）中的血液倒入了生化采集管中，抗凝剂的钾盐直接进入生化管，与血液混合在一起进入了检测流程，使得病人血钾假性增高，抗凝剂 EDTA 可以螯合血液中的钙离子、镁离子，造成钙离子、镁离子浓度假性降低。

此案例由于标本采集的操作错误导致了检测结果的异常，若不及时发现问题加以纠正，可能造成严重后果。要重视检验分析前标本的质量管理及影响因素。

（李　艳）

第二节 血液学检查

案例 7-2-1

张某，女，34 岁。头晕、乏力半年，加重 1 个月。半年前感觉劳累后头晕、乏力，伴耳鸣、注意力不集中，逐渐面色苍白，近 1 个月来上述症状加重，食欲差。两便正常。既往体健，否认毒物、放射性物品接触史，否认手术史。平素月经量多，多年来惯于素食，嗜浓茶。

体格检查：皮肤黏膜苍白，巩膜无黄染，皮肤无出血点、瘀点、瘀斑、紫癜，全身浅表淋巴结未及肿大。胸骨无压痛。心肺（–），腹平软，肝脾肋下未触及。双下肢无凹陷性水肿。

实验室检查：血常规 Hb 85g/L，RBC 2.9×10^{12}/L，HCT 0.26，MCV 68fl，MCH 22pg，MCHC 21%，网织红细胞（Ret）5%，WBC 4.6×10^{9}/L，PLT 230×10^{9}/L。外周血涂片检查：红细胞大小不等，以小细胞为主，中心淡染区扩大，白细胞、血小板形态无异常。尿常规：正常。大便常规：正常；潜血阴性。肝肾功能正常。血清铁 12μg/dl（50～150μg/dl），总铁结合力 660μg/dl（300～360μg/dl），血清铁蛋白 11μg/L（成年男性平均 100μg/L，成年女性平均 30μg/L）。妇科 B 超示多发子宫肌瘤。

问题：

1. 该病例的特点有哪些？
2. 初步诊断及诊断依据是什么？
3. 尚需与哪些疾病进行鉴别？

血液由血浆和血细胞两部分组成。血液是全身营养物质和代谢终产物等存在的场所，与机体各系统组织、器官联系密切，参与机体的功能活动的调节，以维持正常的新陈代谢及内环境的稳态。因此，血液成分质和量的改变不仅能反映造血系统的病变，而且还能提示全身或局部组织器官的疾病。

一、血液常规检查

（一）红细胞计数

红细胞（red blood cell，RBC）计数是测定每升血液内红细胞的数量；血红蛋白（hemoglobin，Hb）测定是测定每升血液内血红蛋白的含量。红细胞和血红蛋白测定是评估红细胞系统疾病的基本方法，与血细胞比容结合，可用于检测贫血、红细胞增多和真性红细胞增多症等。

1. 参考区间 健康人群红细胞和血红蛋白参考区间见表 7-2-1。

表 7-2-1 健康人群红细胞和血红蛋白参考区间

人群	RBC（$\times10^{12}$/L）	Hb（g/L）
成年男性	4.0～5.5	120～160
成年女性	3.5～5.0	110～150
新生儿	6.0～7.0	170～200

2. 临床意义

（1）红细胞及血红蛋白减少：指单位容积血液内的红细胞数、血红蛋白含量低于参考区间的下限。①生理性减少：婴幼儿、中、晚期妊娠及某些老年人造血功能减退等均可导致红细胞及血红蛋白不同程度的减少。②病理性减少：见于各种原因导致的贫血，以血红蛋白为标准，成年男性血红蛋白＜120g/L，成年女性＜110g/L，孕妇＜100g/L，即可认为有贫血。根据贫血发生的病因和发病机制不同，可将贫血分为三大类：红细胞生成减少、红细胞破坏过多和红细胞丢失过多。

（2）红细胞及血红蛋白增多：指单位容积血液内的红细胞数和血红蛋白含量高于参考区间的上限。

1）相对性增多：由于血浆中水分丢失过多，血液浓缩而使其有形成分相对增多，如大面积烧伤、连续多次的呕吐、腹泻、多汗、多尿及消化道恶性肿瘤晚期长期不能进食等。

2）绝对性增多：指由于某些原因引起血液中红细胞数量绝对值增加。①生理性增多：多与机体缺氧、血中促红细胞生成素水平升高，骨髓加速释放红细胞等有关，常见于高原生活、胎儿和新生儿、剧烈的体力劳动等。②病理性增多：包括原发性红细胞增多和继发性红细胞增多。原发性红细胞增多（真性红细胞增多症）由于促红细胞生成素（EPO）受体基因突变引起，使红细胞生成增加。继发性红细胞增多有缺氧 EPO 增多和非正常 EPO 增多。

红细胞病理性增多的原因及临床特点见表 7-2-2。

表 7-2-2　红细胞病理性增多的原因及临床特点

原因	诊断	病史	体征
红细胞自主产生	真性红细胞增多症	头痛、瘙痒（尤其在洗澡后）、体重减轻、血栓性疾病	面部潮红、视网膜血管充血、结膜发红、脾大等
缺氧引起 EPO 增加	肺部疾病	吸烟者、咳嗽、咳痰、呼吸困难、下肢水肿	发绀，胸部检查可见异常，如伴有右心衰竭，颈静脉压升高和外周水肿等
	发绀型先天性心脏病	心脏杂音病史	杵状指、中心型发绀、心脏检查异常
EPO 非正常性产生	肿瘤（多为肝、肾、肺部肿瘤）	体重减轻，肺肿瘤多与吸烟有关；肝肿瘤病人多有肝病史，右腹疼痛史；肾肿瘤可有侧腹疼痛、血尿等	肺癌多无症状，肝肿瘤可有慢性肝病史或肝炎感染史，肾肿瘤可触及包块
	良性肿瘤（小脑血管病）	头痛、运动失调等	小脑共济失调等
	子宫纤维肌瘤	月经过多或可触及包块	盆腔肿块
	肾囊肿和肾盂积水	多囊肾家族史	可触及肾脏

（二）白细胞分类与计数

白细胞（white blood cell，WBC）计数是测定单位容积外周血液中各种白细胞的总数。外周血涂片，经 Wright 染色后根据其形态，可将白细胞分为 5 种类型，即中性粒细胞、嗜酸性粒细胞、嗜碱性粒细胞、淋巴细胞和单核细胞。白细胞分类计数（differential count，DC）是测定上述五种白细胞的相对百分率或绝对数量。注意，不同病理情况可引起不同类型的白细胞发生数量或质量的变化，因此必须将白细胞总数和分类结合考虑才有诊断价值。

1. 参考区间

（1）白细胞计数　成人（4～10）$\times10^9$/L；6 个月至 2 岁（11～12）$\times10^9$/L；新生儿（15～20）$\times10^9$/L。

（2）白细胞分类计数：见表 7-2-3。

表 7-2-3　成人白细胞分类参考区间

细胞名称	百分数（%）	绝对值（$\times10^9$/L）
中性粒细胞（N）		
杆状核（st）	0～5	0.04～0.5
分叶核（sg）	50～70	2～7
嗜酸性粒细胞（E）	0.5～5	0.02～0.5
嗜碱性粒细胞（B）	0～1	0～0.1
淋巴细胞（L）	20～40	0.8～4
单核细胞（M）	3～8	0.12～0.8

2. 临床意义 白细胞总数高于正常区间上限（成人为10×10^9/L）称白细胞增多，低于正常区间下限（成人为4×10^9/L）称白细胞减少。白细胞总数的增多或减少主要受中性粒细胞数量的影响，淋巴细胞等数量上的改变也会引起白细胞总数的变化。

（1）中性粒细胞（neutrophil，N） 是从骨髓中造血干细胞增殖分化而产生的，呈圆形，胞核呈杆状或分叶核状，通常分为2～5叶，以2～3叶居多。中性粒细胞的生成受多种因素调控。

1）中性粒细胞增多

A. 生理性增多：新生儿（年龄因素）、日间差异（清晨低，午后高）、妊娠和分娩时、高温、严寒、剧烈疼痛、剧烈运动、劳动及进食后等。生理性增多多为一过性的，不伴有白细胞质量变化。

B. 病理性增多：①急性感染，是中性粒细胞病理性增多最常见的原因，尤其是化脓性球菌感染，注意在某些极重度感染时，白细胞总数反而减低。②严重组织损伤及大量血细胞破坏，严重外伤、较大手术后、大面积烧伤、急性心肌梗死及严重的血管内溶血后12～36小时，血细胞总数及中性粒细胞可增多。③急性大出血，在急性大出血1～2小时后，周围血中的血红蛋白的含量及红细胞数尚未下降，而白细胞数及中性粒细胞数却明显增多，内出血时较外出血更显著，故白细胞计数可作为内出血早期诊断参考指标。④急性中毒，外源性药物、化学物质、生物毒素所致的中毒及内源性尿毒症、糖尿病酮症酸中毒等。⑤白血病、骨髓增殖性疾病及非造血系统恶性肿瘤，急、慢性粒细胞白血病时，白细胞计数可达数万甚至数十万。恶性肿瘤，特别是消化道肿瘤，如肝癌、胃癌可引起白细胞及中性粒细胞增多。

2）中性粒细胞减少（neutropenia）：当中性粒细胞绝对值低于1.5×10^9/L时，称为粒细胞减少症；低于0.5×10^9/L时，称为粒细胞缺乏症。可引起中性粒细胞减少的原因有：

A. 某些感染：特别是革兰氏阴性杆菌感染（如伤寒、副伤寒）、某些病毒感染（如流感、病毒性肝炎、水痘、风疹、巨细胞病毒）、某些原虫感染（如疟疾、黑热病）。

B. 某些血液系统疾病：如再生障碍性贫血、非白血性白血病、恶性组织细胞病、巨幼细胞贫血、骨髓转移癌等。

C. 物理、化学损伤：物理因素如放射线，化学物质如苯、铅、汞，药物如氯霉素、磺胺类药、抗肿瘤药、降糖药、抗甲状腺药、免疫抑制剂等。

D. 单核–吞噬细胞系统功能亢进：各种原因引起的脾大及其功能亢进，如门脉性肝硬化、淋巴瘤、Gaucher病、Niemann-Pick病等。

E. 自身免疫性疾病：如系统性红斑狼疮等，产生自身抗体致白细胞减少。

3）中性粒细胞的核象变化：中性粒细胞的细胞核分叶状况，标志着粒细胞的成熟程度。杆状核与分叶核的正常比值为1∶13，中性粒细胞的核象变化包括核左移和核右移，反映某些疾病的病情和预后。①核左移：是指外周血液中相对不成熟的杆状核粒细胞所占中性粒细胞比例增加，即杆状核粒细胞所占比例＞5%或出现晚幼粒、中幼粒、早幼粒等细胞。通常杆状核粒细胞所占比例在5%～10%，称轻度左移；比例在10%～25%并伴有少数晚幼粒细胞者为中度核左移；比例＞25%并出现更幼稚的粒细胞时，为重度核左移。中性粒细胞增多伴轻度核左移称再生性左移，提示感染轻或处于感染早期；中性粒细胞增多伴明显核左移，提示感染较重；中性粒细胞减少伴核左移及中毒性改变，常提示感染极为严重。②核右移：外周血液中5叶核粒细胞比例超过3%时，称为中性粒细胞的核右移。中性粒细胞减少伴核右移，则是造血功能减退或造血物质缺乏的表现。注意，炎症恢复期间可见一过性核右移，但在疾病进展期突然出现核右移常提示预后不良。

4）中性粒细胞形态改变：中性粒细胞大小不均、中毒颗粒、空泡形成、核变性等，即发生毒性和退行性变化。如各种化脓性感染、恶性肿瘤、中毒等。

（2）嗜酸性粒细胞（eosinophil，E）：呈圆形，胞核多为两叶，呈眼镜状，深紫色。胞质内充满粗大、整齐、均匀、紧密排列的砖红色或鲜红色嗜酸性颗粒，折光性强。

1）嗜酸性粒细胞增多（eosinophilia）

A. 过敏性疾病：支气管哮喘、药物过敏、荨麻疹、食物过敏、血管神经性水肿、血清病等外周血嗜酸性粒细胞增多可达10%以上。

B. 寄生虫病：肠寄生虫抗原与肠壁内结合IgE的肥大细胞接触时，使后者脱颗粒而释放组胺，导致嗜酸性粒细胞增多。血吸虫病、蛔虫病、钩虫病等外周血中嗜酸性粒细胞增多，常达10%或更多。某些寄生虫感染病人嗜酸性粒细胞明显增多，导致白细胞总数高达数万，90%以上为嗜酸性粒细胞，为嗜酸性粒细胞型类白血病反应。

C. 皮肤病：如湿疹、剥脱性皮炎、天天疱疮、银屑病等可见外周血嗜酸性粒细胞轻、中度增高。

D. 血液病：如慢性粒细胞白血病、嗜酸性粒细胞白血病、淋巴瘤、多发性骨髓瘤、嗜酸性粒细胞肉芽肿等，外周血嗜酸性粒细胞可有不同程度增高，有的可伴幼稚嗜酸性粒细胞增多。

E. 某些恶性肿瘤：某些上皮系肿瘤如肺癌等可引起嗜酸性粒细胞增高。

F. 某些传染病：急性传染病时，嗜酸性粒细胞大多减少，但猩红热时可引起嗜酸性粒细胞增多。

G. 其他：风湿性疾病、肾上腺皮质功能减低症、过敏性间质性肾炎等也常伴有嗜酸性粒细胞增多。

2）嗜酸性粒细胞减少：其临床意义较小。常见于伤寒、副伤寒初期，大手术、烧伤等应激状态，或长期应用肾上腺皮质激素后。

（3）嗜碱性粒细胞（basophil，B）：胞体呈圆形，胞质紫红色，内有少量粗大但大小不均、排列不规则的黑蓝色嗜碱性颗粒，常覆盖于核面上。胞核一般为2～3叶，因被颗粒遮盖，核着色较浅，而使分叶模糊不清。

1）嗜碱性粒细胞增多（basophilia）

A. 过敏性疾病：过敏性结肠炎、药物、食物、吸入物超敏反应、红斑及类风湿关节炎等嗜碱性粒细胞增多。

B. 血液病：慢性粒细胞白血病、嗜碱性粒细胞白血病，以及骨髓纤维化等均可见嗜碱性粒细胞增多。

C. 某些恶性肿瘤：特别是转移癌时嗜碱性粒细胞增多，机制不清楚。

D. 其他：糖尿病、传染病如水痘、流感、天花、结核等，均可见嗜碱性粒细胞增多。

2）嗜碱性粒细胞减少（basophilopenia）：无临床意义。

（4）淋巴细胞（lymphocyte，L）：可分为大淋巴细胞和小淋巴细胞，胞体呈圆形或椭圆形。大淋巴细胞的胞质丰富，呈蔚蓝色，内含少量紫红色嗜天青颗粒；小淋巴细胞胞质很少，甚至完全不见，呈深蓝色。胞核呈圆形或椭圆形，偶见凹陷，深紫色，染色质聚集成块状。

1）淋巴细胞增多（lymphocytosis）

A. 生理性增多：见于出生后4～6天的婴儿至4～6岁的儿童期。

B. 病理性增多：①感染性疾病，主要为病毒感染，如麻疹、风疹、水痘、流行性腮腺炎、传染性单核细胞增多症、传染性淋巴细胞增多症、病毒性肝炎、流行性出血热等，也可见于百日咳杆菌、结核分枝杆菌、布氏杆菌、梅毒螺旋体、弓形虫等的感染。②肿瘤性疾病，急性和慢性淋巴细胞白血病、淋巴瘤。③急性传染病的恢复期。④移植排斥反应，见于移植物抗宿主反应（GVHR）或移植物抗宿主病（GVHD）。

2）淋巴细胞减少（lymphocytopenia）：主要见于应用肾上腺皮质激素、烷化剂、抗淋巴细胞球蛋白等的治疗及放射线损伤、免疫缺陷性疾病等。

3）淋巴细胞形态改变：又称为异形淋巴细胞，表现为胞体增大、胞质增多、嗜碱性增强、细胞母细胞化，包括Ⅰ型（空泡型）、Ⅱ型（不规则型）、Ⅲ型（幼稚型）。见于传染性单核细胞增多症、病毒性肝炎等。

（5）单核细胞（monocyte，M）：胞体大，呈圆形或不规则形。细胞核大，核形不规则，呈肾形、马蹄形等，常折叠扭曲，淡紫红色，染色质细致、疏松如网状。胞质较多，染淡蓝或灰蓝色，内含较多的细小、灰尘样的紫红色颗粒。

1）单核细胞增多（monocytosis）

A. 生理性增多：常见于婴幼儿及儿童。

B. 病理性增多：①某些感染，如感染性心内膜炎、疟疾、黑热病、急性感染的恢复期、活动性肺结核等，单核细胞明显增多。②某些血液病，如单核细胞白血病、粒细胞缺乏症恢复期、多发性骨髓瘤、恶性组织细胞病、淋巴瘤、骨髓增生异常综合征等也可见单核细胞增多。

2）单核细胞减少（monocytopenia）：无临床意义。

（三）血小板计数

血小板计数（platelet count，PLT，或 blood platelet count，BPC）是指测定单位容积的外周血液中血小板的数量。

1. 参考区间 （125～350）×10^9/L。

2. 临床意义

（1）生理性变化：新生儿较低，出生 3 个月后达到成人水平；成人正常晨间低，午后高；安静时低，进食和剧烈运动后增高，休息后又可恢复原有水平；夏季低；女性月经前减低，月经后增高；妊娠中后期增高，分娩后减低；动脉血高于静脉血，静脉血又高于末梢血。

（2）病理性变化

1）血小板增多：指血小板超过 400×10^9/L。主要见于：①慢性粒细胞白血病、真性红细胞增多症、原发性血小板增多症等骨髓增殖性疾病，为血小板生成（或）原发性增多。②急性感染、急性大出血、急性溶血、大手术后等应激状态，为血小板反应性增多。③脾切除后。

2）血小板减少：指血小板低于 100×10^9/L。主要见于血小板生成减少、血小板消耗或破坏过多、血小板分布异常、脾功能亢进等。

二、血液其他检查

（一）贫血性疾病检查

贫血是指外周血中红细胞计数、血红蛋白测定和血细胞比容低于参考区间的下限。其中血红蛋白测定最能准确诊断贫血的存在与程度。外周血细胞形态有助于贫血的形态学分类，骨髓细胞检查有助于贫血的病因诊断和鉴别诊断。

血红蛋白测定详见本节血液常规检查。

1. 血细胞比容及红细胞平均值测定 血细胞比容（hematocrit，HCT）又称血细胞压积（packed cell volum，PCV），指抗凝全血手工离心沉淀后红细胞在全血中所占容积的百分比。

（1）参考区间

1）微量法：男 46.7%±3.9%，女 42.1%±5.4%。

2）温氏法：男 40%～50%，平均 45%；女 37%～48%，平均 40%。

（2）临床意义：血细胞比容主要反映红细胞量的改变，受血浆容量改变及红细胞体积大小的影响。

1）血细胞比容增高：①红细胞的绝对量增多，如真性红细胞增多症 HCT 可高达 60%以上；②各种原因如大量呕吐、腹泻、失血、大面积烧伤所致的血液浓缩，HCT 常达 50%以上。计算脱水病人补液量时常将 HCT 值作为参考。

2）血细胞比容减低：见于各种贫血和血液稀释。贫血类型不同，红细胞体积不同，故血细胞比容的减少与红细胞数的减少并不一定成正比。临床将 HCT、RBC 计数和 Hb 测定结合起来进行鉴别诊断。

2. 红细胞平均指数 红细胞平均指数包括平均红细胞体积、平均红细胞血红蛋白含量、平均红细胞血红蛋白浓度。同一份血液标本同时测定的红细胞数、血红蛋白含量及血细胞比容三项数据，按下面公式即可算出上述红细胞的三种平均指数。

（1）平均红细胞体积（mean corpuscular volume，MCV）：全血中红细胞的平均体积，以飞升（femtoliter，fl）为单位。计算公式：

$$MCV=\text{血细胞比容}/\text{每升血液中的红细胞个数}=HCT\times10^{15}/RBC\times10^{12}$$

参考区间：手工法 82～92fl，血细胞分析仪法 80～100fl。

（2）平均红细胞血红蛋白含量（mean corpuscular hemoglobin，MCH）：平均每个红细胞内所含的血红蛋白的量，以皮克（picogram，pg）为单位。计算公式：

MCH=每升血液中血红蛋白含量/每升血液中的红细胞个数= $Hb\times10^{15}/RBC\times10^{12}$。

参考区间：手工法 27～31pg，血细胞分析仪法 27～34pg。

（3）平均红细胞血红蛋白浓度（mean corpuscular hemoglobin concentration，MCHC）：平均每升血液中所含血红蛋白的浓度，以 g/L 为单位。计算公式：

MCHC（g/L）=每升血液中血红蛋白含量（g/L）/血细胞比容（L/L）=Hb/HCT

参考区间：320～360g/L（32%～36%）

临床意义：主要用于贫血的形态学检查。

3. 红细胞体积分布宽度（red blood volume distribution width，RDW）　反映红细胞体积大小的异质性参数，常用经血液分析仪的红细胞体积直方图导出全体红细胞体积的变异系数（RDW-CV）表示。

（1）参考区间：11%～14.5%

（2）临床意义：RDW 对于贫血的诊断有重要意义。

1）贫血的形态学分类（表 7-2-4）：Bassman 提出按 MCV 和 RDW 对贫血的新形态学分类法，对于贫血的鉴别诊断有参考价值。

表 7-2-4　贫血的形态学分类

贫血的形态学分类	MCV	MCH	MCHC	病因
正常细胞性贫血	正常	正常	正常	再生障碍性贫血、急性失血性贫血、多数溶血性贫血、骨髓病性贫血（如白血病）等
小细胞低色素性贫血	减低	减低	减低	缺铁性贫血、珠蛋白生成障碍性贫血、铁粒幼细胞贫血
单纯小细胞性贫血	减低	减低	正常	慢性感染、炎症、肝病、尿毒症、恶性肿瘤、风湿性疾病等所致的贫血
大细胞性贫血	增高	增高	正常	巨幼细胞性贫血及恶性贫血等各种造血物质缺乏或利用不良的贫血

2）缺铁性贫血的筛选诊断和疗效观察：缺铁性贫血（iron-deficiency anemia，IDA）和珠蛋白生成障碍性贫血均表现为小细胞低色素性贫血，但前者 RDW 明显升高，而后者 RDW 多为正常。RDW 对于 IDA 的诊断灵敏度很高，但特异性不强，因此 RDW 作为 IDA 的筛选指标。当铁剂治疗有效时，RDW 先升高随后逐渐降至正常。

4. 网织红细胞计数　网织红细胞（reticulocyte，Ret）是介于晚幼红细胞和成熟红细胞之间的一种未完全成熟的红细胞，是晚幼红细胞脱核后的细胞。网织红细胞的增减直接反映骨髓造血功能的盛衰。由于胞质内还残存核糖体等嗜碱性物质，煌焦油蓝或新亚甲蓝染色，呈现浅蓝或深蓝色的网织状而得名。网织红细胞较成熟红细胞稍大，直径 8～9.5μm，是 Wright 染色血涂片中的嗜多色性红细胞。

（1）参考区间：成人百分数 0.005～0.015，绝对数（24～84）$\times10^9$/L；新生儿百分数 0.02～0.06，绝对数（28～96）$\times10^9$/L。

（2）临床意义

1）网织红细胞增多：表示骨髓红细胞系增生旺盛，常见于溶血性贫血、急性失血；缺铁性贫血、巨幼细胞贫血及某些贫血病人治疗后（如补充铁或维生素 B_{12} 及叶酸后）。

2）网织红细胞减少：表示骨髓造血功能减低，常见于再生障碍性贫血、骨髓化贫血等。

（二）红细胞沉降率

红细胞沉降率（erythrocyte sedimentation rate，ESR）简称血沉，是指红细胞在一定条件下沉降的速率，属非特异性试验。正常情况下，红细胞表面有一层带负电荷的水化膜，使红细胞相互排斥，不易粘连，分散悬浮在血浆中而沉降缓慢。凡影响红细胞悬浮稳定性的因素都会影响红细胞的聚集性，包括血浆蛋白成分、红细胞因素、生理因素、理化因素等。例如，①血浆中各种蛋白的比例改变：血浆蛋白组分的病理改变可以影响血沉，如清蛋白带有负电荷，而球蛋白和纤维蛋白原则上带有正电荷，其含量增多或减少血沉就会发生改变。②红细胞数量、形状和大小：红细胞减少时血沉加快，球形红细胞增多血沉减慢，大红细胞较易下沉。

1. 参考区间 魏氏法（westergren 法）：①男性 0～15mm/h，女性 0～20mm/h。②50 岁以上：男性 0～20mm/h，女性 0～30mm/h。

2. 临床意义 血沉是一项灵敏但缺乏特异性的指标，不能用于疾病的诊断，也不能作为健康人群的筛检指标。

（1）血沉增快

1）生理性增快：12 岁以下的儿童、60 岁以上的老年人、妇女月经期或妊娠 3 个月以上血沉可加快，其增快可能与生理性贫血或纤维蛋白原含量增加有关。

2）病理性增快：①各种炎症，急性细菌性炎症时，炎症发生后 2～3 天即可见血沉增快。风湿热、结核病时，因纤维蛋白原及免疫球蛋白增加，血沉明显加快。②组织损伤及坏死，如急性心肌梗死时血沉增快，而心绞痛时则无改变。③恶性肿瘤，增长迅速的恶性肿瘤血沉增快，可能与肿瘤细胞分泌糖蛋白（属球蛋白）、肿瘤组织坏死、继发感染或贫血等因素有关。④血浆球蛋白相对或绝对增高，如慢性肾炎、肝硬化、多发性骨髓瘤、巨球蛋白血症、淋巴瘤、系统性红斑狼疮、亚急性感染性心内膜炎、黑热病等。⑤其他，部分贫血病人血沉可轻度增快，高胆固醇血症血沉亦见增快。

（2）血沉减慢：见于严重贫血、球形红细胞增多症和纤维蛋白原含量重度缺乏者，一般临床意义较小。

案例 7-2-1 分析讨论

本病例具有以下特点：①起病慢，病程长。②主要表现为头晕、乏力、耳鸣，活动后加重。长期素食，嗜浓茶。③查体，皮肤黏膜苍白，巩膜无黄染。④辅助检查，小细胞低色素性贫血，存在缺铁。妇科 B 超示多发子宫肌瘤。⑤无其他系统疾病和严重并发症。

诊断为缺铁性贫血；子宫肌瘤。

根据具有造成缺铁的病史和贫血的症状、体征及实验室证实存在小细胞低色素性贫血和缺铁，典型病例诊断并不困难。但应追查明确病因，才能从根本上将贫血治愈。三类小细胞低色素性贫血需与缺铁性贫血鉴别：①海洋性贫血，球蛋白链合成遗传性缺陷。血清铁正常，转铁蛋白饱和度正常。②慢性病性贫血，多为正细胞正色素性贫血。铁相关检查是鉴别的关键，铁蛋白水平正常或升高，总铁结合力常低于正常。③骨髓增生异常综合征，部分病人血红蛋白合成受损，铁相关检查将提示储存铁正常。

（三）出血和血栓疾病检查

案例 7-2-2

刘某，男，18 岁。因拔牙后出血不止 1 周入口腔外科。1 周前，因右上第一磨牙严重龋齿行切开拔牙术，术后伤口出血不止，经局部压迫止血及静脉注射酚磺乙胺、氨甲苯酸疗效差入院。既往偶有皮肤瘀斑现象，未就诊。无手术史。幼时曾患“风湿性关节炎”，无发热现象，以后曾有间断复发，症状较轻，未就诊。

体格检查：体温36.9℃，脉搏82次/分，呼吸19次/分，血压110/70mmHg，发育正常，营养中等。皮肤无瘀点、瘀斑，浅表淋巴结未触及。口腔检查，右上第一磨牙槽黏膜缝合，有活动性出血。心肺未见异常。肝脾肋下未触及。关节无畸形。

实验室检查：血常规示Hb 100g/L，RBC 3.4×10^{12}/L，HCT 0.34，MCV 96fl，Ret 3.0%（0.09×10^{12}/L），WBC 8.0×10^{9}/L，中性分叶核粒细胞0.65，中性杆状核粒细胞0.08，淋巴细胞0.25，单核细胞0.02，PLT 150×10^{9}/L。TBT：8分钟（6.1分钟±2.1分钟）；PT 16秒（对照14.5秒）；APTT 66秒（对照39秒）；TT 14.5秒（对照15秒）；简易凝血活酶生成试验（STGT）20秒（11.99秒±0.72秒），STGT纠正试验显示病人血浆加正常血清不能纠正，加钡吸附正常血浆能纠正；FⅧ：C活性14%（对照143%）。纤维蛋白原4.0g/L，vWF：Ag90%（94.1%±32.5%）。

问题：

1. 该病例特点有哪些？
2. 病人的实验室检查结果符合哪种出血性疾病？
3. 要与哪种出血性疾病鉴别？

正常人体止凝血机制和抗凝血机制处于动态平衡中，血液既不会外溢出血管外，也不会在血管内凝固成血栓。病理情况下，上述两种机制出现失衡状态：止凝血机制亢进或抗凝血机制减退而形成血栓；反之，止凝血机制减退或抗凝血机制亢进便会引发出血，临床上对应会出现血栓性疾病和出血性疾病。

1. 出血时间测定 出血时间（bleeding time，BT）是指在一定条件下，人为刺破皮肤毛细血管后，从血液自然流出到自然停止所需的时间。BT的长短反映血小板的数量、功能及血管壁的通透性、脆性的变化，也反映血小板生成的血栓烷 A_2 与血管壁生成的前列环素的平衡关系，某些血液因子（血管性血友病因子和纤维蛋白原等）缺乏也会导致BT延长。目前推荐使用模板法或国际标准化出血时间测定器法（template bleeding time，TBT）测定。

（1）参考区间：出血时间测定器法：（6.9±2.1）分钟，超过10分钟为异常。

（2）临床意义

1）BT延长：①血小板明显减少，如原发性或继发性血小板减少性紫癜。②血小板功能异常，如血小板无力症和巨血小板综合征。③严重缺乏血浆某些凝血因子，如血管性血友病、弥散性血管内凝血（disseminated intravascular coagulation，DIC）。④血管异常，如遗传性出血性毛细血管扩张症。⑤药物性出血，如服用抗血小板药物（阿司匹林等）、抗凝药物（肝素等）和溶栓药物（rt-PA等）。

2）BT缩短：本试验敏感度和特异性均差，又受诸多因素干扰，故临床意义不大。

2. 活化的部分凝血活酶时间测定 活化部分凝血活酶时间（activated partial thromboplastin time，APTT）是指在受检血浆中加入活化剂（如硅藻土）激活因子Ⅻ，以部分凝血活酶（脑磷脂）代替血小板第3因子（PF3）提供凝血的催化表面，在一定浓度 Ca^{2+} 存在下测定缺乏血小板血浆凝固所需的时间，是内源凝血系统异常较为灵敏和最为常用的筛选试验。

（1）参考区间：手工法为31～43秒。必须指出本试验需设正常对照值，测定值与正常对照值比较，延长超过10秒以上为异常。

（2）临床意义

1）APTT延长：见于因子Ⅻ、Ⅺ、Ⅸ、Ⅷ、Ⅹ、Ⅴ、Ⅱ，PK（激肽释放酶原），HMWK（高分子量激肽原）和纤维蛋白原缺乏，尤其用于FⅧ、Ⅸ、Ⅺ缺乏及它们的抗凝物质增多。此外，APTT是检测普通肝素和诊断狼疮抗凝物质的常用试验。

2）APTT缩短：见于血栓性疾病和血栓前状态，但灵敏度和特异性差。

3. 凝血时间测定

（1）原理：凝血时间（clotting time，CT）指血液离开血管，在体外发生凝固的时间。试管法：静脉血放入试管（玻璃试管、硅化或塑料试管）中，观察自采血开始至血液凝固所需的时间。本试验是反映由因子Ⅻ被负电荷表面（玻璃等）激活到纤维蛋白形成过程中，各种凝血因子是否缺乏，功能是否正常，或抗凝物质是否增多，是反映内源性凝血途径有无障碍的一项筛选试验。

（2）参考区间：普通试管法，4～12 分钟；硅管法，15～32 分钟；塑料试管法，10～19 分钟。

（3）临床意义

1）CT 延长：①因子Ⅷ、Ⅸ、Ⅺ明显减少，即依次分别为血友病 A、B 和因子Ⅺ缺乏症。②凝血酶原、Ⅴ、Ⅹ等重度减少，如严重的肝损伤等。③纤维蛋白原严重减少，如纤维蛋白原缺乏症、DIC 等。④应用肝素、口服抗凝剂时。⑤纤溶亢进使纤维蛋白原降解增加。⑥循环抗凝物质增加，如肝素和类肝素样物质增多等。

2）CT 缩短：见于高凝状态与血栓病，但敏感性差。

4. 血浆凝血酶原时间测定 在 37℃保温下，受检血浆中加入 Ca^{2+}和组织因子[TF 或组织凝血活酶（tissue thromboplastin）]，活化外源凝血途径，凝血酶原转变为凝血酶，纤维蛋白原转化为纤维蛋白而发生血浆凝固，其凝固所需时间称为凝血酶原时间（prothrombin time，PT），它是外源凝血系统较为灵敏和最为常用的筛选试验。

（1）参考区间：①手工法和血凝仪法，11～13 秒或（12±1）秒。必须指出本试验需设正常对照值。测定值超过正常对照值 3 秒以上为异常。②凝血酶原时间比值（prothrombin ratio，PTR），受检血浆的凝血酶原时间（秒）/正常人血浆的凝血酶原时间（秒）的值。参考区间为 1.0 秒±0.15 秒（即 0.85～1.15 秒）。③国际标准化比值（international normalized ratio，INR），$INR=PTR^{ISI}$ 参考区间依 ISI 不同而异，一般为 1.0±0.2。ISI（international sensitivity index），为国际灵敏度指数，ISI 越小，组织凝血活酶的灵敏度越高。

（2）临床意义

1）PT 延长：见于先天性凝血因子Ⅰ、Ⅱ、Ⅴ、Ⅶ、Ⅹ缺乏；获得性凝血因子缺乏，如严重肝病、维生素 K 缺乏、纤溶亢进、DIC、使用抗凝药物（如口服抗凝剂）和异常抗凝血物质等。

2）PT 缩短：见于血液高凝状态如 DIC 早期、心肌梗死、脑血栓形成、深静脉血栓形成、多发性骨髓瘤等，但敏感性和特异性差。

3）PTR 及 INR 是检测口服抗凝剂的首选指标，WHO 推荐用 INR，我国的 INR 以 2.0～2.5 为宜，一般不要＞3.0，也不要＜1.5。

5. 血浆纤维蛋白原测定 在受检血浆中加入一定量凝血酶，后者使血浆中的纤维蛋白原转变为纤维蛋白，血浆便出现凝固。在有足量的凝血酶时，与不同含量的纤维蛋白原作用，其出现血浆凝固的时间与纤维蛋白原含量呈负相关。此外，血浆纤维蛋白原是一种急性时相蛋白，在血栓性疾病的发生和发展中具有重要意义。

（1）参考区间：WHO 推荐使用 Clauss 法，成人 2～4g/L。

（2）临床意义

1）增高：见于糖尿病、急性心肌梗死、急性传染病、风湿病、急性肾小球肾炎、肾病综合征、灼伤、多发性骨髓瘤、休克、大手术后、妊娠高血压综合征、急性感染、恶性肿瘤，以及血栓前状态、部分老年人等。

2）减低：见于 DIC、原发性纤溶症、重症肝炎、肝硬化、低（无）纤维蛋白原血症。

6. 血浆凝血酶时间测定 待测血浆中加入标定的凝血酶溶液，在凝血酶的作用下，血浆纤维蛋白原转变为纤维蛋白，测定凝固所需的时间，即为待测血浆凝血酶时间（thrombin time，TT），可以用试管法或血凝仪法进行测定。

（1）参考区间：16～18 秒（超过正常对照 3 秒以上有意义）

（2）临床意义

1）TT 延长：常见于 DIC 时纤维蛋白原消耗，此外见于低（无）纤维蛋白原血症和异常纤维蛋白原血症；血中纤维蛋白（原）降解产物增高；血中有肝素或类肝素样物质存在（如肝素治疗中、SLE 和肝脏疾病等）。

2）TT 缩短：无临床意义。

7. 血浆纤维蛋白（原）降解产物测定 乳胶凝集法：以抗纤维蛋白（原）降解产物[fibrin（agen）degradation product，FDP]抗体标记乳胶颗粒后，与待测血浆混合，当血浆中的 FDP 浓度≥0.5μg/ml 时，标记的乳胶颗粒发生凝集，呈现阳性反应。乳胶增强散射比浊法：用 FDP 的单克隆抗体包被的胶乳与不同稀释度病人的血浆混合后，观察其胶乳凝集反应，以发生凝集的血浆最高稀释倍数与乳胶灵敏度（如 2.5mg/L）的乘积计算出。

（1）参考区间：乳胶凝集法阴性；乳胶增强散射比浊法：0～5μg/ml；ELISA 法：血清（28±17）mg/L。

（2）临床意义：FDP 阳性或增高见于原发性纤溶和继发性纤溶，后者如 DIC、恶性肿瘤、急性早幼粒细胞白血病、肺血栓栓塞、深静脉血栓形成、肾脏疾病、肝脏疾病、器官移植的排斥反应、溶血栓治疗等。急性 DIC，FDP＞20mg/L（合并肝病时＞60mg/L），并呈进行性增高，阳性率＞98% 以上。3P 试验为阴性，FDP 增高对 DIC 诊断有重要意义。

案例 7-2-2 分析讨论

本病例具有以下特点：①拔牙后出血不止，既往无明显出血倾向；②查体无关节畸形、无皮肤瘀斑现象、无肌肉血肿；③无阳性家族史；④出血性筛选试验为内源性凝血功能障碍（APTT 延长，而 PT、TT 正常，PLT、BT 正常）；⑤STGT 试验及纠正试验显示 FⅧ缺乏（STGT 延长，正常血清不能纠正，钡吸附血浆能纠正）；⑥FⅧ：C 活性明显下降；⑦vWF：Ag 正常。

诊断：血友病 A（轻型）。

轻型血友病一般关节、肌肉出血很少，也无关节畸形，多在创伤或手术后出血。本例病人拔牙后出血不止。病人幼时曾患“风湿性关节炎”，当时无发热，可能为血友病性关节出血，因病人 FⅧ：C 活性有 14%，故关节出血症状很轻，未遗留关节畸形。

轻型血友病需注意与血管性血友病鉴别，本例病人出血时间正常，且 vWF：Ag 正常，可排除血管性血友病。

三、骨髓细胞学检查

骨髓造血异常或全身疾病因素影响骨髓造血时，虽然外周血细胞的数量、形态等也可出现异常，但骨髓细胞的数量和形态的改变呈现更为典型或特异性的改变。通过骨髓细胞学检查了解其变化，有助于血液系统及相关疾病的诊断和治疗。

（一）骨髓细胞学检查的临床应用

1. 造血系统疾病的诊断、分型、疗效观察及预后判断，如白血病、特发性血小板减少性紫癜、巨幼红细胞贫血、再生障碍性贫血、多发性骨髓瘤等。

2. 鉴别诊断不明原因的症状和体征，如发热、淋巴结或肝脾大、体重减轻、骨质破坏和骨痛、血沉明显增高等。

3. 诊断某些感染性疾病，骨髓培养或涂片其病原体的阳性率较高，如疟疾、黑热病、伤寒等。

4. 诊断骨髓转移癌，在骨髓涂片中可见相应肿瘤细胞，如肺癌、肝癌、恶性淋巴瘤等发生骨转移。

5. 协助诊断某些代谢性疾病，通常指某些类脂质代谢障碍性疾病，如戈谢（Gaucher）病、尼曼–匹克（Niemann-Pick）病等，此时骨髓涂片中可见戈谢细胞和尼曼–匹克细胞。

6. 观察骨髓对化疗和放疗的治疗反应。

（二）骨髓细胞学检查的方法

1. 骨髓细胞学检查的标本采集

（1）骨髓取材部位：通常选择髂后或髂前上棘，其次为胸骨和脊椎棘突。2 岁以下小儿可穿胫骨。

（2）骨髓取材方式：穿刺针进入骨髓腔利用负压吸出骨髓液，经涂片、染色后待检，必要时可选择骨髓活检，如用于诊断再生障碍性贫血、骨髓纤维化等。

（3）骨髓取材的量：一般取材量通常≤0.2ml，不需抗凝，迅速滴于载玻片上，推片 3～5 张，如需化学检查额外再推 3～5 张，涂片不宜太厚，头、体、尾分明。

（4）注意事项：①严格消毒、术后止血，有明显出血倾向的病人，如甲型血友病不宜做此项检查；②骨髓采集后不需抗凝，但骨髓中又富含凝血活酶，必须立即涂片；③死亡病例取材须在死后 30 分钟内进行。

2. 骨髓细胞检查的内容

（1）骨髓涂片的低倍镜检查

1）判断标本是否满意，挑选细胞分布均匀且染色良好的涂片。

2）判断骨髓增生程度：一般按骨髓涂片中有核细胞与成熟红细胞的比例估计骨髓增生程度，骨髓增生程度可分为 5 级（表 7-2-5）。

表 7-2-5 骨髓增生程度分级

增生程度	有核细胞成熟细胞	常见病例
增生极度活跃	1∶1	各型白血病
增生明显活跃	1∶10	各型白血病、增生性贫血
增生活跃	1∶20	正常骨髓、各型贫血
增生减低	1∶50	造血功能低下，再生障碍性贫血（慢性型）
增生极度减低	1∶200	再生障碍性贫血（急性型）

3）观察与计数巨核细胞：巨核细胞体积大、数量少，多分布在涂片尾部和边缘。计数全部涂片内的巨核细胞数，转换油镜进行分类计数，观察巨核细胞及血小板的形态。

4）观察有无异常细胞：如转移癌细胞、戈谢细胞、尼曼-匹克细胞等。

（2）骨髓涂片的油镜检查

1）有核细胞的分类计数：要求计数至少 200 个有核细胞，按照细胞的不同系统和发育阶段分别计算出各系统各阶段有核细胞百分率，计算粒系与红系的比值（粒细胞百分率总和与有核红细胞百分率总和之比称粒红比值），即粒红比（M/E）。注意巨核细胞、分裂型细胞、退化细胞及破碎细胞不计数。

2）观察各系细胞的形态：观察粒系有无大小和胞核异常、有无毒性变等；红系大小是否均匀、有无巨幼样变等形态异常，有无异常红细胞等；巨核细胞的形态是否正常，注意血小板数量及形态，此外还要注意观察其他增生系统细胞的形态。

3）注意观察有无寄生虫和其他病理异常细胞。

（3）血涂片的观察：在进行骨髓涂片观察时，需同时对血涂片进行白细胞分类计数及血细胞形态的观察，注意是否有核红细胞、成熟红细胞形态异常，血小板数量和形态的异常。

（4）结果分析与骨髓报告：结合血象变化进行急性白血病的辅助诊断、血象相似骨髓象不同，或血象与骨髓象变化不同步疾病的鉴别诊断（如非白血病与再障、传染性单核细胞增多症、多发性骨髓瘤等）和白血病的疗效判断。

1）肯定性诊断：骨髓象、血象和临床表现均典型，可对部分疾病做出诊断，如白血病、巨幼红细胞贫血、多发性骨髓瘤、骨髓转移癌、戈谢病和尼曼-匹克病等。

2）支持临床诊断：骨髓象、血象改变缺乏一定的特异性，但可以解释临床表现及其他检查结果，可做出支持或符合临床的诊断意见，如缺铁性贫血、再生障碍性贫血、粒细胞减少症等。

3）排除性诊断：骨髓象、血象的改变不符合临床表现或相反，可做出排除某些疾病的诊断或否定性意见，如临床怀疑急性白血病，但骨髓中未见白血病细胞，则排除白血病诊断。

4）细胞形态学描述：骨髓象、血象发生不典型改变，不能提出诊断意见时，可详细描述其形态特点及进一步检查意见供临床参考。

3. 正常骨髓象

（1）有核细胞增生活跃，粒红比（M/E）正常，为2∶1～4∶1。

（2）各系统、各阶段比例正常，相互间的比例正常

1）粒系增生活跃：粒系是骨髓有核细胞中比例最大的，为50%～60%，其中原始粒细胞<2%，早幼粒细胞<5%，中、晚幼粒细胞各占10%，分叶核少于杆状核。嗜酸性粒细胞<5%，嗜碱性粒细胞<1%，各阶段细胞形态无明显异常。

2）红系增生活跃：幼红细胞占骨髓有核细胞分类的20%左右，各阶段细胞比例适当，其中原红细胞<1%，早幼红细胞<5%，中晚幼红细胞各为10%左右。

3）淋巴细胞及单核细胞系统：淋巴细胞约占有核细胞的20%，小儿偏高可达40%。单核细胞约占有核细胞<4%，均为成熟淋巴细胞及单核细胞，原始淋巴及单核细胞罕见，幼稚淋巴细胞及单核细胞偶见。

4）巨核细胞系统在低倍镜视野可见7～35个/1.5cm×3cm血膜，其中原巨核细胞2%～5%，幼巨核细胞0%～10%，颗粒巨核细胞10%～50%，产血小板巨核细胞20%～70%，裸核型巨核细胞0%～30%，血小板簇可见。

（3）细胞形态：各系统、各阶段细胞形态正常。

（4）其他：无寄生虫及其他异常细胞。

4. 骨髓细胞学检查结果的意义

（1）骨髓增生程度的意义

1）骨髓增生极度活跃（有核细胞显著增多）：反映骨髓造血功能亢进，常见于白血病，尤其是慢性粒细胞白血病及红白血病等。

2）骨髓增生明显活跃（有核细胞增多）：反映骨髓造血功能旺盛，可见于白血病、各种增生性贫血、骨髓增殖性疾病、特发性血小板减少性紫癜、脾功能亢进等及儿童和青年的骨髓象。

3）骨髓增生活跃（有核细胞中等量）：反映骨髓造血功能基本正常，见于正常人骨髓象。有时增生性和部分慢性再生障碍性贫血也可呈现骨髓象增生活跃等。

4）骨髓增生减低（有核细胞量减少）：反映骨髓造血功能降低，可见于再生障碍性贫血（慢性型）、再障–阵发性睡眠性血红蛋白尿症综合征、粒细胞减少或缺乏症、低增生型白血病、化学治疗后、骨髓纤维化等。老年人骨髓象也可呈现骨髓增生减低。

5）骨髓增生极度减低（有核细胞显著减少）：反映骨髓造血功能衰竭，见于急性再生障碍性贫血（急性型）、骨髓稀释、化学治疗后等。

（2）粒细胞系改变的意义

1）粒系细胞增多：

A. 原粒细胞和早幼粒细胞增多，常见于以原粒细胞增多为主的急性粒细胞白血病（二者之和大于非红系细胞的30%，细胞形态改变）和慢性粒细胞白血病急变期（原粒细胞+早幼粒细胞>30%，细胞形态学改变并伴有嗜酸性粒细胞及嗜碱性粒细胞增多）；以早幼粒细胞增多为主的急性早幼粒细胞白血病（骨髓中颗粒增多的异常早幼粒细胞占非红系细胞的30%以上，可见特殊的形态学改变）和早幼粒细胞型类白血病反应等。

B. 中幼及以下各阶段粒细胞增多，常见于以中幼粒细胞增多为主的慢性粒细胞白血病、急性

原粒细胞白血病部分分化型（中幼粒细胞常＞30%，明显形态学改变，常伴晚幼粒细胞增多）、中性粒细胞型类白血病反应和以成熟中性粒细胞增多为主的慢性中性粒细胞白血病等。

C. 嗜酸粒细胞增多常见于某些血液病如慢性粒细胞白血病及其急变期，嗜酸性粒细胞白血病、过敏性疾病、寄生虫感染及某些皮肤病、恶性淋巴瘤等。

D. 嗜碱性粒细胞增多常见于慢性粒细胞白血病及其急变期、嗜碱性粒细胞白血病放射线照射反应等。

2）粒系细胞减少常见于再生障碍性贫血、理化因素及严重病毒感染所致的粒细胞减少症和粒细胞缺乏症等。

（3）红细胞系改变的意义

1）红细胞增多

A. 以原红细胞及早幼红细胞增多为主，常见于急性红血病及急性红白血病（幼红细胞伴有明显的形态学改变）、巨幼细胞性贫血、溶血性贫血等。

B. 以中、晚幼红细胞增多为主，主常见于各种增生性贫血（幼红细胞分别呈不同的形态学变化，如缺铁性贫血、溶血性贫血、巨幼细胞性贫血等）、海洋性贫血、急性失血性贫血、真性红细胞增多症等。

C. 出现巨幼红细胞，可见于巨幼红细胞性贫血、骨髓增生异常综合征、应用抗核酸代谢药物等。

D. 出现铁粒幼细胞，常见于铁粒幼细胞性贫血，骨髓经铁染色后可见幼红细胞内铁颗粒增多并环绕胞核排列。

2）红细胞减少：单纯红细胞系减少主要见于纯红细胞再生障碍性贫血。红系伴粒系及巨核细胞三系均减少常见于再生障碍性贫血等。

（4）粒红比（M/E）改变的意义

1）M/E 正常：见于正常骨髓象，粒系及红系细胞平行减少（如再生障碍性贫血）或增多（如红白血病）、病变未累及粒、红二系（如原发性血小板减少性紫癜、多发性骨髓瘤、骨髓转移癌等）。

2）M/E 增高：主要由粒系细胞增多引起，如急性化脓菌感染及其所导致的中性粒细胞型类白血病反应、急性髓细胞白血病、慢性粒细胞白血病等；也可见于红系细胞明显减少，见于幼红细胞增生受抑制，如纯红细胞再生障碍性贫血等。

3）M/E 减低：常由幼红细胞增多引起，见于缺铁性贫血、巨幼细胞性贫血、溶血性贫血、真性红细胞增多症等。也可因粒系细胞明显减少导致，见于粒细胞减少症和粒细胞缺乏症等。

（5）淋巴细胞系改变的意义

1）淋巴细胞恶性增生：见于以原淋巴细胞及幼淋巴细胞增多为主的急性淋巴细胞白血病、以成熟的白血病性淋巴细胞增多为主的慢性淋巴细胞白血病、淋巴瘤白血病等。

2）淋巴细胞良性增生：见于以成熟淋巴细胞增多为主的传染性淋巴细胞增多症、传染性单核细胞增多症等、某些细菌性感染如百日咳所致的淋巴细胞型类白血病反应及结核杆菌感染时引起的淋巴细胞增多等。

（6）单核细胞系改变的意义

1）单核细胞恶性增生：常见于以原单核细胞及幼单核细胞增多为主的急性单核细胞白血病、急性粒–单核细胞白血病等。

2）单核细胞良性增生：常见于以成熟单核细胞增多为主的单核细胞类白血病反应活动性结核病、疟疾及粒细胞缺乏症等。

（7）巨核细胞系改变的意义

1）巨核细胞增多，见于骨髓增殖性疾病（如慢性粒细胞白血病、真性红细胞增多症、原发性血小板增多症）、原发性血小板减少性紫癜、Evan 综合征、急性血管内溶血等。

2）巨核细胞减少：见于血液系统疾病（如急性白血病、再生障碍性贫血、骨髓纤维化等）、活血治疗后等。

（8）浆细胞系改变的意义

1）浆细胞恶性增生：见于多发性骨髓瘤、浆细胞白血病等。

2）浆细胞良性增生：以成熟型浆细胞增多为主，常见于再生障碍性贫血、粒细胞缺乏症、结缔组织病、某些寄生虫感染（如黑热病、疟疾等）及某些慢性细菌性感染等。

（9）组织细胞改变的意义

1）组织细胞恶性增生：见于恶性组织细胞病。

2）组织细胞良性增生：见于某些感染引起的反应性组织细胞增多症，如结核病、黑热病、伤寒、病毒性肝炎、败血症等。

（吴云红）

第三节　排泄物、分泌物及体液检查

案例 7-3-1

刘某，男，10 岁。咽部不适 2 个月，眼睑水肿 10 天，病人 2 个月前出现咽部不适，无用药史。10 天前晨起发现双眼睑水肿，尿色发红。尿量进行性减少，每日 130～150ml。

体格检查：体温 36.9℃，脉搏 80 次/分，呼吸 20 次/分，血压 145/80mmHg，发育正常，营养中等，精神差，眼睑水肿，结膜稍苍白，巩膜无黄染。咽稍充血，扁桃体Ⅰ～Ⅱ度肿大，未见脓性分泌物，黏膜无出血点。心肺无异常。腹稍膨隆，肝肋下 2cm，无压痛，脾未及，移动性浊音（–），肠鸣音存在。双下肢凹陷性水肿。

实验室检查：血常规示 Hb 80g/L，RBC 2.8×10^{12}/L，WBC 12.3×10^{9}/L，分叶核细胞 0.82，淋巴细胞 0.16，单核细胞 0.02，PLT 209×10^{9}/L，网织红细胞 1.4%，ESR 110mm/h，尿蛋白(++)，红细胞 10～12 个/高倍镜，白细胞 1～4 个/高倍镜，比重 1.010，24 小时尿蛋白定量 2.2g。血生化：Urea 36.7mmol/L，Cr 546.60μmol/L，总蛋白 60.9g/L，白蛋白 35.4g/L，胆固醇 4.5mmol/L，补体 C3 0.48g/L，抗 ASO 800U/L。

问题：

1. 该病人的突出特征有哪些？
2. 该病人的实验室检查结果符合哪种疾病？
3. 该病人的诊断依据是什么？

一、尿液检查

血液流经肾脏时，经肾小球滤过、肾小管的重吸收和分泌，血液中的尿酸、尿素、水、无机盐和葡萄糖等物质经过肾小球的滤过到肾小囊中形成原尿，其中全部葡萄糖、大部分水和部分无机盐等有用物质被肾小管重新吸收，同时 H^{+}等被分泌至小管液中，最终含有水、无机盐及尿素、尿酸等的代谢终产物进入肾盂就形成了终尿，经输尿管到达膀胱，最后经尿道排出体外，即为通常所称的尿液。

尿液检查是临床常用的检验项目，主要用于：①协助泌尿系统疾病的诊断和疗效观察。②协助其他系统疾病的诊断。③临床安全用药的监护。④中毒及职业病的辅助诊断。

（一）尿液一般性状检验

1. 尿量　正常情况下每日排出尿量（urine volume）受球–管平衡控制而保持在一定的范围内，

即肾小球滤过和肾小管重吸收功维持一定的比例。肾小球滤过率受肾血流量、肾小球滤过膜的通透性及面积、肾小球囊内压力、血浆胶体渗透压等因素的影响，肾小管重吸收主要取决于肾小管功能的完整性，尤其是抗利尿激素对远曲小管和集合管的作用。

尿量测定时标本的采集方法：清晨将尿液排空后弃去，用洁净容器留取随后 24h 尿液，混合后用量筒准确测定尿量。

（1）参考区间：1000～2000ml/24h（成人）。

（2）临床意义

1）尿量增多：24h 尿量超过 2500ml，为多尿；夜尿＞24h 尿量的 1/2，即＞750ml 为夜尿增多。①暂时性多尿：可见于水摄入过多、输液、应用利尿剂等药物。②内分泌疾病：糖尿病由于尿糖增多而引起的溶质性利尿、尿崩症由于垂体分泌的抗利尿激素（ADH）分泌不足或肾小管对 ADH 反应性降低，影响尿液浓缩导致多尿，此外原发性甲状旁腺功能亢进及原发性醛固酮增多症等也能引起尿量增多。③各种原因所导致的肾小管功能不全，尿浓缩功能减退所致的肾源性多尿，如慢性肾盂肾炎、慢性肾间质肾炎、多囊肾、肾髓质纤维化或萎缩、慢性肾衰竭早期，急性肾衰竭多尿期等均可出现多尿。

2）尿量减少：成人尿量低于 400ml/24h 或 17ml/h，称为少尿；而低于 100ml/24h，则称为无尿。①肾前性少尿：有效血容量减少导致肾小球滤过不足而出现少尿，如休克、心力衰竭、脱水。②肾性少尿：由于各种肾脏实质性改变而导致的少尿，如急性肾小球肾炎时肾小球滤过率降低所致的高渗性少尿，慢性肾衰竭时肾小球滤过率析度减低所致的低渗性少尿。③肾后性少尿：尿路梗阻或排尿功能障碍，尿液积聚在肾盂或膀胱而不能排出所致的少尿，如结石、尿路狭窄、肿瘤压迫等。④假性少尿：神经源性膀胱所致排尿功能障碍。

2. 尿液外观

（1）参考区间：正常新鲜尿液清澈透明，呈淡黄色至深黄色，可受食物、药物、尿量等影响，如大量出汗、禁食时尿液浓缩时，尿液颜色变深而大量饮水尿液稀释后接近无色。尿液放置后可见微量絮状沉淀，加热或加碱、加酸后皆可溶解。

（2）临床意义

1）血尿：尿液内含有一定量的红细胞，颜色深浅和出血量成比例，浅红色至红色，可呈云雾状、洗肉水样或混有血凝块颜色。每升尿液中含血量超过 1ml，即可出现淡红色，称肉眼血尿。尿液外观变化不明显，离心沉淀后，镜检时每高倍镜视野红细胞平均＞3 个，称为镜下血尿。血尿多见于泌尿系统炎症（如急性肾小球肾炎、肾盂肾炎、膀胱炎）、肾结石、肾结核、肾脏肿瘤等，也可见于血液系统疾病（如血小板减少性紫癜、血友病等）。

2）血红蛋白尿及肌红蛋白尿：尿液中出现血红蛋白和肌红蛋白，颜色呈浓茶色、红葡萄酒色或酱油色。因血管内红细胞被大量破坏，超过血浆中的结合珠蛋白的结合能力，而血红蛋白的相对分子量较小，可通过肾小球的滤过膜而出现血红蛋白尿。见于严重的血管内溶血。肌红蛋白尿常见于挤压综合征、缺血性肌坏死等。可见于阵发性睡眠性血红蛋白尿、蚕豆病、血型不合的输血反应、肾梗死、肾实质区域溶血等。血红蛋白尿镜检时不见红细胞，但隐血试验阳性。

3）胆红素尿：尿液中含有大量的结合胆红素，外观呈豆油样改变，振荡后出现黄色泡沫且不易消失，泡沫亦呈黄色，久置后尿液中的胆红素可氧化为胆绿素，而呈棕绿色。常见于阻塞性黄疸和肝细胞性黄疸。

4）脓尿和菌尿：尿液中含有大量的脓细胞、炎性渗出或细菌时，呈现白色混浊为脓尿，或呈云雾状为菌尿，常见于泌尿系统感染。

5）乳糜尿和脂肪尿：尿液中混有淋巴液而呈稀牛奶状称为乳糜尿，由于肾周围巴管阻塞导致从肠道吸收的乳糜液无法经正常的淋巴道引流入血而逆流流入尿液所致，若同时混有血液称为乳糜血尿，见于丝虫病及肾周围淋巴管梗阻。尿中出现脂肪小滴则称为脂肪尿，见于脂肪挤压损伤、骨折和肾病综合征等。

3. 尿液气味

（1）参考区间：正常尿液为特殊微弱挥发性芳香味，来自于尿液中挥发性的酸性物质。可受食物、饮料等影响，如食用辣椒、蒜以后，尿可带有臭味。久置后被尿素分解可出现氨臭味。

（2）临床意义：新鲜尿即有氨臭味多见于膀胱炎或尿潴留，尿在体内已被分解；蒜臭味见于有机磷农药中毒；烂苹果味见于糖尿病酮症酸中毒；鼠臭味见于苯丙酮酸尿，粪臭味见于膀胱结肠瘘。

4. 尿液酸碱度 尿液酸碱度是反映肾脏调节机体内环境酸碱平衡能力的重要指标之一，通常用 pH（即 H^+浓度的负对数）来表示。用含酸碱指示剂的试带条可测定尿酸度（urine acidity），精确测定则用酸度计。疾病、用药及饮食等多种因素都会影响尿液的酸碱度尿液酸碱度的改变受疾病、用药及饮食的影响。尿液 pH 可用指示剂法、pH 试纸、pH 计和试纸条法测定。

（1）参考区间：pH 约 6.5，波动在 4.5～8.0。

（2）临床意义：由于膳食结构的影响，尿液酸碱度可有较大的生理性变化，肉食为主者尿液偏酸性，素食为主者尿液偏碱性。

1）尿 pH 降低：见于酸中毒、高热、痛风、糖尿病及口服氯化铵、维生素 C 等酸性药物。低钾性代谢性酸中毒排酸性尿为其特征之一。

2）尿 pH 增高：见于碱中毒、尿潴留、膀胱炎、应用噻嗪类或碳酸氢钠等利尿剂、肾小管性酸中毒等。

3）药物干预：尿 pH 可作为用药的指标。碱性药物中毒时用氯化铵酸化尿液，或酸性药物中毒时用碳酸氢钠碱化尿液，可加快尿液排出。

5. 尿比密（specific gravity，SG） 又称尿相对密度、尿比重，是指在 4℃时同体积的尿液与纯水的质量比，是尿液中所含溶质浓度的指标。尿液中水分、盐类及有机物含量和溶解度影响尿比密，尿液溶质（氯化钠等盐类、尿素）的浓度与尿比密呈正相关，同时受年龄、饮食和尿量等的影响。在病理的情况下还受蛋白质、尿糖及细胞成分等影响。尿比密的测定可用折射仪法、称重法、比重计及试纸条法，可粗略地判断肾小管的浓缩和稀释的功能，从而粗略反映肾小管的浓缩稀释功能。

（1）参考区间：成人 1.015～1.025，晨尿＞1.020。新生儿：1.002～1.004。

（2）临床意义

1）尿比密增高：见于急性肾炎、肝脏疾病、心力衰竭、周围循环衰竭、高热、脱水或大量排汗等尿少比密高；糖尿病（因尿液中含有大量葡萄糖，尿量多、比密高，有时甚至高达 1.040 以上）。

2）尿比密降低：尿比密＜1.015 的尿液为低渗尿（hyposthenuria）或低比重尿。尿比密在 1.010±0.003（与肾小球滤过液的比重接近）的尿液，称为等渗尿（isosthenuria），反映肾脏的稀释浓缩功能严重损害。如急性肾衰竭多尿期、慢性肾衰竭、急性肾小管坏死、尿崩症（下丘脑垂体受损，其抗利尿激素分泌减少，或者肾小管上皮细胞对抗利尿激素的敏感性降低，尿液中水分大大增加）等。

（二）尿液化学检验

1. 尿蛋白 正常人尿液中含有极少量的蛋白质。定性尿蛋白±～1+，定量 0.2～1.0g /24h；1+～2+常为 1～2g/24h，3+～4+常大于 3g/24h。尿蛋白常用的定性检测方法包括磺基水杨酸法、加热醋酸法、试纸条法；定量检测方法包括双缩脲法、染料结合法等。

（1）参考区间：定性试验阴性；定量试验 0～80mg/24h。

（2）临床意义

1）生理性蛋白尿：又称功能性蛋白尿，指泌尿系统无器质性病变，尿液内暂时出现蛋白质。程度较轻，持续时间短，诱因解除后消失。常见于机体在剧烈运动、精神紧张等情况，肾血管痉挛、充血致肾小球毛细血管壁通透性增加而出现蛋白尿。定性一般不超过“+”，定量多为轻度增高。

2）病理性蛋白尿：因各种肾脏及肾外疾病所致的蛋白尿。①肾小球性蛋白尿：是指炎症、免疫、代谢等因素导致肾小球滤过膜损伤，滤过膜孔径增大、断裂和（或）静电屏障作用减弱，血浆蛋白质特别是清蛋白滤出，超出近端肾小管重吸收能力而形成的蛋白尿，是最常见的一种蛋白尿。常见于肾小球肾炎、肾病综合征等原发性肾小球损害性疾病；糖尿病、高血压、系统性红斑狼疮、妊娠高血压综合征等继发性肾小球损害性疾病。②肾小管性蛋白尿：是指感染、中毒损伤或继发于肾小球疾病导致肾小管因重吸收能力降低或抑制，而出现的以分子量较小的蛋白质为主的尿液。常见于肾盂肾炎、间质性肾炎、肾小管酸中毒等。③混合性蛋白尿：是指肾小球和肾小管同时发生病变的肾脏疾病或一些全身性疾病同时累及肾小球和肾小管而产生的蛋白尿，如肾小球肾炎或肾盂肾炎晚期等。④溢出性蛋白尿：血浆中出现异常增多的低分子量蛋白质，超过肾小管重吸收能力所致的蛋白尿。如各种原因导致的血红蛋白尿、肌红蛋白尿、凝溶蛋白尿即属此类。见于血管内溶血、多发性骨髓瘤、浆细胞病、轻链病等。⑤组织性蛋白尿：由于肾组织被破坏或肾髓袢升支及远曲小管起始部分泌 T-H 糖蛋白增多所致的，多为低分子量蛋白尿。⑥假性蛋白尿：由于尿中混有大量血、脓、黏液等成分而导致蛋白定性试验阳性。

2. 尿糖　正常人尿中可有微量的葡萄糖，当血糖浓度超过肾糖阈（一般为 8.88mmol/L 或 160mg/dl）时或血糖虽未升高但肾糖阈降低，将导致尿中出现大量的葡萄糖。常用的尿糖定性检测方法有班氏法、试纸条法；定量检测方法有邻甲苯胺法和葡萄糖氧化酶法等。

（1）参考区间：尿糖定性试验阴性，定量为 0.56～5.0mmol/L 尿。

（2）临床意义：尿糖定性试验阳性，称为糖尿（glycosuria），一般指葡萄糖尿（glucosuria）。

1）血糖增高性糖尿：①持续性糖尿，糖尿病最为常见，尿糖除作为糖尿病的诊断依据外，还可作为病情严重程度及疗效检测的指标。②饮食性糖尿，又称生理性糖尿，一次大量进食碳水化合物或静脉注射大量的葡萄糖。因短时间内摄入大量高糖饮食而引起。③其他内分泌疾病，如库欣综合征、甲状腺功能亢进、嗜铬细胞瘤、肢端肥大症等均可出现糖尿，又称为继发性高血糖性糖尿。④应激性糖尿，见于颅脑外伤、脑出血、急性心肌梗死时，可出现暂时性高血糖和糖尿。

2）血糖正常性糖尿：血糖浓度正常，由于肾小管病变导致葡萄糖的重吸收能力降低所致，即肾阈值下降产生的糖尿，又称肾性糖尿，常见于慢性肾炎、肾病综合征、间质性肾炎和家族性糖尿等。

3）其他糖尿：乳糖、半乳糖、果糖、甘露糖及一些戊糖等，进食过多或体内代谢失调使血中浓度升高时，可出现相应的糖尿。

4）假性糖尿：尿中很多物质具有还原性，如维生素 C、尿酸、葡糖醛酸或一些随尿液排出的药物如异烟肼、水杨酸、链霉素等可使班氏定性试验出现假阳性反应。

3. 酮体（ketone bodies）　是β-羟基丁酸、乙酰乙酸和丙酮的总称。三者是体内脂肪代谢的中间产物，正常情况下大部分酮体能被其他组织利用，而当体内脂肪代谢加速时血中蓄积的大量酮体从尿中排出而形成酮尿。酮体的检测实际上是测定丙酮和乙酰乙酸。常用的检测方法有 Lange 法、酮体粉法和试纸条法。酮体定性实验一般用“+”多少表示，而仪器测定的结果常用半定量的方式表达（表 7-3-1）。

表 7-3-1　加号与尿液酮体含量的关系

加号方式	mg/dl	mmol/L
微量	5	0.5
+	15	1.5
++	40	3.9
+++	80	7.8
++++	160	15.6

（1）参考区间：阴性。

（2）临床意义

1）糖尿病性酮尿：糖尿病病人由于糖利用减少，分解脂肪而使酮体产生增加，尿中酮体呈强阳性反应。酮尿是糖尿病性昏迷的前期指标常伴有酮症酸中毒，此时多伴有高糖血症和糖尿。

2）非糖尿病性酮尿：高热、严重呕吐、腹泻、长期饥饿、肝硬化等，因糖代谢障碍而出现酮尿。

4. 尿胆红素与尿胆原 肝、脾脏吞噬衰老和异常的红细胞时，分解血红蛋白，把血红素转变成非结合胆红素（可自由透过细胞膜进入血液），与血浆白蛋白结合（正常情况下血浆中的白蛋白足以结合全部胆红素）后，不能通过肾小球滤过膜。非结合胆红素迅速被肝脏转化成结合胆红素（与葡萄糖醛酸结合），当肝及胆道内外各种疾病引起胆红素代谢障碍，使非结合胆红素及结合胆红素在血中潴留，后者能溶于水，部分可从尿中排出为尿胆红素（urine bilirubin）。结合胆红素通过胆汁运送到小肠，被肠内细菌分解代谢转变成尿（粪）胆原。大部分的尿（粪）胆原随粪便一起排出体外，但仍有小部分尿胆原重吸收到肝脏而入血，从肾小球滤出和肾小管排出后即为尿中尿胆原。尿胆原与空气接触变成尿胆素。尿胆红素、尿胆原和尿胆素三者共称尿三胆，前两者称尿二胆，是目前临床上常用的检测项目，常用的检测方法是试纸条法。

（1）参考区间：正常人尿胆红素定性阴性，定量≤2mg/L；尿胆原定性为阴性或弱阳性，定量≤10mg/L。

（2）临床意义：尿二胆检验有助于溶血性黄疸、肝细胞性黄疸和阻塞性黄疸的鉴别诊断。

1）尿胆原阴性+尿胆红素阴性：见于剧烈腹泻或给予抗生素后肠内细菌减少。

2）尿胆原阴性+尿胆红素阳性：见于高度肝内胆汁淤积、完全梗阻性黄疸、肝炎。

3）尿胆原正常+尿胆红素阴性：能否定黄疸，或见于 Gilbert 综合征。

4）尿胆原正常+尿胆红素阳性：见于肝内胆汁淤积、不完全梗阻性黄疸、部分 Dubin-Johnson 综合征、部分 Rotor 综合征。

5）尿胆原阳性+尿胆红素阴性：见于溶血性黄疸、部分 Gilbert 综合征、旁路性高胆红素血症。

6）尿胆原阳性+尿胆红素阳性：见于肝细胞性黄疸，如肝炎、肝硬化、肝癌等，Dubin-Johnson 综合征及部分 Rotor 综合征。

7）尿胆红素+尿胆原减少：见于阻塞性黄疸。

（三）尿液显微镜检验

尿沉渣检测是对尿液离心沉淀物中有形成分的鉴定。传统的尿沉渣检测包括用显微镜对尿沉渣进行定性、定量检查及各种有形成分的计数检测；现在可用尿液分析仪（试纸条法）及尿沉渣自动分析仪，对尿中某些有形成分进行自动检测。

1. 细胞

（1）红细胞

1）参考区间：玻片法 0～3 个/HP，定量检查 0～5 个/μl。

2）临床意义：正常情况下尿液中的红细胞甚少，成人偶见红细胞，0～1 个/HP。一般尿中出现红细胞多属于病理现象。尿沉渣镜检红细胞＞3 个/HP，称为镜下血尿。①肾小球源性血尿：红细胞通过肾小球滤过膜时，受到挤压损伤，在肾小管中受到不同 pH 和渗透压变化的影响，呈多形改变，多形红细胞（又称肾性红细胞）＞80%时，常见于急性肾小球肾炎、急进性肾炎、慢性肾炎、紫癜性肾炎、狼疮性肾炎等。②非肾小球源性血尿中的红细胞形态较一致，类似外周血中的红细胞，呈双凹盘形，多形性红细胞＜50%时，常见于肾结石、泌尿系统肿瘤、肾盂肾炎、多囊肾、急性膀胱炎、肾结核等。③暂时性血尿：见于剧烈运动、冷水浴后，休息后血尿消失。

（2）白细胞和脓细胞：尿白细胞指无明显退变的完整的白细胞，主要是中性粒细胞，也可见到少量淋巴细胞和单核细胞。脓细胞系指在炎症过程中破坏或死亡的中性粒细胞，外形多不规则，结构模糊，细胞质内充满粗大颗粒，细胞核不清楚，细胞常成堆簇集，细胞间界线不明显。

1）参考区间：玻片法 0～5 个/HP，定量检查 0～10 个/μl。

2）临床意义：超过 5 个/HP 称为镜下脓尿。若有大量白细胞，多为泌尿系统感染如肾盂肾炎、肾结核、膀胱炎或尿道炎。肾小球肾炎时尿内白细胞也可轻度增多。移植术后的排斥反应导致尿中出现大量淋巴细胞及单核细胞。肾盂肾炎活动期或慢性肾盂肾炎急性发作期可见闪光细胞（油镜下中性粒细胞由于光的折射发出灰蓝色的光）。此外，急性间质性肾炎病人及变态反应性泌尿系统炎症出现嗜酸性粒细胞尿。成年女性生殖系统有炎症时，常有阴道分泌物混入尿内，除有成团脓细胞外，并伴有多量扁片上皮细胞。

（3）上皮细胞：尿液中上皮细胞来自肾至尿道的整个泌尿系统，如肾小管的立方上皮细胞，盏、肾盂、输尿管、膀胱和部分尿道的移行上皮细胞，尿道中段的假复层柱状上皮细胞及尿道口和阴道的复层鳞状上皮细胞。

1）参考区间：正常尿中无或偶见移行上皮细胞和复层扁平上皮细胞，无肾小管上皮细胞。

2）临床意义

A. 肾小管上皮细胞：又称小圆上皮细胞，内含有一个较大的圆形细胞核，胞质中有不规则颗粒和小空泡，形态往往不规则，常为多边形，略大于白细胞。肾小管上皮细胞来自远曲和近曲肾小管。小圆上皮细胞出现常提示肾小管病变，如急性肾小管坏死、肾移植排斥反应、慢性肾炎、肾梗死等。

B. 移行上皮细胞：表层移行上皮细胞又称大圆上皮细胞，胞体较大，多为不规则的类圆形，胞核居中，主要来自膀胱；中层移行上皮细胞又称尾形上皮细胞，多为梨形、尾形，胞核较大，主要来自肾盂；底层移行上皮细胞呈圆形，胞核较小，来自输尿管、膀胱和尿道。正常人尿液中偶见移行上皮细胞；当尿液中移行上皮细胞大量出现时，警惕泌尿系统相应部位可能有病理变化，如肾盂、输尿管或膀胱颈部炎症。

C. 鳞状上皮细胞：又称复层扁平上皮细胞，胞核小，呈圆形或椭圆形，大而扁平、形态不规则，来自尿道前段。正常人尿液中也可见到，但大量出现并伴有白细胞、脓细胞时，提示尿道炎。

2. 管型（cast） 是蛋白质、细胞或细胞碎片等在肾小管、集合管中凝固而成的圆柱状体。管型的形成条件：①尿中清蛋白、肾小管上皮细胞产生的 T-H 糖蛋白是构成管型的基质。②肾小管仍有浓缩和酸化尿液的功能，前者可使形成管型的蛋白质等成分浓缩，后者则促进蛋白变性聚集。③仍存在可交替使用的肾单位，处于休息状态的肾单位尿液淤滞，有足够的时间形成管型。当该肾单位重新排尿时，已形成的管型便随尿排出。尿内各种管型和类似管型物质如图 7-3-1～图 7-3-3 所示。

（1）参考区间：正常人尿中无管型或可偶见少量透明管型。

（2）临床意义

1）透明管型：为无色透明的圆柱状体。偶见于正常人晨尿中。在剧烈运动、重体力劳动、肾脏受到刺激及乙醚麻醉、利尿剂使用、发热时可出现一过性增多。在肾病综合征、慢性肾炎、恶性高血压和心力衰竭时可见增多。有时透明管型内含有少量红细胞、白细胞和上皮细胞，又称透明细胞管型。

2）颗粒管型：透明管型内含有肾实质病变的分解产物等所形成的颗粒，占管型的 1/3 以上，提示肾小管损害严重。一般颗粒管型可分为细颗粒管型和粗颗粒管型两种，前者见于慢性肾小球肾炎或急性肾小球肾炎后期；后者见于慢性肾小球肾炎、肾病综合征或药物中毒性肾小管损伤。

3）细胞管型：细胞含量超过管型体积的 1/3，称为细胞管型。按其所含细胞命名为：①肾小管上皮细胞管型（renal epithelial cell casts），为肾上皮细胞脱落的指征。若管型内肾小管上皮细胞规则排列则来自肾小管同一部位，不规则排列则提示来自肾小管不同部位。常见于急性肾小管坏死、急性肾小球肾炎、肾移植后排斥反应、毒素反应、高热、重金属中毒等在各种原因所致的肾小管损伤时出现。②红细胞管型（erythrocyte casts），即管型内含有多个红细胞或红细胞裂解成的红棕色颗粒，后者则称为血液管型，均提示肾内出血，见于肾小球肾炎、急性肾小管坏死、肾梗死、肾移

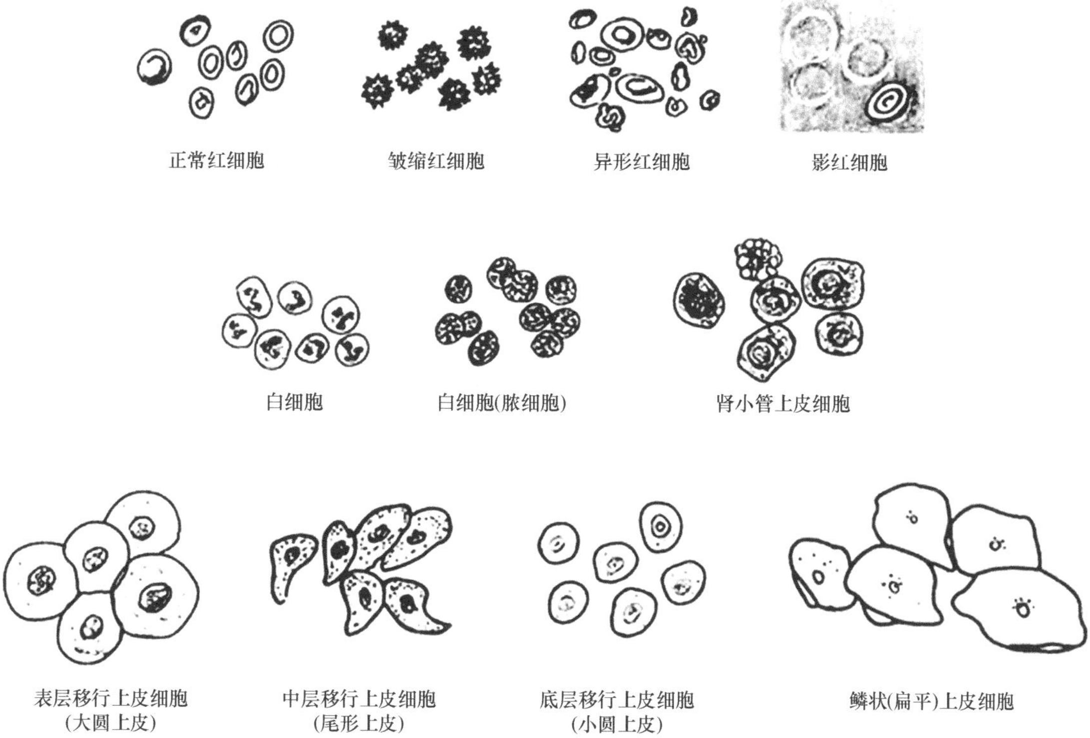

图 7-3-1　尿沉渣中各种细胞形态

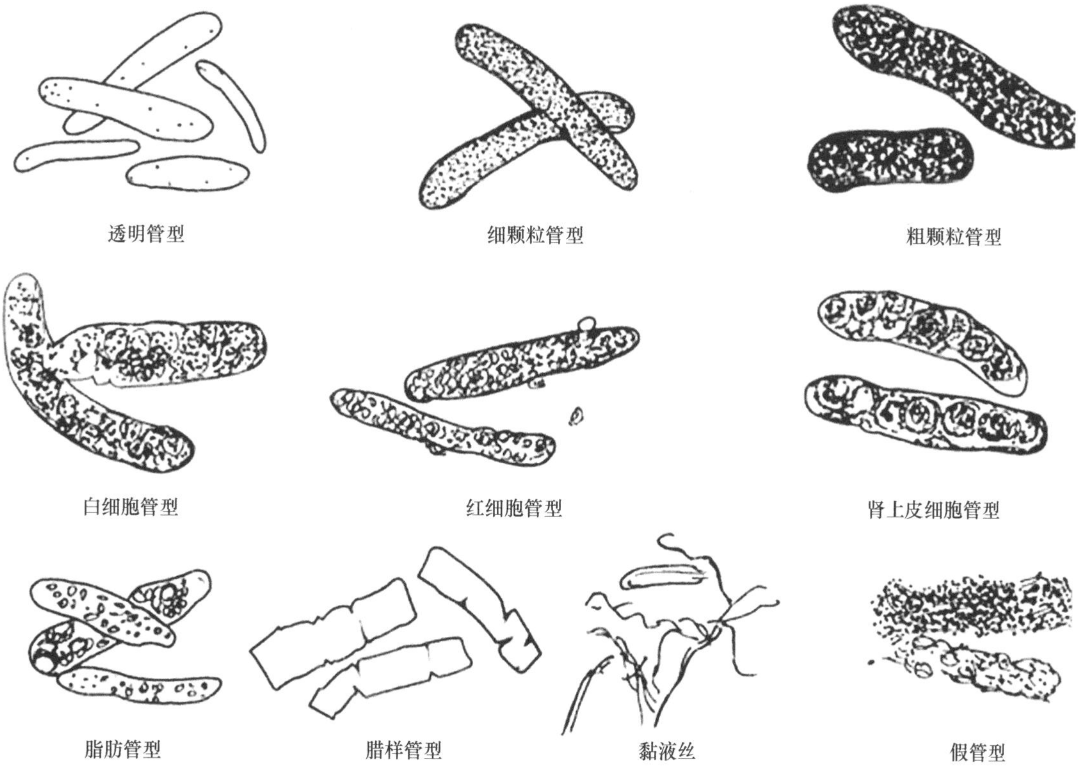

图 7-3-2　尿中各种管型

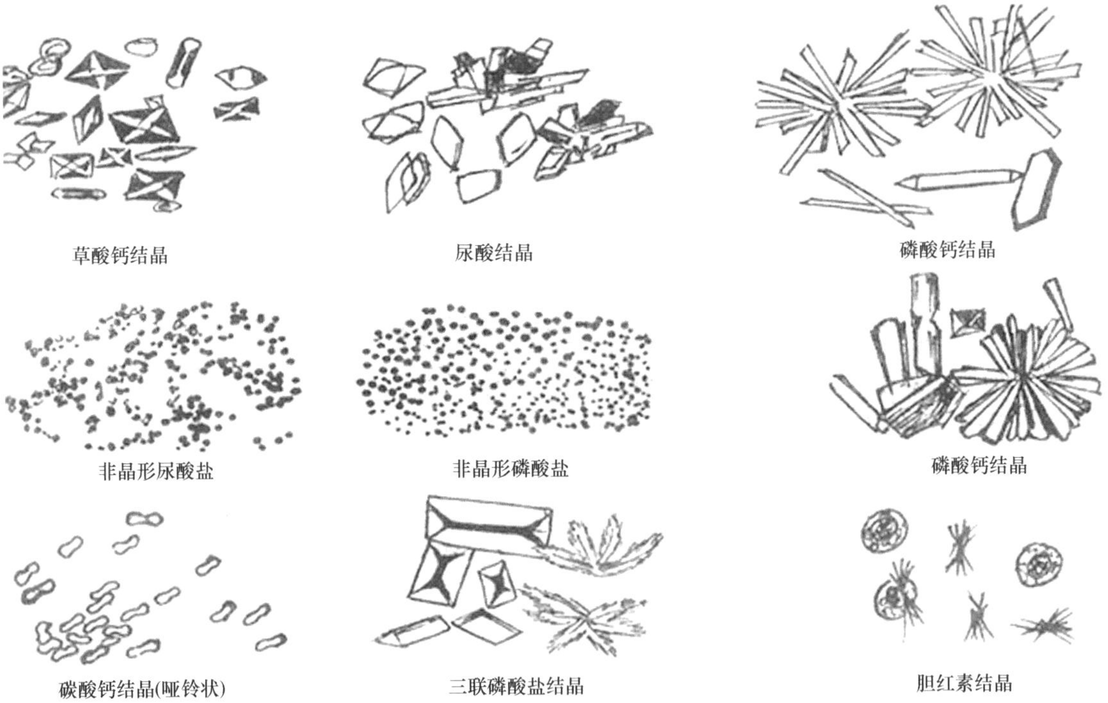

图 7-3-3 尿液中常见结晶

植急性排异反应等。通常红细胞管型常与肾小球性血尿同时存在，临床意义与血尿相似。③白细胞管型（leukocyte casts），管型内白细胞或脓球者在蛋白基质中嵌入白细胞，呈滚筒状排列。如白细胞发生变性或嵌入脓细胞，则称为脓细胞管型。常提示肾实质有活动性感染，常见于肾盂肾炎、间质性肾炎等。④混合管型，同时含有各种细胞和颗粒物质的管型，可见于各种肾小球疾病。

4）蜡样管型：由颗粒管型、细胞管型在肾小管中长期停留变性或直接由淀粉样变性的上皮细胞溶解后形成，质地厚、折光性强的浅灰或浅黄色，有切迹或扭曲，形同加热变形的蜡烛。该类管型多提示有严重的肾小管变性坏死，多见于慢性肾炎晚期、慢性肾衰竭等，预后不良。

5）脂肪管型：管型内含有大量的大小不一、折光性强的椭圆形脂肪滴（或少量脂肪颗粒），超过管型体积的 1/3。脂肪管型是肾上皮细胞脂肪变性后细胞破碎的产物。常见于肾病综合征、慢性肾小球肾炎急性发作及其他肾小管损伤性疾病。

6）宽幅管型：由蛋白质及坏死脱落的上皮细胞碎片构成，外形宽大，不规则，易折断。常见于慢性肾衰竭少尿期，提示预后不良，故又称肾功能不全管型。

7）细菌管型：含有大量的细菌、真菌的管型，见于感染性疾病。

8）结晶管型：含盐类、药物等化学物质结晶的管型。

3. 结晶 正常尿液中含有许多盐类物质，在饱和状态下，尿液酸碱度和温度变化，代谢紊乱或缺乏抑制晶体沉淀的物质导致盐类结晶的析出，形成尿结晶。亮氨酸结晶、胱氨酸结晶、酪氨酸结晶、胆固醇结晶等易出现于酸性尿中；磷酸钙、碳酸钙和尿酸钙晶体易出现于碱性尿中等。一般无临床意义。但当结晶伴随较多红细胞出现于新鲜尿液时，多为尿路结石所致。亮氨酸和酪氨酸结晶少见，分别见于严重的肝实质损伤和氨基酸代谢障碍。磺胺结晶出现提示应停用磺胺药物。

4. 尿沉渣定量检测 即多收集一段时间的全部尿液后，计数尿液中有形成分的定量排出情况。采用尿沉渣自动分析仪可定量检测非离心尿中的有形成分，如红细胞、白细胞、上皮细胞、管型、细菌及酵母菌、精子、结晶等，并作定量报告。

参考区间：①男性：红细胞＜3 万/小时，白细胞＜7 万/小时；管型＜3400 个/小时。②女性：红细胞＜4 万/小时，白细胞＜14 万/小时；管型＜3400 个/小时。

案例 7-3-1 分析讨论

本病例具有以下临床特点：①前驱感染史，患儿 2 个月来有咽部不适，查体咽部稍充血，扁桃体Ⅰ～Ⅱ度肿大；②水肿，双眼睑水肿，双下肢凹陷性水肿；③尿液检查异常，血尿、尿量减少，尿蛋白（++），红细胞 10～12 个/高倍镜，白细胞 1～4 个/HP，比重 1.010，24 小时尿蛋白定量 2.2g；④肾功能异常，血生化：尿素 36.7mmol/L，Cr 546.60μmol/L；⑤免疫学检查异常，补体 C3 0.48g/L，抗 ASO：800U/L。

诊断：急性肾小球肾炎，急性肾功能不全。

诊断依据为：①急性肾小球肾炎：有咽部感染，临床表现少尿，血尿。查体：血压高，眼睑水肿，双下肢凹陷性水肿，尿蛋白（++），尿红细胞增多，补体 C3 减低，ASO 增高。②急性肾功能不全：尿少，血尿素和 Cr 明显增高。

（四）尿细菌定量培养

尿细菌定量培养即培养尿液中的细菌，主要用于判断病人是否存在尿道、膀胱、前列腺、输尿管肾盂等尿路感染。

1. 参考区间 阴性或细菌数＜1000 个/ml。

2. 临床意义 尿液细菌检查菌落计数革兰氏阴性杆菌超过 10^5cfu/ml、革兰氏阳性杆菌超过 10^5cfu/ml，均为阳性。中段尿培养出现单种条件致病菌超过 10^5cfu/ml，或女性脓尿单种条件致病菌达 10^3～10^5cfu/ml 时，即认为感染菌；由直接插导管采集或耻骨上穿刺膀胱采集的尿液，所分离的细菌均属感染菌。

二、粪便检查

案例 7-3-2

刘某，女，52 岁，腹痛发热伴黏液脓血便 3 天。体格检查：体温 38.9℃，脉搏 95 次/分，呼吸 21 次/分，血压 125/80mmHg，皮肤巩膜无黄染。心肺无异常。全腹平软，左下腹压痛，无反跳痛，肝脾肋下未触及，移动性浊音（–）。

实验室检查：Hb 130g/L，RBC 4.8×10^{12}/L，WBC 12.3×10^9/L，分叶核细胞 0.75，淋巴细胞 0.19，单核细胞 0.06，PLT 210×10^9/L。粪便检查：黏液脓血便，镜检 WBC++，RBC++，其他阴性。尿液检查正常。粪便病原菌分离培养和鉴定为福氏志贺菌。

问题：

1. 该病人的突出特征有哪些？
2. 该病人的实验室检查结果符合哪种疾病？
3. 该病人的诊断依据是什么？

粪便（feces）是食物在体内经消化的最终产物。食物从口腔进入消化道，经过胃的搅磨形成食糜，通过消化腺分泌的各种消化酶及胆汁，主要在小肠完成食物的消化和吸收，进入大肠后主要吸收肠容物中水分和电解质，以及其中的许多细菌对于部分肠内容物的进一步消化，最后在乙状结肠内形成粪便通过肛门排出体外。粪便检测对了解消化道及通向肠道的肝、胆、胰腺等器官有无病变，间接地判断胃肠、胰腺、肝胆系统的功能状况有重要价值。

（一）粪便一般性状检查

粪便标本首先要肉眼观察，通常根据粪便性状即能作初步诊断。

1. 量

（1）参考区间：每天 100～300g，随食物种类、进食量及消化器官功能状态而异。如食物以细粮及肉食为主者，粪便细腻而量少；进食粗粮尤其多量蔬菜后便量会增加。

（2）临床意义：当消化系统炎症或功能紊乱时，因炎性渗出、肠蠕动亢进、消化吸收不良等，可使粪便量增加。

2. 颜色与性状

（1）参考区间：正常成人的粪便为黄褐色圆柱形软便。婴儿粪便呈黄色或金黄色糊状便。

（2）临床意义

1）鲜血便：见于直肠息肉、直肠癌、肛裂及痔疮等。内痔时常在排便之后有鲜血滴落，而其他疾患则鲜血附着于粪便表面。

2）柏油样便：粪便稀薄、黏稠，呈暗褐色或黑色、质软、有光泽如柏油状，一般提示消化道出血。当出血量达 50～70 ml 时即可呈暗褐色，隐血试验呈阳性或强阳性；连续柏油便 2～3 天提示出血量在 500 ml 以上。食管的炎症、肿瘤、溃疡、贲门撕裂综合征、胃的急慢性炎症、消化性溃疡、胃癌、药物的刺激（如可的松、阿司匹林等引起的急慢性胃黏膜病变）、十二指肠溃疡、憩室、炎症等，都可引起出血而出现柏油样便。此外，胆道与胰腺的出血，也可出现柏油样便；空、回肠，甚至右半结肠的出血，如果在肠道停留时间长，也可表现为黑便。服用活性炭、铋剂等之后也可排出黑便，但无光泽且隐血试验阴性；食用较多动物血、肝或口服铁剂等也可使粪便呈黑色，隐血试验亦可阳性，应注意鉴别。

3）白陶土样便：各种原因引起胆道阻塞，可以阻碍这些色素的形成或释放，使进入肠道的胆红素减少或缺如、粪胆素减少或缺如，粪便呈白陶土样。这种粪便往往与黄疸和深可乐色尿伴随出现。注意行胃肠钡餐造影时，粪便也可呈白色或黄白色。

4）脓便及脓血便：即便中有脓状物质或红色血量覆盖，说明肠道下段有病变。常见于细菌性痢疾、阿米巴痢疾、溃疡性结肠炎、结肠癌或直肠癌等。其中细菌性痢疾以脓及黏液为主，脓中带血；阿米巴痢疾以血为主，血中带脓，呈暗红色稀果酱样，注意此时需与食入大量咖啡、巧克力后的酱色粪便相鉴别。

5）米泔样便：呈乳白色淘米水样，内含有黏液片块，量大、稀水样，见于重症霍乱、副霍乱。

6）黏液便：正常粪便中的少量黏液与粪便均匀混合不易察觉。一旦出现肉眼可见的黏液，则提示黏液量增多，常见于肠道受刺激、肠道炎症或痢疾如各种肠炎、细菌性痢疾、阿米巴痢疾等。小肠炎症时黏液增多，均匀地混于粪便之中；大肠炎症时黏液不易与粪便混合；直肠炎症时黏液附着于粪便表面。单纯黏液便其黏液透明、稍黏稠，脓性黏液则呈黄白色不透明，见于各类肠炎、细菌性痢疾、阿米巴痢疾、急性血吸虫病。

7）稀糊状或水样便：见于各种腹泻。肠炎在夏季通常是由细菌感染所致，多为黏液便，具有腥臭味；而在秋季多由轮状病毒引起，以稀水样或稀糊便多见，但无腥臭味。假膜性肠炎时常排出大量稀汁样便，并含有膜状物。艾滋病病人伴发肠道隐孢子虫感染时，可排出稀水样便。小儿肠炎时由于肠蠕动加快，粪便呈绿色稀糊状。

8）细条样便：排出细条样或扁片状粪便，提示直肠狭窄，多见于直肠癌。

9）乳凝块：乳儿粪便中见有黄白色乳凝块，亦可见蛋花汤样便，常见于婴儿消化不良、婴儿腹泻。

3. 气味

（1）参考区间：正常粪便因含细菌作用的产物如吲哚、粪臭素、硫醇、硫化氢等引起的臭味。

（2）临床意义：患慢性肠炎、胰腺疾病、结肠或直肠癌溃烂时有恶臭。阿米巴肠炎粪便呈血腥臭味。脂肪及糖类消化或吸收不良时粪便可有酸臭味。

4. 寄生虫体 粪便中肉眼找到虫卵、原虫滋养体和包囊，可以明确诊断为相应的寄生虫病和寄生虫感染。

（1）参考区间：无寄生虫体。

（2）临床意义：肉眼可分辨蛔虫、蛲虫、绦虫节片等较大虫体或其片段。钩虫虫体需将粪便冲洗过筛方可见到。

（二）粪便显微镜检验

在显微镜下观察粪便中的有形成分，有助于消化系统各种疾病的诊断，因此粪便的显微镜检查是常规检测的重要手段。

1. 细胞

（1）白细胞：主要指中性粒细胞，呈淡灰色的圆球形，无折光性，胞质中充满细小颗粒，胞核不清。

1）参考区间：不见或偶见白细胞。

2）临床意义：消化道感染时，白细胞的多少可反映肠道炎症的程度。小肠炎症时白细胞数量不多，均匀混于粪便内，细胞部分被消化而不易辨认，主要是中性粒细胞。肠道炎症时白细胞可增多，如细菌性痢疾可见大量白细胞，有的白细胞成堆分布、结构模糊，称为脓细胞。过敏性肠炎，肠道寄生虫病病人粪便中可见嗜酸性粒细胞。

（2）红细胞：新鲜红细胞为淡黄色有轻度折光性的圆形细胞，较白细胞小。

1）参考区间：无红细胞。

2）临床意义：肠道下段炎症或出血时，如菌痢、溃疡性结肠炎、结肠直肠癌、直肠息肉、痔疮、急性血吸虫病等粪便中可见到红细胞。阿米巴痢疾时红细胞多于白细胞；细菌性痢疾时红细胞少于白细胞。

（3）其他细胞：巨噬细胞为一种吞噬较大异物的单核细胞，含有吞噬颗粒及细胞碎屑。肠黏膜上皮细胞，为灰色的卵圆形或矮柱状上皮细胞，两端钝圆形，胞核难以看见。

1）参考区间：无。

2）临床意义：巨噬细胞见于细菌性痢疾和溃疡性结肠炎。炎症时肠黏膜上皮细胞可增多。肿瘤细胞见于乙状结肠癌、直肠癌病人的血性粪便。

2. 寄生虫和寄生虫卵 显微镜检查粪便中的虫卵、原虫滋养体及包囊是粪便检查的主要内容，具有确诊相应寄生虫感染的价值。

临床意义：粪便中可检出的寄生虫卵有蛔虫卵、钩虫卵、鞭虫卵、姜片虫卵、蛲虫卵、血吸虫卵、华支睾吸虫卵等，原虫主要有阿米巴滋养体及其包囊。

3. 食物残渣

（1）参考区间：正常人粪便中的食物残渣已被分解为无定形细小颗粒，仅可偶见淀粉颗粒和脂肪小滴等。

（2）临床意义：粪便镜检时发现大量的肌肉纤维、淀粉颗粒、结缔组织残屑、脂肪小滴等，提示病人可能患有消化功能不良或胰腺功能不全。

（三）粪便隐血试验

隐血是指消化道少量出血，红细胞被消化破坏，血红蛋白中的含铁血红素催化试剂中的过氧化氢分解、释放新生态氧氧化色原物质而显色，显色的深浅与血红蛋白的含量呈正相关。粪便隐血时外观无异常改变，肉眼和显微镜均不能证实的出血。粪便隐血试验（fecal occult blood test，FOBT）是用化学试验或免疫法等方法检测粪便中微量的、肉眼看不到的血液。注意试验前几天如进食过含叶绿素食物、动物血及含铁药物等，试验可出现假阳性。而服用维生素 C 等还原性药物，可引起假阴性。常用化学方法有邻联甲苯胺法、联苯胺法、氨基比林法等。免疫法有胶乳凝集试验、EIA

法、胶体金法、免疫层析法等，灵敏度高。单克隆胶体金法是临床常用检测方法。该法采用抗人血红蛋白的单克隆抗体和多克隆抗体，特异地针对粪便样品中的人血红蛋白，不受动物血红蛋白的干扰，试验前不需要禁食。

1. 参考区间 阴性。

2. 临床意义

（1）试验对消化道出血具有诊断价值，常作为消化道恶性肿瘤早期诊断的一个筛选指标。消化性溃疡，阳性率为 40%～70%，呈间隙性阳性；消化道恶性肿瘤，如胃癌、结肠癌，阳性率可达 95%，呈持续阳性；急性胃黏膜病变、肠结核、Crohn 病、溃疡性结肠炎、钩虫病及流行性出血热等，粪便隐血试验均常为阳性。

（2）试验是判断消化道出血完全停止的可靠指标。消化道溃疡出血经治疗后粪便颜色已趋正常，但潜血试验阳性仍可持续 5～7 天，潜血试验转为阴性可作为出血完全停止的标志。

案例 7-3-2 分析讨论

本病例具有以下临床特点：①临床症状，典型细菌性痢疾的症状，如发热、腹泻、腹痛、里急后重和黏液脓血便；②粪便常规检查特点，粪便检查为黏液脓血便，镜检 WBC++，RBC++；③病原学检查特点，粪便病原菌分离培养和鉴定为福氏志贺菌。

诊断：细菌性痢疾。

细菌性痢疾指一些病原菌如志贺氏菌、肠侵袭性大肠埃希氏菌及空肠弯曲菌等感染引起的痢疾样病变，即腹泻、腹痛、里急后重和黏液脓血便。

诊断依据：①典型的细菌性痢疾的临床表现；②黏液脓血便，镜检 WBC++，RBC++；③粪便病原菌分离培养和鉴定为福氏志贺菌。

三、脑脊液

脑脊液（cerebrospinal，CSF）是存在于脑室、蛛网膜下腔及脊髓中央管内的略带黏性、无色透明的液体，70%来自脑室脉络丛主动分泌和超滤所形成的液体，30%由大脑和脊髓细胞间隙所产生。脑脊液经过第三脑室和第四脑室进入小脑延髓池，再分布于蛛网膜下腔。蛛网膜绒毛能吸收脑脊液，并将其返回静脉。生理状况下，人体每天分泌的脑脊液为 400～500ml，并 4～8 小时更新一次。正常成人脑脊液总量为 120～180ml，大约为体液总量的 1.5%。

脑脊液在中枢神经系统起着淋巴液的作用，主要功能：①供给中枢神经系统营养物质，并运走代谢产物。②缓冲、减轻或消除外力对脑组织和脊髓的损伤。③调节颅内压。④调节神经系统碱贮量，维持脑脊液 pH 在 7.31～7.34。⑤转运生物胺类物质，参与神经内分泌调节。

生理状态下，血液和脑脊液之间的血脑屏障对某些物质具有选择性通透作用，以维持神经系统内环境的相对稳定。脑脊液的性状和压力受多种因素的影响，中枢神经系统发生炎症、外伤、肿瘤、缺血、水肿、缺氧等病变，血脑屏障破坏，通透性增加，可引起脑脊液的性状和成分等发生改变。若脑脊液的循环路径受阻，颅内压力将增高。因此通过脑脊液的检查对神经系统疾病的诊断、疗效观察和预后判断均有重要意义。

（一）脑脊液一般性状检查

1. 颜色

（1）参考区间：正常脑脊液为无色透明液体。

（2）临床意义

1）红色：常因混入血液所致，见于蛛网膜下腔或脑室出血、穿刺性损伤。穿刺损伤时留取三管脑脊液标本时，随时间而颜色变浅，第一管为血性，随后两管颜色逐渐变浅，离心后上清液无色；

蛛网膜下腔或脑室出血时三管均呈血性，离心后上清液为淡红色或黄色。

2）黄色：又称黄变症，多种原因可导致脑脊液成黄色。见于：①脑内陈旧性出血，常因脑脊液中含有变性血红蛋白、胆红素或蛋白质量异常增高所致；②蛛网膜下腔出血、脑膜炎、脑肿瘤等，一般出血后4～8小时发生溶血，一周后颜色最黄，随后色素被吸收颜色又逐渐变浅；③血清中胆红素超过256μmol/L或脑脊液中胆红素超过8.6μmol/L时，可引起脑脊液黄染；④椎管阻塞（如髓外肿瘤）、多神经炎、脑膜炎时，由于脑脊液中蛋白质含量升高而呈黄染，但容易凝固，隐血试验阴性。

3）乳白色：见于急性化脓性脑膜炎，因脑脊液中因含大量白细胞使之呈现乳白色，甚至米汤样浑浊。

4）绿色：见于铜绿假单胞菌引起的脑膜炎。

5）褐色或黑色：见于脑膜黑色素瘤。

2. 透明度

（1）参考区间：清晰透明。

（2）临床意义：脑脊液的透明度与其所含的细胞和细菌数量有关，当脑脊液中白细胞数超过300×10^6/L时，可呈浑浊；脑脊液中蛋白质明显增高或含有大量细菌、真菌时，也可使脑脊液浑浊。结核性脑膜炎的脑脊液可呈毛玻璃样的浑浊，化脓性脑膜炎的脑脊液呈脓性或块状浑浊，穿刺损伤性脑脊液可呈轻微的红色浑浊。

3. 凝固性

（1）参考区间：不含纤维蛋白原，放置12～24小时后不会形成薄膜、凝块或沉淀。

（2）临床意义：脑膜炎时脑膜毛细血管通透性增加，纤维蛋白原透过血管壁进入脑脊液，而出现凝块。脑脊液形成凝块或薄膜与其所含纤维蛋白原的含量有关。但各种脑膜炎凝固的表现亦有差别。①化脓性脑膜炎的脑脊液在1～2小时内呈块状凝固；②结核性脑膜炎的脑脊液在12～24小时内在脑脊液表面呈薄膜或纤细的凝块，呈现漏斗状；③神经梅毒的脑脊液可有小絮状凝块；④蛛网膜下腔梗阻的脑脊液呈黄色胶样凝固。

脑脊液同时存在胶样凝固、黄变症和蛋白质–细胞分离（蛋白质明显增高，细胞数正常或轻度增高）称为Froin-Nonne综合征，呈现蛛网膜下腔梗阻的脑脊液特点。

4. 压力　脑脊液压力升高见于脑出血、脑水肿、充血性心力衰竭、脑脊液吸收受阻等情况；压力降低见于脱水、脊髓蛛网膜下腔阻塞、脑脊液漏及循环衰竭。

（二）脑脊液化学检查

1. 脑脊液蛋白质检查　正常脑脊液中由于血脑屏障作用蛋白质含量甚微，不到血浆的1%，主要为清蛋白。病理情况下脑脊液中蛋白质增加，通过对脑脊液中蛋白质检查，协助神经系统疾病的诊断。

（1）脑脊液蛋白质定性试验（Pandy 试验）：脑脊液中蛋白质与石炭酸（苯酚）结合生成不溶性蛋白盐而出现浑浊或沉淀，此法比较敏感，但总蛋白量超过0.25g/L即可呈弱阳性反应。

参考区间：多为透明（–）或弱阳性（1+）。

（2）脑脊液蛋白质定量试验：脑脊液中蛋白质与生物碱等蛋白质沉淀剂作用产生浑浊，其浊度与蛋白质含量成正比。用光电比色计或分光光度计进行测定。可参照血清蛋白检测。

1）参考区间：腰椎穿刺0.20～0.40g/L；小脑延髓池穿刺0.10～0.25g/L；脑室穿刺0.05～0.15g/L。

2）临床意义：蛋白质含量增高见于以下方面。①血脑屏障通透性增加：如脑膜炎（化脓性脑膜炎时显著增高，定性3+以上，定量可达50g/L；结核性脑膜炎时中度增高，定性一般2+～3+，定量可达10g/L；病毒性脑膜炎时正常或轻度增高，定性1+～2+）、出血、内分泌或代谢性疾病（糖尿病性神经病变、甲状腺及甲状旁腺功能减退、尿毒症及脱水等）、药物或酒精中毒等。②脑脊液循环障碍：如脑部肿瘤或椎管阻塞（脊髓肿瘤、肉芽肿、硬膜外脓肿）。③鞘内免疫球蛋白合成增加伴血脑屏障通透性增加：如多发性神经根病变、神经梅毒、多发性硬化症、急性硬化性全脑炎等。

2. 脑脊液葡萄糖检查 脑脊液中葡萄糖来自血糖，其含量约为血糖的 60%，受血糖浓度、血脑屏障通透性及脑脊液中糖酵解速度的影响。同血清葡萄糖检测，多采用葡萄糖氧化酶法或己糖激酶法。

（1）参考区间：腰椎穿刺 2.5～4.4mol/L，小脑延髓池穿刺 2.8～4.2mol/L，脑室穿刺 3.0～4.4mol/L。

（2）临床意义：①脑脊液葡萄糖减低见于细菌性脑膜炎和真菌性脑膜炎、脑囊虫病等，寄生虫侵入、脑肿瘤、神经梅毒、低血糖昏迷；②脑脊液葡萄糖增高见于新生儿及早产儿、糖尿病或静脉注射葡萄糖、脑或蛛网膜下腔出血所致的血性脑脊液、病毒性脑膜炎或脑炎、急性颅脑外创。

3. 脑脊液氯化物检查 脑脊液中氯化物含量随血清氯化物的改变而变化。由于脑脊液中蛋白质含量较少，为了维持脑脊液和血浆渗透压的平衡，氯化物含量较血浆高 20%，其高低受血中氯含量、血脑屏障通透性及脑脊液中蛋白质含量的影响。测定方法参照血清氯离子检测，临床常用电极法。

（1）参考区间：成人 120～130mmol/L；婴儿 110～130mmol/L。

（2）临床意义：①脑脊液氯化物减低见于细菌或真菌感染，一般为 102～116mmol/L；结核性脑膜炎减低最明显，可低于 102mmol/L；非中枢神经系统疾病如呕吐、腹泻、脱水等引起血氯减低时脑脊液氯化物含量亦减低。②脑脊液氯化物增高主要见于尿毒症、肾炎、心力衰竭、病毒性脑膜炎或脑炎。

（三）脑脊液显微镜检查

1. 细胞分类与计数 清亮或微浑的脑脊液标本，可以直接计数细胞总数，或稀释后直接计数，将结果乘以稀释倍数。白细胞直接计数后，在高倍镜下根据白细胞形态特征进行分类计数，也可以采用瑞氏染色后，油镜下分类计数。当穿刺损伤引起血性脑脊液时，白细胞计数须经校正后才有价值。

（1）参考区间：无红细胞；白细胞极少：成人（0～8）$\times10^6$/L，儿童（0～15）$\times10^6$/L，分类计数淋巴细胞 70%，单核细胞 30%，偶见内皮细胞。

（2）临床意义：①中枢神经系统感染性疾病，化脓性脑膜炎时细胞数显著增加，（1000～20 000）$\times10^6$/L 或以上，以中性粒细胞为主；结核性脑膜炎细胞数中度增加，但多不超过 500×10^6/L，中性粒细胞、淋巴细胞及浆细胞同时存在是本病的特征；病毒性脑膜炎、脑炎细胞数仅轻度增加，以淋巴细胞为主；新型隐球菌脑膜炎，细胞数中度增加，以淋巴细胞为主。②脑膜白血病，细胞数可正常或稍高，以淋巴细胞为主，脑脊液中可找到白血病细胞。③脑寄生虫疾病，脑脊液中细胞数可升高，以嗜酸性粒细胞为主，脑脊液离心沉淀镜检可发现血吸虫、阿米巴原虫、弓形虫、旋毛虫的幼虫等。④脑室和蛛网膜下腔出血，为均匀血性脑脊液，除红细胞明显增加外，还可见各种白细胞，但仍以中性粒细胞为主，出血时间超过 2 天可发现含有红细胞或含铁血黄素的吞噬细胞。

2. 肿瘤细胞学检查

（1）参考区间：阴性。

（2）临床意义：发现肿瘤细胞见于脑肿瘤（阳性率 15%～40%），尤其是转移性肿瘤。

四、浆膜腔积液检验

人体的胸腔、腹腔和心包腔统称为浆膜腔。正常情况下，浆膜分泌起润滑作用的少量液体，以减少脏器之间的摩擦。如胸腔液＜20ml，腹腔液＜50ml，心包腔液为 10～30ml，一般采集不到。正常人浆膜腔内少量液体来自壁浆膜毛细血管内血浆的滤出，并通过脏层浆膜的淋巴管和小静脉回吸收。当浆膜出现炎症、恶性肿瘤浸润或低蛋白血症、循环障碍等病变时，浆膜腔内液体生成增多而形成浆膜腔积液（serous membrane fluid），根据不同的部位可以分为胸腔积液、腹水、心包腔积液。根据病因和性质，将浆膜腔积液分为漏出液（transudate）和渗出液（exudate）。

（一）浆膜腔积液一般性状检查

1. 颜色

（1）参考区间：淡黄色。

（2）临床意义

1）红色：即血性积液，呈淡红色、暗红色或红色。见于穿刺损伤、结核、肿瘤、内脏损伤、出血性疾病。

2）白色：呈脓性或乳白色，可由化脓性感染时大量白细胞和细菌、胸导管阻塞或破裂的真性乳糜积液、含有大量脂肪变性细胞时的假性乳糜积液所致。有恶臭气味的脓性积液多为厌氧菌引起的感染所致。

3）绿色：由铜绿假单胞菌感染所致。

4）棕色：多由阿米巴脓肿破溃进入胸腔或腹腔所致。

5）黑色：由曲霉菌感染引起。

6）草绿色：多见于尿毒症引起的心包积液。

2. 透明度

（1）参考区间：清晰透明。

（2）临床意义：渗出液因含有大量细菌、细胞而呈不同程度的浑浊，乳糜液因含有大量脂肪呈浑浊外观。漏出液因其含细胞、蛋白质少，且无细菌而呈清晰透明外观。

3. 凝固性

（1）参考区间：无凝块。

（2）临床意义：漏出液一般不易凝固或出现凝块。渗出液由于含有较多的纤维蛋白原和细菌，细胞破坏后释放凝血活酶，可自行凝固或出现凝块。

4. 比重

（1）参考区间：1.018。

（2）临床意义：漏出液因其含有的细胞、蛋白质等成分少，比重少于 1.018，而渗出液由于含有较多的蛋白质、细胞等成分，比重常大于 1.018。

（二）浆膜腔积液化学检查

1. 浆膜腔积液黏蛋白质定性检测 即 Rivalta（李凡他）试验，浆膜腔上皮细胞在炎症刺激下分泌黏蛋白。黏蛋白是一种酸性糖蛋白，其等电点为 3～5，可在稀乙酸中出现白色云雾状沉淀。

临床意义：漏出液黏蛋白含量很少，多为阴性反应；渗出液因含有大量黏蛋白，多呈阳性反应。浆膜腔积液中蛋白质的变化对鉴别渗出液和漏出液及寻找积液的原因有重要意义。

2. 浆膜腔积液蛋白质定量检测

（1）原理：测定方法参照血清蛋白测定。

（2）临床意义：总蛋白质是鉴别漏出液和渗出液最有用的试验。漏出液蛋白质总量常少于 25g/L，而渗出液的蛋白质总量常在 30g/L 以上。

3. 浆膜腔积液葡萄糖检测 漏出液中葡萄糖含量与血糖相似，渗出液中葡萄糖因细菌或细胞酶的分解而减少。测定方法同血清葡萄糖定量方法。

（1）参考区间：3.6～5.5mmol/L。漏出液：较血糖稍减少。渗出液＜3.33mmol/L。

（2）临床意义：葡萄糖减低主要见于化脓性积液，其次是结核性积液。恶性积液中葡萄糖量减少，提示肿瘤有广泛转移、浸润，预后不好。结核性腹水中葡萄糖与血糖比值为 0.25～0.93；而肝硬化腹水中葡萄糖与血糖比值为 1.00～3.68。

（三）浆膜腔积液显微镜检查

1. 细胞分类与计数 清亮或微浑的浆膜腔积液标本，可以直接计数细胞总数，或稀释后直接计数，将结果乘以稀释倍数。可采用直接计数法计数白细胞，或稀释后直接计数，将结果乘以稀释倍数。白细胞直接计数后，在高倍镜下根据白细胞形态特征进行分类计数，也可以采用瑞氏染色后，油镜下分类计数。

（1）参考区间：红细胞：无；白细胞：漏出液＜100×10^6/L，渗出液＞500×10^6/L。

（2）临床意义：红细胞计数对鉴别漏出液和渗出液的意义不大。淋巴细胞、中性粒细胞对诊断积液的性质有一定帮助。漏出液中主要为淋巴细胞及间皮细胞。渗出液中各种细胞增多的临床意义不同：①中性粒细胞为主见于化脓性积液及结核性积液的早期。②淋巴细胞为主见于慢性炎症如结核性、梅毒性、肿瘤性及结缔组织病引起的积液。③嗜酸性粒细胞增多常见于气胸、血胸、过敏性疾病及寄生虫所致的积液。④间皮细胞增多见于浆膜刺激或受损时。

2. 脱落细胞检测 临床意义：浆膜腔积液中检测出恶性肿瘤细胞是诊断胸膜、腹膜原发性或继发性癌肿的重要依据。

3. 病原生物学检验

（1）细菌学检验：浆膜腔积液的细菌学检验包括病原体形态学检查、细菌培养、药敏试验。

1）参考区间：无。

2）临床意义：根据浆膜腔积液物理及化学检验结果，如果积液性质为漏出液，则不需要做细菌学检验。如果是渗出液或疑是渗出液需做涂片镜检和细菌培养。感染性积液常见细菌有脆弱类杆菌、大肠杆菌、粪肠球菌、铜绿假单胞菌、结核杆菌等。

（2）寄生虫检验：积液离心沉淀后，在显微镜下观察有无寄生虫及虫卵。

1）参考区间：无。

2）临床意义：乳糜样积液中查见微丝蚴，包虫病所致积液中可见棘球蚴的头节和小钩，阿米巴的积液中可见阿米巴滋养体。

（四）浆膜腔积液的鉴别

漏出液与渗出液的鉴别项目有许多交叉，积液既可能具有漏出液的性质，又可能具有渗出液的特点，如“中间型积液”，因此应结合临床其他检查结果，综合分析检验结果。漏出液与渗出液的鉴别见表 7-3-2。

表 7-3-2 漏出液与渗出液的鉴别

项目	漏出液	渗出液
病因	非炎症性	炎症性、外伤、肿瘤或理化刺激
颜色	淡黄色	黄色、红色、乳白色
透明度	清晰透明	浑浊
比重	＜1.015	＞1.018
凝固性	不易凝固	易凝固
Rivalta 试验	阴性	阳性
蛋白质定量（g/L）	＜25	＞30
积液蛋白/血清蛋白	＜0.5	＞0.5
葡萄糖（mmol/L）	接近血糖	＜3.33
LD（U/L）	＜200	＞200
积液 LD/血清 LD	＜0.6	＞0.6
细胞总数（10^6/L）	＜100	＞500
有核细胞分类	淋巴细胞为主，可见间皮细胞	炎症以中性粒细胞为主，慢性炎症或恶性积液以淋巴细胞为主
细菌	无	有

（吴云红）

第四节　临床生物化学检查

临床生物化学检验是实验室诊断的重要内容之一，其主要内容包括：①以物质分类为主探讨疾病时的生物化学变化，如糖尿病及其他糖代谢紊乱、血浆脂质和脂蛋白代谢紊乱、电解质代谢紊乱等。②以器官和组织损伤为主探讨疾病的生物化学变化，如肝功能检查、心肌损伤相关的生物化学变化等。③临床酶学检测等。

一、肝脏疾病实验室检查

肝脏是人体内最大的实质性器官。它几乎参与人体内的一切物质代谢。当肝脏发生病变或肝内、外胆道梗阻时，可引起肝细胞内各种物质（如蛋白质、脂肪、糖、胆红素及胆汁酸等）代谢的紊乱，致使血液中这些成分发生改变。临床上通过相应的生物化学实验指标检测，来直接或间接评价肝脏的生理或病理状况，对肝胆疾病的诊断、治疗及预后判断等都具有重要的意义。

（一）血清蛋白质测定

血清总蛋白（serum total protein，TP）包括清蛋白（albumin，A）和球蛋白（globulin，G）测定。清蛋白是由肝脏合成，由于肝脏的代偿能力强，且 Alb 半衰期长达 19～21 天，在急性肝损害时，血浆清蛋白浓度变化不大；而在慢性肝病时血浆清蛋白降低，γ-球蛋白升高，出现清蛋白与球蛋白（A/G）的比值下降甚至倒置。球蛋白是多种蛋白质的混合物，包括 α_1 球蛋白、α_2 球蛋白、β 球蛋白、γ 球蛋白，其中 γ 球蛋白为免疫球蛋白，由 B 淋巴细胞及浆细胞产生。当肝脏受损，尤其是慢性炎症时，刺激单核–吞噬细胞系统，γ 球蛋白生成增加。因此，通过检测血浆蛋白含量及蛋白质组分的相对含量，可了解肝细胞有无慢性损伤及其损害的严重程度。

1. 标本采集　血清，红色（无抗凝剂）或金黄色（促凝剂）帽真空采血管。

2. 参考区间　成人血清：总蛋白 60～80g/L；清蛋白 40～55g/L；球蛋白 20～30g/L；A/G（1.5～2.5）∶1。

3. 临床意义

（1）TP 及 A 增高：见于各种原因导致的血液浓缩（严重脱水、休克、饮水量不足）、肾上腺皮质功能减退等。

（2）TP 及 A 降低：①蛋白质合成障碍，亚急性重症肝炎、慢性肝炎、肝硬化、肝癌等。②蛋白质丢失增加，严重烧伤，大量血浆渗出、大出血、肾病综合征、溃疡性结肠炎等。③营养不良，营养失调、低蛋白饮食、维生素缺乏症或慢性肠道疾病所引起的吸收不良使体内缺乏合成蛋白质的原料。④消耗增加，严重结核病、恶性肿瘤和甲状腺功能亢进等，均可导致血清总蛋白浓度降低。

（3）A/G 倒置：见于严重肝功能损伤及 M 蛋白血症，如慢性中度以上持续性肝炎、肝硬化、原发性肝癌、多发性骨髓瘤、原发性巨球蛋白血症等。

（二）血清酶学检测

肝脏是人体含酶最丰富的器官。测定血清中某些酶的活性或含量可用于诊断肝胆疾病。主要有丙氨酸转氨酶（alanine aminotransferase，ALT），天冬氨酸转氨酶（aspartate aminotransferase，AST），碱性磷酸酶（alkaline phosphatase，ALP），γ-谷氨酰转移酶（γ-glutamyltransferase，GGT）等。

1. ALT 与 AST　ALT 主要分布在肝脏，其次是骨骼肌、肾脏、心肌等组织中；AST 主要分布在心肌，其次在肝脏、骨骼肌和肾脏组织中。在肝细胞中，ALT 主要存在于非线粒体中，而大约 80% 的 AST 存在于线粒体内。正常时血清 ALT、AST 的含量很低，但当肝细胞受损时，血清酶活性升高。

（1）标本采集：血清，红色（无抗凝剂）或金黄色（促凝剂）帽真空采血管。因红细胞内 ALT 和 AST 的浓度是血清的 7 倍和 15 倍，溶血标本影响测定 ALT 和 AST。

（2）参考区间：连续监测法（37℃），ALT 5～40U/L、AST 8～40U/L、ALT/AST≤1。

（3）临床意义

1）急性病毒性肝炎：ALT 与 AST 均显著升高，ALT/AST＞1，是诊断急性病毒性肝炎重要的检测手段。急性肝炎恢复期，氨基转移酶活性不能降至正常，提示急性病毒性肝炎转为慢性。

2）慢性病毒性肝炎：氨基转移酶轻度上升或正常，ALT/AST＞1。若 AST 升高较 ALT 显著，提示慢性肝炎可能进入活动期。

3）酒精或药物性肝病：氨基转移酶轻度升高或正常，且 ALT/AST＜1。

4）肝硬化：氨基转移酶活性取决于肝细胞进行性坏死程度。

5）其他：急性心梗 AST 增高，骨骼肌疾病、肺梗死、肾梗死、胰梗死、氨基转移酶轻度升高。

2. 碱性磷酸酶（alkaline phosphatase，ALP） 主要分布在肝脏、骨骼、肾、小肠及胎盘中。血清中大部分 ALP 来源于肝脏与骨骼，经胆汁排入小肠，当胆道梗阻时，血清 ALP 升高。成骨细胞活跃时，ALP 生成增加，血清中 ALP 升高。

（1）标本采集：血清，红色（无抗凝剂）或金黄色（促凝剂）帽真空采血管。因 ALP 需要 Mg^{2+}激活，常用抗凝剂可与 Mg^{2+}结合，使 ALP 活性降低。一般用血清或肝素抗凝血浆测定 ALP。

（2）参考区间：磷酸对硝基苯酚连续监测法（37℃）：成人 40～110U/L。

（3）临床意义：ALP 主要用于诊断肝胆和骨骼疾病。胰头癌、胆道结石等肝胆系统阻塞性疾病，ALP 明显升高；用于黄疸的鉴别诊断；骨骼疾病血清 ALP 升高；生长中儿童、妊娠中晚期血清 ALP 生理性增高。

3. γ-谷氨酰转移酶（γ-glutamyl transpeptidase，γ-GT 或 GGT）是一种含巯基的微粒体酶，广泛存在于人体各组织、器官中，肾脏、肝脏和胰腺中含量丰富。血清中的 GGT 主要由肝细胞的微粒体产生，90%为膜结合型，分布在毛细胆管一侧的肝细胞膜和整个胆管系统上皮细胞中。

（1）标本采集：血清，红色（无抗凝剂）或金黄色（促凝剂）帽真空采血管。

（2）参考区间：GGT 0～50U/L（Szasz 法）。

（3）临床意义：血清 GGT 升高有如下几个原因。①在胆汁淤积，排出受阻致血清酶活力升高。②当肝病有活动性病变时，诱导 GGT 合成增加。急性病毒性肝炎时，GGT 呈轻中度升高；慢性活动性肝炎 GGT 明显增高。肝细胞严重受损时，微粒体破坏，GGT 合成减少，故重症肝炎晚期时，GGT 反而可能下降。③原发性肝癌时，由于肝细胞产生特异性 GGT 同工酶，加之肿瘤压迫相邻胆道，导致血清中 GGT 明显升高。④GGT 在酒精或药物的诱导下合成增加，因此酗酒者、酒精性肝炎、酒精性肝纤维化、药物性肝炎等疾病时血清 GGT 活性可升高。GGT 显著升高是酒精性肝病的重要特征，酗酒者戒酒后 GGT 可随之下降。

4. 胆红素测定 血清总胆红素（serum total bilirubin，STB）是非结合胆红素（unconjugated bilirubin，UCB）和结合胆红素（conjugated bilirubin，CB）的总和。胆红素是血液循环中衰老红细胞在肝、脾及骨髓的单核–吞噬细胞系统中分解和破坏的产物。非结合胆红素是脂溶性的，在血液中与蛋白质结合，不能通过肾小球随尿液排出，经转运至肝脏后与葡糖醛酸结合，成为水溶性结合胆红素，排至胆汁中。结合胆红素在肠道还原成尿胆原，大部分随粪便排出。少部分从门静脉进入肝脏，形成胆红素肠肝循环，还有少部分入体循环，经肾随尿排出。

（1）标本采集：血清，红色（无抗凝剂）或金黄色（促凝剂）帽真空采血管。标本避光保存。

（2）参考区间：TB：3.4～17.1μmol/L；CB：0.6～0.8μmol/L；UCB：1.7～10.2μmol/L。

（3）临床意义

1）判断黄疸的有无及程度：TB17.1～34.2μmol/L 为隐性黄疸，TB＞34.2μmol/L 为显性黄疸；TB 34.2～171μmol/L 为轻度黄疸，TB171～342μmol/L 为中度黄疸；＞342μmol/L 为高度黄疸。

2）分析黄疸的原因：溶血性黄疸为轻度，TB＜85μmol/L；肝细胞性黄疸为轻、中度黄疸，TB 在 17～171.1μmol/L；梗阻性黄疸为中、重度黄疸，TB 与 CB 均明显增高。

3）判断黄疸类型：见表 7-4-1。

表 7-4-1 三种类型黄疸的实验室鉴别诊断

类型	血液		尿液		粪便颜色
	未结合胆红素	结合胆红素	胆红素	胆素原	
正常	有	无或极微	阴性	阳性	棕黄色
溶血性黄疸	高度增加	正常或微增	阴性	显著增加	加深
肝细胞性黄疸	增加	增加	阳性	不定	变浅
梗阻性黄疸	不变或微增	高度增加	强阳性	减少或消失	变浅或陶土色

5. 胆汁酸（bile acid，BA）**测定** BA在肝脏中由胆固醇合成，随胆汁分泌入肠道，经肠道细菌分解后由小肠重吸收，经门静脉入肝，被肝细胞摄取，又重新形成结合胆汁酸，继之又分泌入胆汁，此即胆汁酸的肠肝循环。在回肠末端有95%胆汁酸被重吸收经门静脉入肝脏，每餐后约进行3次肠肝循环。因此，胆汁酸测定能反映肝细胞合成、摄取及分泌功能，并与胆道排泄功能有关。它对肝胆系统疾病诊断的灵敏度和特异性高于其他指标。胆汁中BA、卵磷脂和胆固醇的比例失调是胆固醇结石形成的重要原因；可作空腹或餐后2小时胆汁酸测定，后者更灵敏。

（1）标本采集：血清，红色（无抗凝剂）或金黄色（促凝剂）帽真空采血管。因空腹时胆汁酸储存胆囊内，餐后胆汁酸的肠肝循环增加，进入腔静脉的胆汁酸减少，血清胆汁酸水平波动较大。

（2）参考区间：总胆汁酸TBA（酶法）0～10μmol/L。

（3）临床意义：血清TBA测定可反映肝细胞的合成、摄取和排泌功能，是比其他指标更敏感的肝细胞损伤的诊断指标；也用于反映肠道、胆道及门脉系统病变。

1）血清TBA增高：①肝细胞损害，TBA增高是肝细胞损害的敏感指标，并有助于估计其预后和提示病情复发。急性肝炎、慢性活动性肝炎、酒精性肝炎、中毒性肝病、肝硬化和肝癌时TBA显著增高，尤其肝硬化时TBA阳性率明显高于其他指标。②胆道梗阻，胆石症、胆道肿瘤时，肝内、肝外胆管阻塞BA排泄受阻，血TBA增高。③门脉分流，肠道中次级胆酸经分流的门脉系统直接进入体循环，使血TBA升高。④生理性增高，进食后血清胆汁酸可生理性地一过性增高。

2）肠道疾病引起BA代谢异常时，可出现脂肪消化不良，轻者水样腹泻，重者则可出现脂肪痢。

6. 肝纤维化检验肝纤维化（liver fibrosis） 是由各种致病因子所致肝内结缔组织的异常增生。

肝纤维化的实验室检测主要包括肝纤四项：包括Ⅲ型前胶原（type Ⅲ precollagen，PCⅢ）、Ⅳ型胶原（type Ⅳ collagen，Ⅳ-C）、层粘连蛋白（laminin，LN）和透明质酸（hyaluronic acid，HA）。主要用于衡量诊断慢性肝病的活动度及肝纤维化程度的指标，可评判慢性肝脏疾病病程发展和疗效。因为受到肝脏的炎症影响较大，因此肝纤维化四项检查特异性不高。

（1）标本采集：血清，红色（无抗凝剂）或金黄色（促凝剂）帽真空采血管。

（2）参考区间：方法不同，参考区间不同，各实验室应建立自己的参考区间。

（3）临床意义

1）PCⅢ：可反映肝脏Ⅲ型胶原合成状况，在血清中的含量与肝纤维化程度呈正相关。

2）Ⅳ-C：是肝基膜的主要组分，存在于肝门静脉血管区，中央静脉周围，沿窦状隙分布，血清的含量可较灵敏地反映基膜胶原的更新率，是肝纤维化的早期标志之一。

3）LN：是基膜特异的非胶原性结构蛋白，其主要功能是在细胞表面形成网络结构并将细胞固定在基膜上。其血清浓度与肝纤维化活动度及门静脉压力呈正相关。LN也可以反映肝纤维化的进展和严重程度。另外，LN水平也与肝硬化病人的食管静脉曲张程度呈正相关。

4）HA：是细胞基质成分之一，能较灵敏准确地反映肝内已经生成的纤维量及肝细胞受损程度，其血清浓度随病情进展不断升高，是反映肝损害严重程度、判断有无活动性肝纤维化的敏感指标。

7. 甲胎蛋白（alpha fetoprotein，AFP）**测定** AFP是在胎儿早期由肝脏和卵黄囊合成的一种血清糖蛋白，出生后，AFP 的合成很快受到抑制。当肝细胞或生殖腺胚胎组织发生恶性病变时，有关基因重新被激活，使原来已丧失合成 AFP 能力的细胞又重新开始合成，以致血中 AFP 含量明显升高。因此，血中 AFP 浓度检测对诊断肝细胞癌及滋养细胞恶性肿瘤有重要的临床价值。

（1）标本采集：血清，红色（无抗凝剂）或金黄色（促凝剂）帽真空采血管。

（2）参考区间：CLIA、ELISA，血清＜20μg/L。

（3）临床意义

1）原发性肝细胞癌病人血清 AFP 增高，阳性率为 67.8%～74.4%。约 50%的病人 AFP＞300μg/L，但约有 18%的原发性肝癌病人 AFP 不升高。

2）生殖腺胚胎肿瘤（睾丸癌、卵巢癌、畸胎瘤等）、胃癌或胰腺癌时，血中 AFP 含量也可升高。

3）病毒性肝炎、肝硬化时 AFP 有不同程度的升高，通常＜300μg/L。

4）妊娠 3～4 个月，孕妇 AFP 开始升高，7～8 个月达高峰，但多低于 400μg/L，分娩后 3 周恢复正常。胎儿神经管畸形、双胎、先兆流产等均会使孕妇血液和羊水中 AFP 升高。

二、肾脏疾病实验室检查

案例 7-4-1

病人，男，58 岁。主诉：反复四肢水肿 1 月余，加重 2 日。病人 1 个多月前无明显诱因晨起发现四肢有轻度对称性凹陷性水肿，伴尿黄，泡沫尿，夜尿增多。数日后自觉四肢水肿加重，经熟人介绍予草药煎服治疗。用药 1 个多月，其间水肿时轻时重。昨日晨起，发现眼睑水肿，四肢水肿明显加重，遂入医院门诊就诊。体温 36.6℃，脉搏 70 次/分，呼吸 13 次/分，血压 150/100mmHg；皮肤无黄染。双眼睑轻度水肿，双下肢中度凹陷性水肿。

问题：

1. 该病人的主要症状是什么？
2. 为确诊，该病人需要哪些实验室检查？
3. 该病人可能的护理诊断有哪些？

肾脏（kidney）是人体内重要的排泄器官，它通过排出代谢废物，调节水、电解质和酸碱平衡，同时也是重要的内分泌器官，如产生肾素、红细胞生成素、活性维生素 D 等，调节血压、钙磷代谢和红细胞生成，来维持机体内环境的相对稳定。肾脏疾病是临床的常见病、多发病，各种肾脏疾病均可造成机体的物质代谢紊乱，以及体液生物化学的改变。因此，肾脏疾病的实验室检查在指导肾脏疾病诊断和治疗方面有着重要的价值。

1. 内生肌酐清除率（endogenous creatinine clearance，Ccr） 人体内肌酐有两大来源：①外源性肌酐，可来自动物肌肉中肌酸分解。②内生性肌酐，为人体肌肉中磷酸肌酸的代谢产物，是正常人体内肌酐的主要来源。在严格控制饮食情况下，人体肌肉以 1mg/min 速度将肌酐排入血中，因此，同一个体每天内生肌酐生成量与尿液排出量相等，且相对恒定。肌酐主要从肾小球滤过，不被肾小管重吸收，仅少量由近端小管排泌。

肌酐清除率指肾脏在单位时间内（min）将肌酐从一定量血浆中全部清除而由尿排出时被处理的血浆量（ml）。依据肾清除试验原理，收集一段时间内的尿量，同时测定血和尿中肌酐浓度，依据公式可计算出 Ccr。

$$\mathrm{Ccr(ml/min)}=\frac{U\times V}{P}\times\frac{1.73}{A}$$

式中，U，尿液肌酐浓度（μmol/L）；V，每分钟尿量（ml/min）；P，血肌酐浓度（μmol/L）；1.73，

标准体表面积（m^2）；A，实际体表面积（m^2）。

（1）标本采集：①受试者禁食肉类3天，试验日禁用茶、咖啡，停用利尿剂，试验前避免剧烈运动，饮用足量的水，使尿量不少于1ml/min。②准确收集24小时尿，记录尿量、身高、体重。③在收集尿液的同时，最好在收集尿液的中期，收集血样。④对收集的尿样及血样进行肌酐测定。⑤按照公式计算内生肌酐清除率。

（2）参考区间：（80～120）ml/（min·$1.73m^2$）。

（3）临床意义：判断肾小球滤过功能损伤程度，Ccr 在 51～75ml/min 时为轻度损伤，31～50ml/min 时为中度损伤，小于30ml/min 时为重度损伤。

指导治疗：Ccr 小于40ml/min 时应限制蛋白质摄入；低于30ml/min 时噻嗪类利尿剂治疗往往无效；一般以小于10ml/min 作为进行人工肾透析治疗的指征。

2. 血清肌酐的测定 肌酐（creatinine，Cr）是肌酸和磷酸肌酸代谢的最终产物。人体内肌酐包括两部分：外源性肌酐，由食物摄取；内源性肌酐，由肌肉组织代谢生成。肌酐是小分子物质，不与血浆蛋白结合，由肾小球滤过，不能被肾小管重吸收，仅少量被肾小管分泌到尿液中，因此，在控制外源性肌酐摄取时，测定血清肌酐可作为肾滤过功能的指标。

（1）标本采集：血清，红色（无抗凝剂）或金黄色（促凝剂）帽真空采血管。

（2）参考区间：血清 44～106μmol/L。

（3）临床意义：血肌酐浓度和血尿素浓度对肾脏疾病诊断有一定帮助，但只有在肾脏病变较为严重（GFR 下降至正常的50%以下）时才会升高。由于肌酐摄入及生成量较稳定，故测定血清肌酐浓度较血清尿素浓度更能准确地反映肾小球的功能。

1）血肌酐（Cr）增高：见于各种原因引起的肾小球滤过功能减退。①急性肾衰竭，可伴少尿或非少尿。②肾衰竭代偿期，血 Cr＜178μmol/L；肾衰竭失代偿期，血 Cr＞178μmol/L；肾衰竭期，血 Cr 明显升高，＞445μmol/L。

2）鉴别肾前性和肾实质性少尿：①器质性肾衰竭 Cr＞200μmol/L。②肾前性少尿，心力衰竭、脱水、肝肾综合征、肾病综合征等所致的有效血容量下降，血肌酐浓度上升，＜200μmol/L。

3）尿素/Cr（单位为mg/dl）的意义：①器质性肾衰竭，Urea 与 Cr 同时增高，因此 Urea/Cr≤10∶1。②肾前性少尿，肾外因素所致的氮质血症，Urea 可较快上升，但血 Cr 不上升，此时 Urea/Cr 常＞10∶1。

3. 血尿素的测定 尿素（Urea）为体内蛋白质代谢的终产物。尿素分子量小（60），可自由通过肾小球滤膜滤入原尿，约50%可被肾小管重吸收，且重吸收量与肾小管在 ADH 作用下对水的重吸收量直接相关。在饮食及体内分解代谢比较稳定的情况下，其血浓度取决于肾排泄能力。因此，血尿素浓度在一定程度上可反映肾小球滤过功能，是临床常用的肾功能指标。

（1）标本采集：血清，红色（无抗凝剂）或金黄色（促凝剂）帽真空采血管。

（2）参考区间：成人血清 3.2～7.1mmol/L，儿童 1.8～6.5mmol/L。

（3）临床意义

1）肾功能损害：①各种原发性肾小球肾炎、肾盂肾炎、间质性。肾炎、肾肿瘤、多囊肾等所致的慢性肾衰竭。②急性肾衰竭肾功能轻度受损时，尿素可无变化，但 GFR 下降至50%以下，尿素才能升高。因此血尿素测定不能作为早期肾功能指标。慢性肾衰竭，尤其是尿毒症尿素增高的程度一般与病情严重性一致。

2）肾前性少尿：严重脱水、大量腹水、心脏循环功能衰竭、肝肾综合征等导致的血容量不足、肾血流量减少灌注不足致少尿。此时尿素升高，但 Cr 升高不明显，Urea/Cr（mg/dl）＞10∶1，称为肾前性氮质血症。

3）蛋白质分解或摄入过多时血尿素升高：如急性传染病、高热、上消化道大出血、大面积烧伤、严重创伤、大手术后和甲状腺功能亢进、高蛋白饮食等，但血肌酐一般不升高。

4）血尿素作为肾衰竭透析充分性指标：多以 KT/V 表示，K=透析器 BUN 清除率（L/min），T=

透析时间（min），V=BUN 分布容积（L），KT/V＞1.0 表示透析充分。

4. 血清胱抑素 C（cystatinC，CysC）测定 CysC 亦称半胱氨酸蛋白酶抑制蛋白 C，分子量约 13 000，机体内几乎所有组织的有核细胞均能持续地产生 CysC，CysC 可自由透过肾小球滤过，在近曲小管全部重吸收并迅速代谢分解；其产生率及释放入血速率恒定。CysC 不和其他蛋白质形成复合物，其血清浓度变化不受炎症、感染、肿瘤及肝功能等因素的影响，与性别、饮食、体表面积、肌肉量无关，是一种反映肾小球滤过功能的一个灵敏特异的标志物。

（1）标本采集：血清，红色（无抗凝剂）或金黄色（促凝剂）帽真空采血管。

（2）参考区间：成人血 CysC 为 0.6～2.5mg/L。

（3）临床意义：血清 CysC 浓度与肾功能损害程度高度相关，能够准确反映人体 GFR 的变化。血清 CysC 用于肾脏滤过功能早期损伤的诊断、评估及监测等。

5. 血尿酸（uric acid，UA）的测定 UA 是嘌呤核苷酸代谢的终产物，主要经肾肾小球滤过后，98%～100%被近端小管重吸收。因此，尿酸的肾清除值很低，而且尿酸的溶解度也很低，当血尿酸浓度超过其参考区间时，易沉积于软组织、软骨和关节等处，引起痛风，或在尿道析出结晶，形成尿结石。

（1）标本采集：血清，红色（无抗凝剂）或金黄色（促凝剂）帽真空采血管。严格禁食含嘌呤丰富食物 3 天，排除外源性尿酸干扰再采血。

（2）参考区间：血清，男性 150～416μmol/L，女性 89～357μmol/L。

（3）临床意义

1）血尿酸升高：①肾功能减退，血清 UA 上升。因其受肾外因素影响较多，血中浓度变化不一定与肾损伤平行，故临床上不把血尿酸作为肾功能指标。②主要作为痛风诊断指标，嘌呤核苷酸代谢失调所致，血清 UA 可明显升高。③核酸分解代谢，血 UA 增加，见于白血病、多发性骨髓瘤、恶性肿瘤等。

2）血尿酸降低：①各种原因引起的肾小管重吸收功能损害；②肝功能严重受损（如急性重型肝炎等）；③使用大剂量糖皮质激素等药物后及慢性镉中毒等。

案例 7-4-1 分析讨论（1）

实验室检查：

尿常规报告：潜血+，尿蛋白 3+，颗粒管型 2+，镜下红细胞++，镜下白细胞+；血常规：血红蛋白 116.1g/L。

血液生化检验：总蛋白 43.3g/L，白蛋白 15.5g/L；总胆固醇 12.37mmol/L，三酰甘油 3.16mmol/L，低密度脂蛋白胆固醇 9.94mmol/L，甲状腺素 66.34nmol/L；抗核抗体谱 3 项及抗双链 DNA 抗体未见异常。

三、心肌损伤实验室检查

心血管疾病（cardiovascular disease，CVD）是指以心脏和血管异常为主的循环系统疾病，它主要包括心脏和血管疾病及脑血管疾病。在我国，心血管疾病已成为最常见的死亡原因之一。心肌损伤标志物检测在急性心肌梗死诊断中的应用具有重要的意义。

（一）心肌酶检测

1. 肌酸激酶（creatine kinase，CK）测定 CK 又称为肌酸磷酸激酶（creatine phosphatase kinase，CPK）。CK 主要存在于胞质和线粒体中，以骨骼肌、心肌含量最多，其次是脑组织和平滑肌。肝脏、胰腺和红细胞中的 CK 含量极少。

（1）标本采集：血清，红色（无抗凝剂）或金黄色（促凝剂）帽真空采血管。

（2）参考区间：男性 80～200U/L，女性 60～140U/L。

（3）临床意义

1）CK 增高：急性心肌梗死（acute myocardial infarction，AMI）时 CK 水平在发病 3～8 小时即明显增高，其峰值在 10～36 小时，3～4 天恢复正常。如果在 AMI 病程中 CK 再次升高，提示心肌再次梗死。因此，CK 为早期诊断 AMI 的灵敏指标之一。

2）心肌炎和肌肉疾病：心肌炎时 CK 明显升高。各种肌肉疾病，如多发性肌炎、横纹肌溶解症、进行性肌营养不良、重症肌无力时 CK 明显增高。

2. 肌酸激酶同工酶测定　CK 是由 2 个亚单位组成的二聚体，形成 3 个不同的亚型：①CK-MM（CK_3），主要存在于骨骼肌和心肌中，CK-MM 可分为 MM_1、MM_2、MM_3 亚型。MM_3 是 CK-MM 在肌细胞中的主要存在形式。②CK-MB（CK_2），主要存在于心肌中。③CK-BB（CK_1）主要存在于脑、前列腺、肺、肠等组织中。正常人血清中以 CK-MM 为主，CK-MB 较少，CK-BB 含量极微。

（1）标本采集：血清，红色（无抗凝剂）或金黄色（促凝剂）帽真空采血管。

（2）参考区间：CK-MB＜5%。

（3）临床意义：CK-MB 对 AMI 早期诊断的灵敏度明显高于总 CK，其阳性检出率达 100%，具有高度的特异性。CK-MB 一般在发病后 3～8 小时增高，9～30 小时达高峰，48～72 小时恢复正常水平。与 CK 比较，其高峰出现早，消失较快，对诊断发病较长时间的 AMI 有困难，但对心肌再梗死的诊断有重要价值。

（二）心肌蛋白检测

1. 心肌肌钙蛋白 T 测定　心肌肌钙蛋白（cardiac troponin，cTn）是肌肉收缩的调节蛋白，由心肌肌钙蛋白 T（cardiac troponinT，cTnT）、肌钙蛋白 I（cardiac troponin I，cTnI）和肌钙蛋白 C（TnC）三个亚单位组成的蛋白质复合物，其中 cTnT 和 cTnI 是心肌特有的蛋白质。当心肌损伤或坏死时，心肌细胞膜的通透性增加，血清 cTn 增高。因此，血清 cTn 是反映心肌损伤的特异性标志物。

（1）标本采集：血清，红色（无抗凝剂）或金黄色（促凝剂）帽真空采血管。

（2）参考区间：①0.02～0.13μg/L；②＞0.2μg/L 为临界值；③＞0.5μg/L 可以诊断 AMI，因检测方法不同，参考区间也不同。

（3）临床意义：cTn 对心肌损伤具有很高的敏感性和特异性，已成为急性冠状动脉综合征诊断的首选心肌损伤标志物。

1）诊断急性心肌梗死（AMI）：cTnT 是诊断 AMI 的确定性标志物。AMI 发病后 3～6 小时，血清 cTnT 即升高，10～24 小时达峰值，峰值可为参考值的 30～40 倍，恢复正常需要 10～15 天，有很长的诊断窗口期。对 Q 波性、亚急性心肌梗死或 CK-MB 无法诊断的病人更有价值。

2）判断微小心肌损伤：不稳定型心绞痛病人常发生微小心肌损伤，这种心肌损伤只有检测 cTnT 才能确诊。因此，cTnT 水平变化对诊断微小心肌损伤和判断不稳定型心绞痛（UAP）预后有重要价值。

3）评估溶栓疗法：观察冠状动脉溶栓成功的病例 cTnT 呈双峰，第一个峰高于第 2 个峰。

4）预测血液透析病人心血管事件：肾衰竭病人血液透析可引起血流动力学和血脂异常，因此所致的心肌缺血性损伤是导致病人死亡的主要原因之一。cTnT 增高提示预后不良或发生猝死的可能。

2. 心肌肌钙蛋白 I 测定　心肌肌钙蛋白 I（cTn I）可抑制肌动蛋白中的 ATP 酶活性，使肌肉松弛，防止肌纤维收缩。cTn I 以复合物和游离的形式存在于心肌细胞胞质中，当心肌损伤时，cTn I 即可释放入血液中，血清 cTn I 浓度变化可以反映心肌细胞损伤的程度。

（1）标本采集：血清，红色（无抗凝剂）或金黄色（促凝剂）帽真空采血管。

（2）参考区间：①＜0.2μg/L；②＞1.5μg/L 为临界值；因检测方法不同，参考区间也不同。

（3）临床意义

1）诊断AMI：cTnⅠ对诊断AMI具有较低的初始灵敏度和较高的特异性。AMI发病后3～6小时，cTnⅠ即升高，14～20小时达到峰值，5～7天恢复正常。其诊断AMI的灵敏度为6%～44%，特异性为93%～99%。

2）判断微小心肌损伤：UAP病人血清cTnⅠ升高，提示心肌有小范围梗死。

3）其他急性心肌炎病人cTnⅠ水平增高，多为低水平增高。

3. 肌红蛋白（myoglobin，Mb）测定 Mb是一种存在于骨骼肌和心肌中的含氧结合蛋白，分子量17 800，正常人血清Mb含量极少，当心肌或骨骼肌损伤时，血液中的Mb水平升高，对诊断AMI和骨骼肌损害有一定价值。它是AMI发生后出现最早的可测标志物之一。

（1）标本采集：血清，红色（无抗凝剂）或金黄色（促凝剂）帽真空采血管。

（2）参考区间：①定性，阴性。②定量，ELISA法50～85μg/L，RIA法6～85μg/L，＞75μg/L为临界值。

（3）临床意义

1）诊断AMI：由于Mb分子量小，可从受损的心肌细胞中释放，故在AMI发病后30分钟～2小时即可升高，5～12小时达到高峰，18～30小时恢复正常，所以Mb可作为早期诊断AMI的指标之一。Mb的阴性预测价值为100%，在胸痛发作2～12小时内，如Mb阴性可排除急性心肌梗死。

2）判断AMI病情：Mb主要由肾脏排泄，AMI病人血清中增高的Mb很快从肾脏清除，发病后一般18～30小时血清Mb即可恢复正常。如果此时Mb持续增高或反复波动，提示心肌梗死持续存在，或再次发生梗死及梗死范围扩展等。

3）其他：骨骼肌损伤如急性肌肉损伤、肌病，休克，急性或慢性肾衰竭等发生率均增高。

4. 脂肪酸结合蛋白测定 脂肪酸结合蛋白（fatty acid binding protein，FABP）存在于多种组织中，所结合的蛋白质是清蛋白，以心肌和骨骼肌中的含量最丰富。FABP是细胞内脂肪酸载体蛋白，其在细胞内利用脂肪酸中起重要作用。

（1）标本采集：血清，红色（无抗凝剂）或金黄色（促凝剂）帽真空采血管。

（2）参考区间：＜5μg/L。

（3）临床意义

1）诊断AMI：AMI发病后30分钟～3小时，血浆FABP开始增高，12～24小时内恢复正常，故FABP为AMI早期诊断指标之一。FABP对早期诊断AMI较Mb、CK-MB更有价值。

2）其他：骨骼肌损伤、肾衰竭病人血浆FABP也可增高。

四、血清脂质与脂蛋白检查

（一）血清脂质检测

血浆所含脂类统称血脂。血脂包括游离胆固醇（free cholesterol，FC）、胆固醇酯（cholesterol ester，CE）、磷脂（phospholipid，PL）、三酰甘油（triacylglycerol/triglyceride，TG）、糖脂及游离脂肪酸（free fatty acid，FFA）等。血脂代谢异常与动脉粥样硬化（atherosclerosis，AS）的发生和发展有密切的关系，对冠心病急性事件（不稳定型心绞痛、急性心肌梗死和冠脉猝死）的发生起重要作用。

1. 总胆固醇测定 总胆固醇（total cholesterol，TC）包括70%的胆固醇酯（cholesterol esterase，CE）和30%的游离胆固醇（free cholesterol，FC）。

（1）标本采集：血清，红色（无抗凝剂）或金黄色（促凝剂）帽真空采血管。空腹12小时以上采集血液标本。

（2）参考区间：①合适水平，＜5.18mmol/L。②边缘水平，5.18～6.19mmol/L。③升高，＞6.22mmol/L。

（3）临床意义：血液 TC 受年龄、家族、性别、遗传、饮食、精神等多种因素影响，作为诊断指标，TC 不特异，也不灵敏，只能作为某些疾病，特别是动脉粥样硬化的一种危险因素。因此，测定 TC 常作为动脉粥样硬化的预防、发病估计、疗效观察的参考指标。

1）生理性改变：TG 受生活条件和饮食方式、年龄、性别等影响。如高脂肪饮食后 TG 升高，一般餐后 2～4 小时达高峰，8 小时后基本恢复空腹水平；运动不足、肥胖可使 TG 升高；成年后随年龄上升 TG 水平上升（中青年男性高于女性，50 岁后女性高于男性）。人群中血清 TG 水平呈明显的正偏态分布。

2）病理性改变：高 TC 血症有原发和继发两类，原发的如家族性高胆固醇血症、家族性 ApoB 缺陷症、多源高 TC、混合性高脂蛋白血症等，继发的见于肾病综合征、甲状腺功能减退、糖尿病、妊娠等。低 TC 血症也有原发和继发之分，前者如家族性无 β 或低 β 脂蛋白血症，后者如甲状腺功能亢进、营养不良、慢性消耗疾病等。

2. 三酰甘油（triglyceride，TG）**测定** 是甘油和 3 个脂肪酸所形成的酯。TG 构成脂肪组织，参与 TC、CE 合成及血栓形成。TG 也是动脉粥样硬化的危险因素之一。

（1）标本采集：血清，红色（无抗凝剂）或金黄色（促凝剂）帽真空采血管。空腹 12 小时以上采集血液标本。

（2）参考区间：合适范围，1.7mmol/L 以下；边缘升高，1.7～2.25mmol/L；升高，≥2.26mmol/L。

（3）临床意义：血清 TG 受生活习惯、饮食和年龄等的影响，在个体内及个体间的波动较大。由于 TG 的半衰期短（5～15 分钟），进食高脂、高糖和高热饮食后，外源性 TG 可明显增高，且以乳糜微粒的形式存在。由于乳糜微粒的分子较大，能使光线散射而使血浆浑浊，甚至呈乳糜样，称为饮食性脂血。因此，必须在空腹 12～16 小时后静脉采集 TG 测定标本，以排除和减少饮食的影响。

1. TG 增高 见于冠心病，以及原发性高脂血症、动脉粥样硬化症、肥胖症、糖尿病、痛风、甲状旁腺功能减退症、肾病综合征、高脂饮食和阻塞性黄疸等。

2. TG 减低 见于低 β-脂蛋白血症和无 β-脂蛋白血症，以及严重的肝脏疾病、吸收不良、甲状腺功能亢进症、肾上腺皮质功能减退症等。

（二）血清脂蛋白检测

脂类难溶于水，正常血浆中脂质与载蛋白（apoprotein，Apo）结合成脂蛋白（lipoprotein，LP）的形式存在。利用超高速离心法和电泳法可将脂蛋白分为不同的类型。超高速离心法根据密度不同将脂蛋白分为乳糜微粒（chylomicron，CM）、极低密度脂蛋白（very low density lipoprotein，VLDL）、低密度脂蛋白（low density lipoprotein，LDL）、高密度脂蛋白 （high density lipoprotein，HDL）和 VLDL 的代谢产物中间密度脂蛋白（intermediate density lipoprotein，IDL）。脂蛋白（a）[LP（a）] 是脂蛋白的一大类，其脂质成分与 LDL 相似。

1. 高密度脂蛋白胆固醇（HDL-C） 测定 HDL 主要由肝脏和小肠合成，是颗粒直径最小、密度最大的脂蛋白。HDL 中的载脂蛋白以 ApoA Ⅰ 为主。HDL 将胆固醇从周围组织转运到肝脏进行再循环或以胆酸的形式排泄，此过程称为胆固醇逆转运。大量流行病学资料表明，血清高密度脂蛋白胆固醇（HDL-C）水平与冠心病发病呈负相关，具有抗动脉粥样硬化作用。

（1）标本采集：血清，红色（无抗凝剂）或金黄色（促凝剂）帽真空采血管。空腹 12 小时以上采集血液标本。

（2）参考区间：HDL-C 合适范围为＞1.04mmol/L，1.55mmol/L 以上为升高，1.04mmol/L 以下为降低。

（3）临床意义

1）HDL 减低：随着 HDL-C 水平降低，缺血性心血管病发病危险增加，HDL-C＜1.04mmol/L 的人群与 HDL-C≥1.55mmol/L 的人群相比，缺血性心血管病危险增加 50%。HDL 减低常见于动脉粥样硬化、急性感染、糖尿病、慢性衰竭、肾病综合征等。

2）HDL 增高：绝经前女性 HDL 水平较高，其冠心病患病率较男性和绝经后女性为低。还可见于慢性肝炎、原发性胆汁性肝硬化等。

2. 低密度脂蛋白胆固醇（LDL-C） 测定 LDL 由 VLDL 转化而来，是血液中胆固醇含量最多的脂蛋白。LDL 中载脂蛋白 95% 以上为 ApoB100。LDL 将胆固醇运送到外周组织。LDL-C 水平升高是独立的致动脉粥样硬化危险因素，其中小而密的 LDL 易于氧化，具有更强的致动脉粥样硬化作用。

（1）标本采集：血清，红色（无抗凝剂）或金黄色（促凝剂）帽真空采血管。空腹 12 小时以上采集血液标本。

（2）参考区间：①LDL-C 合适范围为＜3.37mmol/L；②边缘升高（危险阈值）为 3.37～4.12mmol/L；③升高为＞4.14mmol/L。

（3）临床意义：LDL-C 水平与缺血性心血管病发生相对危险及绝对危险上升趋势及程度与 TC 相似。

1）LDL 增高：①判断发生冠心病的危险性 LDL 水平增高与冠心病发病呈正相关。②其他，遗传性高脂蛋白血症、甲状腺功能减退症、肾病综合征、阻塞性黄疸、肥胖症及应用雄激素、β-受体阻滞剂、糖皮质激素等 LDL 也增高。

2）LDL 减低：常见于无 β-脂蛋白血症、甲状腺功能亢进症、吸收不良、肝硬化及低脂饮食和运动等。

3. 脂蛋白（a）测定 脂蛋白（a）[LP（a）]是密度介于 HDL 和 LDL 之间，并与两者重叠的一种特殊的脂蛋白。它结构与 LDL 相似，可以携带大量的 CHO 结合于血管壁上，有促进动脉粥样硬化的作用。同时，LP（a）与纤溶酶原有同源性，可以与纤溶酶原竞争结合纤维蛋白位点，从而抑制纤维蛋白水解作用，促进血栓形成。因此，LP（a）是动脉粥样硬化和血栓形成的重要独立危险因子。检测 LP（a）对早期识别动脉粥样硬化的危险性，特别是在 LDL-C 浓度升高的情况下具有重要价值。

（1）标本采集：血清，红色（无抗凝剂）或金黄色（促凝剂）帽真空采血管。空腹 12 小时以上采集血液标本。

（2）参考区间：健康成人血清 Lp（a）＜300mg/L。

（3）临床意义

1）生理性改变：血清 LP（a）水平的个体差异性较大，LP（a）水平高低主要由遗传因素决定，基本不受性别、饮食和环境的影响。

2）病理性改变：病理性增高见于以下几点。①缺血性心、脑血管疾病；②心肌梗死、外科手术、急性创伤和急性炎症，Lp（a）和其他急性时相蛋白一样增高；③肾病综合征和尿毒症；④除肝癌以外的恶性肿瘤；⑤糖尿病肾病。病理性减低见于肝脏疾病（慢性肝炎除外），因为 Lp（a）合成于肝脏。

（三）血清载脂蛋白检测

脂蛋白中的蛋白质部分称为载脂蛋白（apolipoprotein，Apo）。Apo 一般分为 ApoA、ApoB、ApoC、ApoE 和 Apo（a），每类中又分有若干亚型。ApoAⅠ是 ApoA 族中所占比例最多的一种组分，主要存在于 HDL 中。血清 ApoAⅠ可以反映 HDL 水平，并与 HDL-C 呈显著正相关。ApoB 的主要成分是 ApoB100，大约有 90% 的 ApoB 分布在 LDL 中，故血清 ApoB 主要反映 LDL 水平，它与血清 LDL-C 水平呈明显正相关。

1. 载脂蛋白 A（ApoA）测定 ApoA 是 HDL 的主要结构蛋白，将组织内多余的 CE 转运至肝脏处理。因此，ApoA 具有清除组织脂质和抗动脉粥样硬化的作用。ApoA Ⅰ为临床常用的检测指标。

（1）标本采集：血清，红色（无抗凝剂）或金黄色（促凝剂）帽真空采血管。空腹 12 小时以上采集血液标本。

（2）参考区间：Apo AⅠ1.20～1.60g/L，女性略高于男性。

（3）临床意义

1）ApoAⅠ增高：ApoAⅠ可以直接反映HDL水平。ApoAⅠ较HDL更精确，更能反映脂蛋白状态。ApoAⅠ水平与冠心病发病率呈负相关。因此，ApoA I是诊断冠心病的一种较灵敏的指标。

2）ApoAⅠ减低：①家族性ApoAⅠ缺乏症、家族性α脂蛋白缺乏症、家族性LCAT缺乏症和家族性低HDL血症等。②急性心肌梗死、糖尿病、慢性肝病、肾病综合征和脑血管病等。

2. 载脂蛋白B（ApoB）测定　ApoB可分为两个亚类，即ApoB48和ApoB100。前者主要存在于乳糜微粒（CM）中，参与外源性脂质的消化、吸收和运输；后者存在于低密度脂蛋白（LDL）中，参与极低密度脂蛋白（VLDL）的装配和分泌，在血液中，VLDL可代谢转化为富含胆固醇的LDL。正常人空腹所检测的ApoB为ApoB100。

（1）标本采集：血清，红色（无抗凝剂）或金黄色（促凝剂）帽真空采血管。空腹12小时以上采集血液标本。

（2）参考区间：正常人群血清ApoB为0.80～1.10g/L。

（3）临床意义

1）ApoB增高：①ApoB可直接反映LDL水平，其增高与动脉粥样硬化、冠心病的发生率呈正相关，也是冠心病的危险因素，可用于评价冠心病的危险性和降脂治疗效果等，且其在预测冠心病的危险性方面优于LDL和CHO。②高β-载脂蛋白血症、糖尿病、甲状腺功能减退症、肾病综合征和肾衰竭等也增高。

2）ApoB减低：见于低β-脂蛋白血症、ApoB缺乏症、恶性肿瘤、甲状腺功能亢进症、营养不良等。

五、葡萄糖及其代谢物实验室检查

（一）空腹血糖检测

空腹血糖（fasting blood glucose，FBG）是诊断糖代谢紊乱的最常用和最重要的指标。空腹血浆葡萄糖（fasting plasma glucose，FPG）是指至少8小时内不摄入含热量食物后测定的血浆葡萄糖检测较为方便，结果可靠。FBG易受肝脏功能、内分泌激素、神经因素和抗凝剂等多种因素的影响。床旁检查（point of care test，POCT）用的是便携式血糖计，采用毛细血管全血标本测定，由于受到血细胞比容以及其他非糖还原物质的影响，空腹全血葡萄糖浓度比血浆葡萄糖浓度低12%～15%。一般来说用血浆或血清测定结果更为可靠。

1. 标本采集　血清或血浆。推荐灰色帽真空采血管，因其含氟化钠，通过抑制烯醇化酶而防止糖酵解。

2. 参考区间　葡萄糖氧化酶法，3.9～6.1mmol/L。

3. 临床意义　血糖检测是目前诊断糖尿病的主要依据，也是判断糖尿病病情和控制程度的主要指标。

（1）FBG增高：FBG增高而又未达到诊断糖尿病标准时，称为空腹血糖过高；FBG增高超过7.0mmol/L时称为高糖血症。根据FBG水平将高糖血症分为：FBG 7.0～8.4 mmol/L为轻度增高；FBG 8.4～10.1 mmol/L为中度增高；FBG大于10.1 mmol/L为重度增高。当FBG超过9mmol/L（肾糖阈）时尿糖即可呈阳性。

1）生理性增高：餐后1～2小时、高糖饮食、剧烈运动、情绪激动等。

2）病理性增高：①各型糖尿病。②内分泌疾病，甲状腺功能亢进症、巨人症、肢端肥大症、皮质醇增多症、嗜铬细胞瘤和胰高血糖素瘤等。③应激性因素，颅内压增高、颅脑损伤、中枢神经系统感染、心肌梗死、大面积烧伤、急性脑血管病等。④药物影响，噻嗪类利尿剂、口服避孕药、泼尼松等。⑤肝脏和胰腺疾病，如严重的肝病、坏死性胰腺炎、胰腺癌等。⑥其他，如高热、呕吐、腹泻、脱水、麻醉和缺氧等。

（2）FBG减低：FBG低于3.9mmol/L时为血糖减低，当FBG低于2.8mmol/L时称为低糖血症。

1）生理性减低：饥饿、长期剧烈运动、妊娠期等。

2）病理性减低：①胰岛素过多，胰岛素用量过大、口服降糖药、胰岛B细胞增生或肿瘤等。②对抗胰岛素的激素分泌不足，肾上腺皮质激素、生长激素缺乏。③肝糖原贮存缺乏，急性重型肝炎、急性肝炎、肝癌、肝淤血等。④急性乙醇中毒。⑤先天性糖原代谢酶缺乏，Ⅰ、Ⅲ型糖原累积病（glucose storage disease）等。⑥消耗性疾病，严重营养不良、恶病质等。⑦非降糖药物影响，磺胺药、水杨酸、吲哚美辛等。⑧特发性低血糖。

（二）口服葡萄糖耐量试验

葡萄糖耐量试验（glucose tolerance test，GTT）是检测葡萄糖代谢功能的试验，主要用于诊断症状不明显或血糖升高不明显的可疑糖尿病。GTT有静脉葡萄糖耐量试验（intravenous glucose tolerance test，IVGTT）、口服葡萄糖耐量试验（oral glucose tolerance test，OGTT）。现多采用WHO推荐的75g葡萄糖标准OGTT，分别检测FPG和口服葡萄糖后30分钟、1小时、2小时、3小时的血糖和尿糖。正常人口服一定量的葡萄糖后，暂时升高的血糖刺激了胰岛素分泌增加，使血糖在短时间内降至空腹水平，此为耐糖现象。当糖代谢紊乱时，口服一定量的葡萄糖后血糖急剧升高，或升高不明显，但短时间内不能降至空腹水平（或原来水平），此为糖耐量异常或糖耐量降低。

1. 标本采集 WHO推荐的标准化OGTT：试验前3天，受试者每日食物中含糖量不低于150g，且维持正常活动，影响试验的药物应在3天前停用。试验前应空腹10～16小时，坐位取血后5分钟内饮入250ml含75g无水葡萄糖的糖水（妊娠妇女用量为100g；小孩按1.75g/kg体重计算，总量不超过75g）。之后，每隔30分钟取血1次，共4次，历时2小时。采血同时，每隔1小时留取尿液做尿糖测定。整个试验过程中不可吸烟、喝咖啡、喝茶或进食。

2. 参考区间 ①FPG 3.9～6.1mmol/L。②口服葡萄糖后30分钟至1小时，血糖达高峰（一般为7.8～9.0mmol/L），峰值＜11.1mmol/L。③2小时血糖＜7.8mmol/L。④3小时血糖恢复至空腹水平。⑤各检测时间点的尿糖均为阴性。

3. 临床意义 OGTT是一种葡萄糖负荷试验，用以了解机体对葡萄糖代谢的调节能力，是糖尿病和低糖血症的重要诊断性试验。临床上主要用于诊断糖尿病、判断糖耐量异常（impaired glucose tolerance，IGT）、鉴别尿糖和低糖血症，OGTT还可用于胰岛素和C-肽释放试验。

（1）诊断糖尿病临床上有以下条件者，即可诊断糖尿病。①具有糖尿病症状，FPG＞7.0mmol/L。②OGTT血糖峰值＞11.1mmol/L，OGTT 2hPG＞11.1mmol/L。③具有临床症状，随机血糖＞11.1mmol/L，且伴有尿糖阳性者。临床症状不典型者，需要另1天重复检测确诊，但一般不主张做第3次OGTT。

（2）判断IGT：FPG＜7.0mmol/L，2hPG为7.8～11.1mmol/L，且血糖到达高峰的时间延长至1小时后，血糖恢复正常的时间延长至2～3小时以后，同时伴有尿糖阳性者为IGT。IGT长期随诊观察，约1/3能恢复正常，1/3仍为IGT，1/3最终转为糖尿病。IGT常见于2型糖尿病、肢端肥大症、甲状腺功能亢进症、肥胖症及皮质醇增多症等。

（3）平坦型糖耐量曲线（smooth OGTT curve）：FPG降低，口服葡萄糖后血糖上升也不明显，2hPG仍处于低水平状态。常见于胰岛B细胞瘤、肾上腺皮质功能亢进症、腺垂体功能减退症。也可见于胃排空延迟、小肠吸收不良等。

（4）储存延迟型糖耐量曲线（storage delay OGTT curve）：口服葡萄糖后血糖急剧升高，提早出现峰值，且大于11.1mmol/L，而2hPG又低于空腹水平。常见于胃切除或严重肝损伤。由于胃切除后胃肠道迅速吸收葡萄糖或肝脏不能迅速摄取和处理葡萄糖而使血糖急剧增高，反应性引起胰岛素分泌增高，进一步导致肝外组织利用葡萄糖增多，而使2hPG明显降低。

（5）鉴别低血糖：①功能性低血糖，FPG正常，口服葡萄糖后出现高峰时间及峰值均正常，但 2～3 小时后出现低血糖，见于特发性低糖血症。②肝源性低血糖，FPG 低于正常，口服葡萄糖后血糖高峰提前并高于正常，但 2hPG 仍处于高水平，且尿糖阳性。常见于广泛性肝损伤、病毒性肝炎等。

（三）糖化血红蛋白检测

糖化血红蛋白（glycosylated hemoglobin，GHb）是在红细胞生存期间 HbA 与已糖（主要是葡萄糖）缓慢、连续的非酶促反应的产物。GHb 的代谢周期与红细胞的寿命基本一致，故 GHb 水平反映了近 2～3 个月的平均血糖水平。

1. 标本采集 全血，EDTA 抗凝，紫色帽真空采血管。

2. 参考区间 HbA_{1C} 4%～6%，$HbA_1$5%～8%。

3. 临床意义 GHb 水平取决于血糖水平、高血糖持续时间，其生成量与血糖浓度成正比。

（1）评价糖尿病控制程度：GHb 增高提示近 2～3 个月的糖尿病控制不良，GHb 越高，血糖水平越高，病情越重。GHb 可作为糖尿病长期控制的良好观察指标。糖尿病控制良好者，2～3 个月检测 1 次，控制欠佳者 1～2 个月检测 1 次。妊娠期糖尿病、1 型糖尿病应每月检测 1 次，以便调整用药剂量。

（2）筛检糖尿病：HbA_1＜8%，可排除糖尿病；HbA_1＞9%，预测糖尿病的准确性为 78%；HbA_1＞10%，预测糖尿病的准确性为 89%。

（3）预测血管并发症由于 GHb 与氧的亲和力强，可导致组织缺氧，故长期 GHb 增高，可引起组织缺氧而发生血管并发症。HbA_1＞10%，提示并发症严重，预后较差。

（4）鉴别高血糖：糖尿病高血糖的 GHb 水平增高，而应激性高血糖的 GHb 则正常。

（四）血清胰岛素检测和胰岛素释放试验

血清胰岛素受血糖浓度调控，血糖浓度高，可刺激胰岛 B 细胞分泌胰岛素。糖尿病时，由于胰岛 B 细胞功能障碍和胰岛素生物学效应不足（胰岛素抵抗），而出现血糖增高和胰岛素降低的分离现象。在进行 OGTT 的同时，分别于空腹和口服葡萄糖后 30 分钟、1 小时、2 小时、3 小时检测血清胰岛素浓度的变化，称为胰岛素释放试验，借以了解胰岛 B 细胞基础功能状态和储备功能状态，间接了解血糖控制情况。

1. 标本采集 血清胰岛素用血清标本，红色（无抗凝剂）或金黄色（促凝剂）帽真空采血管。胰岛素释放试验采集空腹和口服葡萄糖后 30 分钟、1 小时、2 小时、3 小时血液。

2. 参考区间 ①空腹胰岛素：10～20mU/L。②释放试验：口服葡萄糖后胰岛素高峰在 30 分钟至 1 小时，峰值为空腹胰岛素的 5～10 倍。2 小时胰岛素＜30mU/L，3 小时后达到空腹水平。

3. 临床意义 血清胰岛素检测和胰岛素释放试验主要用于糖尿病的分型诊断及低血糖的诊断与鉴别诊断。

（1）糖尿病：①1 型糖尿病空腹胰岛素明显降低，口服葡萄糖后释放曲线低平。②2 型糖尿病空腹胰岛素可正常、稍高或减低，口服葡萄糖后胰岛素呈延迟释放反应。

（2）胰岛 B 细胞瘤：胰岛 B 细胞瘤常出现高胰岛素血症，胰岛素呈高水平曲线，但血糖降低。

（3）其他：肥胖、肝功能损伤、肾功能不全、肢端肥大症、巨人症等血清胰岛素水平增高；腺垂体功能低下，肾上腺皮质功能不全或饥饿，血清胰岛素减低。

（五）血清 C-肽检测

C-肽是胰岛素原在蛋白水解酶的作用下分裂而成的与胰岛素等分子的肽类物。C-肽不受外源性胰岛素干扰且不与胰岛素抗体反应，可更好地反映 B 细胞功能，可用于评价胰岛 B 细胞分泌功能和储备功能。

1. 标本采集 血清标本，红色（无抗凝剂）或金黄色（促凝剂）帽真空采血管。

2. 参考区间 ①空腹 C-肽：0.3～1.3nmol/L。②C-肽释放试验：口服葡萄糖后 30 分钟至 1 小时出现高峰，其峰值为空腹 C-肽的 5～6 倍。

3. 临床意义 C-肽检测常用于糖尿病的分型诊断，C-肽可以真实反映实际胰岛素水平，指导临床治疗中胰岛素用量的调整。

（1）C-肽水平增高：①胰岛 B 细胞瘤时空腹血清 C-肽增高、C-肽释放试验呈高水平曲线。②肝硬化时血清 C-肽增高，且 C-肽/胰岛素值降低。

（2）C-肽水平减低：①空腹血清 C-肽降低，见于糖尿病。②C-肽释放试验，口服葡萄糖后 1 小时血清 C-肽水平降低，提示胰岛 B 细胞储备功能不足。释放曲线低平提示 1 型糖尿病；释放延迟或呈低水平见于 2 型糖尿病。③C-肽水平不升高，而胰岛素增高，提示为外源性高胰岛素血症，如胰岛素用量过多等。

六、胰腺疾病实验室检查

胰腺分为外分泌腺和内分泌腺两部分。外分泌腺由腺泡和腺管组成，腺泡分泌胰液，腺管是胰液排出的通道。胰液中含有碳酸氢钠、胰蛋白酶原、脂肪酶、淀粉酶等，帮助蛋白质、脂肪和糖的消化作用。胰液通过胰腺管排入十二指肠，血液中几乎很少。当胰腺受损时，胰液中的胰蛋白酶和磷脂酶被激活，使胰腺组织被消化，胰腺中的酶入血并使血中酶的活性升高。胰腺炎可分为急性和慢性两大类。急性胰腺炎指急性发病伴血液和尿中胰酶升高者。慢性胰腺炎指有持续炎症，导致不可逆的胰腺功能和形态改变者。实验室检查可见血液和尿液淀粉酶及脂肪酶升高。

（一）血清淀粉酶与尿淀粉酶的测定

淀粉酶（amylase，AMY 或 AMS）是能将多种糖化合物，如淀粉、肝糖原等水解成糊精、麦芽糖和少量葡萄糖等产物的一组酶。人和动物只含α-AMY。人体中胰腺含 AMY 最多，由胰泡细胞合成后通过胰管分泌入小肠，唾液腺也分泌大量 AMY 入口腔开始消化多糖化合物。人 AMY 同工酶根据脏器来源分为胰型同工酶（P-AMY）和唾液型同工酶（S-AMY）。

1. 标本采集 血清标本，红色（无抗凝剂）或金黄色（促凝剂）帽真空采血管。除肝素外，其他抗凝剂如柠檬酸、草酸盐及 EDTA 等都有抑制作用，故不宜用去钙血浆测定 AMY。

2. 参考区间 成人（4NP-G_7）法：血清 AMY≤220U/L，尿液 AMY≤1200U/L。

3. 临床意义

（1）AMY 活性增高：①急性胰腺炎于发病后常 3～6 小时 AMY 开始升高，多在 12～24 小时达到峰值，一般为正常上限的 4～6 倍，2～5 天可下降恢复至正常。如超过 500U 有意义，达 350 时应怀疑此病。尿 AMY 也于发病后 12～24 小时开始升高，但其下降比血清 AMY 慢，因此在急性胰腺炎后期测定尿 AMY 更有价值。②慢性胰腺炎急性发作、胰腺癌等胰腺导管阻塞等也见 AMY 升高。AMY 升高机制是胰腺组织水肿、出血、坏死和渗出，使 AMY 释放增加，以及胰液排泌障碍逆流入血。③急腹症如急性阑尾炎、肠梗阻、溃疡现穿孔等，血清 AMY 可升高。这些病变可波及胰腺，使 AMY 呈不同程度升高，但较急性胰腺炎为低。

（2）AMY 活性降低：正常人血清中 AMY 产要由肝脏产生，故血清与尿中 AMY 同时降低主要见于肝炎、肝硬化等。

（3）AMY 同工酶增高：①急性胰腺炎和慢性胰腺炎急性发作 P 型增高。②腮腺炎、肺癌、卵巢癌等 S 型增高。成人血清 P-AMY 活性约为总 AMY 活性的 40%～50%。急性膜腺炎诊断血清 P-AMY 灵敏性和特异性都明显高于总 AMY。

（二）脂肪酶测定

脂肪酶（lipase，LPS）是一组催化长链脂肪酸甘油酯水解的酶。血清 LPS 主要来源于胰腺，少量来自胃肠黏膜。LPS 经肾小球滤过，全部被肾小管重吸收，所以尿液中无 LPS。

1. 标本采集 血清标本，红色、金黄色及绿色帽真空采血管。除肝素外，其他抗凝剂如柠檬酸、草酸盐及 EDTA 等都有抑制作用，故不宜用去钙血浆测定 AMY。

2. 参考区间 酶法：≤220U/L。

3. 临床意义 主要用于诊断胰腺疾病。正常人血清 LPS 含量极少，但在急性胰腺炎发作后 2～12 小时，血清 LPS 可显著升高，24 小时至峰值，48～72 小时可能恢复正常，但随后又可持续升高 8～15 天。由于血清 LPS 在急性胰腺炎时活性升高的时间早，上升幅度大，持续时间长，故其诊断价值优于 AMY。因此，对于急性胰腺炎的诊断可采用联合检测 AMY、P-AMY、LPS。在酗酒、乙醇性胰腺炎、慢性胰腺炎、胰腺癌、肝胆疾患等血清 LPS 也可有不同程度的升高。

七、水、电解质与酸碱平衡紊乱实验室检查

体液（body fluid）是指机体内存在的液体，包括水和溶解于其中的物质，分有机物和无机物的两部分，前者包括蛋白质和有机酸等，后者主要有 Na^+、K^+、Ca^{2+}、Mg^{2+}、Cl^-、HCO_3^-、HPO_4^{2-}、$H_2PO_4^-$等和微量元素，临床工作中常将体液中的无机离子称为电解质，具有维持体液渗透压、电解质和酸碱平衡等作用。体液中阳离子总数与阴离子总数相等，并保持电中性。阴离子常常随阳离子总量的改变而变化，而某一种阴离子的减少会使另一种阴离子增加来维持电中性。体液（包括水、电解质和酸碱）平衡是维持内环境稳定的最基础条件，易受到体内外各种因素的影响而被破坏，引起水、电解质和酸碱平衡紊乱。

（一）血清电解质测定

1. 血清钾的测定 体内 98%存在于细胞内液，2%存在于细胞外液。人体内的钾是维持细胞生理活动的主要阳离子，是细胞内液的重要电解质，体内钾的主要生理功能：参与酸碱平衡的调节，维持细胞内液的渗透压，维持肌肉、神经的应激性，参与细胞内物质的合成代谢。

（1）标本采集：血清标本，红色、金黄色及绿色帽真空采血管。由于细胞内外钾浓度的明显差别，轻微的溶血也会造成血钾含量增高，所以在测定钾时要严格避免溶血现象。血浆钾比血清钾浓度低 0.1～0.2mmol/L，这是因为凝血过程中血小板破裂释放少量钾。

（2）参考区间：3.5～5.5mmol/L。

（3）临床意义

1）低钾血症：血清钾低于 3.5mmol/L 时称为低钾血症。常见原因：①钾摄入不足，长期低钾饮食、禁食、吸收不良等。②丢失过多，严重呕吐、腹泻、肾衰竭多尿期、肾上腺皮质功能亢进、大量应用排钾利尿剂、大面积烧伤等。③分布异常，细胞外钾进入细胞内，胰岛素治疗、代谢性碱中毒或输入过多的碱性药物时；也见于周期性瘫痪。

2）高钾血症：血清钾高于 5.5mmol/L 时称为高钾血症（hyperkalemia）。常见原因：①钾输入过多，见于钾溶液输入过快或量过大、输入过多库存血。②钾排泄障碍，肾排钾减少是导致高钾血症的重要原因，见于急、慢性肾衰竭，以及肾上腺皮质功能减退等。③细胞内钾向细胞外转移，严重溶血、大面积烧伤、挤压综合征、酸中毒、注射高渗盐水或甘露醇等。

2. 血钠测定 Na^+是细胞外液主要阳离子，50%分布在细胞外液，10%分布在细胞内液，40%存在于骨骼中。Na^+在维持细胞外液容量、酸碱平衡、渗透压和肌肉与神经的应激性等有重要生理功能。

（1）标本采集：血清或肝素抗凝血浆标本，红色、金黄色及绿色帽真空采血管。

（2）参考区间：135～145mmol/L。

（3）临床意义

1）高钠血症：血清 Na^+浓度大于 145.0mmol/L 称为高钠血症。常见原因：①钠输入过多，见于钠溶液输入过多或摄入过大。②体液中水丢失增多，无相应的钠丢失，尿崩症、水样泻、换气过度、大汗及糖尿病病人。③肾上腺皮质功能亢进，肾小管对钠的重吸收增加。④脑性高血钠，脑外伤、脑血管意外、脑肿瘤等。

2）低钠血症：血清中 Na^+浓度小于 135.0mmol/L 称为低钠血症（hyponatremia）。低钠血症可由水增多或钠减少引起：①摄入不足，长期低钠饮食、禁食、吸收不良等。②胃肠道失钠丢失过多，如幽门梗阻、呕吐、腹泻、胃肠道、胆道、胰腺术后造瘘及引流等。③尿钠排出增多，严重肾盂肾炎、肾小管严重损害、肾上腺皮质功能不全、糖尿病及应用利尿剂治疗等。④皮肤失钠，大量出汗时、大面积烧伤、创伤等。

3. 血氯测定 氯是细胞外液的主要阴离子，具有调节机体渗透压和酸碱平衡的功能，并参与胃液中胃酸的生成。氯在体内的变化基本与钠一致，但血清氯水平多与碳酸氢盐水平呈相反关系，因为氯和碳酸氢盐是细胞外液中的两种主要阴离子，机体为了重吸收和再生更多的碳酸氢盐，就必须从尿中排出较多的氯以维持电解质平衡。

（1）标本采集：血清或肝素抗凝血浆标本，红色、金黄色及绿色帽真空采血管。

（2）参考区间：96～108mmol/L。

（3）临床意义

1）血氯增高：血清氯含量超过 108mmol/L 称为高氯血症。临床上常见于高钠血症、失水大于失盐、氯化物相对浓度增高，高氯血症代谢酸中毒，过量注射生理盐水等。

2）血氯减低：血清氯含量低于 96mmol/L 称为低氯血症。①摄入不足：饥饿、营养不良、低盐治疗等。②丢失过多：严重呕吐、腹泻、胃肠引流、反复应用利尿剂等。③慢性肾上腺皮质功能不全，由于醛固酮分泌不足，氯随钠丢失增加。④呼吸性酸中毒等。

4. 血钙测定 钙是人体含量最多的阳离子。体内 99%以上的钙以磷酸钙或碳酸钙的形式存在于骨骼中，血液中钙含量甚少，仅占人体钙含量的 1%。血清中离子钙是总钙中具有生理活性部分。Ca^{2+}在体内的主要生理功能：参与凝血过程、增强心肌收缩、降低神经肌肉兴奋性、降低毛细血管的通透性、许多酶（脂肪酶，ATP 酶等）的激活剂和酶（维生素 D_3-1α-羟化酶）的抑制剂、激素的“第二信使”，对细胞内代谢具有重要的调节作用。

（1）标本采集：血清或肝素锂抗凝血浆标本，红色、金黄色及绿色帽真空采血管。

（2）参考区间：总钙，2.25～2.58mmol/L；离子钙，1.10～1.34mmol/L。

（3）临床意义

1）血清总钙增高：血清总钙超过 2.58mmol/L 称为高钙血症。常见原因：甲状旁腺功能亢进、多发性骨髓瘤、结节病、大量应用维生素 D 治疗引起肠道过量吸收钙。

2）血清总钙降低：血清总钙低于 2.25mmol/L 称为低钙血症。常见原因：①摄入不足或吸收不良，长期低钙饮食、腹泻、妊娠后期。②钙吸收作用减弱，佝偻病、软骨病。③成骨作用增强，甲状旁腺功能减退。④肾脏疾病，急、慢性肾衰竭等。

（二）血液气体分析

血液中的气体（简称血气）是指存在于血液中的所有气体，包括 O_2、CO_2、N_2 及空气中其他的气体。从生理作用而论，血气主要是指参与物质代谢和气体交换有关的 O_2、CO_2 两种气体。血气分析与酸碱平衡紧密相连，血液酸碱平衡是指机体通过调节使血液 H^+浓度保持在参考区间的功能。血气分析与酸碱指标测定是临床急救和监护病人的一组重要生化指标，尤其对呼吸衰竭、心肺复苏及体外循环等病人的诊断治疗起着关键的作用。

1. 基本知识 正常人体血液 pH 能够恒定地维持在 7.35～7.45，这依赖于人体有一整套完善地调节酸碱平衡的机制，以维持血液中酸性和碱性物质按一定的比例构成缓冲体系。主要包括血液缓冲体系、呼吸和肾脏调节机制等。根据 H-H 方程，若$[HCO_3^-]/[H_2CO_3]$值维持在 20/1，血浆 pH 维持在 7.4 左右。如血浆中$[HCO_3^-]/[H_2CO_3]$值＜20/1，血浆 pH 则下降或低于参考区间下限 7.35，称为酸中毒；如$[HCO_3^-]/[H_2CO_3]$值＞20/1，血浆 pH 则升高或高于参考区间上限 7.45，称为碱中毒。由于 HCO_3^-的改变由机体代谢因素变化所致，将血浆 HCO_3^-水平下降造成的酸中毒称为代谢性酸中毒，而 HCO_3^-增多造成的碱中毒，称为代谢性碱中毒。与之相应的是，H_2CO_3 的改变代表机体呼吸因素的变化。由此将 H_2CO_3 增多造成的酸中毒称为呼吸性酸中毒，而 H_2CO_3 减少所造成的碱中毒称为呼吸性碱中毒。

2. 血气分析常用指标

（1）酸碱度：血液的酸碱度用 pH 表示，pH= –lg[H^+]。

1）参考区间：成人动脉血 pH 7.35～7.45，平均 7.4 40nmol/L；新生儿：pH 7.32～7.49。

2）临床意义：①pH＜7.35 为酸血症，pH＞7.45 为碱血症。②血液 pH 正常，正常人、单纯性酸碱平衡紊乱但经调节使[HCO_3^-]和[H_2CO_3] 比值不变、有混合性酸碱平衡紊乱存在，pH 变化相互抵消。③pH 局限性，pH 受呼吸和代谢因素、原发和代偿因素的共同作用，不能判断是代谢性或呼吸性酸碱平衡紊乱；pH 正常不能排除酸碱平衡紊乱。

（2）二氧化碳分压（PCO_2）：是指物理溶解在血液中的 CO_2 所产生的张力。由于 CO_2 分子的弥散能力较强，动脉血液的 PCO_2 基本上反映了肺泡的 PCO_2 平均值。因此，动脉血 PCO_2（$PaCO_2$）是衡量肺泡通气情况和反映呼吸性酸碱紊乱的重要指标。

1）参考区间：35～45mmHg（4.67～6.0kPa），平均 40mmHg（5.3kPa）。

2）临床意义：①判断呼吸性酸碱紊乱的性质。PCO_2＜35mmHg 为低碳酸血症，提示肺通气过度，CO_2 排出过多，见于呼吸碱中毒或代谢性酸中毒的代偿期；PCO_2＞45mmHg 为高碳酸血症，提示肺通气不足，CO_2 潴留，见于呼吸性酸中毒或代谢性碱中毒代偿期；PCO_2＞50mmHg（6.65kPa）提示呼吸衰竭，PCO_2 达到 70～80mmHg（9.31～10.64Pa）引起肺心脑病。②判断代谢性酸碱失衡的代偿情况。在代谢性酸中毒时由于 HCO_3^- 的消耗，机体为了维持[HCO_3^-]/[H_2CO_3]值，代偿性的呼吸加深加快，PCO_2 下降，可出现继发性低碳酸血症；反之，代谢性碱中毒时，则出现继发性的高碳酸血症。

（3）氧分压（partial pressure of oxygen，PO_2）：是指血浆中物理溶解的 O_2 所产生的张力，是判断缺氧程度和呼吸功能的敏感指标。肺通气和换气功能障碍可造成 PO_2 下降。

1）参考区间：PaO_2 75～100mmHg（10.0～13.3kPa）。

2）临床意义：①PaO_2 下降，见于肺部通气和换气功能障碍。PaO_2＜55mmHg（7.32kPa）提示有呼吸衰竭；PaO_2＜30mmHg（4.0kPa）即有生命危险。②PaO_2 升高，主要见于输 O_2 治疗过度，上升幅度与所用 O_2 的浓度有关。

（4）实际碳酸氢盐与标准碳酸氢盐：①实际碳酸氢盐（actual bicarbonate，AB）指血浆中 HCO_3^- 的实际浓度，即指未接触空气的血液在 37℃时分离的血浆中 HCO_3^- 的含量。其变化受呼吸和代谢双重因素影响，常与 SB 结合分析更有意义。②标准碳酸氢盐（standard bicarbonate，SB）指在标准状态下（37℃，PCO_2 为 40mmHg 及 PO_2 为 100mmHg 的混合气体平衡后）测定的血浆 HCO_3^- 的含量。由于排除了呼吸因素的影响，SB 是反映代谢性酸碱中毒的重要指标。

1）参考区间：AB 22～27mmol/L，平均值 24mmol/L。

2）临床意义：①正常人 AB 约等于 SB，两者间的差值就是呼吸对 HCO_3^- 的影响。如果 AB＞SB，提示有 CO_2 潴留，见于通气不足；如 AB＜SB 则提示 CO_2 排出过多，通气过度。②一般认为，如 AB=SB=正常，为正常酸碱平衡状态；如 AB=SB＜正常，为代酸未代偿；如 AB=SB＞正常，为代碱未代偿；如 AB＞SB，为呼酸或代碱；AB＜SB，为呼碱或代酸。

（5）缓冲碱（buffer base，BB）：指全血中具有缓冲作用的阴离子总和，主要包括 HCO_3^-、Hb、血浆蛋白及少量的有机酸盐和无机磷酸盐。BB 代表血液中碱储备的所有成分，比代表 HCO_3^- 浓度的 AB 和 SB 值更能全面地反映体内中和酸的能力。由于 BB 受血浆蛋白、Hb 及呼吸和电解质等多种因素的影响，一般认为它不能确切反映代谢性酸碱平衡状态。

1）参考区间：全血缓冲碱（BBb）45～54mmol/L；血浆缓冲碱（BBP）41～43mmol/L。

2）临床意义：在血浆蛋白和 Hb 稳定的情况下，BB 增高为代碱或呼酸，BB 降低为代酸或呼碱。如 BB 降低而 HCO_3^- 正常，提示 Hb 或血浆蛋白水平降低。

（6）碱剩余（base excess，BE）：是指在 37℃和 PCO_2 为 40mmHg 时，将 1L 全血 pH 调整到

7.40 所需强酸或强碱的毫摩尔数。由于正常 pH 为 7.40，BE 为零。当血液为碱性，用酸滴定，其值为正，称碱余；若血液为酸性，用碱滴定，则其值为负，称碱不足。BE 是代谢性酸碱中毒的客观指标。

1）参考区间：–3mmol/L～+3mmol/L。

2）临床意义：正值增大为碱血症，主要见于代碱；负值增大为酸血症，主要见于代酸。

（7）氧饱和度（oxygen saturation，SO_2）：指血液在一定的 PO_2 下，氧合血红蛋白（HbO_2）占全部 Hb 的百分比，可表示为：$SO_2=HbO_2\times100\%/(Hb+HbO_2)$

1）参考区间：动脉血 95%～98%。

2）临床意义：动脉血 SO_2 与 PO_2 的意义相同，用于反映体内有无缺 O_2 的情况，＜90%表示呼吸衰竭，＜80%表示严重缺氧。SaO_2 受 Hb 质和量的影响，贫血时 SaO_2 正常，不表示机体不缺氧。

（8）阴离子隙（anion gap，AG）：是指血清中所测定阳离子总数和阴离子总数之差，它表示血清中未测定出的阴离子数（unmeasured anion，UA）。可用以下公式计算：AG（mmol/L）$=Na^+-[Cl^-+HCO_3^-]$

1）参考区间：8～16mmol/L。

2）临床意义：①阴离子隙异常。阴离子隙增加可因未测阴离子升高所致，糖尿病、乙醇中毒、酮症酸中毒时有机酸增加的情况；也可因未测阳离子下降所致，低钙、低镁或低钾血症。阴离子隙降低可因未测阴离子下降，如负电性白蛋白降低或未测阳离子升高所致，如高钙、高镁及高钾血症。②利用阴离子隙分析酸中毒的原因。酸中毒时阴离子隙可正常也可增高。阴离子隙增高见于肾衰竭、酮症酸中毒和乳酸中毒等；阴离子隙正常见于 HCO_3^- 大量丢失、服用 NH_4Cl 药物和肾小管性酸中毒等。

3. 血液标本的采集和保存　血气分析中标本收集具有特殊重要性，标本处理不当引起的误差应引起足够的重视。

（1）取血前病人的准备：采血前让病人处于安静舒适状况，避免非静息状态造成误差。尽量使病人的呼吸稳定，因为短暂的屏气或呼吸急促都会造成测定结果异常。要特别注意正在治疗过程中病人的采血。对正在吸氧的病人，需注明氧气流量，以备计算出病人每分钟吸入的氧含量。若是体外循环的病人，须在血液得到混匀后再进行采血。

（2）动脉血的采集：桡动脉、肱动脉、股动脉和足背动脉都可以进行采血。最理想的穿刺部位是桡动脉，它位置表浅易于触及，有非常良好的尺动脉作手掌的侧支循环，且周围附近无大的静脉伴行，以避免误取静脉血。肱动脉为次选穿刺部位。动脉采血时应使用密封性好的 1ml 无菌注射器。用注射器抽取肝素 1000U/ml 一支，将注射器针栓来回抽动，全部湿润，多余肝素液全部排出，注射器内无效腔残留的肝素即可抗凝。穿刺针进入动脉血管后，让注射器芯随动脉血进入注射器而自动上升，取 1ml 血液。拔针后注射器不能回吸，排出第一滴血弃之，立即用橡皮帽或橡皮泥封住针头以隔绝空气。将注射器放在手掌中双手来回搓动 20 秒使血液与肝素混合，立即送检。

（3）标本的储存：全血中的细胞尤其是白细胞及网织红细胞继续进行代谢，O_2 不断被消耗，CO_2 不断地产生，故采血后应尽可能在短时间内测定，不宜存放。如果血标本采集后 30 分钟内不能检测，应将标本放入冰水中保存，最多不能超过 2 小时。

（4）正确填写检验申请单：注明采血时间、病人是否使用呼吸机、吸入氧流量、病人体温、血红蛋白值等。

八、内分泌激素实验室检查

内分泌系统由内分泌腺体（如垂体、甲状腺、胰岛、肾上腺、性腺等）及分散的内分泌细胞（如存在于胃肠道、心肌、神经等处的组织细胞）组成。激素（hormone）是指由内分泌腺或内分泌细胞合成和分泌的信息因子，经血液循环运送到全身，对特定的靶器官、靶细胞产生特定的生物学效应（表 7-4-2）。内分泌系统与神经系统相互影响，通过复杂精细的机制，共同调节机体正常新陈代谢、内环境稳定及生殖、发育等基本生理过程。

表 7-4-2 常见激素的名称和缩写

分泌激素的腺体	激素（中英文）	缩写
下丘脑	促甲状腺激素释放激素（thyrotropin-releasing hormone）	TRH
	促性腺激素释放激素（gonandotropin-releasing hormone）	GnRH
	促肾上腺皮质激素释放激素（corticotropin-releasing hormone）	CRH
	生长激素释放激素（growth hormone-releasing hormone）	GHRH
	生长激素抑制激素（growth hormone-inhibiting hormone）	GHIH
	催乳素释放激素（prolactin-releasing hormone）	PRH
	催乳素抑制激素（prolactin-inhibiting hormone）	PIH
	黑色细胞刺激素释放激素（melanocytestimulatinghormone-releasing hormone）	MRH
	黑色细胞刺激素抑制激素（melanocyte stimulatinghormone-inhibiting hormone）	MIH
腺垂体	促甲状腺素（thyroid-stimulating hormone）	TSH
	促卵泡激素（follicle-stimulating hormone）	FSH
	生长激素（growth hormone）	GH
	黄体生成素（luteinzing hormone）	LH
	促肾上腺皮质激素（adrenocorticotropic hormone）	ACTH
	催乳素（prolactin）	PRL
	黑色细胞刺激素（melanocytestimulating hormone）	MSH
神经垂体	抗利尿激素（antidiuretic hormone）	ADH
	催产素（oxytocin）	OT
肾上腺髓质	肾上腺素（epinephrine）	E
	去甲肾上腺素（norepinephrine）	NE
肾上腺皮质	醛固酮（aldosterone）	
	糖皮质激素（glucocorticoids）	GC
	性激素（sex hormone）	
甲状腺	甲状腺素（thyroxine）	T_4
	三碘甲腺原氨酸（triiodothyronine）	T_3
性腺	雄激素（睾酮 testosterone）	T
	雌激素（雌二醇 estradiol）	E_2

（一）甲状腺激素测定

甲状腺激素（thyroid hormones）是由甲状腺合成分泌的，包括三碘甲腺原氨酸（3，3′，5-triiodothyronine，T_3）和通常称为甲状腺素（thyroxine）的四碘甲腺原氨酸（3，3′，5，5′-tetraiodothyronine，T_4），两者均为酪氨酸含碘衍生物。甲状腺激素的代谢与功能异常可导致甲状腺功能紊乱，为目前最常见的内分泌疾病。

碘是合成甲状腺激素必需的元素，甲状腺是体内吸收和浓缩碘能力最强的器官。食物中的碘吸收之前在消化道被还原为离子碘（I^-），入血后被甲状腺上皮细胞摄取。“活性碘”与酪氨酸残基结合生成一碘酪氨酸（MIT）残基和二碘酪氨酸（DIT）残基。这些碘化的酪氨酸进一步缩合生成 T_4 和 T_3。含有 T_4 和 T_3 的甲状腺球蛋白分泌进入滤泡腔中储存。甲状腺激素的分泌直接受腺垂体分泌的促甲状腺激素（thyroid stimulating hormone，TSH）的调节。TSH 作用于甲状腺细胞膜上的受体，激活腺苷酸活化酶，使甲状腺激素分泌增加，并通过促进细胞摄碘及甲状腺球蛋白的碘化，增加甲状腺激素的合成。甲状腺功能紊乱常见疾病有甲状腺功能亢进、甲状腺功能减退、甲状腺炎和甲状腺肿大。

1. 血清总 T_4（TT_4）和总 T_3（TT_3）测定 血清中的 T_4 和 T_3 99%以上与血浆蛋白结合，即以与甲状腺素结合球蛋白（TBG）结合为主。所以 TBG 的含量可以影响 TT_4 和 TT_3。如当妊娠、应用雌激素或避孕药、急性肝炎、6 周内新生儿等使血清 TBG 增高时，TT_4 也增高。而当应用雄激素、糖皮质激素、水杨酸、苯妥英钠等药物，肝硬化、肾病综合征等低蛋白血症使血清 TBG 降低时，TT_4 也降低。

（1）标本采集：血清，红色、黄色帽真空采血管。

（2）参考区间：TT_4 77～142 nmol/L，TT_3 1.4～2.2nmol/L。

（3）临床意义

1）血清 TT_4 的增加：见于甲状腺功能亢进（甲亢）和 TBG 增加，TT_4 降低见于甲状腺功能减低（甲低）、TBG 减少、甲状腺炎、药物影响（如服用糖皮质激素等）。TT_4 是诊断甲低可靠和敏感的指标。

2）血清 TT_3 是诊断甲亢最可靠和灵敏的指标，尤其是对诊断 T_3 型甲亢的病人有特殊意义。这类甲亢病人血清 TT_4 浓度不高，但 TT_3 却显著增高。

3）低 T_3 综合征：在饥饿、慢性消耗性疾病（如肝硬化、未控制的糖尿病等）时，外周 T_4 转变为 rT_3 增加，转变为 T_3 减少，此时血清 T_4 正常而 T_3 减少，即所谓的低 T_3 综合征。

2. 血清游离 T_4（FT_4）和游离 T_3（FT_3）的测定 血浆甲状腺激素结合型和游离型之间存在着动态平衡，但只有游离型才具有生理活性，所以 FT_4 和 FT_3 的水平更能真实反映甲状腺功能状况。

（1）标本采集：血清，红色、黄色帽真空采血管。

（2）参考区间：成人 FT_4 10～23pmol/L，FT_3 5.4～8.8pmol/L。

（3）临床意义：总的来说，FT_4 和 FT_3 的临床意义与 TT_4 和 TT_3 相同，但因不受血清 TBG 影响，而是代表具有生物活性的甲状腺激素的含量，因而具有更重要的临床价值。

1）甲状腺功能亢进对于诊断甲亢来说，FT_4、FT_3 均较 TT_4、TT_3 灵敏，对甲亢病人治疗效果的观察，FT_4、FT_3 的价值更大。

2）甲状腺功能减退大多数口服 T_4 治疗的病人，在服药后 1～6 小时血中 FT_4 浓度达到高峰，其升高程度与服药剂量有关。FT_4 是甲状腺素替代性治疗时很好的检测指标。

3）妊娠孕妇的血中 TBG 明显增加，FT_4、FT_3 的检测较 TT_4、TT_3 更为准确。

4）药物影响肝素可能对 FT_4、FT_3 的测定产生影响，使结果偏高。

3. 血清反 T_3（rT_3）的测定 rT_3 与 T_3 结构基本相同，三个碘原子在 3、3′5′位，主要来源于 T_4，在外周组织（如肝、肾等）经 5-脱碘酶作用生成。血清中 T_4、T_3 和 rT_3 维持一定比例，可以反映甲状腺激素在体内代谢情况。rT_3 也是反映甲状腺功能的一个指标。

（1）标本采集：血清，红色、黄色帽真空采血管。

（2）参考区间：0.15～0.45nmol/L。

（3）临床意义：rT_3 与 T_3 在化学结构上属异构体，但 T_3 是参与机体代谢的重要激素，该过程消耗氧，而 rT_3 几乎无生理活性。rT_3 增加，T_3 减少，可以降低机体氧和能量的消耗，是机体的一种保护性机制。

1）甲亢时血清 rT_3 增加：与血清 T_4、T_3 的变化基本一致。而部分甲亢初期或复发早期仅有 rT_3

的升高。

2）甲低时血清 rT_3 降低：rT_3 是鉴别甲低与非甲状腺疾病功能异常的重要指标之一。

3）非甲状腺疾病：如心肌梗死、肝硬化、糖尿病、尿毒症、脑血管意外和一些癌症病人，血清中 rT_3 增加，T_3/rT_3 值降低，这一指标对上述疾病程度的判断、疗效观察及预后估计均有重要意义。

4）羊水中 rT_3 浓度可作为胎儿成熟的指标：如羊水中 rT_3 低下，有助于先天性甲低的宫内诊断。

（二）肾上腺激素测定

肾上腺由皮质和髓质组成。肾上腺皮质和髓质各分泌化学结构、性质、生理作用都完全不同的激素。

1. 肾上腺皮质功能测定 肾上腺皮质由球状带、束状带和网状带构成，分别合成盐皮质激素[以醛固酮（aldosterone，Ald）为主]、糖皮质激素[以皮质醇（cortisol）为主]和性激素[包括雄激素（androgents）和雌激素（estrogens）]。这三类激素都是胆固醇的衍生物，故称为类固醇激素。

血、尿中的糖皮质激素测定：血液中的皮质醇浓度直接反映肾上腺糖皮激素分泌情况，24 小时尿皮质醇（24hUFC）由血中游离型经肾小球滤过而来，反映血中有生物活性的糖皮质激素水平。正常人皮质醇的分泌存在昼夜节律（8：00～10：00 时含量最高，22：00～24：00 时含量最低）。皮质醇增多症时此节律消失，可作为诊断依据之一。

（1）标本采集：血清，红色、黄色帽真空采血管。24 小时尿皮质醇测定不受昼夜节律的影响，能可靠地反映皮质醇的浓度。

（2）参考区间：血清皮质醇：8：00 时为 140～630nmol/L，2：00 时为 55～165nmol/L，昼夜皮质醇比值＞2。24hUFC 30～276nmol/24h。

（3）临床意义：①血清皮质醇和 24hUFC 增高。血清皮质醇和 24hUFC 增高常见于肾上腺皮质功能亢进症、肾上腺皮质增生或肿瘤、异源 ACTH 综合征等，其浓度增高失去了昼夜变化规律。如果 24hUFC 处于边缘增高水平，可进行低剂量地塞米松抑制试验，当 24hUFC＜276nmol 时，可排除肾上腺皮质功能亢进症。非肾上腺疾病，如慢性肝病、单纯性肥胖、应激状态、妊娠及雌激素治疗等，也可使其增高。②血清皮质醇和 24hUFC 减低。肾上腺皮质功能减退症、腺垂体功能减退等可使血清皮质醇和 24hUFC 减低，但其存在节律性变化。另外，应用苯妥英钠、水杨酸等也可使其减低。

2. 类固醇激素及其代谢产物的测定

（1）尿 17-酮类固醇的测定：类固醇激素及其代谢产物中，凡在 C_{17} 上没有侧链而仅有一个酮基者，即为 17-酮类固醇（17-ketosteroid，17-KS），包括睾丸和肾上腺产生的雄性激素（不包括睾酮）及其代谢产物。成年男性 1/3 的 17-KS 来自睾丸，2/3 来自肾上腺皮质；女性 17-KS 几乎全部来自肾上腺皮质。实际测定中，17-KS 包括雄酮、异雄酮、脱氢异雄酮等及其代谢物。

1）标本采集：收集 24 小时尿液的容器中加浓盐酸 5ml 防腐。留取标本时禁食水果、茶、有色蔬菜、维生素 C 及咖啡。

2）参考区间：男性 28.5～47.2μmol /24h 尿，女性 20.8～34.7μmol/24h 尿。

3）临床意义：①尿 17-KS 测定主要反映睾丸功能和肾上腺皮质的分泌功能。②尿 17-KS 增多多见于肾上腺皮质功能亢进，腺垂体功能亢进，睾丸间质细胞瘤，甲亢及应用 ACTH、雄性激素和皮质激素之后。③尿 17-KS 减少见于肾上腺皮质功能减退、腺垂体功能减退、睾丸功能减退及甲低等。

（2）尿 17-羟皮质类固醇测定：尿中 17-羟皮质类固醇（17-hydroxycorticosteroids，17-OHCS）指由肾上腺皮质分泌的糖皮质激素皮质醇及其代谢产物去氢皮质醇，及两者的二氢、四氢、六氢代谢产物。分子结构特点是 C_{17} 上有羟基。测定尿液中 17-OHCS 有 80%来自皮质醇代谢产生，可以间接反映血中皮质醇的分泌的量。

1）标本采集：收集 24 小时尿液的容器中加浓盐酸 5ml 防腐。留取标本时禁食水果、茶、有色蔬菜、维生素 C 及咖啡。受泼尼松、地塞米松等药物干扰。

2）参考区间：儿童 2.8～15.5μmol/24h。成人男 8.33～27.6μmol/24h 尿，女 5.5～22.1μmol/24h 尿。

3）临床意义：①17-OHCS 主要反映肾上腺皮质分泌功能。②17-OHCS 增高见于肾上腺皮质功能亢进，Cushing 病、肾上腺皮质瘤、甲亢、应激、肥胖病、胰腺炎等。③17-OHCS 减少见于肾上腺皮质功能减退、垂体前叶功能低下、肾上腺切除术后及甲减等。

（三）肾上腺髓质功能测定

肾上腺髓质主要分泌肾上腺素（epinephrine，E）、去甲肾上腺素（norepinephrine，NE）（占 10%～30%）及微量的多巴胺（dopamine，DA）。它们具有生物活性的物质在化学结构中均含有儿茶酚（邻苯二酚）及连接其上的乙胺侧链，生理功能也有许多共同点，故统称为儿茶酚胺。

肾上腺素和去甲肾上腺素测定采用高灵敏度的 HPLC-电化学检测法直接分离测定血浆中的肾上腺素和去甲肾上腺素。

（1）标本采集：血清，红色、黄色帽真空采血管。采集血液标本时，病人情绪稳定，安静卧位。留取尿液标本时，要求病人 2 天前禁食咖啡、茶等有兴奋性饮料及药物等。

（2）参考区间：肾上腺素 109～437pmol/L；去甲肾上腺素 0.615～3.24nmol/L。

（3）临床意义：嗜铬细胞瘤时，两者明显升高。如肾上腺素升高较去甲肾上腺素显著，则提示可能为肾上腺髓质嗜铬细胞瘤。原发性高血压、甲减、交感神经母细胞瘤等也可升高。降低见于甲亢、Addison 病等。

案例 7-4-1 分析讨论（2）

1. 病人，男，58 岁，颜面水肿，四肢水肿，伴尿黄，有泡沫尿，夜尿增多。根据病人的主诉、年龄、性别、症状和病史特点，高度怀疑肾病综合征（NS）。

2. 根据病人的年龄和性别，主要需要进行鉴别诊断的疾病有：①糖尿病肾病；②肾淀粉样变性病；③骨髓瘤性肾病。

3. 从实验诊断角度来说，首先需做尿蛋白、血浆蛋白质定量和肾功能、血脂系列相关检验以确定病人是否存在实质性肾损伤。

4. 肾病综合征病人普遍存在高胆固醇和（或）高三酰甘油血症，血清中三酰甘油（TG）、胆固醇（TC）、低密度脂蛋白（LDL）浓度增高。

肾病综合征诊断标准：①尿蛋白大于 3.5g/24h；②血浆白蛋白低于 30g/L；③水肿；④高脂血症。其中①②两项为诊断所必需。

肾病综合征可由多种病因引起，以肾小球基膜通透性增加，表现为大量蛋白尿、低蛋白血症、高度水肿、高脂血症的一组临床症候群。肾病综合征可发生于任何年龄，儿童中的发病率略高于成人。依据不同病理类型及发病因素，可将肾病综合征分为原发性、继发性和遗传性三类。肾病综合征早期特征为大量蛋白质渗漏导致的泡沫尿。病人体内大量蛋白质丢失，引起全身不同程度的水肿，以面部和四肢最为明显。

（李 艳 孙美艳）

第五节 临床常用免疫学检查

人体的免疫系统由免疫器官、免疫细胞和免疫分子组成，是机体免疫反应的物质基础，在体内发挥免疫防御、自稳和监视作用。免疫学检查常用于免疫疾病（如传染病、免疫缺损病、自身免疫病、移植排斥反应、超敏反应、肿瘤等）的诊断、疗效评价及发病机制的研究。

一、免疫球蛋白测定

免疫球蛋白（immunoglobulin，Ig）由浆细胞合成与分泌，存在于机体的血液、体液、外分泌液及部分细胞的表面，具有抗体活性的球蛋白的总称。应用免疫电泳与超速离心分析可将 Ig 分为五类，即 IgG、IgA、IgM、IgD 和 IgE。

（一）IgG、IgA、IgM 测定

大多数抗细菌、抗病毒、抗毒素抗体都属于 IgG 类的免疫球蛋白。IgG 主要由脾脏和淋巴结中的浆细胞合成与分泌的单体 Ig，占总 Ig 的 70%～80%，包括四个亚类是血清中主要抗体，在机体的免疫防御中起重要作用。此外，IgG 是 Ig 中唯一能通过胎盘，使新生儿获得免疫的抗体，称为自然被动免疫。

IgA 分为血清型与分泌型（sIgA）两种，主要由肠道、呼吸道、乳腺、唾液腺及泪腺淋巴组织中的浆细胞产生（血清型 IgA 以单体形式存在，sIgA 由通过 J 链连接的二聚体和分泌片段组成），约占血清中总 Ig 的 10%，具有抗细菌、抗病毒、抗毒素的作用，尤其是 sIgA 在呼吸道、消化道和泌尿生殖道的局部感染的免疫中起着重要作用。

IgM 是机体受到抗原刺激后最早出现的抗体，由 5 个 IgM 单体通过 J 链连接的环形五聚体，是 Ig 中分子量最大的，促吞噬及凝集作用比 IgG 高 500～1000 倍，因此在机体早期的免疫防御中 IgM 起重要的作用。

通常采用单向免疫扩散法或免疫比浊法测定 IgG、IgA、IgM 的含量。此外，随着年龄的增长人体 IG 的含量逐渐升高，直到 12 岁以后基本维持不变。

1. 参考区间　详见表 7-5-1。

表 7-5-1　IgG、IgA、IgM 参考区间　　单位：g/L

	IgG	IgA	IgM
单向免疫扩散法	7.0～16.6	0.7～3.5	0.5～2.6
免疫比浊法	0～17.0	0.7～4.3	0.3～3.4

2. 临床意义

（1）Ig 均升高：常见于慢性感染、慢性肝病、肝硬化、淋巴瘤和某些自身免疫性疾病（如类风湿关节炎、系统性红斑狼疮）等。

（2）单一 Ig 增高：常见于免疫增殖性疾病，如原发性巨球蛋白血症、多发性骨髓瘤等。

（3）Ig 降低：常见于各类先天性免疫缺陷病（如三种全缺的先天性低丙种球蛋白血症、某一或两种减少或无能的先天性丙种球蛋白异常血症）、获得性免疫缺陷病、联合免疫缺陷病及长期使用免疫抑制剂的病人。反复呼吸道感染病人单一 IgA 降低。此外，新生儿和婴幼儿的体液免疫功能尚未成熟，免疫球蛋白的含量较成人低。

（二）IgE 测定

IgE 主要由鼻咽部、扁桃体、支气管、胃肠道等黏膜固有层的浆细胞分泌的单体 Ig，是亲细胞抗体，能与肥大细胞和嗜碱性粒细胞膜上的 FcεR 结合，在 I 型变态反应性疾病的发病中具有重要的作用。IgE 血清含量低，仅为血清总 Ig 的 0.02‰，而且在个体发育过程中合成较晚。

1. 参考区间　ELISA 法：0.1～0.9mg/L。

2. 临床意义　IgE 升高见于：①I 型变态反应性疾病，如过敏性鼻炎、过敏性支气管哮喘、荨麻疹、特应性皮炎等；②某些非过敏性疾病，如寄生虫感染、IgE 型骨髓瘤等；③部分急慢性肝炎、类风湿关节炎、系统性红斑狼疮等。

二、血清补体测定

补体（complement）由肝细胞、巨噬细胞和脾细胞等合成，是血清中不耐热的具有酶活性的一种球蛋白。补体由三组球蛋白分子组成：第一组由九种补体成分组成（C1～C9）；第二组包括 B 因子、D 因子、P 因子、H 因子等；第三组是补体调节蛋白，如 C1 抑制物、C4 结合蛋白、促衰变因子等。血清总补体活性或单一补体成分的变化对某些疾病的诊断与疗效观察有着极其重要的意义。

（一）总补体溶血活性测定

1. 原理 总补体溶血活性（complement hemolysis，CH）代表补体九种成分（C1～C9）的综合水平。将新鲜的待测血清加到致敏的绵羊红细胞溶液中，在对应酶的作用下激活血清中补体各成分，使致敏的绵羊红细胞发生溶血，在一定的范围内（20%～80%溶血率）其溶血的程度与补体的活性呈正相关，一般以 50%的溶血率（CH50）作为判别点。

2. 参考区间 试管法 50～100kU/L。

3. 临床意义

（1）活性增高：常见于急性组织损伤、急性炎症、恶性肿瘤及妊娠等。

（2）活性降低：常见于急性肾小球肾炎、亚急性感染性心内膜炎、自身免疫性疾病（如系统性红斑狼疮、类风湿关节炎活动期）、慢性肝病、肝硬化、毒性弥漫性甲状腺肿、获得性免疫缺陷病、严重烧伤、重度营养不良和遗传性补体成分缺乏症等。

（二）血清补体 C3 测定

血清补体 C3（complement3，C3）主要由巨噬细胞和肝脏合成，经 C3 转化酶作用裂解为 C3a 与 C3b 两个片段。C3 是血清中含量最高的补体成分，在补体经典激活途径与旁路激活途径中均发挥重要作用。通常采用免疫比浊法测定 C3。

1. 参考区间 免疫比浊法：0.85～1.70g/L。

2. 临床意义

（1）血清 C3 含量增高：作为急性时相反应蛋白，补体 C3 在急性炎症、急性组织损伤、传染病早期、移植物排斥反应时增高，但其临床意义远低于补体降低。

（2）血清 C3 含量降低：①补体合成能力下降，慢性肝病、肝硬化、肝坏死；②补体合成原料不足，营养不良（多见于儿童）；③补体消耗或丢失太多，慢性活动性肝炎、系统性红斑狼疮活动期、基膜增殖性肾小球肾炎、急性链球菌感染后肾小球肾炎、狼疮性肾炎、大失血、疟疾等；④先天性补体缺乏，遗传性 C3 缺乏症。

（三）血清补体 C4 测定

血清补体 C4（complement4，C4）由肝脏和巨噬细胞合成，作为 C1 酯酶的底物，在 Mg^{2+}的参与下 C4 裂解为 C4a 与 C4b7 两个片段，参与补体的经典激活途径。通常采用单向免疫扩散法和免疫比浊法测定 C4。

1. 参考区间 单向免疫扩散法：（0.55320±0.109）g/L；免疫比浊法：0.2～0.6g/L。

2. 临床意义 基本与 C3 测定类似。此外，血清 C4 含量降低还见于遗传性血管性水肿、遗传性 IgA 缺乏症、遗传性 C4 缺乏症、多发性骨髓瘤、IgA 肾病等。

三、感染性疾病免疫学检查

病原体入侵机体并在机体内（宿主体内）生长繁殖，释放毒素或导致机体内微生态平衡破坏失衡，产生各种不同的感染谱，出现感染性疾病（infection diseases）。感染性疾病的出现受病原体的侵袭力、致病力、宿主的免疫状态等多种因素的影响。涉及的病原体包括细菌、病毒、支原体、衣原体、立克次氏体、寄生虫等，上述病原体及其代谢产物会刺激人体免疫系统产生相应的抗体。利用凝集试验、补体结合试验、沉淀试验、免疫荧光试验（IFA）、酶联免疫吸附试验（ELISA）和放射免疫试验（RIA）等于段进行检测；还可以利用 PCR 或 DNA 探针杂交技术直接对病原体核酸进行检测。

（一）细菌感染免疫检测

1. 抗链球菌溶血素“O”测定 链球菌溶血素“O”（streptolysin“O”）是 A 族溶血性链球菌的重要代谢产物之一，是一种具有溶血活性的蛋白质，能溶解人及某些动物的红细胞，而且具有抗原性，能刺激机体产生对应的抗体——抗链球菌溶血素“O”（anti-streptolysin“O”，ASO）。通常采用乳胶凝集法进行测定。由于链球菌感染相当常见，故正常人血清中也有少量的 ASO。

（1）参考区间：乳胶凝集法：＜500U。

（2）临床意义：ASO 升高常见于 A 族溶血性链球菌感染性疾病，如扁桃体炎、感染性心内膜炎、风湿热及链球菌感染后肾小球肾炎等。注意 ASO 阳性不一定是近期感染的指标，因为感染 1 周后 ASO 即开始升高，但直到 4～6 周才达高峰。此外，A 族溶血性链球菌感染早期使用大量的抗生素或免疫抑制剂后 ASO 会持续阴性。

2. C 反应蛋白测定 C 反应蛋白（C-reactive protein，CRP）是一种能与肺炎链球菌 C 多糖发生反应的急性时相反应蛋白，具有激活补体、促进吞噬和免疫调理作用。CRP 主要由肝脏产生，发生炎症、组织损伤、恶性肿瘤等疾病时，其含量发生变化，对于上述疾病的诊断及疗效观察有重要意义。常用单向免疫扩散法，免疫比浊法进行测定。

（1）参考区间：免疫比浊法，新生儿＜0.6mg/L；婴儿＜1.6mg/L，成人＜8.2mg/L。

（2）临床意义

1）组织损伤：CRP 常于发病后数小时迅速升高，病变好转时迅速下降，如心肌梗死、大手术、烧伤、严重创伤等。若手术恢复后 CRP 又升高，提示继发感染或深静脉血栓形成。

2）细菌性感染：革兰（氏）阴性杆菌感染，CRP 常明显增高；而病毒性感染，CRP 升高不明显或轻度增高，可作为细菌性感染和病毒性感染的鉴别诊断指标。

3）风湿热活动期：CRP 明显升高，可达 200mg/L 以上，而治疗好转后，CRP 逐渐降至正常。

4）其他：恶性肿瘤、器官移植后的排斥反应、妊娠等均可见 CRP 明显升高。

3. 肥达（Widal）凝集试验 机体感染伤寒沙门菌、副伤寒杆菌 1 周后，逐渐产生抗伤寒、副伤寒杆菌“O”抗原和鞭毛“H”抗原（副伤寒杆菌甲、乙、丙的“H”抗原分别为 A、B、C）和表面（Vi）抗原的抗体。肥达（Widal）凝集试验利用伤寒和副伤寒沙门菌菌液为抗原，检测机体病人血清中有无上述对应的抗体，根据是否发生凝集及凝集价的高低来协助伤寒、副伤寒的诊断。

（1）参考区间：O 凝集价＜1∶80；伤寒 H 凝集价＜1∶160，副伤寒 A、B、C 凝集价＜1∶80。

（2）临床意义：作为伤寒、副伤寒的辅助诊断。①O 升高，H 正常：伤寒早期或其他沙门菌感染的交叉反应，无法区别伤寒或副伤寒。②O 正常，H 升高：不久前感染过患过伤寒或接种过伤寒疫苗，或非特异性回忆反应。③O 升高，H 升高：多数伤寒病人在病程第 2 周出现。④O 升高，A、B、C 任何一项升高：可能分别为副伤寒甲、乙、丙。

注意肥达凝集试验必要时需进行动态观察，通常 5～7 日复查一次，若双份血清效价增高＞4 倍，则诊断价值较大。但约 10%伤寒病人始终不出现阳性反应，可能由于发病早期已大量使用抗生素或免疫抑制剂（如肾上腺皮质激素），或个别病人可能先天性体液免疫功能缺陷或老弱、婴儿免疫功能低下所致。

4. 结核分枝杆菌抗体和 DNA 测定 将结核菌素纯化蛋白衍生物（purified protein derivative，PPD）、结核分枝杆菌细胞壁中提取的脂阿拉伯甘露糖脂（LAM）或人型结核分枝杆菌包膜蛋白作为抗原，包被固相载体，检测血清中抗结核抗体（虽然结核分枝杆菌感染引起的免疫反应是由细胞免疫介导的，但也能刺激机体的体液免疫系统产生特异性 IgG 抗体），灵敏度和特异度可达 90%，比传统的痰涂片找结核分枝杆菌和细菌培养方法简便、快速、灵敏，可辅助诊断结核。结核分枝杆菌的 DNA 可用 PCR 方法进行检测。

（1）参考区间：ELISA，结核抗体阴性；PCR 法，结核分枝杆菌 DNA 阴性。

（2）临床意义：结核病人体内抗体水平差异较大，健康人也会出现低水平结核抗体，具有一定的假阳性。PCR 方法检测结核分枝杆菌 DNA 灵敏度高，特异性强而且速度快，但应防止标本污染引起的假阳性。

（二）病毒感染免疫检测

1. 肝炎病毒标志物检测

（1）甲型肝炎病毒标志物检测

1）原理：甲型肝炎病毒（Hepatitis A virus，HAV）主要通过粪–口途径传播，在肝细胞内复制（属于微小 RNA 病毒科嗜肝 RNA 病毒属），通过胆汁从粪便排出。

机体感染 HAV 后，在急性期和恢复早期出现抗-HAV IgM 抗体，在恢复后期出现抗-HAV IgG 抗体且维持终身，对 HAV 有免疫防御能力。目前主要使用 ELISA 法检测抗-HAV IgM 和抗-HAV IgG 两种血清标志物。

2）参考区间：阴性。

3）临床意义：抗-HAV IgM 阳性临床作为甲型肝炎病毒急性感染早期诊断的依据；抗-HAV IgG 阳性反应机体曾经感染过 HAV，主要用于甲肝的流病调查。

（2）乙型病毒性肝炎标志物检验：乙型肝炎病毒（Hepatitis B virus，HBV）属于嗜肝 DNA 病毒科，是目前已知感染人的最小 DNA 病毒之一。HBV 主要通过血液途径、性接触或母婴垂直传播。HBV 感染病人的血液中可检测到大球形、小球形和管型三种不同形状、大小的颗粒。

大球形颗粒又称为 Dane（1965 年 Dane 发现）颗粒，是完整的感染性病毒颗粒，分为外壳和核心两部分，外壳由双层脂质和蛋白质组成，其中含有乙型肝炎病毒表面抗原（Hepatitis B surface antigen，HBsAg）和少量前 s 抗原。核心部分含有环状双股 DNA 和 DNA 多聚酶，核心表面是乙型肝炎病毒核心抗原（Hepatitis B core antigen，HBcAg），用酶或去垢剂作用后可暴露出 e 抗原（Hepatitis B e antigen，HBeAg）。血液中若检出 Dane 颗粒标志着肝内病毒复制活跃。

小球形颗粒成分为 HBsAg 和少量前 s 抗原，不含 HBV-DNA 和 DNA 多聚酶，无感染性。管型颗粒由小球形颗粒连接而成。

通常机体感染 HBV 后产生相应的 3 种不同的抗原抗体系统，包括乙型肝炎病毒表面抗原（HBsAg）、表面抗体（抗-HBs）、e 抗原（HBeAg）、e 抗体（抗-HBe）、核心抗原（HBcAg）、核心抗体（抗-HBc）。临床实验室主要用 ELISA 法检测 HBV 血清学标志物。

1）参考区间：阴性。

2）临床意义：①HBsAg 阳性见于乙肝潜伏期、慢性期及携带者，HBsAg 本身不具有传染性，但常作为传染性的标志之一。②抗-HBs 是保护性抗体，提示机体有一定免疫力，可持续多年。抗-HBs 阳性见于注射过乙肝疫苗或抗-HBs 免疫球蛋白者、既往曾感染 HBV（已有一定的免疫力）。③HBeAg 阳性表明乙肝处于活动期，病毒体内复制，传染性较强。HBeAg 持续阳性，表明肝细胞损害较重，且可转为慢性乙肝或肝硬化。如 HBeAg 转为阴性，表示病毒停止复制。④抗-HBe 出现于急性感染的恢复期，持续时间较长，但并不是中和抗体。抗-HBe 和 HBeAg 通常不会同时出现阳性。如乙肝急性期出现阳性易转为慢性乙肝，慢性活动性乙肝出现阳性可进展为肝硬化。单独阳性，即 HBeAg 阴性表示大部分病毒被消除，复制极少，传染性低。⑤HBcAg 主要存在于被感染的肝细胞核内，检测较困难，一般临床不作为常规检测指标。抗-HBc 是肝细胞受 HBV 侵害的指标，检出率比 HBsAg 敏感，可作为 HBsAg 阴性者的 HBV 感染的敏感指标，其对机体无保护作用，阳性可持续数十年甚至终身（表 7-5-2）。

表 7-5-2　HBV 血清学标志物的临床意义

感染模式	HBsAG	抗-HBs	HBeAg	抗-Hbe	抗-HBc	临床意义
1	+	–	+	–	+	急、慢性乙肝，强传染性
2	+	–	–	–	+	急、慢性乙肝，慢性 HBsAg 携带者
3	+	–	–	+	+	急性乙肝趋向恢复或慢性乙肝，弱传染性
4	–	+	-	-	+	急性 HBV 感染康复期或有既往感染史，目前有免疫力
5	–	–	–	+	+	乙肝恢复期，弱传染性
6	–	–	–	–	+	急性 HBV 感染窗口期或既往曾感染过乙肝，有流行病学意义
7	–	+	–	–	–	疫苗接种后或 HBV 感染后康复
8	–	+	–	+	+	急性乙肝康复期，开始产生免疫力
9	–	–	–	–	–	非乙肝感染

（3）丙型肝炎病毒标志物检测：丙型肝炎病毒（hepatitis C virus，HCV）主要通过血液传播，是引起输血后肝炎的病原体之一，属于黄病毒科的丙型肝炎病毒属。HCV 易发生变异，更易转为慢性，但病情较乙型肝炎轻。主要的实验室检查指标包括抗-HCV IgM、抗-HCV IgG 和 HCV-RNA 测定。

1）参考区间：阴性。

2）临床意义：抗-HCV 为非保护性抗体，阳性是诊断 HCV 感染的重要依据；抗-HCV IgM 阳性见于急性 HCV 感染，是诊断丙型肝炎的早期敏感指标；抗-HCV IgG 的出现晚于抗-HCV IgM，阳性表明体内有 HCV 感染，但不能作为早期诊断指标，即使抗-HCV IgG 阴性也不能完全排除 HCV 感染。

此外，HCV-RNA 阳性提示 HCV 复制活跃，传染性强；HCV-RNA 定量可连续观察 HCV-RNA 的动态变化，用于判断病情、监测药物治疗效果及血液制品的安全性。

2. TORCH 感染免疫检测　TORCH 是指一组病原微生物的英文名称缩写，这组病原体常可通过胎盘传给胎儿，引起围产期感染，导致流产、死胎、早产、先天畸形和智力障碍等。T 代表刚地弓形虫或弓形虫（*Toxo plasma gondii*），O 代表其他病原微生物（others），R 代表风疹病毒（rubella virus），C 代表巨细胞病毒（cytomegalovirus），H 代表单纯疱疹病毒（herpes simplex virus）。TORCH 感染免疫检测在某些地区已作为妊娠期检查的常规项目。

（1）弓形虫抗体测定：弓形虫（*Toxo plasma gondii*）感染是一种人畜共患疾病，广泛分布于世界各地。猫和其他宠物是主要传染源。人体感染后，轻型者常无症状，但血清中可查到抗体；机体免疫功能低下时可引起各种症状，如高热，肌肉、关节疼痛，淋巴结肿大等。孕妇急性弓形虫感染时，弓形虫可通过胎盘感染胎儿，直接威胁胎儿健康。临床上常用 IFT，ELISA 等检测弓形虫特异性 IgM 抗体来进行早期诊断。

1）参考区间：IFT、ELISA，阴性。

2）临床意义：妊娠早期感染者可引起流产、死胎、胚胎发育障碍；妊娠中、晚期感染者，可引起宫内胎儿生长迟缓和一系列中枢神经系统损害（如无脑儿、脑积水、小头畸形、智力障碍等）、眼损害（如无眼、单眼、小眼等）及内脏损害（如食管闭锁）等。

（2）风疹病毒抗体测定：风疹病毒（rubella virus）属单股 RNA 属披膜病毒科。对儿童来说风疹是一种症状较轻的出疹性疾病。但对于孕妇，若在妊娠最初 3 个月内感染风疹病毒，约 50%致流产或死胎，倘若胎儿存活出生则可能患有先天性风疹综合征（表现为先天性白内障、先天性心脏病、神经性耳聋、小头畸形和智力障碍等）。

1）参考区间：ELISA，阴性。

2）临床意义：风疹病毒易感人群为 1～5 岁的儿童及孕妇。风疹病毒 IgM 抗体阳性，提示近期有感染风疹病毒，必要时应终止妊娠。风疹病毒 IgG 抗体阳性，表示机体已被风疹病毒感染过，机体具有免疫力。因此，对早孕妇女进行风疹病毒特异性 IgM、IgG 抗体监测有重要意义。

（3）巨细胞病毒抗体测定：巨细胞病毒（cytomegalovirus，CMV）属于人类疱疹病毒，具有双链 DNA。人类感染 CMV 非常普遍，多呈亚临床不显性感染或潜伏感染。多数人曾在儿童或少年期受 CMV 感染获得免疫。成人感染 CMV 多见于免疫功能受损者，由于临床表现缺乏特异性，故 CMV 感染的实验室检查对于该病早期诊断与治疗至关重要。

1）参考区间：ELISA，阴性。

2）临床意义：双份血清抗体水平呈 4 倍或 4 倍以上增长时，有诊断意义。特异性抗-CMV IgM 阳性为 CMV 近期感染的指标。①CMV 可通过胎盘感染胎儿，围产期感染 CMV 是引起胎儿畸形的主要原因之一，还可引起孕妇早产、胎儿宫内发育迟缓、新生儿畸形、黄疸、肝脾大、溶血性贫血、视网膜脉络膜炎等，新生儿死亡率高。②免疫功能受损者（如艾滋病、癌症、器官移植等）感染 CMV 后，可发生进行性间质肺炎、脑炎、肝炎、心包炎及播散性 CMV 感染等，常影响移植器官的存活，威胁病人的生命。

（4）单体疱疹病毒抗体测定：单纯疱疹病毒（herpes simplex virus，HSV）属疱疹病毒科，具有双链 DNA，根据其限制性内切酶切点不同，分 HSV-Ⅰ和 HSV-Ⅱ两个类型。HSV 原发感染后，机体最先出现 IgM，随后出现 IgA 及 IgG，防止病毒播散，但不能阻止复发。临床上常用中和试验，补体结合试验，间接血凝试验和 ELISA 等进行辅助诊断。

1）参考区间：间接血凝试验、ELISA，阴性。

2）临床意义：检出特异性 IgM 阳性或双份血清特异性 IgG 抗体效价上升 4 倍或 4 倍以上，可提示 HSV 近期感染。HSV 主要引起疱疹性口腔炎、疱疹性角膜结膜炎、疱疹性脑膜炎、疱疹性外阴阴道炎、湿疹性疱疹、新生儿疱疹等。HSV-Ⅰ型主要（占 95%）引起生殖器官以外部位的感染，HSV-Ⅱ型主要（占 78%）引起生殖器官的感染。但本试验无法区分 HSV Ⅰ型与Ⅱ型。妊娠早期感染 HSV 者可导致流产，妊娠中、晚期感染者，可引起胎儿和新生儿发病。

3. 性传播疾病的病原免疫检测

（1）梅毒螺旋体（TP）抗体测定

1）原理：TP 主要通过性接触传播引起后天性梅毒，其次可通过胎盘母婴传播引起先天性梅毒。机体感染梅毒螺旋体后血清中出现特异性抗体和非特异性抗体（反应素）。

测定特异性抗体的确诊试验包括梅毒螺旋体血凝试验（treponemal pallidum hemagglutination，TPHA）、荧光密螺旋体抗体吸收试验（fluorescent treponemal antibody absorption，FTA-ABS）；此外，还有测定非特异性抗体的定性试验。

2）参考区间：阴性。

3）临床意义：①非特异性抗体的定性试验用于初筛，一期梅毒阳性率达 70%，二期梅毒阳性率达 100%，在此基础上进行确诊试验。②确诊试验敏感性高、特异性强，若为阳性，可确诊梅毒。

（2）人获得性免疫缺陷病毒抗体及 RNA 测定：人获得性免疫缺陷综合征（human immunodeficiency virus，HIV，简称艾滋病，即 AIDs），由人类免疫缺陷病毒（艾滋病毒）感染引起的严重传染病。人感染 HIV 数周至半年后血清中产生抗 HIV 抗体。HIV 进入细胞后与宿主细胞 DNA 整合，无法在细胞内被清除，因此 HIV 抗体终身可持续阳性。

1）参考区间：筛选试验（ELISA 法），抗体阴性；确诊试验（免疫印迹试验），RNA 阴性。

2）临床意义：目前检测 HIV 抗体是确定 HIV 感染的主要手段。筛选试验第一次阳性不需要更换试剂进行第二次试验。若抗 HIV 确诊试验阳性，特别是免疫印迹试验阳性，可确诊为 HIV。

四、自身免疫性疾病实验室检查

自身免疫性疾病（autoimmune disease，AID）是指由于某些因素造成免疫系统对自身成分的免疫耐受性降低或破坏，致使自身抗体和（或）致敏淋巴细胞损伤含有相应自身抗原的器官组织而引起的疾病，表现为相应的组织器官出现病变或临床症状的一类疾病。

按自身抗原分布的范围将 AID 分为器官特异性（organ specific）和非器官特异性（non-organ specific）两类。前者指自身抗原为某一器官的特定成分，病变也严格局限于该器官，如桥本甲状腺炎、青年型糖尿病、溃疡性结肠炎、重症肌无力、自身免疫性溶血性贫血及特发性血小板减少性紫癜等。后者是指自身抗原为细胞核或细胞质成分，病变可累及全身各组织器官，如系统性红斑狼疮、类风湿关节炎、混合结缔组织病和干燥综合征等。此外，还有一类介于上述两类之间的——中间型的自身免疫性疾病，其损伤局限于某个器官而自身抗体却是非器官特异性的，如原发性胆汁性肝硬化（primary biliary cirrhosis，PBC），其自身抗体为抗线粒体抗体，但仅累及一个器官——肝脏。通常器官特异性自身免疫性疾病预后较好，而非器官特异性的自身免疫性疾病病变广泛而预后不良。

（一）抗核抗体检测

抗核抗体（anti-nuclear antibody，ANA）是以自身真核细胞的胞核成分为靶抗原的自身抗体的总称。

1. 抗双链 DNA 抗体测定 抗 DNA 抗体识别嘌呤和嘧啶碱基，分为抗双链 DNA 抗体（double stranded DNA antibody，dsDNA）、抗单链 DNA 抗体（single stranded DNA antibody，ssDNA）和抗 Z-DNA 抗体。抗 dsDNA 抗体的靶抗原是细胞核中 DNA 的双螺旋结构，识别成双碱基对的 DNA，同时可与天然或单链 DNA 反应。

以马疫锥虫或绿蝇短膜虫作为抗原基质的间接免疫荧光法检测 dsDNA，阳性时 Hep-2 细胞核质均质性着染，有丝分裂细胞中染色质呈强均质性着染；肝细胞呈周边型核着染；短膜虫动基体均质性着染，核质呈弱均质性着染。

（1）参考区间：阴性。

（2）临床意义：抗 dsDNA 抗体阳性：见于活动期系统性红斑狼疮（SLE），阳性率达 70%～90%，本试验特异性较高，达 95%，但敏感性较低。

抗 dsDNA 抗体的检测对于系统性红斑狼疮（SLE）的诊断和治疗监控，是 SLE 诊断标准之一，也是目前发现的唯一一种参与 SLE 发病机制的自身抗体，抗 dsDNA 抗体与核小体形式存在的胞外 DNA 形成免疫复合物，沉积于毛细血管导致器官损伤。药物诱导性 SLE、类风湿关节炎、原发性干燥综合征极少出现抗 dsDNA 抗体。

2. 抗 Sm 抗体测定 抗 Sm 抗体是抗 Smith 抗体的简称，可识别所有 snRNP 核心蛋白 A～G，但用免疫印迹法主要识别 B（28 000）、B′（29 000）、D（16 000）多肽抗原。B 多肽有 3 个不同的表位，D 抗原可被两类不同的 SmD 抗体识别，一类抗体是识别整个 D 抗原，另一类仅识别 D 抗原羧基端，与 EBNA-1（EB 病毒核抗原 1 型）有同源性。间接免疫荧光法检测抗体阳性时，Hep-2 细胞核质呈粗颗粒型，有时伴细小核点，核仁呈阴性，有丝分裂细胞染色体阴性着染。

（1）参考区间：阴性。

（2）临床意义：抗 Sm 抗体为 SLE 所特有，特异度可达 99%，且能反映疾病活动程度，但灵敏度较低，平均仅为 20%。该抗体与中枢神经系统的累及、肾病、肺纤维化及心膜炎有一定关系。通常，病人还出现抗 dsDNA 或抗组蛋白抗体。

3. 抗 Scl-70 抗体测定 DNA 拓扑异构酶 Ⅰ 是抗 Scl-70 抗体识别的抗原，该酶参与超螺旋 DNA 的解螺旋，位于核仁和核仁组织区。间接免疫荧光法检测抗 Scl-70 抗体阳性时，Hep-2 细胞核仁颗粒型着染，核质内有致密颗粒型着染。分裂期染色体呈均质型着染。

（1）参考区间：阴性。

（2）临床意义：抗 Scl-70 抗体阳性见于进行性系统性硬化症（progressive systemic sclerosis，PSS），具有特异性（达到 93%），且预示预后不良。硬皮症中抗体阳性率为 20%～59%，弥漫型为 70%～76%。

4. 抗核糖核蛋白抗体测定 核糖核蛋白（ribonucleoprotein，RNP），参与细胞内 mRNA 前体的剪切过程。免疫沉淀法提示抗 RNP 抗体仅与含有 U_1RNP 的核蛋白复合物反应，故又称 U_1RNP。免疫印迹法则提示该抗体可识别 70 000、A（33 000）和 C（20 000）多肽。目前认为该抗体与富含尿苷的 RNP 反应。抗 RNP 抗体阳性时，间接免疫荧光法中 Hep-2 细胞核浆粗颗粒着染，核仁或胞质阴性。

（1）参考区间：阴性。

（2）临床意义：混合性结缔组织病（MCTD）阳性检出率高达 95%，被列入 MCTD 的诊断标准。但抗 RNP 抗体缺乏疾病特异性，30%～40%的 SLE 病人可检测到该抗体，多数情况又可同时检测到 Sm 抗体。因为 Sm 与 RNP 是同一分子复合物中的不同抗原位点。此外，抗 U_1RNP 抗体阳性还见于皮肌炎/多发性皮肌炎、进行性系统性硬化（PSS）、非坏死性关节炎、干燥综合征及重叠综合征有关。

5. 抗 SSA/Ro 抗体和抗 SSB/La 抗体测定 干燥综合征（Sjogren syndrome，SS）病人体内含有三种不同的自身抗体，被分别命名为 SSA、SSB、SSC，前两者仅见于原发性干燥综合征，后者见于伴类风湿关节炎的继发性干燥综合征。后来 SSC 又被命名为 RANA（类风湿关节炎核抗原），能识别经 EB 病毒感染后细胞核抗原。

抗 SSA/Ro 抗体的抗原是四种小分子 RNA（hYl、hY2、hY3、hY5）相关的两种蛋白质 60 000 SSA/Ro 和 52 000 SSA/Ro，抗 SSB/La 抗体的抗原是 48 000 的 SSB/La。抗 SSB/La 抗体靶抗原是，该抗原的生物学作用可能与 RNA 多聚酶Ⅲ有密切关系。抗 SSA/Ro 抗体阳性或抗 SSB/La 抗体阳性时，基质细胞（Hep-2 细胞，大鼠肝细胞）间期细胞核呈细小颗粒型着染，核仁不着染。

（1）参考区间：阴性。

（2）临床意义：多数情况下抗 SSA/Ro 抗体与抗 SSB/La 抗体同时出现，是 SS 病人最常见的自身抗体，其阳性检出率分别为 70%～80%和 40%。两者被同时检测提高 SS 诊断率。

部分 SLE 病人同时检测到上述两种抗体，阳性率分别为 30%～40%和 10%～20%。此外，下列疾病中抗 SSA/Ro 抗体阳性率也很高：亚急性皮肤性狼疮（70%～90%），新生儿狼疮（＞99%），补体 C2/C4 缺乏症（90%）。但 SLE 年轻病人通常对光敏感，原发性胆汁性肝硬化及慢性活动性肝炎病人很少出现光敏感现象。

（二）抗胞质抗体检测

1. 抗线粒体抗体测定 抗线粒体抗体（anti-mitochondrial antibody，AMA）是一组以线粒体内膜和外膜蛋白为靶抗原，具有非器官、非种属特异性的自身抗体。不同组织其线粒体膜上靶抗原不同，已发现 9 种 AMA（AMA M1～M9）。线粒体虽然遍布于全身各组织的细胞中，但远曲肾小管最多，故测定 AMA 所用的抗原基质常选用肾髓质。AMA M1～M9 既可单独出现也可几种同时出现。

主要采用间接免疫荧光法，也有采用 RIA、ELISA 和斑点免疫法等方法。AMA 阳性时：①Hep-2 细胞的胞质内有泥砂样较粗的颗粒型着染；②在肾近曲、远曲小管细胞颗粒聚集成团，其中 M3、M6 在近曲小管荧光强，而在远曲小管为阴性；③肝细胞质内均匀着染；④胃壁细胞质着染。

注意 AMA 效价过高（1∶6000～1∶160）时，细胞质呈均质型荧光着染。若 AMA 效价高于（1∶6000～1∶1600），则 30%以上的胞质均质型着染时，效价调整合适后，即为胞质颗粒型。

（1）参考区间：阴性。

（2）临床意义：许多患有肝脏疾病的病人可检出 AMA，其中原发性胆汁性肝硬化（PBC）时

AMA 阳性率可达 90%以上，其中 M2 效价＞1∶80 时对 PBC 的特异性达 97%，敏感性达 98%，M_4 和 M_8 常常与 M_2 同时出现。而药物引起的自身免疫病病人的 AMA 通常为 M_3 和 M_6。胆总管阻塞性肝硬化、肝外胆管阻塞继发性胆汁性肝硬化病人中的 AMA 皆为阴性。AMA 测定可作为原发性胆汁性肝硬化和肝外胆道阻塞性肝硬化症的鉴别诊断。

2. 抗肌动蛋白抗体测定　抗肌动蛋白抗体（anti-actin antibody），又称抗致密纤维抗体（stress fiber antibody）、抗细胞骨架蛋白抗体、抗非肌肉肌球蛋白抗体、抗原肌球蛋白抗体。其抗原包括肌动蛋白、非肌肉肌球蛋白的重链（分子量 200 000）、原肌球蛋白。

间接免疫荧光法检测抗肌动蛋白抗体阳性时：①Hep-2 细胞的胞质内有密集纤维状着染不形成网状；②胃、膈肌高度着染；③肾小球基质细胞着染，肾小管上皮细胞基底部及肾小管的刷状缘着染；④肝细胞质内呈多角形着染（蜂窝形），若为抗原肌球蛋白抗体和抗 α-肌动蛋白阳性，则呈片状着染。

（1）参考区间：阴性。

（2）临床意义：抗肌动蛋白抗体阳性见于各种慢性肝脏疾病如慢性活动性肝炎、原发性胆汁性肝硬化、肝硬化、Ⅰ型自身免疫性肝炎（IgG 型抗肌动蛋白抗体达 60%～90%且效价高），也见于重症肌无力、长期血液透析、克罗恩病。Ⅰ型自身免疫性肝炎。

3. 抗 Jo-1 抗体测定　抗 Jo-1 抗体又称抗合成酶抗体、抗组氨酰-tRNA 合成酶抗体、抗 PM1 抗体，其抗原是组氨酰-tRNA 合成酶（催化 tRNA 接上组氨酸）。间接免疫荧光法检测抗 Jo-1 抗体阳性时 Hep-2 胞质内有斑点状荧光颗粒，细胞核的核质内也可显示明显的斑点状颗粒。处于分裂期细胞，在染色质周围呈散在的细颗粒状。

（1）参考区间：阴性。

（2）临床意义：Jo-1 抗体对多发性肌炎（polymyositis，PM）和间质性肺纤维化有高度特异性，抗体的效价与疾病的活动性相关。

（三）抗组织细胞抗体检测

1. 抗甲状腺抗体测定

（1）抗甲状腺球蛋白抗体：甲状腺球蛋白（thyroid globulin，TG）是由甲状腺滤泡细胞合成的一种糖蛋白，抗甲状腺球蛋白抗体（thyroid globulin antibody，TGAb）是自身抗体之一，主要是 IgG。甲状腺冷冻切片显示甲状腺腺泡内呈细小波浪状着染。

1）参考区间：阴性，＜60U/ml（不同方法参考区间差异较大，根据实际条件判断）。

2）临床意义：TGAb 是诊断甲状腺自身免疫疾病的特异性指标之一。常见于甲状腺功能亢进、桥本甲状腺炎、慢性淋巴细胞性甲状腺炎、突眼性甲状腺肿、萎缩性或原发性甲状腺功能低下，较少见于甲状腺肿瘤。

（2）抗甲状腺过氧化物酶抗体：抗甲状腺过氧化物酶抗体（anti-thyroid peroxidase antibody，TPOAb）是针对甲状腺微粒体（thyroid microsomal，TM）的一种抗体，靶抗原为甲状腺过氧化物酶（thyroid peroxidase，TPO），曾称抗甲状腺微粒体抗体（anti-thyroid microsomal antibody，TMA）。甲状腺冷冻切片显示甲状腺腺泡上皮细胞胞质斑点状着染，胞核阴性。

1）参考区间：阴性，＜60U/ml（不同方法参考值差异较大，根据实际条件判断）正常人也有一定的阳性率。

2）临床意义：常见于桥本甲状腺炎和甲状腺功能亢进，也见于亚急性甲状腺炎、甲状腺肿瘤、单纯性甲状腺肿、SLE。联合检测 TGAb 及 TPOAb 可提高检出的阳性率，以此作为临床诊断和鉴别诊断自身免疫性甲状腺炎的重要依据。

2. 抗胰岛细胞抗体测定　抗胰岛细胞抗体（pancreatic islet cell antibody，ICA）的靶抗原包括胰岛素、唾液神经节苷脂、谷氨酸脱羧酶（GAD）、37 000～40 000 的类胰酶片段和神经内分泌细胞颗粒中的 38 000、52 000 蛋白。上述中的三种抗原（胰岛素、GAD 和 38 000 蛋白）引起 T 细胞反应，在疾病的发病中有一定的意义。间接免疫荧光法 ICA 阳性时胰腺组织中 A、B、D 及 PP 细胞的胞质内有分散的颗粒状着染。

（1）参考区间：阴性。

（2）临床意义：ICA 阳性作为 IDDM 早期诊断指标，同时提示家族成员患病的危险性大。此外，高效价抗体提示胰岛 B 细胞功能可能有破坏。

3. 抗平滑肌抗体测定 抗平滑肌抗体（anti-smooth muscle antibody，SMA）无器官和种属特异性，主要为 IgG 类，也有 IgM 类。SMA 自身靶抗原为三组细胞骨架蛋白包括微纤维（G 型肌动蛋白和 F 型肌动蛋白）、中级纤维（波状蛋白和 Desmin）和微管。荧光标记 IgG、SMAb 阳性时平滑肌呈均质着染。

（1）参考区间：阴性。

（2）临床意义：SMAb 阳性主要见于急性病毒性肝炎、自身免疫性肝炎、自身免疫性胆汁性肝硬化、PBC。G 型肌动蛋白与酒精性肝硬化相关。波状蛋白与系统性自身免疫病、类风湿关节炎、病毒感染等相关。Desmin 可能与心肌炎相关。

（四）其他自身抗体检测

1. 类风湿因子测定 类风湿因子（rheumatoid factor，RF）的靶抗原为变性 IgG 的 Fc 部分，包括 IgG、IgA、IgM、IgD、IgE 五种类型，IgM 是主要类型。乳胶颗粒凝集试验法主要检出 IgM 型 RF，且只能进行定性或滴度半定量检测，灵敏度和特异性不高；速率散射法或速率比浊法敏感性高、可自动化，但不能区分所测 RF 的类型；ELISA 法具有较高的特异性、敏感性及重复性，简便易行且可定量测定不同类别的 RF，有较广泛的应用前景。

（1）参考区间：乳胶颗粒凝集试验法，阴性；速率散射法＜20U/ml；ELISA 法：110U/ml，RF-IgA＜120U/ml，RF-IgM＜40U/ml。

（2）临床意义：RF 阳性见于类风湿性关节炎（rheumatoid arthritis，RA）、某些自身免疫性疾病（如干燥综合征、系统性红斑狼疮、冷球蛋白血症、进行性全身性硬化症等）。此外，血管炎、肝病、慢性感染等也可出现 RF 阳性。90%的 RA 病人 RF 呈阳性，其中 IgA-RF 是 RA 临床活动的指标，与关节炎症状的严重程度及骨质破坏显著相关，早期 IgA-RF 升高常提示病情严重，预后不良；IgG-RF 沉积于关节表面激活补体引起关节炎性损伤，且非 RA 病人很难检测到；IgE-RF 升高时，提示病情已进入晚期。

2. 抗乙酰胆碱受体抗体测定 抗乙酰胆碱受体（acetylcholine receptor，AChR）抗体的靶抗原是横纹肌细胞的乙酰胆碱受体，破坏运动终板，阻碍神经肌肉之间的信号传递，导致骨骼肌运动障碍，即重症肌无力。任何年龄均可发病，早期症状常是眼肌无力，进而累及其他部位，呈进行性加重。

（1）参考区间：阴性。

（2）临床意义：抗 AChR 抗体阳性见于重症肌无力（阳性率约 90%），且特异性和敏感性较高，其中仅有眼肌症状的早期病人，抗体滴度较低；还可用来检测重症肌无力的治疗效果。此外，抗 AChR 抗体阳性还见于胸腺瘤病人（检出率约 30%）。

五、肿瘤标志物检测

肿瘤标志物（tumor marker，TM）是指在肿瘤细胞产生和增殖的过程中，由肿瘤细胞自身合成、释放的某种蛋白质，或机体对肿瘤细胞反应而产生的某类物质，因与肿瘤和发生发展密切相关，故称为肿瘤标志物，并且肿瘤标志物在肿瘤病人的体液及排泄物中可被检出，但正常组织或良性病变中不产生或产生极微。肿瘤标志物包括蛋白质类、酶类、激素、核酸和糖蛋白等。

肿瘤标志物主要用于肿瘤普查、辅助诊断、疗效观察和预后判断；但是其检测结果并非完全特异性，因此要结合临床表现和其他辅助检查，综合分析判断。

（一）蛋白类肿瘤标志物检测

1. 甲胎蛋白测定 抗AChR抗体甲种胎儿球蛋白简称甲胎蛋白（alpha fetoprotein，AFP），是胎儿发育早期由肝脏合成的一种糖蛋白，出生后AFP合成被抑制，AFP测定呈阴性。当肝细胞和生殖腺胚胎组织发生恶性病变时，相关基因被重新激活，细胞重新合成AFP，血中AFP明显升高。因此AFP测定对诊断肝细胞及滋养细胞恶性肿瘤有重要意义。

（1）参考区间：定性试验阴性，定量（ELISA法）＜25μg/L。

（2）临床意义：AFP增高是诊断原发性干细胞癌较敏感和特异性的TM，当AFP＞300μg/L，其阳性率为75%～80%，但小部分原发性肝细胞癌病人（10%～20%）AFP可呈阴性，且AFP在一定程度上反映肿瘤的大小及动态变化，可用于肝癌疗效及预后判断（较敏感）。AFP增高还见于生殖腺胚胎癌（如睾丸癌、卵巢癌、畸胎癌等）、胃癌、胰腺癌。此外，病毒性肝炎、肝硬化、妊娠等AFP也有不同程度增高，一般为20～200μg/L。

2. 癌胚抗原测定 癌胚抗原（carcinoembryonic antigen，CEA）是胎儿早期合成的多糖蛋白复合物，妊娠6个月后含量开始减少，至出生后含量极低。细胞恶变后，合成CEA异常，血清中CEA含量明显增高，可用于肿瘤的诊断、预后、复发判断。

（1）参考区间：定性试验阴性，定量（ELISA法）＜5μg/L。

（2）临床意义：CEA明显增高见于胰腺癌（90%病人增高）、乳腺癌、结肠癌、肺癌等，通常CEA＞60μg/L，当病情好转时CEA下降，病情加重时CEA增高，故可用于病情的动态观察。此外，在某些非肿瘤疾病（如胰腺炎、结肠炎、肝脏疾病、肺气肿、支气管哮喘发作），CEA可轻度增高。

3. 组织多肽抗原测定 组织多肽抗原（tissue polypeptide antigen，TPA）是存在于胎盘和大部分肿瘤组织细胞的多肽。恶性肿瘤病人血清中的检出率可达79%以上，对肿瘤部位和类型无特异性，但对肿瘤治疗效果有较高的敏感性。

（1）参考区间：放射免疫法（RIA）＜130U/L。

（2）临床意义：TPA显著增高见于恶性肿瘤，肿瘤病人经治疗好转后TPA降低，若肿瘤复发，TPA会再次增高，故可用于肿瘤疗效的动态监测。此外，同时检测TPA和CEA有助于鉴别恶性与非恶性乳腺疾病。

4. 前列腺特异抗原测定 前列腺特异抗原（prostate specific antigen，PSA）是一种由前列腺腺管上皮细胞分泌的糖蛋白，在前列腺癌时血清PSA明显增高。血清总PSA（T-PSA）以两种形式存在，结合形式（C-PSA）占80%，20%以游离形式（F-PSA）存在，F-PSA与T-PSA的比值可提高前列腺癌诊断和筛查的特异性和准确性。

（1）参考区间：RIA法，T-PSA＜4.0ng/ml，F-PSA＜0.8ng/ml，F/T＞0.25。

（2）临床意义：PSA明显增高见于的前列腺癌（60%～90%检出率）。肿瘤切除后，90%的病人血清PSA会明显下降。若术后PSA水平又增高，提示肿瘤已有复发或转移。此外，少部分（约14%）前列腺肥大、急性前列腺炎、良性前列腺瘤血清PSA水平会轻度增高。

（二）糖蛋白类肿瘤标志物检测

1. 糖类抗原19-9测定 糖类抗原19-9（carbohydrate antigen 19-9，CA19-9）又称胃肠癌相关抗原（gastrointestinal cancer-associated antigen，GICA）。目前，血清中CA19-9测定用于胰腺癌、胆管癌等恶性肿瘤的辅助诊断指标，也用于检测病情变化和复发。

（1）参考区间：ELISA法，0～3.7万U/L。

（2）临床意义：CA19-9明显增高见于胰腺癌（阳性率达85%～95%）、胆管（囊）癌（阳性率达85%）、胃癌、结肠癌、直肠癌等。连续监测CA19-9可用于对病情变化、疗效、预后、复发的诊断，但CA19-9对早期诊断没有价值。此外，急性肝炎、急性胰腺炎、胆结石、胆管炎等也可出现 CA19-9 的不同程度的增高。

2. 糖类抗原 72-4 测定 糖类抗原 72-4（carbohydrate antigen 72-4，CA72-4）是被两种单克隆抗体——CC49 和 B72.3 所定义的肿瘤相关糖蛋白，是胃肠道肿瘤和卵巢癌的标志物。

（1）参考区间：ELISA 法，血清＜4000U/L。

（2）临床意义：CA72-4 是检测胃癌的首选肿瘤标志物，灵敏度由于 CEA 和 CA19-9。卵巢癌的 CA72-4 也明显增高，联合应用 CA125 可提高其检出率。此外，结肠癌、非细胞癌、胰腺癌等 CA72-4 也可增高。

3. 糖类抗原 125 测定 糖类抗原 125（carbohydrate antigen 125，CA125）是一种大分子多聚糖蛋白，是重要的卵巢癌相关抗原，存在于上皮性卵巢癌组织和病人血清中。

（1）参考区间：ELISA 法，＜3.5 万 U/L。

（2）临床意义：CA125 明显增高见于卵巢癌，阳性率达 60%～90%，对诊断卵巢癌有重要价值。手术和化疗有效是 CA125 迅速下降，复发时 CA125 升高早于临床症状，用于疗效观察和判断复发。其他非卵巢癌如乳腺癌、其他妇科肿瘤（如子宫内膜癌、宫颈癌等）、胃癌、胰腺癌等 CA125 也可增高。此外，非恶性肿瘤如子宫肌瘤、子宫内膜异位症、盆腔炎、胰腺炎等及肝硬化失代偿时 CA125 也出现增高。

4. 糖类抗原 15-3 测定 糖类抗原 15-3（carbohydrate antigen 15-3，CA15-3）是乳腺癌的相关抗原，对于乳腺癌的诊断和术后检测有一定价值。

（1）参考区间：RIA 法，＜2.5 万 U/L。

（2）临床意义：乳腺癌病人 CA15-3 升高，在乳腺癌早期阳性率较低（仅 10%～20%），不能用于乳腺癌的早期诊断；在转移性乳腺癌可达 80%。可联合测定 CEA 提高乳腺癌检出率。其他恶性肿瘤如卵巢癌、肺癌、原发性肝癌、胰腺癌等 CA15-3 也有不同程度升高。此外，某些非恶性肿瘤 CA15-3 也会有一定程度升高，但阳性率较低。

（吴云红）

第六节 临床微生物学检查

临床微生物学（clinical microbiology）主要研究快速、准确地检出感染性疾病的病原体，为临床诊断提供依据；进行体外抗微生物药物敏感试验，为临床合理用药提供依据；控制感染和防止感染继续扩散等。

一、标本采集的基本原则

1. 进行标本采集时一般应在发病早期，且在抗微生物药物应用之前或停药 1 周后。如病人不能中止应用抗微生药物，应将采集时间安排在病人体内血药浓度最低的时间点或在下次给药之前。此外，应在急性感染期或伤口局部治疗之间采集标本。

2. 采集标本时应严格执行无菌操作，避免邻近病灶处常居微生物菌群的污染；盛装细菌培养标本的容器必须是密闭且灭菌的，注意不能使用消毒剂灭菌；留取的标本必须尽快送检（最好 2 小时内），有些微生物（如淋病奈瑟菌、肺炎链球菌、嗜血杆菌）培养的标本送检时需要保温。如果不能及时送检应将标本储存于适当的环境（如血培养的标本需室温保存）标本中等待送检。

3. 标本的送检申请单上必须写明病人的临床诊断、标本类型、采集部位、检查目的等临床有关资料，有助于实验室及时采取相应措施，和对检查结果的合理解释。

4. 所有微生物学检查的标本均应按含有潜在病原菌予以处理，在采集、包装和送检整个过程中必须注意生物安全，防止污染的传播及自身感染。

二、病原学检查

（一）直接显微镜检查

将标本直接涂片、干燥、固定后染色，或经离心浓缩集菌后涂片染色，在光学显微镜下观察细菌的形态和特殊结构（如宿主细胞内包涵体的特征），并可根据染色反应对微生物加以分类鉴定。通过直接显微镜检查，可以初步判断感染的类型，还能判断标本是否合格及炎症反应程度。

此外，还可以采用悬滴法或压滴法，借助暗视野显微镜或相差显微镜观察不染色状态下病原体的形态、动力及运动状况。未染色的细菌无色透明，主要依靠其折光率与周围环境不同予以辨别。有鞭毛的细菌运动活跃，无鞭毛的细菌呈不规则布朗运动。螺旋体、弯曲杆菌、弧菌等细菌的形态和运动方式特征鲜明，具有诊断意义。

（二）病原体分离培养及鉴定

1. 分离培养　传统的病原体检查的前提是纯培养菌落。首先根据临床症状和显微镜检查的特征进行病原学的初步诊断；再根据待检标本的培养目的、性质和所用培养基的种类选择最适合的接种方法，常用的接种方法有平板划线分离培养法、琼脂斜面接种法、液体培养基接种法、穿刺接种法、倾注平板法等。

2. 生化反应　根据病原体对营养物质的分解能力及其产生的代谢产物的差异进行区分和鉴定，常用生化试验包括碳源和氮源利用试验、糖代谢试验、蛋白质和氨基酸代谢试验、酶类试验、胆汁溶菌试验等。

3. 病原体特异性抗原及核酸检测　即用已知抗体检测病人血清中的未知抗原（病原体）。常用的试验方法有酶免疫技术、免疫荧光技术、乳胶凝集试验、化学发光技术、对流免疫电泳等。目前单克隆抗体特异性高且效价高，有助于病原学的诊断。核酸检测主要采用聚合酶链反应（PCR）和核酸（DNA）探针杂交技术，主要用于目前尚不能分离或很难分离培养的微生物标本，如结核分枝杆菌。

4. 血清学实验　用已知病原体抗原检测病人血清中的相应抗体来诊断感染性疾病。机体感染病原体后经过一段时间（通常4～7天）会产生相应的特异性抗体，这种抗体持续的时间可达数月或更长，故血清学实验不仅用于当前病症的诊断，还可用于疾病的追溯性调查，但不适于病原学的早期诊断。目前常用的方法有凝集反应、沉淀反应、免疫比浊法、免疫荧光技术、免疫酶技术、放射免疫法、同位素标记技术等。而且对于某些不能培养或难以培养的病原体可以采用血清学实验提供诊断依据。

综上所述，进行病原学检查时可对病原体进行分离与培养，根据菌落的性状、染色性、生化反应、血清学实验的结果，对分离菌作出鉴定；也可利用微量鉴定系统，快速简便地鉴定分离菌（表7-6-1）。

表 7-6-1　病原体检测方法、鉴定类型及速度

检测方法	鉴定类型	速度
直接镜检	初步诊断	5～10分钟
免疫荧光法	快速诊断	1～2小时
乳胶凝集	快速诊断	15～30分钟
对流免疫电泳	快速诊断	2小时
常规培养鉴定	确定诊断	数天
PCR	快速诊断	数小时
DNA探针	快速诊断、鉴定	1～3天
微量鉴定系统	鉴定	3～6小时

三、体外抗微生物药物敏感试验

抗微生物药物是抑制或杀灭病原微生物的药物，主要包括抗细菌药物（如抗生素、磺胺类药物等）、抗病毒药物、抗真菌药物和抗寄生虫药物。药物敏感试验简称药敏试验，用于检测体外抗微生物药物抑制细菌生长的能力，检测结果有助于临床选择最佳抗生素进行治疗，同时有助于流行病学的调查。常用方法包括纸片扩散法和稀释法。

1. 稀释法 包括有宏量稀释法（macrodilution）和微量稀释法（microdilution），宏量稀释法肉汤含量每管≥1.0ml（通常 2ml），微量稀释法每孔含 0.1ml，商品化的微量稀释板含有多种对倍系列稀释的冻干抗生素，操作方便，临床应用广泛。用 M-H 培养基在试管或微量塑料板的小孔中将抗微生物药物倍比稀释，然后接种一定浓度的待检病原体，以无细菌生长的最低药物浓度作为该药物对待检病原体的最低抑菌浓度（minimal inhibitory concentration，MIC）。

2. 纸片扩散法又称 Kirby-Bauer（K-B）法 将含有一定量抗微生物药物的纸片平贴在已经接种被测病原体的琼脂培养基上，纸片中的抗微生物药物便会溶解于培养基内，并向四周呈球面扩散，其浓度随离纸片平贴位置距离的增大而降低。含菌琼脂经孵育后，细菌开始生长。若培养基内的药物浓度高于待检病原体的 MIC，则此处病原体生长受到抑制；若低于 MIC 则此处有病原体的生长，两者的交界处形成抑菌环。通过测量抑菌环的直径间接判断病原体对相应药物的敏感性。

3. E-test（epsilometer test）法 是一种将稀释法和扩散法相结合的直接定量药敏试验技术。E-test 法是将 E 试条（大小为 5mm×50mm 的无孔试剂载体，一面是浓度呈连续指数增长稀释抗生素，一面有读数及判别的刻度）放在接种过病原体的琼脂平板上，孵育过夜，围绕试条明显可见椭圆形抑菌圈，其边缘与试条交点的刻度即为该抗微生物的 MIC。

药敏试验结果通常以“敏感”、“中度敏感”或“中介”、“耐药”进行解释和报告。敏感是指被测病原体所引起的感染可以用常用剂量的该抗微生物药物治疗，禁忌证除外；中度敏感或中介是指被测病原体引起的感染可以用大剂量（提高剂量或在生理性药物集中区）的该抗微生物药物治疗；耐药是指被测菌株所引起的感染不能用该抗微生物药物治疗。

（朱 亮）

第八章 心电图检查

第一节 心电图的基本知识

一、心电图产生原理

心脏机械性收缩之前心肌先发生电激动，心肌的电激动传布全身，在身体不同部位的表面发生电位差。利用心电图机将不断变化的电位差连续描记下来，就形成心电图(electrocardiogram，ECG)。观察该曲线的变化规律及其与临床疾病的关系就是心电图学所研究的内容。

心肌细胞静息状态下，膜外阳离子带正电荷，膜内同等比例的阴离子带负电荷，保持平衡极化状态，无电位变化。当受到阈刺激，细胞内外正、负离子分布逆转，受刺激部位细胞膜除极化。细胞膜外正电荷消失而其前尚未除极的细胞膜外仍带正电荷，形成一对电偶（dipole）。电源（正电荷）在前，电穴（负电荷）在后，电流自电源流入电穴，并沿着一定的方向迅速扩展，直至整个心肌细胞除极完毕。此时心肌细胞膜内带正电荷，膜外带负电荷，称为除极状态。此后，由于细胞的代谢作用，使细胞膜又逐渐复原到极化状态，这种恢复过程称为复极过程。复极与除极先后程序一致，但复极化的电偶是电穴在前、电源在后，并较缓慢向前推进，直至整个细胞全部复极为止（图 8-1-1）。图 8-1-2 是心室肌细胞的动作电位及相对应的 ECG。

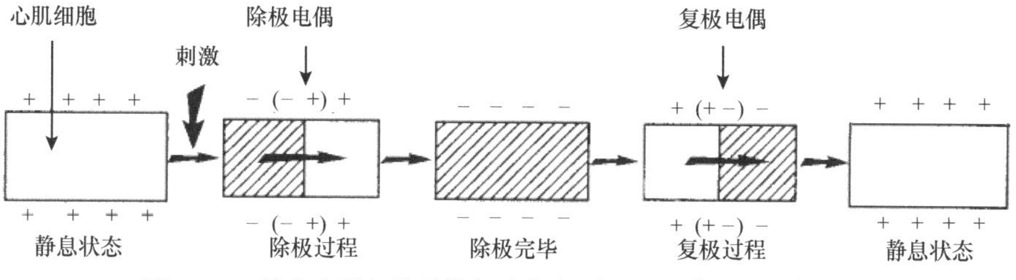

图 8-1-1 单个心肌细胞的除极和复极过程及所产生的电偶变化

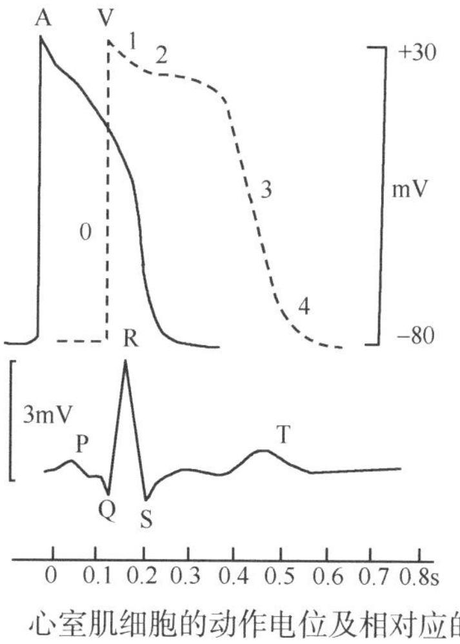

图 8-1-2 心室肌细胞的动作电位及相对应的 ECG

就单个细胞而言，在除极时，检测电极对向电源（即面对除极方向）产生向上的波形，背向电源（即背离除极方向）产生向下的波形，在细胞中部则记录出双向波形。复极过程与除极过程方向相同，但因复极化过程的电偶是电穴在前、电源在后，因此记录的复极波方向与除极波方向相反（图 8-1-3）。

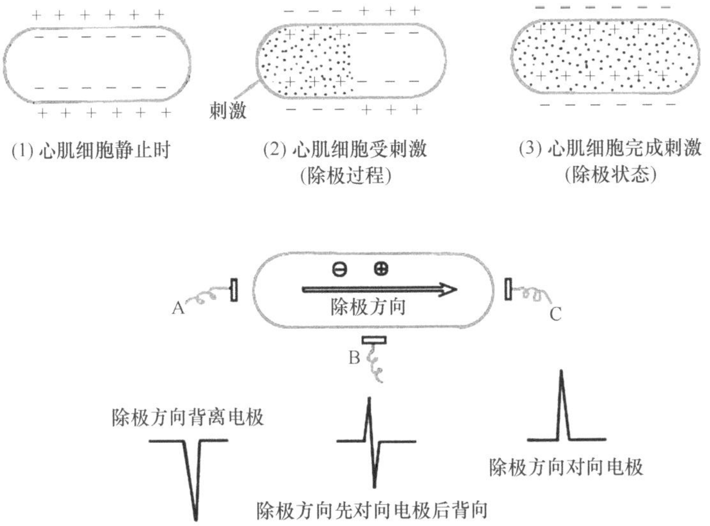

图 8-1-3 心肌细胞受刺激后的除极过程及所产生电位与检测电极位置的关系

二、心电图导联体系

（一）不同导联电极的连接

1. 标准肢体导联（standard lamb leads） 反映两个肢体之间的电位差变化，分别用Ⅰ、Ⅱ、Ⅲ罗马字作为标记。右上肢：连红色电极；左上肢：连黄色电极；右下肢：连黑色电极；左下肢：连绿色电极。连接方法如图 8-1-4 所示。

2. 加压肢体导联 分别用 aVR、aVL 及 aVF 表示，连接方法如图 8-1-5 所示。

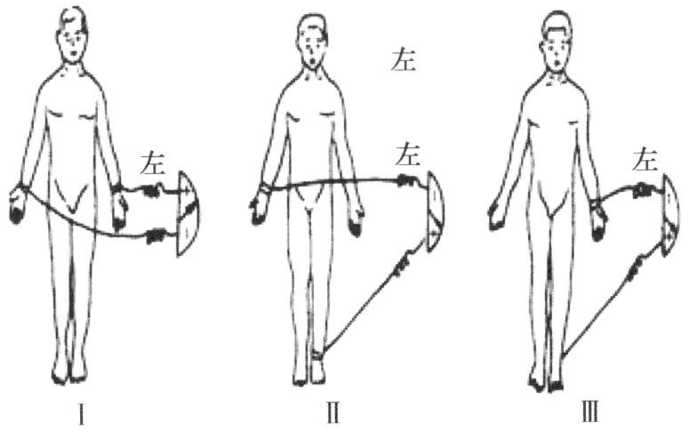

图 8-1-4 标准肢体导联连接方式

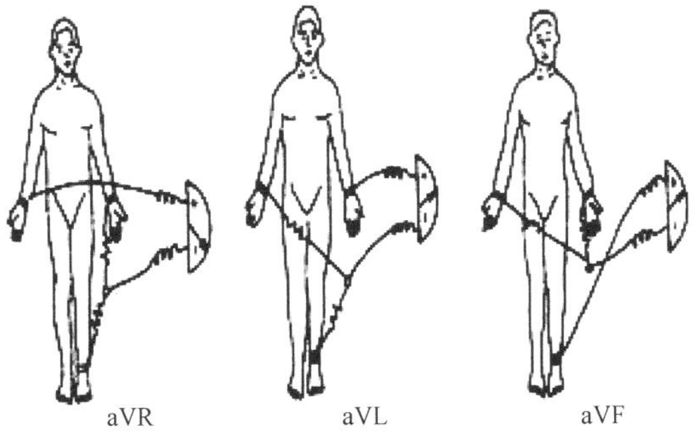

图 8-1-5 加压单极肢体导联连接方式

3. 胸导联（chest leads） 探查电极位于胸前区，左右上肢和左下肢各通过一个 5 千欧姆的电阻连在一起，和心电图极的负极上下连接，探查电极和心电图正极相连接。胸前导联探查电极的位置如图 8-1-6 所示。

（二）导联轴

1. 肢体导联的导联轴 某一导联正、负电极之间假想的连线，称为该导联的导联轴。根据科学家 Einthoven 提出的等边三角形假设，假定两上肢与左下肢为距离相等的 3 点，连接这 3 点就成为额面平面上的一个等边三角形。其 3 条边就代表 3 个标准导联的导联轴，如果在同一个三角形内，分别引三条垂直对角线，那么这三条垂直对角线就分别代表了三个加压肢体导联的导联轴。图 8-1-7 中显示标准导联和加压肢体导联的导联轴都位于额面，为了更清楚地表明 6 个导联轴之间的关系，可将 3 个标准导联的导联轴平行移位到三角形的中心 O 点处，就构成了额面上的六轴系统（hexaxial system）。每一根轴从中心 O 点分成正、负两半，轴与轴之间的夹角均为 30°。

2. 胸导联轴　由于胸导联各探查电极所放置的部位基本上在同一水平面（即横面）上，按上述方法也可画出各胸导联的导联轴。O 点为电偶的中心，近探查电极一侧为正，以实线表示，另一侧为负，以虚线表示。如图 8-1-8 所示，V_6是 0°、V_1是 +120°、V_2是 90°、V_4是 60°、V_5是 30°的位置，V_3大概是在 75°角。

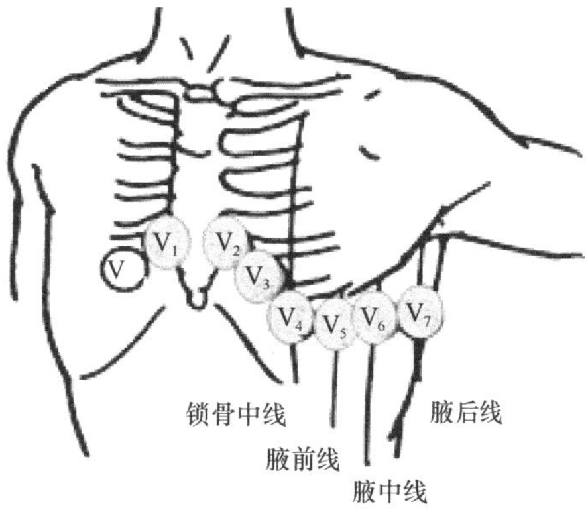

图 8-1-6　胸前导联探查电极的位置

（V_1：胸骨右缘第 4 肋间；V_2：胸骨左缘第 4 肋间；V_3：在 V_2 和 V_4 连线中间；V_4：左锁骨中线第五肋间；V_5：左腋前线与 V_4 同一水平；V_6：左腋中线与 V_4 同一水平）

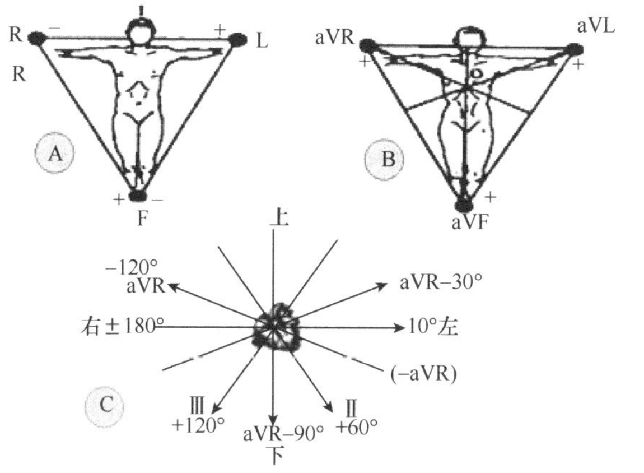

图 8-1-7　肢体导联的导联轴

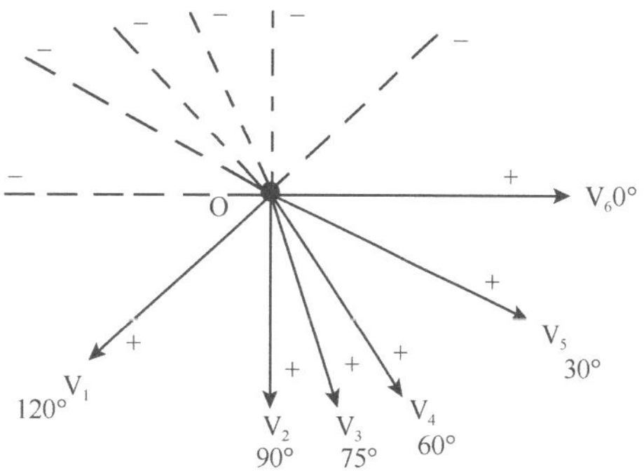

图 8-1-8　胸导联轴

（三）其他导联

1. 后壁导联　V_7、V_8、V_9，V_7是在腋后线平 V_4水平，V_8是左侧的肩胛下角线平 V_4水平，V_9是左侧的脊柱旁线平 V_4水平。

2. 右胸导联　V_3R～V_6R，是指和 V_3～V_6相对应的右胸部位。

3. 食管导联　可用于食管电生理检查。

4. 心内导联　可用于心内电生理、心导管射频消融（RFCA）检查。

三、心电向量与心电图的关系

所谓向量就是指既具有强度，又具有方向的电位幅度变化，箭头表示其方向，长度表示其强度。每一个心肌细胞在除极和复极过程中都会产生一个心电向量（vector）。而心脏是由无数个心肌细胞构成的，因此在除极和复极过程中，就会产生无数个心电向量。总的心电向量，也就是心电综合向量，是根据物理学上计算合力的原理求得的。也就是说如 A 心肌细胞和 B 心肌细胞分别产生 *A*

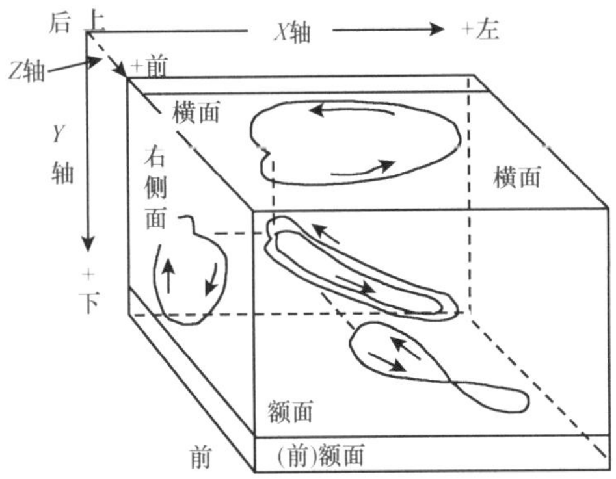

图 8-1-9 QRS 在额面、横面和侧面上的投影

向量和 *B* 向量，如果这两个向量的方向一致，那么总的向量就是两者相加。如果 *A* 向量和 *B* 向量的方向刚好相反，那么总的向量就是两者相减。如果 *A* 向量和 *B* 向量互成一定的夹角，那么它的平行四边形的对角线就是总的向量。

心电图是心电向量环经过两次投影形成的。空间心电向量环（QRS）投影在额面、横面和侧面上形成三个平面心电向量环（一次投影），三个平面心电向量环投影在导联轴上形成心电图（二次投影）。图 8-1-9 是一个空间的心电向量环经过两次投影形成的，这个空间的心电向量环经过第一次投影，投影在平面上，形成平面的心电向量图。这几个面是由三条轴构成的，一个是左右轴，称 *X* 轴；一个是上下轴，称 *Y* 轴；还有一个是前后轴，是 *Z* 轴。这三条轴形成了不同的面，其中 *X* 轴和 *Z* 轴形成横面，*X* 轴和 *Y* 轴就形成额面，而 *Z* 轴和 *Y* 轴形成侧面。这个具有三维空间的心电向量环，首先经过第一次投影，投影在平面上，就形成横面的心电向量图，投影在额面上就会形成额面的心电向量图。

第二次投影就是投影在导联轴上，所谓投影是指垂直于某平面的光线，照射在空间物体上，该物体在此平面上形成的影像就称为投影。经过第一次投影首先投影在平面上，形成一个平面的向量图，这个平面的心电向量图再投影在导联轴上就会形成心电图。投影在导联轴的正侧形成正向波，投影在导联轴的负侧形成负向波，波的高低取决于投影量的大小。

四、心电图各波段的形成与命名

（一）心电图各波段的形成

心脏的激动起源于窦房结，窦房结位于上腔静脉的入口处。起源于窦房结的激动沿着特殊传导系统依次下传，可以传到房室结、希氏束（His bundle）、左右束支、浦肯野纤维（Pukinje fiber），再分别到左右心室。

1. P 波 心房除极波，反映心房除极过程的电位变化。

2. QRS 波群 心室除极波，反应心室除极过程中产生的电位变化。

3. T 波 心室快速复极过程的电位变化。

4. PR 间期 P 波加上 P—R 段，是心房除极开始，到心室除极开始的时间。

5. QT 间期 从 QRS 波群的起点到 T 波的终点，指的是从心室除极开始，到心室复极结束的时间。

6. ST 段 反映心室缓慢复极过程的电位变化。当心肌缺血时，会影响心室的复极，因此会导致 ST 段的变化。

（二）QRS 波群的命名

各波的大小，以英文字母的大小写形式来表示：波形大（波幅≥0.5mV），书写时用大写字母 Q、R、S 表示；波形小（波幅<0.5mV）则用小写字母 q、r、s 表示；同一导联中，若波幅小于最高波幅的 1/2，记为小写英文字母（图 8-1-10）。

正常心室除极始于室间隔中部，自左向右方向除极；随左右心室游离壁从心内膜朝心外膜方向除极；左心室基底部与右心室肺动脉圆锥部是心室最后除极部位。

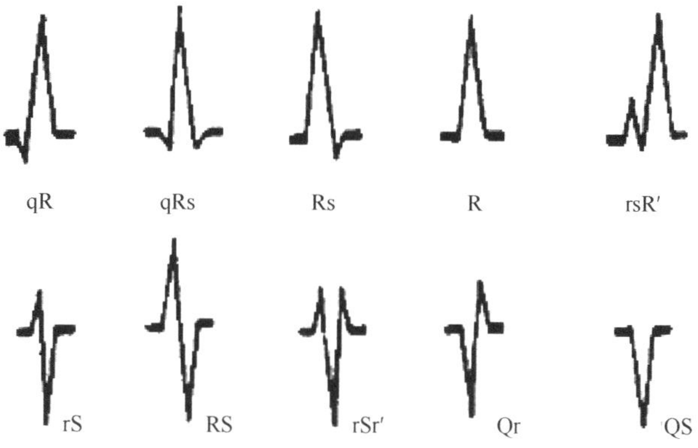

图 8-1-10　QRS 波群命名

（林劲秋）

第二节　正常心电图

一、心电图测量

心电图记录纸上的纵线代表电压，用于计算各波振幅的高度或深度。当输入定准电压 1mV 能使曲线移动 10mm（10 个小方格）的高度时，则每一小方格（1mm）的高度代表 0.1mV。若在描记时发现波形振幅过大，可将定准电压调整为 1mV 等于 5mm（5 个小方格）的高度（即电压减半），此时每一小方格的高度则代表 0.2mV。若在描记时发现波形振幅过小，则进行相反设置调整。横线代表时间，用于计算各波和各间期所占时间。通常记录纸的走纸速度为 25mm/s，故每一小方格（1mm）的宽度代表 0.04 秒（图 8-2-1）。

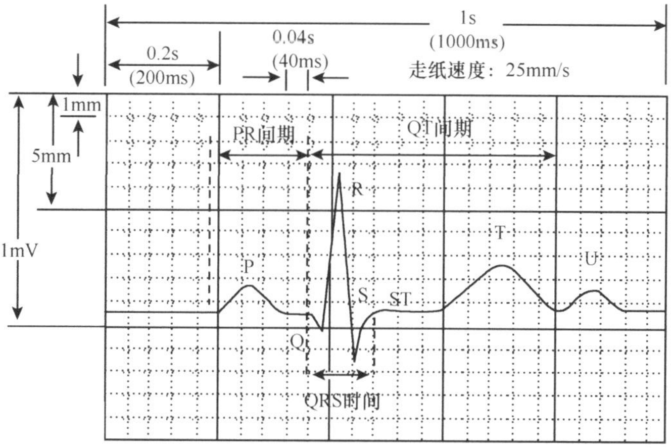

图 8-2-1　心电图各波段的测量

（一）各波段振幅的测量

P 波振幅测量的参考水平应以 P 波起始前的水平线为准。测量 QRS 波群、J 点、ST 段、T 波和 U 波振幅，统一采用 QRS 起始部水平线作为参考水平。如果 QRS 起始部为一斜段（如受心房复极波影响，预激综合征等情况），应以 QRS 波起点作为测量参考点。测量向上波形的振幅，应自基线的上缘垂直测到波形的顶点；测量向下波形的振幅，应自基线的下缘垂直测到波形的底端。

（二）各波段时间的测量

近年来已开始广泛使用的 12 导联同步心电图仪记录心电图，各波、段时间测量已有新的规定：

（1）测量 P 波和 QRS 波时间，应分别从 12 导联同步记录中最早的 P 波起点测量至最晚的 P 波终点，以及从最早 QRS 波起点测量至最晚的 QRS 波终点。

（2）PR 间期应从 12 导联同步心电图中最早的 P 波起点至最早的 QRS 波起点。

（3）QT 间期应是 12 导联同步心电图中最早的 QRS 波起点至最晚的 T 波终点的间距。

如果采用单导联心电图仪记录，仍应采用既往的测量方法：P 波及 QRS 波时间应选择 12 个导联中最宽的 P 波及 QRS 波进行测量；PR 间期应选择 12 个导联中 P 波宽大且有 Q 波的导联进行测量；QT 间期测量应取 12 个导联中最长的 QT 间期。一般规定，应自波形起始部位内缘测量至波形终末部位的内缘。

（三）心率的测量

测量心率时，先应该判断病人的心律是否规则。如果心律规则，只需测量一个 RR（或 PP）间期的秒数，然后被 60 除即可求出。例如，RR 间距为 0.8s，则心率为 60/0.8=75 次/分。还可采用查表法或使用专门的心率尺直接读出相应的心率数。心律明显不齐时，一般采取数个心动周期的平均值来进行测算。

（四）心电轴的测量

1. 目测法 目测Ⅰ与Ⅲ导联 QRS 波群的主波方向，大致估计心电轴是否偏移。如Ⅰ与Ⅲ导联主波均向上，表示电轴不偏；如Ⅰ导联主波向上，Ⅲ导联主波向下，表示电轴左偏；如Ⅰ导联主波向下，Ⅲ导联主波向上，表示电轴右偏；如Ⅰ与Ⅲ导联主波均向下，则不能判定电轴是否偏移（图 8-2-2）。

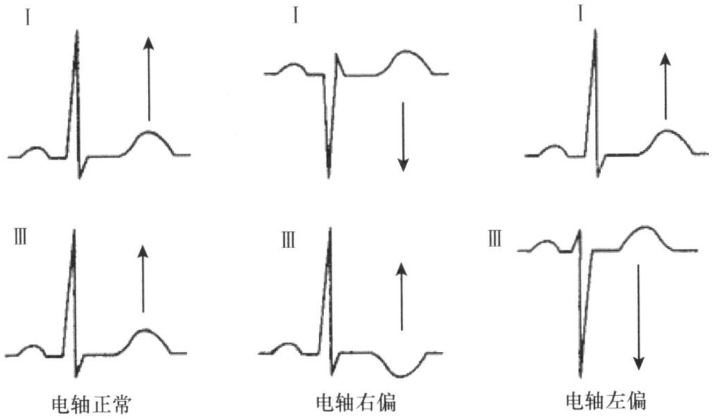

图 8-2-2 目测法估计心电轴的偏移

2. 临床意义 正常心电轴的范围为−30°～+90°；电轴位于−90°～−30° 范围为心电轴左偏；位于+90°～+180° 范围为心电轴右偏；位于−180°～−90° 范围，传统上称为电轴极度右偏，近年主张定义为“不确定电轴”（indeterminate axis）（图 8-2-3）。左心室肥大、左前分支阻滞等可使心电轴左偏；右心室肥大、左后分支阻滞等可使心电轴右偏；不确定电轴可以发生在正常人（正常变异），亦可见于某些病理情况，如肺源性心脏病、冠心病、高血压等。

（五）心脏钟向转位

自心尖部朝心底部方向观察，设想心脏可循其本身长轴作顺钟向或逆钟向转位。正常时 V_3 或 V_4 导联 R/S 大致相等，为左、右心室过渡区波形。顺钟向转位（clockwise rotation）时，正常在 V_3 或 V_4 导联出现的波形转向左心室方向，即出现在 V_5、V_6 导联上。逆钟向转位（counterclockwise rotation）时，正常 V_3 或 V_4 导联出现的波形转向右心室方向，即出现在 V_1、V_2 导联上。顺钟向转位可见于右心室肥大，而逆钟向转位可见于左心室肥大。但需要指出，心电图上的这种转位图形在正常人亦常可见到，提示这种图形改变有时为心电位的变化，并非都是心脏在解剖上转位的结果（图 8-2-4）。

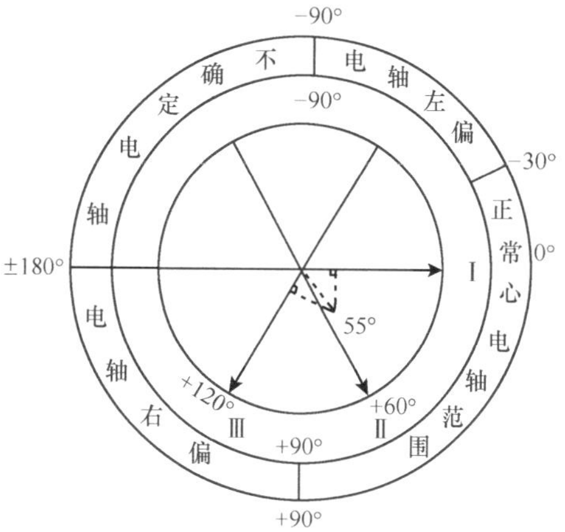

图 8-2-3　正常心电轴及偏移

图 8-2-4　心脏转位示意图

二、正常心电图波形特点与正常值

正常 12 导联心电图波形特点见图 8-2-5。

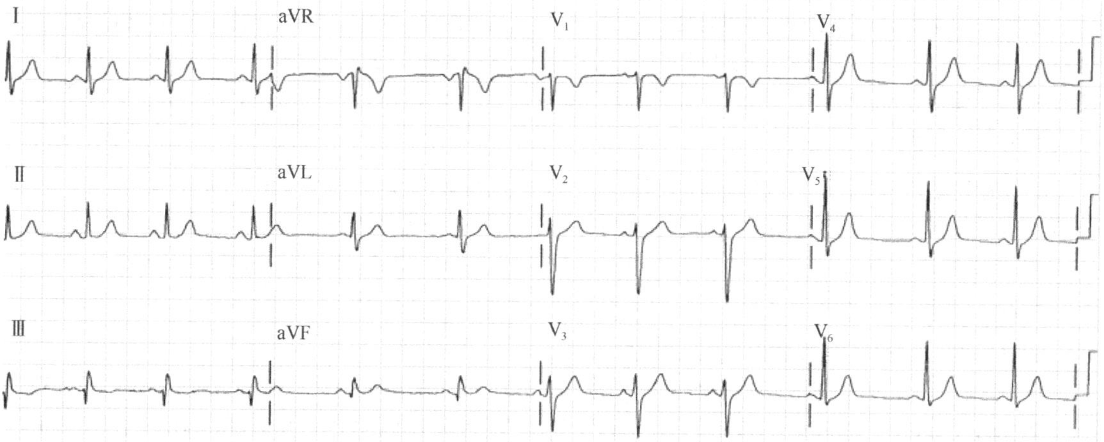

图 8-2-5　正常心电图 12 导联波形

（一）P 波

P 波代表心房肌除极的电位变化。

1. 形态　P 波的形态在大部分导联上一般呈钝圆形，有时可能有轻度切迹。心脏激动起源于窦房结，因此心房除极的综合向量指向左、前、下，所以P波方向在Ⅰ、Ⅱ、aVF、V_4～V_6导联向上，aVR导联向下，其余导联呈双向、倒置或低平均可。

2. 时间 正常人P波时间一般小于0.12秒。

3. 振幅 P波振幅在肢体导联一般小于0.25mV，胸导联一般小于0.2mV。

（二）PR间期

从P波的起点至QRS波群的起点，代表心房开始除极至心室开始除极的时间。心率在正常范围时，PR间期为0.12～0.20秒。在幼儿及心动过速的情况下，PR间期相应缩短。在老年人及心动过缓的情况下，PR间期可略延长，但一般不超过0.22秒。

（三）QRS波群

代表心室肌除极的电位变化。

1. 时间 正常成年人QRS时间小于0.12秒，多数在0.06～0.10秒。

2. 形态和振幅 在胸导联，正常人V_1、V_2导联多呈RS型，V_1的R波一般不超过1.0mV。V_5、V_6导联QRS波群可呈qR、qRs、Rs或R型，且R波一般不超过2.5mV。正常人胸导联的R波自V_1～V_6逐渐增高，S波逐渐变小，V_1的R/S＜1，V_5的R/S＞1。在V_3或V_4导联，R波和S波的振幅大体相等。在肢体导联，Ⅰ、Ⅱ导联的QRS波群主波一般向上，Ⅲ导联的QRS波群主波方向多变。aVR导联的QRS波群主波向下，可呈QS、rS、rSr′或Qr型。aVL与aVF导联的QRS波群可呈qR、Rs或R型，也可呈rS型。正常人aVR导联的R波一般小于0.5mV，Ⅰ导联的R波小于1.5mV，aVL导联的R波小于1.2mV，aVF导联的R波小于2.0mV。

6个肢体导联的QRS波群振幅（正向波与负向波振幅的绝对值相加）一般不应都小于0.5mV，6个胸导联的QRS波群振幅（正向波与负向波振幅的绝对值相加）一般不应都小于0.8mV，否则称为低电压。

R峰时间（R peak time）：过去称为类本位曲折时间或室壁激动时间，指QRS起点至R波顶端垂直线的间距。如有R′波，则应测量至R′峰；如R峰呈切迹，应测量至切迹第二峰。正常R峰时间在V_1、V_2导联一般不超过0.04秒，在V_5、V_6导联一般不超过0.05秒。

Q波：除aVR导联外，正常人的Q波时间小于0.04秒，Q波振幅小于同导联中R波的1/4。正常人V_1、V_2导联不应出现Q波，但偶尔可呈QS波。

（四）J点

QRS波群的终末与ST段起始的交接点称为J点。J点大多在等电位线上，通常随ST段的偏移而发生移位。有时可因心室除极尚未完全结束，部分心肌已开始复极致使J点上移。还可由于心动过速等，使心室除极与心房复极并存，导致心房复极波（Ta波）重叠于QRS波群的后段，从而发生J点下移。

（五）ST段

自QRS波群的终点至T波起点间的线段，代表心室缓慢复极过程。正常的ST段多为一等电位线，有时亦可有轻微的偏移，但在任一导联，ST段下移一般不超过0.05mV；ST段上抬在V_1～V_2导联一般不超过0.3mV，V_3不超过0.5mV，在V_4～V_6导联及肢体导联不超过0.1mV。

（六）T波

T波代表心室快速复极时的电位变化。

1. 形态 在正常情况下，T波的方向大多与QRS主波的方向一致。T波方向在Ⅰ、Ⅱ、V_4～V_6导联向上，aVR导联向下，Ⅲ、aVL、aVF、V_1～V_3导联可以向上、双向或向下。若V_1的T波方向向上，则V_2～V_6导联就不应再向下。

2. 振幅 除Ⅲ、aVL、aVF、V_1～V_3导联外，其他导联T波振幅一般不应低于同导联R波的1/10。T波在胸导联有时可高达1.2～1.5mV尚属正常。

（七）QT间期

QT间期指QRS波群的起点至T波终点的间距，代表心室肌除极和复极全过程所需的时间。

QT 间期长短与心率的快慢密切相关，心率越快，QT 间期越短；反之则越长。心率在 60～100 次/分时，QT 间期的正常范围为 0.32～0.44 秒。一般女性的 QT 间期较男性略长。不同导联之间 QT 间期存在一定的差异，正常人不同导联间 QT 间期差异最大可达 50ms，以 V_2、V_3 导联 QT 间期最长。

（八）U 波

在 T 波之后 0.02～0.04 秒出现的振幅很低小的波称为 U 波，代表心室后继电位，其产生机制目前仍未完全清楚。近年认为可能与心肌中层细胞（M 细胞）长动作电位、浦肯野纤维的复极化或心室肌舒张的机械作用有关。U 波方向大体与 T 波相一致。U 波在胸导联较易见到，以 V_3、V_4 导联较为明显。U 波明显增高常见于低血钾。U 波倒置可见于高血压和冠心病。

三、小儿心电图特点

1. 心率、PR 间期及 QT 间期　小儿迷走神经张力低，交感神经张力高，因而心率较快，常有窦性心动过速，最高可达 150～200 次/分，PR 间期及 QT 间期也相应较短。

2. 电压　小儿胸壁较薄，所以胸导联电压略高。

3. ST 段　在胸导联可略升高，少数表现为提早复极，变化并无显著年龄特点。

4. T 波　胸导联 V_1～V_3 导联常有倒置和双向，个别在 V_4 导联也可以倒置和双向。一般在 15 岁以前恢复正常。

5. 右心室占优势　可有电轴右偏（5 岁以内），有右心室肥厚的心电图表现（图 8-2-6），下壁及侧壁导联 q 波加深等。婴儿小于 1 岁：大于 140 次/分为窦速，小于 100 次/分为窦缓；幼儿 1～6 岁：大于 120 次/分为窦速，小于 80 次/分为窦缓；学龄大于 6 岁：大于 100 次/分为窦速，小于 60 次/分为窦缓。

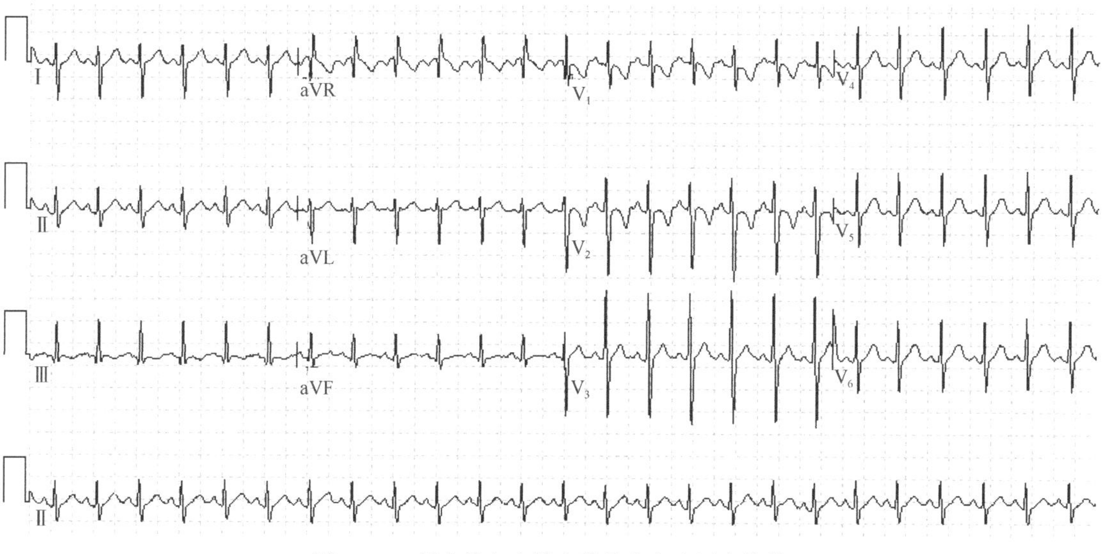

图 8-2-6　新生儿心电轴右偏及右室电压占优势

四、老年人心电图特点

随着增龄，心脏正常的老年人其心电图可有非特异性轻微改变，而且年龄越大异常率越高。这些改变可归纳为以下特点：①P 波振幅减低；②PR 间期轻度延长；③QRS 波群时限延长；④QT 间期延长；⑤T 波低平。以上改变均与老年人组织学和代谢改变及激动自起搏点经传导系统传导到心肌普遍延缓，致使各波的电压改变有关。其临床意义不大；老年人由于皮肤干燥，容易激动，易引起皮肤肌电干扰，造成心电图上的伪差，在分析时应特别注意。

此外，老年人多具有心电图异常表现，70 岁以上老年人心电图异常的占 52%。健康老年人中，用 24 小时动态心电图法测得 69%出现室性期前收缩、27%出现室上性期前收缩、24%有窦性心动过缓、10%的老人出现心房颤动。此外，老年人室上性心动过速较多见，且频率有随年龄增长而增加的趋势。由于年龄增长，老年人房室传导系细胞减少及纤维化，因此房室传导阻滞也较多见：Ⅰ度房室传导阻滞为 3%～10%，其发生可能与自主神经系统有关；左前半支传导阻滞为 4%、右束支传导阻滞为 4%～5%、左束支传导阻滞为 2%。老年人随年龄增长心电轴向左偏移，心电图偏位（–180°～–30°）占 17.4%，在心脏病病人中频率更高。

（林劲秋）

第三节　异常心电图

一、心房肥大

案例 8-3-1

张某，女，60 岁。20 年来反复出现咳嗽，咳白色泡沫样痰，时而咳黄痰，并出现气短，尤以过劳、受凉后症状明显。近 1 周来出现少尿伴双下肢水肿，口服双氢克尿噻及氨苯蝶啶治疗效果不佳而入院。体格检查：体温 37.9℃，脉搏 120 次/分，呼吸 24 次/分，血压 112/75mmHg。神志清楚，端坐位，呼吸略促，口唇发绀，颈静脉怒张，桶状胸，肺肝界位于右锁骨中线第 6 肋间，叩诊过清音，双肺下野可闻及干湿啰音。剑突下可见心脏搏动，心浊音界不易叩出，心音遥远，肺动脉瓣区第二心音亢进，三尖瓣区可闻及收缩期杂音，心律规整；心率 120 次/分。腹软，肝脏于右锁骨中线肋缘下 3.0cm，剑突下 4.0cm，双下肢水肿。心电图检查如图 8-3-1 所示：

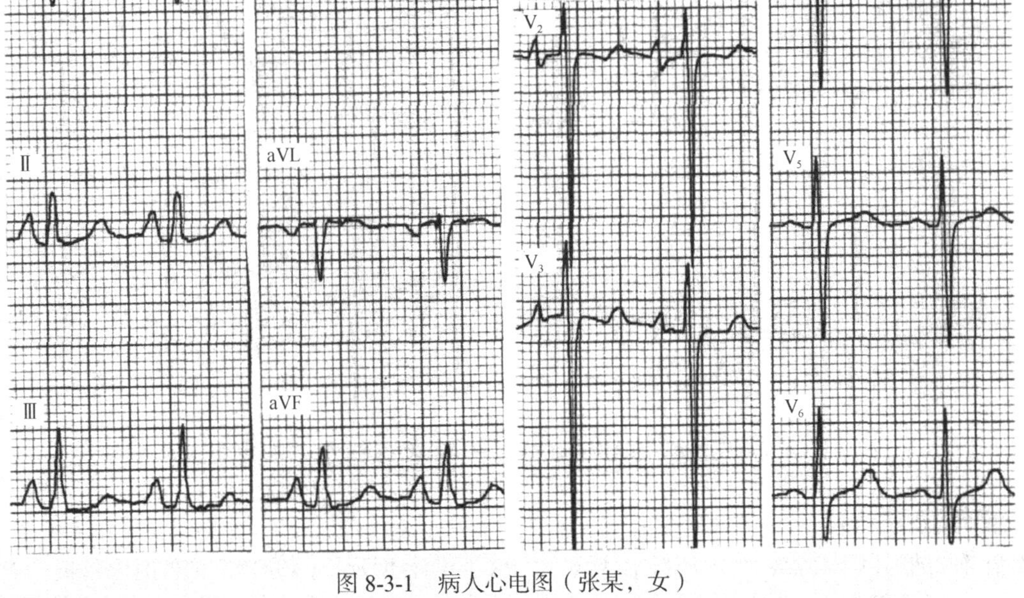

图 8-3-1　病人心电图（张某，女）

问题：

根据以上心电图，结合病人的临床资料，分析其可能的心电图诊断。

心房肥大多表现为心房的扩大而较少表现为心房肌肥厚。心房扩大引起心房肌纤维增长变粗及房间传导束牵拉和损伤，导致整个心房肌除极综合向量的振幅和方向发生变化。心电图上主要表现为 P 波振幅、除极时间及形态改变。

（一）左心房肥大（left atrial enlargement）

由于左心房除极落后于右心房，当左心房肥大时，心电图主要表现为心房除极时间延长。心电图表现：P 波增宽，时间≥0.12 秒，顶部呈双峰切迹，峰间距≥0.04 秒，V_1 导联 P 波多呈双向（图 8-3-2）。多见于二尖瓣狭窄，故称为“二尖瓣型 P 波”。

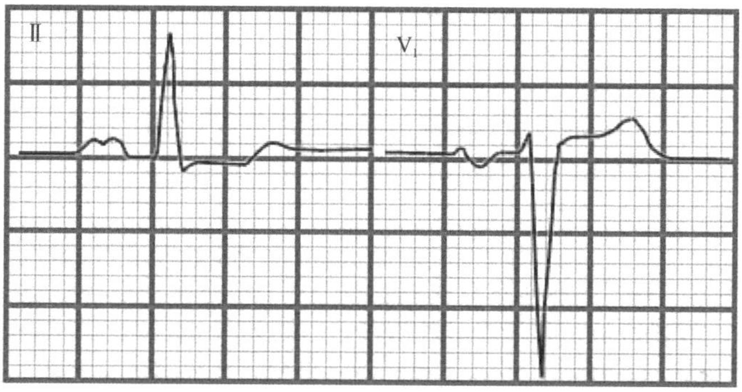

图 8-3-2　左心房肥大

（二）右心房肥大（right atrial enlargement）

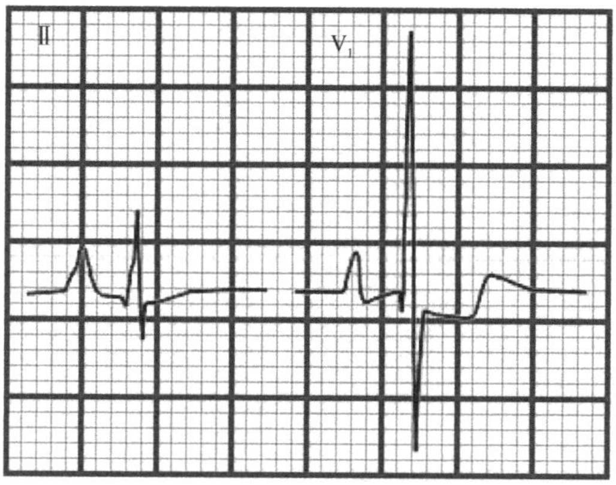

图 8-3-3　右心房肥大

正常情况下右心房先除极，左心房后除极。当右心房肥大时，除极时间延长，往往与稍后除极的左心房时间重叠，故总的心房除极时间并未延长，心电图主要表现为心房除极波振幅增高。

心电图表现：P 波尖锐高耸，在Ⅱ、Ⅲ、aVF 导联表现最为突出，其电压≥0.25mV，V_1 导联 P 波可呈双向，P 波宽度并不增加，但电压≥0.15mV，称为肺型 P 波。常见于慢性肺源性心脏病和某些先天性心脏病（图 8-3-3）。

（三）双心房肥大（biatrial enlargement）

P 波尖锐高耸，在Ⅱ、Ⅲ、aVF 导联表现最为突出，其电压≥0.25mV，其时间≥0.11 秒，V_1P 波可呈双向，P 波宽度也增宽，其电压≥0.15mV（图 8-3-4）。

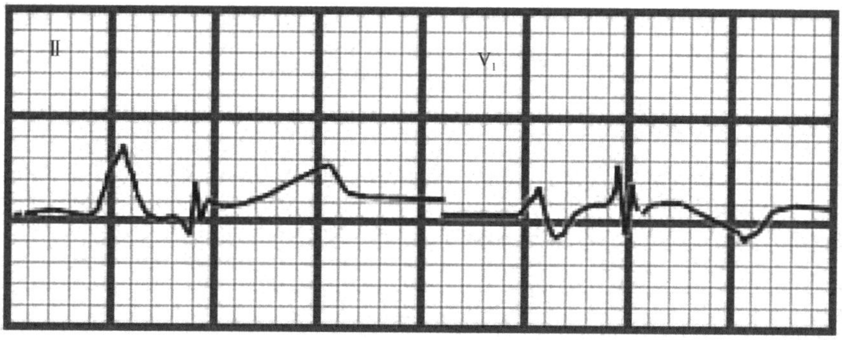

图 8-3-4　双心房肥大

案例 8-3-1 分析讨论

1. 心电图诊断

（1）窦性心律。

（2）肺源性心脏病。

2. 诊断依据

（1）窦性 P 波：P 波在Ⅰ、Ⅱ、aVF、V_3～V_6直立，aVR 倒置，形态、时间正常。频率为 60～100 次/分，PR 间期正常。

（2）“肺型 P 波”，P 波形态高尖，Ⅱ、Ⅲ、aVF 导联电压≥0.25mV，V_1导联 P 波双向，电压≥0.15mV。

二、心室肥大

案例 8-3-2

刘某，男，55 岁，职员。因反复心悸、胸闷气促、双下肢水肿 10 月余，1 个月前双侧胸腔积液，心包积液，腹水形成，肝脾大，怀疑患“缩窄性心包炎”，于近日入院。既往无高血压及结核病史。体格检查：体温 36.5℃，脉搏 94 次/分，呼吸 24 次/分，血压 110/70mmHg，意识清，半卧位，颈静脉怒张，肝颈征阳性，双侧中下肺呼吸音明显减弱，左第 5 肋间、右第 3 前肋以下叩诊呈浊音，心尖搏动不明显，心界未能明显叩出，心音低钝，心率 130 次/分，律齐，无杂音及心包摩擦音，蛙状腹，腹壁静脉无曲张，肝右锁骨中线肋弓下 4.0cm，质软、触痛，腹水征（+），双下肢凹陷性水肿。

问题：

分析其心电图（图 8-3-5）并作出可能诊断。

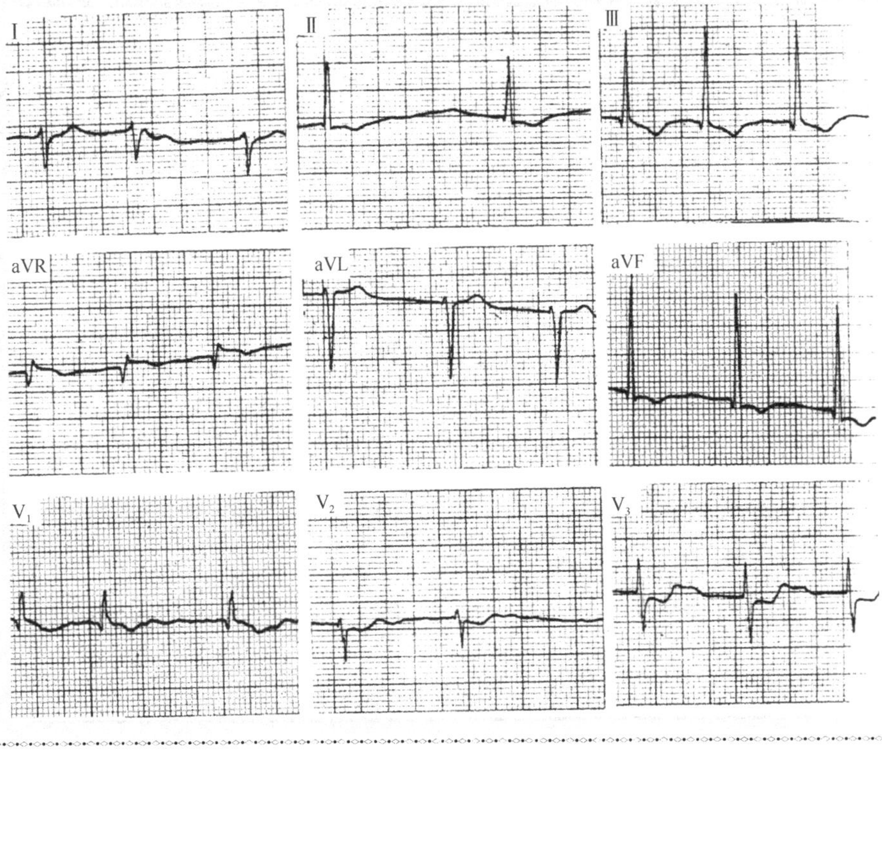

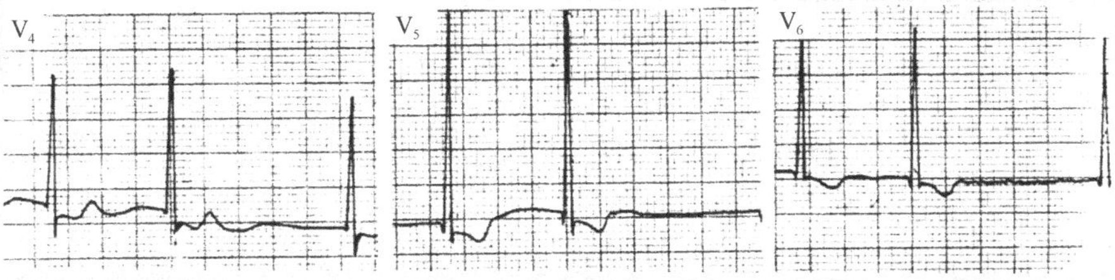

图 8-3-5　病人心电图（刘某，男）

左心室的心肌明显厚于右心室，正常时综合心电向量表现为左心室占优势。当左心室发生肥大时，左心室占优势的特征表现更为特出；当右心室肥大时，正常左心室占优势的情况可能逆转为右心室占优势。

（一）左心室肥大（left ventricular hypertrophy，LVH）

1. 左室高电压

（1）胸导联：$R_{V_5}/R_{V_6}>2.5mV$；$R_{V_5}+S_{V_1}>4.0mV$（男性）；$R_{V_5}+S_{V_1}>3.5mV$（女性）。

（2）肢导联：$R_{I}>1.5mV$，$R_{aVL}>1.2mV$，$R_{aVF}>2.0mV$ 或 $R_{I}+R_{III}>2.5mV$。

（3）Cornell 标准：$R_{aV_1}+S_{V_3}>2.8mV$（男性）或$>2.0mV$（女性）。

2. 心电轴左偏。

3. QRS 波群时间延长到 0.10～0.11 秒。

4. 在以 R 波为主的导联中，T 波低平、双向或倒置，伴有 ST 段缺血型压低达 0.05mV 以上；在以 S 波为主的导联中，反见 T 波直立者，表示左室肥大伴心肌劳损（图 8-3-6）。

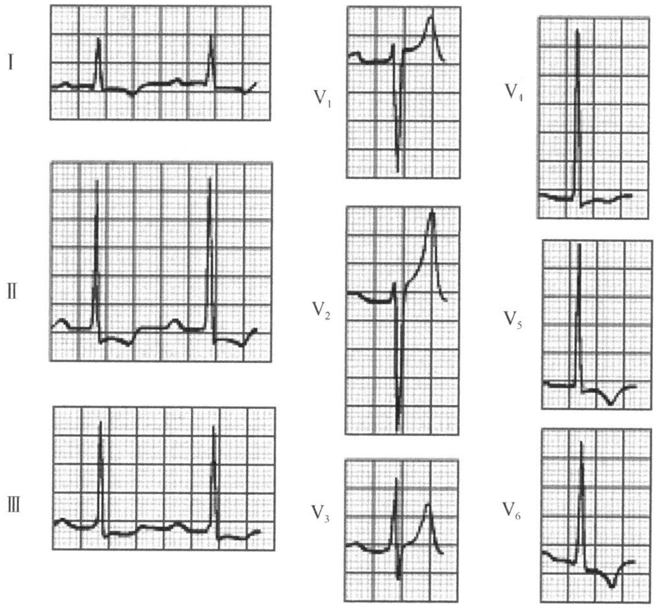

图 8-3-6　左心室肥大

在符合一项或几项 QRS 电压增高标准的基础上，结合其他阳性指标之一，一般可以完成左室肥大的诊断。符合条件越多，诊断可靠性越大。如仅有 QRS 电压增高，而无其他任何阳性指标者，诊断左室肥大应慎重。

（二）右心室肥大（right ventricular hypertrophy，RVH）

右心室厚度只有左心室室壁的 1/3，只有当右心室壁的厚度达到相当程度时才会使综合向量由左心室优势转向为右心室优势，并导致位于右心室面导联（V_1、aVR）的 R 波增高，而位于左心室面导联（Ⅰ、aVL、V_5）的 S 波变深。

1. V_1 导联 R/S≥1，呈 R 型或 Rs 型，重度右心室肥大可使 V_1 导联呈 qR 型（除外心肌梗死）；V_5 导联 R/S≤1 或 S 波比正常加深；aVR 导联以 R 波为主，R/q 或 R/S≥1。

2. $R_{V_1}+S_{V_5}>1.05mV$（重症>1.2mV）；$R_{aVR}>0.5mV$。

3. 心电轴右偏≥+90°（重症可>+110°）。

4. 常同时伴有右胸导联（V_1、V_2）ST 段压低及 T 波倒置（图 8-3-7）。

诊断右心室肥大，有时定性诊断（依据 V_1 导联 QRS 形态及电轴右偏等）比定量诊断更有价值。一般来说，阳性指标越多，则诊断的可靠性越高。虽然心电图对诊断明显的右心室肥大准确性较高，但敏感性较低。

（三）双侧心室肥大（bilateral ventricular hypertrophy）

与诊断双心房肥大不同，双侧心室肥大的心电图表现并不是简单地把左、右心室异常表现相加，心电图可出现下列情况。

1. 大致正常心电图 由于双侧心室电压同时增高，增加的除极向量方向相反互相抵消。

2. 单侧心室肥大心电图 只表现出一侧心室肥大，而另一侧心室肥大的图形被掩盖。

3. 双侧心室肥大心电图 既表现右心室肥大的心电图特征（如 V_1 导联 R 波为主，电轴右偏等），又存在左心室肥大的某些征象（如 V_5 导联 R/S>1，R 波振幅增高等）（图 8-3-8）。

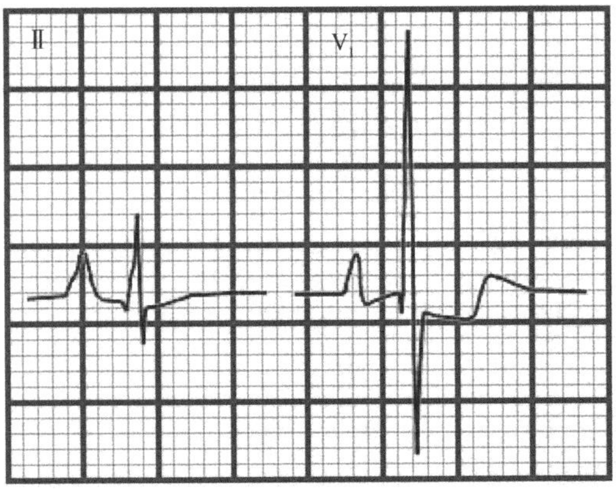

图 8-3-7 右心室肥大

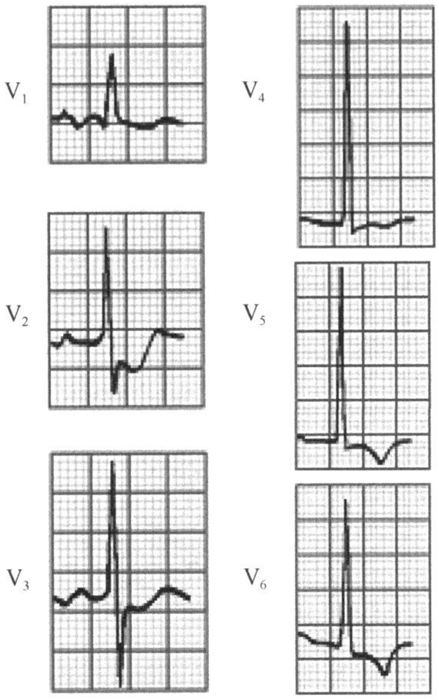

图 8-3-8 双心室肥大

案例 8-3-2 分析讨论

1. 心电图诊断

（1）窦性心律。

（2）双心室肥厚伴劳损。

2. 诊断依据

（1）窦性 P 波：P 波在Ⅰ、Ⅱ、aVF、V_3～V_6 直立，aVR 倒置，形态、时间正常。频率为 60～100 次/分，PR 间期正常。

（2）右心室肥厚：V_1 呈 qR 型，电轴右偏。
（3）左心室高电压：RV_5=3.0mV。
（4）心肌劳损：Ⅱ、Ⅲ、aVF、V_1、V_5、V_6 的 T 波倒置，ST 段下降。

三、心 肌 缺 血

案例 8-3-3

陈某，女，44 岁，胸闷气短 15 年余，近来加重，入院测得心电图如下（图 8-3-9）。

问题：

试分析病人可能的诊断。

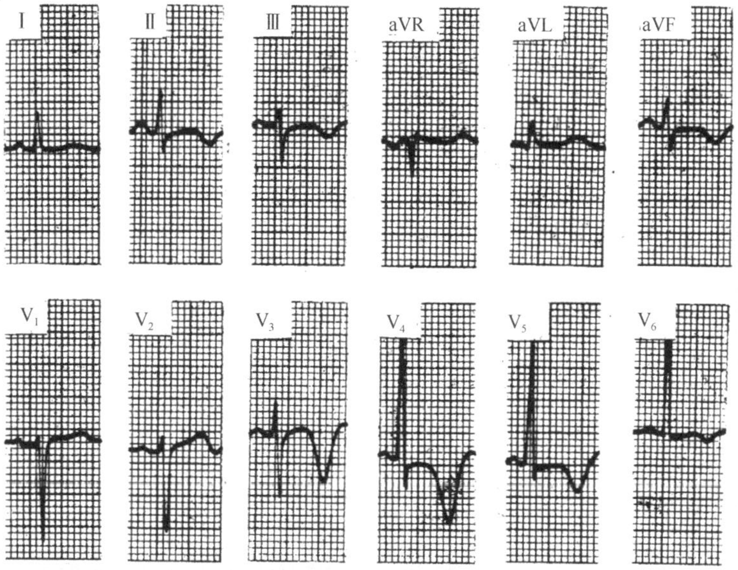

图 8-3-9　入院心电图（陈某，女）

心肌缺血（myocardial ischemia）最常见的原因是冠状动脉粥样硬化。冠状动脉因粥样硬化而管腔狭窄，从而引起供血不足，导致心肌发生缺血。当心肌供血不足时，就会影响心室的复极过程，反映在心电图上就在相应的缺血区的导联上出现 ST-T 的变化。通常情况下，心室的复极过程是从心外膜开始向心内膜进行的。当心肌缺血时，根据心室壁受累层面不同，出现大致两种类型的心电图改变。大概有两种变化。

（一）心内膜下心肌缺血

当心内膜下心肌缺血时，心肌复极较正常时更为延迟，以至于最后的心内膜下心肌复极时，已没有其他与之相抗衡的心电向量存在，致使心内膜下的心肌复极显得异常突出，产生了与 QRS 主波方向一致的高大 T 波。当下壁心内膜心肌缺血时，在Ⅱ、Ⅲ、aVF 导联上可出现高大的正向 T 波；当前壁心内膜心肌缺血时，在 V_3～V_5 导联上可出现高大的正向 T 波：其方向与 QRS-T 波群主波方向一致，上升支和下降支对称（图 8-3-10）。

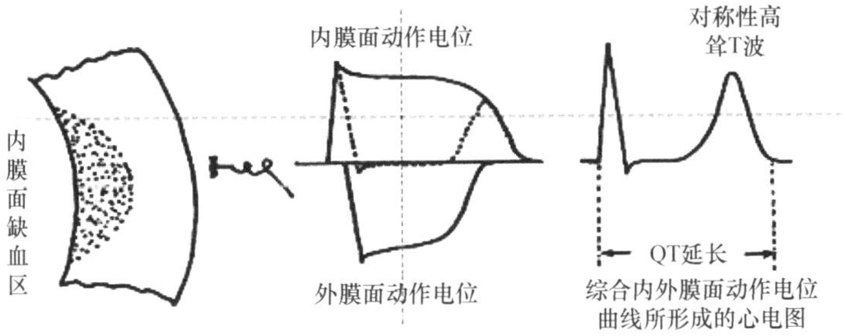

图 8-3-10　心内膜下心肌缺血

（二）心外膜下心肌缺血

心外膜面发生心肌缺血（包括透壁性心肌缺血）时，心肌复极顺序发生逆转，转为心内膜复极在先，心外膜复极在后，于是出现了与正常方向相反的 T 向量，心电图上即表现为与 QRS 主波方向相反的 T 向量。当下壁心外膜心肌缺血时，在Ⅱ、Ⅲ、aVF 导联上可出现深而倒置的 T 波；当前壁心外膜心肌缺血时，在胸前导联上出现 T 波倒置（图 8-3-11）。

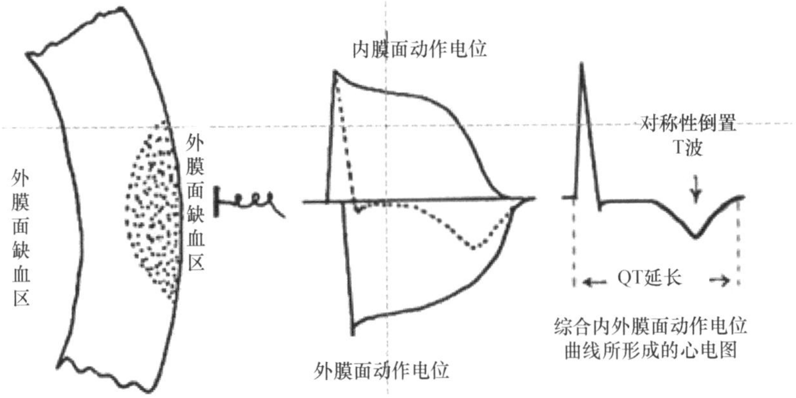

图 8-3-11　心外膜下心肌缺血

关于心肌缺血的两种基本图形改变，还有几个方面需要在分析心电图时加以注意。首先，T 波改变虽然可由心肌缺血引起，但是非心肌缺血时也可能发生 T 波改变。在临床诊断某一些疾病时，一定要结合病人的病史，结合病人的具体情况综合判定。其次，由于影响 T 波形态的因素有很多，所以在临床上 ST 段的变化对于诊断心肌缺血的价值比 T 波更大。最后，应当注意只有当 ST 段下移≥0.05mV 才有诊断意义。因为在正常人心电图上，ST 段也可以出现易位的情况。

（三）ST 段下移

常见的 ST 段下移类型有三种。第一种类型是水平型的下移，即 R 波顶点垂线与 ST 段交角等于 90°，ST 段下移时间持续 0.08 秒以上（图 8-3-12①）。第二种类型是下斜型的下移，即 R 波顶点垂线与 ST 段交角大于 90°（图 8-3-12②）。第三种类型是上斜型的下移，所谓上斜型的下移是指通过 R 波的顶点做一条垂线，垂线和 ST 段交角小于 90°（图 8-3-12③）。在这三种 ST 段下移的类型中，其中水平型的下移对心肌缺血的诊断意义最大，相对来讲也最敏感；其次是下斜型的下移。

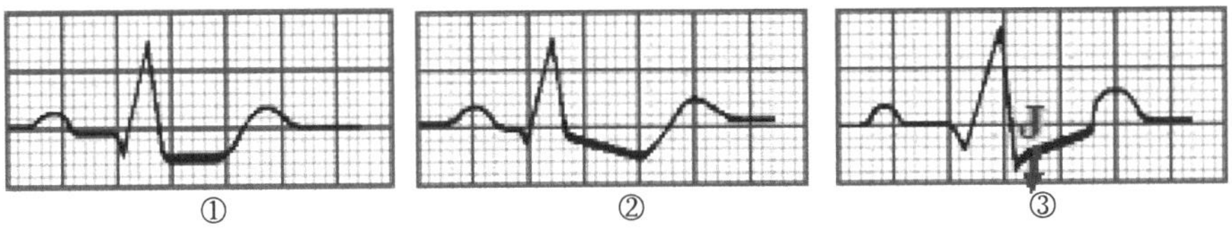

图 8-3-12　心肌缺血的 ST 段改变

在临床上还有一种特殊的情况，虽然也是心肌缺血，但是ST段不是下移，而是出现了上移，多见于变异型心绞痛时。变异型心绞痛往往发生在冠状动脉痉挛的基础上，属于透壁性心肌缺血，表现为ST段抬高，酷似心肌梗死时的“损伤电流”型改变。变异型心绞痛持续的时间不会太长，一般随着心绞痛的消失ST段随即回落；最长时间一般不会超过24 小时。

（四）心肌缺血心电图图形的临床意义

心肌缺血的心电图可仅表现为ST段改变或者T波改变，也可同时出现ST-T改变。临床上发现约一半的冠心病病人未发作心绞痛时，心电图可以正常，而仅于心绞痛发作时记录到ST-T动态改变。约10%的冠心病病人在心肌缺血发作时心电图可以正常或仅有轻度ST-T变化。

典型的心肌缺血发作时，面向缺血部位的导联常显示缺血型 ST 段压低（水平型或下斜型下移≥ 0.1mV）和（或）T波倒置。有些冠心病病人心电图可呈持续性ST改变（水平型或下斜型下移≥0.05mV）和（或）T波低平、负正双向和倒置，而于心绞痛发作时出现ST-T改变加重或伪性改善。变异型心绞痛（冠状动脉痉挛为主要因素）多引起暂时性ST段抬高并常伴有高耸T波和对应导联的ST段下移，这是急性严重心肌缺血表现，如ST段持续抬高，提示可能发生心肌梗死。

案例 8-3-3 分析讨论

1. 心电图诊断

（1）窦性心律。

（2）前下壁心肌缺血。

2. 诊断依据

（1）窦性P波：P波在Ⅰ、Ⅱ、aVF、V_3～V_6直立，aVR倒置，形态、时间正常。频率为60～100次/分之间，PR间期正常。

（2）下壁心肌缺血：Ⅱ、Ⅲ、aVF导联ST段下降，T波倒置。

（3）前壁心肌缺血：V_3～V_6导联ST段下降，T波倒置。

四、心肌梗死

案例 8-3-4

张某，男，49岁，已婚，中专文化，某机关干部。因胸骨后压榨样疼痛，伴有濒死感入院。该病人体型肥胖，有原发性高血压史5年，实验室检查发现血脂高于正常。病人平日喜食肥肉；有28年吸烟史，每日吸烟1～2包；经常喝酒，不爱运动，性格外向，易激动，总有时间紧迫感，发病前曾连续加夜班1周。

问题：

试分析病人心电图作出可能的诊断（图8-3-13）。

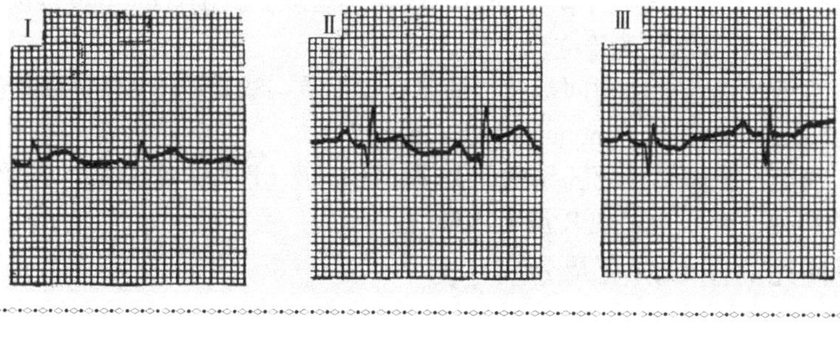

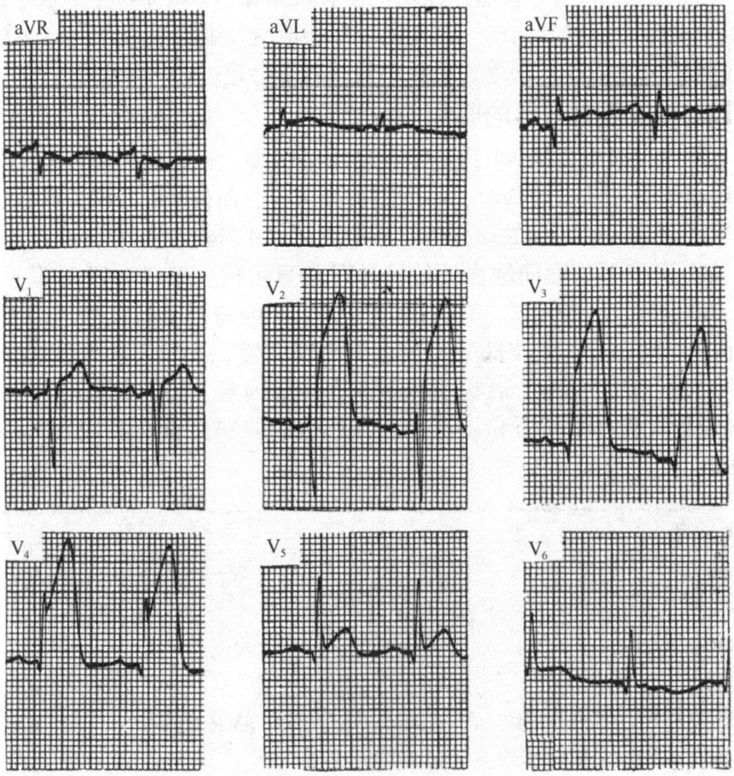

图 8-3-13　病人心电图（张某，男）

（一）心肌梗死的基本图形

冠状动脉急性闭塞后，依靠该支冠状动脉供血的心肌由于得不到血液供应而发生一系列改变，在心电图上可先后出现缺血、损伤和坏死 3 种类型的图形（图 8-3-14）。

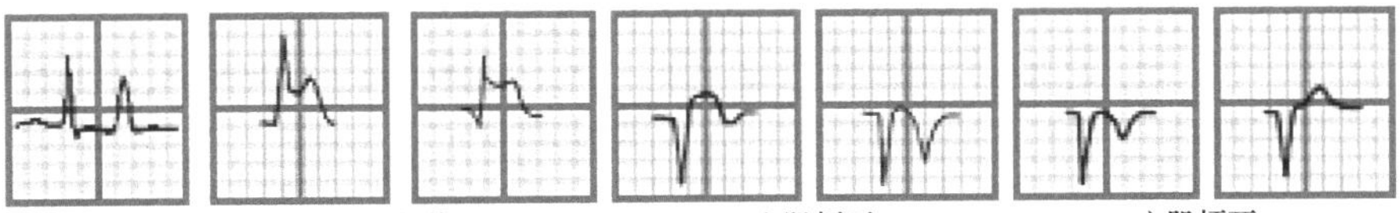

图 8-3-14　心肌梗死的基本图形

1.“缺血型”改变　当冠状动脉急性闭塞后，会立即产生心肌缺血，在心电图上主要演变为 T 波改变。早期 T 波高尖，上升肢与下降肢对称，随后逐渐降低，倒置的 T 波逐渐加深，持续数周后倒置的 T 波变浅，最后可恢复为直立。

2.“损伤型”改变　随着缺血时间延长，缺血程度加重。表现为 ST 段逐渐抬高，并与 T 波融合，形成弓背向上型的单向曲线（mono-phasic curve）。

3.“坏死型”改变　在面向坏死区导联上出现异常 Q 波（时限≥0.03 秒，振幅大于等于 1/4R）或 QS 波，在背向坏死区导联上出现 R 波电压增高。

（二）心肌梗死的图形演变及分期

通常根据心电图的表现特点，可将心肌梗死（myocardial infarction）分为四个时期。四个时期分别是早期、急性期、近期及陈旧期（图 8-3-15）。下面将分别介绍四个时期各自的心电图特点。

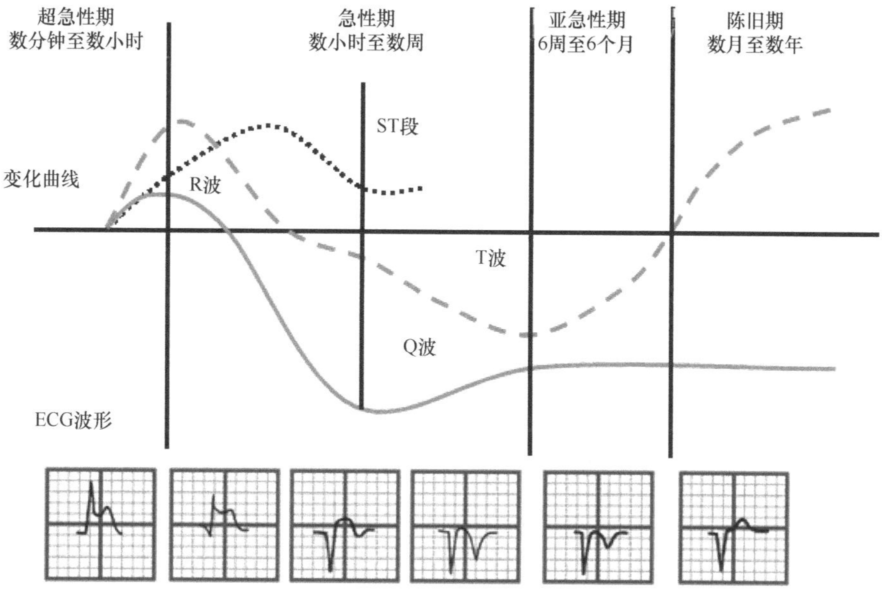

图 8-3-15　心肌梗死的图形演变及分期

1. 早期　也称超急性期，是指心肌梗死发生以后的数分钟到数小时。临床上心肌梗死发生时，绝大多数病人都会有感觉。比较典型的是出现胸骨后的（压榨样的）剧烈疼痛。发病时伴有大汗、疼痛难忍，有濒死感。心肌梗死发生数分钟到数小时，心电图上出现高尖的 T 波（说明缺血发生在心内膜面）。随着时间延长，出现 ST 段是斜行的抬高，可以和 T 波相连。

临床上在早期的救治对病人是非常重要的。因为心肌梗死的治疗应该是争分夺秒，"时间就是生命、时间就是心肌"，所以争分夺秒地开通梗塞的相关动脉，可以最大限度地挽救濒死的心肌。因此，如果病人能得到及时的治疗，可以避免病人出现心肌梗死。相应的治疗措施包括溶栓治疗与血管的介入治疗。

2. 急性期　随着病情进展，病人很快可以进入急性期。所谓急性期是指心肌梗死发生以后的数小时到数日，可持续数周。在急性期，心肌梗死的三种基本图形变化都会存在，即坏死型 Q 波、损伤型 ST 段抬高和缺血型 T 波倒置并存。在临床上绝大多数是急性期的病人。

3. 近期（亚急性期）　随着病情进一步发展，心电图也在不断地发生变化，很快进入近期。近期是指心肌梗死以后的数周到数月，心电图以坏死和缺血图形为主要特征。在此时期 ST 段已经恢复到正常，ST 段抬高时间通常为 3～6 天，一般也不超过半个月。若超过半个月，往往提示心肌梗死有合并症。

4. 陈旧期（愈合期）　是指心肌梗死以后的 3～6 个月或者是更久。时间并不确定，要结合心电图判定具体时期。心电图通常表现为留有坏死型 Q 波，或发现有倒置 T 波已恢复正常或长期无变化（图 8-3-16）。

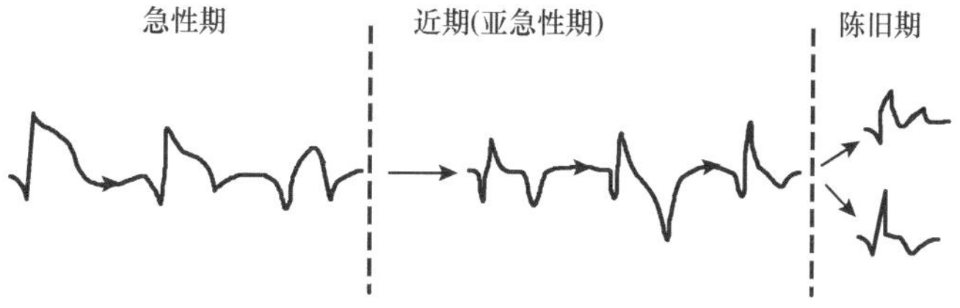

图 8-3-16　急性期、近期及陈旧期

（三）心肌梗死的定位诊断

心肌梗死的三种基本图形：缺血性的 T 波改变、损伤性的 ST 段抬高及坏死性的 Q 波。具体定位诊断如下。如果心肌梗死的基本图形出现在 V_1～V_3 导联上，可定位属于前间壁的心肌梗死（图 8-3-17）；如果心肌梗死的图形，尤其是坏死性的 Q 波出现在 V_7～V_9，可定位为后壁的心肌梗死；如果梗死的图形出现Ⅱ、Ⅲ、aVF 导联上，可定位为下壁的心肌梗死（图 8-3-18）。如果梗死图形出现在Ⅰ、aVL、V_5、V_6 导联上，通常可定位为侧壁的心肌梗死（图 8-3-19）。如果梗死的三种基本图形，出现在 V_3～V_5 导联上，不管包括 V_5 还是不包括 V_5，通常定位为前壁的心肌梗死。如果是心肌梗死的三种基本图形，尤其是病理性 Q 波出现在了 V_1～V_6 导联上，可定位为广泛的前壁心肌梗死（图 8-3-20）。

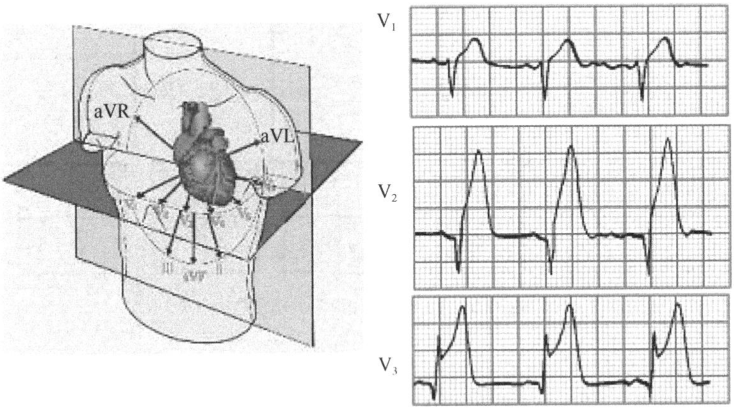

图 8-3-17　前间壁心肌梗死

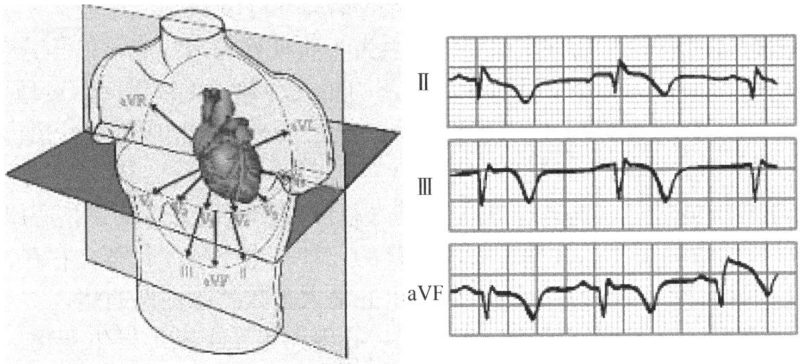

图 8-3-18　下壁心肌梗死

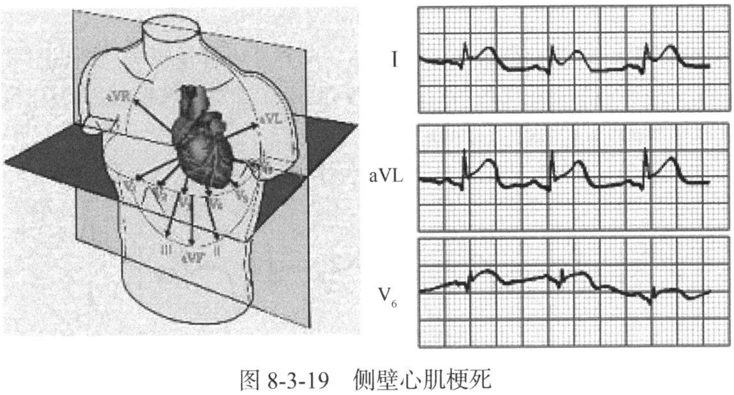

图 8-3-19　侧壁心肌梗死

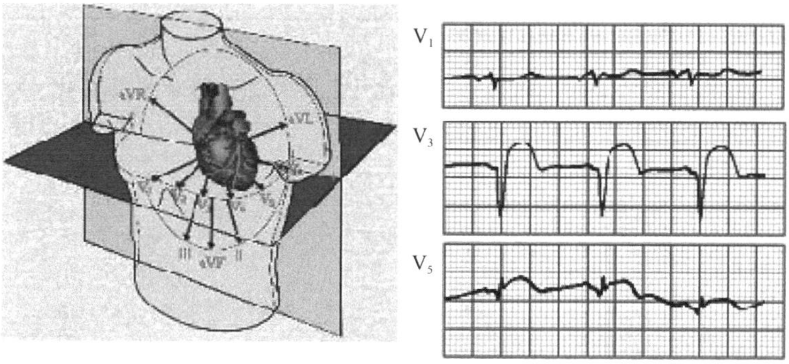

图 8-3-20　广泛前壁心肌梗死

在心肌缺血、损伤和梗死三种心电图改变中，缺血性 T 波改变常见，而损伤性 ST 段改变少见，但只有出现典型的病理性 Q 波时方认为是心肌梗死较为可靠的诊断依据。若上述三种改变同时存在，则诊断心肌梗死的可靠性就较大。

案例 8-3-4 讨论分析

1. 心电图诊断

（1）窦性心律。

（2）急性前壁合并下壁心肌梗死。

2. 诊断依据

（1）窦性 P 波：P 波在Ⅰ、Ⅱ、aVF、V_3～V_6 直立，aVR 倒置，形态、时间正常。频率为 60～100 次/分，PR 间期正常。

（2）下壁心肌梗死：Ⅱ、Ⅲ、aVF 导联 ST 段抬高，可见病理性 Q 波。

（3）前壁心肌梗死：V_2～V_5 导联 ST 段抬高，可见病理性 Q 波。

五、心 律 失 常

（一）心律失常的概念

正常心脏激动起源于窦房结，按一定顺序和时间依次下传至心房、房室结、左右束支及心室，激发相应部位产生激动。若激动的产生和传导异常，则可引起心脏频率和节律的改变，此即为心律失常（arhythmia）。心电图检查是诊断心律失常的重要手段。心律失常的产生见表 8-3-1。

表 8-3-1　心律失常的产生

激动起源异常	激动传导异常
窦性心律失常：停搏、过缓、过速、不齐	生理性传导障碍：干扰与脱节
异位心律：被动性：逸搏与逸搏心律（房性、房室交界区性、室性） 主动性：期前收缩（房性、房室交界区性、室性） 阵发性与非阵发性心动过速、扑动与颤动（心房、心室）	病理性传导障碍：窦房传导阻滞、房内传导阻滞、房室传导阻滞 室内传导阻滞（左、右束支及分支） 意外传导（超常传导、裂隙现象、维登斯现象）
	捷径传导：预激综合征

（二）窦性心律与窦性心律失常

案例 8-3-5

黄某，男，34 岁，因“心慌、乏力 2 周”就诊。2 周前，患者曾有发热、咽痛的病史。查体：无突眼征，甲状腺Ⅱ度肿大，质地硬，压痛（+），杂音（–）。心率 125 次/分，律齐。腹部（–）。双下肢无水肿。

问题：

试分析病人心电图作出可能的诊断（图 8-3-21）。

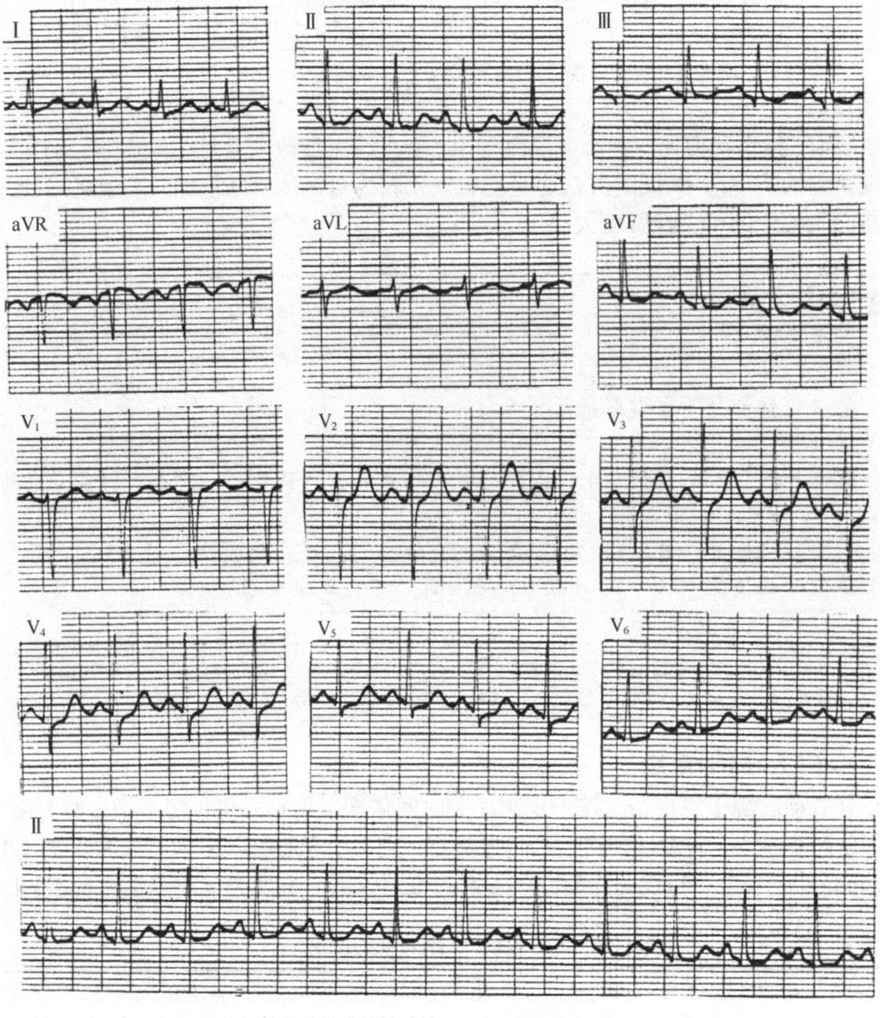

图 8-3-21　病人心电图（黄某，男）

1. 窦性心律（sinus rhythm）

（1）有一系列规律出现的 P 波，P 波形态表明冲动来自窦房结（即Ⅱ、Ⅲ、aVF、V_5 导联 P 波直立，aVR 导联 P 波倒置）。

（2）PR 间期在 0.12～0.20 秒。

（3）频率 40～150 次/分；正常窦性心律的频率一般为 60～100 次/分。

（4）同一导联中 PP 间期差值应<0.12 秒（图 8-3-22）。

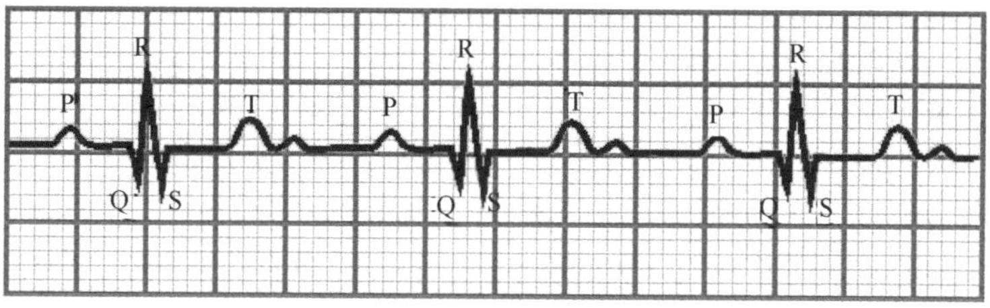

图 8-3-22　Ⅱ导联的窦性心律

2. 窦性心动过速（sinus tachycardia）　窦性心律的频率成人超过 100 次/分。PR 间期、QRS 及 QT 时限均相应缩短，有时尚可继发 ST 段轻度压低和 T 波低平。常见于运动、精神紧张、发热、甲状腺功能亢进、贫血和拟交感类药物的作用时（图 8-3-23）。

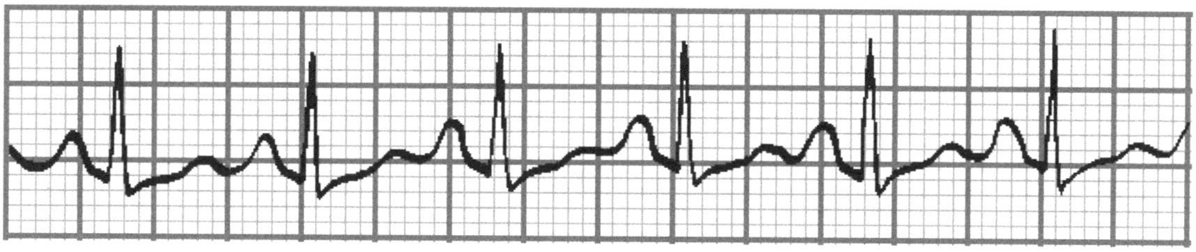

图 8-3-23　Ⅱ导联的窦性心动过速

3. 窦性心动过缓（sinus bradycardia）　窦性心律的频率低于 60 次/分。多见于颅内高压、甲状腺功能低下或 β 受体阻滞剂作用时（图 8-3-24）。

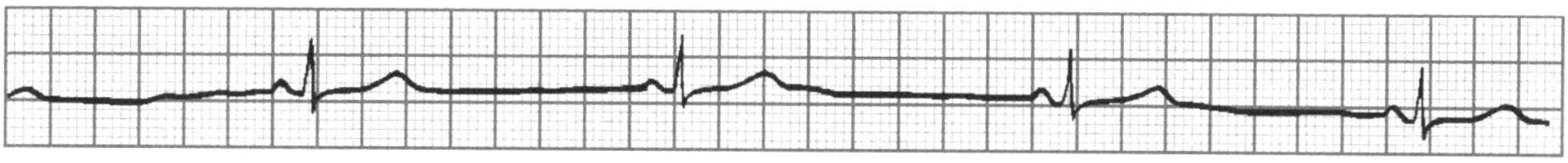

图 8-3-24　Ⅱ导联的窦性心动过缓

4. 窦性心律不齐（sinus arrhythmia）　窦性心律的起源不变，但节律不整，在同一导联上 PP 间期差异大于 0.12 秒（图 8-3-25）。多见于青少年或自主神经功能不稳定者，常与呼吸周期有关，多无临床意义。

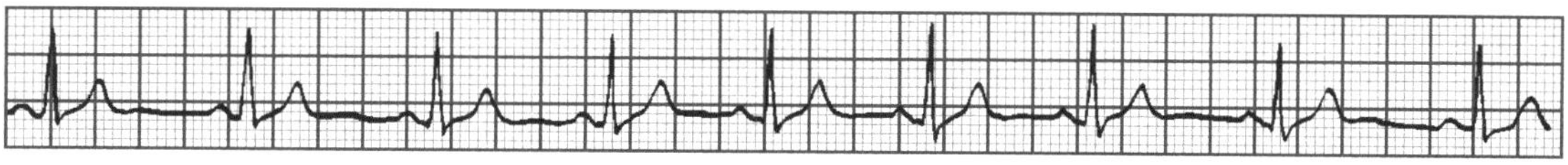

图 8-3-25　窦性心律不齐

5. 窦性静止（sinus arrest）　在规律的窦性心律中，有时可因迷走神经张力增大或窦房结自身的原因，在一段时间内停止发放冲动。在规则的 PP 间隔中 P 波突然消失，而且所失去的 P 波在时间上与正常 PP 间隔不成倍数关系（图 8-3-26）。

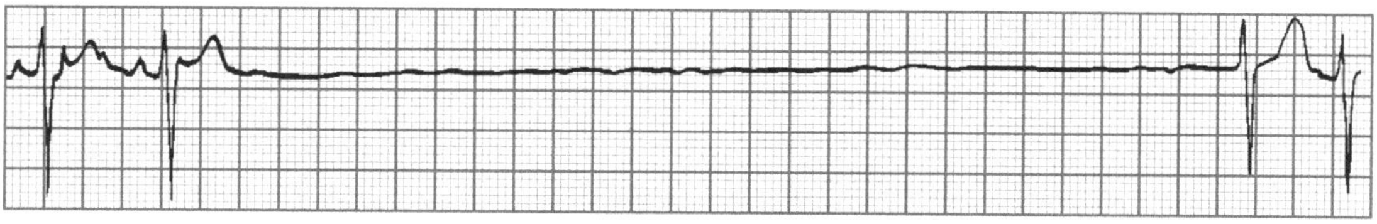

图 8-3-26　窦性静止

6. 病态窦房结综合征（sick sinus syndrome，SSS） 近年发现，起搏传导系统退行性病变及冠心病、心肌炎（尤其是病毒性心肌炎）、心肌病等疾病，可累及窦房结及其周围组织而产生一系列缓慢性心律失常，并引起头昏、黑矇、晕厥等临床表现，称为病态窦房结综合征（图 8-3-27）。其主要的心电图表现为

（1）持续的窦性心动过缓，心率＜50 次/分，且不易被阿托品纠正。

（2）窦性停搏或窦房阻滞。

（3）在显著窦性心动过缓基础上，常出现室上性快速心律失常（房速、房扑、房颤等），又称为慢–快综合征。

（4）若病变同时累及房室交界区，可出现房室传导障碍，或发生窦性停搏时，长时间不出现交界性逸搏，此即称为双结病变。

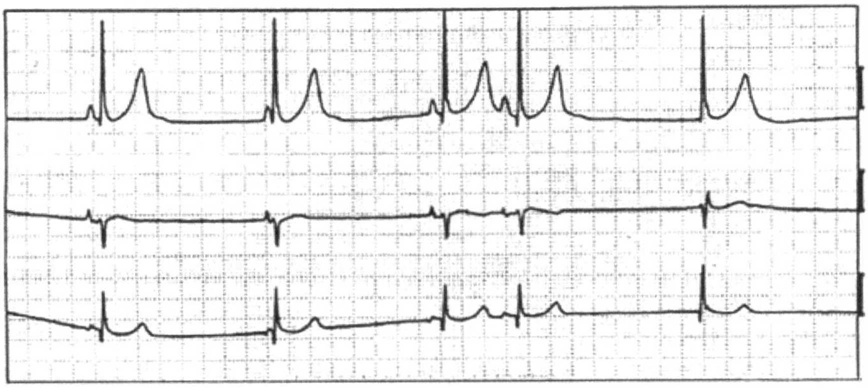

图 8-3-27 病态窦房结综合征

案例 8-3-5 分析讨论

1. 心电图诊断：窦性心动过速。

2. 诊断依据：窦性 P 波：P 波在Ⅰ、Ⅱ、aVF、V_3～V_6 直立，aVR 倒置，形态、时间正常。频率＞100 次/分，PR 间期＜0.12 秒。

（三）异位心律（ectopic rhythm）

案例 8-3-6

刘某，男，65 岁，1 个月前因突受惊吓而引发心悸，躁动不安。当地医院予以安定口服，心悸未见明显改善，伴多虑，饮食不佳，多梦，少寐而易醒，前来就诊。体格检查：病人神志清，精神不振，体温 36.5℃，脉搏 90 次/分，呼吸 20 次/分，血压 110/70mmHg。

问题：

试分析病人心电图作出可能的诊断（图 8-3-28）。

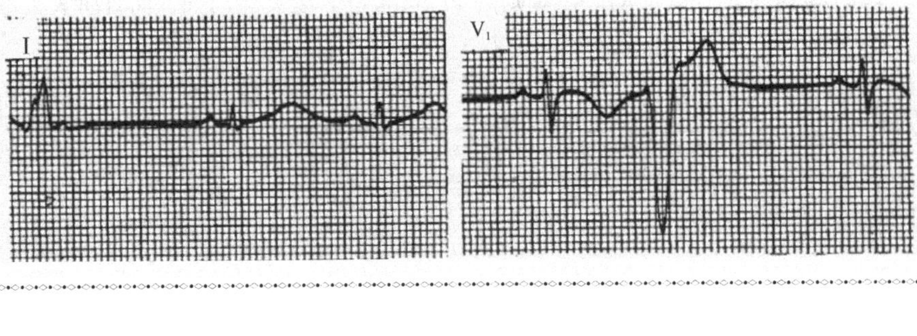

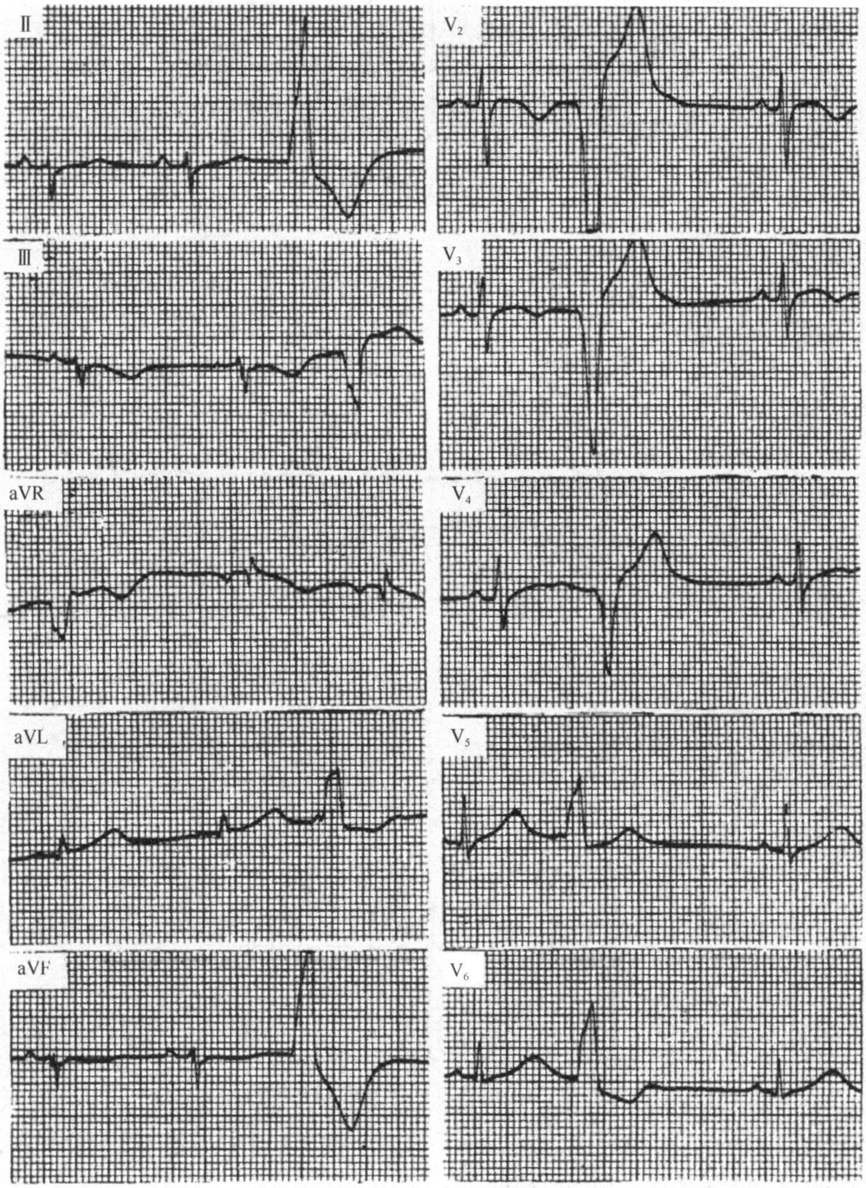

图 8-3-28　病人心电图（刘某，男）

1. 期前收缩（premature contraction）　也称过早搏动，早搏。多系异位节律点兴奋性增高或形成折返激动所引起，是最常见的心律失常。期前收缩可以来自各种不同的异位节律点，最多见的是室性早搏，交界性早搏较少见。

（1）室性早搏（ventricular premature beat）

1）提早出现的 QRS-T 波群增宽变形，QRS 时限常＞0.12 秒，T 波方向多与主波相反。

2）有完全性代偿间歇（早搏前后两个窦性 PP 波之间的间隔等于正常 PP 间隔的 2 倍）。

3）提早出现的 QRS 波前无 P 波，而窦性 P 波可巧合于早搏波的任意位置上（图 8-3-29）。

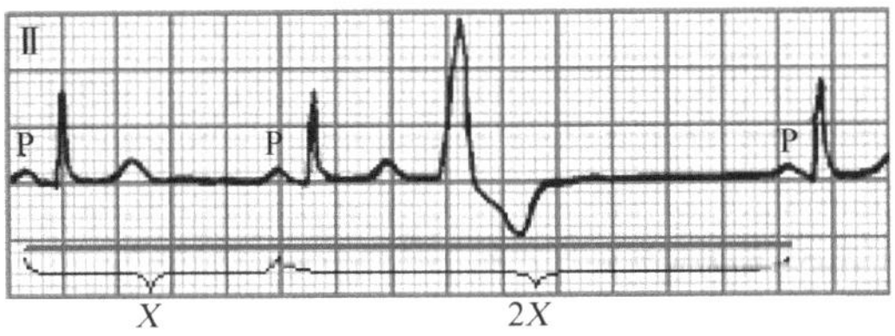

图 8-3-29　室性早搏

（2）房性早搏（atrial premature beat）

1）提早出现的 QRS 波一般不变形，其前有一个复杂的 P 波，PR＞0.12 秒。

2）代偿间歇不完全。

3）有早搏之 P 波之后可不出现 QRS 波，且与其前面的 T 波相融合而不易辨认，称为房早未下传（图 8-3-30）。

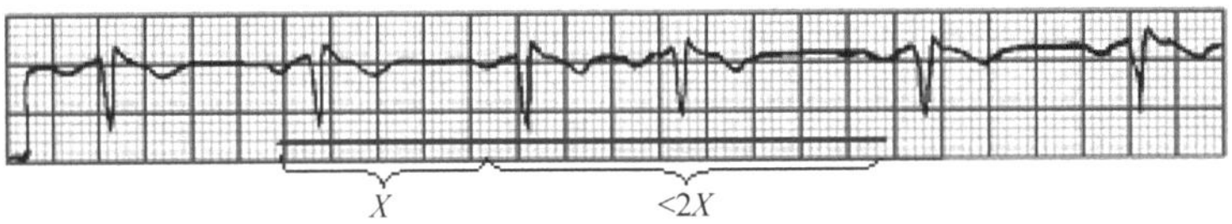

图 8-3-30　房性早搏

早搏之 P 波引起的 QRS 波有时也可增宽变形，形成右束支传导阻滞图形，称房性早搏伴室内差异传导（aberrant conduction），见图 8-3-31。

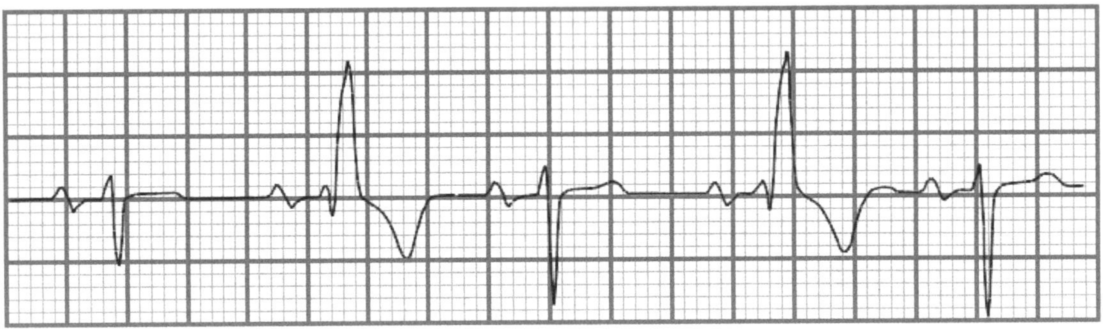

图 8-3-31　房性早搏伴室内差异传导

（3）交界性早搏（junctional premature beat）：交界性早搏的激动发源于房室交界区，其激动下传心室时与窦性激动的下传途径相同或相近。

1）QRS 波与窦性者相同或略有变形。

2）如交界区激动逆向上传至心房，可产生一个逆行的 P′波（P′Ⅱ、Ⅲ、aVF 倒置，P′aVR 直立）。

3）P′波可出现在 QRS 波之中、之后，也可在其前。

4）交界区激动不能上传者，可以不出现 P′波。

5）常有完全性代偿间歇（图 8-3-32）。

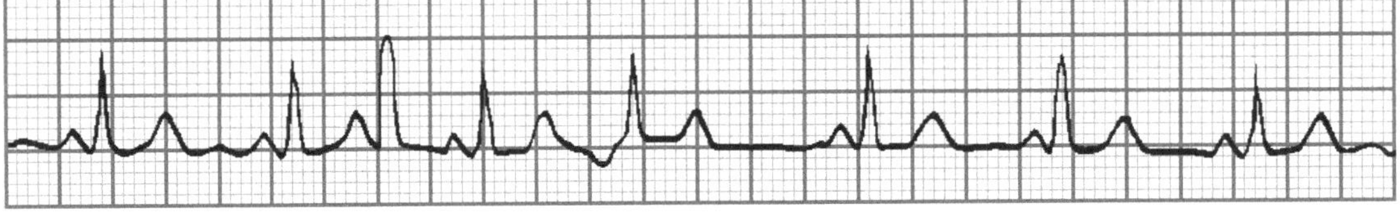

图 8-3-32　交界性早搏

过早搏动按其出现的频率而人为地分为偶发性，多发性和频发性。在某些频发性早搏中，可见一定的配对规律：如 1 正常＋1 早搏称二联律（图 8-3-33）；2 正常＋1 早搏称三联律。

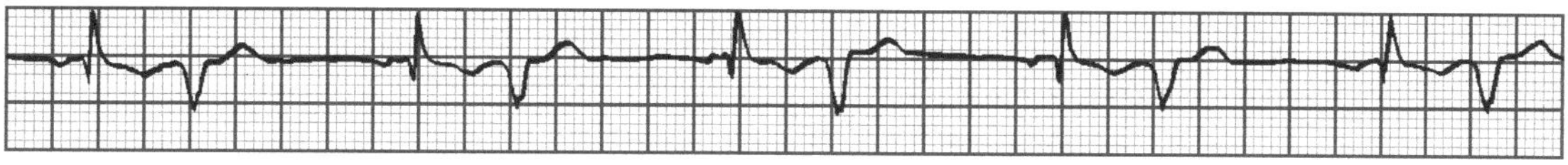

图 8-3-33　室性早搏呈二联律

2. 异位性心动过速（ectopic tachycardia）　心脏内异位起搏点自律性增高或激动发生折返时，在心电图上连续出现 3 次或 3 次以上的期前收缩，称为阵发性心动过速（paroxysmal tachycardia）。

（1）阵发性室上性心动过速（paroxysmal supraventricular tachycardia，PSVT）：包括房性和交界性阵发性心动过速，由于两者在临床意义和治疗上无大差别，故将两者统称为阵发性室上性心动过速。阵发性室上性心动过速不一定具有器质性心脏疾病，但常有反复发作趋势。其心电图特征为：

1）QRS 波通常无增宽变形；

2）心室率为 160～250 次/分，绝对匀齐（图 8-3-34、图 8-3-35）。

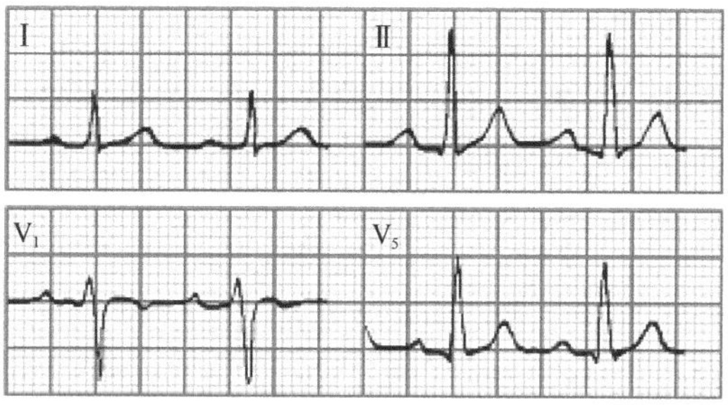

图 8-3-34　阵发性室上性心动过速发作前

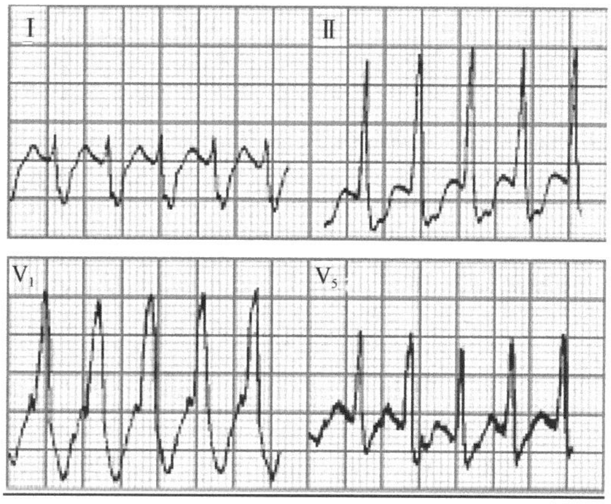

图 8-3-35　阵发性室上性心动过速发作中

（2）阵发性室性心动过速（paroxysmal ventricular tachycardia，PVT）：室性早搏连续出现 3 次或 3 次以上，其心电图特征为：

1）QRS 波呈室性波形，增宽而变形，QRS 时限＞0.12 秒。

2）常有继发性 ST-T 波改变。

3）心室频率为 140～200 次/分，基本匀齐。

4）有时可见保持固有节律的窦性 P 波融合于 QRS 波的不同部位（图 8-3-36）。

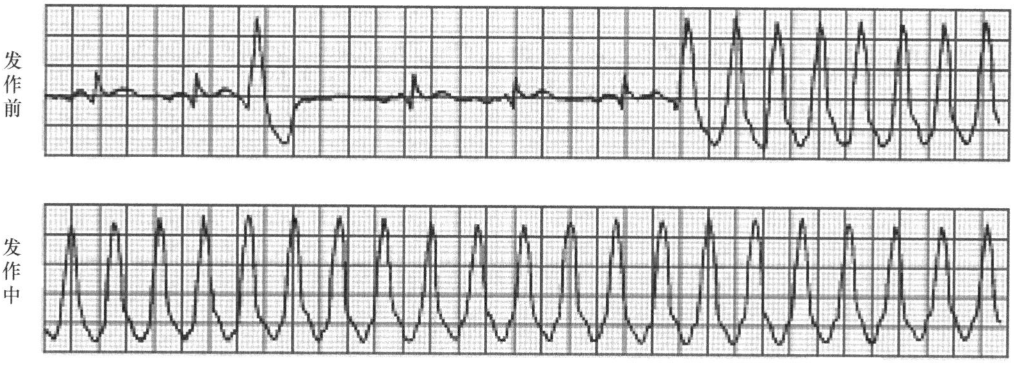

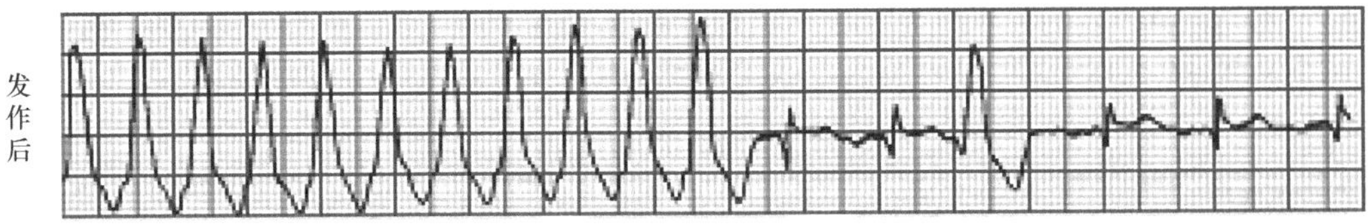

图 8-3-36 阵发性室性心动过速发作前、中、后

（3）扭转型室性心动过速（torsade de pointes，TDP）：扭转型室性心动过速是较为严重的一种室性心律失常。发作时呈室性心动过速特征，只是增宽变形的 QRS 波群围绕基线不断扭转其主波的正负方向，临床上常见的原因：①先天性长 QT 间期综合征；②严重的房室传导阻滞，逸搏心律伴有巨大的 T 波；③低钾、低镁伴有异常的 T 波及 U 波；④某些药物（如奎尼丁、胺碘酮等）所致（图 8-3-37）。

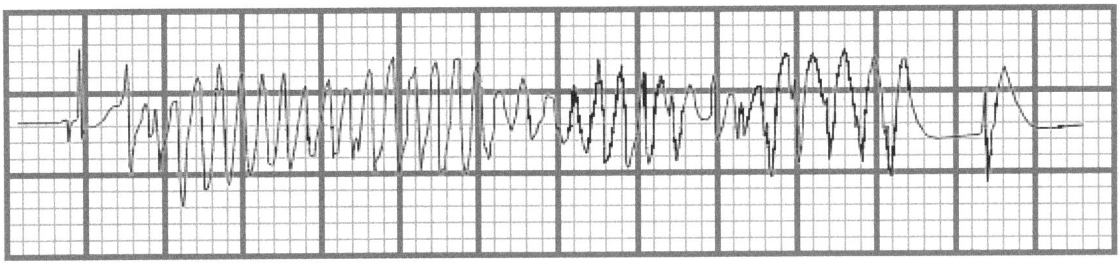

图 8-3-37 扭转型室性心动过速发作中

（4）扑动与颤动：扑动、颤动可出现于心房或心室。主要的电生理基础为心肌的兴奋性增高，不应期缩短，同时伴有一定的传导障碍，形成环形激动及多发微折返。

1）心房扑动（atrial flutter，AFL）：心房扑动（房扑）大多为短阵发性，少数可呈持续性。总体而言，心房扑动不如心房颤动稳定，常可转为心房颤动或窦性心律。心电图特点：

正常 P 波消失，代之连续的大锯齿状扑动波（F 波），Ⅱ、Ⅲ、aVF 导联常见；F 波间无等电位线，波幅大小一致，间隔规则，频率为 240～350 次/分，大多不能全部下传，常以固定房室比例（2∶1 或 4∶1）下传，故心室律规则（图 8-3-38）。如果房室传导比例不恒定或伴有文氏传导现象，则心室律可以不规则。房扑时 QRS 波时间一般不增宽。如果 F 波的大小和间距有差异，且频率＞350 次/分，称不纯性房扑或称非典型房扑（图 8-3-39）。

2）心房颤动（atrial fibrillation，AF）：是临床上很常见的心律失常。心房颤动（房颤）可以是阵发性也可以是持续性，大多发生在器质性心脏病基础上，多与心房扩大、心肌受损、心力衰竭等有关。

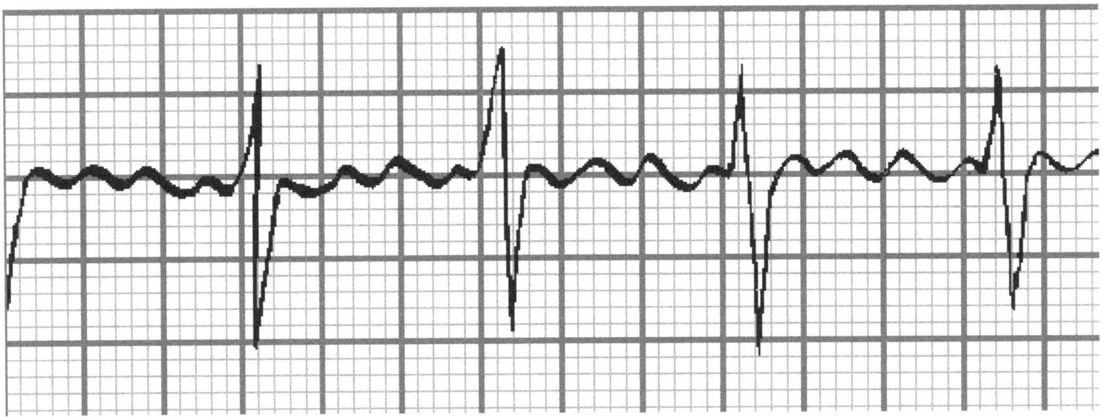

图 8-3-38 心房扑动呈 2∶1 下传

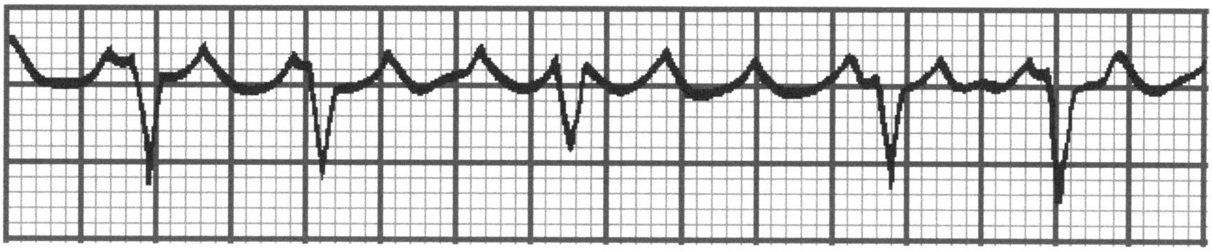

图 8-3-39 不纯性心房扑动

但也有少部分房颤病人无明显器质性心脏病。房颤时整个心房失去协调一致的收缩，心排血量降低，易形成附壁血栓。其心电图特征为：正常 P 波消失，代以大小不等、形状各异的颤动波（F 波），通常以 V_1 导联最明显；房颤波的频率为 350～600 次/分；RR 绝对不齐，QRS 波一般不增宽；若是前一个 RR 间距偏长而与下一个 QRS 波相距较近时，易出现一个增宽变形的 QRS 波，此可能是房颤伴有室内差异传导，并非室性期前收缩，应注意进行鉴别（图 8-3-40）。心房颤动时，如果出现 RR 绝对规则，且心室率缓慢，常提示发生完全性房室传导阻滞。

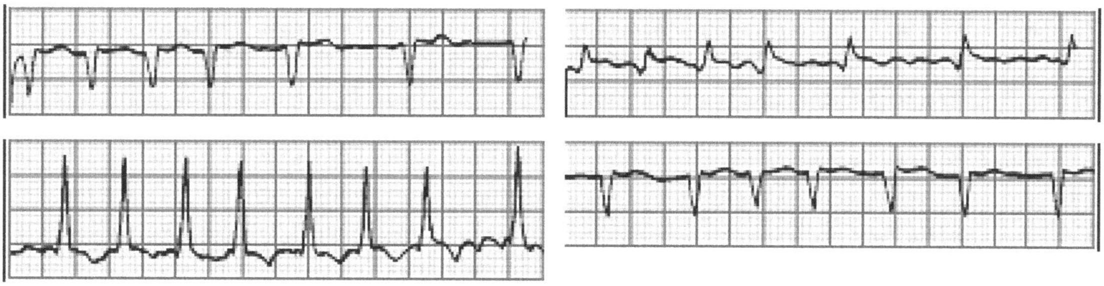

图 8-3-40 心房颤动

3）心室扑动（ventricular flutter）：多数人认为心室扑动（室扑）是心室肌产生环形激动的结果。出现心室扑动一般具有两个条件：①心肌明显受损、缺氧或代谢失常；②异位激动落在易颤期。心电图特点是无正常 QRS-T 波，代之以连续快速而相对规则的大振幅波动，频率达 200～250 次/分，心脏失去排血功能。室扑常不能持久，不是很快恢复，便会转为室颤而导致死亡（图 8-3-41）。

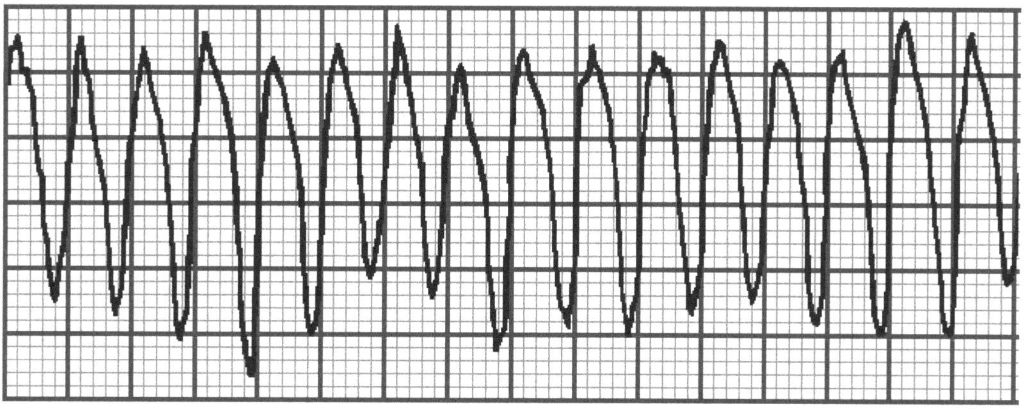

图 8-3-41 心室扑动

4）心室颤动（ventricular fibrillation）：往往是心脏停搏前的短暂征象，也可以因急性心肌缺血或心电紊乱而发生。由于心脏出现多灶性局部兴奋，以致完全失去排血功能。心电图上 QRS-T 波完全消失，出现大小不等、极不匀齐的低小波，频率为 200～500 次/分（图 8-3-42）。心室扑动和心室颤动均是极严重的致死性心律失常。

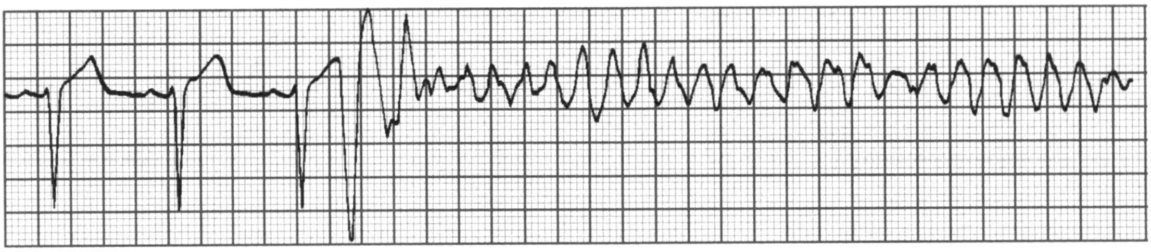

图 8-3-42　心室颤动

案例 8-3-6 分析讨论

1. 心电图诊断

（1）窦性心律。

（2）偶发室性早搏。

2. 诊断依据

（1）窦性 P 波：P 波在Ⅰ、Ⅱ、aVF，V_3～V_6 直立，aVR 倒置，形态、时间正常。频率在 60～100 次/分，PR 间期正常。

（2）多个导联可见提早出现的 QRS 波群，宽大、畸形，波群时间达 0.12 秒；T 波异常宽大，其方向与 QRS 主波方向相反；代偿间歇完全。

（四）传导阻滞

案例 8-3-7

张某，女，78 岁，体重 50kg，因“急性阑尾炎、局限性腹膜炎”拟行急诊阑尾切除术入院。既往有“高血压、脑动脉硬化”史 10 年，有头晕、头痛情况，几年前曾晕厥过两次，血压最高达 180/100mmHg，未加用抗高血压药物，否认有冠心病、糖尿病病史。能慢步行走 1km。目前在病房输液期间自觉有胸闷情况。体格检查：体温 37.9℃，脉搏 76 次/分，血压 160/95mmHg，一般情况尚可，神清、紧张痛苦貌，口唇微绀，无颈静脉怒张，双肺呼吸音粗，未闻及干湿啰音，心音低钝，未闻及杂音、心包摩擦音，肝脏无肿大，右下腹压痛、反跳痛。

问题：

试分析病人心电图作出可能的诊断（图 8-3-43）。

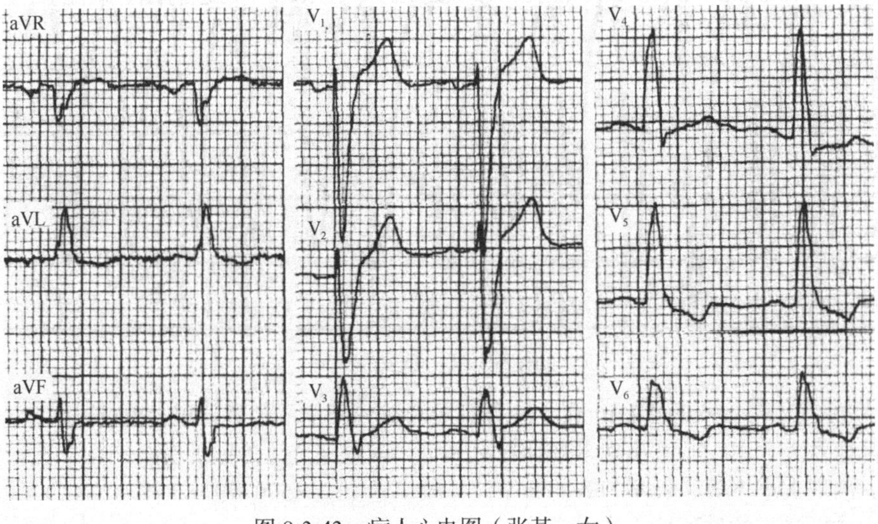

图 8-3-43　病人心电图（张某，女）

心脏传导异常包括病理性传导阻滞、生理性干扰脱节及传导途径异常。传导阻滞的病因可以是传导系统的器质性损害，也可能是迷走神经张力增高引起的功能性抑制或是药物作用及位相性影响。

1. 房室传导阻滞（atrioventricular block，AVB） 是临床上常见的一种心脏传导阻滞，多数是由器质性心脏病所致，少数可见于迷走神经张力增高的正常人。

（1）一度房室传导阻滞：心电图主要表现为 PR 间期延长：成人 PR≥0.21 秒；P 波后无 QRS 波脱落（图 8-3-44）。

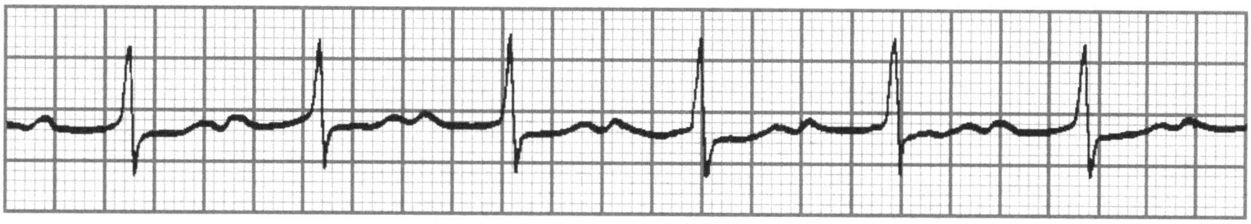

图 8-3-44 一度房室传导阻滞

（2）二度房室传导阻滞：心电图主要表现为部分 P 波后 QRS 波脱漏，分两种类型：①二度Ⅰ型房室传导阻滞（称 MorbizⅠ型）：表现为 P 波规律地出现，PR 间期逐渐延长，直到 1 个 P 波后脱漏 1 个 QRS 波群，漏搏后房室传导阻滞得到一定改善，PR 间期又趋缩短，之后又复逐渐延长，如此周而复始地出现，称为文氏现象（wenckebach phenomenon，图 8-3-45）。②二度Ⅱ型房室传导阻滞（称 MorbizⅡ型）：表现为 PR 间期恒定（正常或延长），部分 P 波后无 QRS 波群，可形成 2∶1、3∶2、3∶1 等房室传导（图 8-3-46）。

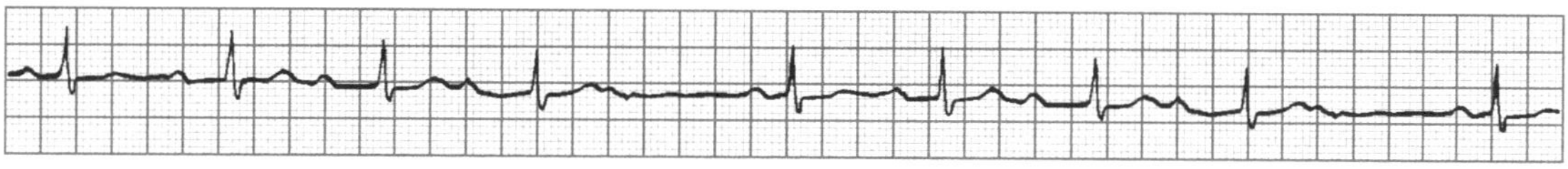

图 8-3-45 二度Ⅰ型房室传导阻滞（MorbizⅠ型）

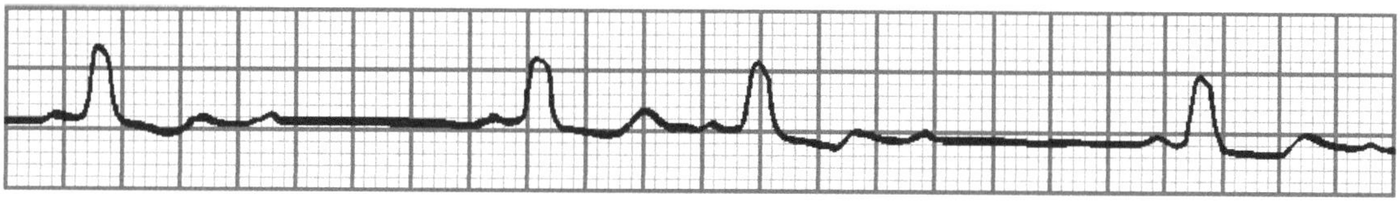

图 8-3-46 二度Ⅱ型房室传导阻滞（MorbizⅡ型）

Ⅰ型多为功能性或损害局限房室结或房室束的近端，预后较好；Ⅱ型多属器质性损害，病变大多位于房室束远端或束支部分，易发展为完全性房室传导阻滞，预后差。Ⅰ型较Ⅱ型常见。

（3）三度房室传导阻滞：又称完全性房室传导阻滞，其心电图特征为：P 波与 QRS 波毫无相关性，各保持自身的节律；房率常高于室率（图 8-3-47）。当来自房室交界区以上的激动完全不能通过房室交界区组织而抵达心室时，在阻滞部位以下的潜在节律点就会发放冲动，激动心室，出现逸搏心律。

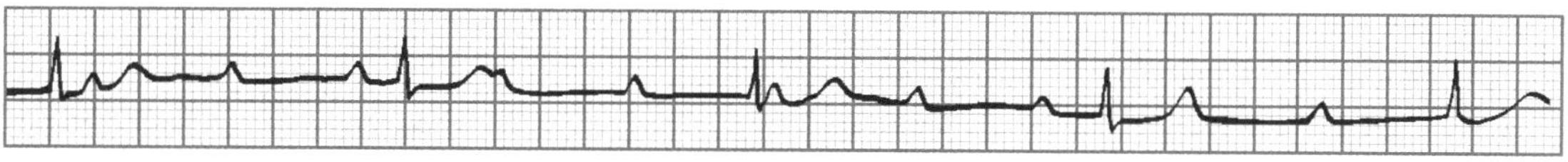

图 8-3-47 三度房室传导阻滞

心房颤动时，如果心室律慢而绝对规律，也应诊断为心房颤动合并三度房室传导阻滞。

2. 束支阻滞（bundle branch block） 激动经房室结下传，沿房室束进入心室后，在室间隔上部分为右束支和左束支，分别支配右室和左室。左束支又分为左前分支、左后分支及中隔支（图 8-3-48）。

（1）右束支阻滞（right bundle branch block，RBBB）：右束支细长，由单侧冠状动脉分支供血，其不应期比左束支长，故传导阻滞比较多见。右束支阻滞可以发生在各种器质性心脏病，也可见于健康人，可分为：完全性右束支阻滞（CRBBB）和不完全性右束支阻滞（IRBBB，图 8-3-49）。完全性右束支阻滞的主要心电图表现：①QRS 波群时间≥0.12 秒；②V_1 或 V_2 导联 QRS 呈 rsR′型或“M”形，此为最具特征性的改变。不完全性右束支阻滞时，QRS 形态和完全性右束支阻滞相似，仅 QRS 波群时间＜0.12 秒（图 8-3-50）。

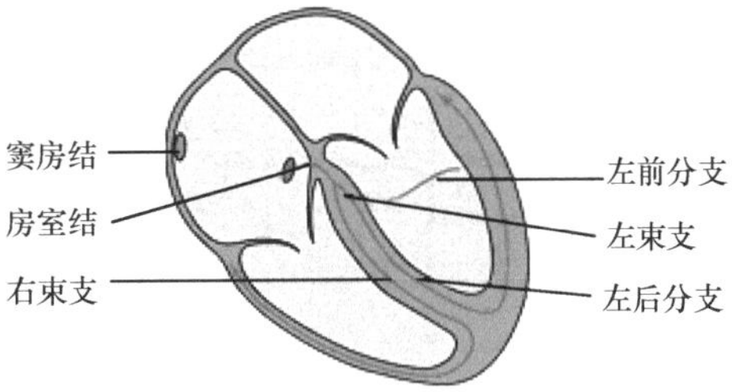

图 8-3-48　心脏束支分布

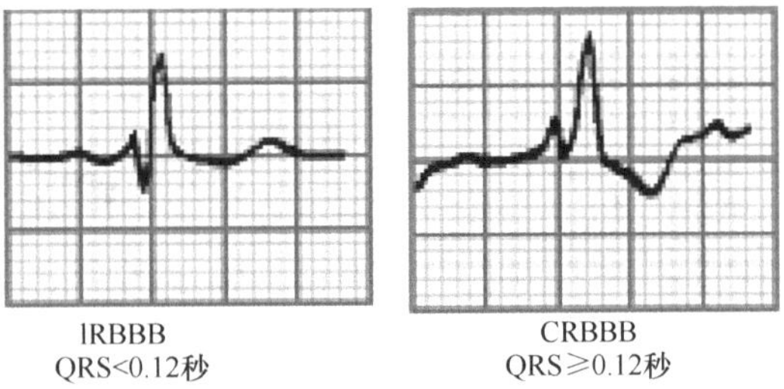

图 8-3-49　IRBBB 和 CRBBB

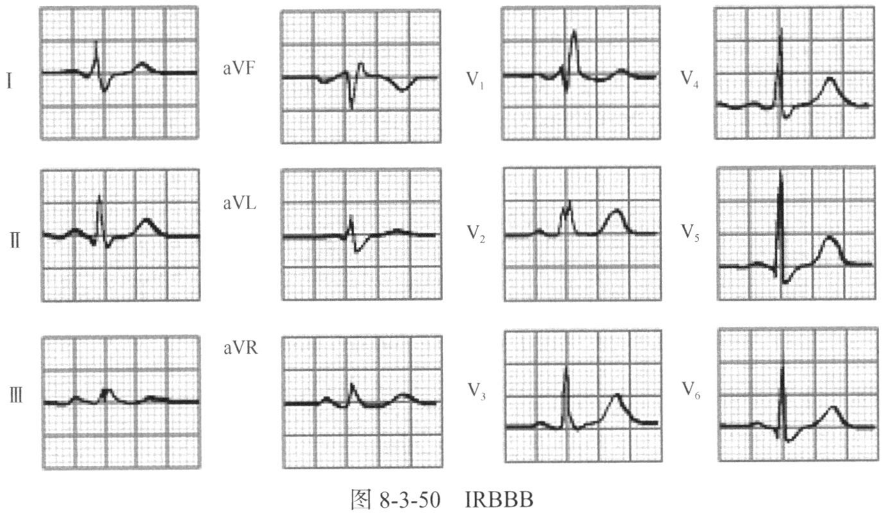

图 8-3-50　IRBBB

（2）左束支阻滞（left bundle branch block，LBBB）：左束支粗而短，由双侧冠状动脉分支供血，不易发生传导阻滞。如有发生，大多为器质性病变所致。主要的心电图表现：V_5、V_6、Ⅰ、aVL 导联 R 波增宽、顶峰粗钝或有切迹（图 8-3-51）。可分为：完全性左束支阻滞（CLBBB）和不完全性左束支阻滞（ILBBB），QRS 形态基本相似，仅 QRS 波群时间不同，完全性左束支阻滞≥0.12 秒，不完全性左束支阻滞＜0.12 秒（图 8-3-52）。

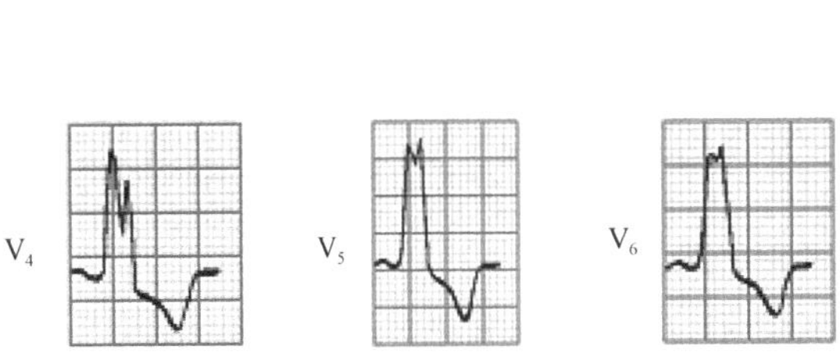

图 8-3-51　CLBBB

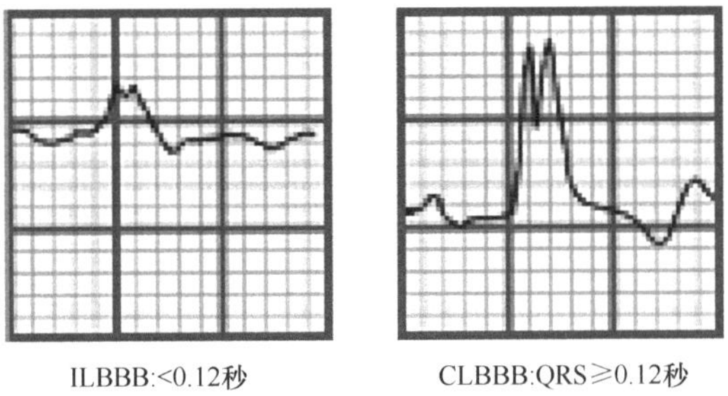

图 8-3-52　ILBBB 与 CLBBB

案例 8-3-7 分析讨论

1. 心电图诊断

（1）窦性心律。

（2）不完全性左束支传导阻滞。

2. 诊断依据

（1）窦性 P 波：P 波在Ⅰ、Ⅱ、aVF、V_3～V_6 直立，aVR 倒置，形态、时间正常。频率在 60～100 次/分，PR 间期正常。

（2）Ⅰ、aVL、V_5、V_6 导联 R 波粗钝，ST 段下降，T 波倒置。QRS 时间＜0.12 秒。

（五）预激综合征（pre-excitation syndrome）

在正常的房室传导通路之外，激动通过旁路传导束提前到达，使部分（或全部）心室肌预先激动，形成预激综合征（图 8-3-53）。其心电图特征有：

1. 在 QRS 波之前出现“Δ”（delta）波（图 8-3-54）。

2. PR 间期缩短（＜0.12 秒），但 PJ 间期正常。

3. QRS 波增宽。

4. 常有继发性 ST-T 波改变。

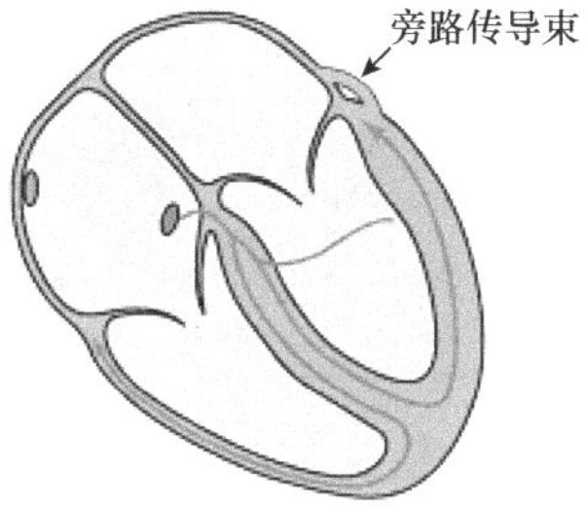

图 8-3-53　预激综合征的机制

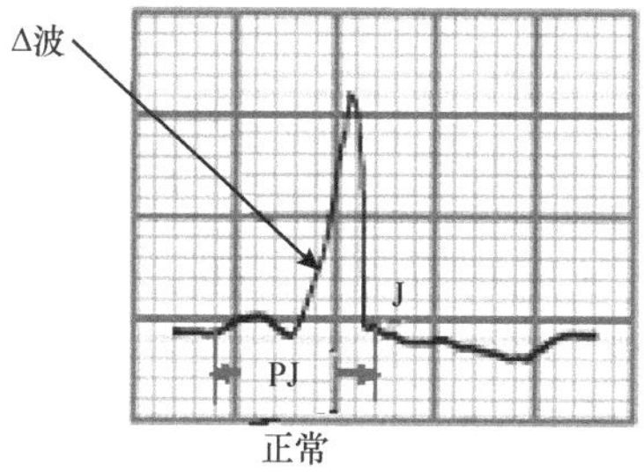

图 8-3-54　预激综合征的“Δ”波

根据预激向量方向的不同，预激综合征一般分为 A、B、C 三型。A 型：“Δ”向量对向左前，使胸前导联心电图均呈 R 型，常以 RV_3 为最高。“Δ”波均向上（图 8-3-55）；B 型：“Δ”向量对向左

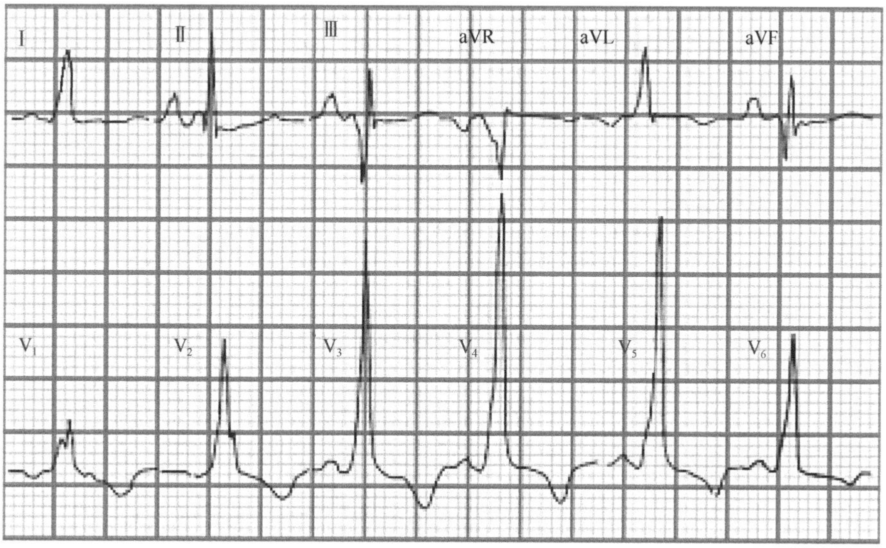

图 8-3-55　A 型预激综合征

后，V_1导联"Δ"波向下，R波消失或减少，S波加深；V_5、V_6导联"Δ"波向上，QRS波以R波为主（图8-3-56）；C型："Δ"向量对向右前，V_1、V_2导联的"Δ"波及主波均向上，V_5、V_6导联相反。

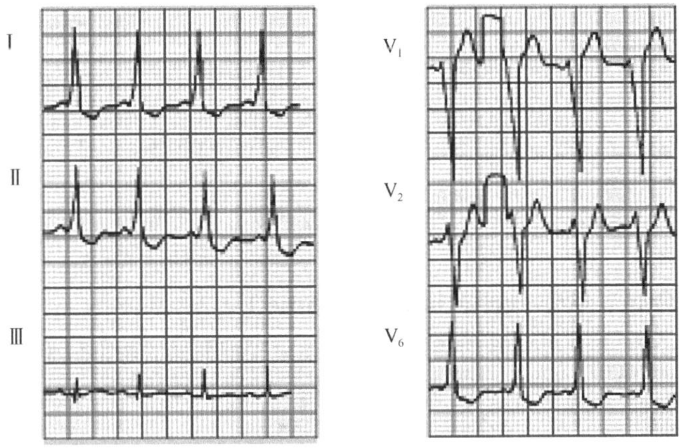

图8-3-56　B型预激综合征

预激综合征多见于健康人，除少数发生顽固的室上速之外，一般预后良好。但预激综合征的图形改变，与束支传导阻滞和心肌梗死相似，两者可相互混淆，应予以重视。

六、电解质紊乱与药物影响

（一）电解质紊乱（electrolytes disturbance）

案例分析8-3-8

张某，女，38岁，临床诊断为尿毒症。记录心电图如图8-3-57所示。

问题：

请给出可能的心电图诊断。

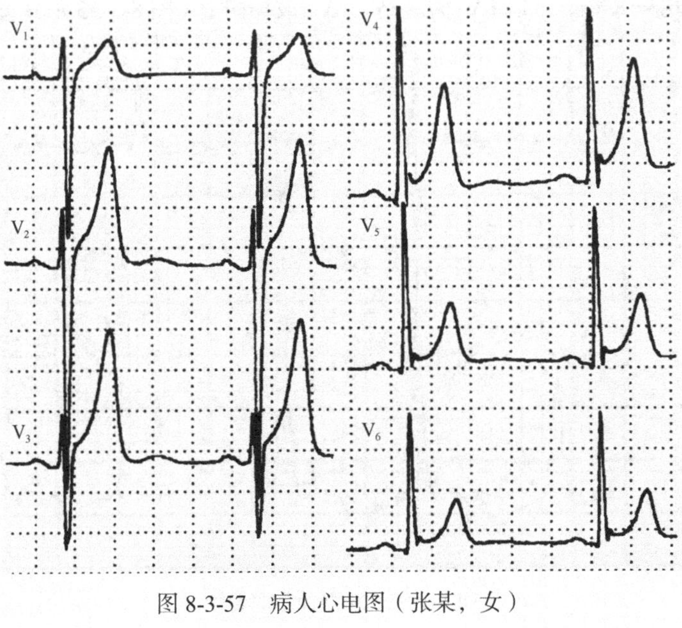

图8-3-57　病人心电图（张某，女）

人体电解质浓度和平衡状况是影响心肌细胞电生理特性的重要因素。当电解质平衡紊乱时，心电图也发生相应的异常改变。电解质紊乱所导致的心电图异常的主要表现是心室肌复极异常和心律失常。

1. 高血钾（hyperkalemia）　正常人血钾浓度为 3.5～5.5mmol/L。细胞外血钾浓度超过 5.5mmo1/L 即为高血钾，高血钾引起的心电图变化有：QT 间期缩短和 T 波高尖，基底部变窄（图 8-3-58）；血清钾＞6.5mmol/L 时，QRS 波群增宽，PR 及 QT 间期延长，R 波电压降低及 S 波加深，ST 段压低。血钾＞7.5mmol/L 时，P 波消失，QRS 波变形；血钾达 10mmol/L 时，QRS 波增宽（图 8-3-59）。血钾进一步升高，ST 段与 T 波融合，T 波增宽，与 QRS 波形正弦波。最后出现心室颤动甚至停搏（图 8-3-60）。

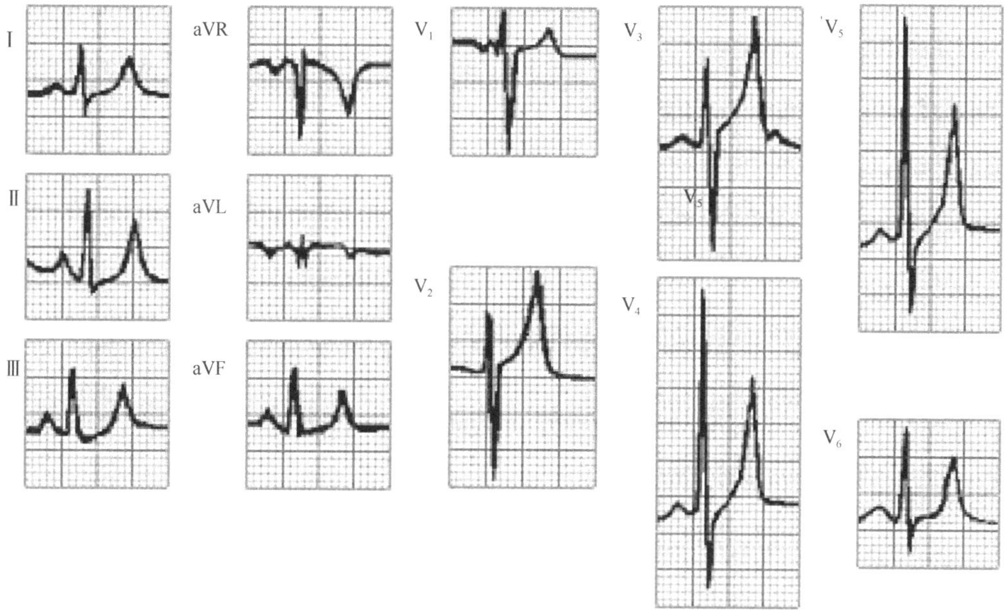

图 8-3-58　高血钾的心电图改变 1：T 波改变

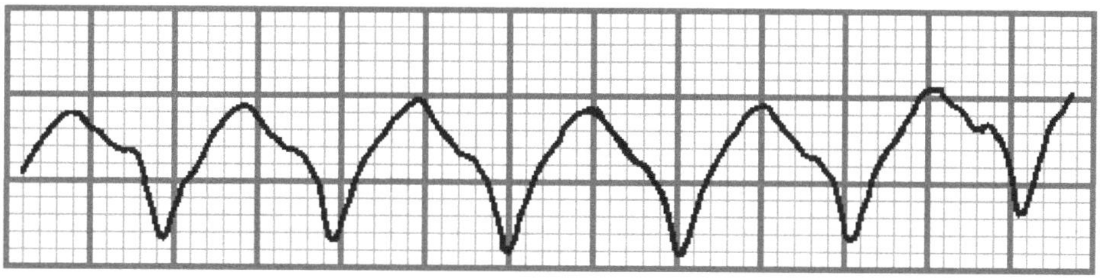

图 8-3-59　高血钾的心电图改变 2：QRS 波变形增宽

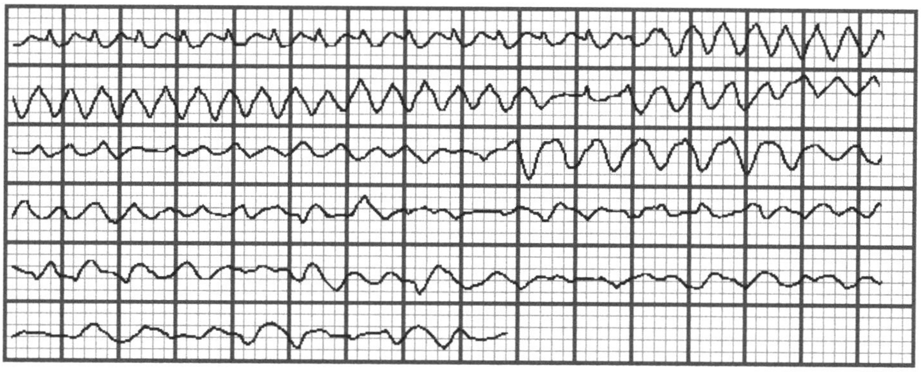

图 8-3-60　高血钾的心电图改变 3：室性心动过速–心室颤动

2. 低血钾（hypokalemia） 血钾<3.0mmol/L 时，可出现心动过速，T 波平坦、倒置，出现 U 波或 U 波明显，ST 段下降。血钾进一步降低，可出现多源性或室性心动过速；严重者亦可出现心室扑动或颤动，心搏骤停（图 8-3-61）。

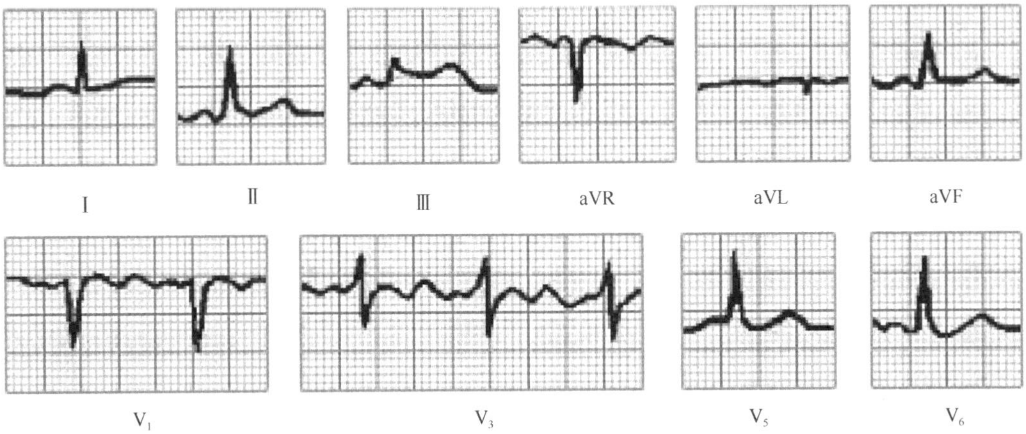

图 8-3-61 低血钾的心电图改变

3. 高血钙和低血钙 血钙浓度>3.0mmol/L 时为高血钙，可出现 ST 段缩短或消失，QT 间期缩短（图 8-3-62）。严重高血钙（如快速静注钙剂时），可发生窦性静止、窦房阻滞、室性期前收缩、阵发性室性心动过速等。低血钙的主要改变为 ST 段明显延长、QT 间期延长、直立 T 波变窄、低平或倒置，一般很少发生心律失常（图 8-3-63）。

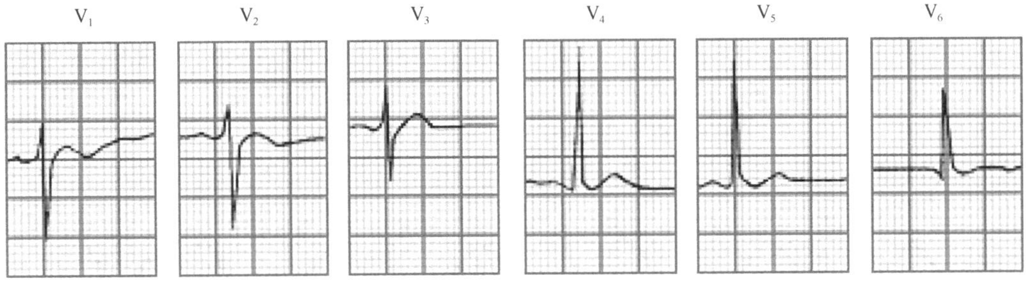

图 8-3-62 高血钙的心电图改变

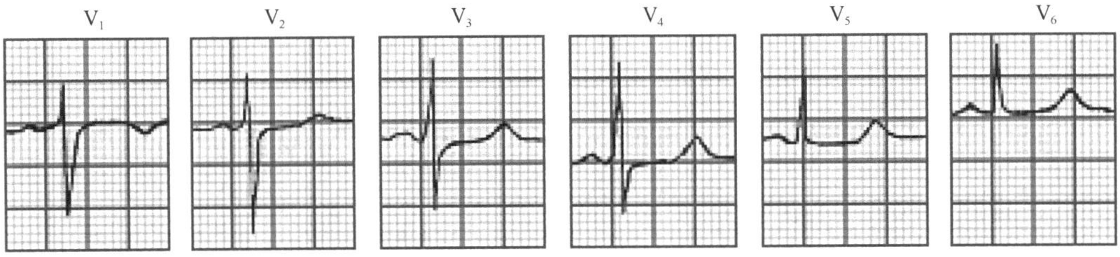

图 8-3-63 低血钙的心电图改变

案例 8-3-8 分析讨论

1. 心电图诊断

（1）窦性心律。

（2）高钾血症。

2. 诊断依据

（1）窦性P波：P波在Ⅰ、Ⅱ、aVF、V_3～V_6直立，aVR倒置，形态、时间正常。频率在60～100次/分，PR间期正常。

（2）“帐篷状”T波及QT间期缩短：以R波为主的导联出现T波高尖、两肢对称、基底部狭窄呈“帐篷状”，同时伴QT间期缩短。此外还有血钾＞5.5mmol/L时的心电图特征性改变。

（二）药物影响

案例 8-3-9

李某，女，68岁，临床诊断为冠心病。1周前开始日服地高辛0.25mg。

问题：

1. 请根据图8-3-64作出可能的心电图诊断。

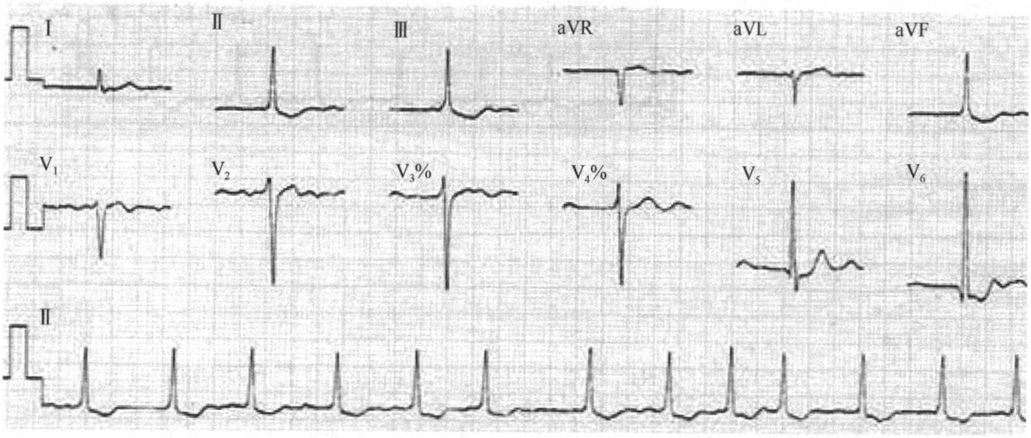

图8-3-64　病人心电图（李某，女）

临床上某些药物尤其是心血管药物，在使用过程中，不论是治疗剂量或是过量用药均可影响心肌的除极或复极过程，而引起心电图改变。当然，这些改变是否具有临床意义，要根据具体情况而定。有时药物对心肌影响及毒性作用，在心电图上的表现要早于临床药物毒性作用的出现，因此，心电图检查对临床药物影响的监测及毒副作用的诊断与处理有很大帮助。

1. 洋地黄　洋地黄类制剂包括洋地黄叶、地高辛、去乙酰毛花苷（西地兰）、毒毛旋花子苷K等。洋地黄治疗剂量与中毒剂量相当接近，约为中毒剂量的60%，因此洋地黄过量或中毒是十分常见的，其发生率为20%～37.3%。洋地黄中毒除出现消化道和神经精神系统症状外，主要表现为心律失常，据报道心律失常的发生率可达80%。

（1）洋地黄效应（digitalis effect）：心电图特征性表现为在R波直立的导联可见T波倒置，ST段斜行压低呈鱼钩状，QT间期缩短，PR段可延长至0.25秒（图8-3-65）。

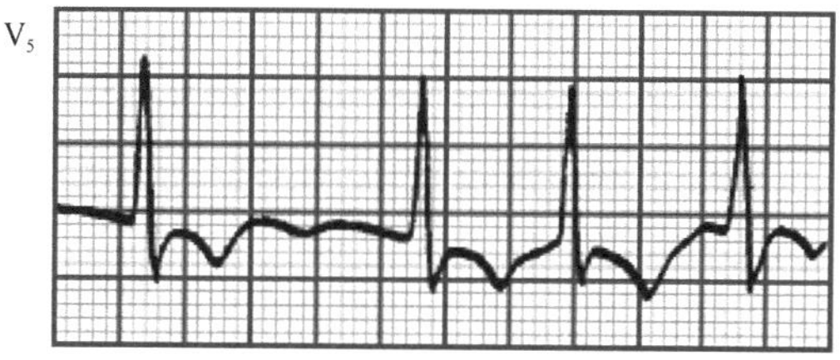

图8-3-65　洋地黄效应

（2）洋地黄中毒（digitalis toxicity）：造成洋地黄中毒的直接原因为：①用药剂量过大；②心肌对洋地黄药物的耐受性降低；③上述两者同时存在；④大量排钾利尿剂的应用，引起电解质紊乱，尤其是低血钾。另外，心肌缺氧、严重的心肌病变、显著的心脏扩大、老年人等，均可使心肌对洋地黄的耐受量降低，更易发生洋地黄中毒。洋地黄中毒表现中最具威胁的毒性反应为心律失常，据统计其发生率约为 80%。心律失常表现多样且多变，持续时间依中毒程度不同而异，但通常较短暂。有时可与胃肠道症状及神经精神症状并存，有时可无胃肠道或神经精神症状，而仅有心律失常。常见的类型：频发性（二联律或三联律）及多源性室性期前收缩，严重时可出现室性心动过速（特别是双向性心动过速），甚至心室颤动。交界性心动过速伴房室脱节，房性心动过速伴不同比例的房室传导阻滞也是常见的洋地黄中毒表现。洋地黄中毒还可出现房室传导阻滞，当出现二度或三度房室传导阻滞时，则是洋地黄严重中毒表现。另外，也可发生窦性静止或窦房阻滞、心房扑动、心房颤动等。

2. 奎尼丁 为广谱抗心律失常药物，自 1918 年开始应用于临床，常用以治疗期前收缩、阵发性心动过速、心房扑动及颤动等心律失常。奎尼丁的毒副作用较多，特别是促心律失常作用发生率较高，使用不当或用量过大，可造成致命后果，值得警惕。奎尼丁治疗剂量时的心电图表现：①QT 间期延长；②T 波低平或倒置；③U 波增高；④P 波稍宽可有切迹，PR 间期稍延长。奎尼丁中毒时的心电图表现：①QT 间期明显延长；②QRS 时间明显延长（用药过程中，QRS 时间不应超过原来的 25%，如达到 50%应立即停药）；③各种程度的房室传导阻滞，以及窦性心动过缓、窦性静止或窦房阻滞；④各种室性心律失常，严重时发生扭转型室性心动过速，甚至心室颤动引起晕厥和突然死亡。

3. 其他药物 如胺碘酮及索他洛尔等也可使心电图 QT 间期延长。

案例 8-3-9 分析讨论

1. 心电图诊断

（1）心房颤动。

（2）洋地黄作用。

2. 诊断依据

（1）P 波消失，代之以 F 波，RR 间期不等，为心房颤动，心室率为 108 次/分。

（2）Ⅱ、Ⅲ、aVF、V_6 导联 ST 段与 T 波融合，形成一降支长、升支短突然向上、呈鱼钩样改变的图形，QT 间期为 0.32 秒。

（林劲秋）

第四节 心电图的描记、分析和临床应用

一、心电图的分析方法与步骤

分析心电图必须按照一定的程序进行，分析前必须了解病人有无应用对心脏有影响的药物（如洋地黄、奎尼丁、酒石酸锑钾等），有无饱食（在冠状动脉硬化病人，饱食后可引起 ST-T 波改变）；并检查有无技术上的错误（如导联有否连接，阻尼是否正常，定准电压是否准确等），然后按常规录取 9 个导联（或 12 个导联），必要时可加做有关导联，然后按以下顺序观察分析：

1. 浏览 将各导联大致浏览一遍，注意有无伪差。

（1）交流电干扰，呈规则纤维状的锯齿状波形，每秒 50 周次。

（2）肌肉震颤的干扰，呈碎乱而不规整的小波，每秒 10～300 周次，有时像心房颤动的 F 波。

（3）基线不稳，不完全在一水平线上，呈上下摆动或突然升降，影响各波，尤以 ST 段来判断。

（4）导联有无接错，可观察有关导联图形以判断。

（5）标准电压是否准确，一般为 1mV。

2. 心律 找出 P 波并根据其波形等特点以确定其基本心律为窦性心律或异位心律（房性、房

室结性或室性)，一般观察Ⅱ、V_1导联，正常心律具备以下条件：

(1) P 波形状为窦房结性（aVF 直立、aVR 倒置）。

(2) P 波与 QRS 波群之关系呈有规则的出现，每分钟 60～100 次。

(3) PP 或 RR 间隔相互间差异不超过 0.12 秒。

(4) PR 间期在 0.12 秒以上。

3. 心率 测定 PP 或 RR 间隔以计算心率（窦性心律），如为异位心律则应测出异位心律的速度。如心房或心室率不一致时应分别计算并测定，一般测 5 个 PP 或 RR 间隔，取其平均值；如为心房颤动，RR 间隔不匀称，应连续测量 10 个 RR 间隔以求出平均值。

4. 测定各间期时间 测定 PR 间期、QT 间期及 QRS 时间。

5. 各导联 QRS 波群形态的变化

(1) 心电轴有无偏移，观察Ⅰ、Ⅲ导联。

(2) 心电位的类型，观察 aVL 与 aVF 导联。

(3) 心脏的钟向转位，观察 V_3 或 V_4 导联。

6. P 波、QRS 波群、ST 段、T 波及 U 波的分析

(1) 检查各导联中 P 波方向，形态时间及电压有无异常。

(2) 检查各导联中 QRS 波群的形态，电压、时间和相互关系有无异常 Q 波，特别注意有无心室肥厚、束支传导阻滞及心肌梗死等图形。

(3) 检查 ST 段的形状（直线，向上凸起或凹陷）及移动范围（在等电线上抬高或压低）。

(4) 检查 T 波的形状、方向、电压及其与 QRS 主波的关系，如有异常改变应注意是单独发生还是与 QRS 有关。

(5) U 波的方向及电压是否正常。

7. 分析 P 波与 QRS 波群的关系 P 波是否规律，比较 PP 间隔与 RR 间隔是否相等，找出房律和室律的关系，如发现不符合窦性心律的条件，应进一步检查是属于何种心律不齐，一般对较复杂的心律应将 P 波明显的导联如Ⅱ、Ⅲ记录加长以便于分析。

8. 在一份心电图中可能同时有几种改变 不应只见一种而忽略其他的异常改变。

9. 参阅心电图申请单内各项目

注意病人的年龄、性别、用药及临床诊断等将心电图所见与临床资料紧密综合起来，并与以往心电图的情况加以对比，最后作出心电图结论。

10. 心电图结论

(1) 心节律类别。

(2) 心电轴有无偏移。

(3) 钟向转位。

(4) 心电图是否正常。

1) 正常心电图。

2) 大致正常心电图：仅个别导联上出现 QRS 波群钝挫，ST 段轻微下移，T 波轻度降低或期前收缩，而一般看来心电图无大异常处。

3) 可疑心电图：在若干导联上出现若干轻度异常处，或有一项特殊改变而不能肯定为异常者，如疑有右室大，陈旧性后壁心肌梗死等。

4) 不正常心电图：心电图有肯定异常处，如心房颤动、心室肥厚、急性前间壁心肌梗死等。

(5) 对临床的建议：包括进一步作何种检查，排除何种疾病及复查时间等。

二、心电图的临床应用

临床心电图主要应用于：①分析与鉴别各类型心律失常；②急性心肌梗死，并能估计梗死部位、范围，观察其演变过程；③了解有无心房、心室肥大；④评价某些药物对心肌的影响程度及心律失常的治疗效果；⑤为其他疾病（如心包炎等）和电解质紊乱的诊断提供依据；⑥心电图和心电监护还广泛用于手术麻醉及各种危重病人的病情监测。

心电图对心脏病诊断的局限性：①心电图主要反映心脏电兴奋过程，不能反映心脏功能及瓣膜情况；②某些心脏病变，心电图可以正常，如瓣膜病早期或双侧心室肥厚，故正常心电图并不能排除心脏病变的存在；③一些心电图改变并无特异性，同样的心电图改变可见于多种心脏病，如心律失常心室肥厚，ST-T 波改变等。

总之，心电图在疾病的诊断上有一定价值，但也有局限性，在作出心电图诊断时，必须结合其他临床资料，方能作出比较正确的判断。

三、常规心电图描记

具体要求：心电图基线稳定，波形清楚，不应当有干扰、伪差、基线漂移等。

（一）环境要求

1. 室内温暖，以免寒冷引起肌电干扰。

2. 检查床不宜过窄，以免紧张引起肌电干扰。

3. 使用交流电源必须接地线。

4. 心电图机旁不要摆放其他电器。

（二）病人准备

1. 核对姓名。

2. 休息片刻，取平卧位，避免饱餐或吸烟后。

3. 简要说明检查目的与方法，消除紧张。

4. 记录过程中不能移动四肢及躯体。

5. 必要时需屏气记录胸导联心电图。

（三）皮肤处理

1. 两腕曲侧腕关节上方约 3cm 及两踝上部约 7cm 处。

2. 涂抹导电胶或盐水，也可用酒精涂擦皮肤上的油脂，消除皮肤阻力，减少伪差。

（四）电极安置

1. 肢体导联 红色接右上肢；黄色接左上肢；绿色接左下肢；黑色接右下肢。

2. 胸前导联 V_1～V_6 导联依次与红、黄、绿、棕、黑、紫色电极相连（图 8-4-1）。

（五）描记心电图

1. 接通电源及地线。

2. 选择走纸速度、定准电压、调节记录笔。

3. 导联切换。依次记录 12 导联，各导联记 3～5 个心室波，心律不齐可适当加长 V_1 或 Ⅱ 导联。

4. 记录：①姓名、年龄、性别、记录时间、病区床号等；②标记各导联（电压减半或放大需注明）。

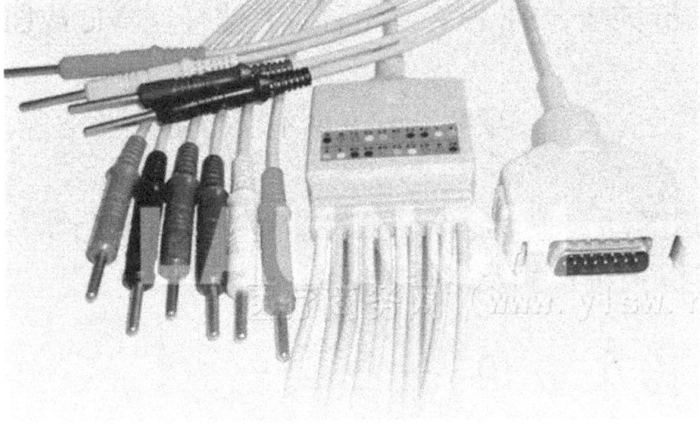

图 8-4-1 心电图导联

（六）减少或消除伪差

凡不是由于心脏电激动而发生的心电图改变，都称为伪差。常见原因：

1. 周围有交流电用电设备或仪器。

2. 肌肉震颤。

3. 描记 ECG 时病人移动身体或呼吸不稳。

4. 导联线连接错误、松脱或断离。

5. 电极板与皮肤接触不良。

6. 地线接触不良。

7. 心电图仪器陈旧老化等。

（林劲秋）

第九章　影像学检查

影像学检查是运用X线、计算机体层成像（computed tomography，CT）、磁共振成像（magnetic resonance imaging，MRI）、超声成像（ultrasonography，US）、核素成像等技术显示人体内部组织结构，借以了解人体解剖与生理功能和病理变化。不同的影像检查方法解决的问题不同，了解不同影像学检查方法的成像原理、图像特点及临床应用价值，可达到健康评估、疾病诊断与治疗的目的。

第一节　放射学检查

一、概　　述

放射学检查作为影像学检查的重要组成部分，在以传统的X线检查的基础上，又包含了CT、数字减影血管造影（DSA）、MRI等先进成像手段，同时由传统的模拟成像转变为数字化成像，极大地促进了临床工作。

（一）X线检查

1. X线的特性

（1）强的穿透性：X线对物质有很强的穿透力，能穿透普通光线所不能穿透的物质，这是X线成像的基础。

（2）荧光效应：X线能激发荧光物质产生肉眼可见的荧光。

（3）摄影效应：X线能使涂有溴化银的胶片感光，经显影、定影处理便形成黑白影像。

（4）电离与生物效应：X线通过任何物质都可使该物质发生电离，分解成正负离子，X线进入人体发生电离产生生物效应，它是放射防护学和治疗学的基础。

2. X线成像的基本原理　X线之所以能使人体在荧光屏上或胶片上形成影像，一方面是由于X线具有上述特性，另一方面是基于人体组织具有密度和厚度的差别。当X线穿过人体各种不同组织结构时，密度高、组织厚的部分吸收X线多，密度低、组织薄的部分吸收X线少，因此，到达荧光屏或胶片上的X线的量就有差异，从而形成黑白明暗对比不同的影像。

3. X线的检查方法

（1）普通检查：包括透视和摄片。透视的主要优点是设备简单、方便、费用经济、可迅速出结果，并能对器官进行功能检查；但影像对比度较差，受器官密度和厚度的影响，且缺乏永久记录，不便于随访观察。摄片的对比度、清晰度较好，随摄片条件的调整一般不受组织密度和厚度的影响，可作为客观记录留存，便于随访；但常需作两个方位的摄片，即正位和侧位。对于功能方面的观察不如透视方便和直观。

（2）特殊检查：目前特殊检查有软X线摄影、体层摄影等。自应用CT等现代成像技术以来，只有软线摄影还在应用于乳腺检查。

（3）造影检查：是将对比剂引入缺乏自然对比的器官内或其周围，使之产生对比以显影。对比剂通常分为高密度对比剂和低密度对比剂，方法分为直接引入法和生理性排泄法。临床常用的高密度对比剂有碘剂和钡剂。各种造影检查都有一定的检查前准备和有关注意事项，包括对对比剂反应的预防和处理，以保证造影检查的顺利进行。

4. X线检查的防护　X线穿透人体将产生一定的生物效应。因此工作中要注意防护，可以采用屏蔽防护和距离防护，常用铅或含铅的物质作为屏障以吸收不必要的X线，或通过增加X线源与人体间距以减少曝射量。病人方面，应选择恰当的 X 线检查方法，控制照射次数和范围，设计正确的检查程序。早孕妇女不宜作 X 线检查。放射工作者应遵照国家有关放射防护卫生标准的规定，制定必要的防护措施，正确进行 X 线检查操作，认真执行保健条例，工作中应做到加强自我保护，并尽量运用距离防护。

（二）CT

案例 9-1-1

王某某，男，53 岁，既往有高血压病史，8 小时前突发剧烈头痛，伴喷射状呕吐，肢体活动无障碍。

问题：

该病人应首选哪种影像学检查？检查前，应如何做好病人的健康教育及准备工作？检查过程中，应如何注意防护？

1. CT 的基本原理　CT 是用 X 线束对人体某部位一定厚度的层面进行多方向扫描，由对侧的探测器接收透过该层面组织的 X 线，将其转变为可见光后，由光电转换器转变为电信号，再经模拟/数字转换器转为数字，输入计算机处理。计算机将输入的原始数据加以校正处理，经数字/模拟转换器转为不同灰阶的光点，形成重建图像。所以，CT 图像是由一定像素组成的计算机重建的断面图像。重建图像可由显示器显示、录入磁盘进行存储或进行远距离传输。

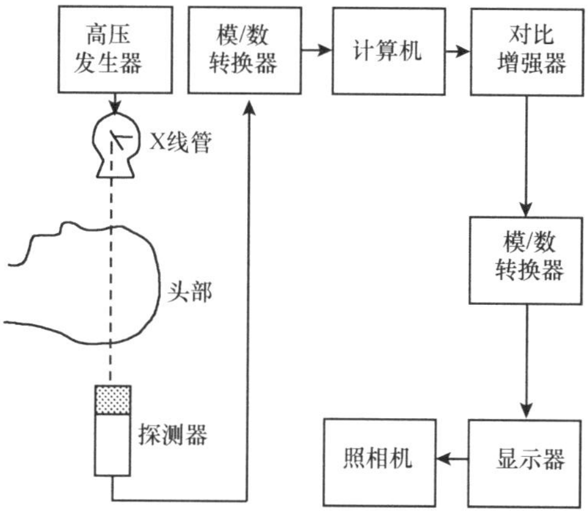

图 9-1-1　CT 装置示意图

2. 设备　CT 设备包括三部分：①扫描部分，由 X 线管、探测器和扫描架组成，用于对检查部位进行扫描。②计算机系统，将扫描收集的数据信息进行处理、存储及图像重建。③图像显示和存储系统，将经计算机处理、重建的图像显示在显示器上，或用照相机拍摄于照片上，也可存储于光盘或磁盘中（图 9-1-1）。

3. 图像的特点　CT 图像是断面图像，常用的是横断面，是由一定数目自黑到白不同灰度的像素按矩阵排列所构成的灰阶图像。像素反映的是相应体素的 X 线吸收系数。与 X 线图像一样，密度高的组织为白影，密度低的组织为黑影。CT 的密度分辨力高，人体软组织之间的密度差别虽小，也能形成对比，在良好的解剖图像上显示出病变的图像。

CT 图像不仅以不同灰度显示组织密度的高低，还可将组织对 X 线吸收系数换算成 CT 值，说明其密度高低的程度。临床 CT 值单位用 HU（hounsfield unit）表示。将水的 CT 值定为 0 HU，人体中骨皮质线吸收系数最高，CT 值定为+1000 HU，气体的密度最低，定为−1000HU，人体中密度不同的各种组织的 CT 值则居于−1000～+1000HU 的 2000 分度之间。

CT 图像为某一部位多个连续的横断面图像，通过图像重建技术，还可重建成冠状面图像和矢状面图像。

4. 检查方法

（1）平扫：指不用造影增强或造影的普通扫描。一般检查时都是先作平扫。

（2）增强扫描：是经静脉注入水溶性有机碘剂后再行扫描的方法，较为常用。血液内碘浓度增高后，血供丰富的器官或病变组织与缺乏血供的组织内碘的浓度形成密度差，可使病变显影更清楚。

（3）造影扫描：是先作器官和结构的造影，再行扫描的方法，临床应用不多。

（4）特殊扫描：为了进一步明确诊断所做的特殊扫描方式，如薄层扫描、高分辨力 CT 扫描、CT 三维重建、CT 仿真内镜等。

5. CT 检查的临床应用 CT 由于其特殊诊断价值，已广泛应用于临床，特别是螺旋 CT 和超高速 CT。但 CT 设备比较昂贵，检查费用偏高，某些部位的检查诊断价值，尤其是定性诊断，还有一定限制，所以不宜将 CT 检查视为常规诊断手段，应在了解其优势的基础上，合理地选择应用。

（1）中枢神经系统疾病：CT 检查的诊断价值较高，应用普遍。对颅内肿瘤、外伤性颅内血肿与脑损伤、脓肿、肉芽肿、脑梗死与脑出血、椎管内肿瘤和椎间盘脱出等病变的诊断较为可靠。

（2）头颈部疾病：对眶内占位性病变、早期鼻窦癌、中耳小胆脂瘤、听骨破坏与脱位、内耳骨迷路的轻微破坏、耳先天发育异常及鼻咽癌的早期发现等 CT 检查均有一定价值。

（3）胸部疾病：CT 诊断已日益显示出其优越性，对肺癌及纵隔肿瘤的诊断很有帮助；肺内间质、实质的病变，以及胸壁、胸膜、膈的病变均可清楚地显示。

（4）心脏大血管：主要用于心包病变的诊断、观察冠状动脉和心瓣膜钙化、大血管壁钙化及动脉瘤改变等。

（5）腹部及盆腔疾病：CT 检查主要用于肝、胆、胰、腹膜腔、腹膜后间隙以及泌尿生殖系统疾病的诊断，尤其是占位性病变、炎症性和外伤性病变等。也可观察胃肠病变向腔外侵犯或远处转移等。

（6）骨与关节疾病：多数情况可通过简便、经济的常规 X 线检查确诊，因此使用 CT 检查相对较少。

案例 9-1-1 分析讨论

男性病人，既往有高血压病史，突发头痛，喷射状呕吐，应考虑突发高血压性脑血管出血，颅内血肿形成，因此首选的影像影像学检查应为头颅 CT 平扫。检查前须将详细病情摘要等相关资料提供给 CT 医生以备参考，去除头部的金属物品及饰品，检查时保持体位不动，如生命垂危，须在急诊医护人员监护下进行检查，扫描过程中应对病人的非检查部位及腺体结构所在部位进行防护材料遮盖，以免造成不必要的辐射损伤。

（三）MRI

1. MRI 的基本原理 MRI 是利用原子核在强磁场内发生共振所产生的信号经图像重建的一种影像技术。

（1）原子核在磁场内的特性：原子核在其自旋过程中产生的自旋磁动力（核磁矩）是由其所组成的质子和中子的情况决定的。含有偶数质子或中子的原子核其自旋核磁矩成对地相互抵消，整体上不呈现磁场。而含有奇数质子或中子的原子核具有核磁矩的物理特性。核磁矩的大小是原子核的固有特性，它决定 MRI 信号的敏感性。从理论上讲，很多元素都可以用磁共振来成像，然而，MRI 主要应用于氢的成像，其原因一是氢的原子核最简单，具有单一的质子，具有最强的磁矩；二是氢在人体内含量最高，所产生的磁共振信号是其他原子的 1000 倍。

（2）磁共振的发生：正常情况下，氢原子磁矩取向是杂乱无章的，因而磁矩相互抵消，如果将氢核（人体）置于静磁场中，磁矩取向不再是无规律的，而是按磁场的磁力线方向取向。其中大部分质子的磁矩顺磁场排列，位能低，呈稳态；少部分逆磁场排列，位能高。于是机体开始带有磁性，数秒之后达到平衡。这个过程即磁化，磁化的强度是一个可以测量的矢量。达到平衡时的磁化方向与机体纵轴方向一致。此时，向氢核（人体）按照 Larmor 频率（原子核的共振频率）发射射频脉冲（无线电波）对其进行激发，氢核获得能量出现共振，即磁共振现象。

（3）MRI 信号的产生及图像形成：射频脉冲停止激发后，被激发的氢核将吸收的能量逐步释放出来，其相位和能级随之恢复到激发前的状态，这一恢复过程称为弛豫，恢复到原先平衡状态所需要的时间称为弛豫时间。有两种弛豫：纵向磁化恢复，其过程为纵向弛豫；横向磁化消失，其过程则为横向弛豫。纵向弛豫反映自旋核把吸收的能量传给周围晶格所需的时间，称 T_1；横向弛豫时间，反映横向磁化衰减、丧失的过程，也即是横向磁化所维持的时间，称 T_2。

人体不同器官的正常组织与病理组织的 T_1 是相对恒定的，而且它们之间有一定的差别，T_2 也是如此。这种组织间弛豫时间上的差别是 MRI 成像的基础。

弛豫过程是一个释放能量和产生 MR 信号的过程。其中产生的 MR 信号通过射频系统接收并传给计算机图像处理系统，以不同灰度或颜色的图像加以显示。

2. 图像特点

（1）灰阶成像及多参数成像：MRI 图像是模拟灰阶的黑白影像，反映的是 MR 信号强度的不同或弛豫时间 T_1 与 T_2 的长短。MRI 若主要反映组织间 T_1 特征参数时，为 T_1 加权像（T_1 weighted imaging，T_1WI）。如主要反映组织间 T_2 特征参数时，则为 T_2 加权像（T_2 weighted imaging，T_2WI）。如主要反映组织间质子密度的差别，则为质子密度加权像（proton density weighted imaging，PdWI）。MRI 是多参数成像。采用不同的扫描序列和成像参数，一个层面可获得 T_1WI、T_2WI 和 PdWI 三种图像。

（2）血流成像：由于血液的流空效应，使心血管管腔显示清晰，是 MRI 检查的特点，是 CT 检查无法比拟的。

（3）三维成像：MRI 检查可获得横断面、冠状面、矢状面及其他方向的断面图像，解剖结构显示清楚，使病变与正常解剖结构关系明确，有利于病变的三维定位。

3. MRI 检查方法

（1）常规 MRI 检查：主要以横断面检查为主，配以矢状位和冠状位检查。T_1 加权像有利于观察解剖结构，T_2 加权像则显示病变组织较好。

（2）MR 血管造影（MR angiography，MRA）：是不需或仅向血管内注射少量对比剂可使血管成像的 MRI 技术，用于血管性疾病的诊断。

（3）MRI 增强扫描：在静脉内注入对比剂钆——二乙三胺五醋酸（Gadolinium-DTPA，Gd-DTPA）进行扫描，有助于发现病变、病变的定性定位及鉴别诊断等。

（4）其他成像技术：在 MRI 检查中，还有水成像、灌注成像等。

4. MRI 检查的临床应用　MRI 检查已广泛应用于临床，大大提高了临床诊断效果。但其设备比较昂贵，检查费用偏高，检查时间长，某些部位的检查诊断价值仍有一定限度，因此临床应合理地选择应用。

二、放射检查前的准备与处理

X 线一般检查病人是无须做准备的，但一些特殊检查病人要有一定的检查前准备和有关注意事项，必须予以重视才能保证检查的顺利完成，其中以对比剂过敏防治工作的准备最为重要。

（一）X 线造影检查前的准备

1. 体质准备　病人的体质与反应的发生及其程度有关。除过敏体质外，与病人的年龄、有无慢性病乃至精神状态都有重要的关系，如高血压、动脉硬化、冠心病、癫痫、甲状腺功能亢进、肝肾功能不良，水盐代谢平衡失调等。

2. 心理准备　在病人处于恐慌、紧张状态下进行造影，也易发生反应。在 X 线检查前要尽量做好病人的解释工作，使病人的身心处于良好状态，争取病人的合作，使检查顺利进行。

3. 技术准备　因造影检查部位、应用对比剂种类及造影方法不同，所需要的准备及注意事项也有差别，护理人员应协助病人做好各项准备，并及时处理检查中出现的问题。

（1）常规准备：造影检查前应简要地向病人介绍检查的目的、方法及注意事项，了解病人有无造影检查的禁忌证，备齐各种急救药品和设备。

（2）碘过敏试验：凡需用碘对比剂进行造影时，应提前作碘过敏试验，常用的方法有以下几种。①口服试验，检查前2天服用一定量对比剂，并观察受试者反应，如出现结膜红肿、恶心、呕吐、手脚麻木及皮疹等，视为阳性。②皮内试验：用3%碘剂0.1ml进行皮内试验，观察20分钟，若皮肤局部出现红肿、硬结，直径达1cm以上者，视为阳性。③静脉注射法：检查前1天用同剂型碘对比剂1ml进行静脉注射，观察15分钟，若出现胸闷、心慌、气急、咳嗽、恶心、呕吐、头晕、头痛、荨麻疹等，视为阳性。

4. 碘过敏反应的处理

（1）轻度反应：如全身灼热感、头晕、面部潮红、胸闷、气急、恶心、呕吐、皮疹等，经吸氧或短时休息可好转，也可给予肾上腺素1mg皮下注射。

（2）重度反应：如喉头水肿、支气管痉挛、呼吸困难、心律失常，甚至心搏骤停等，应立即停止检查，给予吸氧、抗过敏和对症治疗等抢救措施，对心搏骤停者立即进行心肺复苏。

5. 各器官造影前的准备

（1）心血管造影

1）心血管造影是一种比较复杂且有一定痛苦和危险的检查方法，一定要做好病人的解释工作，争取合作。

2）全身情况极度衰竭、肝肾功能严重不良、造影过敏试验阳性、心力衰竭和严重状动脉病变病人不进行该检查。

3）造影前常规做好过敏试验。

4）对泛影葡胺等离子型对比剂过敏反应者，可考虑使用非离子型对比剂，如优维显（Ultravist）、碘海醇（Omnipaque）等。

（2）食管钡餐检查：该检查一般吞服2～3口钡剂，无须作特殊准备。

（3）上消化道双重对比造影

1）检查前3天禁服不透X线（如钙、铁、铋剂等）药物。

2）检查前12小时禁食、禁饮。

3）上消化道出血者一般在出血停止和病情稳定后数天方可检查。

4）如需显示黏膜面的细微结构及微小病变，肌内注射抗胆碱药，如654-2等以降低胃肠张力。青光眼、前列腺增生病人禁用。

5）如需在较短时间内观察小肠，可肌内注射新斯的明或口服甲氧氯普胺以增加胃肠道张力，促进蠕动。

6）疑有胃肠穿孔、肠梗阻等病人，禁止检查。

（4）结肠双重对比造影：检查前连续2天无渣饮食，口服缓泻剂番泻叶等将肠内容物排空，忌用清洁剂洗肠。

（5）脑血管造影

1）造影前查出血时间和凝血时间。

2）造影前1天分别进行碘、普鲁卡因过敏试验。

3）造影前4～6小时禁食。

4）确定穿刺部位，常规进行备皮。

（6）泌尿系统普通检查：除急诊外一般应作好以下检查前的准备工作。

1）检查前2～3日禁服不透X线（如钙、铁、铋剂等）的药物。

2）检查前不食产气和多渣食物。

3）检查前1日晚服缓泻剂如番泻叶等或清洁灌肠。

4）检查前当日早晨禁饮、禁食。

5）检查前排尿、导尿。

（7）静脉性（排泄性）尿路造影。

1）查前1日除按腹部平片的要求外，在检查前6～12小时限制饮水。

2）造影前必须了解病人的心、肝、肾功能情况，全身情况极度衰竭、肝肾功能严重不良者不进行该项检查。

3）作好碘过敏试验。

4）有尿路感染者禁做该检查。

（8）子宫输卵管造影。

1）选择月经后5～7天进行造影，造影前3天不宜过性生活。

2）检查前1天内做碘过敏试验。

3）检查前1天晚上服缓泻剂导泻，必要时进行清洁灌肠。

4）造影前备皮，冲洗阴道。

5）有生殖器急性感染、近期内发生过宫内大出血者暂不能做此造影检查。

（二）CT检查前的准备

1. 检查前须将详细病情摘要等相关资料提供给CT医生以备参考。

2. 检查前4小时禁食。腹部扫描者，检查前1周内不可作钡剂造影。

3. 增强检查病人须经本人和家属签字后行碘过敏实验，呈阴性者方可进行。

4. 去除检查部位衣物上的金属物品及饰品。

5. 检查时保持体位不动，配合检查进行平静呼吸、屏气等。

6. 生命垂危的急诊病人，须在急诊医护人员监护下进行检查。

7. 妊娠妇女、情绪不稳定或急性持续痉挛者不宜做本项检查。

8. 不能配合的儿童病人，采取镇静措施如水合氯醛灌肠等后方可进行检查。

（三）MRI检查前病人的准备

1. 检查时请携带相关检查资料，尤其是相关检查部位的X线片、CT、MR等影像检查资料，供MRI检查时参考。

2. 腹部MRI检查前4小时禁食禁水。

3. 对于进行 MRCP（胆道水成像）的病人需在检查前一天晚10点后禁水禁食。

4. MRI设备具有强磁场，如装有心脏起搏器，或体内有金属或磁性物植入病人和早期妊娠的病人，不能进行检查，以免发生意外。

5. 病人勿穿戴任何有金属的内衣，检查头、颈部的病人请在检查前日洗头，勿擦头油。

6. 磁共振检查时间较长，且病人所处的环境幽暗、噪声较大；嘱其要有思想准备，不要急躁，在医师指导下保持体位不动、耐心配合。

7. 有意识障碍、昏迷、精神症状等不能有效配合检查的病人，除非经相关专业临床医师同意，否则不能进行MRI检查。

8. 不能配合的儿童病人须采取镇静措施，如水合氯醛灌肠等。

9. 宫内节育器有可能对MRI检查产生影响，必要时须将其取出后再行检查。

三、呼 吸 系 统

案例 9-1-2

顾某，男，24岁，主诉感冒3天后，发热37.9℃，轻咳，伴右侧胸痛、咳嗽、咳铁锈色痰，无咯血。发病以来，食欲不振、乏力、睡眠欠佳、大小便正常。病人既往体健，无手术外伤史及过敏史。

问题：

1. 根据以上病情首先应做哪种影像学检查？
2. 分析病人可能的病因及 X 线表现？

（一）检查方法

1. X 线检查

（1）透视：肺部具有很高的天然对比度，可用 X 线透视方法进行检查，检查时按一定顺序，对胸部做全面观察，还可以观察呼吸运动情况。优点是经济、快速。缺点是图像对比度较差，对细微病变不易发现，不能留下永久记忆。

（2）摄影：常规采用站立后前位及侧位，还可采用斜位、前弓位、侧卧水平位等满足不同诊断需要。

2. CT 检查 CT 扫描成像为断层成像，采用不同窗宽窗位观察，能极大地提高影像对比度，对细微结构观察良好。

（二）正常表现

1. X 线检查

（1）胸廓：由软组织和骨骼构成，胸片上能够看到的软组织有胸锁乳突肌及锁骨上皮肤皱褶、胸大肌、女性乳房及乳头等；骨性结构有肋骨、肩胛骨、锁骨、胸骨和胸椎。

（2）纵隔：正常纵隔位置居中，卧位或呼气时短而宽，立位及吸气时窄而长。病理情况下，纵隔可出现移位，或在呼吸时发生纵隔左右摆动。

（3）膈：正常呈圆顶形，左右两叶。膈在外侧及前、后方与胸壁相交形成肋膈角，在内侧与心脏形成心膈角。呼吸时两膈上下呈对称运动，活动范围为 1～3cm，深呼吸时可达 3～6cm。

（4）胸膜：分为脏层和壁层，正常时不显影。

（5）气管、支气管：气管起于环状软骨下缘，在第 5、6 胸椎水平分为左右主支气管，分叉部下壁形成隆凸。

（6）肺：含有空气的肺在胸片上显示为透明区域，称肺野。肺门影是肺动静脉、支气管和淋巴组织的复合投影。肺纹理由肺动脉、肺静脉及淋巴管组成，在胸片上表现为起自肺门的向肺野呈放射状分布的逐渐变细的干树枝状影。

2. CT 检查 胸部的组织复杂，有气的肺组织、脂肪组织、肌肉组织及骨组织。因为这些组织的密度差异很大，其 CT 值的范围宽广，所以在观察胸部 CT 时，至少需采用两种不同的窗宽和窗位，分别观察肺野与纵隔，有时还需采用骨窗，以观察胸部骨骼的改变。胸部 CT 图像是胸部不同层面的断层图像，普通 CT 只能进行胸部横断面成像，多层螺旋 CT 除横断面成像外，可行冠状面及矢状面的成像。

（1）胸壁

1）软组织：纵隔窗观察可分辨各组肌肉。腋窝内充满大量脂肪，检查时如上肢不上举可见腋窝走行的血管影。

2）骨骼：胸骨柄呈前凸后凹的梯形，两侧后方的凹陷为锁骨切迹，与锁骨头形成胸锁关节。胸骨体呈长方形，成人剑突多呈小三角形高密度影。胸椎位于后胸廓中央。肋骨断面呈弧形排列，第 1 肋软骨钙化突向肺野内，不要误为肺内病灶。肩胛骨于胸廓背侧呈长形斜条状结构，前方可见喙突，后方可见肩峰及肩关节盂的一部分。螺旋 CT 三维重建可立体显示胸部骨骼。

（2）纵隔：采用纵隔窗观察。

1）前纵隔：位于胸骨后方，心脏大血管之前。前纵隔内有胸腺组织、淋巴组织、脂肪组织和结缔组织。中纵隔为心脏、主动脉及气管所占据的部位。

2）中纵隔：结构多，包括气管与支气管、大血管及其分支、膈神经及喉返神经、迷走神经、淋巴结及心脏等。心脏各房室之间有少量脂肪组织，所以CT上可大致区分各房室。左、右心膈角区可见三角形脂肪密度影，常对称性出现，右侧多大于左侧，为心包外脂肪垫。中纵隔淋巴结多数沿气管、支气管分布。CT不能显示走行于纵隔内的神经。

3）后纵隔：为食管前缘之后，胸椎前及椎旁沟的范围。后纵隔内有食管、降主动脉、胸导管、奇静脉、半奇静脉及淋巴结。后纵隔淋巴结沿食管及降主动脉分布，与隆凸下淋巴结交通。

纵隔淋巴结接受纵隔、两肺、胸壁及横膈的淋巴引流，右侧汇入支气管淋巴干，左侧汇入胸导管。

（3）肺：常规CT只能从某横断面上观察某一个断面的肺野或肺门。两肺野可见由中心向外围走行的肺血管分支，由粗渐细，上下走行或斜行的血管则表现为圆形或椭圆形的断面影。有时中老年人两肺下叶后部近胸膜下区血管纹理较粗，系仰卧位扫描时肺血的坠积效应所致。肺叶及肺段支气管与肺动脉分支血管的相对位置、伴行关系及管径的大小较为恒定，肺动脉的管径与伴行的支气管管径相近。

1）右肺门：右肺动脉在纵隔内分为上、下肺动脉，上肺动脉常很快分为分支分别伴行于右上叶的尖、后、前段支气管。下肺动脉在中间段支气管前外侧下行中，先分出回归动脉参与供应右上叶后段，然后由右中叶动脉、右下叶背段动脉分出，最后分出2～4支基底动脉供应相应的基底段。右肺静脉为两支静脉干，即引流右上叶及右中叶的右上肺静脉干和引流右下叶的右下肺静脉干。

2）左肺门：左上肺动脉通常分为尖后动脉和前动脉。左肺动脉跨过左主支气管后即延续为左下肺动脉，左下肺动脉先分出左下叶背段动脉和舌叶动脉，然后分出多支基底动脉供应相应的基底段。左肺静脉也为左上肺静脉干和左下肺静脉干。

3）叶间裂：由于叶间裂处实际是其两侧相邻肺叶的边缘部分，普通CT图像上其边缘部分的微细血管、支气管等结构已不能显示，所以在肺窗上表现为透明带。

4）肺段：基本形态为尖端指向肺门的锥体状。CT图像上不能显示肺段间的界限，只能根据肺段支气管及血管的走行定位。发生肺段范围内的病变时，则可显示肺段的形态。

（4）横膈：为圆顶状的肌性结构，大部分紧贴于相邻脏器如心脏、肝脾等，且密度与相邻器官相似。膈肌前方附着于剑突与两侧肋软骨上，多呈光滑的或轻微波浪状线形影。横膈后下部形成两侧膈肌脚，为膈肌与脊柱前纵韧带相连续而形成，简称膈脚。

3. MRI表现　正常胸部结构的MRI表现取决于不同组织的MR信号强度特点。肺组织、脂肪组织、肌肉组织、骨组织具有不同的MR信号强度，在MR图像上表现为不同的黑、白亮度。

（1）胸壁：胸壁肌肉在T_1WI和T_2WI上均呈较低信号，显示为黑影或灰黑影。肌腱、韧带、筋膜氢质子含量很低，在T_1WI和T_2WI上均呈低信号。肌肉间可见线状的脂肪影及流空的血管影。脂肪组织在T_1WI上呈高信号，显示为白影；左T_2WI上呈较高信号，显示为灰白影。

胸骨、胸椎、锁骨和肋骨的周边骨皮质在T_1WI和T_2WI上均显示为低信号，中心部的海绵状松质骨含有脂肪，显示为较高信号。肋软骨信号高于骨皮质信号，低于骨松质信号。

（2）纵隔：胸腺呈均质的信号影，T_1WI上信号强度低于脂肪，T_2WI上信号强度与脂肪相似。

气管与主支气管腔内无信号，气管和支气管壁由软骨、平滑肌纤维和结缔组织构成且较薄，通常也不可见，管腔由周围脂肪的高信号所衬托而勾画出其大小和走行。纵隔内的血管也是由周围脂肪的高信号所衬托而勾画。胸段食管多显示较好，食管壁的信号强度与胸壁肌肉相似。

淋巴结多易于显示，T_1WI上表现为均质圆形或椭圆形结构。通常前纵隔淋巴结，右侧气管旁淋巴结，右气管支气管淋巴结，左上气管旁淋巴结，主、肺动脉淋巴结及隆凸下淋巴结较易显示；左下气管旁淋巴结及左主支气管周围淋巴结不易显示。

迷走神经、交感神经和左喉返神经通常不能显示。胸导管有时在横断面可显示。

心脏与大血管详见心脏与大血管章节。

（3）肺：正常肺野基本呈黑影。肺纹理显示不及CT，不呈树枝状，而呈稍高信号的横带状影，近肺门处可见少数由较大血管壁及支气管壁形成的支状结构。

由于肺血管的流空效应，肺动、静脉均呈管状的无信号影，而肺门部的支气管也呈无信号影，所以两者只能根据其解剖学关系进行分辨，但应用快速梯度回波序列，肺动、静脉均呈高信号，则可鉴别。在肺血管与支气管之间，由脂肪、结缔组织及淋巴组织融合而成的小结节状或条片状高信号影，其直径一般不超过 5mm。

（4）横膈：膈脚在横断面显示清楚，呈一较纤细、向后凹陷的曲线状软组织信号影，前方绕过主动脉，止于第 1 腰椎椎体的外侧缘。冠状面及矢状面能较好显示横膈的高度和形态，横膈的信号强度低于肝脾的信号强度，表现为弧形线状影。

（三）基本病变的表现

1. 支气管阻塞性改变 支气管阻塞性改变依阻塞程度不同分为支气管不完全阻塞引起的阻塞性肺气肿和完全阻塞引起的阻塞性肺不张。

（1）阻塞性肺气肿：可分为局限性和弥漫性两种。弥漫性肺气肿 X 线表现为两肺野透明度增加，呼气与吸气时透明度变化不大；肺纹理稀疏、变细、变直，肋间隙增宽；胸廓前后径增宽，呈桶状胸；膈肌位置低平，活动度明显减弱；心影狭长呈垂位心。

CT 检查：局限性阻塞性肺气肿表现为某断面上肺局限性透明度增加，肺纹理稀疏。可显示阻塞的部位，甚至阻塞的原因。弥漫性阻塞性肺气肿表现为肺纹理稀疏、变细、变直。

（2）阻塞性肺不张：因阻塞部位不同，X 线表现也不同,其共同的特征是阻塞远端的肺组织体积缩小，密度增高，周围结构呈向心性移位。

CT 检查：①一侧性肺不张，不张的肺缩小，呈边界清楚锐利的软组织密度结构，增强扫描可见明显强化，常可发现支气管阻塞的部位和原因；②肺叶不张，各肺叶不张表现不同，但都发生肺叶体积缩小，密度增高，叶间裂边缘清晰，邻近结构发生轻度移位；③肺段不张，多呈三角形阴影，尖端指向肺门。

2. 肺部病变

（1）渗出与实变：渗出是机体急性炎症的反应。渗出性病变表现为密度略高、较均匀的云絮状影，边缘模糊，渗出扩散至整个肺叶时即形成实变。常见于各种急性炎症、渗出性肺结核、肺出血及肺水肿。CT 检查：局限性阻塞性肺气肿表现为某断面上肺局限性透明度增加，肺纹理稀疏。可显示阻塞的部位，甚至阻塞的原因。弥漫性阻塞性肺气肿表现为肺纹理稀疏、变细、变直。

（2）增殖：病灶一般不大，多限于腺泡范围内，呈结节状，密度较高，边缘较清楚，或似梅花瓣状，无明显融合趋势。增殖性病变常见于肺结核、各种慢性肺炎及肉芽肿性肺炎。X 线及 CT 上病变常形成结节影，密度较高，边缘较清楚，动态变化缓慢。

（3）纤维化：纤维化病灶表现为索条状影，密度高，走行僵直。如病变被较大的纤维组织取代，则形成密度高，边缘清晰的块影，气管、纵隔、肺门可被牵拉移位。局限性纤维化见于肺炎、肺脓肿和肺结核等。弥漫性纤维化多见于弥漫性间质肺炎、尘肺、特发性肺间质纤维化等。

（4）钙化：呈高密度、边缘锐利、形状不一的斑点状、团块状或球形影。不同病变的钙化形态可以不同，有些具有一定的特征性。多见于肺或淋巴结干酪性结核病灶的愈合阶段，某些肺内肿瘤组织或囊肿壁也可发生钙化。CT 检查在纵隔窗上钙化的密度类似于骨骼密度，CT 值常可达 100HU 以上。

（5）肿块：肺内肿瘤以形成肿块为特征，依据肿块的大小、形态、密度、有无空洞或钙化、周边肺野的改变等可大致区分良性肿瘤或恶性肿瘤。

（6）空洞与空腔：肺组织坏死后，坏死物沿引流支气管排出体外，在肺内残留的腔隙即成为空洞。空腔是指肺内腔隙的病理性扩大，其 X 线表现与空洞相似，但壁很薄，内无液平。CT 检查对空洞的存在、大小、形态、壁的厚度及内壁情况都能更好地显示。

3. 胸膜病变

（1）胸腔积液：多种疾病可累及胸膜产生胸腔积液，病因不同，积液量在 300ml 以上时，X 线表现为一侧肋膈角变平、变钝，液体可随呼吸及体位移动。中量积液时，表现为胸腔下部均匀致密影上缘呈外高内低的斜形弧线，同侧肋膈角消失，膈肌显示不清；大量积液时，患侧胸腔广泛均匀致密影，纵隔向健侧移位，同侧肋间隙增宽。CT 检查：少量、中等量游离性积液表现为后胸壁下弧形窄带状或新月形液体样密度影，边缘光滑整齐。大量积液则整个胸腔为液体样密度影占据，肺被压缩于肺门呈软组织影，纵隔向对侧移位。包裹性积液表现为自胸壁向肺野突出的凸镜形液体样密度影，基底宽而紧贴胸壁，与胸壁的夹角多呈钝角，边缘光滑，邻近胸膜多有增厚，形成胸膜尾征。叶间积液表现为叶间片状或带状的高密度影，有时呈梭状或球状。

（2）气胸及液气胸：①气胸是指空气进入胸腔。由于胸腔内气体将肺压缩，被压缩的肺与胸壁间出现无肺纹理透亮区。②液气胸指胸腔内液体和气体并存，为液气胸。明显的液气胸立位检查可见横贯胸腔的液面，液面上方为空气和压缩的肺。气体较少时，则只见液面而不易看到气腔。

（3）胸膜肥厚、粘连、钙化：轻度表现为肋膈角变浅变平，呼吸时膈运动受限，膈顶牵拉平直，膈上缘幕状突起；广泛胸膜肥厚呈现沿胸廓内缘分布的带状致密影，同侧肋间隙变窄，纵隔向患侧移位；胸膜钙化表现为片状、不规则点状或条状高密度影。CT 检查：胸膜肥厚表现为沿胸壁的带状软组织影，厚薄不均匀，表面不光滑，与肺的交界面多可见小的粘连影。胸膜肥厚可达 1cm 以上，胸膜增厚达 2cm 时多为恶性。胸膜钙化多呈点状、带状或块状的高密度影，其 CT 值接近骨骼。

（四）常见疾病的表现

1. 支气管扩张症 分为先天性和后天性，后天性多见，大多由慢性感染引起支气管管壁的破坏。根据形态分为柱状型、囊状型、曲张型。临床上病人多出现咳嗽、咳脓痰和咯血等症状。

X 线表现：常规 X 线可表现正常，有时可见肺纹理增多、环状透亮影。CT 检查：高分辨力 CT（HRCT）是目前诊断支气管扩张最常用的影像检查方法。柱状扩张主要表现为“轨道征”；当支气管和 CT 层面呈垂直走行时可表现为有壁的圆形透亮影，与伴行的肺动脉共同形成“戒指征”；囊状支气管扩张形成葡萄串状阴影，合并感染时囊内可出现液平；曲张型扩张表现为支气管管壁呈粗细不均匀的增宽，壁不规则，可呈念珠状。主要 CT 表现：①柱状型支气管扩张，当支气管水平走行而与 CT 层面平行时可表现为“轨道征”；当支气管和 CT 层面呈垂直走行时可表现为管壁圆形透亮影，呈“戒指征”。②囊状型支气管扩张，支气管远端呈囊状膨大，成簇的囊状扩张可形成葡萄串状阴影，合并感染时囊内可出现液平及囊壁增厚。③曲张型支气管扩张：可表现支气管径呈粗细不均的囊柱状改变，壁不规则，可呈念珠状。④当扩张的支气管腔内充满黏液栓时，表现为结节状高密度阴影。

2. 慢性支气管炎 是一种常见病、多发病。病程漫长，反复发作。中年以上病人多见，临床表现以咳嗽、咳痰、喘息为主要特征。

X 线表现：早期无异常。随着病程延长，肺内可表现为肺纹理增重、扭曲、分布紊乱、边缘毛糙，以中下肺野为重。

3. 大叶性肺炎 由肺炎双球菌引起。好发于冬季，多见于青壮年。临床起病急，以突然高热、恶寒、胸痛、咳嗽、咳铁锈色痰为主要症状。

X 线表现：早期可无阳性发现，或仅表现为病变区肺纹理增多。实变期表现为密度均匀的致密影，病变累及肺段表现为片状或三角形致密影，边缘清楚或可模糊（图 9-1-2）。由于实变的肺组织与含气支气管

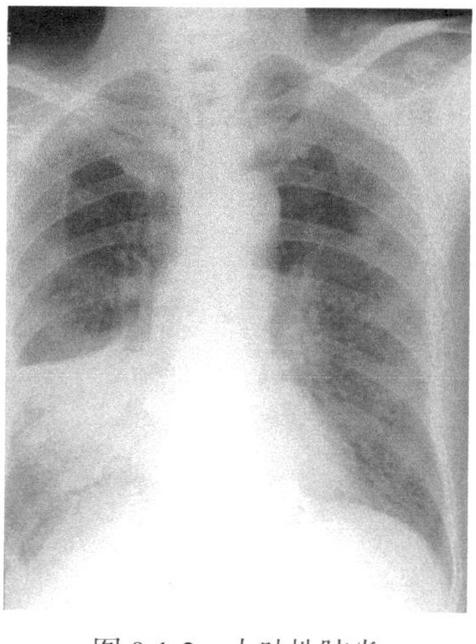

图 9-1-2 大叶性肺炎

正位胸片显示右肺中下肺野上缘清楚的三角形致密阴影

相衬托，有时在实变的肺组织中可见透明的支气管影，即支气管气像。消散期表现为高密度致密影中出现散在、大小不等、分布不规则的密度减低区。

CT 表现：由于 CT 密度分辨力高，在充血期即可发现病变区呈磨玻璃样阴影，边缘模糊。病变区血管仍隐约可见。实变期时可见呈大叶或肺段分布的致密阴影，在显示空气支气管征方面 CT 较 X 线胸片更清晰。消散期随病变的吸收，实变阴影密度减低，呈散在、大小不等的斑片状阴影，最后可完全吸收。

案例 9-1-2 分析讨论（1）

病人有发热、感冒病史，青壮年男性，有咳嗽、胸痛，咳铁锈色痰，首先考虑病人为急性肺部炎症。铁锈色痰液是大叶性肺炎典型临床表现，因此，临床应首先考虑病人所患疾病为大叶性肺炎，首先应该做的辅助检查为 X 线片检查。

4. 支气管肺炎 又称小叶性肺炎，多见于婴幼儿、老年及极度衰弱者或手术后并发症。临床有高热、咳嗽、咳泡沫黏液脓性痰、呼吸困难等。

X 线表现：两肺中下野、内中带肺纹理增多、增粗和模糊。沿肺纹理分布的斑片状模糊致密影，密度不均。病灶融合表现为大片状影。

CT 表现：CT 扫描，见两肺中下部支气管血管束增粗，大小不同的结节状及片状阴影，边缘模糊，多个小片状阴影可融合成大片状。有时在小片状影间，可见 1～2cm 的类圆形透亮阴影，系小叶支气管部分性阻塞引起的小叶性过度充气。

5. 肺结核 是由结核杆菌侵入人体后引起的慢性传染性疾病。基本病理变化为渗出、增殖与变质。机体免疫力和细菌致病力直接影响病变的性质和转归。临床上将肺结核分为 5 个类型：①原发性肺结核（Ⅰ型）；②血行播散型肺结核（Ⅱ型）；③继发性肺结核（Ⅲ型）；④结核性胸膜炎（Ⅳ型）；⑤肺外其他结核（Ⅴ型）。

（1）原发性肺结核（Ⅰ型）：为初次感染所发生的结核。多见于儿童及青少年。

X 线表现：①原发浸润灶，为局限性斑片状阴影，多位于中上肺野，其周边较淡而模糊。②淋巴管炎，自原发病灶走向肺门的索条状致密影。③肺门和纵隔淋巴结肿大，表现为肺门增大或纵隔淋巴结突向肺野。三者合称为原发综合征（图 9-1-3）。当原发病灶吸收消散后，淋巴结炎可伴不同程度的干酪坏死，愈合较慢。当原发灶已吸收或病灶小被掩盖不能发现时，则原发型肺结核即只表现为肺门或纵隔淋巴结肿大，为胸内淋巴结结核。

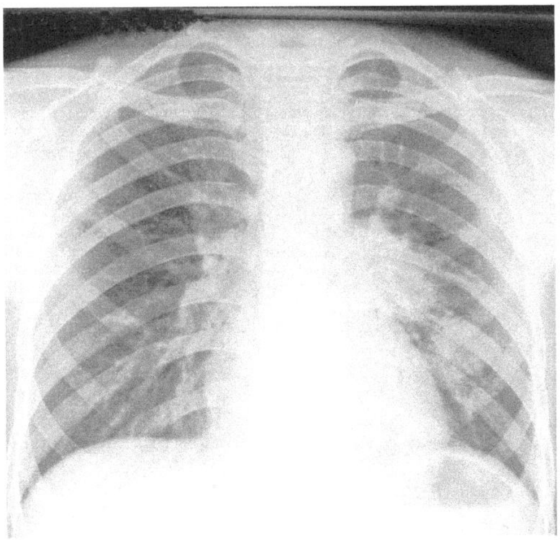

图 9-1-3 原发综合征

正位胸片显示左肺下野局限性片状阴影，同时伴左肺门阴影增大

CT 表现：CT 扫描可更清晰发现肺门及纵隔淋巴结增大，显示其形态、大小、边缘轮廓和密度等，CT 增强扫描淋巴结可均匀强化，或病变中央的干酪性坏死部位不强化，但可见边缘强化。

（2）血行播散型肺结核（Ⅱ型）：根据结核杆菌进入血液循环的途径、数量、次数及机体反应，可分为急性粟粒型肺结核和慢性血行播散型肺结核。急性粟粒型肺结核 X 线征象为两肺野出现分布均匀、大小一致（1.5～2mm）、密度相同的粟粒病灶，正常肺纹理不能显示。亚急性或慢性血行播散型肺结核由于病人抵抗力较好，病灶多以增殖为主。

X 线表现：两肺中上野分布不均、大小不等、密度不同的病灶。

CT 表现：两肺弥漫性粟粒状结节影像，结节的大小基本一致，多数为 1～3mm，少数结节可达 5mm。结节可融合成较大的病灶。结节的边缘清楚，在肺内的分布较均匀，可位于肺部的各个部位。

（3）继发性肺结核（Ⅲ型）：是成年结核中最常见的类型。X 线表现多种多样。多在肺尖、锁骨下区或下叶背段出现中心密度较高而边缘模糊的致密影，或小片云絮状影，病灶范围可呈现肺段或肺叶性浸润。病变发展过程较为复杂，可有渗出、增殖、播散、纤维和空洞等多种性质的病灶同时存在。可出现结核球和干酪性肺炎。

X 线与 CT 表现：多种多样，可以一种为主或多种征象混合并存，主要可见以下征象。①局限性斑片阴影：见于两肺上叶尖段、后段和下叶背段，右侧多于左侧。②大叶性干酪性肺炎：为一个肺段或肺叶呈大片致密性实变，其内见多发边缘不规则的头光区（虫蚀样空洞）。③增殖性病变：呈斑点状阴影，边缘较清晰。④结核球；圆形、椭圆形阴影，大小常见 2～3cm，边缘清晰，轮廓光滑，偶有分叶，密度较高，内部常见钙化。结核球周围常见散在的纤维增殖性病灶，称“卫星灶”。⑤结核性空洞：圆形或椭圆形病灶内，见透亮区。空洞壁薄，内壁一般较规则，有时可呈厚壁不规则空洞。⑥支气管播散病变：结核空洞干酪样物质经引流支气管排出，引起同侧或对侧的支气管播散。表现为沿支气管分布的斑片状阴影，呈腺泡排列，或相互融合成小叶阴影。⑦钙化、纤维化。

（4）结核性胸膜炎：分为干性胸膜炎和渗出性胸膜炎。X 线表现：干性胸膜炎常无异常表现，或仅表现为肋膈角变钝，膈肌活动受限；渗出性胸膜炎表现为游离性或局限性胸腔积液，胸膜增厚、粘连、钙化。CT 检查在叶间、肺底积液或包裹性积液的显示和诊断上更有优势。

X 线及 CT 检查：均可见不同程度的胸腔积液表现，慢性者可见胸膜广泛或局限性增厚表现，但有时为叶间、肺底积液或包裹性积液，CT 诊断更优。

6. 原发性支气管肺癌　起源于支气管上皮、腺体、细支气管或肺泡上皮。其发病率有逐年增长的趋势。临床表现多种多样，最常见的是咳嗽、咳痰、咯血、胸痛及发热等。

影像学上根据肺癌的发生部位可将其分为三类：①中央型，系发生于肺段以上支气管的肺癌。②周围型，系发生于肺段以下支气管直到细支气管以上的肺癌。③细支气管肺泡癌，系发生于细支气管或肺泡上皮的肺癌。

中央型肺癌：多见于鳞癌，其次为小细胞癌和腺癌。X 线表现为肺门影增大或肺门区肿块阴影为其直接征象，同时可出现阻塞性肺气肿、阻塞性肺不张、阻塞性肺炎等间接征象（图 9-1-4）。

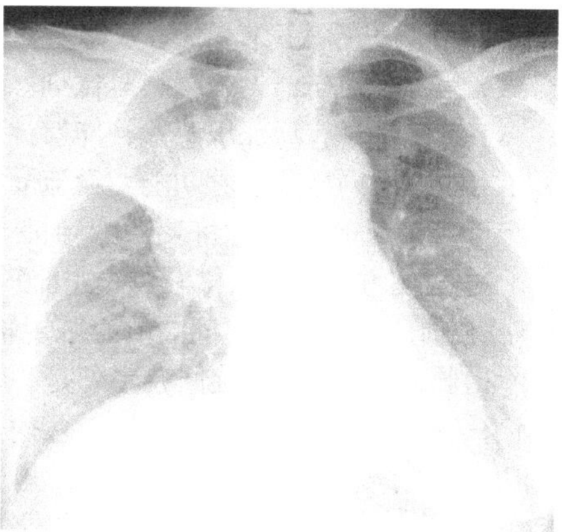

图 9-1-4　右肺中央型肺癌

正位胸片显示右肺门区明显肿块阴影（↑），肿块边缘与不张的右上肺叶下缘形成横“S”征

周围型肺癌：多见于腺癌，其次为鳞癌或腺鳞癌。X 表现为肺内密度较高、轮廓模糊的结节状或球形肿块阴影。边缘毛糙，可有分叶、短的毛刺及厚壁空洞形成。T 增强扫描时，肿块呈密度均匀的中等或以上增强，更有助于肺癌的诊断。另外增强 CT 对发现肺门纵隔淋巴结转移更敏感。

案例 9-1-2 分析讨论（2）

病人为 24 岁，青壮年男性，既往体健，无手术外伤史及过敏史。有发热、轻咳、胸痛、咳嗽，咳铁锈色痰，无咯血。食欲不振、乏力、睡眠欠佳。X 线表现应该为大叶性肺炎表现：早期可无阳性发现，或仅表现为病变区肺纹理增多。实变期表现为密度均匀的致密影，病变累及肺段表现为片状或三角形致密影，边缘清楚或可模糊。由于实变的肺组织与含气支气管相衬托，有时在实变的肺组织中可见透明的支气管影，即支气管气像。消散期表现为高密度致密影中出现散在、大小不等、分布不规则的密度减低区。

四、循环系统

X线检查不仅可以观察心脏大血管的外形轮廓，而且还可以观察与研究心脏、大血管的大小、形态及搏动情况。超声、CT、MRI及核医学弥补了传统X线的不足，拓展了心脏大血管的检查领域，成为心血管系统的重要检查手段，为传统X线增加了新的内容。

（一）检查方法

1. X线检查

（1）胸部透视：方法简便，可以多体位、动态观察。了解心脏和大血管及搏动情况。

（2）常规心脏摄片：常规投照体位为后前位、左前斜位、右前斜位和（或）左侧位服钡。

2. CT检查 普通CT因为空间分辨力和时间分辨力低，不能克服心脏大血管搏动伪影，很难用于心脏疾病诊断。目前电子束CT（EBCT）和多层螺旋CT（MSCT）可用在心血管疾病的诊断。

（1）EBCT：主要检查方式有容积扫描、电影和血流检查。EBCT不但能观察心脏大血管形态，而且可显示心脏和大血管壁、房室间隔和瓣膜运动；计算心功能，分析血流动力学改变；对冠状动脉小片状钙化，EBCT亦有很高的发现能力。因此在冠状动脉硬化性心脏病、瓣膜病、心肌病、心脏肿瘤、心包疾病、先天性心脏病、肺动脉血栓栓塞和大血管疾病诊断中有重要价值。

（2）MSCT：与EBCT血管成像相比，MSCT图像质量高，检查时间短，费用较低，有很好的发展前景。MSCT具备EBCT在心血管疾病应用的全部功能，在冠心病的预防、诊断和术后随访中起着十分重要的作用。

3. MRI检查

（1）心血管MR扫描的主要优点

1）具有良好的组织对比，能够清楚显示心脏解剖形态，检查心脏肿瘤、脂肪浸润、组织变性、囊肿和积液。

2）可迅速获得三维图像，实现心脏大血管的实时动态成像。

3）无射线损伤，无须含碘对比剂。

4）对血流具有特殊敏感性，能够评价流量、流速，甚至血流方向。

5）能够准确显示心脏功能、血流灌注及心肌活性。

因此一次心脏MRI检查，可得到心脏全部信息。对冠状动脉的成像目前仍在开发中。

（2）成像方位：包括横断位、左前斜位、冠状位、平行于室间隔的心脏长轴位、垂直于室间隔的心脏长轴位、平行于室间隔的心脏短轴位。

（3）脉冲序列：①自旋回波序列是心脏MRI检查常规序列。采用心电门控技术，T_1WI或T_2WI。常用于显示心脏解剖形态、心肌/心包病变、心脏肿瘤及血栓检查等。②快速自旋回波序列成像速度加快。③梯度回波序列成像速度最快。常用于心脏功能评价，对比增强MRA，血流测量，心脏瓣膜病与心内分流疾病的电影动态观察。

（4）心肌灌注成像：经静脉注射对比剂，分析对比剂通过。心肌不同时期的信号强度改变，判断心肌血流灌注及心肌活性异常。包括：①首过法，分析对比剂首次通过心肌时动态变化图像，判断心肌缺血；②延迟法，分析对比剂通过心肌后5～30分钟的MR图像，通过延迟期心肌增强，检测心肌细胞的损伤程度，识别可逆性与不可逆性心肌损伤。

4. DSA检查 心血管造影是将对比剂经导管快速注入心脏大血管腔，观察其内部解剖结构、运动及血流状态的影像学检查方法，分为常规造影和选择性造影。前者包括心腔、主动脉和主肺动脉造影，后者指冠状动脉、外周动脉造影等。当前大都应用DSA。心血管造影由于其创伤性，应用较少。

（二）正常表现

1. X线检查 心脏各房室在线片上的投影相互重叠仅能显示各房室及大血管的轮廓，其心内结构显示不清。正常情况下心包不显影，后前位见心脏有左右两缘。

（1）心脏大血管的正常投影：心脏的四个心腔和大血管在 X 线上的投影，彼此重叠，线片上仅能显示各房室和大血管的轮廓，不能显示心内结构和分界。心表面有脏层和壁层心包膜覆盖，正常情况下心包缺乏对比，不会显影。

1）后前位：心脏、大血管有左、右两个边缘。心右缘分为两段，上段由主动脉与上腔静脉构成，下段为右房构成。心左缘分为三段：上段为主动脉球，由主动脉弓组成，呈弧形突出，在老年明显；中段为肺动脉主干与左肺动脉构成，称为心腰，又称肺动脉段，此段较低平或稍突出；下段由左心室构成，为一最大的弧，明显向左突出，左心室在下方形成心尖。左心室与肺动脉之间，有长约 1.0cm 的一小段，由左心耳构成，正常时，不能与左心室区分。左心室与肺动脉段的搏动方向相反，两者的交点称为相反搏动点。肥胖人，左心膈角常有脂肪垫充填，为密度较低的软组织影。

2）右前斜位：心前缘自上而下由主动脉弓及升主动脉、肺动脉、右室前壁和左室下端构成。心前缘与胸壁间有三角形透明区，称为心前间隙或胸骨后区。心后缘上段为左房，与食管有浅压迹，下段为右房，两者间无清楚分界。心后缘与脊柱之间称为心后间隙或心后区。食管通过心后间隙，钡剂充盈时显影，并可在前壁显示左心房压迹。

3）左前斜位：此位置投照时，室间隔与中心 X 线接近平行，心室大致分为左、右两半，右前方一半为右室，左后方一半为左室。心前缘上段为右房，下段为右室，房室间分界不清。心后缘上段由左房，下段由左室构成。在此斜位还可显示胸主动脉和主动脉窗。通过主动脉窗可见气管分叉，主支气管和肺动脉。左主支气管下方为左房影。

4）左侧位：心前缘下段是右室前壁，上段则由右室漏斗部、肺动脉主干和升主动脉构成。前方与前胸壁之间形成三角形透亮区，称为胸骨后区。心后缘上中段由左房构成，下段由左室构成，与膈形成锐角，下腔静脉可在此显影。心后下缘、食管与膈之间的三角形间隙，为心后间隙。

（2）心脏大血管的形态：在后前位上，正常心脏大血管形态可分为横位心、斜位心和垂位心。

1）横位心：见于短胖体型，胸廓宽短，膈位置高，心膈接触面大，心胸比率略大于 0.5，主动脉结明显，心腰部凹陷。

2）斜位心：见于适中体型，胸廓介于另两型之间，心膈接触面适中，心胸比率约为 0.5，心腰平直。

3）垂位心：见于瘦长体型，胸廓狭长，膈位置低，心与隐接触自小，心胸比率小于 0.5。

（3）心脏大血管大小：测量心胸比率是确定心脏有无增大的最简单的方法。心胸比率是心影最大横径与胸廓最大横径之比。心影最大横径是心影左右缘最突一点至胸廓中线垂直距离之和。胸廓最大横径是在右膈顶平面两侧胸廓肋骨内缘间连线的长度。正常成人心胸比率＜0.5。

2. CT 检查　心脏检查的扫描体位有三种，即横轴位、短轴位和长轴位。

（1）横轴位：是常用的标准体位。它可以清楚地显示心脏和大血管的结构、各房室间的解剖关系及心脏房室的大小。现选择主要的四个层面结合图像加以分述：①主动脉弓层面；②气管隆凸层面；③主动脉根部层面；④心室层面。心包呈 1～2mm 厚的弧线状影，其内可见低密度脂肪。

（2）短轴位：主要用于观察左室壁心肌，特别是结合电影可动态了解心肌收缩运动和各心室壁增厚、变薄情况。左室体部层面是心短轴位一个重要层面，左室占据纵隔左缘大部，呈椭圆形，可显示左室前间隔壁、侧壁、侧后壁、后壁及室间隔。左室腔内类圆形充盈缺损为前、后乳头肌影。

（3）长轴位：主要用于观察瓣膜（主动脉瓣及二尖瓣），左室流出道及心尖部。

左室流出道层面可清楚显示左室流出道、主动脉瓣及升主动脉根部。左室腔内可见乳头肌影，并可见左房、室间的二尖瓣。左室前缘非常接近于心尖部，常借助此层面了解心尖部病变。

3. MRI 检查　横轴位、长轴位、短轴位上心脏房、室和大血管解剖所见与 CT 正常所见相同。

（1）心肌：在自旋回波序列中，心肌呈中等信号强度与横纹肌相似。右室壁较薄，仅相当于左室壁 1/3。心肌厚度应该在舒张末期长轴位或短轴位测量。正常左室心肌厚度在收缩期比舒张期至少增加 30%。

（2）心内膜：图像质量好的 MRI 上显示心内膜比心肌信号略高，呈一细线状。

（3）瓣膜：可清晰显示二尖瓣、三尖瓣与主动脉瓣，一般呈中等信号强度，比心肌信号略高。在电影序列上可观察瓣膜形态、功能。

（4）心包：在 SE 序列上呈低信号，周围可见高信号为心包外及心外膜下脂肪，在 MRI 上正常心包厚度不超过 4mm。

（5）冠状动脉：目前已能观察冠状动脉主支最长达十几厘米。但由于冠状动脉走行迂曲，较纤细，且有心脏、呼吸运动影响等因素干扰，所以在 MRI 上冠状动脉显示不稳定，重复性差，仍需进一步提高 MR 空间分辨力，才能用于临床。MRI 难以显示冠状动脉钙化。

（三）基本病变的表现

1. 心脏位置、形态、大小异常 ①位置异常包括整体位置异常（心脏移位和心脏异位）、房室相对位置异常和房室连接关系异常。②形态和大小异常包括整体形态异常（二尖瓣型、主动脉型和普大型）和内部结构异常。

2. 肺循环异常

（1）肺充血：指肺动脉中血流量增多。常见于左向右分流的先天性心脏病、心排血量增加如甲状腺功能亢进和贫血等。X 线表现为肺动脉段突出，两肺门影增大，肺纹理成比例增粗，向外伸展，边缘清楚、锐利。透视下，可见肺动脉段核两侧肺门血管搏动增强，即“肺门舞蹈”。

（2）肺淤血：指静脉回流受阻，血液淤滞于肺内。常见于二尖瓣疾病及左心功能不全。X 线表现为两肺纹理增多、增粗，边缘模糊，以中、下肺野明显。肺淤血严重时于肋膈角处可见到与外侧胸壁垂直的间隔线（Kerley B 线），长 2～3cm，宽约 1mm，为肺静脉压升高引起渗出液存留在小叶间隔内所致。

（四）常见疾病的表现

1. 冠状动脉粥样硬化性心脏病 指冠状动脉粥样硬化使血管狭窄阻塞，导致心肌缺血缺氧而引起的心脏病变，简称冠心病。大部分病人 X 线表现可完全正常，少数心肌梗死病人可伴有：①心影不同程度增大；②心包积液、胸腔积液等心肌梗死后综合征；③室壁瘤、室间隔穿孔等并发症。

CT：冠状血管走形区见高密度灶为钙化灶，多表现为沿冠状动脉走行的斑点状、条索状影。多层螺旋 CT 可显示冠状血管壁的硬化斑块和管腔狭窄的程度。评价心肌缺血及程度。

MRI：可全面显示病理改变。MRI 电影可用于评价心功能，室壁运动状态，显示室壁瘤或室间隔破裂等并发症。可进行 Gd-DTPA 增强以提高病变的显示率。评价心肌血流灌注和鉴别心肌活力。冠状动脉磁共振血管造影一般显示冠状动脉长度为三主支的近—中段。对＞50%的冠状动脉狭窄可作出判断。急性梗死区 T_2WI 信号增强，室壁变薄，增强呈明显强化。陈旧梗死时，T_1WI、T_2WI 均表现为梗死区心肌变薄、信号减低。

2. 风湿性心瓣膜病 是常见的器质性心脏病之一。各瓣膜病变中以二尖瓣最多见。

（1）二尖瓣狭窄：二尖瓣狭窄时，左心房排血受阻，压力升高而扩大。接着肺静脉回流受阻，出现肺淤血，继之肺动脉压升高，进一步导致右心室增大肥厚。左心室及主动脉因血流量减少可萎缩。

X 线表现：①心脏呈二尖瓣型。②左心房和右心室增大，伴有三尖瓣关闭不全时右房亦有增大。③左心室及主动脉结缩小。④二尖瓣可见钙化，呈片状或分散小斑片状密度增高阴影。⑤肺淤血和间质性肺水肿。

（2）二尖瓣关闭不全：在心室收缩期，左心室内血液部分反流入左心房。在心室舒张期，左心房内相应过量血液又流入左心室，左心房、左心室皆因血流量负荷增加而增大，其程度与反流量成正比。

X 线表现：①轻度反流者，左房可轻度增大。②中度以上反流时，左心房、左心室明显增大，出现肺淤血、肺静脉高压表现，左心房、左心室搏动增强。

3. 高血压性心脏病　指长期动脉血压过高可引起高血压性心脏病。

X 线表现：早期心脏形态无变化，长期血压增高可使左心室增大显著，心腰凹陷，主动脉结明显突出，主动脉升部、弓部及降部扩张延长，心脏呈主动脉型。左心衰竭时，心影可明显增大。

4. 房间隔缺损　是最常见的先天性心脏病之一，女性发病率高，可单独发病或与其他心血管畸形并存。本病早期可无症状，肺动脉高压后可出现活动后的心慌、气短、乏力症状，并有咳嗽、咯血及呼吸道感染。

X 线表现：心脏增大，呈“二尖瓣”型，右心房、右心室增大；肺动脉段突凸出，肺门动脉扩张，肺血增多，主动脉结缩小或正常。CT 平扫横轴位可见心房层面房间隔连续性中断，右房室增大，主肺动脉增宽；增强扫描可见左、右心房间有对比剂连通。

5. 肺动脉栓塞　是常见的心血管疾病，发病率和死亡率较高，是指肺动脉主干及其分支被栓塞引起的呼吸、循环系统功能障碍的综合征。下肢深静脉血栓是公认的首位病因。临床表现多样，常见的症状有呼吸困难、胸痛、咯血等。X 线片检查仅对典型病例有提示意义，可见区域性肺纹理稀疏、纤细、肺透明度增加。肺动脉造影常表现为肺动脉腔内偏心性或类圆形低密度区（充盈缺损），还可表现为附壁环形充盈缺损，管腔不同程度狭窄，相应引流区域肺组织局限性肺纹理稀疏、斑片影和胸腔积液。

6. 主动脉夹层　是指主动脉内膜和部分中层撕裂，血流经破口灌入，使主动脉中层分离，形成真假两腔。最常见的症状是突发的剧烈胸、背痛，如刀割样，可向颈背部放射。X 线片表现无特异性。CT 平扫表现为管腔增宽变形、钙化内膜内移；CT 增强扫描可清晰显示主动脉双腔和撕裂的内膜片，通常真腔较窄，密度较高，而假腔较大，密度较真腔略低。主动脉三维重建图像可从不同解剖角度观察主动脉夹层的主要征象及病变范围。

五、消 化 系 统

由于消化系统的器官缺乏天然对比，普通检查不能显示各消化气管，必须借助人工对比，才能显示其形态及解剖关系等。因此，造影检查是胃肠道 X 线检查最常用的方法。

（一）检查方法

1. X 线检查　胃肠道属软组织密度，与周围缺乏自然对比，不能直接被显示，因此，要了解消化管的形态和功能，以及诊断它们的疾病必须应用造影检查。

（1）普通检查：包括腹部平片和透视，两种方法常合并用于诊断急腹症。

（2）造影检查

1）胃肠道造影检查：胃肠道常用对比剂为硫酸钡。在疑有胃肠道穿孔时，禁用硫酸钡，可改用有机碘水溶液对比剂。

钡剂造影技术：食管、胃肠道钡剂检查可分为传统法钡检技术和气钡双重检查技术。传统法钡检技术按检查时序应包括：①黏膜相，即用少量钡剂显示黏膜皱襞轮廓、结构；②充盈相，使稀钡充满受检器官，让食管、胃肠腔适度扩张，显示受检器官的形态、轮廓和蠕动等情况。充盈相的优点在于，能清楚显示器官轮廓和它的壁在性病变，如壁龛和占位性病变，此外亦能观察胃肠道的排空功能和腔壁的柔软度。

气钡双重检查技术是指用高密度的钡液和低密度的气体共同在腔内形成影像的技术。足量的气体可使胃肠腔充分扩张，使钡液均匀涂布在内壁黏膜上。应用气钡双重检查技术可显示黏膜面的细微结构和微小异常，如显示胃小区、胃小沟和结肠的无名区、无名沟及早期胃癌、胃炎的微小改变。

钡剂检查范围：根据检查部位和检查方法包括以下检查范围。①食管吞钡检查，在病人服钡时，观察食管黏膜、轮廓、蠕动和食管扩张度及通畅性。双重对比检查有利于显示食管早期病变。②上胃肠道钡剂检查，亦称为钡餐检查，检查范围应包括食管、胃、十二指肠和上段空肠。③小肠系钡剂造影，可在钡餐检查后每隔 1～2 小时检查一次，主要了解小肠排空情况、黏膜病变和占位性病变。④结肠造影，常以钡剂灌肠方式造影，应用气钡双重对比检查后，可发现结肠黏膜溃疡、息肉和恶性占位性病变。

2）胆系造影检查

A. 术后经 T 管造影：用于了解胆管内有无残余结石，胆管与十二指肠的通畅情况及有无术后并发症。

B. 内镜逆行性胰胆管造影：主要用于诊断胰腺疾病和确定胆系梗阻的原因。经内镜将导管插入乳头，再注入对比剂以显示胰、胆管。随着无创性磁共振胰胆管造影技术的出现和成像技术的不断完善，ERCP 的诊断作用将会被 MRCP 取代。

C. 经皮肝穿胆管造影：临床上用以鉴别阻塞性黄疸的原因和确定梗阻的部位。操作在透视监视下进行，将 22G 细针经皮穿入肝管后注入对比剂显示肝内胆管和胆总管，PTC 现在仅用于经 CT、USG 和 MRI 不能确诊的病人，或考虑进行胆管引流术的病人。PTC 术后应密切观察有无出血、胆漏等并发症。

2. CT 检查

（1）检查前准备：检查前 1 周内不服含重金属的药物，不作胃肠钡剂检查。检查前 6 小时禁食，扫描前 30 分钟口服 1%～2%泛影葡胺以充盈胃腔。

（2）平扫：扫描层厚和间距通常为 5～10mm。对小病灶可用 2～5mm 的薄层扫描。

（3）增强扫描：根据需要，可以行双期或多期增强扫描。

3. MRI 检查 取横断面成像基础上加冠状位、矢状位成像，采用多序列如 T_1WI 及 T_2WI 及 Gd-DTPA 增强扫描，显示上腹部各器官。对胆道系统还可做 MRCP 成像观察。

（二）正常表现

1. X 线检查

（1）食管：有三个压迹，自上而下为主动脉弓、左主支气管和左心房压迹。食管黏膜皱襞表现为 2～6 条纤细纵行条状透亮影，下端与胃小弯黏膜皱襞相连。食管充盈时宽度达 2～3cm，边缘光整。在吞咽动作或受食团刺激时出现自上而下的蠕动波。

（2）胃：分为胃底、胃体、胃窦 3 部分。正常胃底部的皱襞粗而弯曲呈不规则网状，胃体部小弯侧较细、整齐与小弯平行，靠大弯处渐粗而斜行，胃窦部黏膜皱襞与小弯平行或斜行。

（3）十二指肠：分为球部、降部、水平部和升部。球部呈轮廓光滑整齐的等腰三角形或圆锥形，黏膜皱襞呈纵行条纹，降部黏膜皱襞呈羽毛状。

（4）空、回肠：空、回肠之间无明显分界。空肠主要位于左上、中腹部，黏膜皱襞分布较密，呈羽毛状，回肠位于右中、下腹和盆腔，黏膜皱襞较稀少。

（5）结肠：充盈时可见大致对称的结肠袋，降结肠以下黏膜皱襞稀少，以纵行为主。

2. CT 检查

（1）食管：胸部 CT 横断面图像上呈圆形软组织影，位于胸椎及胸主动脉前方，穿过横膈食管裂孔转向左进入胃贲门。其内如有气体或对比剂时则可显示食管壁的厚度，约为 3mm。

（2）胃：胃壁的厚度因扩张程度而异，正常时不超过 5mm，胃壁均匀一致。

（3）十二指肠：全段与周围结构的解剖关系能得到充分的显示。十二指肠的各部也较清楚。

（4）空肠与回肠：肠腔内含较多气、液体时，CT 可以较好地显示肠壁，小肠壁厚约 3mm，回肠末端肠壁厚可达 5mm。

（5）结肠与直肠：结肠壁外脂肪层较厚，结肠腔、肠壁及壁外的结肠系膜均能良好地显示。正常结肠壁厚 3～5mm。三维图像重建后的冠状 CT 图像可以全面、形象地反映结肠在腹腔的位置、分布及与结肠系膜、邻近器官的解剖关系；CT 仿真内镜技术可显示结肠黏膜及黏膜下病变。CT 可清晰显示直肠及直肠周围间隙的形态，对直肠病变的局部状态评价有较大帮助。

（6）肝脏：平扫示肝实质呈均匀的软组织密度，略高于脾、胰、肾，CT 值为 40～70HU。肝脏轮廓光滑。CT 上肝的分叶一般以胆囊窝中线与下腔静脉连线分为肝左、右叶。肝圆韧带，亦称纵裂，裂内有脂肪，CT 能清晰显示。此裂左侧是左叶外侧段，右侧是左叶内侧段。肝中静脉位于左叶和右叶之间。肝右静脉位于右叶的前段和后段之间。肝门内有肝动脉、肝总管和门静脉，门静脉最粗。肝静脉、门静脉密度低于肝实质，表象为管状影或圆形影。增强扫描肝实质和肝内血管均有强化。动脉期，肝内动脉明显强化，肝实质强化不明显；门静脉期，门静脉和肝静脉强化明显，肝实质开始强化；门静脉晚期或肝实变期，门静脉内对比剂浓度迅速下降，肝实质则达到强化的峰值，此时静脉血管的密度与肝实质相当。

（7）胆囊与胆管：平扫横断面上胆囊位于肝右叶和方叶之间的胆囊窝内，呈卵圆形，壁薄而光滑，厚 2～3mm，胆囊腔为均匀水样低密度。肝总管表现为肝门部、门静脉主干的前外侧的圆形低密度影。胆总管下段位于胰头内及十二指肠降部内侧，呈圆形水样低密度影。增强扫描胆囊壁呈均匀一致的强化，胆囊腔不强化。胆管壁强化，显示更清晰。

（8）胰腺：CT 上呈带状，由胰头至胰尾逐渐变细。平扫胰腺实质密度均匀，CT 值为 40～50HU，增强扫描呈均匀强化。正常胰头、体、尾与胰腺长轴垂直的径线可达 3cm、2.5cm、2cm，60 岁以上老人胰腺逐渐萎缩变细。

3. MRI 检查

（1）胃肠道：MRI 检查在胃肠道的表现与 CT 所见相似。

（2）肝脏、胆系和胰腺：①肝脏，平扫正常肝实质在 T_1WI 上呈均匀的中等信号，较脾信号稍高，在 T_2WI 上呈低信号。肝内较大的血管在 SE 序列 T_1WI 和 T_2WI 均为无信号管状结构。增强扫描正常肝实质呈均匀强化。②胆系，胆囊在 SE 序列 T_1WI 为低信号，T_2WI 为高信号，含有浓缩胆汁的胆囊，T_1WI 和 T_2WI 均可显示为高信号。肝内外胆管 T_1WI 呈低信号，T_2WI 呈高信号。③胰腺，实质的信号强度与肝脏相似，在 T_1WI 与 T_2WI 上呈均匀性中低信号，胰腺周围的脂肪组织显示为高信号，其背侧的脾静脉由于流空效应呈现为无信号血管影。

（三）基本病变的表现

1. 龛影　指胃壁局限性溃疡形成的凹陷为钡剂充盈，在切线位投照时呈局限性突出于胃肠轮廓之外的钡影。

2. 充盈缺损　指钡充盈时胃轮廓由于来自胃壁的肿块向腔内突出而造成局部钡剂不能充盈。

案例 9-1-3

路某，女，56 岁，2 小时前无明显诱因突然出现腹痛、腹胀伴呕吐，体温 38.5℃。

问题：

1. 对于该病人首选哪项放射学检查方法？
2. 对于该病人，腹部 X 线片没有见到明显异常，腹痛未见缓解，还应该做哪些放射学检查？

（四）常见疾病的表现

1. 食管静脉曲张　是门静脉高压的重要并发症。X 线表现为食管中下段黏膜皱襞增宽、迂曲，呈蚯蚓状或串珠状充盈缺损，管壁边缘呈锯齿状，管壁柔软且伸缩自如。

2. 食管癌　好发于 40～70 岁，男性多见。大体分为：①浸润性；②溃疡型；③增生型。临床主要症状是进行性吞咽困难。

X 线造影表现：①食管黏膜皱襞中断、破坏与消失；②局限性管腔狭窄，管壁僵硬；③肿瘤向食管腔内生长，形成大小不等的充盈缺损；④溃疡型为不规则的龛影。CT 与 X 线表现基本类似，更易于显示食管癌对周围结构侵袭。

CT：典型表现。①食管壁环形或不规则状增厚。②食管腔内肿块，呈圆形或卵圆形，多为广基底。③食管周围脂肪层模糊、消失。④周围组织器官受累，常形成食管–支气管瘘等。⑤淋巴结和血源性转移。增强扫描显示食管瘤体轻度强化。

MRI：MR 能多方位显像，平扫显示瘤体呈等 T_1、长 T_2 信号，突入腔内或环形生长，管腔狭窄，食管周围脂肪层消失则提示食管癌已向外侵犯。MR 增强扫描时肿瘤明显强化。

3. 胃及十二指肠溃疡 是消化道较常见的疾病。发病率前后比例为 1∶5。临床主要症状为上腹部疼痛，具有周期性、节律性和反复性等特点。

X 线表现：①胃溃疡，其直接征象是龛影，多见于小弯侧。其口部有一圈由黏膜水肿所致的透明带，为良性溃疡的特征。轴位像观察龛影呈白色钡点或钡斑，周围黏膜皱襞呈星芒状向龛影口部集中（图 9-1-5）。②十二指肠溃疡，90%位于球部，龛影是十二指肠溃疡的直接征象，由于十二指肠球部腔小壁薄，发生溃疡后容易变形，表现为“山”字形、花瓣形或管状等，此时龛影常不易显示。间接 X 线征象有激惹现象，表现为钡剂不在球部停留，迅即通过。

4. 胃癌 是胃肠道最常见的恶性肿瘤，好发于 40～60 岁。大体分为：①蕈伞型；②溃疡型；③浸润型。临床主要表现为上腹部疼痛、呕血（咖啡色）与黑便。

进展期胃癌 X 线造影常见表现：①不规则充盈缺损，多见于蕈伞型；②胃腔狭窄、胃壁僵硬，主要是浸润型癌引起；③龛影，多见于溃疡型癌，龛影形态不规整，多呈半月形，位于胃轮廓之内，其周围环堤上可见结节样和指压迹样充盈缺损及裂隙状钡剂影，称为半月综合征（图 9-1-6）；④黏膜皱襞的破坏、中断或消失。CT 和 MRI 检查评估肿瘤周围浸润及远处转移的情况。CT 与 MRI：平扫显示不规则软组织块影突向腔内，胃壁局限性或弥漫性增厚，壁不光滑。增强扫描见病灶呈不均匀强化，与正常胃壁无明显分界。肿瘤向胃外生长，可见胃周脂肪层消失，并可侵及周围器官。腹膜后间隙、腹腔内可见圆形肿大的淋巴结影，可见肝、脾血行转移病灶。

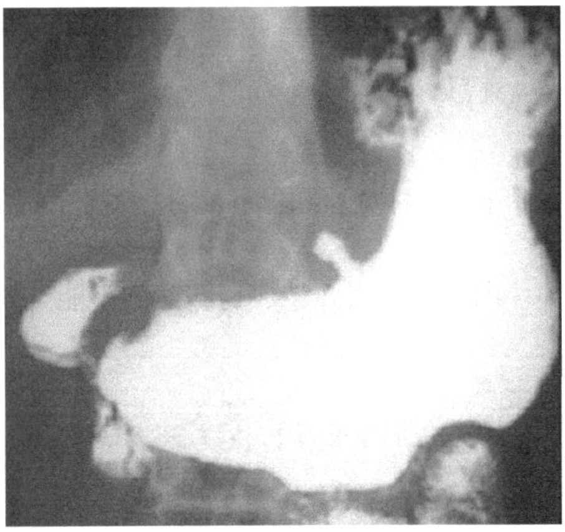

图 9-1-5 胃小弯溃疡

胃溃疡切线位投照，可见龛影呈乳头状突向腔外

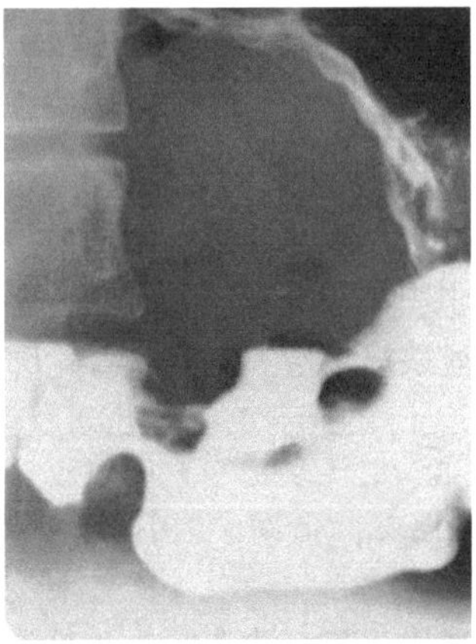

图 9-1-6 溃疡型胃癌（半月综合征）

5. 结肠癌 好发于直肠和乙状结肠。大体分为：①增生型；②溃疡型；③浸润型。主要临床表现为便血、腹泻或顽固性便秘。

X 线造影表现：①肠腔内不规则充盈缺损；②局限性管腔狭窄，肠壁僵硬，病变界线清楚；③较大的龛影，形状多不规则，龛影周围常有不同程度的充盈缺损和狭窄，肠壁僵硬，结肠袋消失。CT、MRI 表现为肠壁不规则增厚，腔内肿块，并可显示周围的侵犯及淋巴转移。

6. 肠梗阻 临床常见的急腹症之一。一般分为机械性肠梗阻、动力性肠梗阻和血运性肠梗阻三类。不同类型的肠梗阻有不同的影像学表现特点。单纯性小肠梗阻发生 3～6 小时内，X 线片、CT 均可显示梗阻近端肠曲胀气，肠内有高低不等的阶梯状气液面。CT 扫描对判定肠管缺血程度比 X 线片更有优势。

7. 胃肠道穿孔 常继发于溃疡、外伤破裂、炎症及肿瘤。以胃、十二指肠溃疡穿孔最为常见。临床起病急，持续上腹剧痛，不久可出现全腹压痛与反跳痛等腹膜刺激征。80%的病人 X 线腹部平片可发现气腹，CT 检查比 X 线片能更敏感地发现少量气腹和腹膜后积气，能清晰显示腹水，尤其是少量积液。

案例 9-1-3 分析讨论

病人无明显诱因突然出现腹痛、腹胀伴呕吐，首选应考虑急腹症，临床上腹部立位 X 线片是临床急腹症的首选影像学检查；又由于该病人，腹部 X 线片没有见到明显异常，腹痛仍未见缓解，对于影像学检查，单纯腹部平片诊断急腹症还是有一定局限性的，因此腹部超声及腹盆部 CT 扫描应该为病人进一步检查的影像学检查方式。

六、骨与关节系统

骨与关节的疾病种类繁多而较复杂，X 线能反映这些疾病的部位及某些病理变化，应用相当普遍。

（一）检查方法

1. X 线检查 骨本身的不同结构如骨皮质、骨松质和骨髓腔之间及骨与软组织之间均具有良好的天然对比。X 线检查常能显示骨、关节病变的范围和程度，而且有可能作出定性诊断。

摄片时要用正、侧两个位置，某些部位还要采用斜位、切线位和轴位等。摄影时应包括所摄骨及周围的软组织；四肢长骨片应包括邻近的关节；脊柱摄片时应包括相邻节段的脊椎；两侧对称的部位，如患侧在片上有改变但不明显时，应在同一技术条件下摄对侧同一部位片，以资对比。

2. CT 检查 当临床和 X 线诊断有疑难时可选用 CT 作进一步检查。对软组织病变和骨骼解剖较复杂的区域如骨盆和脊柱，也可首选 CT。

（1）平扫：检查时尽量将病变部分及其对侧部分同时扫描，以便作两侧对照观察。一般行横断面扫描，必要时行薄层扫描后行冠状、矢状、斜位重建，由于骨和软组织的 CT 值相差很大，可采用窗宽（L400，W1500）和软组织窗（L60，W300）来观察。

（2）增强扫描：对于软组织病变和骨病变的软组织肿块常须进行增强扫描以进一步了解病变是否强化、强化的程度和有无坏死等。

3. MRI 检查 MRI 也是检查骨和软组织疾病的重要手段，对各种正常软组织如脂肪、肌肉、韧带、肌腱、软骨、骨髓等，以及病变如肿块、坏死、出血、水肿等都能很好地显示。但是 MRI 对钙化和细小骨化的显示不如 X 线和 CT。因此，对多数骨和软组织病变的 MRI 诊断应在平片、CT 基础上进行。

（1）平扫：MRI 检查需根据受检部位选择不同的体线圈或表面线圈，目的是提高信噪比，使图像更清晰。自旋回波和快速自旋回波的 T_1WI 和 T_2WI 是基本的扫描序列。根据病情需要采用脂肪抑制序列，使病变组织与正常组织的信号差别更加明显。层面方向可据部位和病变选用横断、冠状、矢状或各种方向的斜切面。

（2）增强扫描：骨和软组织 MRI 增强扫描的目的和意义与 CT 增强扫描相同。

（二）正常表现

1. X 线检查 人体骨骼因形状不同而分为长骨、短骨、扁骨和不规则骨四类。

（1）长骨：成人长骨由骨干和骨端组成。骨端有一薄层壳状骨板为骨性关节面，表面光滑。其外方覆盖一层软骨，即关节软骨，X 线上不能显示。

（2）脊柱：脊柱由脊椎和其间的椎间盘所组成。除第 1～2 颈椎外，每一脊椎分椎体和椎弓两部分。椎弓由椎弓根、椎板、棘突、横突和关节突组成。

正位片上，椎体呈长方形，从上向下依次增大，主要由松质骨构成，周围为一层致密的骨皮质。椎体两侧有横突影。侧位片上可显示脊柱生理弯曲、椎间孔、椎间小关节间隙等。

2. CT表现 小儿骨干骨皮质为高密度线状或带状影，骨髓腔内红骨髓为软组织密度影，黄骨髓为脂肪密度影。干骺端骨松质表现为高密度的骨小梁交错构成细密的网状影，密度低与骨皮质，网格间为低密度的骨髓组织。临时钙化带呈致密影。骺软骨为软组织密度影。成年骨的CT表现与小儿骨类似。

3. MRI表现 骨皮质在T_1WI和T_2WI上均为极低信号影，骨髓腔内红骨髓为中等信号影，黄骨髓为高信号影。临时钙化带在MRI上呈低信号，骺软骨为中等信号影。随着年龄增长红骨髓中脂肪成分的增多，成人的骨髓信号较婴幼儿高。

（三）基本病变的表现

1. 骨的基本病变

（1）骨质疏松：指一定单位体积内正常钙化的骨组织减少，但1g骨内的钙盐含量比例正常。X线主要表现为骨密度减低，松质骨中骨小梁变细、减少，间隙增宽，骨皮质出现分层和变薄现象。

（2）骨质软化：指一定单位体积内骨组织有机成分正常，矿物质含量减少。X线表现主要是骨密度减低，与骨质疏松不同的是骨小梁和骨皮质边缘模糊。

（3）骨质破坏：指局部骨组织被病理组织所代替。X线表现为骨质局限性密度减低，骨小梁稀疏或形成骨质缺损。CT易于显示松质骨和皮质骨的破坏。松质骨的破坏早期表现为局部的骨小梁稀疏，骨小梁破坏区的骨髓被病理组织取代。之后发展为斑片状甚至大片松质骨缺损。皮质骨的破坏表现为骨皮质内出现小透亮区，或表现为骨皮质内外表面的不规则虫蚀样改变，骨皮质变薄或斑状皮质缺损。

在MRI图像上，松质骨的破坏常表现为高信号的骨髓为较低信号或混杂信号的病变组织所代替。骨皮质的破坏表现与CT相同。骨破坏区周围的骨髓可因水肿而表现为模糊的长T_1、长T_2异常信号。

（4）骨质增生硬化：指一定单位体积内骨量的增多。X线表现为骨质密度增高，骨小梁增粗、增多、密集，骨皮质增厚、致密，骨髓腔变窄或消失。CT表现为骨质密度增高，伴有或不伴有骨骼的增大变形。骨小梁增粗、增多、密集、骨皮质增厚。MRI片上增生硬化的骨质在T_1WI和T_2WI上均呈低信号影。

（5）骨膜增生：又称骨膜反应，系因骨膜受到刺激，骨膜内层成骨细胞活动增加所引起的骨质增生。X线表现为一段长短不定与骨皮质平行或垂直的细线状致密影，呈线状、层状、针状、放射状、葱皮样。MRI在骨膜受刺激初期，在矿物质沉积之前，先有骨膜内层细胞增生、肥大，骨膜增厚，在T_1WI上呈中等信号而在T_2WI上呈高信号的连续线样影。有明显的矿物质沉积后，在各序列上一般呈低信号。

（6）骨质坏死：指骨组织局部代谢的停止，坏死的骨质称为死骨。形成死骨的原因主要是血液供应的中断。X线表现为骨质局限性密度增高。MRI显示骨质坏死在骨形态和密度尚无变化之前就可表现出骨髓信号的改变。其基本MRI表现为在T_1WI上病变部位信号均匀或不均匀减低，病灶形态多不规则；T_2WI上病灶信号增高，呈中到高信号强度。坏死区的外围在T_1WI和T_2WI上均有一低信号带，为新生骨质硬化带。病变外侧还可见到高信号的肉芽组织和软骨化生组织的修复带。病变晚期坏死区出现纤维化和骨质硬化等改变，在T_1WI和T_2WI均呈低信号。骨质坏死多见于化脓性骨髓炎、骨结核、骨缺血坏死和外伤骨折后。

（7）软组织病变：外伤和感染引起软组织肿胀时，X线表现为局部软组织肿胀、密度增高、正常软组织层次模糊不清。开放性损伤厌氧杆菌感染时，皮下或肌纤维间可见气体。软组织肿瘤或恶性骨肿瘤侵犯软组织，可见软组织肿块影。

2. 关节的基本病变

（1）关节肿胀：常由于关节积液或关节囊及其周围软组织充血、水肿、出血和炎症所致。X 线表现为关节周围软组织肿胀、密度增高，大量关节积液可见关节间隙增宽。

（2）关节破坏：是关节软骨及其下方的骨性关节面骨质为病理组织侵犯、代替所致。其 X 线表现是当破坏累及关节软骨时，仅见关节间隙变窄，累及关节面骨质时，则出现相应区的骨质破坏和缺损。严重时可引起关节半脱位和变形。

（3）关节退行性变：早期改变开始于软骨，为缓慢发生的软骨变性、坏死和溶解。继而造成骨性关节面骨质增生硬化，并于边缘形成骨赘。早期 X 线主要表现为骨性关节面模糊、中断、消失。中、晚期表现为关节间隙狭窄、软骨下骨质囊变和骨性关节面边缘骨赘形成，不发生明显骨质破坏，一般无骨质疏松。这种变化多见于老年，是组织衰退的表现。

（4）关节强直：可分为骨性与纤维性两种。前者 X 线表现为关节间隙明显变窄或消失，并有骨小梁通过关节连接两侧骨端。后者 X 线上仍可见狭窄的关节间隙，且无骨小梁贯穿。常见于关节结核等。

（5）关节脱位：是组成关节骨骼的脱离和错位。有完全脱位和半脱位两种。

案例 9-1-4

张某，女性，40 岁，右侧膝关节肿胀疼痛 2 个月。

问题：

1. 该病人需要做哪些放射学检查前的评估？
2. 对于该病人应重点询问哪些资料？
3. 该病人适宜做哪些放射学检查？

（四）常见疾病的表现

1. 骨关节外伤

（1）长骨骨折：骨折是骨的连续性中断。骨折的断裂多为有规则的断面，X 线上呈不规则的透明线，称为骨折线，于骨皮质显示清楚整齐，在松质骨则表现为骨小梁中断、扭曲和错位。CT 能发现隐匿骨折及结构复杂部位的骨折，螺旋 CT 多平面重组及三维重组技术可立体/全面直观地了解骨折情况。

（2）脊椎骨折：暴力使脊柱骤然过度弯曲，可致应力的脊椎发生骨折。多发生在活动度较大的胸椎下段和腰椎上段，以单个椎体多见。X 线表现为椎体压缩呈楔形，不见骨折线，可见不规则线状致密带。

（3）关节脱位：关节外伤性脱位大都发生于活动范围大、关节囊和周围韧带不强、结构不稳定的关节。关节脱位常伴有关节囊的撕裂，有时还伴有骨折。

2. 骨结核 是以骨质破坏和骨质稀疏为主的慢性病，系继发性结核病，原发灶主要在肺部，多发生于儿童和青年。结核杆菌经血行到骨，停留在血供丰富的松质骨内。脊椎是好发部位，其次是髋和膝部。

（1）长骨结核：好发部位为骺及干骺端。干骺端结核病灶内干酪坏死物可形成脓肿。X 线可见松质骨中出现一局限性类圆形、边缘较清楚的骨质破坏区，邻近无明显骨质增生现象。骨膜反应较少见或轻微，在骨质破坏区有时可见碎屑状死骨，密度不高，边缘模糊，称为“泥沙”状死骨。病变发展易破坏骨骺而侵入关节，形成关节结核。

（2）脊椎结核：以腰椎最多。病变常累及相邻的两个椎体，附件较少受累。主要 X 线变化是椎体骨质破坏、变形，椎间隙变窄或消失及冷性脓肿的形成。CT 与 X 线相比能更清楚地显示骨质破坏，特别是较隐蔽和较小的破坏；可帮助了解脓肿位置及大小，与周围大血管、组织器官的关系；

可显示椎管内受累情况。MRI 脊椎结核的椎体信号改变，大多数 T_1WI 呈现均匀的较低信号，T_2WI 多呈现混杂高信号；增强检查以不均匀强化较常见。受累椎间盘 T_1WI 多呈现低信号，T_2WI 常为不均匀混杂高信号。MRI 可清楚地显示脊椎结核沿前纵韧带下蔓延的特点。椎旁软组织包括脓肿和肉芽肿，T_1WI 呈现低信号或等信号；T_2WI 多呈现混杂高信号。脓肿壁薄且常有明显强化。

3. 骨软骨瘤 骨软骨瘤是常见的良性骨肿瘤，好发于长骨的两端，肿瘤生长慢，成年时停止生长。可单发与多发，多发病人有家族史和恶变的可能。

X 线表现：自长骨骨端一侧向外生长的骨性突起，常背向骨骺，肿瘤以细蒂或广基与骨相连，瘤体内为松质骨，外缘为一层薄的骨皮质，顶部覆盖一层软骨，不钙化者不显影。软骨钙化则呈不规则斑片状致密影。

4. 骨巨细胞瘤 骨巨细胞瘤是起源于骨骼非成骨性结缔组织的骨肿瘤。肿瘤局部破坏性大，有良性、生长活跃与恶性之分，故需重视。

骨巨细胞瘤好发于四肢长骨，X 线表现典型，多为偏侧性骨破坏，边界清楚，有不规则、多少不等的骨嵴，破坏区似有分隔为大小不等的小房，呈泡沫状表现。局部骨骼膨大，骨皮质变薄，但轮廓光整，易发生骨折，如无骨折很少有骨膜增生。肿瘤明显膨胀生长时，周围只留薄层骨壳包绕。骨壳不完整，并于周围软组织中出现肿块影者表示肿瘤恶变。

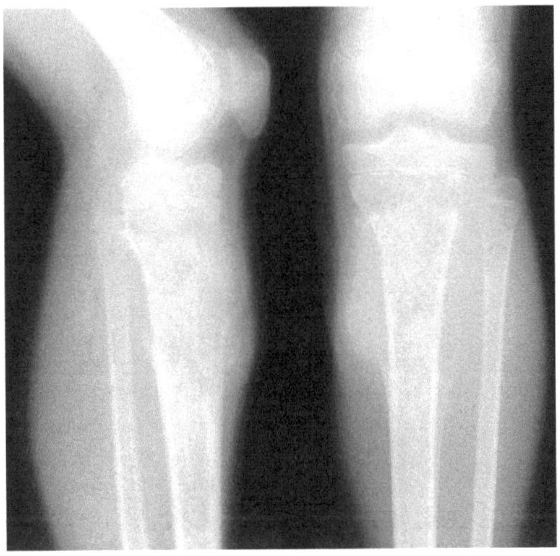

图 9-1-7 骨肉瘤

胫骨近端可见骨质破坏区，骨膜反应明显，并可见“骨膜三角”

5. 骨肉瘤 是起于骨间叶组织最常见的恶性骨肿瘤。多见于青年，男性较多。好发于股骨下端、胫骨上端和肱骨上端。干骺端为好发部位。病变进展迅速。

X 线表现：主要为骨髓腔内不规则骨质破坏和增生；骨皮质破坏、不同形式（平行、层状或放射针状等）骨膜增生及骨膜新生骨的破坏；软组织肿胀和肿瘤骨形成等，表现较为典型（图 9-1-7）。一般根据其瘤骨形成和骨质破坏的程度不同大致分为成骨型、溶骨型和混合型。

案例 9-1-4 分析讨论

病人，女性，40 岁，右侧膝关节肿胀伴疼痛，在临床行影像学检查前应对其临床病史及家族史进行详细评估、询问，是否有外伤或者风湿病史，除右侧膝关节有疼痛肿胀外，身体其他部位的关节是否有类似疼痛史；本病人最适宜的影像学检查为右膝关节正侧位平片，以明确右膝关节骨质是否有异常改变，必要时应行右膝关节磁共振平扫，或加照同放射条件下的对侧膝关节平片加以诊断。

七、泌尿系统

泌尿系统由肾、输尿管、膀胱和尿道组成，均属于软组织密度，X 线检查多需造影才能使其显示。

（一）检查方法

1. X 线检查

（1）腹部平片：是泌尿系统常用的初查方法。主要用于观察泌尿系阳性结石及钙化。

（2）尿路造影：依对比剂引入途径不同可分为排泄性尿路造影和逆行性尿路造影。

1）静脉肾盂造影：其应用依据是有机碘化物的水溶液于静脉注入后，几乎全部由肾小球滤出而排入肾盏和肾盂内，如此不但能显示肾盏、肾盂、输尿管及膀胱的内腔，且可大致了解双肾的排泄功能。

2）逆行性肾盂造影：在行膀胱镜检查时，将导管插入输尿管内，于透视下缓慢注入对比剂，以使肾盂、肾盏显影，此法常用于排泄性尿路造影显影不佳者。

2. CT 检查

（1）平扫检查：肾与输尿管 CT 检查无须特殊准备；扫描范围包括全部肾脏，如需观察输尿管，则继续向下扫描直至输尿管膀胱入口处。

（2）增强检查：肾与输尿管应常规行增强检查，方法是于静脉内快速团注对比剂，注毕后 30～60 秒和 2 分钟行双肾区扫描，可显示肾皮质期和实质期；5～10 分钟后，再次行双肾区及输尿管区扫描，以观察肾盂和输尿管充盈情况。应用多层螺旋 CT 增强扫描，在动脉期薄层扫描后行三维重建，可获得肾动脉的 CT 血管造影图像。在肾盂期扫描并行三维重建，可获得类似于静脉肾盂造影的图像。

3. MRI 检查

（1）平扫检查：泌尿系统 MRI 检查常规用梯度回波序列和快速自旋回波序列，行横轴面和冠状位 T_1WI 和 T_2WI 成像，必要时辅以矢状面检查。应用 T_1WI 并脂肪抑制技术检查有利于肾解剖结构的分辨及含脂肪性病变的诊断。

（2）增强检查：顺磁性对比剂 Gd-DTPA，也由肾小球滤过，可用于泌尿系统增强 MRI 检查。方法是静脉内快速注入 Gd-DTPA，即行 T_1WI 检查或 T_1WI 并脂肪抑制技术检查。

（3）磁共振尿路造影：主要用于检查尿路梗阻性病变，使得含尿液的肾盏、肾盂、输尿管和膀胱成为高信号，周围结构成极低信号，有利于尿路梗阻病变的诊断。

（二）正常表现

1. X 线表现

（1）肾：肾长 12～13cm，宽 5～6cm，其上缘约在第 12 胸椎上缘，下缘位于第 3 腰椎下缘水平。一般右肾略低于左肾。

（2）输尿管：输尿管全长约 25cm，上接肾盂，下连膀胱。有三个生理狭窄，即肾盂输尿管连接处、越过骨盆边缘处和进入膀胱处。

（3）膀胱：膀胱的正常容量为 200～300ml，形态、大小取决于充盈的程度。充盈满意的膀胱呈卵圆形，横置于耻骨联合之上，其下缘多与耻骨上缘相平。边缘光滑整齐，密度均匀。

2. CT 表现

（1）肾：CT 平扫，两侧肾在周围低密度脂肪组织的对比下，表现为圆形或卵圆形软组织密度影，边缘光滑、锐利，肾实质密度均匀，皮、髓质不能分辨，CT 值平均为 30HU。肾窦内含有脂肪呈较低密度，肾盂为水样密度。肾的中部层面见肾门内凹，指向前内。肾动脉和静脉呈窄带状软组织影，自肾门向腹主动脉和下腔静脉走行。快速注入对比剂后即刻扫描，皮质强化呈环状高密度，并有条状高密度间隔伸入内部，髓质未强化仍为低密度。1 分钟后扫描，髓质内对比剂增多，密度逐渐增高，皮、髓质密度相等，分界消失，肾脏呈均匀高密度，CT 值可达 140HU。由于对比剂用量及注射速度不同，强化程度的变化范围较大。5～10 分钟检查，肾实质强化程度减低，肾盏、肾盂和输尿管内充盈对比剂，密度逐渐升高而显影。

（2）输尿管：CT 平扫，正常输尿管显示不佳，两侧输尿管充盈对比剂时，横断面呈圆形高密度影，位于脊柱两旁、腰大肌的前方。

（3）膀胱：CT 平扫，膀胱大小、形状及膀胱壁的密度与充盈程度有关。适当充溢的膀胱呈圆形或卵圆形。膀胱腔内尿液呈均匀水样密度。膀胱内有尿液充盈，在周围低密度脂肪组织的对比下，膀胱壁显示为厚度均一的薄壁软组织密度，内外缘光滑，厚度一般不超过 3mm。增强扫描，早期显示为膀胱壁强化，延期扫描，膀胱内充盈含对比剂的尿液，为均匀高密度。如对比剂与尿液混合不均，表现为下部密度高、上部密度低的“液–液”平面。

3. MRI 表现

（1）肾：肾在 MRI 检查时可行冠状面、矢状面和横断面的成像。由于有肾周脂肪对比，边界清楚，肾门和肾盂均能清楚显示。SE 序列检查，T_1WI 上，由于皮质与髓质的含水量不同，皮质信号稍高有髓质；T_2WI 上均呈较高信号，皮、髓质分辨较差。肾盂的信号较肾实质更低，类似于水的信号强度。肾窦脂肪组织在 T_1WI 和 T_2WI 上分别呈高信号和中等信号。肾动脉和静脉由于流空效应均呈低信号。MRI 增强检查，肾实质强化形式取决于检查时间和成像速度。

（2）输尿管：常规扫描不易显示输尿管，如输尿管内恰好含有尿液时，T_1WI 上显示为低信号，T_2WI 上为高信号。MRU 可较好地显示肾盏、肾盂及输尿管的全程，类似于 X 线尿路造影的表现。

（3）膀胱：MRI 检查，如膀胱内充盈尿液时，T_1WI 上为低信号，T_2WI 上为高信号。膀胱壁的信号强度与肌肉相似，T_1WI 上比尿液高，T_2WI 上比膀胱内尿液和周围脂肪信号低，形成较显著的对比，膀胱壁显示清楚。

案例 9-1-5

李某，男，60 岁，体检发现右肾肿块，尿潜血（+）。

问题：

1. 该病人需要做哪些放射学检查前的评估？
2. 对于该病人应重点询问哪些资料？
3. 该病人适宜做哪些放射学检查？

（三）基本病变表现

1. 肾影大小改变 可为单侧或双侧性，原因颇多，如重复肾、肾积水、肾肿瘤造成的肾影增大，肾发育不良或肾缺血所致的肾影缩小。

2. 肾形态改变 常伴有肾影大小改变，常见者为肾肿瘤、肾囊肿所致的局部肾轮廓外突、凹凸不平或呈分叶状。慢性肾盂肾炎所致的波浪状改变，局部凹陷，而肾周脓肿或血肿可致肾轮廓消失。

3. 肾影位置异常 多为肾外、肾内占位病变压迫所致或为先天性异位肾，包括肾的移位和肾轴改变。

4. 结石与钙化 结石好发于肾盏肾盂、输尿管、膀胱及尿道，X 线、CT 表现为颗粒状、鹿角状、珊瑚状及分层状高密度影。肾内可出现不同形式的钙化，肾癌常为散在点状钙化，肾结核呈点片状甚至全肾钙化，肾囊肿则多为弧线状钙化。肾钙质沉着可在肾实质内出现多数颗粒状钙化，有的也可出现针状或无状成簇分布的钙化。

5. 肾的正常结构破坏 是指肾实质和肾盂肾盏被病变组织侵蚀而取代，失去正常的结构和形态。肾结核或肾恶性肿瘤侵蚀可造成肾实质和肾盂肾盏的破坏。肾实质的破坏在造影上表现为不规则的腔隙，其内充满对比剂，呈小湖泊形或棉球状影。肾盂肾盏破坏表现为肾小盏杯口模糊不清、不规则、毛糙或肾盂肾盏边缘不整齐。

6. 尿路积水 是指尿液从肾脏排出受阻，造成肾内压力升高，肾盂肾盏及输尿管内尿液蓄积过多而扩张。尿路积水多由尿路狭窄和阻塞引起。尿路狭窄和阻塞的原因很多，常见于肿瘤、结石、血块、炎症等，也可由于输尿管外肿瘤等病变的压迫所致。肾实质的肿瘤、囊肿可造成肾盂肾盏的局限性积水。尿路狭窄和阻塞的部位不同，可引起单纯肾盂积水或肾盂及输尿管积水。

X 线尿路造影：早期可见肾小盏杯口状轮廓扁平或突出呈杵状，峡部变宽变短，肾盂下缘膨隆，扩大的肾盂肾盏边缘光滑整齐。阻塞以上的输尿管扩张增粗。如尿路阻塞时间长，可使肾实质萎缩、肾功能受损，排泄性肾盂造影的显影时间延长。CT、MRI 尿路造影均可显示肾盂和输尿管的扩张。非梗阻性积水有先天性巨大肾盂和巨输尿管。膀胱输尿管反流也可发生肾盂和输尿管的扩张积水。

7. 肾脏肿块　指肾内正常组织被肿瘤或其他组织取代，形成圆形、卵圆形或不规则形的团块状病变。肿块多为肿瘤组织，也可为液体或血性成分等。肾内肿块可使肾增大，较大肿块向肾外突出而致肾轮廓改变。不同病变的肿块在影像学上的表现不同。CT 上为软组织或混杂密度，MRI 上为不均匀信号，增强扫描呈不均匀强化，常为肾癌的表现。CT、MRI 显示肿块内有脂肪成分，其密度、信号不均匀，多为肾血管平滑肌脂肪瘤。肾内单发或多发边缘光滑的圆形或椭圆形肿块，CT 和 MRI 均显示为均匀的液体成分，壁薄而且不与肾盂肾盏相通，见于单纯肾囊肿或多囊肾。

（四）常见疾病的表现

1. 泌尿系统结石　可发生于肾至尿道的任何部位，多见于肾和膀胱。90%结石平片可发现。

（1）肾结石：男性较女性好发，结石多数位于一侧或双侧的肾盂或肾盏内。X 线片显示一侧或双侧肾盂肾盏区有一个或数个大小不等的圆形、卵圆形、鹿角形或不定形密度增高结石影。侧位摄片，肾结石常与椎体相重叠。CT 平扫即能确切显示位于肾盏和（或）肾盂内的高密度结石影，并可发现某些平片难以显示的阴性结石，也表现为较高密度影。

（2）输尿管结石：常由肾结石移行而来，一般较小。平片可见圆形、卵圆形、桑葚形或枣核样结石影，常发生于输尿管生理性狭窄处。结石上方输尿管和肾盂常有不同程度的扩张和积水。CT 平扫显示输尿管走行区内的点状或结节状高密度钙化影，其上下径常大于横径，上方输尿管多有不同程度扩张并于高密度钙化影处呈突然截断。

（3）膀胱结石：结石多为阳性，耻骨联合上方卵圆形或椭圆形致密影，大小不等、边缘光整或毛糙，密度均匀、不均或分层。CT 平扫结石为膀胱腔内致密影，即使阴性结石，密度也显著高于其他病变。

MRI 表现：结石在 T_1WI、T_2WI 均呈很低的信号，对结石显示不佳，但 MRI 能显示结石造成的梗阻性积水。

2. 泌尿系统结核　大多继发于肺结核，主要侵犯肾，然后蔓延至输尿管及膀胱，多为单侧性。

X 线表现：平片检查多无异常，有时可见肾内云絮状、环状和花瓣状钙化，有时可描绘出脓腔轮廓。全肾致密钙化为肾自截。肾结核钙化并不代表病灶痊愈，而表示有干酪样空洞存在。

诊断肾结核有赖于尿路造影检查。肾结核初期表现为肾小盏顶端圆钝且边缘不齐如虫蚀状。当乳头锥体部或皮质部形成溃疡空洞并与肾盏通连时，造影表现为一团与肾盏相连或位于肾盏外方皮质内、边缘不整齐、密度不均匀的阴影，相应肾盏边缘不整或变形狭窄。当病变发展为肾盏、肾盂广泛破坏或形成肾盂积脓时，排泄性尿路造影常不显影或显影延迟且淡。逆行肾盂造影肾盏、肾盂变成一个不规则的腔，波及整个肾脏。

输尿管结核表现：病侧输尿管边缘不整齐、宽窄不等，有时呈假串珠状表现或短缩而僵直。晚期可出现管壁条状钙化。

轻微膀胱结核 X 线变化不明显。病变发展广泛时膀胱挛缩，体积可变小，边缘不整齐及毛糙。

CT 表现：肾结核早期显示肾实质内低密度灶，边缘不整，增强检查可有对比剂进入，代表肾实质内结核性空洞。病变进展，可见部分肾盏乃至全部肾盏、肾盂扩张，呈多个囊状低密度灶，CT 值略高于水。肾结核钙化时，呈点状或不规则高密度影，乃至肾大部分钙化。输尿管结输尿管壁增厚并管腔多发狭窄与扩张。膀胱结核可发现膀胱壁内缘不规则，水肿或肉芽组织造成的膀胱壁增厚和膀胱腔缩小。

MRI 表现：类似 CT 所见，MRU 能清楚显示肾盂、输尿管的扩张、狭窄、梗阻及梗阻部位。

3. 泌尿系统肿瘤

（1）肾癌：中老年多见，男性多于女性。临床表现主要为无痛性血尿，有时可触及腹部肿物。

腹部平片可见肾影局部增大，呈分叶或局限性隆凸。目前肾癌的诊断主要依赖于超声和 CT 检查。

CT 平扫：肾癌表现为肾实质肿块，呈类圆形或分叶状，常明显突向肾外。大的肿瘤内有陈旧性出血或坏死呈不规则低密度影。少数肿瘤内可见点状或不规则钙化影。增强检查，肿瘤多为明显不均一强化。肿瘤向外侵犯致肾周脂肪密度增高、消失及肾筋膜增厚。

MRI 表现：类似 CT 所见。T_1WI 上信号强度多低于正常肾皮质，在 T_2WI 上呈混杂信号。Gd-DTPA 增强检查，肿瘤呈不均一强化。MRI 检查的重要意义在于确定肾静脉和下腔静脉内有无瘤栓，有瘤栓时则血管内流空信号消失。

（2）膀胱癌：多为乳头状，可单发或多发。临床表现为血尿，可伴有尿痛、尿急及膀胱区疼痛。膀胱造影可显示大小不同的结节状或菜花样充盈缺损。CT 平扫可见由膀胱壁突向腔内的结节、分叶或菜花状软组织密度肿块，大小不等，表面可有点状钙化，常位于膀胱侧壁和三角区。部分肿瘤仅见局部膀胱壁不规则增厚。增强检查，早期肿块有强化，延迟扫描呈腔内低密度充盈缺损。CT 能显示肿瘤外侵情况，如周围脂肪受侵表现为周围脂肪密度增高而出现软组织密度的条索状或肿块影。当精囊受累时，其与膀胱后壁间的脂肪间隙即精囊角消失，肿瘤还能侵犯前列腺、子宫或直肠，发生盆腔淋巴结转移。MRI 在 T_1WI 上，肿瘤与膀胱壁呈等信号，而在 T_2WI 上则高于膀胱壁信号。增强检查能显示肿瘤对膀胱壁的侵犯深度及周围侵犯、转移情况。

案例 9-1-5 分析讨论

病人，男性，60 岁，体检发现右肾肿块，尿潜血（+），在临床行影像学检查前应对其临床病史及家族史进行详细评估、询问，是否在腹部能触及包块，之前是否发现尿液颜色变化，是否患有泌尿系其他疾病；本病人最适宜的影像学检查应做右肾超声及腹部 CT 平扫检查，以明确右肾肿块性质，必要时应行腹部磁共振或者增强扫描，以明确肿块血供情况加以明确诊断。

八、中枢神经系统

（一）检查方法

1. X 线检查 很少用于中枢神经系统疾病的诊断。

2. CT 检查 临床最基本的检查方法。

（1）平扫：横断面为主，头部固定，以眦耳线（眼外眦与外耳孔中心连线）为基线依次向上扫描 8～10 层，层厚 10mm。多数疾病 CT 平扫能够诊断。

（2）增强：经静脉注入对比剂后，扫描同平扫。增强后病灶显示更清楚，可显示出平扫未显示的病灶。

（3）CTA：经静脉团注对比剂后，当对比剂流经脑血管时进行螺旋 CT 扫描，经三维重建可获得颅脑血管图像，包括动脉和静脉。

（4）CT 灌注：用于观察脑实质的微循环和血流灌注情况。

3. DSA 检查 包括颈动脉造影和椎动脉造影，分别摄取脑动脉期、静脉期和静脉窦期。

4. MRI 检查

（1）平扫：中枢神经系统最重要的检查方法，常规应用自旋回波序列的 T_1WI 和快速自旋回波序列的 T_2WI。颅脑以横轴位为主，还可辅以矢状位、冠状位或斜位，脊髓以矢状位为主，辅以横轴位和冠状位。

（2）增强：静脉注入对比剂后，行 T_1WI 扫描。

（3）MRA：常用 TOF 法和 PC 法。多数不应用对比剂。

（4）功能性 MRI：利用 MRI 技术反映脑的生理过程和物质代谢等功能变化。主要包括：①MR 弥散成像，反映水分子的扩散情况，主要用于急性脑缺血性疾病的早期诊断，在弥散成像基础上的弥散张量成像还能显示病变造成的脑白质纤维束受压、移位、破坏和中断；②MR 灌注成像，反映脑组织微循环的分布和血流灌注，主要用于脑血管性疾病和肿瘤良恶性的鉴别；③MR 波谱分析，主要为 ^{1}H 波谱分析，用于脑组织代谢产物的定量分析；④脑功能成像，用于研究脑皮层活动的功能定位。

（二）正常表现

1. CT 检查

（1）脑：脑实质分为额叶、颞叶、顶叶、枕叶及小脑、脑干。皮质密度略高于白质，分界清楚。大脑深部灰质核团与皮质相近，在白质的对比下显示清楚。脑室系统包括双侧脑室、第三脑室和第四脑室，内含脑脊液，为均匀水样低密度。双侧脑室对称，分为体部、三角部和前角、后角、下角。蛛网膜下腔包括脑沟、脑裂和脑池，充以脑脊液，呈均匀水样低密度。增强扫描，脑实质仅轻度强化，血管结构直接强化，垂体、松果体及硬脑膜明显强化。

（2）脊髓：硬膜囊位于椎管中部，呈圆形或卵圆形，周围脂肪间隙呈低密度。脊髓呈中等密度，与硬膜囊之间为低密度的脑脊液。

2. MRI 检查

（1）脑：在 T_1WI 上，白质信号稍高于灰质，T_2WI 上稍低于灰质。脑室、脑沟、脑裂、脑池等含脑脊液结构在 T_1WI 为低信号，T_2WI 为高信号，水抑制序列则为低信号。血管内流动的血液由于流空效应而在 T_1WI 和 T_2WI 上均呈黑影，但血流缓慢时可呈高信号。增强扫描，脑组织的强化与 CT 类似。

（2）脊髓：脊髓在矢状面 T_1WI 上表现为带状中等信号，边缘光整，信号均匀，位于椎管中心，前后有低信号的蛛网膜下腔衬托；T_2WI 上脊髓呈中等程度信号，蛛网膜下腔为高信号。横断面上，脊髓、脊神经与周围椎管骨质和韧带的关系显示清楚（图 9-1-8）。

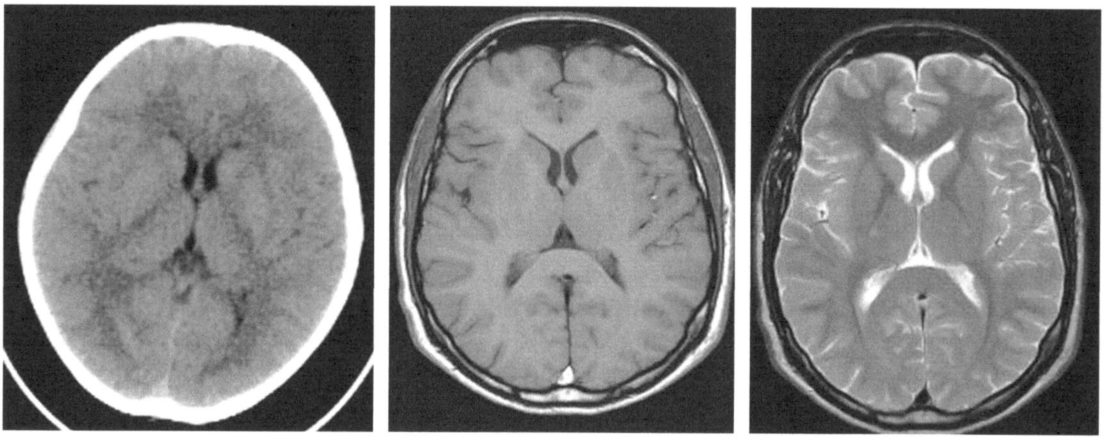

图 9-1-8　正常头 CT 和 MRI T_1WI、T_2WI（基底节层面）

（三）基本病变的表现

1. 颅脑

（1）CT 检查：①脑实质密度异常，高密度灶常见于钙化、颅内出血；等密度灶常见于亚急性出血、脑肿瘤、脑梗死的某一阶段；低密度灶常见于脑肿瘤、胆脂瘤、囊肿、脑梗死、脑水肿等；混杂密度灶见于颅咽管瘤、恶性胶质瘤、畸胎瘤等颅内肿瘤。②病灶的强化类型与程度，均一性强化常见于脑膜瘤、生殖细胞瘤、髓母细胞瘤；环状强化常见于脑脓肿、脑转移瘤、星形细胞瘤；不均强化常见于恶性胶质瘤、血管畸形、炎症；脑回状强化常见于脑梗死。强化程度可分为明显强化、中等强化、轻度强化及不强化。③脑水肿，主要表现为脑白质密度减低；脑回增宽、脑沟变窄；侧脑室周围条形、边缘光滑的低密度影。④占位效应，由于占位病变本身及周围水肿所致。主要表现为中线结构移位；脑室及脑池移位、变形、闭塞；脑沟狭窄、闭塞。⑤脑萎缩，指各种原因一起造成的脑组织的缩小，并继发脑室、蛛网膜下腔扩大。表现为脑沟宽度大于 5mm，脑池增宽，脑室扩大。⑥脑积水，交通性脑积水时，脑室系统普遍扩大，脑池增宽；梗阻性脑积水时，梗阻近侧脑室扩大，脑池无增宽。⑦颅骨改变，包括头颅先天变异、颅骨病变及颅内病变累及颅骨等。

（2）脑血管造影检查：显示颅脑血管的受压移位、聚集或分离、牵直或扭曲。

（3）MRI 检查：脑结构的形态变化、病变增强的 MRI 表现与 CT 类似。①肿块：多为 T_1WI 低信号、T_2WI 高信号，含有脂肪成分则表现为 T_1WI 高信号、T_2WI 稍高信号，含有顺磁性物质如黑色素瘤 T_1WI 高信号、T_2WI 低信号，钙化和骨化则多为无信号区。②含液囊肿：多为水样信号，即 T_1WI 低信号、T_2WI 高信号，含有黏液蛋白和类脂性囊肿则 T_1WI 和 T_2WI 都为高信号。③水肿：在 MRI 上表现为 T_1WI 低信号，T_2WI 高信号。④出血：与血肿时期相关，急性期血肿 MRI 不易发现，T_1WI 和 T_2WI 呈中等或稍低信号；亚急性血肿周围在 T_1WI 和 T_2WI 信号增高且向血肿中心部推进；慢性血肿则 T_1WI 和 T_2WI 均为高信号，周围可出现含铁血黄素低信号环；囊变期时内部为水样信号，周围低信号环更加明显。⑤梗死：超急性期梗死在扩散成像上为高信号，T_1WI 和 T_2WI 信号多正常；急性期多为 T_1WI 低信号、T_2WI 高信号，其内信号可不均匀；纤维修复期呈 T_1WI 低信号、T_2WI 高信号或低信号改变。

2. 脊髓

（1）CT：脊椎平扫 CT 对椎管内病变的显示优于 X 线，但弱于 MRI，其内病变多为软组织密度，与周围结构分界不佳。

（2）MRI：脊髓内基本病变包括出血、肿块、变性、坏死等，其 MRI 表现与颅脑相同。

（四）常见疾病的表现

1. 脑梗死 ①缺血性梗死：平扫 CT 在发病 24 小时内常难以显示病灶，CT 灌注成像能发现异常。其后表现为低密度灶，部位和范围与闭塞血管供血区一致，灰白质同时受累，多呈扇形，可有轻度占位效应。2～3 周时可出现“模糊效应”，病灶变为等密度而不可见，增强扫描呈脑回样强化。1～2 个月后形成边界清楚的低密度囊腔，②出血性梗死：CT 平扫表现为在低密度梗死灶内出现不规则斑点状、片状高密度出血灶，占位效应较明显，③腔隙性梗死：为深部髓质小动脉闭塞所致。缺血灶好发于基底节、丘脑、小脑和脑干，圆形，直径为 10～15mm，发病 24 小时后 CT 上表现为上述区域的低密度灶。MRI 在脑梗死上比 CT 发现病灶早、敏感性高。发病后 1 小时可见局部脑回肿胀，脑沟变浅，随后表现为 T_1WI 低信号、T_2WI 高信号。MR 扩散成像和灌注成像能更早检出脑梗死，MR 血管造影能显示脑动脉较大分支的狭窄、闭塞。

2. 脑出血 CT 上血肿急性期呈边界清楚的类圆形、肾形或不规则形均匀高密度影，周围可见脑组织受压所形成的低密度水肿带，宽窄不一，邻近脑室受压变形移位，破入脑室则可见脑室内高密度影。吸收期开始于 3～7 天，可见血肿周围变模糊，低密度水肿带增宽，血肿缩小并密度减低。囊变期始于 2 个月以后，血肿吸收后遗留下大小不等的囊腔，其内为水样低密度，多伴有邻近脑组织萎缩改变。MRI 上脑内血肿的信号随血肿进展而变化。急性期 T_1WI 呈等信号，T_2WI 为稍低信号，不如 CT 显示清楚；亚急性期表现为 T_1WI 和 T_2WI 均为高信号；囊肿形成期为 T_1WI 低信号，T_2WI 高信号，周边为含铁血黄素所致的低信号环（图 9-1-9）。

3. 星形细胞瘤 CT 上肿瘤呈低密度。Ⅰ级分界清楚，占位效应轻，增强扫描无或仅有轻度强化（毛细胞和室管膜下巨细胞型除外）；Ⅱ～Ⅳ级肿瘤多呈不均匀低密度或高低混杂密度，肿块形态不规则，边界不清，占位效应和瘤周水肿明显，增强扫描多为不均匀强化，恶性程度越高越明显。MRI 上肿瘤 T_1WI 为稍低或混杂信号，T_2WI 为均匀或不均匀的高信号，增强扫描与 CT 表现类似，恶性程度越高强化越明显。

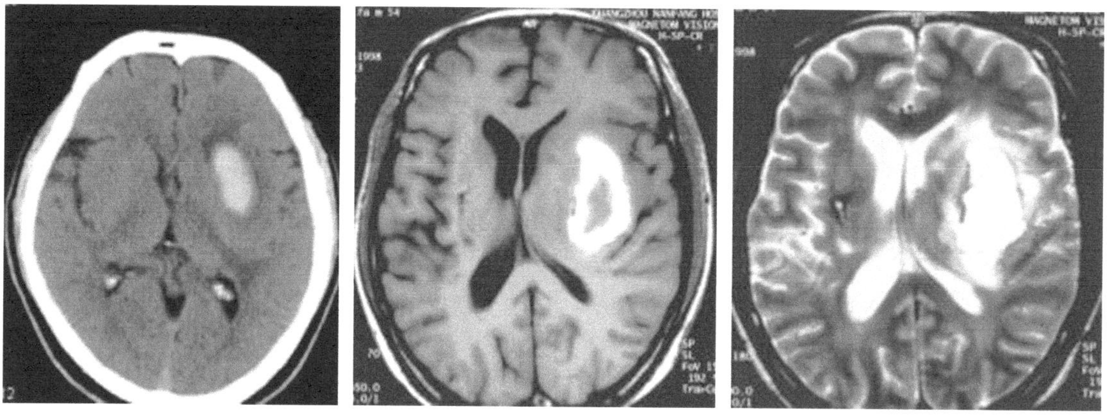

图 9-1-9　急性脑出血 CT 和 MR T_1WI、T_2WI

4. 脑膜瘤　CT 上肿瘤表现为等密度或高密度，常见到斑点状钙化。肿瘤多以广基底与硬脑膜相连，边界清楚，瘤周脑组织多无或轻微水肿，但静脉或静脉窦受压时可有中度或重度脑水肿。颅骨侵犯时可表现为颅板增厚密度增浓或骨质吸收破坏密度减低。增强扫描肿瘤为均一明显强化。MRI 上肿瘤为等或稍高信号，增强扫描与 CT 类似，可见邻近脑膜增厚并强化称为“脑膜尾征”。

5. 脑外伤

（1）脑挫裂伤：CT 上表现为单发或广泛性低密度区，其内可见斑点状高密度出血灶，伴有占位效应；MRI 上脑水肿表现为 T_1WI 等或稍低信号、T_2WI 为高信号，出血信号变化与血肿期龄有关。

（2）硬膜外血肿：CT 上表现为颅板下梭形或半圆形高密度灶，多位于骨折附近，不跨越颅缝。MRI 上病变形态与 CT 类似，出血信号变化与血肿期龄有关。

（3）硬膜下出血：CT 上急性期表现为颅板下新月形或半月形高密度影，常伴有脑挫裂伤或脑内出血，占位效应明显；亚急性或慢性血肿表现为混杂密度影。MRI 上病变形态与 CT 类似，出血信号变化与血肿期龄有关。

（4）蛛网膜下腔出血：CT 上表现为脑沟、脑池内高密度影，形成铸型。大脑纵裂出血多见，表现为中线区纵行窄带状高密度影。蛛网膜下腔出血一般 7 天左右吸收，CT 检查为阴性，而 MRI 检查还可见到高信号出血灶。

（杨兴益）

第二节　超 声 检 查

一、概　　述

物体的机械振动产生声波，正常人耳能够感知的声波频率范围为 20～20 000Hz（赫兹）。振动频率在每秒 20 000Hz 以上，超过人耳听觉阈值上限的声波称为超声波。医用诊断用超声波的范围多在 1～15MHz（兆赫兹）。超声检查是利用超声波的物理特性和人体器官组织声学特征相互作用后产生的信息，并将其接受、处理后形成图像、曲线，借此对疾病进行诊断的检查方法。

（一）超声波的物理特性

超声波在人体内传播主要具有以下物理特性：

1. 束射性或指向性　超声波与一般声波不同，由于频率较高，波长较短，在介质中呈直线传

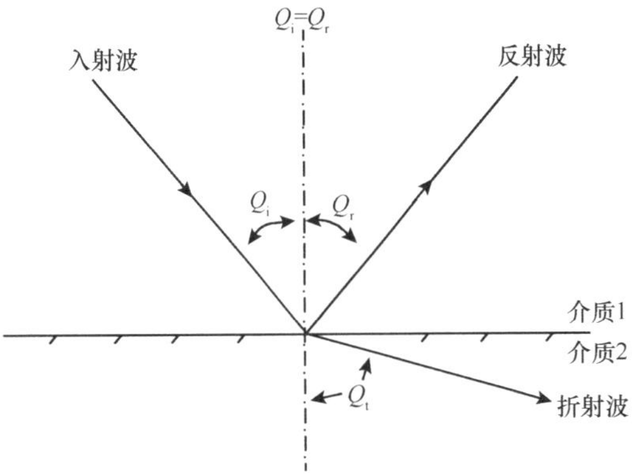

图 9-2-1　超声波的入射、反射和折射

播，具有良好的指向性。此即超声对人体组织进行定向探测的基础。

2. 反射、折射、散射　超声波在介质中传播与介质的声阻抗密切相关。声阻抗（Z）为声波传递介质中某点的密度（ρ）与声速（C）的乘积，$Z=\rho \cdot C$。超声束在声阻抗比较均匀的介质 1 中呈直线传播，如传播途中遇到大于波长且具有不同声阻抗的界面，其声阻抗差＞0.1%时，则部分声束发生反射（reflection），反射声束的多少与两种介质间的声阻抗差的大小有关，声阻抗越大，反射越多。反射声束的方向与入射声束与界面之间的夹角有关，入射角（Q_i）等于反射角（Q_r）（图 9-2-1）。部分声束发生折射（refraction）进入介质 2，折射角度（Q_t）与两介质之间的密度比有关。

当超声束入射到远小于声波波长且声阻抗不同的界面（如红细胞）时则发生散射，其能量向各个方向辐射。朝向探头方向的散射波称为背向散射或后散射（backscatter）。散射回声强度与入射角无明显关系，但强度甚低。

3. 吸收与衰减　超声波在介质中传播时，随着传播距离的增加入射声能逐渐被吸收而减少的现象，称为超声衰减。导致超声衰减的主要原因为介质的吸收、散射和声束的扩散。吸收衰减主要由于介质的黏滞性在声场中产生内部摩擦、弹性迟滞、热传导和弛豫吸收等原因所致。

4. 多普勒效应（Doppler effect）　超声束遇到运动的反射界面时，其反射波的频率将发生改变的现象称为多普勒效应。若反射界面向着声源方向运动，则收到的频率增加，反之频率减小。这一物理特性已被广泛应用于心脏血管等活动脏器的检测。

（二）超声检查的基本原理

1. 超声波的产生　超声波由物体机械振动产生。目前医学上产生和接收超声波的元件为压电晶体。压电晶体作为一种换能器，具有两种可逆的能量转换效应。压电晶体在交变电场的作用下，由电能转换为声能，称为逆压电效应。相反，在声波机械压力交替变化的作用下，晶体表面产生正负电位，称压电效应。超声探头（换能器）在连接交变电压的作用下产生逆压电效应，成为超声发生器；而在超声波机械振动作用下产生压电效应，又成为超声波接收器。这是超声波产生和接收的物理学原理。

2. 超声成像的基本原理　超声仪器均有超声探头（换能器）、信号处理系统（主机）和显示器。探头作为超声发生器可发射出一定频率的超声波，穿透人体多层界面组织进行传播，在每一层界面上均可产生不同程度的反射和散射回波。这些回波含有超声波传播途径中所经过的不同组织的声学信息，被探头接收到后经过主机处理，在显示器上以不同的形式显示为波形或图像。

（三）超声诊断仪的类型

根据超声显示方式的不同，超声诊断仪大致可以分为以下几种类型：

1. A 型超声　以波幅变化反映反射回声强弱的显示方式，称幅度调制型，这种类型的超声目前已被淘汰。

2. B 型超声　以灰度不同的明暗光点反映反射回声强弱，称辉度调制型，目前最常用超声成像形式。

3. M 型超声　以单声束取样获得活动界面发射波，再予以时间以慢扫描方式将某一取样线上的活动界面展开获得“距离–时间”的曲线，常用于超声心动图。

4. D 型超声　利用多普勒效应对心脏血管内的血流方向、速度及状态以频谱的形式或以一定声调的信号显示，称为多普勒超声，也称 D 型超声。临床上可分为频谱多普勒和彩色多普勒血流显像（color Doppler flow imaging，CDFI）。CDFI 系对血流多普勒信号进行彩色编码，血流方向朝向探头的用红色表示，血流方向背离探头的用蓝色表示。CDFI 不仅能清楚地显示心脏大血管的形态结构，而且能直观形象地显示血流的方向、速度、性质、分布范围等，在心血管疾病检查中具有重要的临床价值。

目前一台彩色多普勒显像仪已包括了 B 型超声显像、M 型超声显像、频谱多普勒显示和彩色多普勒血流显像。新近的彩色多普勒显像仪还具有三维超声显像、彩色多普勒能量图、组织多普勒成像、弹性成像等新功能。

（四）超声成像的图像特征

由于人体各组织的密度与声速不同，存在着声阻差，超声波在其传播过程中会产生强弱不等的反射。根据图像中不同灰阶将回声信号分为强回声、高回声、等回声、低回声和无回声。回声高低或强弱的标准一般以该脏器正常回声为标准，将病变部位回声强度与周围正常脏器回声强度进行比较来确定。如液体为无回声，结石、气体或钙化为强回声等。

二、超声检查前病人的准备

1. 常规准备　超声检查前应就检查的必要性、安全性和检查步骤对受检者进行必要的解释和说明，以缓解其紧张心理，配合检查。

2. 常规肝脏、胆囊、胆道及胰腺检查　一般空腹进行，必要时饮水 400～500ml，使胃充盈作为透声窗，以使胃后方的胰腺及腹部血管等结构充分显示。

3. 早孕、妇科、膀胱及前列腺的常规检查　病人于检查前 2 小时饮水 400～500ml 以适当充盈膀胱。

4. 经阴道超声检查　须为已婚病人，检查前排空膀胱。一般于非月经期检查，必要时月经期亦可检查。

5. 心脏、大血管、外周血管、浅表器官和颅脑常规检查　一般无须做特殊准备。

6. 婴幼儿　检查不合作者，可予水合氯醛灌肠，待安静入睡后再进行检查。

7. 超声引导下穿刺　包括：①疑有出血者，术前检测血小板计数、凝血酶原时间及活动度；②禁食水 8～12 小时；③向受检者说明与检查有关的并发症，征得受检者或其亲属知情、签字后方可进行检查。

三、超声检查在临床的应用

超声检查作为一种方便经济、无创的检查方法，不仅能观察脏器的解剖结构和形态，而且能检测其功能和血流状态，因此超声诊断已经广泛应用于内科、外科、妇产科和儿科等临床各科，成为许多脏器、软组织器官病变首选的影像学检查方法。

案例 9-2-1

王某，男性，56 岁，乙肝病史，近 2 个月来腹胀不适，食欲减退，乏力，体重减轻。超声检查：肝脏回声粗糙增强、不均匀，肝包膜不光滑，肝右后叶可见一 3.6cm×3.1cm 略高回声团，回声不均匀，边缘不规则，周边可见低回声晕，CDFI 显示瘤体边缘、内部见动脉血流信号。门静脉 1.38cm，肝静脉变细不清晰，肝内肝管无扩张。胆囊壁厚，呈双层改变；脾脏厚 5.8cm，脾门静脉 1.2cm；下腹部可见少量液性暗区。甲胎蛋白 AFP：850μg/L（正常 20μg/L）。

问题：

1. 请根据超声检查所见，结合临床症状作出超声诊断。
2. 分析病人可能的病因及本病例中肝占位的大体类型。

（一）肝脏超声检查

1. 正常肝脏声像图 肝脏位于右上腹部，大小形态因体形、身长而略有差异，上界多位于第 5、6 肋间，下界右肋缘下平静呼吸探测不到。肝左叶上腹纵切呈类三角形，剑突下不超过 5cm，肝右叶肋下斜切呈类扇形，最大斜径为 10～14cm。正常肝脏轮廓清晰，被膜光滑，呈细线样强回声。肝脏实质呈均匀一致弥漫分布的细小点状中低水平回声，有时可见稍疏、散在的略高光点及短小线状回声（图 9-2-2）。

肝内管状结构主要包括门静脉、肝动脉、肝内胆道系统及肝静脉及其分支。其中门静脉和肝静脉在声像图上可清晰显示，前者管壁较厚，回声较强，主干内径小于 1.4cm，于第一肝门汇入肝脏后分为左、右两支，门静脉左支向左走形依次为横行部–矢状部–左叶内、外支及上、下段呈“工”字形分布；门静脉右支分右前、右后两支走行于肝右前、右后叶内。肝静脉管壁较薄，回声较弱，左、中、右三支肝静脉呈放射状汇集于第二肝门区。胆管、肝动脉与门静脉伴行，胆总管内径小于 8mm，左右肝管均可明确显示，内径为 2～3mm，肝内小胆管正常不显示。肝动脉借助彩色可显示。

2. 常见肝脏疾病声像图

（1）脂肪肝：正常肝脏含脂肪约 5%，当肝内脂肪大量增加，肝细胞内出现大量脂肪颗粒时，称为脂肪肝。

声像图表现：肝脏弥漫性增大，形态饱满，表面平整，边缘圆钝；实质回声细小密集增强，呈雾状，称“亮晶”肝（图 9-2-3）；中度以上脂肪肝远场有衰减，严重者增大增益也不能显示远场肝脏及被膜；肝内管状结构显示不清。当脂肪肝呈局限性分布时，可表现为肝内局限性低回声或高回声区，易误诊为肝癌，需注意观察鉴别，也可表现为沿叶段分部的不均匀性脂肪肝。

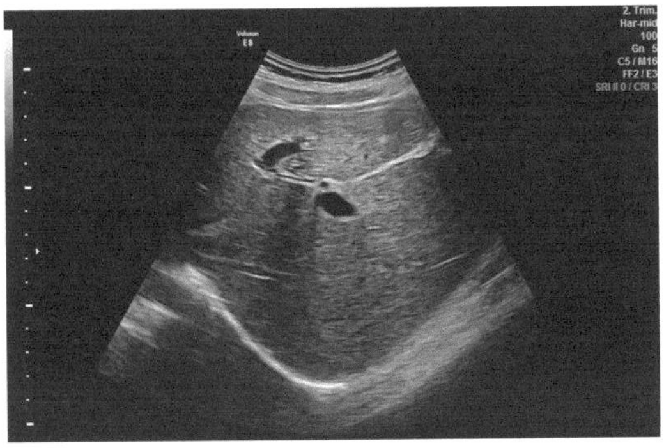

图 9-2-2　正常肝脏声像图

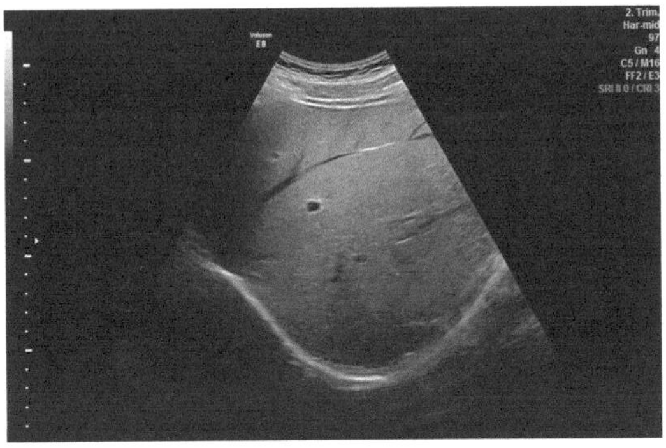

图 9-2-3　轻度脂肪肝声像图

（2）肝硬化：是一种常见的慢性进行性疾病，是肝脏受一种或多种因素引起而使肝细胞变性坏死继而肝细胞结节状再生及纤维组织增生，假小叶形成。致病原因多样，包括病毒性肝炎肝硬化、酒精性肝硬化、药物性肝硬化、心源性肝硬化等，在我国，最常见的病因是病毒性肝炎。

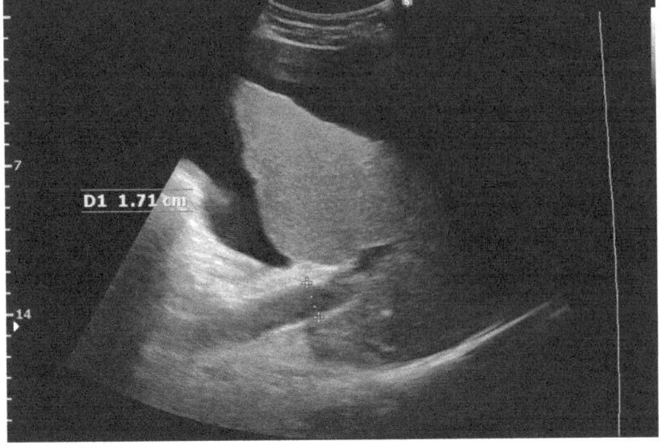

图 9-2-4　肝硬化声像图

声像图表现：①肝脏形态失常，早期增大，晚期右叶缩小，左叶、尾状叶增大。②肝实质回声粗糙增强，分布不均，呈短线状、弧线状、类似鳞片状或苔藓样、网格状改变，严重者呈结节样。③肝表面被膜不光滑，凸凹不平，典型者呈锯齿状（图 9-2-4）。④肝静脉变细或粗细不均，走行迂曲。⑤门静脉高压征象，肝门静脉主干、左支扩张，门静脉主干＞14mm，左支矢状部＞10mm，腔内可见实性栓子充填；脾大，脾门静脉增宽；腹水（图 9-2-4）。⑥继发改变，胆囊受累，水肿，呈“双边”样改变。

案例 9-2-1 分析讨论（1）

1. 肝硬化最常见的病因是病毒性肝炎，在我国主要是乙型病毒性肝炎。

2. 肝硬化的主要超声表现：肝脏形态失常；肝实质回声粗糙增强，不均；肝被膜不光滑，凸凹不平；肝静脉变细或粗细不均，走行迂曲；门静脉高压征象：肝门静脉扩张，脾大，腹水，胆囊壁水肿增厚，呈“双边”样改变。

（3）肝囊肿：是一种生长极慢、病程长的良性病变，可为单发的，也可为多发的，前者少见，后者多见。

声像图表现：肝内圆形或椭圆形无回声；轮廓光滑整齐，边界清晰，有包膜，囊壁较薄；囊肿两侧壁可出现“回声失落”现象及侧壁声影；囊肿后方回声增强（图 9-2-5）；囊肿较小时肝脏形态无改变，较大时或囊肿位于肝脏边缘时，肝脏可增大或出现局限性隆起。

（4）肝血管瘤：为肝脏最常见的良性肿瘤，是一种血管的先天性畸形，发病率为 0.35%～2.0%，常见于成年人，女性较多。

声像图表现：肝内类圆形、椭圆或不规则形病灶，边界清晰，多为高回声或周边高回声，少部分为低回声或混合性回声，混合性回声者多形体较大；轮廓不光滑，常具有边缘裂开征或血管进入即血管穿通征（图 9-2-6）；较大者探头加压可变形；生长速度较慢；多数血管瘤因其内血管细小流速极低，而无血流信号显示。

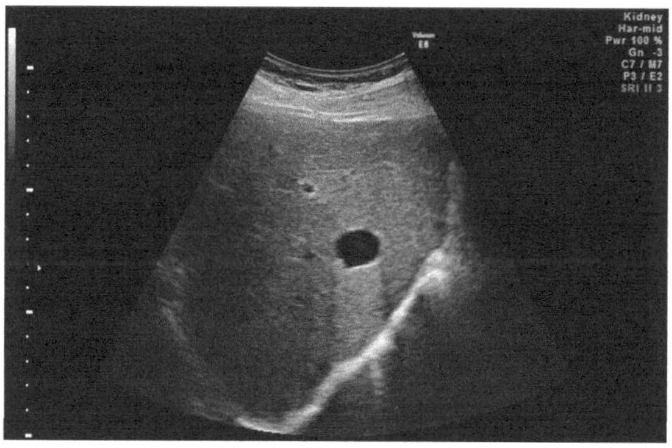

图 9-2-5　肝囊肿声像图

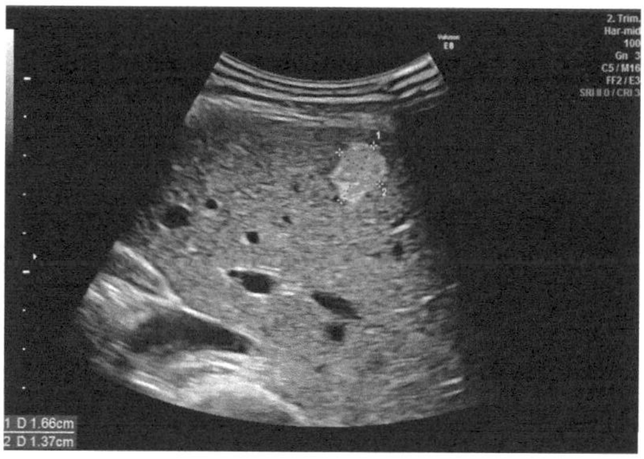

图 9-2-6　肝血管瘤声像图

（5）肝细胞癌：在我国常见，超声检查可检出早期小肝癌，并可做出确切定位，对手术和其他治疗提供帮助。根据癌瘤大体形状分为巨块型、结节型、弥漫型，据其回声情况分为高回声型、低回声型、混合回声型。

声像图表现：肝内出现实质性肿块，局限性或散在多发，根据外形可分为巨块型、结节型、弥漫型三种，肿块表现出高回声、低回声或混合性回声，多个肿块可互相融合、嵌镶成大癌肿，较大的肿瘤内部可坏死液化使瘤体中心呈不规则暗区；肿块形态不规则，周边可见晕环状低回声（图 9-2-7）；彩色多普勒（CDFI）显示肝动脉扩张，流速增高、血流色彩丰富、鲜艳，瘤周有血管绕行，瘤内彩色血流信号杂乱，呈斑片状、斑点状、短条状；频谱多普勒可检测到高速高阻力动脉频谱。

继发征象：原发性肝癌多伴肝硬化，肝大，外形不规则，接近肝包膜肿瘤可向表面突出，形成“驼峰征”；肿瘤压迫周围管道结构移位，扭曲或狭窄、闭塞；门静脉扩张，门脉主干或分支内不规则实质性癌栓回声（图 9-2-8）；脾大；腹水；晚期可出现淋巴结肿大及转移征象。

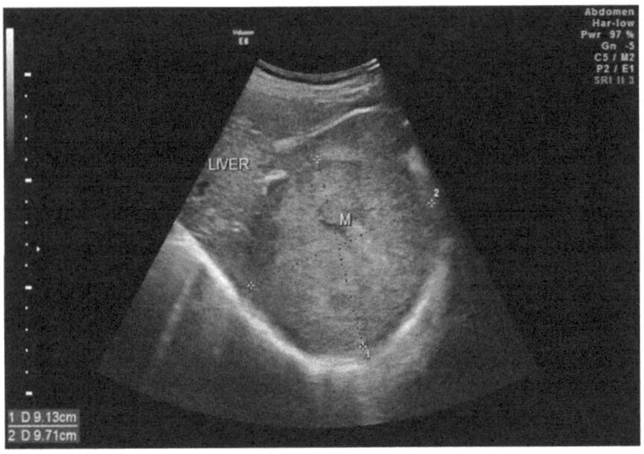

图 9-2-7　原发性肝癌声像图

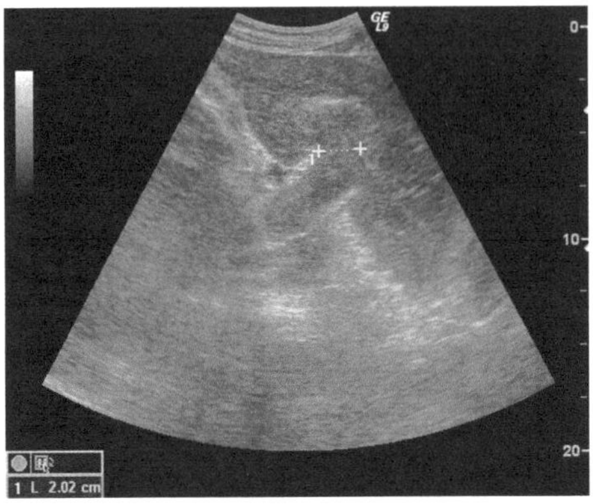

图 9-2-8　门静脉内癌栓声像图

病案 9-2-1 分析讨论（2）

1. 肝细胞癌的大体分型包括：巨块型、结节型、弥漫型。

2. 声像图表现：肝内实质性肿块，可表现为高回声、低回声或混合性回声，肿块形态不规则，周边可见晕环状低回声，CDFI 显示高速高阻的动脉频谱，内部血流丰富而杂乱，瘤周有血管绕行。

3. 根据超声检查作出诊断：肝硬化，肝内实性占位（考虑肝癌），脾大，胆囊受累，少量腹水。

（二）胆道系统超声检查

案例 9-2-2

李某，女，59 岁，突发右上腹部疼痛，恶心呕吐，发热，查体：墨菲（Murphy）征阳性。超声检查：胆囊体积增大，约 12.8cm×4.2cm，胆囊壁厚约 0.6cm，呈“双边征”，胆囊腔内透声不良，可见点状悬浮物，胆囊颈部可见强回声团，直径约 1.2cm，后伴声影，不随体位移动。肝内、外胆管内径不宽。

问题：

1. 根据超声检查结合体征做出超声诊断。

2. 简述胆囊结石的典型超声表现。分析本病例中胆囊结石为什么不随体位移动？

1. 正常胆道系统　胆道系统是肝脏排泌的胆汁输入到十二指肠的管道结构，胆道系统可分为胆囊和胆管两大部分。胆管以肝门为界，分为肝内胆管及肝外胆管两部分。肝内胆管由毛细胆管、小叶间胆管及左右肝管组成；肝外胆管由肝总管、胆总管及胆囊组成。

正常胆系声像图：空腹状态下正常胆囊切面呈梨形、长茄形或椭圆形，轮廓清晰，长径不超过 9cm，前后径不超过 4cm；壁薄光滑，厚 0.2～0.3cm；囊内为透声良好的无回声，后方回声增强（图 9-2-9）。胆总管、肝总管及左右肝管超声可显示，胆总管于门静脉前方与其平行走行呈双管状结构，其内径小于等于门静脉内径的 1/3；肝总管内径为 0.6～0.8cm；左右肝管内径多为 0.2cm 以内。

2. 常见胆道系统疾病声像图

（1）急性胆囊炎：本病是常见的急腹症之一，是由结石梗阻、细菌感染、胰腺反流等因素造成的一种化脓性炎症。临床主要表现为右上腹绞痛和胆囊区压痛。查体：墨菲征阳性。

声像图表现：胆囊增大，轮廓模糊；胆囊壁弥漫性增厚，其间出现弱回声暗带，呈双边征；胆囊内透声不良，出现细小或粗大的斑点状回声或黏稠的沉积物，为胆囊蓄脓的表现；多伴有胆囊结石；急性胆囊炎穿孔时，可出现胆囊壁局部膨出或缺损及胆囊周围的局限性积液（图 9-2-10）。

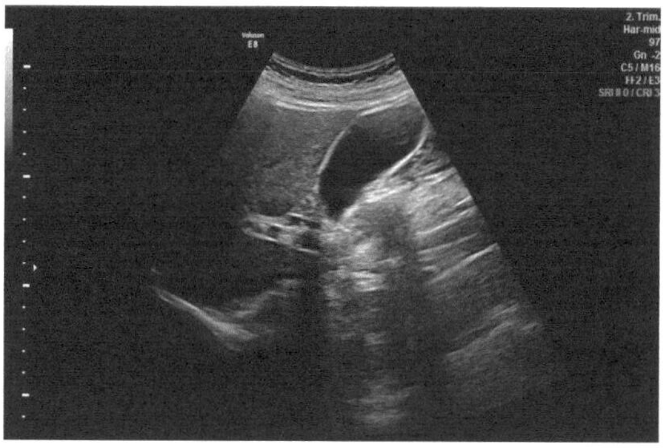

图 9-2-9　正常胆囊声像图

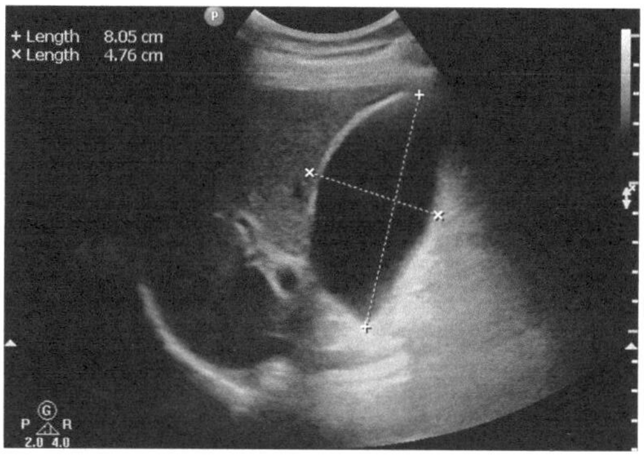

图 9-2-10　急性胆囊炎声像图

案例 9-2-2 分析讨论（1）

1. 急性胆囊炎主要临床表现为右上腹绞痛和胆囊区压痛，Murphy 征阳性。

2. 急性胆囊炎超声表现：①胆囊增大，轮廓线模糊；②胆囊壁水肿增厚，呈双边征；③胆囊触痛，墨菲征阳性；④胆囊腔内常见絮状物沉积或结石；⑤胆囊周围可伴低或无回声带。

（2）慢性胆囊炎：是常见的胆囊疾病，既可以是急性胆囊炎反复发作迁延而成，也可以是原发性的慢性炎症改变。往往合并有胆囊结石。

声像图表现：轻者胆囊大小形态无明显变化，仅表现为胆囊壁稍增厚；典型者表现为胆囊增大或萎缩；胆囊壁增厚，毛糙，回声增高（图 9-2-11）；常伴有胆囊结石、胆汁淤积或组织碎屑所致的沉积性回声；多数胆囊炎丧失收缩功能。

（3）胆囊结石：胆石症是最常见的胆系疾病，约占其发病率的 60%，在急腹症中，胆系结石的发病率仅次于阑尾炎。最常见的胆系结石是胆囊结石，超声诊断胆囊结石的准确率极高，可达 95%以上。

典型胆囊结石的声像图表现：胆囊腔内一个或数个强回声团；强回声团后方伴有声影；改变体位时结石位置改变（图 9-2-12）。

此外，充满型胆囊结石表现为正常胆囊的无回声消失，在胆囊区可探及半月形或弧形强回声团，后方伴有声影，胆囊壁增厚，增厚的胆囊壁、结石、声影形成“三联征”，呈“WES”征。泥沙样胆囊结石表现为胆囊后壁沉积的强回声带或强回声团，随体位移动强回声带或团的位置和形态均有改变。胆囊附壁结石表现为胆囊壁上的 2～3mm 的强回声斑点，后伴彗星尾征。

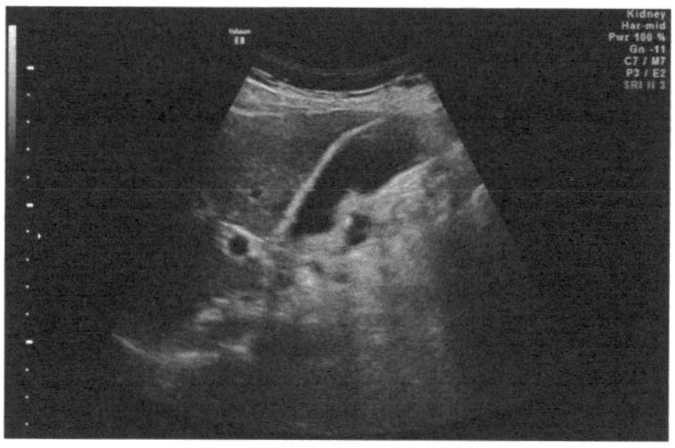

图 9-2-11　慢性胆囊炎声像图

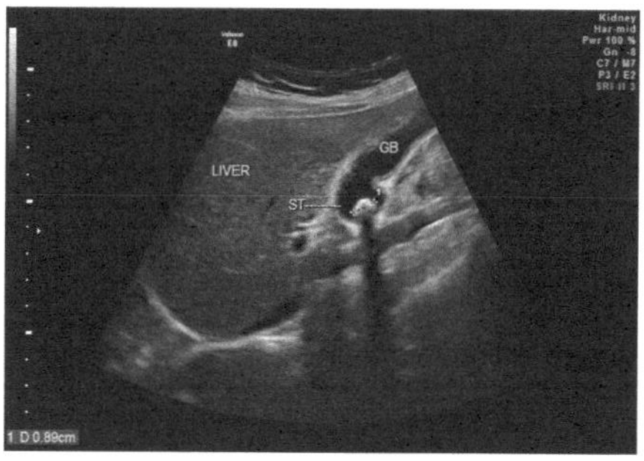

图 9-2-12　胆囊结石声像图

LIVER：肝脏；GB：胆囊；ST：结石

病案 9-2-2 分析讨论（2）

1. 典型胆囊结石的声像图表现为胆囊腔内强回声团；后方伴有声影；随体位变化而移动。

2. 综上分析做出超声诊断：急性胆囊炎，胆汁淤积，胆囊结石（考虑嵌顿）。

（三）胰腺超声检查

案例 9-2-3

张某，女性，61 岁，间断性上腹部隐痛不适半年，近期腹胀，纳差，黄疸 3 天就诊。超声检查：胰头区实性低回声团块，大小约为 2.6cm×2.2cm，回声欠均匀，形态不规则，胆囊增大，胆总管、肝内胆管扩张。

问题：

1. 根据超声检查作出最可能的超声诊断。

2. 胰腺癌最常发生于什么位置？此处的胰腺癌在临床症状上与其他部位胰腺癌有何差别？

胰腺位于中上腹部，是一个无包膜的腹膜后脏器。长 12～15cm、宽 3～4cm、厚 1.5～2cm，分为头、颈、体及尾四个部分。

1. 正常声像图 横切扫查时，正常胰腺表现为横跨脊柱及其大血管的蝌蚪形、哑铃形或腊肠形实性结构，边缘光滑，内部回声稍强于肝脏（图 9-2-13），中间可见横行的胰管，宽 2～3mm。

2. 常见胰腺疾病声像图

（1）急性胰腺炎：急性胰腺炎是胰腺疾病中最常见的一种，也是一种较严重的急腹症。主要临床表现为起病急，上腹痛、恶心、呕吐，早期可出现休克、淀粉酶升高等。急性胰腺炎可以分为水肿型和坏死型两种类型。

声像图表现：①水肿型急性胰腺炎表现为胰腺形体增大，可为均匀弥漫性增大也可为局限性增大，初看似肿瘤，内部回声减低，轮廓模糊不清（图 9-2-14）；②坏死型胰腺外形不规则，内部回声不均匀，出现不规则无回声或弱回声区，夹杂有稀疏散在的斑点，为胰腺出血、坏死所致；③间接表现：胰腺周围无或弱回声，胆系感染或结石等异常表现，胸腔积液、腹水、胰腺周围气体增多等；④假性囊肿：胰腺内或周围无回声，边界清晰，无真性包膜，形态欠规则，后方回声增强。

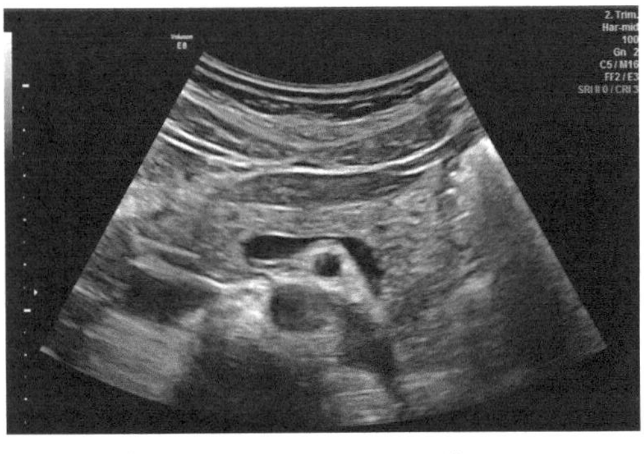

图 9-2-13 正常胰腺声像图

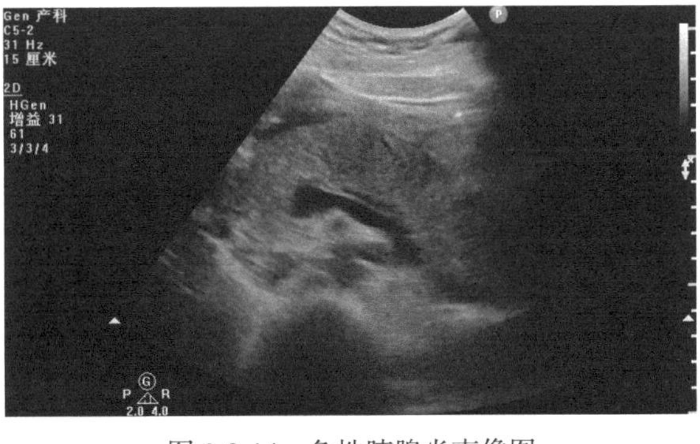

图 9-2-14 急性胰腺炎声像图

（2）胰腺癌：胰腺癌在消化系统恶性肿瘤中虽不及胃癌及肝癌的发病率高，但仍然是常见的肿瘤。近年来，发病率有上升趋势。主要早期临床表现为上腹痛或不适、食欲减退、乏力、体重减轻等，而多数胰腺癌是以黄疸就诊的。

声像图表现：①胰腺内局限性实性低回声肿块，多位于胰头，内部回声不均匀，尤其是较大者可出现液化坏死。②肿块形态不规则，癌瘤向组织周围呈蟹足样浸润（图 9-2-15）。③CDFI，内部血流多丰富；④压迫症状，可压迫血管、胆管或胰管引起梗阻，主要表现为压迫胆管，引起梗阻性黄疸；压迫胰管或下腔静脉致其远端扩张。⑤晚期出现转移瘤、周围淋巴结肿大、腹水等转移征象。

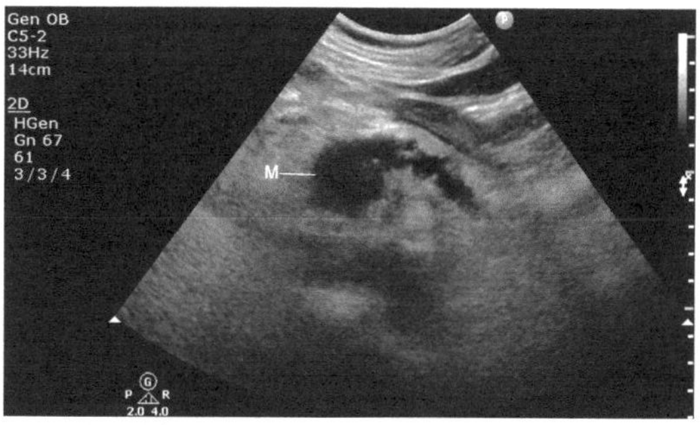

图 9-2-15　胰腺癌声像图

M：胰头占位

案例 9-2-3 分析讨论

胰腺癌的主要超声表现：胰腺实性低回声肿块，多位于胰头，内部回声不均匀；肿块形态不规则，向组织周围呈蟹足样浸润；压迫症状：可压迫血管、胆管或胰管引起梗阻，主要表现为压迫胆管引起梗阻性黄疸。所以分析上述病例最可能的超声诊断是胰腺癌。

（四）泌尿系统超声检查

案例 9-2-4

张某，男，45 岁，右侧腰部及右下腹部剧烈疼痛 2 小时，超声检查：右肾皮质回声均匀，皮髓质分界清晰，肾盂分离约 1.5cm，内未见明显异常团块回声，右侧输尿管中上段轻度扩张，内径约 0.8cm，于扩张的输尿管末端（髂血管处）可见一强回声团，后伴声影。

问题：

1. 根据本病例的超声检查及临床表现作出超声诊断结果。
2. 输尿管结石多发生于什么位置？

泌尿系统主要包括双肾、输尿管、膀胱，男性还包括前列腺。此为超声检查的另一大重要系统。

1. 正常声像图

（1）肾：正常肾脏位于腹膜后脊柱两旁的肾窝内，轮廓清晰，长 10～12cm，宽 5～6cm，厚 3～5cm，被膜光滑。外周肾实质呈低回声，肾锥体呈弱回声；中央部为肾盂、肾盏、肾内血管及脂肪构成的肾窦区，呈不规则的高回声区（图 9-2-16）。

（2）膀胱：充盈时，横切面呈圆形、椭圆形或方形，纵切面略呈三角形。膀胱壁呈强回声带，显示清晰，有良好的连续性。膀胱内尿液为无回声区。

（3）前列腺：可经腹壁、直肠或会阴部探查。经腹壁探查时，横切面呈左右对称而圆钝的三角形或栗子形。包膜整齐而明亮，实质呈均匀低回声。其左右径为 4cm，上下径为 3cm，前后径为 2cm。

2. 常见泌尿系统疾病声像图

（1）肾结石：是一种常见病，血尿和腰痛是肾结石的两个主要症状。

声像图表现：主要表现为肾集管区内一个或多个点状或团状强回声（图 9-2-17），直径 0.5cm 以上者后方伴有声影；结石大小、形态、位置有一定变化，多数结石位于肾下盏，结石嵌顿可致肾盂积水。

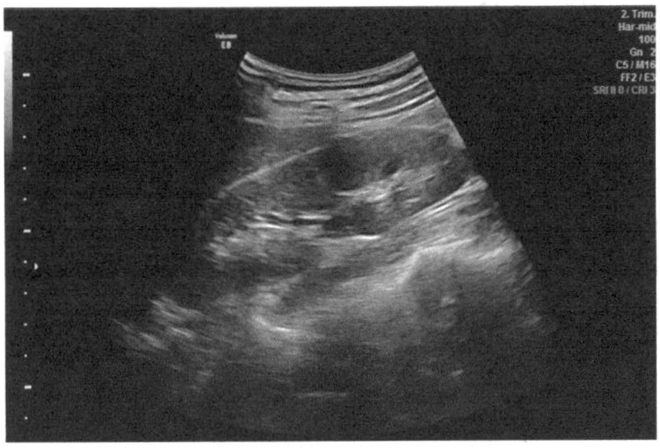

图 9-2-16　正常肾脏声像图

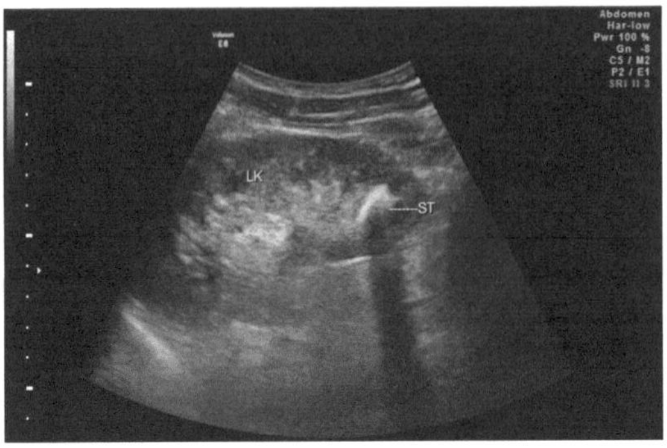

图 9-2-17　肾结石声像图

LK：左肾；ST：结石

（2）肾积水：尿路梗阻后发生的肾盂肾盏内尿液滞留、肾脏增大及肾实质萎缩等称为肾积水。梗阻可以发生在尿路的任何部分，梗阻原因可为结石、肿瘤、外压等。

声像图表现：超声较易诊断，表现为肾窦强回声分离扩张，内见长条形、不规则形或囊袋样无回声液性暗区，或为多个无回声暗区，相互沟通（图 9-2-18）。轻度肾积水肾脏外形和肾实质无改变；中度肾积水肾窦区呈指套样或烟斗状无回声区；重度肾积水肾窦区呈囊袋状无回声，肾实质受压变薄，肾体积增大。常伴输尿管结石，梗阻以上输尿管扩张。

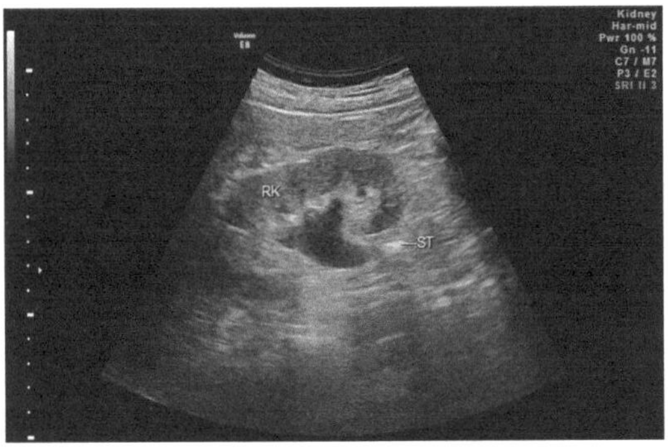

图 9-2-18　肾积水伴输尿管上段结石声像图

RK：左肾；ST：结石

（3）输尿管结石：是临床常见的急腹症之一，结石下降过程中可引起输尿管痉挛，诱发绞痛。

声像图表现：程度不同的肾盂积水，少部分结石较小者肾盂积水可不明显；输尿管内可见强回声光团，伴声影，结石多位于输尿管三个生理狭窄处；梗阻以上输尿管扩张（图 9-2-18）。

案例 9-2-4 分析讨论

1. 输尿管结石超声表现：①输尿管近端扩张，扩张远端可见强回声团，伴声影；②肾积水，肾盂分离呈无回声区，长条形、不规则形或囊袋样。因此，本病例的超声诊断为：右肾轻度积水，右侧输尿管第二狭窄处结石。

2. 输尿管结石好发位置：输尿管的三个生理狭窄处，即第一狭窄：肾盂与输尿管移行处；第二狭窄输尿管跨过髂血管处；第三个狭窄：膀胱入口处。

（五）妇产科超声检查

案例 9-2-5

于某，女，42 岁，因间断小腹胀满行超声检查发现子宫增大，形态失常，子宫前壁壁间可见一实性低回声团，大小约为 4.3cm×4.2cm，边界清晰，周边可见稍强回声包膜，CDFI：内见多发条状血流信号。子宫内膜 0.8cm，回声均匀。

问题：

1. 根据超声检查作出超声诊断。

2. 子宫最常见的肿瘤是什么？根据肿瘤与子宫壁的关系不同，主要可以分为哪几种类型？

超声检查对妇产科疾病的诊断有较高的应用价值，可了解子宫、附件的大小、形态及有无发育异常；诊断子宫、附件病变，确定节育环的位置；早期妊娠诊断；监测胎儿发育情况，有无畸形及羊水、胎盘情况等；并可在超声引导下进行诊断性穿刺和治疗。

1. 正常子宫声像图 膀胱适当充盈或阴式超声检查，纵切面子宫一般呈倒置的梨形，横切面呈椭圆形，轮廓清晰，被膜光滑，子宫肌层呈均匀低回声，子宫内膜呈高回声，中央可见强回声的宫腔线。成年妇女正常子宫上下径为5～7cm，前后径3～4cm，左右径4～5cm（图9-2-19）。

2. 常见妇产科疾病声像图

（1）子宫肌瘤：是女性生殖器官最常见的肿瘤，多发生于中年妇女。临床上根据肿瘤与子宫肌壁的关系不同而分为肌壁间肌瘤、浆膜下肌瘤和黏膜下肌瘤。

声像图表现：①子宫增大或局限性隆起，致子宫切面形态失常；②肌瘤结节一般呈圆形或椭圆形低回声或等回声，内部回声呈多结节状或漩涡状杂乱回声（图9-2-20）；③较大肌瘤中心可出现不规则液性暗区（玻璃样变或囊性变所致），出现钙化时可见强回声，后方伴声影；④肿瘤与正常子宫肌层之间界线清晰；⑤压迫征象：黏膜下肌瘤或肌壁间肌瘤可推压宫腔，使宫腔内膜回声线移位或变形；浆膜下肌瘤可使膀胱受压产生压迹或变形；⑥CDFI：周围环行或半环行血流信号，内部可见血流信号。

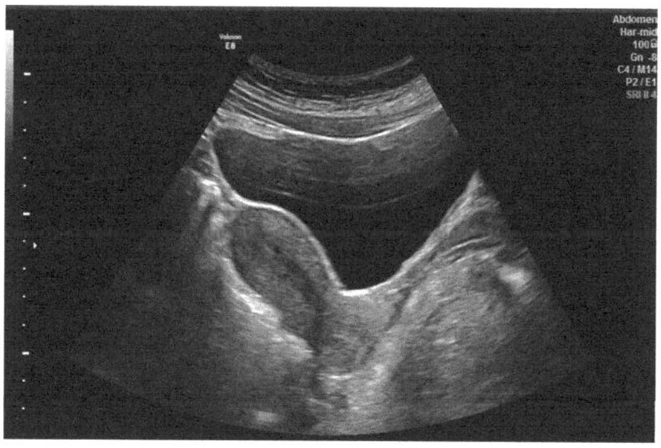

图9-2-19 正常子宫声像图

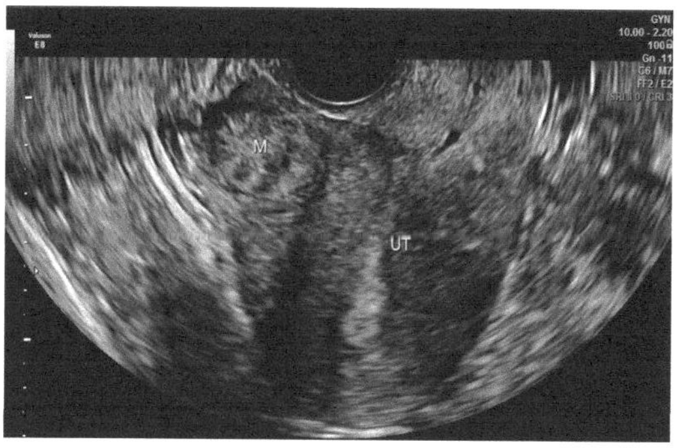

图9-2-20 子宫肌瘤声像图

UT：子宫；M：肌瘤

案例9-2-5分析讨论

1. 子宫肌瘤是女性最常见的妇科肿瘤，临床上根据肿瘤与子宫肌壁的关系不同而分为肌壁间肌瘤、浆膜下肌瘤和黏膜下肌瘤。

2. 主要超声表现：子宫增大或局部隆起，子宫内圆形或椭圆形低回声，较大肌瘤中心可出现不规则液性暗区；肿瘤与子宫肌层之间界线清晰；CDFI：周围环行或半环行血流信号，内部可见血流信号。综上分析本病例超声诊断为子宫肌瘤（肌壁间）。

（2）卵巢囊肿：类型较复杂，可分为非赘生性囊肿和赘生性囊肿两大类，前者一般体积较小，多能自行消退，后者为卵巢真性肿瘤，不能消退。

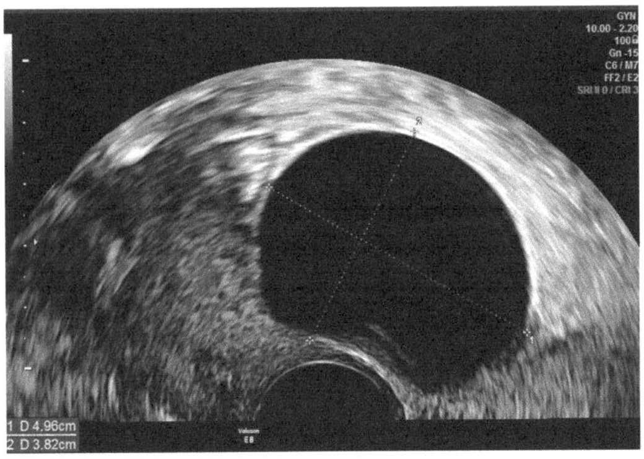

图 9-2-21 卵巢囊肿声像图

典型囊肿的声像图表现：卵巢内形态规则的圆形或椭圆形无回声区；边界清晰，壁薄，光滑整齐；内部无回声可透声良好，也可有细弱点状回声；多房者内部可见粗细不等的强回声分隔光带；囊肿后方回声增强（图 9-2-21）。

（六）心血管疾病的超声检查

超声在心脏、外周血管、颈部血管、脑血管等方面的常规检查已较成熟。心脏方面可以准确诊断先天性心脏病、瓣膜病、冠心病、心肌病、肺源性心脏病等多种心脏疾病，而近年来，随着超声技术和仪器的发展，超声心动图发展了多种定量评价心肌功能和血流动力学变化的技术，如组织多普勒成像（TDI）、二维应变、三维超声心动图等，为心脏功能的评价提供了更加敏感准确的指标。

（七）其他

1. 甲状腺、乳腺、眼等浅表器官的超声诊断 应用高频超声可探查浅表病灶并判断其物理特征，鉴别病灶良恶性。

2. 介入性超声 是现代超声医学的一门新技术。其主要特点是在实时超声引导或监视下，完成各种穿刺活检、抽吸引流、X 线造影及注药治疗等操作，以满足临床诊断及治疗的需要，如实性肿物穿刺活检、肝肾囊肿的抽吸硬化治疗、肿瘤的局部药物治疗等。由于超声显像具有实时、准确、无创、简单经济等优点，因此，在临床上得到了广泛的应用。

（任 敏）

第三节 核医学检查

一、概 述

核医学（nuclear medicine）是研究核技术在医学中应用的专门学科，分为基础核医学（实验核医学）和临床核医学。基础核医学是应用核素进行生物医学基础研究及探索生命本质的一门学科；临床核医学则是应用放射性核素及其标记的化合物或生物制品进行疾病的诊断和治疗，因而分为诊断核医学与治疗核医学。诊断核医学分为体内诊断法与体外诊断法，体内诊断包括放射性核素显像、脏器功能测定；体外诊断即体外放射分析。本节所介绍的核医学检查主要是体内诊断法，即放射性核素显像与脏器功能测定。

（一）核医学显像的基本原理

核医学显像是利用放射性核素示踪原理，将放射性药物引入体内，利用其在体内代谢分布的规律，参与体内正常或异常的代谢过程，选择性地聚集在特定的脏器、组织或病变部位，借助核医学成像设备，在体外探测到脏器与邻近组织或脏器内正常组织与病变组织间的放射性浓度差，并以一定的方式成像，获得可反映脏器和病变组织的形态、位置、大小、功能和代谢等状况的核医学影像。

放射性药物进入不同的脏器、组织或病变部位，其原理不尽相同，主要包括以下几点：细胞选择性摄取；合成代谢；细胞吞噬；循环通路；暂时性微血管嵌顿；选择性排泄；通透弥散；离子交换和化学吸附；特异性结合；等。

（二）核医学显像的必备条件

1. 核医学显像仪器　是指用于探测引入体内的放射性核素所发射出的射线，通过能量转换、信号放大、计算机处理等一系列过程，从而得到脏器图像的仪器。核医学显像常用的仪器包括用于成像的伽马（γ）照相机、单光子发射型计算机断层仪（single photon emission computed tomography，SPECT）和正电子发射型计算机断层仪（positron emission computed tomography，PET）等。

2. 放射性药物　核医学显像所用的放射性药物一般由两部分组成：放射性核素和被标记的非放射性化合物。

（1）放射性核素：起示踪作用，γ 照相机和 SPECT 显像最常用的放射性核素为 ^{99m}Tc，由 ^{99}钼–^{99m}锝发生器制得，^{99m}Tc 发射纯 γ 射线，非常适合显像。PET 显像常用的放射性核素是由加速器生产的正电子放射性药物，如 ^{18}F、^{15}O。

（2）被标记的化合物：根据其生物学特性可以特异地到达靶器官，起着载体和定位作用。

放射性药物的制备，需要借助一定的标记方法，将放射性核素标记到被标记物上，并且要对其进行质量控制和检验合格后才能使用。

（三）核医学显像的特点

核医学显像技术与其他影像医学如 CT、MR 和超声相比，有以下几个显著特点：

1. 可进行功能性显像，有助于早期诊断　核医学显像不仅可显示脏器和病变的位置、形态、大小等解剖信息，更重要的是可提供有关脏器、组织和病变的血流、功能和代谢等方面的信息，故可在疾病早期尚未出现形态结构改变而只有功能异常时诊断疾病。

2. 可用于定量分析　核素显像不仅从目测脏器或病变的放射性变化来诊断疾病，还可以通过计算机的局部数据处理，计算出多种功能参数进行定量分析。

3. 具有较高的特异性　由于放射性核素具有向脏器或病变特异性聚集的特点，可特异性显示如受体、异位、炎症、肿瘤及转移性病变等的组织影像，而这些影像单靠形态学的检查常常难以确定。

4. 细胞和分子水平显像　随着核医学仪器和显像剂的发展，核医学显像已经进入细胞和分子水平，在活体内以分子或生物大分子为目标的分子成像技术在分子影像学的研究中占据及其重要的位置。

5. 无创性的检查　核素显像基本上采用静脉注射显像剂，体外显像，单次核医学显像的辐射剂量仅相当于一次 X 线片的 1/10，被标记化合物的化学量甚微，过敏及毒副作用的概率极少，因此是一种安全、符合生理要求的检查。

（四）辐射生物效应与卫生防护

放射性核素在用于医疗实践、服务于病人的同时，与传统的放射性检查一样，对病人和工作人员存在一定的电离辐射影响。在相同的条件下，不同个体和不同器官、组织和细胞对辐射的反应是有差异的。一般而言，胚胎期较胎儿期敏感，幼年较成年敏感，年轻时较老年敏感；代谢旺盛或经常分裂的细胞对辐射较敏感。受照射后，个体本身所发生的各种效应称为躯体效应，包括辐射所致的骨髓造血功能障碍、白内障、辐射致癌等；受照个体生殖细胞突变，而在子代表现出的遗传效应，可导致后代先天畸形、流产、死胎和某些遗传性疾病等。

由于电离辐射具有利弊双重性，因此既要保护个体及后代的安全，又要允许利于人类的必要的伴有辐射照射的活动。在实践中应遵循实践正当性、防护最优化及个人剂量危险限值的放射防护原则，使照射实践中利多于弊。辐射防护措施包括外照射防护和内照射防护两部分。外照射是指电离辐射源处于体外而使个体受到的射线照射，其防护原则为：①时间防护，尽量减少接触时间。②距离防护，尽量远离放射源。③屏蔽防护，在放射源与人体之间放置屏障物。内照射是指放射性核素通过口、鼻或皮肤破损等处进入体内而引起的照射，其防护原则为切断一切放射性核素可以进入体内的途径，避免放射性药物通过口、鼻及皮肤破损等处进入体内。

此外，还应注意放射性药物在特殊人群的应用原则。由于儿童对辐射较为敏感，所以一般情况下，放射性检查不作为首选。小儿所用的放射性活度必须较成人为少。一般可根据年龄、体重或体表面积按成人剂量折算，按年龄组粗算用药量，即1岁以内用成人用量的20%～30%、1～3岁用30%～50%、3～6岁用40%～70%、6～15岁用60%～90%。对于育龄期妇女，原则上妊娠期不用放射性药物，未妊娠的育龄妇女在需要进行放射性检查时，要将时间安排在妊娠可能性不大的月经开始后10天内进行，即世界卫生组织提出的“10日法则”。哺乳期妇女应慎用放射性检查。

二、核医学检查前病人的准备

（一）常规准备

做好检查前心理咨询与辅导，向病人说明检查的目的及意义，获得病人的理解与配合；并向病人解释核素检查的必要性、安全性和优缺点，取消病人对核素检查的畏惧心理。对血管条件不好的病人预先放置留置针，以减少工作人员与射线接触的时间。

（二）常用检查项目检查前准备

1. 脑血流灌注显像

（1）器官封闭：病人于注射 ^{99m}Tc-ECD 前30分钟至1小时口服过氯酸钾400mg，以抑制脉络丛分泌，减少对脑灌注图像的干扰。

（2）视听封闭：注射显像剂前5分钟嘱病人处于安静环境中、戴眼罩和耳塞封闭视听5分钟，保持检查室安静并调暗光线，以减少声音、光线等对脑血流灌注和功能的影响。

（3）保持体位不变和安静：对于不能配合检查的病人需应用适量的镇静剂。

2. 心肌灌注显像

（1）检查前48小时停服β受体阻滞剂及血管扩张药物。

（2）检查当日空腹4小时以上。

（3）^{99m}Tc-MIBI 显像时带脂餐（油煎鸡蛋、全脂奶粉、巧克力等），于注射显像剂后30分钟服用，促进胆汁的排空，减少肝胆对心肌影像的干扰。

3. 心肌灌注负荷试验

（1）运动负荷试验前48小时病人尽可能停用扩张血管药物及抑制心率药物（如β受体阻滞剂及硝酸酯类等）。

（2）检查当日以空腹或素食后3小时为宜。

（3）运动负荷过程中应全程心电图监测，达到极量、次级量心率或其他运动试验的终止指标时静脉注射显像剂，之后病人以同样或较低的运动量继续运动2分钟。

（4）药物负荷试验前48小时内停用双嘧达莫及茶碱类药物，检查当天忌服咖啡类饮料。

（5）药物负荷试验前需建立静脉通道，并配合氨茶碱类药物，以备出现严重不良反应时抢救用，全程监测、记录血压和心电图等指标。

4. 甲状腺摄 ^{131}I 率测定

（1）停用含碘的食物和药物及影响甲状腺功能的药物2～6周，并注意排除其他影响甲状腺摄碘的因素（表9-3-1）。

（2）检查当日空腹，保证 ^{131}I 的充分吸收；用药后继续禁食1～2小时。

（3）因 ^{131}I 能通过胎盘屏障，并可通过乳汁分泌，因此妊娠期间禁用本试验，哺乳期妇女要停止哺乳2周以上。

表 9-3-1 影响甲状腺吸碘率测定的各种因素及停用时间

	主要含碘物质和药品	对吸碘率的影响	停用时间
含碘食物	海带、紫菜、海蜇、海鱼虾等	抑制	2～4 周
含碘药物	复方碘溶液、碘化钾、碘酊、含碘片、喹碘方、昆布、海藻、川贝、香附、木通、夏枯草、常山、丹参、连翘	抑制	2～8 周
	维生素 U	抑制	3 个月以上
	碘油对比剂	抑制	1 年以上
含溴药物	三溴片、普鲁苯辛等	抑制	2～8 周
其他药物	抗甲状腺药物（硫脲类、甲巯咪唑、卡比马唑等）、甲状腺素、过氯酸盐、激素（肾上腺类固醇、ACTH、避孕药等）和长期服用抗结核药物（PAS 和异烟肼）	抑制	2～4 周
其他因素	抗甲状腺药物停药后反跳、治疗后数月内甲状腺增生、甲状腺停服 3～4 周后的甲状腺功能反跳、使用碳酸锂	增加	

5. 呼吸系统显像

（1）检查前病人常规吸氧 10 分钟；并询问过敏史，必要时做过敏试验。

（2）注射显像剂 ^{99m}Tc-MAA 前需将其振荡混匀；注射速度要缓慢，以免引起急性肺动脉高压；鼓励病人深呼吸，使药物均匀而充分地分布于肺内的各个部位；注射时严禁回抽血液，以免形成凝集块。

（3）因大颗粒聚合人血白蛋白（MAA）入血后受重力的影响，易向肺底部沉降，故注射时应采用平卧位，只有在检查是否存在原发性肺动脉高压时可采用坐位注射。

6. 肝胆动态显像 检查前禁食 4～12 小时，对奥狄括约肌有影响的麻醉药物 6～12 小时前停用。病人取仰卧位静脉注入放射性药物。

7. 肝胶体显像 检查前 24 小时内不宜进行钡餐检查；显像时除去衣物表面的金属物品；嘱病人平静呼吸，以减少对脏器位移的影响。

8. 骨骼显像

（1）显像前 24 小时内不做消化道造影，检查前多饮水，排空小便。

（2）注射骨显像剂后要求病人饮水 500～1000ml，多次排尿，促进显像剂的摄取及排出，以避免发生放射性膀胱炎及对骨盆显像的影响。对排尿困难的病人可使用导尿管导尿后再行显像，检查后饮水量不宜超过 500ml，以免出现尿潴留。

（3）排尿时注意不要污染衣裤及皮肤；若发现污染，及时更换衣裤和擦洗皮肤，以免造成放射性伪影。

（4）显像前去除病人戴有的金属物品、假乳房等，以防止影响检查结果的判断。

9. 肾动态显像和肾图检查

（1）检查前 2 天不进行静脉肾盂造影并尽可能停用利尿药物。

（2）正常饮食，检查前 30 分钟饮水 300～500ml，检查前排尿，以减少因肾血流量减少及憋尿对结果的判断。

（3）病人采取仰卧位或坐位经肘静脉用“弹丸”式注射显像剂进行检查。

（三）检查后处理

病人与小儿及孕妇要求保持适当的距离。多饮水、多排尿，加速放射性药物自体内排出，有效减少对膀胱及周围器官的吸收剂量。适当使用缓泻剂可以增加进入或排泄至胃肠道的放射性药物或其代谢产物的排泄速率。

三、核医学检查在临床的应用

案例 9-3-1

王某，男，52 岁，颈部肿物 5 年，近 3 个月发现中大明显就诊。查体甲状腺左叶中下极可触及 3cm×3cm 肿物，质地硬，活动差。无压痛、无血管杂音，心率为 82 次/分，甲状腺激素水平正常。

问题：

1. 最可能诊断为什么疾病？

2. 为了明确诊断，建议首先行哪一种核医学检查？

3. 为了进一步明确肿物性质，根据你掌握的知识，应如何利用放射性核素显像做进一步检查。临床常采用的方法是什么？

4. 描述 ^{99m}Tc-MIBI 肿瘤显像影像特征，作出结节判断的最后确诊方法是什么？

5. 假设最后确诊为甲状腺癌伴肺转移，病变部位具有摄取 I^{131} 的功能，你认为应首选的治疗方法是什么？

（一）甲状腺摄 I 率测定与甲状腺显像

1. 甲状腺摄 I 率测定

（1）原理：利用甲状腺能特异性摄取和浓聚碘离子及 ^{131}I 可发出射线的特性，给病人口服一定量的 Na^{131}I，用甲状腺功能仪测得不同时间体表甲状腺部位的放射性，从而判断甲状腺的功能状态。妊娠期和哺乳期妇女禁用该检查。

（2）方法：停服含碘食物及影响甲状腺功能的药物 2 周以上后方可进行检查；空腹口服 Na^{131}I 74～370kBq（2～10μCi），取等量 Na^{131}I 作为标准源。服药后 2 小时可进食；服 Na^{131}I 后 2 小时、4 小时、24 小时（或 3 小时、6 小时、24 小时）应用甲状腺功能仪分别测定本底、甲状腺部位及标准源的放射性计数，并按下式计算出不同时间甲状腺摄 ^{131}I 率：

$$\text{甲状腺摄}^{131}\text{I率}(\%)=\frac{\text{甲状腺部位计数}-\text{本底计数}}{\text{标准源计数}-\text{本底计数}}\times 100\%$$

（3）正常参考值：不同地区饮食中含碘量不同，甲状腺摄 I 率的正常参考值有较大差异，共同规律是摄 ^{131}I 率随时间逐渐上升，24 小时达到高峰。正常人一般 2 小时摄 ^{131}I 率为 10%～30%，4 小时为 15%～40%，24 小时为 25%～60%。

（4）临床应用

1）甲状腺功能亢进（甲亢）的诊断：甲亢病人各时间点的摄 ^{131}I 率均增高，且摄 ^{131}I 率高峰提前。对未经治疗的甲亢初发病人，诊断符合率可达 90%以上，但摄 ^{131}I 率的增高程度不能作为判断甲亢病情严重程度的依据。

2）^{131}I 治疗甲状腺疾病的剂量计算。

甲状腺炎的诊断：亚急性甲状腺炎毒症期血清中甲状腺激素水平升高，而甲状腺摄 ^{131}I 率明显下降，即“分离现象”，恢复期摄 ^{131}I 率逐渐正常。

3）甲状腺肿的诊断：由于机体碘需求量增加或处于碘饥饿状态，甲状腺肿病人各时间点的摄 ^{131}I 率高于正常值，但无高峰前移。

4）甲状腺功能减低的诊断：各时间点摄 ^{131}I 率均低于正常参考值的下限，且高峰可延迟至 48 小时出现。

2. 甲状腺显像

（1）原理：甲状腺具有摄取和浓聚 ^{131}I 和 ^{99m}Tc 的特性，并且摄取的量和速度与甲状腺的功能密切相关。给病人口服 Na^{131}I 1.85～3.7MBq（50～100μCi）或静脉注射 $^{99m}TcO_4$ 74～148MBq（2～

4mCi),用 γ 照相机或 SPECT 便可获得甲状腺的影像。

（2）正常图像：甲状腺位于颈前，多呈蝶形，由左、右两叶和峡部组成，峡部或一叶内缘上方可见锥体叶，甲状腺内放射性分布均匀（图 9-3-1）。

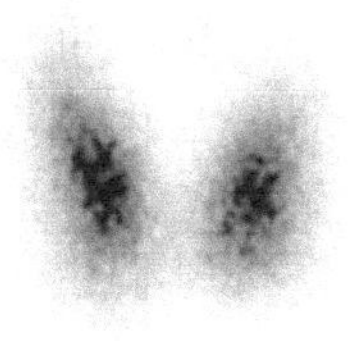

图 9-3-1　正常甲状腺显像图

（3）临床应用

1）异位甲状腺的诊断：异位甲状腺多见于舌根部、舌骨下和胸骨后等处，因异位甲状腺功能较低，用 $^{99m}TcO_4$ 显像可能被较高的生理本底或组织衰减所掩盖，故宜用 ^{131}I 进行显像，^{131}I 甲状腺显像表现为正常甲状腺部位不显影，而在上述部位出现放射性浓聚影。

2）甲状腺结节的功能判断及良、恶性鉴别：根据甲状腺结节在图像上的表现有如下几种。①“热结节”：结节部位显像剂分布高于正常甲状腺组织，或仅见结节显影而正常甲状腺组织受抑制不显影，多见于功能自主性甲状腺腺瘤、甲状腺先天性一叶缺如等，“热结节”的恶变概率为 1%；②“温结节”：结节部位显像剂分布等于或接近于正常甲状腺组织，多见于功能正常的甲状腺腺瘤、结节性甲状腺肿等，“温结节”的恶变概率为 4%～5%；③“凉结节”：结节部位显像剂分布低于正常甲状腺组织，常见于甲状腺囊肿、甲状腺瘤囊性变、甲状腺癌、甲状腺结节内出血或钙化等，“凉结节”恶变概率约为 10%；④“冷结节”：结节部位几乎无显像剂分布，所见疾病同“凉结节”，单发“冷结节”恶变概率为 20%，多发“冷结节”恶变概率约为 18%（图 9-3-2）。

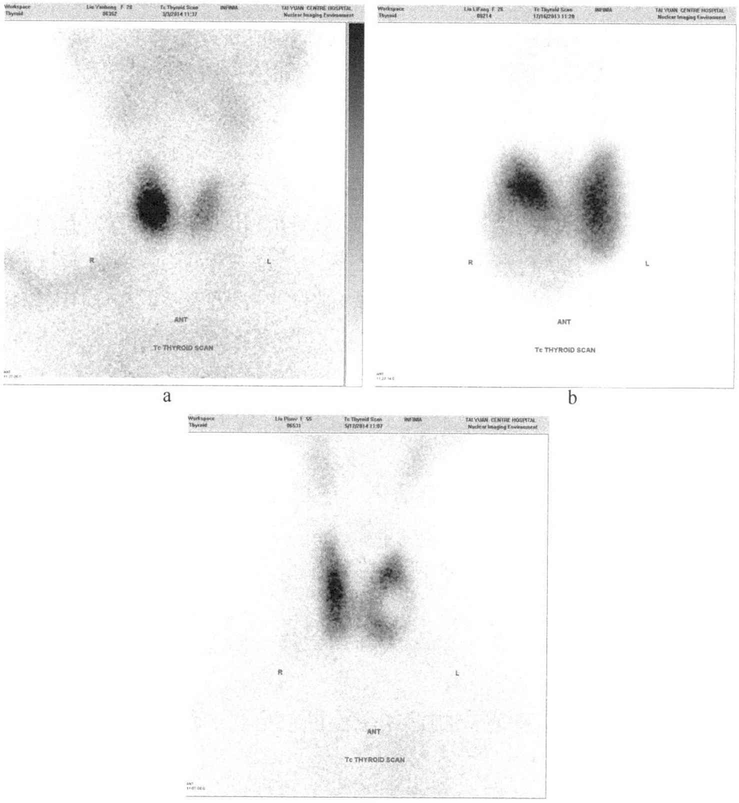

a　b　c

图 9-3-2　甲状腺结节显像图

a. 左叶下极“热结节”；b. 右叶下极“凉结节”；c. 左叶下外侧“冷结节”

3）功能性甲状腺癌及其转移灶的定位诊断：分化型甲状腺癌及其转移灶有不同程度的浓聚 ^{131}I 的功能，故可用 ^{131}I 全身显像寻找功能性甲状腺癌及其转移灶。但由于它们的摄 ^{131}I 功能不如正常甲状腺组织高，在寻找转移灶之前需清除（手术切除及大剂量 ^{131}I）残留甲状腺组织。

4）有助于甲亢的诊断与治疗：甲亢病人甲状腺显像多表现为甲状腺增大，显像剂分布弥漫性增高，周围本底低，甲状腺显像可估算甲状腺的重量，用于 ^{131}I 治疗甲亢时剂量计算。

5）甲状腺炎的辅助诊断：亚急性甲状腺炎早期和急性甲状腺炎表现为甲状腺不显影或放射性分布稀疏缺损，外周本底较高。在亚急性甲状腺炎恢复期，放射性分布缺损区缩小或消失。

案例 9-3-1 分析讨论

王某，男，52 岁，颈部肿物 5 年，近 3 个月发现肿大明显就诊。查体甲状腺左叶中下极可触及 3cm×3cm 肿物，质地硬，活动差。首先考虑甲状腺癌可能，应先行 $^{99m}TcO_4$ -甲状腺显像了解结节功能性质，进一步可行甲状腺肿瘤阳性显像包括甲状腺动脉灌注显像、^{201}TL、^{99m}Tc-MIBI、^{18}F-FDG，I^{131} 和 I^{123}-抗甲状腺球蛋白单克隆抗体 RII 等。临床常用 ^{99m}Tc-MIBI。$^{99m}TcO_4$ -甲状腺显影所见右叶中下部位放射性核素分布缺损区在 ^{99m}Tc-MIBI 显像上见明显摄取，考虑恶性可能性大。应行穿刺活检组织病理学检查确诊，首选 ^{131}I 放射性核素照射治疗。

（二）心肌灌注显像

1. 原理 正常心肌细胞可选择性摄取 ^{99m}Tc-甲氧基异丁基异腈（^{99m}Tc-MIBI），摄取量与该区域冠状动脉血流量呈正相关，与局部心肌细胞的功能和活性有关，应用 SPECT 对心脏显像，根据心肌各室壁显像剂分布的情况对心肌的血流灌注情况做出判断。局部心肌缺血、坏死时，就会出现显像剂分布稀疏或缺损，据此可判断心肌缺血或梗死的部位、程度、范围。

2. 方法 心肌灌注显像分为负荷心肌灌注显像和静息心肌灌注显像。

（1）负荷心肌灌注显像：由于冠状动脉的储备能力和侧支循环的调节作用，即使冠状动脉狭窄达 70%～80%，在静息状态下心肌血流灌注显像可无异常表现，而在负荷状态下（运动或药物），可使正常冠脉血流增加，而病变的冠状动脉不能相应扩张，致使正常心肌与缺血心肌显像剂分布出现明显差异，以提高冠心病的检出率。运动过程则是令病人做踏车运动，逐渐增加负荷量，达到预期心率后（190—年龄），立即静脉注射显像剂 ^{99m}Tc-MIBI 740MBq（20mCi），继续运动 30～60 秒，30 分钟后进食脂肪餐（促进肝胆系统放射性排泄，减少对下壁心肌的干扰），1 小时显像。

（2）静息心肌灌注显像：病人在静息状态下，注射 ^{99m}Tc-MIBI 740MBq（20mCi），30 分钟后进食脂肪餐，1～1.5 小时显像。

3. 图像分析 正常情况下，左心室显影清晰，各断层图像，除心尖部、后间壁及后壁心肌较薄放射性分布略稀疏外，其余各室壁放射性分布基本均匀（图 9-3-3）。

（1）短轴断层图像：心尖向心底的依次断层影像，呈环状，上部为前壁，右侧为侧壁，左侧为间壁，下部为下壁和后壁。

（2）水平长轴断层图像：从膈面向上的依次断层影像，呈直立马蹄形，上部为心尖，右侧为侧壁，左侧为间壁。

（3）垂直长轴断层图像：从室间隔向侧壁的依次断层影像，呈横位马蹄形。上部为前壁，右侧为心尖部，下部为下壁和后壁。

（4）靶心图：中心部为心尖，外周为基底部，上部为前壁，右侧为侧壁，左侧为间壁，下部为下后壁。

a

b

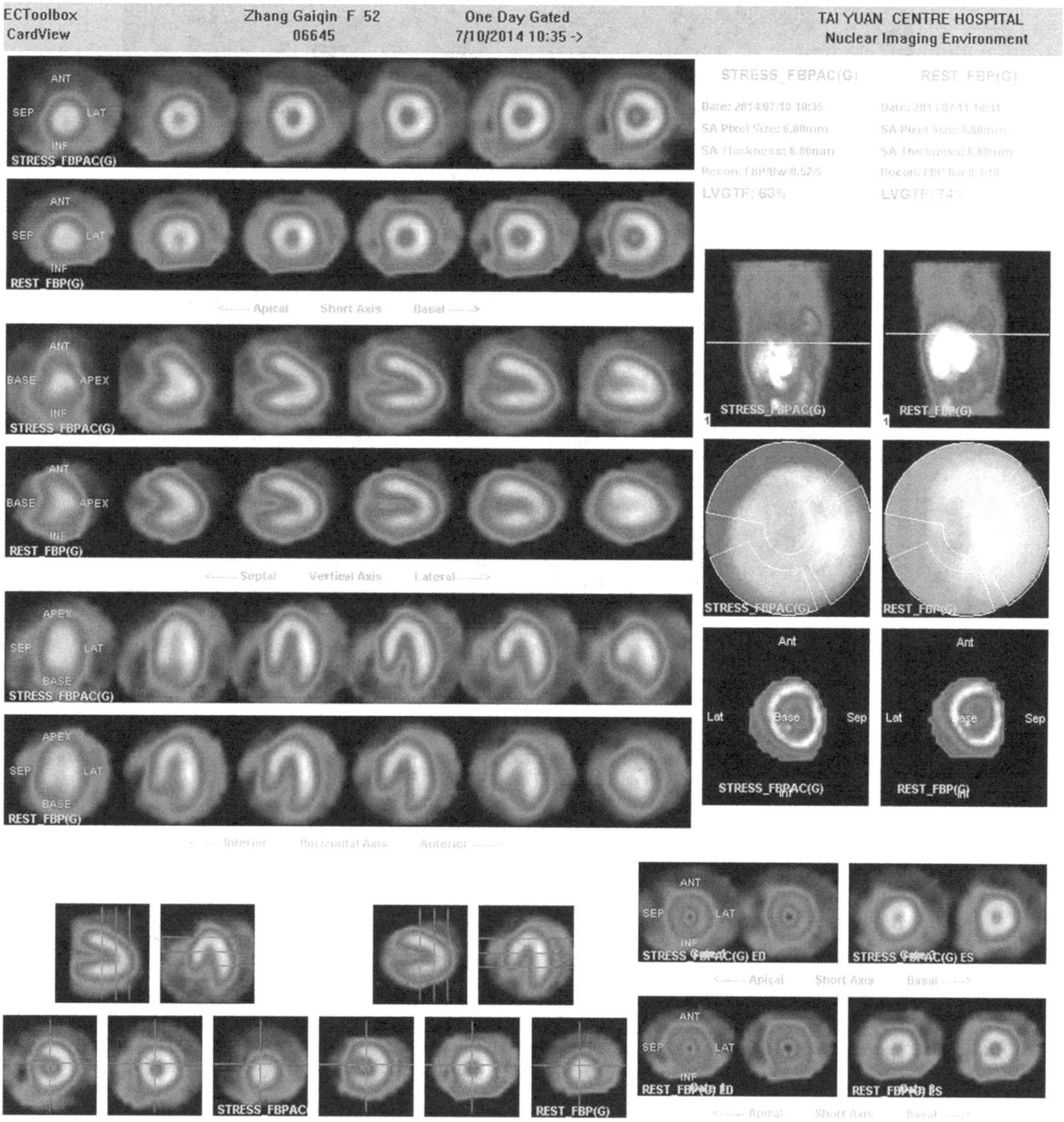

图 9-3-3　正常心肌灌注断层显像图

a. 负荷显像；b. 静息显像

4. 临床应用

（1）心肌缺血的诊断：负荷影像表现为室壁局灶性放射性分布缺损，静息影像可见原缺损区有放射性填充，即“可逆性放射性缺损”，这是心肌缺血的典型表现（图 9-3-4）。该方法对早期诊断冠心病有重要价值，其灵敏度和特异性均在 90%以上。

（2）心肌梗死的诊断：负荷影像表现为室壁局灶性放射性分布缺损，静息影像上原缺损区无明显变化，即“不可逆性放射性缺损”（图 9-3-5）。急性心肌梗死病人不宜作负荷显像。

（3）冠心病介入治疗中应用：协助病例选择，观察介入治疗后血运重建情况，了解病变冠脉有无再狭窄。

（4）溶栓治疗后疗效判断。

（5）心肌病的鉴别诊断：扩张型心肌病表现为心室腔扩大，室壁变薄，放射性分布不均匀，呈“花斑”样改变，缺血型心肌病表现为节段性放射性分布稀疏或缺损，且稀疏、缺损的节段分布与冠状动脉供血区一致。肥厚型心肌病表现为心肌呈普遍性肥厚，心腔变小。

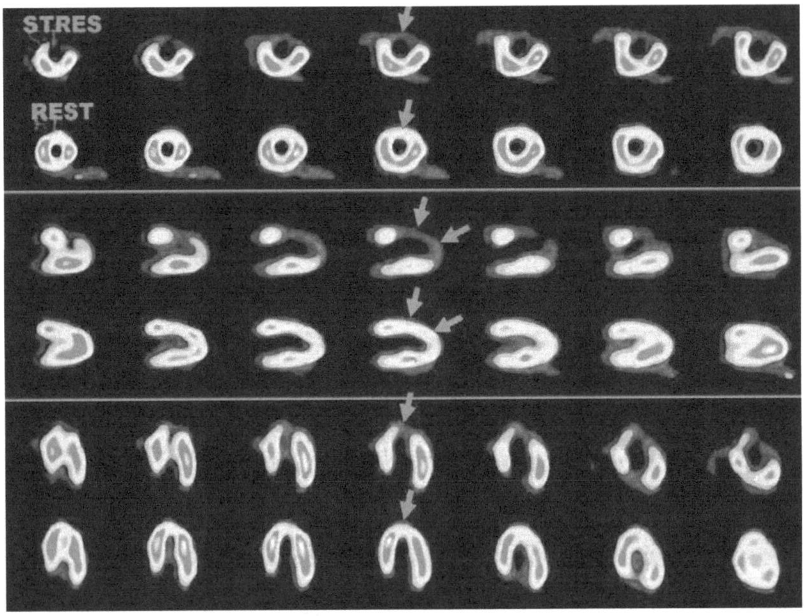

图 9-3-4　典型心肌缺血显像图

负荷图像可见左室下后壁、后侧壁显像剂分布稀疏或缺损，静息影像可见填充，呈可逆性放射性缺损

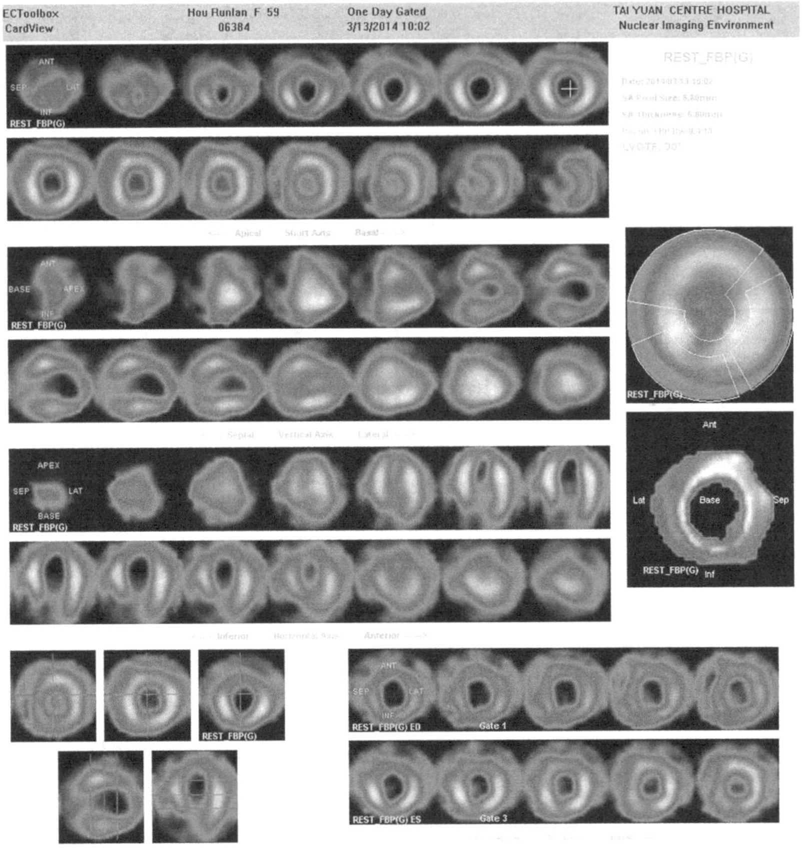

图 9-3-5　典型心肌梗死显像图

负荷及静息影像均可见左室下后壁显像剂分布缺损

（三）骨显像

1. 原理　^{99m}Tc 标记的亚甲基二磷酸盐（^{99m}Tc-MDP）静脉注射后，除了与骨的无机盐成分——羟基磷灰石晶体发生化学吸附和离子交换以外，还能与骨组织中的有机成分骨胶原结合，而进入骨组织使全身骨显像。

骨骼摄取显像剂的多少与局部血流量及代谢活跃程度有关，当局部血流增加、成骨细胞活跃和新骨形成时，骨组织无机盐代谢更加活跃，可较正常骨组织聚集更多的显像剂，图像上表现为显像剂浓聚；当骨组织血供减少、病变区呈溶骨性改变时，显像剂聚集随之减少，图像上表现为显像剂稀疏或缺损影。因此，骨显像反映了骨局部的血流灌注、无机盐代谢、成骨和溶骨的状况。

2. 方法　静脉注射 ^{99m}Tc-MDP 555～925MBq（15～25mCi），嘱病人多饮水，以加速非骨组织中放射性药物的清除，2 小时后病人排空膀胱，仰卧位进行全身平面显像、局部平面显像或断层显像。

3. 正常图像　全身骨骼影像清晰，放射性分布左右对称，扁平骨由于代谢活跃、血供丰富较长管状骨显影清晰，长管骨干骺端较骨干部显影清晰，发育期儿童及青少年骨骺及干骺端浓集放射性的程度高于成年人。由于显像剂经泌尿系统排泄，故双肾和膀胱显影（图 9-3-6）。

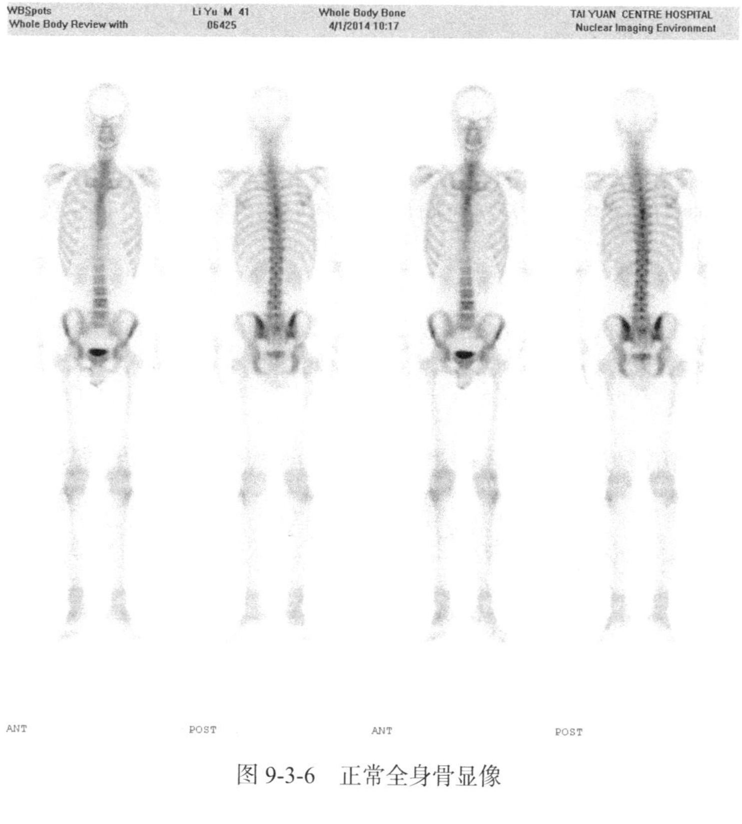

图 9-3-6　正常全身骨显像

4. 临床应用

（1）转移性骨肿瘤的早期诊断：恶性肿瘤骨转移骨显像的典型表现为随机的多发的异常放射性浓集灶（图 9-3-7），其中以肺癌、乳腺癌和前列腺癌最容易发生骨转移。骨显像可较 X 线检查提前 3～6 个月发现病变，目前已成为恶性肿瘤病人术前筛选、转移灶定位和治疗过程监测的常规检查。

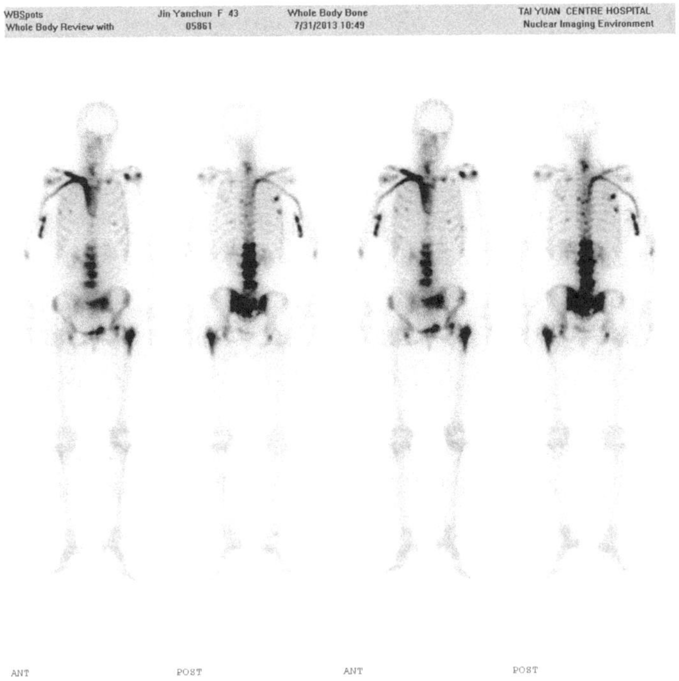

图 9-3-7　肺癌病人全身骨转移图像

（2）原发性骨肿瘤的诊断：多表现为局灶性异常放射性浓聚影。骨显像并非原发性骨肿瘤的首选检查方法，其价值在于早期发现侵犯部位，探查远处的转移病灶，随访观察，以提高病人的生存率。

（3）股骨头缺血性坏死的早期诊断：早期患侧股骨头区呈局部放射性分布异常减低；当病情进展伴滑膜炎时，表现为股骨头中心放射性减低而髋臼处放射性异常浓聚，即“炸面圈”征。该征象在断层图像上显示更为清晰（图 9-3-8）。

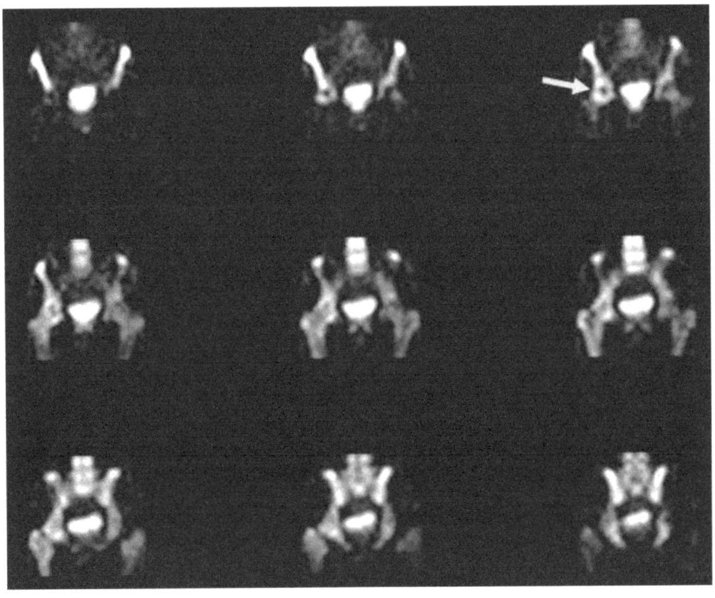

图 9-3-8　股骨头缺血坏死图像

右侧股骨头缺血性坏死，呈“炸面圈”样改变

（4）骨创伤的诊断：有些特殊部位的骨折，如股骨颈、指骨、趾骨、腕骨、跗骨等处的隐性骨折和疲劳性骨折，X线片检查常为阴性，而骨显像的灵敏度较高，可发现局部呈异常放射性浓聚。

（5）移植骨术后的监测：若移植骨血运通畅、存活良好，其放射性浓聚程度应不低于周围正常骨组织及对侧相应部位，骨床连接处放射性增浓。若血流相显示移植骨处放射性减低，表示血运不良。

（6）代谢性骨病的诊断。

（四）肾图与肾显像

1. 肾图

（1）原理和方法：静脉“弹丸”式注射经肾小球滤过或肾小管上皮细胞分泌而不被重吸收的放射性药物后，即刻用肾图仪、γ照相机或SPECT在体表连续记录显像剂到达肾脏，在双肾浓聚和排出的全过程，并绘制出时间–放射性计数曲线，即为肾图（renography）。

（2）正常肾图：肾图包括示踪剂出现段（a段）、聚集段（b段）和排泄段（c段）三段。a段是注射显像剂后10秒左右出现的急剧上升曲线，其高度在一定程度上反映肾脏的血流灌注量；b段为a段之后较缓慢上升的曲线，主要与肾有效血浆容量、肾小球滤过率及肾功能有关；c段为b段达高峰后出现的下降曲线，主要与尿流量及尿路通畅程度有关（图9-3-9）。

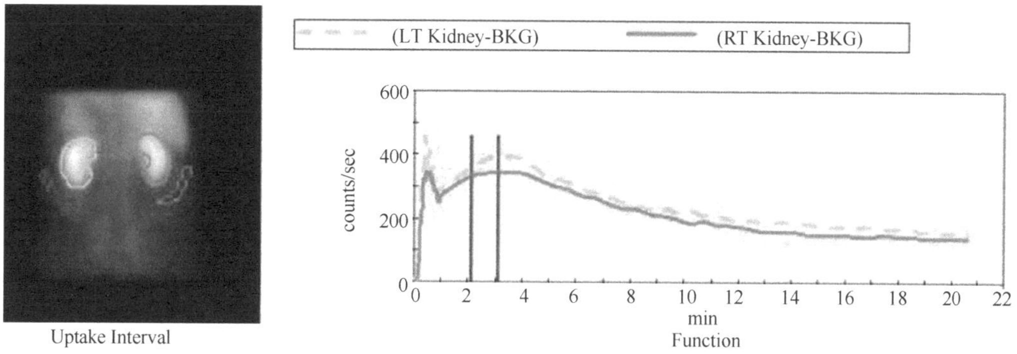

图9-3-9　正常肾图

（3）异常肾图：①急剧上升型，多见于急性上尿路梗阻（单侧）及急性肾衰竭（双侧）；②高水平延长线型，多见于上尿路梗阻伴明显肾盂积水；③抛物线型，多见于肾结石、脱水、肾缺血、肾受损等；④低水平延长型，常见于肾功能严重受损和急性肾前性肾衰竭；⑤低水平递降型，见于肾功能丧失、肾萎缩、肾缺如等；⑥阶梯状下降型，见于功能性尿路梗阻、少尿等；⑦单侧小肾图，见于单侧肾动脉狭窄或先天性小肾。

2. 肾动态显像

（1）原理：静脉注射能被肾实质摄取、浓聚而又迅速经尿排泄的放射性显像剂后，即刻开启γ照相机或SPECT连续动态采集，观察显像剂经腹主动脉、肾动脉、肾实质和尿路的系列动态过程，即肾动态显像（dynamic renography）。它包括两个时相：肾血流灌注相和肾功能动态相。

（2）方法：病人检查前30分钟饮水300～500ml，显像前排空尿液。取坐位或仰卧位后位采集，探头视野包括双肾和膀胱。经肘静脉“弹丸”式注射显像剂^{99m}Tc-DTPA，即刻开机采集，1～2秒/帧，采集60秒为肾血流灌注相；随后30～60秒/帧，采集20～30分钟为肾功能动态相。应用感兴趣区（region of interest，ROI）技术可获取双肾时间–放射性曲线（肾图）、分肾功能及相关功能参数。

（3）图像分析

1）肾血流灌注相：腹主动脉上段显影后2～4秒双肾显影，肾影逐渐清晰，双肾轮廓完整，大小一致，显像剂分布均匀。该时相反映了肾脏的血流灌注情况。

2）肾功能动态相：于2～4分钟时肾影显示，双肾形态完整，呈蚕豆状，显像剂分布均匀对称，此时为肾实质影像。随着时间推移，肾实质影逐渐消退、减低，肾盏、肾盂处显像剂逐渐增浓，输尿管一般不显影，膀胱开始显影。20～30 分钟显影结束时，肾影基本消退，大部分显像剂聚集于膀胱内。该时相反映了肾脏的功能及上尿路通畅情况（图 9-3-10）。

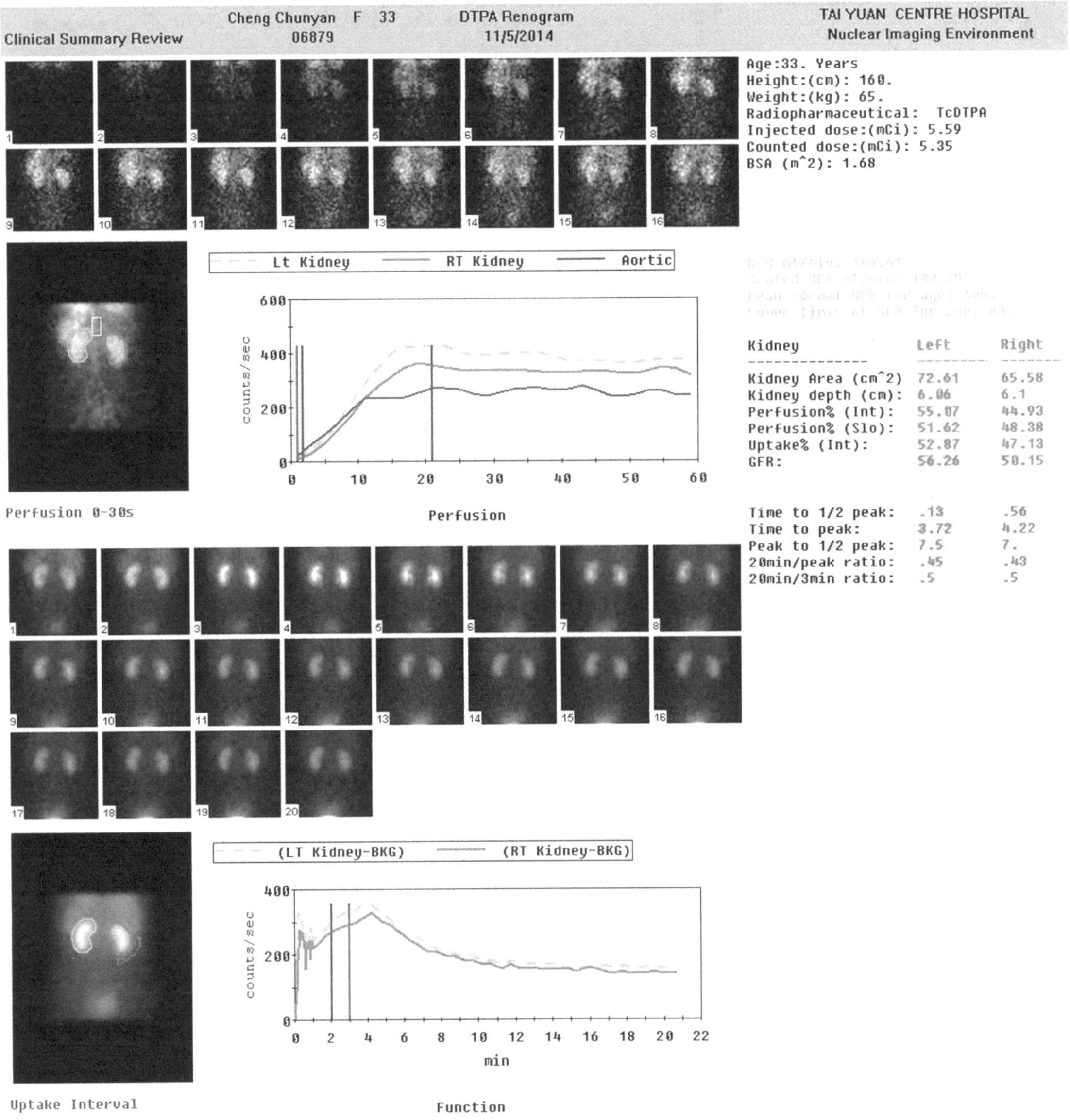

图 9-3-10 正常肾动态显像

（4）临床应用

1）肾实质功能的评价：肾动态显像可提供评价肾脏功能的影像和相关定量参数如肾小球滤过率（glomerular filtration rate，GFR），在评价分肾功能方面优于其他检查，亦可提供分肾 GFR。

2）上尿路梗阻的诊断与鉴别诊断：上尿路梗阻时肾动态显像呈现肾影持续不退，肾盏、肾盂和梗阻部位以上输尿管显影并扩张，显像剂滞留且消退延迟。鉴别机械性尿路梗阻与功能性尿路梗阻，需行利尿试验。注射利尿剂后，若滞留在肾区的显像剂浓聚影快速消退，为功能性尿路梗阻；若影像无明显变化，为机械性尿路梗阻。

3）肾血管性高血压的诊断：应用卡托普利介入试验，能有效诊断单侧肾动脉狭窄引起的肾血管性高血压。

4）移植肾的监测：移植成功的肾动态显像，肾血流灌注影清晰，功能相形态完整，显像剂分布均匀，显像剂从肾皮质清除迅速，功能参数正常。

（杨兴益）

第十章　护理诊断的步骤与思维方法

第一节　护理诊断与合作性问题

案例 10-1-1

吴某，男，42 岁，农民。主诉：突发言语不清，左侧肢体无力半日。

现病史：病人爱人诉病人今早凌晨 4 点起夜时发生言语不清，左侧肢体无力，不能持物，摔倒在地，伴有大小便失禁，急诊入院。头颅 CT 显示多发腔隙性脑梗死，血小板计数 95×10^9/L，中性粒细胞百分比 77.4%，球蛋白 33g/L，尿酸 536μmol/L。急诊以“脑梗死”收住，病程中病人神志清，精神可，无发热，无胸闷气短，无饮食呛咳，入眠可，饮食可。

体格检查：体温 36.5℃，脉搏 80 次/分，呼吸 20 次/分，血压 110/65mmHg。神志清晰，运动性失语，双侧瞳孔等大、等圆，伸舌居中，咽反射正常，左上肢力 0 级，左下肢近端肌力 3 级，远端肌力 2 级，左侧躯体感觉正常，右侧肌力及躯体感觉正常，双侧腱反射正常，率齐，未闻及干、湿啰音，双下肢无水肿。

初步护理诊断如下：

1. 生活自理缺陷综合征。
2. 有失用综合征的危险。
3. 语言沟通障碍　与疾病导致发音肌肉麻痹有关：运动性失语。
4. 有皮肤完整性受损的危险　与长期卧床有关。

问题：请说明该病人上述护理诊断的类型。

护理诊断（nursing diagnosis）是护理学发展到一定阶段的产物，由美国学者麦克曼纳斯于 1950 年首先提出。作为护理程序的一个重要组成部分，护理诊断是推动临床优质护理不断深化的关键。1983 年，Carpenito 出版了 *Bifocal Clinical Practice Model* 一书，在该书提及的临床模式中，护士对处理两种类型的临床判断或诊断负有责任：护理诊断及合作性问题（collaborative problems）。

一、护理诊断

（一）护理诊断的定义

护理诊断是关于个人、家庭或社区对现存的或潜在的健康问题或生命过程的反应的一种临床判断，是护士为达到预期结果选择护理措施的基础，这些结果应由护士负责。该定义于 1990 年北美护理诊断协会（NANDA）提出并通过。

该定义表明：护理诊断描述的是人类对现存的或潜在的健康问题或生命过程的反应，这些反应包括生理、心理和社会适应等各方面的反应；护理的对象是人类，不仅是个体还可以是群体，不仅是病人也可以是健康的人；护理诊断的意义为护理程序后续的步骤选择护理措施打基础。最重要的是，诊断的提出一定要基于护理职责。

（二）护理诊断的类型及组成

NANDA 将护理诊断分为现存的护理诊断、危险的护理诊断、健康的护理诊断和综合的护理诊断 4 类。不同的护理诊断其组成有所不同。

1. 现存的护理诊断（actual nursing diagnoses） 是对病人已经出现的对健康状况或生命过程的反应做出的临床判断。由名称、定义、诊断依据和相关因素 4 部分组成。

（1）名称（labile）：是对病人对健康状态或疾病的反应的概括性描述，是代表有关迹象的一个简明的术语或词组，可能还包括修饰词，如急性（acute）、慢性（chronic）、受损（impaired）、增加的（increased）等。

（2）定义（definition）：是对护理诊断名称含义的一种清晰的、准确的描述，并以此与其他诊断相区别。如"皮肤完整性受损"定义为表皮和（或）真皮发生改变。而"组织完整性受损"定义为黏膜、角膜、上皮或皮下组织受损。临床上护士经常混淆的护理诊断"焦虑"与"恐惧"，其中"焦虑"的定义是伴随模糊的、心神不安的不适感或畏惧感而产生的一种自主反应（其原因对个体来说往往是不具体的、不清楚的）；是一种因预感到有危险而产生的忧虑感觉，这是一种报警信号，警告危险即将来临，并使个体能采取措施以应对威胁；"恐惧"为个体或群体在感知到可识别的危险时所经历的生理或情绪困扰的状态。

（3）诊断依据（defining characteristics）：是护士为就诊者作出某项护理诊断的根据和判断标准。这些依据来源于健康评估收集到的主观和客观资料。根据重要程度不同可将各种依据分为主要依据和次要依据两类。划分主要依据和次要依据不是一种随意行为，而是需经过严谨的科研加以证实。

主要依据：是 80%～100%的就诊者成立某项诊断时都存在的依据，在诊断时必须具备其中一项依据，也是证实某一个特定的诊断名称所必备的依据。

次要依据：是 50%～79%的就诊者成立某项诊断时可存在的依据，但不一定在所有具有该项诊断的就诊者中出现，对证实某一特定的护理诊断具有支持作用。

1994 年，NANDA 又在主要依据和次要依据基础上，新增加了一类必要依据。所谓必要依据是指作出某一护理诊断时必须具备的诊断依据。它和主要依据的区别是，后者是作出某一诊断时通常会出现的诊断依据。

（4）相关因素（related factors）：是促成护理诊断成立和发展的原因及处境，是与某项护理诊断有关的因素。包括病理生理因素、治疗因素、情境因素、成熟因素。如"焦虑"，由胸痛引起的呼吸窘迫是病理生理因素；即将做手术、侵入性治疗等为治疗因素；情境因素可以是个人识别到的对自我概念的威胁、失去关系亲密者、环境因素改变等；不同年龄的人，焦虑的相关因素又各有特点。

一个护理诊断可能与多方面因素有关，确定相关因素有利于护理措施的选取和制订。

2. 危险的护理诊断（risk nursing diagnoses） 指护士根据危险因素的存在，做出的在相同或相似的环境中，某个体或群体与其他个体或群体相比，更易于发生问题的临床判断。例如，长期卧床不能自主移动身体的病人，如若不及时翻身，极有可能发生"有皮肤完整性受损的危险"。因此，护士需要及时发现导致病人易感性增加的危险因素，以便对危险的护理诊断具有预见性。此类护理诊断由名称、定义和危险因素 3 部分组成。

（1）名称（labile）：是对病人就健康状态或疾病可能出现的反应的描述，以"有……危险"作为名称的表述形式。

（2）定义（definition）：是对护理诊断名称含义的一种清晰的、准确的描述。

（3）危险因素（risk factors）：是指导致病人健康状况改变发生可能性增加的因素，其来源与现存的护理诊断的相关因素相同。

3. 健康的护理诊断（health promotion/wellness nursing diagnose） 是护士做出的某个个体、群体或社区处于由一种特定的健康水平向更高的健康水平提升的过程中的临床判断（NANDA-I，

2012）。一项有效的健康护理诊断需具备以下两点：个体有增强某具体领域健康的愿望；个体目前在该领域内的应对是有效的。此类护理诊断在护理诊断手册中与其他护理诊断相区别，故单独汇总。

健康护理诊断采用单段陈述，无相关因素陈列。名称以有更高的健康趋势表述，也有诊断手册用"有增强……愿望"表述。如"有增强营养的愿望""有增强自我健康管理的愿望"等。个体或群体制订的目标将指导其行为，从而增强健康。

4. 综合的护理诊断（syndrome） 指由于某特定情境或事件的存在，一组可预见的现存的或危险的护理诊断。

综合的护理诊断与健康的护理诊断一样，只有名称，无相关因素，如"有失用综合征的危险""创伤后综合征"等。

此外，在确认护理诊断的过程中，也可采用可能的护理诊断（possible nursing diagnoses）这一过渡的护理诊断形式。可能的护理诊断不同于现存的护理诊断、危险的护理诊断和综合的护理诊断类型，指诊断者用来描述那些因一些资料的存在可支持，但目前还不充分确定的某个诊断。护士需要进一步收集资料，分析和综合后，以确定或排除可能的护理诊断。对可能的护理诊断的确认包括现存的或有危险的护理诊断。

（三）诊断的陈述方式及注意事项

1. 陈述方式 护理诊断的陈述是对个体或群体的健康状况及与此状况相关的因素/危险因素的描述。根据护理诊断类型的不同，有以下几种陈述形式。

（1）一部分陈述：这种陈述方式仅包含护理诊断的名称，适用于健康的护理诊断和综合征的诊断。健康的护理诊断可用一步陈述来表示：有增强……的愿望，如"有增强父母亲角色功能的愿望"。由于健康的护理诊断的相关因素是相同的，即：有动机的去达到更高的健康水平，所以健康的护理诊断不需要写相关因素。综合的护理诊断，如"创伤后综合征"，没有"相关"的因素。

（2）二部分陈述：危险的护理诊断及可能的护理诊断可用二部分陈述，包括诊断名称及危险因素。对于危险的护理诊断的确认依据是危险因素的存在。危险因素即为第二部分。可能的护理诊断由于某些因素的存在，该类诊断是不确定的。

二部分护理诊断陈述的举例：有皮肤完整性受损的危险：与骨折导致长期卧床不能活动有关。

（3）三部分陈述：三部分陈述即PES公式。此结构模式是1978年美国第三届全国护士会议上提出来，并被认为是制定护理诊断的指南。其结构是由以下要素组成的，即：P（problem）：问题，指护理问题；E（etiology）：原因，即相关因素；S（symptoms and signs）：症状和体征。

一个现存的护理诊断由三部分构成：诊断名称＋相关因素＋症状和体征，主要症状和体征（诊断依据）的存在可确认一个现存护理诊断，这是第三部分。由于危险的护理诊断和可能的护理诊断没有症状和体征存在，所以没有第三部分。例如，营养失调：高于机体需要量 与过度进食有关：肥胖。其中"营养失调：高于机体需要量"是P，"与过渡进食有关"是E，"肥胖"是S。当能够熟练运用护理诊断时，现存的护理诊断陈述时可以省略S。

2. 护理诊断陈述时的注意事项 护理诊断陈述的护理问题要明确、具体，陈述要规范，以护理评估收集到的资料为诊断依据，护理诊断书写时要注意以下事项：

（1）使用统一的护理诊断名称，也就是使用NANDA认可的护理诊断名称，这样有利于护士之间的交流，有利于规范护理教学。

（2）尽可能找出护理诊断的相关因素/危险因素。相关因素/危险因素是造成护理问题的直接原因，也是指导护理措施制订的关键，应使用"与……有关"的陈述方式。

（3）避免将临床表现与相关因素混淆。如"睡眠型态紊乱 与睡不着有关"，其中睡不着是睡眠型态紊乱的表现形式而非相关因素。

（4）避免使用可能引起法律纠纷的语句及不良的价值判断。如"皮肤完整性受损 与护士给翻身过少有关""社交障碍 与缺乏道德有关"。

（四）护理诊断的分类

护理诊断分类学研究起步晚。先进的科学分类方法不仅要能反映客观事物的发展规律，而且还要能够促进客观事物的发展。它来源于实践，还要能用于指导实践。现有的分类有以下几种。

1. 字母顺序分类　为1973年全美护理诊断分类会议上的分类，将护理诊断按英文字母顺序排列，可用于护理诊断的检索。

2. 人类反应型态分类　是1986年NANDA通过的护理诊断分类，又称为“NANDA护理诊断分类Ⅰ”。这一分类系统的概念框架为人类的9个反应型态。

3. 功能性健康型态分类　此分类以Morjory Gordon的11个功能性健康型态作为分类框架，临床上被广泛应用，以指导护士系统地收集、分类和组织资料。

4. 多轴系健康型态分类　又称为“NANDA护理诊断分类Ⅱ”。这一分类系统是基于对Morjory Gordon的功能性健康型态分类的改进与发展，于2000年4月NANDA第14次会议通过的护理诊断分类系统。NANDA护理诊断分类Ⅱ包括范畴、类别、诊断性概念和护理诊断4级结构，比较明晰和具有可操作性。

案例10-1-1分析讨论

该病人上述护理诊断中属于现存的护理诊断的是：语言沟通障碍　与疾病导致发音肌肉麻痹有关：运动性失语；危险的护理诊断：有皮肤完整性受损的危险　与长期卧床有关；综合的护理诊断是：生活自理缺陷综合征、有失用综合征的危险。

二、合作性问题

1983年，Carpenito提出了合作性问题的概念，并将临床实践中需要护士负责处理的情况分为两大类，一类是可以通过护理措施预防和处理的，属于护理诊断；另一类是需要护士与其他医务人员合作方可解决的，属于合作性问题。

（一）合作性问题的定义

合作性问题指需要护士监测以得知其发生和状态变化的生理并发症。护士使用医嘱和护嘱措施管理该类并发症并使其发生率降至最低。

该定义表明合作性问题多为生理并发症，并且护士在处理合作性问题中需要监测病情发展、提供医嘱和护嘱措施。其中，护嘱措施管理并监督合作性问题，医嘱措施则赋予护士参与并管理合作性问题。例如，与合作性问题“有颅内压增高并发症的危险”相关的措施类型如下：护嘱措施包括监测生命体征、头痛及呕吐情况、意识状况；有颅内高压者，应将其头部抬高30°～45°，卧位等；医嘱和护嘱措施共同参与的措施有：如需要给予20%甘露醇250ml静脉快速滴注；如需要给予低流量吸氧等。

（二）合作性问题的陈述方式

既往关于合作性问题陈述方式以“潜在并发症（potential complication，PC）：并发症名称”，或简写为“PC：并发症名称”，如“潜在并发症：低氧血症”或“PC：低氧血症”。自14版《护理诊断手册》开始，合作性问题的术语表达已经由“潜在并发症：具体并发症”改变为“有（具体病症）并发症的危险”。如“有心源性休克并发症的危险”。

综上，护士需要独立地判断合作性问题和护理诊断。两者的区别在于，就护理诊断而言护士对于个体的某种状况做出明确处理并对其预期结果负责；而对于合作性问题，护士监测个体状况以了解某个生理并发症的发生及其状况，并使用医嘱及护嘱措施处理。

（王　艳）

第二节　护理诊断的步骤

案例 10-2-1

郑某，男，77 岁，退休。主诉：黑便 2 天，呕血 1 天。

现病史：病人于入院前 2 天无明显诱因解柏油样便 3 次，量共约 1000ml，伴中上腹隐痛，初始无恶心及呕吐，无明显腹胀，伴有头晕、心悸、乏力，无头疼，无黑矇、晕厥及意识障碍，无发热，无咳嗽、咳痰及咯血，今日出现呕血，呕暗红色血液及咖啡色胃内容物 1 次，量约 500ml，急诊就诊，予禁食水、抑酸、扩容、止血、补液等对症治疗，血常规：血红蛋白 69g/L，以"消化道出血"收住院，在平车前往消化科途中再次呕血，呈非喷射状，为咖啡样杂物，夹杂少量胃内容物，量约 200ml，病人自发病以来神志清，精神欠佳，食欲缺乏，入眠尚宁，小便如常，体重无明显改变。

问题：

1. 该病人还需要收集完善哪些主要资料？
2. 目前该病人可能的护理诊断有哪些？并排序。

护理诊断是护理程序中估计阶段的最后产物，它是以收集就诊者的健康资料作为前提和基础的。经过对已收集的资料进行整理、分析、综合、推理及判断，最终得出符合逻辑的结论。

一、收集与整理资料

对就诊者的健康资料进行正确的收集与整理，是作出护理诊断的首要步骤。因为就诊者所提供的健康资料，往往是个别而片面的事实和现象，缺乏系统性；有些资料可能由于各种因素而不够充分和完整；也有些资料与就诊者目前的健康问题并无联系。因此，要完全而真实地反映就诊者的健康问题，就必须对就诊者的主、客观健康资料进行归纳、整理，去伪存真，去粗存精，使资料更加真实、全面、系统，为作出护理诊断提供良好的条件。

（一）收集资料

健康评估所收集的资料包括来自病人或其他人员的主观描述（主观资料），还包括体格检查、实验室及其他辅助检查结果等客观资料。

1. 根据资料组织形式问诊收集资料　临床常用的资料组织形式有以下几种：①传统的医学模式收集分类资料。问诊收集病人的生理–心理–社会系统资料，之后进行体格检查及辅助检查。在临床上应用较多。②按照 Marjory Gordon 的 11 个功能性健康型态对资料进行收集分类组织。该型态把人类对健康问题/生命过程的反应分为以下 11 个型态：健康感知与健康管理型态、营养与代谢型态、排泄型态、活动与运动型态、睡眠与休息型态、认知与感知型态、自我概念型态、角色与关系型态、性与生殖型态、应对与应激耐受型态、价值与信念型态。NANDA 护理诊断分类Ⅱ（多轴系健康型态分类）就是基于对 Marjory Gordon 的功能性健康型态分类的改进与发展而来的。因此，该型态资料的组织形式不仅可以用来指导评估资料的收集，还有助于指导护士确立护理诊断，易于理解和比较实用。③按照 NANDA 护理诊断分类Ⅱ分类。NANDA 将所有的护理诊断分为健康促进、营养、排泄、活动/休息等 13 类，按此种方法进行分类收集资料，护士可根据某种类型有异常的资料迅速找到护理诊断。目前临床上将资料按照此 13 类划分还在逐步完善过程中，没有功能性健康型态分类法成熟。另外，还有按照资料所属的人类反应型态进行分类、按照马斯洛（Maslow）的五个基本需要层次来整理归类等。每一种资料分类方式都有其各自的优势和不足之处。

2. 体格检查　应在问诊收集资料的基础上，对病人进行全面、规范和正确的体格检查。检查过程中应边查边问，认真思考症状、体征与诊断的关系，核实、补充和完善证据，将检查结果填写到上述资料组织形式中涉及的客观资料中，使临床资料更加真实、完整，更具诊断价值。

3. 收集相关实验室及辅助检查资料　在获得病史和体格检查资料的基础上，合理选择和利用一些必要的检查资料，会使诊断更准确、可靠。要对检查结果判读正确。

4. 在资料收集到以后，必须认真地对资料的真实性进行核实。

（1）影响主观资料真实性的常见原因：病人的理解力或语言表达能力差，病人有意夸大病情，以期引起医护人员的重视，或因某种情况而隐瞒病情，代述者不能真实体验病者的痛苦和感受，或不完全了解病情；而护士在收集主观资料时采取的主观臆断及先入为主的态度也是影响主观资料真实性的因素之一。因此，对前后叙述有矛盾或主诉与客观检查结果不符的资料需要核实，对模棱两可、有疑问的资料也需核实。有的资料需要通过再次会谈予以澄清。例如，一个自诉腹部不适的病人，经再次会谈才明晰其腹部不适是因有肛裂，畏惧疼痛而不敢大便，产生便秘所致。

（2）导致客观资料不真实、不准确的主要原因：护士对体格检查的目的意义认识不足，对病人体格检查不够全面和细致，或因检查方法不正确或不熟练而没能发现异常体征，也可能由于护士医学知识及临床经验不足而对异常体征视而不见，由于各种原因或客观条件不能对病人进行满意的检查，以及实验室及其他检查结果不真实或错误。因此，对重要的异常检查结果应进行必要的核对，有的资料需要重复检查测试并加以核实。

（二）整理资料

在整理就诊者的健康资料时，应注意资料的完整性、全面性。

临床上在初次收集资料时，往往受时间及就诊者健康状况的限制，一时很难做到收集资料完整无缺。另外，不同的健康问题有不同的表现，同一健康问题在不同的人身上表现也可能不同。护士在初次收集入院病人的健康资料时，往往注意共性方面的问题多，注意个性方面的问题较少，从而使个性方面的资料不够充分和全面。为了避免漏诊，在整理资料时如发现有疏漏，应收集补齐。同时，还要在整理会谈、观察资料时，注意参阅就诊者以往病史和健康资料，如门诊病历、转院病历、转科病历等；如有可能，还应参阅医生已做的各种检诊和辅助检查结果。完整全面的资料不仅有助于预防漏诊，而且还可以使护理诊断的依据更加丰富而充实。

确保资料的完整性与全面性的方法是根据收集资料组织形式的要求逐项检查有无遗漏。护士可以根据自己的知识基础、临床经验及护理理念选择自己适合的资料收集形式。

将所获得的资料进行分类整理的目的，是使资料进一步系统化，这对于下一步分析、推理和作出诊断很有必要。

案例 10-2-1 分析讨论（1）

该病人还需要收集完善的资料有：确保资料的完整性与全面性，按照资料组织形式将资料填写完整。其中比较重要的是病人消化道出血的原因（可以问诊既往病史和发病前有无出血诱因；消化道内镜检查结果等），出血后病人的血压、脉搏等与血容量密切相关的资料，以及病人心理社会资料的收集。

二、分析资料

收集整理完资料后，需要将健康资料与正常的健康标准作比较，进行深入的分析与综合，以判断病人可能存在的或潜在的对健康问题的反应及其可能的原因。

1. 根据资料分类，将其中与正常标准不同的内容进行判断，并寻找其相关因素以便为形成护理诊断提供线索。因为人的健康状态表现具有多样性和复杂性，因此需要准确地掌握各种健康标准，对不同的服务对象进行认真细致的分析、比较，才有可能作出较正确的判断。

2. 形成诊断假设。在初步判断出就诊者哪些方面存在异常以后，护士可以形成一个或多个诊断假设。这些诊断假设包括：就诊者有哪些现存的健康问题？有哪些潜在的健康问题？还要寻找引起上述问题的可能原因（即相关因素）有哪些？这些健康问题是否为护士能够独立解决的？诊断性假设形成后，护士应将假设相关联的数据与相关的护理诊断依据进行比较，当一组资料与某一护理诊断的诊断依据之间建立了匹配关系并符合该护理诊断的定义特征，即就此进行描述，形成初步的诊断。当某组资料仅满足次要诊断依据，则需要进一步收集资料，若资料符合主要诊断依据和定义特征，则诊断成立，否则排除诊断。

诊断就诊者现存的健康问题，将就诊者已有的异常健康资料和有关的护理诊断标准相对照即可。而在分析就诊者的健康资料时，还可发现病人由于存在着一些危险因素（如生理的、心理的、社会的、环境的或经济方面的），某些目前还属于正常标准范围内的健康情况会发生改变，这就是潜在的健康问题。此时，就应对此作出诊断。例如，一腰椎骨折、双下肢瘫痪的病人，由于长期卧床，有可能发生压疮，对此应作出“有皮肤完整性受损的危险”的诊断，以期通过护理措施避免其压疮的发生。要对就诊者影响其健康的危险因素作出评估，需要护士熟练地掌握各种疾病发生发展的规律，了解可能会出现哪些问题并超前作出诊断，及早制订护理计划，采取护理措施。熟知在NANDA护理诊断中属于此类的护理诊断，掌握其定义和诊断标准，对于提高护士的预测性诊断能力是很有必要的。

护士还应对产生健康问题的可能原因即相关因素作出分析。有病理生理方面的原因，也有情境方面的原因，还有与成长和发展有关的因素等。在对原因作出分析时，应尽可能明确、具体，以便就此作出对因护理的计划。

三、确立、验证与修订护理诊断

护理诊断可从以下几方面来衡量是否适当并符合客观情况：现有护理诊断是否反映出病人目前的健康状况和需要？与病人健康有关的各种因素是否进行了全面考虑？每项诊断是否符合逻辑而且确切？经过验证评价，护理诊断如果客观、适当，护士即可据此制订护理计划。

护理诊断作为护士对病人健康需求的一种判断，其正确与否还需要通过临床实践进行检验。护士要客观、细致地观察病情变化，随时提出问题，并对护理效果进行总结，积极寻找各方面证据，对新的发现不断进行反思，予以解释，是进一步验证和修订护理诊断的方法。由于随着健康状况的改变，病人健康问题也会随之变化，护士需要及时动态评估健康资料，以保证护理诊断的及时有效性。

四、护理诊断的排序

通常一个病人可能存在多个护理诊断和合作性问题，需要将列出的护理诊断和合作性问题按其重要性和紧迫性排出主次顺序，一般将威胁最大的问题放在首位，其他依次排列。一般可按下列顺序排列：

（一）首优问题

首优问题（high-priority problem）是指会威胁生命，需要立即解决的问题，如痰液阻塞气道，无法咳出痰液的病人有“清理呼吸道低效”的问题、重症肺炎病人有“潜在并发症：低氧血症”的合作性问题、严重心脏病病人有“潜在并发症：心源性休克”的合作性问题等，大多与呼吸、循环问题或生命体征异常有关，要立即采取措施解决。

（二）中优问题

中优问题（medium- priority problem）指那些虽不直接威胁病人生命，但不及早采取措施也能够导致病情恶化或情绪变化的问题。如“皮肤完整性受损”“有感染的危险”等。

（三）次优问题

次优问题（low- priority problem）指那些对护理措施及时性要求不严格，可以稍后执行解决的问题，多属于人们在应对发展和生活中变化时产生的问题。例如，心肌梗死急性期病人的“营养失调：高于机体需要量”“活动无耐力”等问题可以放到疾病恢复期重点处理。

病人在病情不同阶段的护理诊断和合作性问题是不同的，护士要根据病情变化、疾病转归和预后及时调整护理问题的顺序；在遵循护理基本原则的前提下，也可以将病人主观感觉最为迫切的问题优先考虑解决；而针对一个大咯血的病人，确立优先问题“有窒息的危险”体现出了一个护士对潜在危险因素及并发症具有预见性，具有能很好防范临床风险事件的能力。

案例 10-2-1 分析讨论（2）

1. 该病人目前可能的诊断

（1）部分自理缺陷，与疾病需要卧床休息及持续心电监护等有关。

（2）有低血容量性休克并发症的危险。

（3）焦虑，与环境陌生及担心疾病后果有关。

2. 根据诊断排序的原则，本病人首优问题是：有低血容量性休克并发症的危险。其余 2 个诊断可以结合病人具体情况及主观需求加以排序。

（王　艳）

第三节　护理诊断的思维方法

思维方法是人脑借助信息符号，对感性认识材料进行加工处理的方式和途径。护士通过对病人的健康资料进行加工与整理、分析与综合，最终确立护理诊断，这个过程就是将不同的科学思维方法应用于护理领域的诊断性临床思维过程。因此，思维过程是一个从具体到抽象，再从抽象到具体的过程，其目的是在思维中再现客观事物的本质，达到对客观事物的具体认识。

一、诊断性思维的基本原则

在科学认识活动中，科学思维必须遵守三个基本原则：逻辑性原则、方法论原则和历史性原则。逻辑性原则就是遵循逻辑法则，达到归纳和演绎的统一；方法论原则，就是掌握方法准则，实行分析与综合的结合；历史性原则就是符合历史观点，实现逻辑与历史的一致，疾病发展有其历史过程，疾病的诊断和治疗护理要遵循疾病发生发展的规律。具体的临床诊断思维过程，应当遵循以下原则。

（一）及时性原则

及时性原则即要求诊断者能及时、早期地对病人进行诊断，这是及时、早期采取治疗、护理措施的基础。

（二）准确性原则

临床诊断的准确性是治疗、护理有效性的可靠保证。

（三）层次性原则

诊断疾病及其护理问题，必须抓住疾病发展过程中的主要矛盾、关键层次。此外，人体的整体统一是多层次的统一，各个层次功能的互相作用、互相影响综合成整体的功能。例如，病人睡眠质量不好可能是躯体疼痛而引起。

（四）整体性原则

把人体的生命活动看成一个各器官、系统有机联系的整体，要从人体的生理–心理–社会各方面彼此相互联系、相互作用、相互制约的复杂关系中，去全面、综合地分析疾病发生、发展和转归的规律性。

（五）具体性原则

具体性原则要求医护人员做诊断时，在一般医学理论指导下，根据病人发病的时间、地点、条件，对发病情况、病症的个体差异，作疾病特点与整体状况的具体分析。

（六）动态性原则

所谓动态性原则，就是医护人员要用发展变化的观点认识疾病，在疾病的动态变化中把握内在联系，随着病情的演变不断地修正自己的认识。

二、诊断性思维的基本方法

诊断是临床思维的核心。临床思维过程中常用的科学思维有比较与类比、分析与综合、归纳与演绎等。

（一）比较与类比

1. 比较（comparison） 是确定事物异同关系的思维过程与方法。比较思维是思维操作的基础。

（1）比较的作用：①有助于对事物进行分类考察。初步整理资料时，可通过比较各对象的相同点和不同点而分类。通过分类，把纷繁复杂的资料进行有效的梳理，以便于对事物做出更明确、更深刻的认识，进而把握事物的内部联系和本质。②有助于对事物进行全面分析，完整地认识事物的特性。人们可以对事物的静态及动态进行比较，也可以对事物自身各个方面或者不同事物之间的联系进行比较，还可以对相同点及不同点进行比较。③有助于深入分析和探究事物的内在联系。运用比较思维，可以对所收集到的感性资料进行深入的加工与分析，以了解事物的特征、因果关系及变化规律等。

（2）在护理诊断过程中的应用：①对病人的健康资料进行分类处理。在资料的收集和组织过程中，运用比较思维，寻找不同资料之间的相似点和不同点，将资料分类处理。②确定正常与异常征象。通过对病人资料与正常标准进行比较，来判断病人哪些方面正常，哪些方面异常。

2. 类比（analogy） 是根据两个被研究对象在某些属性上相同或相似，从而推出它们在其他属性上也相同或相似的思维过程和方法。这种把对其中某一个对象已有的认识推移到另一个对象中去，从而得出关于后者的新结论的一种逻辑思维方法，具有较大的灵活性，但不具有必然性，因为客观事物有其相似的一面，也有差异的一面，因而在使用类比思维时，要注意与其他方法相结合，并且类比结论要经过进一步检验来确定是否正确。

类比在护理诊断过程中的应用：①有助于分析和解释正常或异常表现的可能原因。例如，术前焦虑的病人，其焦虑原因可能来自对手术是否成功的担心，也可能来自惧怕术后需要家人照顾或者增加家庭经济负担等，这是术前病人常见存在焦虑问题的原因。不过，也可能来自于手术不成功案例的其他病人的影响。②有助于预测可能潜在的健康问题或对健康问题的反应。例如，护士对需要使用洋地黄制剂治疗心力衰竭的病人，尤其是低钾血症的病人，会积极预防洋地黄中毒的出现，因为既往经验证实低钾血症是洋地黄中毒的主要诱因。③有助于核实资料的真实性或澄清资料。运用类比思维的方式，将推知的属性与实际收集到的资料进行比较，可协助判断资料的真实性或澄清资料。例如，缺铁性贫血的病人，其红细胞检查显示小细胞低色素性，是符合缺铁性贫血的红细胞特点，资料真实。对于那些问诊到的资料和实际诊察到的资料不相符合时，要进行资料的澄清。

（二）分析与综合

分析与综合是科学思维方法论原则的体现。分析（analysis）是将事物的整体分解为各个部分，然后分别加以研究的思维过程和方法。综合（synthesis）则是将事物的各个部分根据其内在的联系统一为一个整体而加以考察的思维过程与方法。分析与综合是辩证的统一。在护理诊断过程中，对资料的整理分类、解释及确立和修订护理诊断的整个过程，都需要分析–综合–再分析–再综合的思维过程和方法。

（三）归纳与演绎

1. 归纳（induction） 是从若干个别性事实概括出一般性结论的思维过程和方法。

医护人员可对每天接触的具体病人进行资料收集，这是其个别性，而在获得的每一个诊断依据的支持下做出初步临床诊断，就是由个别上升到一般。因此，归纳具有概括性，不仅能从经验中概括出科学规律，还可以逐步将底层原理升华为高层原理。护理诊断中，诊断依据是护士在长期临床实践中积累的丰富经验并运用由个别到一般的归纳法形成的。因此，每个护理诊断都是护士临床护理经验总结出的诊断依据所支持的结论升华。另外，归纳还具有扩展性，即由部分扩展到全体，这也决定了归纳不具有必然性。

2. 演绎（deduction） 指从一般性知识过渡到特殊知识的思维过程与方法。

演绎具有从普遍到特殊、不越雷池和必然性特点。护士以某一护理诊断的诊断标准为大前提，以新病例的临床征象为小前提，进行逻辑推理。如果新病例的征象与大前提（诊断标准）相仿，那就可推论出该病人的诊断结论。例如，“清理呼吸道低效”这一护理诊断有主要诊断依据两项和若干次要诊断依据，这些均可作为大前提。假如病人临床表现基本符合“清理呼吸道低效”的诊断标准，即可成立诊断。

演绎诊断法建立在归纳法基础之上。因此，由归纳而建立的诊断标准必须反映护理问题的本质和特征。但人类对生命过程及健康问题的反应又是复杂多变的，人们认识这些反应的本质受知识、科学技术等主客观因素的影响和制约。所以，确立完整、准确的诊断标准，要求归纳做到完全归纳和科学归纳。

三、循证护理在临床诊断思维中的应用

循证实践作为一种观念和工作方法，对当今临床医学和护理学的发展带来了深远的影响，循证护理对促进护理决策的科学性、保证护理实践的安全性、提高护理措施的有效性、节约卫生资源具有重要的临床意义。护士要顺应临床实践要求，建立起在循证护理基础之上的现代临床思维模式。

（一）循证护理的定义及特点

1. 定义 循证护理（evidence-based nursing，EBN）指护士在计划其护理活动过程中，审慎地、明确地、明智地将科研结论与其临床经验及病人愿望相结合，来获取证据作为临床护理决策依据的过程。

2. 特点 循证护理构建在护士的临床实践基础上，强调以临床实践中特定的、具体化的问题为出发点，将来自科学研究的结论与其临床知识和经验、病人需求进行审慎地、明确地、明智地结合，促进直接经验和间接经验在实践中的综合应用，并通过实施过程，激发团队精神和协作气氛，改革工作程序和方法，提高照护水平和病人满意度。

（二）循证护理实践的基本步骤

循证护理实践主要包括 3 个阶段：证据综合、证据传播和证据应用。具体过程有 8 个步骤：明确问题；系统的文献检索；严格评价证据；通过系统评价汇总证据；传播证据；引入证据；应用证据；评价证据应用后的效果。

循证护理的实践过程体现了对证据产生来源、评价的严格界定和筛选，综合了所有可获得的来自研究的最新、最佳证据。这与以往证据来源的经验性、零散性、片面性、过时性形成了鲜明对比。

总之，健康评估不仅需要掌握相应的问诊技巧、体格检查的手法来收集健康资料，还要重视确定资料是否全面、系统、准确和真实，要积极培养符合临床需要的思维能力。

（王　艳）

第十一章　护理病历书写

第一节　概　　述

护理病历是根据我国相关文件规定，护士对病人的病情变化、治疗情况和所采取的护理措施等护理工作的全面记录。护理病历作为病人病历资料的一个重要组成部分，是由护士在病人入院时及整个住院过程中，通过交谈、观察、护理体检、查阅记录等方法所收集的资料及实施的护理活动，经过整理、分析、归纳而最终形成。护理病历包括入院护理评估、护理记录、健康教育记录、护理计划等，是护理行为正确与否的重要依据，体现着护理质量和护理专业水平，是临床护理工作的重要组成部分。

随着优质护理的深入和以病人为中心的服务理念在临床的运用，我国在规范护理病历书写的同时，对护理工作提出简化护理病历书写的要求，以减轻临床护士书写护理病历的负担，使护士有更多的时间和精力为病人提供直接护理服务，密切护患关系，提高护理质量。目前，随着医院信息化的普及，护理电子病历作为医院信息化系统的重要组成部分，目前在各医疗机构中推行，相比传统手写病历，电子病历具有记录清晰、格式规范、共享性好、存储方便等优点，进一步提高了护理效率、保证了护理质量，必将成为未来临床护理医学发展的主流。但从全国整体应用的效果来看，护理电子病历的使用有待于进一步完善和规范。

一、护理病历书写的目的与意义

护理病历不仅是临床护理人员为病人提供护理的重要依据，也是进行护理教学、科研的重要资料来源，同时还是医疗纠纷及诉讼的重要依据之一。每个护理人员都必须刻苦练习，以认真负责的精神、实事求是的科学态度书写好护理病历。

1. 护理病历是实施护理诊断、抢救、治疗护理、康复的重要依据，是护士对病人进行病情观察、实施临床护理过程的文字记录，可长期保存。通过阅读护理病历，可以使其他医护人员了解病人存在的健康问题，所采取的护理措施和效果等，增强彼此间的沟通与协作，使病人得到连续优质的护理。

2. 护理病历是护理质量的核心要素之一，反映护理管理和护理整体水平，是护理质量的重要内容，有利于护理质量控制。护理病历记录了病人从入院到出院的护理措施和效果，对病历进行回顾性分析，可得到医院和病人护理质量方面的有关信息，作为护理质量控制的依据。

3. 护理病例是医疗文书的重要组成部分，是重要的法律文书，记录了病人住院期间病情的原始资料，是处理医疗纠纷、鉴定伤残的重要法律依据，是护患纠纷判定法律责任的重要佐证，护士应审慎对待。

4. 护理病例是进行临床科研和教学的重要资料，有利于护理研究和学科发展。护理病历记录的内容为护理教学提供了资料，也为学生的理论和实践架起了一座桥梁。收集的临床护理资料是护理研究的重要素材，通过对资料的积累、整理、归纳、分析，撰写出护理论文，进行护理改革创新，以促进护理质量的提高，最终促进护理专业学科的发展。

二、护理病历书写的基本原则与要求

（一）护理病历书写的基本原则

1. 以病人安全为宗旨，符合《医疗事故处理条例》《护士条例》《病历书写基本规范》，符合临

床基本的诊疗护理常规和规范。有利于保护护患双方合法权益，减少医疗纠纷。

2. 以病人为中心，客观、真实、准确、及时、完整地记录病人病情的动态变化，以促进护理质量的提高，为教学、科研提供可靠的客观资料。

3. 融科学性、规范性、创新性、实用性和可操作性为一体，体现效率性，体现护理的专业特点和学术发展水平。

（二）护理病历书写的基本要求

1. 内容要全面真实。护理病历必须真实客观地反映护理对象的健康状况、所采取的护理措施等。护理人员要认真评估病人、全面系统地收集病人的有关资料，绝不能以主观臆断代替真实而客观地评估。应避免使用诸如"家族史阴性""心音正常"等代替具体的、客观的描述。

2. 描述要精练，用词要恰当。要使用规范的医学词汇、术语及缩写，力求精练、准确，使人一目了然，同时又节省了书写的篇幅和时间。

3. 按规定的格式即时书写。目前全国各医疗单位尚无统一的护理病历格式。但每个单位都有自己的规定和要求，必须按规定的格式即时书写，以便及时反映护理对象健康状况的变化及进行比较分析。为适应教学、科研及计算机管理的需要，建立统一规范的护理病历格式是十分必要的。

4. 填写要全面，字迹要清晰。病历中各个项目要全面填写，不可遗漏。字迹要规整、清晰，不得随意修改或粘贴。各种记录应注明日期和时间，签名或盖章。

5. 除特殊说明外，应当使用蓝黑墨水或碳素墨水书写。

6. 上级护理人员有审查修改下级护理人员书写的护理病历的责任。书写过程中出现错字时，可在原错字（词、句）上画双横线，修改人员签名并注明修改日期，修改须保持原记录清晰、可辨。保持页面整洁，不得采用刀刮、胶粘、涂黑等方法掩盖或抹去原来的字迹，尤其是关键字词和数据。

7. 护理病历应当按照规定的内容由注册护士书写，并由相应护理人员签名。实习、进修或未取得执业许可证的人员书写的护理文件，应当经过本医疗机构指定的合法护士即时审阅，修改并签名。名字签于书写者的左侧。

8. 护理病历书写一律使用阿拉伯数字书写日期和时间，日期用公历年，用年–月–日，时间采用 24 小时制记录，具体到分钟。

9. 因抢救急危重症病人，未能及时书写的，须在抢救结束后 6 小时内据实补记，并注明抢救完成时间和补记时间。

10. 每次护理记录后护士应签全名，电子护理记录打印出后需手工签全名，计算机打印的护理文书应当符合病历保存的要求。

三、电子病历

临床护理电子病历是将计算机网络技术和信息技术应用于临床护理记录，并以此建立的一种以提高效率、改进质量为目的的信息系统。与手工书写护理病历相比，电子护理病历通过提供完整、权威、规范、严谨的病历模板，避免了书写潦草、缺页、漏项、模糊及不规范用语等常见问题，提高了病历审核合格率，将护士从烦琐、重复的病历书写工作中解脱出来，提高了病历书写质量及临床护士的工作效率，把时间还给病人，护士集中精力护理病人，从而为病人提供全面、高效、优质的护理。

护理电子病历以电子化方式记录病人住院期间的信息，护理电子病历的种类包括体温单、医嘱单中的部分内容、护理记录首页、一般护理记录单、危重护理记录单、转床转科护理单等。各类表格书写参照《护理病历书写要求及质量标准》的基本要求，出院后随病历返回病案室存档。护理电子病历在发挥其优越性的同时，也存在自身缺陷，临床应用过程中应注意使用安全和规范。

（一）护理电子病历使用安全

1. 护理人员必须保管并及时更新自己的电脑操作密码。

2. 护士需经过护理电子病历操作培训后方可从事护理电子病历录入。

3. 录入护理电子病历必须使用本人的工号和密码登录，护理记录系统可自动签名，书写完毕即时提交，方便保存和避免误删。

4. 体温单、护理记录单等护理文书满页打印。

5. 如遇病人需复印病历，必须经科主任同意，护士长或责任护士审核签名后才可复印。已经复印的护理记录内容不可再做任何电子修改。对仍在使用状态的护理记录，可以续写。

6. 护理电子病历增设护士长的修改权限，护士长保管好本人工号密码，避免泄露。打印出来审核时发现错误，可用红笔画两横，在上方写上正确的，在下方用红笔签上全名及日期。

（二）各类护理单使用规范

1. 体温单　反映病人的生命体征、体重、出入量、引流量等其他情况。在体温单 40～42℃的相应格内显示入院、分娩、手术、出院等项目。体温不升显示在 35℃横线下。

2. 护理记录首页　反映病人入院时基本信息，填写时配有备用选项供选择，包括病人的一般信息、Braden 评分、跌倒坠床风险评分、病情变化评分、专科情况、护理措施（可从可维护护理知识库调取）。避免盲目复制医生病历内容。

3. 一般护理记录单　按照病情、护理措施、效果评价的模式书写。“记录时间”为书写护理记录的时间，具体病情或事件发生的时间应反映在病情一栏中，记录时间不得早于病情变化或事件发生的时间。

4. 转床转科护理单　转科病人各项记录单由原病区完成后打印，并审核签名，方可转入下一科；转入科室首次记录时，在新增各类记录单下方勾选新增页，标上与转出病区护理记录相衔接的页码。

（三）护理电子病历质控规范

1. 病历首页质控护士签名必须为病区质控组成员，责任护士签名为管床护士；护理记录单审核签名必须为护士长。病危病人护士长每天审核签名（打印预览必须显示护士长签名），一级病人每天电脑审核保存，满页签名，出院病人审核必须在出院日内完成。

2. 病人出院后修改电子病历的期限为纸质病历归档时，归档后病历如需修改，需在电子病历工作站提交申请，质控办确认退回病历，方可修改。

3. 护理记录满页打印前应先查阅，无明显错误再打印，减少纸张浪费。

4. 护士长有权限按规定手工或电脑修改护理电子病历。

（战同霞）

第二节　入院护理病历

入院护理病历又称为护理病历首页，是护士对病人入院后首次全面评估后的记录，包括健康史、生理、心理和社会方面的评估。临床上多采用人的生理–心理–社会模式或戈登的功能性健康型态模式为理论框架来设计。

一、记 录 内 容

其内容包括：①病人的一般资料，如病人姓名、性别、年龄、体重、职业、文化程度、婚姻状况、入院方式、入院诊断、既往史等；②目前身体状况及自理程度，包括本次发病的情况，目前主要的不适主诉及饮食、休息、睡眠、排泄、自理、活动等方面的改变；③护理体检，主要的生命体征、意识状态、营养状况、皮肤及各系统的功能状况；④病人的心理、社会状态；⑤实验室检查及其他检查结果和护理诊断等。

二、书写方式

书写方式有开放式、表格式及混合式三种，其中以混合式最常用，分别介绍如下。

（一）开放式入院护理评估单

开放式入院护理评估要求护理人员用描述性语言记录所收集的资料，因而自由度较大，有助于使用者主动性的发挥和评判性思维能力的培养，但费时，客观性受书写者水平影响。目前较少使用。

（二）表格式入院护理评估单

表格式是一种事先印制好的评估表格，可以指导护理人员全面系统的收集和记录病人的入院资料，避免遗漏，因其记录的方式是在备选项中打“√”，可有效地减少书写的时间和书写负担，同时也增加了记录资料的一致性。但因其形式固定，限制了书写者的主动性和评判性思维能力的发挥。目前较少使用。

（三）混合式入院护理评估单

混合式入院护理评估单则是采用表格式的同时留出一定的空间用以描述各种有价值的发现。该形式既可保证资料记录的一致性，又可提供有价值的信息，在临床上被普遍应用。目前国内外关于混合式入院护理评估单的格式和内容并无统一的规定，各医疗机构的入院护理评估单格式不尽相同，但均以人的生理–心理–社会模式和戈登的功能性健康型态理论框架为基础，并结合专科特色对评估内容进行调整和增加。常用的格式见表 11-2-1～表 11-2-3。

三、记录要求

1. 一律用蓝黑色笔或碳素笔书写，逐项填写无漏项。凡栏目有选项的均在评估出的选项上打“√”，若无合适选项，应在其他栏内描述清楚，有横线的地方根据评估结果，填写具体内容，病人不需作评估的项目画“/”。

2. 所有新入院病人都需记录入院评估。

3. 入院评估表由责任护士或值班护士在病人入院后 24 小时内完成。

4. 入院病人护理评估表必须由责任护士亲自与病人交谈、观察、体格检查、查阅记录及诊断报告以取得病人各项健康资料，避免自己的主观判断和结论，可参与医师病历采集和查房，共同询问病史，与护理有关的内容应独立完成。

5. 记录时避免使用模糊不清、无法衡量的词语。

6. 资料记录应清晰、简洁，正确使用医学术语，无错别字、无涂改。

7. 记录者签全名。

8. 急诊病人无陪护或神志不清的病人可先填写病人的基本资料，病人清醒后或有陪护时再补充心理、社会方面的内容。

表 11-2-1 入院护理评估单

科别：	病室：	床号：	住院号：
一般资料			
姓名：　性别：　年龄：　职业：			
婚姻：　籍贯：　文化程度：　医疗费用支付形式：			

续表

科别：	病室：	床号：	住院号：

住址： 联系电话：

入院日期： 入院诊断：

资料收集时间： 资料来源：

入院医疗诊断： 可靠程度：

病史叙述者： 记录日期：

主管医生： 主管护士：

入院类型：□门诊 □急诊 □转入（转出医院或科室）

入院方式：□步行 □扶走 □轮椅 □平车 □助行器 □其他

入院处置：□沐浴 □更衣 □未处置

入院介绍：□住院须知 □对症宣教 □饮食 □作息制度 □探陪制度 □其他

护理病史

主诉：

现病史：

既往史：既往健康状况：□良好 □一般 □较差

曾患疾病和传染病史： □无 □有（ ）

外伤史： □无 □有（ ）

手术史： □无 □有（ ）

过敏史：□无 □有（过敏原： 临床表现： ）

健康感知与健康管理型态：
自觉健康状况：□良好 □一般 □较差
家族遗传疾病史：□无 □有（描述： ）
吸烟：□无 □有（年，平均支/日。戒烟：□未 □已戒）
嗜酒：□无 □有（年，平均两/日。戒酒：□未 □已戒）
其他：□无 □有（描述： ）
营养与代谢：
饮食形态：□普食（ 餐/日）□软食（ 餐/日）□半流质（ 餐/日）□流质（ 餐/日）□禁食（ ）□忌食（ ）□治疗饮食（ ）
饮食习惯：□偏食：□忌食：（天）□其他：
食欲：□正常 □亢进 □减退
进食方式：□正常 □亢进 □鼻饲 □空肠造瘘 □全静脉营养 □其他
近6个月内体重变化：□无 □有（ kg 增加/减少）
饮水：□正常 □多饮（ ml/d）□限制饮水（ ml/d）
咀嚼困难：□无 □有（描述： ）
吞咽困难：□无 □有（描述： ）
排泄型态：
排便：□正常 □便秘 □腹泻（ 次/日） 失禁：□无 □有（ 次/日）
造瘘：□无 □有（描述： 能否自理：□能 □否）
应用泻药：□无 □有（药物名称： 用法： ）

排尿：□正常　□增多（次/日）□减少□（　次/日）颜色（描述：　　　）

排尿异常：□无　□有（描述：　　　　　）

活动与运动：

生活自理能力：（在空格中填上相应数字：1. 完全自理；2. 部分自理；3. 完全不能自理）

项目	0	1	2	3	4	
进食						0=能够独立完成 1=需借助辅助用具才能完成 2=需有人帮助才能完成 3=需有他人帮助，并借助辅助用具才能完成 4=自己不能完成，完全依赖他人帮助
沐浴						
穿衣/洗漱						
如厕						
床上活动						
转位						
走动						
上下楼梯						
购物						
烹饪						
理家						

睡眠与休息：

睡眠：□正常　□入睡困难　□多梦　□早醒　□失眠
睡眠/休息后精力充沛：□是　□否
辅助睡眠：□无　□有（描述：　　　　　　　　　　）

认知与感知：

疼痛：□无　□有（□急性　□慢性 描述：　　　）
视力：□正常　□近视　□远视　□失明（□左　□右）
听力：□正常　□耳鸣　□减退（□左　□右）耳聋（□左　□右）助听器：□有　□无
味觉：□正常　□减退　□缺失　□味觉改变
眩晕：□无　□有（原因：　　　　）
语言能力：□正常　□失语　□构音困难

自我概念

对自我的看法：□肯定　□否定（描述：　　　　）
情绪：（描述：　　　　）

角色与关系

就职情况：□胜任　□短期不能胜任　□长期不能胜任
家庭结构：（描述：　　　　）家庭关系：（□和谐　□紧张）
社会交往：□正常　□较少　□回避
角色适应：□良好　□不良
家庭及个人经济情况：□足够　□勉强够　□不够

性与生殖

月经：□正常　□失调　经量：□正常　□一般　□多
孕次：（描述：　）产次：（描述：　）
性生活：□正常　□障碍

压力与应对

续表

对疾病和住院反应：□否认　□适应　□依赖
过去 1 年内重要生活事件：□无　□有（描述：　　）
适应能力：□能独立解决问题　□需要帮助　□依赖他人解决
支持系统：照顾者：□胜任　□勉强　□不胜任
家庭应对：□忽视　□能满足　□过于关心
价值与信念
宗教信仰：□无　□有（描述：　）
体格检查（略）
实验室及其他检查（可作护理诊断依据的各种实验室、器械等检查结果）
主要护理诊断

签名：
日期：

表 11-2-2　病人入院护理评估单

科别：　床号：　姓名：　性别：　年龄：　岁　诊断：　住院号：

一般资料：
入院时间：年　月　日　时　分　职业：　民族：　婚姻：　文化程度：　联系电话：
入院方式：□步行　□搀扶　□轮椅　□平车　□背入　□其他
入院介绍：□住院须知　□病房环境　□安全措施　□物品管理　□探陪　□饮食　□作息
入院原因（主诉）：
现病史（主要症状、体征）：
既往史：□无　□有（高血压、冠心病、糖尿病、精神病、肿瘤、遗传、其他）
过敏史：□无　□有（药物、食物、其他）
生活及自理程度：
饮食习惯：□高蛋白　□高碳化合物　□高脂肪　□素食　□偏食　□忌食　□其他
食欲：□正常　□亢进□下降　天/厌食　天
咀嚼困难：□无　□有　吞咽困难：□无　□有
睡眠：□正常　□入睡困难　□易醒　□多梦　□失眠　辅助睡眠：□无　□药物　□其他
排泄：大便：□正常　□便秘（1 次/　天）□腹泻（　次/天）□失禁　□其他
小便：　次/天　色：□尿路中断　□尿频　□尿急　□尿痛　□留置导尿　□其他
肢体活动：□自如　□受限　□障碍　自理能力：□自理　□半理　□全理
嗜好：吸烟：□无　□有　饮酒：□无　□有　□其他
心理与社会：
心理状态：□镇静　□紧张　□易激动　□焦虑　□恐惧　□孤独　□沮丧　□其他
社交能力：□愿意与人交往　□不愿与人交往
护理体检：
T　℃　P　次/分　R　次/分　BP ____/____mmHg　体重　kg
神志：□清楚　□嗜睡　□昏睡　□浅昏迷　□深昏迷
瞳孔：□等大　□不等大　左右对光反射：□存在　□迟钝　□消失
全身营养状况：□良好　□一般　□不良　□恶病质
皮肤：□完整　□破损　□压疮（Ⅰ Ⅱ Ⅲ Ⅳ期）　部位/范围：
疼痛：□无痛　□微痛　□中度疼痛　□重度疼痛
五官功能：□正常　□失明（左/右）□失聪（左/右）□失语
口腔：□正常　□溃疡　□出血　□其他
舌：□正常　□偏斜　□震颤
牙龈：□正常　□红肿　□出血　□溃疡
携带管道情况：□胃管　□尿管　□引流管　□气管切开管　□造瘘管　□其他
安全：□易跌倒　□易坠床　□易烫伤　□其他
护理级别：□特级护理　□一级护理　□二级护理　□三级护理
饮食：□普食　□半流质饮食　□流质饮食　□禁食　□治疗饮食　□其他
实验室及其他检查（可作护理诊断依据的各种实验室、器械等检查结果）
主要护理诊断：
记录时间：　护士签名：　护士长签名：　时间：

表 11-2-3 护理入院评估单

科别： 床号： 姓名： 性别： 年龄： 岁 住院号：	
入院/转入日期： 年 月 日 时 分	入院/转入方式：□步行 □轮椅 □平车 □其他 婚姻：□未婚 □已婚 □离异 □丧偶
意识	□清醒 □模糊 □嗜睡 □昏睡 □昏迷
语言表达	□正常 □含糊不清 □失语 □不能表达
活动能力	□行动正常 □协助活动 □使用助行器 □残肢 □卧床 □其他 □跌倒高危
视力情况	左眼：□清晰 □失明 □模糊 右眼：□清晰 □失明 □模糊
听力情况	左耳：□清晰 □听力下降 □失聪 右耳：□清晰 □听力下降 □失聪
营养状况	□正常 □肥胖 □消瘦 □恶病质
排泄	小便：□正常 □失禁 □尿频 □尿潴留 □留置导尿管 大便：□正常 □失禁 □腹泻 □便秘 □肠造口 其他：□呕吐 □引流 □其他
皮肤状况	□正常 □潮红 □苍白 □黄疸 □发绀 □水肿 □皮疹 □其他 压疮：□无 □有：分期： 期 部位： 面积 cm □皮损/外伤 部位： 面积 cm
吸烟 饮酒	□不吸 □吸 □已戒 □不饮 □偶尔 □大量 □已戒
过敏史	食物：□无 □有 药物：□无 □有 其他：□无 □有
既往史	□无 □有（诊断、年） 长期用药：□无 □有 主要用药：
专科情况	
压疮评分： 跌倒（坠床）评分： 管路滑脱评分： 疼痛评分：	
资料来源：□病人 □亲属 □朋友 □其他 确认签字：	
执行护士：日期/时间： 年 月 日 时 分	

（战同霞）

第三节 护理计划单

护理计划是针对护理诊断制订的具体护理措施，是护理行动的指南。护理计划单是一份完整的护理病历，是观察病人健康问题发生、发展的书面记录，是医护人员相互沟通的工具、是检验护理工作和总结临床实践经验的依据。目前护理计划单在临床应用的范围正在逐渐缩小。

（一）护理计划单

护理计划单由护理诊断、护理目标、护理措施、评价 4 部分组成，书写完整的护理计划单应注意以下要求与内容：

1. 病危、病重一级病人应当书写护理计划单。

2. 书写日期及停止日期，用×–×–×表示年、月、日，若需记录时间则用 24 小时时间表示。

3. 制订护理诊断/问题。护理问题应按急缓、时间顺序编写，分清首优、中优、次优问题，分条列出，记录于护理计划单中。不要将医疗诊断、护理措施、病人的症状等作为护理问题。

4. 确定护理目标。护理目标是对病人或家属提出的能达到的、可测量的、能观察到的病人行为目标。根据护理诊断/问题，由责任护士制订出护理目标。目标应切实可行，在病人的能力范围之内，在护理技能能解决的范围以内，注意医护协作。

5. 制订护理措施。护理措施是预防、减轻、消除病人健康问题的，协助病人达到预期目标的、具体的护理活动内容。护士应按护理诊断/问题制订出详细的护理措施，可由病人或家属共同参与制订，以求获得更佳的护理效果。护理措施要明确、具体、适应病人的基本需要，不能重复。同时要求护士严格、准确的执行医嘱。

6. 效果评价。责任护士应经常注意实施过程中病人及家属对效果的反馈，及时做出评价，并停止实施已完成的项目；分析目标未能实现的原因，对效果不好的护理措施应予以修订。

7. 责任护士的临床护理活动应按护理措施进行，并签全名，下班后交由值班护士继续进行。

8. 护理诊断是随病人的身心变化而变化的，病程中出现新的护理诊断，应及时采取相应措施，以满足病人需求。

9. 护理计划应当与护理记录保持一致。

10. 护士长或资深护士应定期进行阶段性评价。

（二）常用格式

常用格式见表 11-3-1、表 11-3-2。

表 11-3-1　PIO 护理计划单（一）

日期	护理诊断	护理目标	护理措施	签名	停止日期	效果评价	签名
2017.6.20	低效型呼吸形态与肺炎引起咳嗽、咳痰有关	病人 1 周内症状缓解	1. 密切观察病情变化 2. 注意输液的速度 3. 指导缩唇腹式呼吸 4. 心理护理，情感支持 5. 吸氧 6. 药物治疗的护理 7. 环境及卧床休息	王季	2017.6.27	问题已解决	王季

P：问题（problem）；I：措绝（intervention）；O：结果（outcome）。

表 11-3-2　PIO 护理计划单（二）

日期	护理记录	签名
2017.6.20 9am	P_1：体温过高与肺部感染有关 I_1：给予酒精擦浴；遵医嘱青霉素 480 万 U+0.9%生理盐水 500ml，bid，静脉滴注；鼓励多饮水及果汁等 P_2：PC：过敏反应　与青霉素静脉滴注有关 I_2：使用前查对皮试结果；观察用药后的反应；备好肾上腺等急救药物	王季
2017.6.20 10am	O_1 病人自觉发热减轻，测体温降至 38℃，青霉素静脉滴注过程顺利，病人无不适	王季

（战同霞）

第四节　护　理　记　录

护理记录是护士按照护理程序及遵照医嘱，对病人从入院到出院期间实施整体护理过程的客观、真实、动态的记录。

护理记录应当根据相应专科的护理特点书写，不同专科的护理记录表格可以根据专科特点设计，以简化实用为原则，能使病情变化的描述更精练，各种量化指标更具连贯性，缩短护士记录时间。护理记录单包括一般病人护理记录单、危重病人护理记录单、特殊护理记录单等。

一、一般病人护理记录单

一般病人护理记录单是指护士根据医嘱和病情对住院病人住院期间病情变化、护理观察、各种护理措施等客观动态的记录。

（一）一般病人记录单的内容

一般病人护理记录单应有病人姓名、科室、住院病历号（或病案号）、床号、页码、记录日期和时间等一般项目，还包括能反映病人的客观病情变化、实施的护理措施和护理效果等。病人的客观病情变化包括病人主诉、护士观察和测量到的病人身心整体情况、病人及家属的要求、其他重要检测数据等。护理措施包括护士根据病人病情变化及医嘱对病人实施的护理、宣教的有关注意事项及健康教育的主要内容等。护理效果是指采取护理措施后病人身心症状的改善情况，格式见表 11-4-1。

（二）一般病人记录单的类型

按照病人住院时间不同主要包括首次护理记录、手术护理记录，以及出院、转科、转院护理记录等种类。

1. 首次护理记录 是病人入院后的第一次护理记录，要求对病人入院时的健康状况及拟实施的主要护理措施等做出简要的描述。其内容包括：①病人主要的住院原因即主诉和简要现病史；②目前的主要身心症状、体征及重点的辅助检查结果；③治疗原则及主要用药；④主要护理诊断，由于护理诊断体系还不够完善，目前很多医院趋向于不写；⑤主要护理措施及护理效果；⑥需要向下一班交代的主要事项。

2. 手术护理记录 由病房护士、手术室巡回护士、麻醉复苏室护士共同书写，内容包括：术前交接内容，入手术室后的核查评估，术中、术毕护理记录，物品清点单，与复苏室、病房交接记录等。

（1）术前护理记录应记录病人心理状态、术前准备情况（备皮、备血、药物过敏试验、清洁灌肠、留置胃管、导尿等）、术前健康教育（训练病人床上排尿、深呼吸、有效排痰等）、向病人交代的注意事项、术前用药、特殊病情变化（发热、感冒、月经来潮等）。

（2）术后护理记录应重点记录麻醉方式、手术名称、病人返回病室时间、麻醉清醒状态、生命体征、术后体位、疼痛评分、伤口情况、引流等情况。

（3）手术清点记录：①手术清点记录内容包括病人科别、姓名、性别、年龄、住院病历号（或病案号）、手术日期、手术名称、输血情况、术中所用各种器械和敷料数量的清点核对、手术器械护士和巡回护士签名等。②手术清点记录应当在手术结束后即时完成，由手术器械护士和巡回护士签全名；表格内的清点数必须用数字说明，不得用“√”表示；表格内的清点数目必须清晰，数字书写错误时应由当事人及时重新书写，不得采用刮、粘、涂等方法涂改；空格处可以填写其他手术物品。③无菌包包外灭菌指示卡、植入体内医疗器具的相关标识、条形码粘贴于手术清点记录单背面指定处。④器械、敷料的清点由巡回护士、器械护士清点并签名，分别在手术开始前，关闭腹腔、胸腔和深部切口前及切口皮肤缝合前、关闭后 3 次仔细清点。术中追加敷料器械及时记录在“术中加数”栏内。术前清点、术中加数及关闭前后清点，写明具体数量；术中体内植入物（如人工关节、人工瓣膜、股骨头）条形码，手术所用的无菌包灭菌效果监测指示卡的标识由护士粘贴于粘贴栏内。术毕，巡回护士及时将手术清点记录归入病人住院病历。无器械护士参加的手术，由巡回护士和主刀医师共同清点并签名。

（4）手术安全核查表：①手术医师、麻醉工程师和巡回护士三方，在麻醉实施前、手术实施前和病人离开手术室前，共同对病人身份、手术部位、手术方式、麻醉方式、麻醉及手术风险、使用的物品等内容进行核对；②输血的病人应对血型、用血情况进行核对，由麻醉医师和巡回护士共同核对、确认并签字；③手术安全核查在麻醉实施前由麻醉医师组织，在手术实施前由手术医师组织，在手术结束后、病人离开手术室前由巡回护士组织。④在病人离开手术室时，巡回护士负责完善手术安全核查记录，并将手术安全核查表归入病人住院病历。

3. 出院、转科、转院护理记录 出院护理记录的主要内容应有当前病人的身心健康状况及主要健康指导。转科、转院护理记录应主要记录病人当前的身心健康状况及要交代的注意事项，格式见表 11-4-2。

（三）一般病人记录单的记录注意事项

1. 用蓝墨水笔填写眉栏各项目，准确记录日期和时间，具体到分钟，护士签全名。

2. 护理记录应尽可能使用描述性语言，做到精练、概括，防止重复。

3. 护理记录要体现专科个性化、客观、动态、连续性的特点，在书写护理记录过程中应及时与主管医师沟通病人的病情。

4. 病人接受特殊检查、侵入性技术操作，应有相应的内容记录。

5. 应根据医嘱和病人情况决定记录频次。病情稳定的一般病人每周记录 1～2 次，遇病情有变化或不稳定时应每班记录或随时记录；危重、大手术后 3 天内及病情随时有可能发生变化的病人，医嘱改“特级护理”或者“病危”时，应及时转记到“危重病人护理记录单”；同时应在“一般病人记录单”的护理措施和病情记录栏内记录转单的原因。

6. 电脑打印的护理记录单，护士要执行手工签名。格式：李某某/×××（手工签名）。

表 11-4-1　一般病人护理记录单

姓名：　　性别：　　年龄：　　病区：　　床号：　　病案号：

日期	时间	病情观察及处理	护士签字
2017.5.4	12：07	病人体温升高达 39℃，遵医嘱给予酒精擦浴后自觉发热减轻，测体温降至 38℃	王丽

表 11-4-2　出院/转出小结及护理指导

科别：　床号：　姓名：　性别：　年龄：　岁　住院号：
出院/转出小结及护理指导
出院/转出日期：　年　月　日
出院/转出方式：□步行□轮椅□平车□其他　出院/转出用药：□无□出院用药指导
饮食：□饮食注意事项活动与休息：□活动与休息方式及注意事项
执行护士：　日期/时间：年　月　日　时　分

二、危重病人护理记录单

危重病人护理记录是指护士根据医嘱和病情对危重病人住院期间护理过程的客观动态进行记录。

危重病人护理记录单除一般护理记录单的内容外，还应在表格中注明记录的内容包括体温、脉搏、呼吸、血压、意识状态、出入量、病情观察、护理措施及效果、护士签名等。

（一）具体内容及书写要求

1. 内容包括病人姓名、科别、住院病历号（或病案号）、床位号、页码、记录日期和时间，体温、脉搏、呼吸、血压、意识、瞳孔、出入量等病情观察，治疗、护理措施和效果，护士签名，等。

2. 病危病人应每日统计出入量。白班应于 19：00 做 12 小时小结出入量（画一蓝横线，小结日间出入量），夜班于次日 7：00 总结 24 小时出入量，在其格子上下用蓝笔各画一条横线，并同时转记到体温单上。不足 24 小时则总结、填写实际小时数出入量。新入院或手术后病人记录出入量，首次记录的时间不足 12 小时或 24 小时，在出入量记录单上实时记录其出入量。

3. 入量包括每日口服饮食含水量及饮水量、鼻饲、输入液量、输血等。口服入液量应使用可计量的容器测量。固体食物须记录其数量，再折算含水量予以记录（记录克数）。

4. 出量包括大便量、小便量，呕吐量、咯血量、痰量，胃肠减压、腹腔抽出液及各种引流量等。

5. 危重病人病情稳定、医嘱停病危，可改用一般护理记录单，页码接上续编，并在护理记录结束时注明“下接××护理记录单”字样。

6. 病危病人每班至少记录 1 次，特级护理病人每小时至少记录一次。

7. 危重病人的抢救记录应与医师协调一致，记录及时、准确、客观、真实。

（二）格式

危重病人护理记录单，见表 11-4-3。

表 11-4-3　危重病人护理记录单

科别：　　　床号：　　　姓名：　　　性别：　　　年龄：　　　住院号：　　　登记号：

日期	时间	入量		出量		病情记录						签名
		项目	入量（ml）	项目	出量（ml）	体温（℃）	脉搏（次/分）	呼吸（次/分）	血压（mmHg）	SpO_2	病情与处理	

三、特殊护理记录单

护理记录单还包括急诊、危重病人抢救护理记录单，以及急诊、危重、一般病人转运交接单。目前随着医学专科分工的细化和护理新技术、新业务的开展，专科护理迅速发展，为给病人提供专业的优质护理服务，临床增加了一些专项的护理记录单进行病人病情变化的记录，以上的记录单统称为特殊护理记录单。①急诊、危重病人抢救护理记录单：由抢救室护士负责填写急诊抢救记录，根据医嘱或每 15～30 分钟测量生命体征、血氧饱和度并观察神志、瞳孔等情况，及时、准确、客观记录；②急诊、危重、一般病人转运交接单：由抢救室护士或科室转运护士填写转运交接单。电话通知接收科室并如实记录姓名、性别、年龄、到诊时间、出科时间、陪同人员、到接收科室时间等情况并双方确认签名；③血透护理记录单：是指对肾衰竭等病人在进行血液透析治疗时的原始记录；④PICC 穿刺记录单：用于对 PICC 导管置入术的病人状况、导管信息及手术过程如实记录，记录单粘贴导管及改良型塞丁格穿刺套件的条形码，存档备案，方便追溯调查，见表 11-4-4。

表 11-4-4　PICC 导管置入记录单

病人基本情况： 科室：___姓名：______性别：□男 □女　年龄：_____岁 病室、床号：___________ 病历号：____ 诊断：_______
穿刺部位：□右上侧肢体 □左上侧肢体 □其他　穿刺次数：　　　次
穿刺静脉：□头静脉 □贵要静脉 □肘正中静脉 □其他________
导管情况：　　品牌：　　规格：　　长度：_____________cm 测量数据：拟置入导管长度：_______cm　臂围（肘窝上 10cm）：_____cm 臂围（肘窝下 10cm）_______cm
穿刺方法：□盲穿 □塞丁格 □改良塞丁格 □超声导引下改良塞丁格 □超声导引下 □其他 _________ □麻醉药物：□利多卡因 □其他 □非局麻
置管过程：□顺利 □不顺利：□穿刺失败 □送管失败 □异位：处理方法_________
再次穿刺：□无 □有　□右上侧肢体 □左上侧肢体 □头静脉 □贵要静脉　□肘正中静脉　□其他 ___________
固定方法：□S 形 □O 形 □U 形 □L 形 导管定位方式：□（X 线报告）导管尖端位于：______________________ 最终置入长度：　　cm　外露：　　cm　□其他定位方式：____________________
置管开始时间：年 月 日 时 分 ____________________________________ 置管结束时间：年 月 日 时 分 ____________________________________ 操作者：　助手：____
导管批号黏附处：

（战同霞）

第五节　健康教育记录

健康教育是有计划、有组织、有系统和有评价的社会教育活动，促使人们自觉地采纳有益于健康的行为和生活方式，消除或减轻影响健康的危险因素，预防疾病，促进健康、提高生活质量。

护理健康教育是健康教育系统中的一个重要分支，是主要由护士进行的，针对病人或健康人群所开展的具有护理特色的健康教育活动。按照教育场所不同，分为医院教育、社区教育和家庭教育。护士对病人的健康教育是指在医院特定环境中，以病人为中心，由护士向病人提供医疗信息，帮助病人预防并发症，提高自我照顾和独立生活能力，并减少再住院的概率。

为提高健康教育的有效性，使健康教育有章可循。各级医疗机构相继设计了不同形式的多样性的健康教育记录单，记录单是对病人及其家属进行健康教育的具体实施方案，是缩短护士间理论知识差距的有效途径，是做好病人健康教育的基础，是提高病人健康水平的有力措施。

（一）记录单的设计及内容

记录单有填写式和表格式，表格式尤为常用。记录单详细列入了病人从入院到出院全过程的健康教育项目，责任护士可根据疾病不同、住院时间不同选择不同的健康教育项目，它为护士提供了健康教育的框架，避免了以往健康教育中的随意性、低效性，保证健康教育的有效开展。记录单内容包括眉栏注明科室及病人的基本信息，如姓名、床号、入院日期等，入院教育、住院教育、出院教育 3 个阶段的教育项目，以及健康教育的对象、时间、健康教育实施者签名、护士长或责任组长签名。①入院教育是住院病人健康教育的基本内容，入院宣教的目的是使住院病人积极调整心理状态，尽快适应医院环境，配合治疗，促进康复。以人员、环境、时间、住院规则等内容介绍为重点，方法可采用口头教育、手册等。②住院教育指医护人员在病人住院期间进行的健康教育。教育内容应较系统、深入，根据病人健康问题的需要和治疗护理的特点有针对性地选择，以有关疾病知识、有关检查项目、有关术前指导和术后指导等内容为重点，可采用口头宣教、床边演示、定期讲课、发放宣传册等方式。③手术的病人应做好术前、术后指导。④病人住院基本恢复健康后，在出院前，护士应给予出院指导，目的是巩固住院治疗及健康教育效果，进一步恢复健康，尤其注意预防疾病再次发生的指导。以病人出院后有关生活、饮食等家庭护理知识及疾病康复功能训练内容为重点。方法可采用口头教育、手册等。

（二）记录单的使用

所有住院的每位病人均有 1 份健康教育实施记录单，该记录单由责任护士完成，每位责任护士在病人的不同疾病阶段对病人或病人家属实施相应的健康教育后，再进行效果评价，了解病人的掌握情况。

（三）书写要求

1. 项目填写齐全准确，不能漏项，每次宣教要有护士签全名，签名规范清晰、字迹工整、页面清洁。

2. 健康教育的频次因人、因疾病而异，每位病人住院期间健康教育至少 3 次，即入院、住院、出院各一次。

3. 健康教育及评估时间及时准确。

4. 执行标准健康教育记录的同时，根据病人具体需要，随时给予针对性健康宣教，教育内容符合病人病情。

（四）格式

格式见表 11-5-1、表 11-5-2。

总之，健康教育是护理工作的一项重要内容，是促进病人康复，恢复病人最佳健康水平的重要环节。护士应抓住每一个有利时机对病人进行健康知识的传授。健康教育的方式应因人而异，有的放矢，针对病人疾病、不同健康问题、不同文化层次，在护理工作中，采取不同手段进行标准示范和指导。提高病人的自我护理和预防疾病的能力，改变病人不良的健康行为。

表 11-5-1　内科健康教育记录单

	宣教内容	执行时间	对象 1 病人 2 家属	执行护士	评价时间	评价效果	护士（长）签名
入院宣教	1. 环境介绍（护士站、治疗室、厕所位置、呼叫器使用）						
	2. 制度介绍（探视、卫生、陪护安全、请假）						
	3. 医护人员介绍（介绍责任护士、主管医生、护士长等的姓名）						
	4. 贵重物品加强保管，以防丢失						
住院宣教	5. 根据医嘱指导合理饮食						
	6. 指导卧床病人床上排便的方法及重要性						
	7. 介绍有关疾病的症状及注意事项						
	8. 介绍卧床病人并发症发生的原因及预防						
	9. 讲解所患疾病常用药物作用及注意事项						
	10. 讲述吸氧的重要性、目的及注意事项						
	11. 指导、协助卧床病人翻身						
	12. 指导失语病人早期加强语言功能锻炼的方法						
	13. 指导恢复肢体功能锻炼的方法						
	14. 安慰病人消除其紧张、恐惧心理						
出院指导	15. 合理饮食						
	16. 注意休息						
	17. 遵医嘱服药						
	18. 定期随访						
	19. 自我护理和疾病保健知识						
	20. 指导家属有关注意事项						

注：执行健康教育记录单的同时，根据病人具体需要，随时给予针对性健康宣教。

评价效果栏请填写：A. 掌握　B. 部分掌握　C. 未掌握。

表 11-5-2　外科健康教育记录单

	宣教内容	执行时间	对象 1 病人 2 家属	执行护士	评价时间	评价效果	护士（长）签名
入院宣教	1. 环境介绍（护士站、治疗室、厕所位置、呼叫器使用）						
	2. 制度介绍（探视、卫生、陪护安全、请假）						
	3. 医护人员介绍（介绍责任护士、主管医生、护士长等的姓名）						
	4. 贵重物品加强保管，以防丢失						
住院宣教	5. 讲述合理饮食的重要性、预防便秘、指导卧床病人床上排便的方法及重要性						
	6. 介绍有关疾病的症状及注意事项，安慰病人消除其紧张、恐惧心理						
	7. 介绍所患疾病常用药物的作用及注意事项						
	8. 介绍术前特殊检查的目的、注意事项						
	9. 介绍术前各项准备的目的及注意事项						
	10. 介绍留置各导管的目的和注意事项						

续表

宣教内容		执行时间	对象 1病人 2家属	执行护士	评价时间	评价效果	护士（长）签名
出院指导	11. 介绍术后并发症发生的原因及预防措施						
	12. 指导、协助卧床病人翻身						
	13. 说明术后限制活动及早期下床活动的重要性						
	14. 指导恢复肢体功能锻炼						
	15. 合理饮食						
	16. 注意休息						
	17. 遵医嘱服药						
	18. 定期随访						
	19. 自我护理和疾病保健知识						
	20. 指导家属有关注意事项						

注：执行健康教育记录单的同时，根据病人具体需要，随时给予针对性健康宣教。

评价效果栏请填写：A. 掌握；B. 部分掌握；C. 未掌握。

（战同霞）

参 考 文 献

陈红，郝长来，2015. 诊断学基础.4 版. 北京：北京大学医学出版社.

陈文彬，潘祥林，2012. 诊断学.7 版. 北京：人民卫生出版社.

陈孝平，汪建平，2014. 外科学.8 版. 北京：人民卫生出版社.

葛均波，徐永健，2013. 内科学.8 版. 北京：人民卫生出版社.

郭万学，2011. 超声医学.6 版. 北京：人民军医出版社.

金征宇，龚启勇，2015. 医学影像学.3 版. 北京：人民卫生出版社.

兰萍，张祥贵，2012. 诊断学实验指导. 西安：第四军医大学出版社.

李金鹏，2009. 临床诊断学. 北京：科学技术文献出版社.

李乐之，路潜，2017. 外科护理学. 6 版. 北京：人民卫生出版社.

凌云霞，杨顺球，2010. 护理文书书写基本规范. 北京：军事医学科学出版社.

刘克清，2008. 心电图实训教程. 北京：科学出版社.

吕探云，孙玉梅，2012. 健康评估.3 版. 北京：人民卫生出版社.

潘祥林，王鸿利，2014. 实用诊断学. 北京：人民卫生出版社.

孙颖立，詹华奎，2014. 诊断学基础.2 版. 上海：上海科学技术出版社.

孙玉梅，吕伟波，2015. 健康评估. 北京：北京大学医学出版社.

孙玉梅，张立力，2017. 健康评估.4 版. 北京：人民卫生出版社.

田家玮，2010. 临床超声诊断学. 北京：人民卫生出版社.

万学红，陈红，2016. 临床诊断学.3 版. 北京：人民卫生出版社.

万学红，卢雪峰，2013. 诊断学.8 版. 北京：人民卫生出版社.

王绍锋，李玉翠，2013. 健康评估学. 南京：江苏科学技术出版社.

魏武，郑文芝，2013. 诊断学. 南京：江苏科学技术出版社.

尤黎明，吴瑛，2017. 内科护理学.6 版. 北京：人民卫生出版社.

张立力，2008. 健康评估. 北京：科学出版社.

张燕燕，2015. 诊断学概论. 北京：科学出版社.

张自翔，刘建生，2014. 诊断学. 北京：中国医药科技出版社.

章雅青，丁磊，2015. 健康评估. 上海：复旦出版社.

Weber J，Kelley J H，2010. Health assessment in nursing.4th ed. Philadelphia：Wolters Kluwer Health/Lippincott Williams & Wilkins.

Weber J R，2014. Nurses' handbook of health assessment.9th ed. Philadelphia：Wolters Kluwer Health/Lippincott Williams & Wilkins.

附录一　入院病人护理评估单

一般资料

姓名：李某　　性别：男　　年龄：32岁　　职业：教师

婚姻：已婚　　文化程度：研究生　　民族：汉　　籍贯：北京

住址：广州市海珠区光汉直街45号　　联系方式：×××

联系人：张某　　与病人的关系：夫妻　　联系方式：×××

入院日期：2009年6月20日　　入院方式：步行

病历记录日期：2009年6月20日　　病历陈述者：病人本人

可靠程度：可靠

入院医疗诊断：大叶性肺炎

主管医生：张力　　责任护士：王红

健康史

主诉：发热、咳嗽、胸痛2天。

现病史：病人于2天前因淋雨受凉后出现发冷、发热，自测体温39.2℃，并伴有咳嗽、咳痰及右侧胸痛。咳嗽较剧烈，痰为白色，量不多，每次1～2口，胸痛为持续性钝痛，咳嗽时加重，用手压迫时疼痛可减轻。自服感冒冲剂及阿司匹林，上述症状无明显改善。体温持续波动在39.2～39.5℃，下午较上午高。今晨自觉咳嗽、胸痛加剧，并咳出铁锈色痰少许，来院急诊。经胸透检查诊断为“大叶性肺炎”，为进一步治疗而收入院。

日常生活形态及自理能力

饮食形态：平时3餐/日，每餐主食2～3两[1两=0.05千克（kg）]，早餐以鸡蛋、牛奶或稀饭为主，午餐于单位食堂就餐，晚餐较丰盛。食欲好，喜肉食，少蔬菜，喜热菜，进餐较快。无咀嚼及吞咽困难，无特殊忌口。饮水2000ml/d左右，以白开水为主。体重71kg左右，皮肤光洁，皮肤伤口易于愈合。患病后食欲下降，3餐/日，每餐1两左右，以稀饭为主，因出汗较多，饮水量较前增加，3000ml/d以上。

休息与睡眠形态：平时睡眠较规律，一般22：00～23：00就寝，6：00起床，夜间可连续睡眠7～8小时，无入睡困难、多梦、早醒等，晨起精力充沛，无午睡习惯。患病后，因咳嗽较剧烈而影响睡眠，精神萎靡，常感困倦。

排泄形态：平时小便6～7次/日，量约2000ml/d，尿色淡黄、清亮，无尿频、尿急、尿痛、尿失禁及排尿困难。大便规律，每日于晨起后大便1次，为黄色软便，易于排出，无腹泻、便秘及排便困难。患病后小便次数减少，3～4次/日，自觉尿色较前加深，无浑浊及沉淀等；大便隔日1次，较干，排便稍感费力，但无须应用辅助措施。

自理能力及日常活动：平时日常活动完全自理，喜户外活动，如踢足球、跑步、爬山等，除特殊情况外，每日坚持晨起后及晚上入睡前在小区内跑步30分钟。患病后，在家休息，活动减少，日常活动可自理。

既往史：自觉既往身体健康，否认高血压、高血脂、糖尿病及传染病等病史，否认手术及外伤史。

个人史

出生及成长情况：生于原籍，无疫区居住史及传染病接触史。

婚育史：结婚2年，妻子现年28岁，身体健康，夫妻关系和睦。婚后一直采取工具避孕，妻子未怀过孕。

过敏史：无药物及食物过敏史。

嗜好：无吸烟史，偶尔饮少量啤酒，无其他特殊嗜好。

家族史：父母健在，家族成员中无相同疾病及高血压、糖尿病、肺结核等病史。

心理评估

认知能力：听力、视力、味觉、触觉及嗅觉均正常；无定向力障碍，记忆力、理解力、计算力及判断力良好；语言表达主动，语音流畅，语意连贯、有逻辑性，无语言沟通障碍。

情绪状态：表情自然，言语平和，情绪稳定，无焦虑、抑郁、紧张等表现。

自我概念和自尊：自述“在生活、学业及工作上自己都感到满意，能够得到他人的尊重”“现在还年轻，还有很多学习和进取的机会，因而对自己的未来充满信心”。

对健康与疾病的理解和期望：认为“身体没有病、心情好就是健康”“健康对一个人来说是最重要的，平时就要注意保持健康”。为了有健康的身体，很注意平时生活要有规律、采取各种体育锻炼方式，保持良好的心态。知道这次患病是因为受凉而引起的肺炎，以后会多加注意，相信用上几天的抗生素治疗就会痊愈出院。既然住了院，一切就听医生、护士的，但希望知道用的是什么药？治疗过程中应注意些什么？怎样才能更快的康复？

重大应激事件及应对情况：近期无重大应激事件，认为只要以平常心对待，凡事都可以解决。平时遇事多能独立处理，必要时与妻子共同商讨，遇有困难的事情多请朋友帮忙。

价值观与信仰：无任何宗教信仰。认为“自己才是一个人命运的主宰”“一个人应该以乐观的态度面对生活、享受生活，善待自己、善待他人”“生活不会一帆风顺，总会遇到各种困难或挫折，正是这些磨炼才使一个人逐渐成熟”“家人的支持、对生活的自我追求是克服困难的力量源泉”。

社会评估

家庭关系：夫妻二人与父母同住，家庭关系和睦，妻子与父母关系融洽。患病后家人给予了极大的关心和照顾，并督促其住院诊治，妻子亲自陪同入院。病人患病对家庭无大影响。

生活与居住环境：家庭居住条件较好，三居室。所在小区为封闭式管理，小区内环境较好，有绿地、娱乐场所、便民健身设施及社区诊所。

工作与受教育情况：师范大学毕业后直接攻读教育学硕士学位，毕业后便留校从事教学及科研工作。自觉工作环境较舒适，无工业毒物等接触。

社交状况：性格较外向，爱交往，朋友较多，业余时间常与家人、朋友聚会或郊游等，此外，还是单位工会代表，常参与组织各种工会活动。

经济状况：家庭状况较好，住院医疗费80%报销，无任何经济负担。

文化评估：源于同种文化背景，无特殊记述。

体格检查

体温39℃；脉搏100次/分；呼吸24次/分；血压110/75mmHg；身高：171cm；体重：70kg。

一般状态：发育正常、营养良好、自动体位、神志清楚、面色红润、表情自然、无特殊病容。

皮肤黏膜：无苍白、发绀及黄染，皮肤弹性良好，无皮疹及出血点，无水肿，无蜘蛛痣及溃疡。

浅表淋巴结：全身浅表淋巴结未触及。

头部：头颅大小如常、无畸形，毛发分布均匀有光泽，头皮无损伤及触痛。

眼：眼睑无水肿及下垂，结膜无苍白、充血、出血及滤泡，巩膜无黄染，角膜透明无溃疡，双侧瞳孔等大等圆、直径3.5mm，对光反射灵敏，眼球无突出及下陷、运动无障碍，无眼球震颤。

耳：耳郭无畸形、无牵拉痛，外耳道无异常分泌物，乳突无压痛，粗测听力正常。

鼻：无畸形，皮肤颜色如常，鼻翼无扇动，鼻腔通畅、无异常分泌物，鼻旁窦无压痛。

口腔：无异味，纯色红、干裂，左侧有成簇半透明的小水疱，牙齿排列整齐，无松动及脱落，无义齿、残齿及龋齿，咬合无障碍，牙龈无红肿、溢脓及出血，舌苔薄白、舌质红润、伸舌无偏曲，口腔黏膜无出血点及溃疡，咽部稍红，右侧扁桃体Ⅰ度肿大。

颈部：颈软，双侧对称，运动无受限，颈静脉无怒张，可见颈静脉搏动，气管居中，甲状腺无肿大。

胸廓：呈椭圆形、左右对称，未见胸壁静脉曲张，胸壁无压痛。

肺部

视诊：腹式呼吸为主，节律规整，右侧呼吸运动减弱。

触诊：右侧呼吸运动减弱，右下肺触觉语颤增强，无胸膜摩擦感。

叩诊：右下肺呈浊音，左侧肺下界锁骨中线第 6 肋间，腋中线第 8 肋间，肩胛线第 10 肋间。

听诊：右下肺呼吸音减弱，可闻及支气管呼吸音及少许湿啰音，未闻及胸膜摩擦音。

心脏

视诊：心前区无隆起，心尖搏动最强点位于左侧第 5 肋间锁骨中线内 1cm，搏动范围直径约 2cm，心前区无其他异常搏动。

触诊：心尖搏动位置同视诊，心前区未触及震颤及心包摩擦感。

叩诊：心脏相对浊音界不大。

听诊：心率 100 次/分，节律规整，心音有力，无心音分裂及额外心音，各瓣膜听诊区未闻及病理性杂音，无心包摩擦音。

周围血管：各浅表动脉搏动有力，双侧一致，节律规整。肝颈静脉回流征（–），无周围血管征。

腹部

视诊：腹部对称平坦，未见腹壁静脉曲张、胃肠型及蠕动波，腹式呼吸无受限。

触诊：腹软，无压痛及反跳痛，未触及肿物，肝脏、脾脏及胆囊均未触及，Murphy 征（–）。

叩诊：鼓音，无移动性浊音，肝上界位于右锁骨中线第 5 肋间，肝区无叩击痛，肾区无叩击痛。

听诊：肠鸣音 5 次/分，无增强或减弱，无振水音及血管杂音。

脊柱：呈正常生理弯曲，无脊柱侧弯，无压痛及叩击痛，活动无受限。

四肢：无畸形，双侧对称，无静脉曲张及肌肉萎缩，关节无畸形、红肿及运动障碍，无杵状指及匙状指。

肛门、直肠及外生殖器：未查。

神经系统：生理反射对称引出，未引出病理反射。

辅助检查

血常规：WBC 15×10^9/L；中性粒细胞 87%，淋巴细胞 11%，嗜酸性粒细胞 1%，单核细胞 1%，血红蛋白 125g/L，红细胞 4.0×10^{12}/L。

胸片：右下肺野大片致密阴影，密度均匀。

血生化：正常。

主要护理诊断

1. 体温过高，与肺部感染有关。
2. 疼痛，与组织炎症有关
3. 睡眠型态紊乱，与剧烈咳嗽影响睡眠有关。

（战同霞）

附录二　NANDA 护理诊断一览表（2015—2017）

领域 1：健康促进（health promotion）

老年综合征（frail elderly syndrome）
有老年综合征的危险（risk for frail elderly syndrome）
健康管理无效（ineffective health management）
有健康管理改善的趋势（readiness for enhanced health management）
家庭健康管理无效（ineffective family health management）
不依从行为（noncompliance）
缺乏娱乐活动（deficient diversional activity）
久坐的生活方式（sedentary lifestyle）
缺乏社区保健（deficient community health）
有健康行为改善的趋势（risk-prone health behavior）
健康维持无效（ineffective health maintenance）
防护无效（ineffective protection）

领域 2：营养（nutrition）

肥胖（obesity）
超重（overweight）
有超重的危险（risk for overweight）
母乳喂养无效（ineffective breastfeeding）
母乳喂养中断（interrupted breastfeeding）
有母乳喂养改善的趋势（readiness for enhanced breastfeeding）
乳汁不足（insufficient breast milk）
无效性婴儿喂养型态（ineffective infant feeding pattern）
营养失调：低于机体需要量（imbalanced nutrition: less than body requirements）
有营养改善的趋势（readiness for enhanced nutrition）
吞咽障碍（impaired swallowing）
有血糖不稳定的危险（risk for unstable blood glucose level）
新生儿黄疸（neonatal jaundice）
有新生儿黄疸的危险（risk for neonatal jaundice）
有肝功能受损的危险（risk for impaired liver function）
有电解质失衡的危险（risk for electrolyte imbalance）
有体液平衡改善的趋势（readiness for enhanced fluid balance）
体液不足（deficient fluid volume）
有体液不足的危险（risk for deficient fluid volume）
体液过多（excess fluid volume）
有体液失衡的危险（risk for imbalanced fluid volume）

领域 3：排泄（elimination and exchange）

慢性功能性便秘（chronic functional constipation）
有慢性功能性便秘的危险（risk for chronic functional constipation）
排尿障碍（impaired urinary elimination）
有排尿功能改善的趋势（readiness for enhanced urinary elimination）
功能性尿失禁（functional urinary incontinence）
溢出性尿失禁（overflow urinary incontinence）
反射性尿失禁（reflex urinary incontinence）
压力性尿失禁（stress urinary incontinence）
急迫性尿失禁（urge urinary incontinence）
有急迫性尿失禁的危险（risk for urge urinary incontinence）
尿潴留（urinary retention）
便秘（constipation）
有便秘的危险（risk for constipation）
感知性便秘（perceived constipation）
腹泻（diarrhea）
胃肠动力失调（dysfunctional gastrointestinal motility）
有胃肠动力失调的危险（risk for dysfunctional gastro-intestinal motility）
排便失禁（bowel incontinence）
气体交换障碍（impaired gas exchange）

领域 4：活动/休息（activity/rest）

坐起障碍（impaired sitting）
站立障碍（impaired standing）
有心排血量减少的危险（risk for decreased cardiac output）
有心血管功能受损的危险（risk for impaired cardiovascular function）
失眠（insomnia）
睡眠剥夺（sleep deprivation）
有睡眠改善的趋势（readiness for enhanced sleep）
睡眠型态紊乱（disturbed sleep pattern）
有失用综合征的危险（risk for disuse syndrome）
床上活动障碍（impaired bed mobility）
躯体活动障碍（impaired physical mobility）
借助轮椅活动障碍（impaired wheelchair mobility）
移动能力障碍（impaired transfer ability）
行走障碍（impaired walking）
疲乏（fatigue）
漫游状态（wandering）
活动无耐力（activity intolerance）
有活动无耐力的危险（risk for activity intolerance）
低效性呼吸型态（ineffective breathing pattern）
心排血量减少（decreased cardiac output）
有胃肠道灌注无效的危险（risk for ineffective gastrointestinal perfusion）
有肾脏灌注无效的危险（risk for ineffective renal perfusion）
自主呼吸障碍（impaired spontaneous ventilation）
有心脏组织灌注不足的危险（risk for decreased cardiac tissue perfusion）
有脑组织灌注无效的危险(risk for ineffective cerebral tissue perfusion）
外周组织灌注无效（ineffective peripheral tissue perfusion）
有外周组织灌注无效的危险（risk for ineffective peripheral tissue perfusion）
呼吸机依赖（dysfunctional ventilatory weaning response）
持家能力障碍（impaired home maintenance）
沐浴自理缺陷（bathing self-care deficit）
穿着自理缺陷（dressing self-care deficit）
进食自理缺陷（feeding self-care deficit）
如厕自理缺陷（toileting self-care deficit）
有自理能力改善的趋势（readiness for enhanced self-care）
自我忽视（self-neglect）

领域 5：感知/认知（perception/cognition）

情绪控制失调（labile emotional control）
单侧身体忽视（unilateral neglect）
急性意识障碍（acute confusion）
有急性意识障碍的危险（risk for acute confusion）
慢性意识障碍（chronic confusion）
冲动控制无效（ineffective impulse control）
知识缺乏（deficient knowledge）
有知识增进的趋势（readiness for enhanced knowledge）
记忆功能障碍（impaired memory）
有沟通增进的趋势（readiness for enhanced communication）
语言沟通障碍（impaired verbal communication）

领域 6：自我感知（self-perception）

有希望增强的趋势（readiness for enhanced hope）
无望感（hopelessness）
有个人尊严受损的危险（risk for compromised human dignity）
自我认同紊乱（disturbed personal identity）
有自我认同紊乱的危险（risk for disturbed personal identity）
有自控能力增强的趋势（readiness for enhanced self-control）
长期低自尊（chronic low self-esteem）
有长期低自尊的危险（risk for chronic low self-esteem）
有情境性低自尊的危险（risk for situational low self-esteem）
情境性低自尊（situational low self-esteem）
体像紊乱（disturbed body image）

领域 7：角色关系（role relationships）

照顾者角色紧张（caregiver role strain）
有照顾者角色紧张的危险（risk for caregiver role strain）

养育功能障碍（impaired parenting）
有养育功能改善的趋势（readiness for enhanced parenting）
有养育功能障碍的危险（risk for impaired parenting）
有依附关系受损的危险(risk for impaired attachment）
家庭运作过程失常（dysfunctional family processes）
家庭运作过程改变（interrupted family processes）
有家庭运作过程改善的趋势（readiness for enhanced family processes）
关系无效（ineffective relationship）
有关系改善的趋势（readiness for enhanced relationship）
有关系无效的危险（risk for ineffective relationship）
父母角色冲突（parental role conflict）
无效性角色行为（ineffective role performance）
社会交往障碍（impaired social interaction）

领域 8：性（sexuality）

性功能障碍（sexual dysfunction）
性生活型态无效（ineffective sexuality pattern）
生育进程无效（ineffective childbearing process）
有生育进程改善的趋势（readiness for enhanced childbearing process）
有生育进程无效的危险（risk for ineffective childbearing process）
有母体与胎儿双方受干扰的危险（risk for disturbed maternal-fetal dyad）

领域 9：应对/应激耐受性（coping/stress tolerance）

有社区应对增强的趋势（readiness for enhanced community coping）
情绪调控受损（impaired mood regulation）
有恢复能力障碍的危险（risk for impaired resilience）
创伤后综合征（post-trauma syndrome）
有创伤后综合征的危险（risk for post-trauma syndrome）
强暴创伤综合征（rape-trauma syndrome）
迁移应激综合征（relocation stress syndrome）
有迁移应激综合征的危险（risk for relocation stress syndrome）
活动计划无效（ineffective activity planning）
有活动计划无效的危险（risk for ineffective activity planning）
焦虑（anxiety）
妥协性家庭应对（compromised family coping）
无能性家庭应对（disabled family coping）
防卫性应对（defensive coping）
应对无效（ineffective coping）
有应对增强的趋势（readiness for enhanced coping）
社区应对无效（ineffective community coping）
有家庭应对增强的趋势（readiness for enhanced family coping）
对死亡的焦虑（death anxiety）
无效性否认（ineffective denial）
恐惧（fear）
悲伤（grieving）
复杂性悲伤（complicated grieving）
有复杂性悲伤的危险（risk for complicated grieving）
有能力增强的趋势（readiness for enhanced power）
无能为力感（powerlessness）
有无能为力感的危险（risk for powerlessness）
恢复能力障碍（impaired resilience）
有恢复能力增强的趋势（readiness for enhanced resilience）
持续性悲伤（chronic sorrow）
压力负荷过重（stress overload）
颅内调适能力降低（decreased intracranial adaptive capacity）
自主反射失调（autonomic dysreflexia）
有自主反射失调的危险（risk for autonomic dysreflexia）
婴儿行为紊乱（disorganized infant behavior）
有婴儿行为调节改善的趋势（readiness for enhanced organized infant behavior）
有婴儿行为紊乱的危险（risk for disorganized infant behavior）

领域 10：生活准则（life principles）

独立决策能力减弱（impaired emancipated decision-making）
有独立决策能力增强的趋势（readiness for enhanced emancipated decision-making）
有独立决策能力减弱的危险（risk for impaired emancipated decision-making）

有精神安适增进的趋势（readiness for enhanced spiritual well-being）
有决策能力增强的趋势（readiness for enhanced decision making）
抉择冲突（decisional conflict）
道德困扰（moral distress）
宗教信仰减弱（impaired religiosity）
有宗教信仰增强的趋势（readiness for enhanced religiosity）
有宗教信仰减弱的危险（risk for impaired religiosity）
精神困扰（spiritual distress）
有精神困扰的危险（risk for spiritual distress）

领域 11：安全/防护（safety/protection）

有角膜受损的危险（risk for corneal injury）
有尿道损伤的危险（risk for urinary tract injury）
有口腔黏膜受损的危险(risk for impaired oral mucous membrane）
有压疮的危险（risk for pressure ulcer）
有组织完整性受损（risk for impaired tissue integrity）
有体温过低的危险（risk for hypothermia）
有手术期体温过低的危险（risk for perioperative hypothermia）
有感染的危险（risk for infection）
清理呼吸道无效（ineffective airway clearance）
有误吸的危险（risk for aspiration）
有出血的危险（risk for bleeding）
有干眼症的危险（risk for dry eye）
有跌倒的危险（risk for falls）
有受伤的危险（risk for injury）
有手术期体位性损伤的危险（risk for perioperative positioning injury）
有热损伤的危险（risk for thermal injury）
牙齿受损（impaired dentition）
口腔黏膜受损（impaired oral mucous membrane）
有外周神经血管功能障碍的危险（risk for peripheral neurovascular dysfunction）
有休克的危险（risk for shock）
皮肤完整性受损（impaired skin integrity）
有皮肤完整性受损的危险（risk for impaired skin integrity）
有婴儿猝死综合征的危险（risk for sudden infant death syndrome）
有窒息的危险（risk for suffocation）
术后康复迟缓（delayed surgical recovery）
组织完整性受损（impaired tissue integrity）
有外伤的危险（risk for trauma）
有血管损伤的危险（risk for vascular trauma）
有对他人施行暴力的危险（risk for other-directed violence）
有对自己施行暴力的危险（risk for self-directed violence）
自残（self-mutilation）
有自残的危险（risk for self-mutilation）
有自杀的危险（risk for suicide）
受污染（contamination）
有受污染的危险（risk for contamination）
有中毒的危险（risk for poisoning）
有碘对比剂不良反应的危险(risk for adverse reaction to iodinated contrast media）
有过敏反应的危险（risk for allergy response）
乳胶过敏反应（latex allergy response）
有乳胶过敏反应的危险（risk for latex allergy response）
有体温失调的危险（risk for imbalanced body temperature）
体温过高（hyperthermia）
体温过低（hypothermia）
体温调节无效（ineffective thermoregulation）

领域 12：舒适（comfort）

分娩疼痛（labor pain）
慢性疼痛综合征（chronic pain syndrome）
有孤独的危险（risk for loneliness）
舒适度减弱（impaired comfort）
有舒适增进的趋势（readiness for enhanced comfort）
恶心（nausea）
急性疼痛（acute pain）
慢性疼痛（chronic pain）
社交孤立（social isolation）

领域 13：生长/发展(growth/development）

有发育迟缓的危险（risk for delayed development）
有生长比例失调的危险（risk for disproportionate growth）